国家出版基金项目
NATIONAL PUBLICATION FOUNDATION

中国木拱廊桥建筑艺术

The Architectural Artistry of China's Timber Arch Covered Bridges

刘杰 著

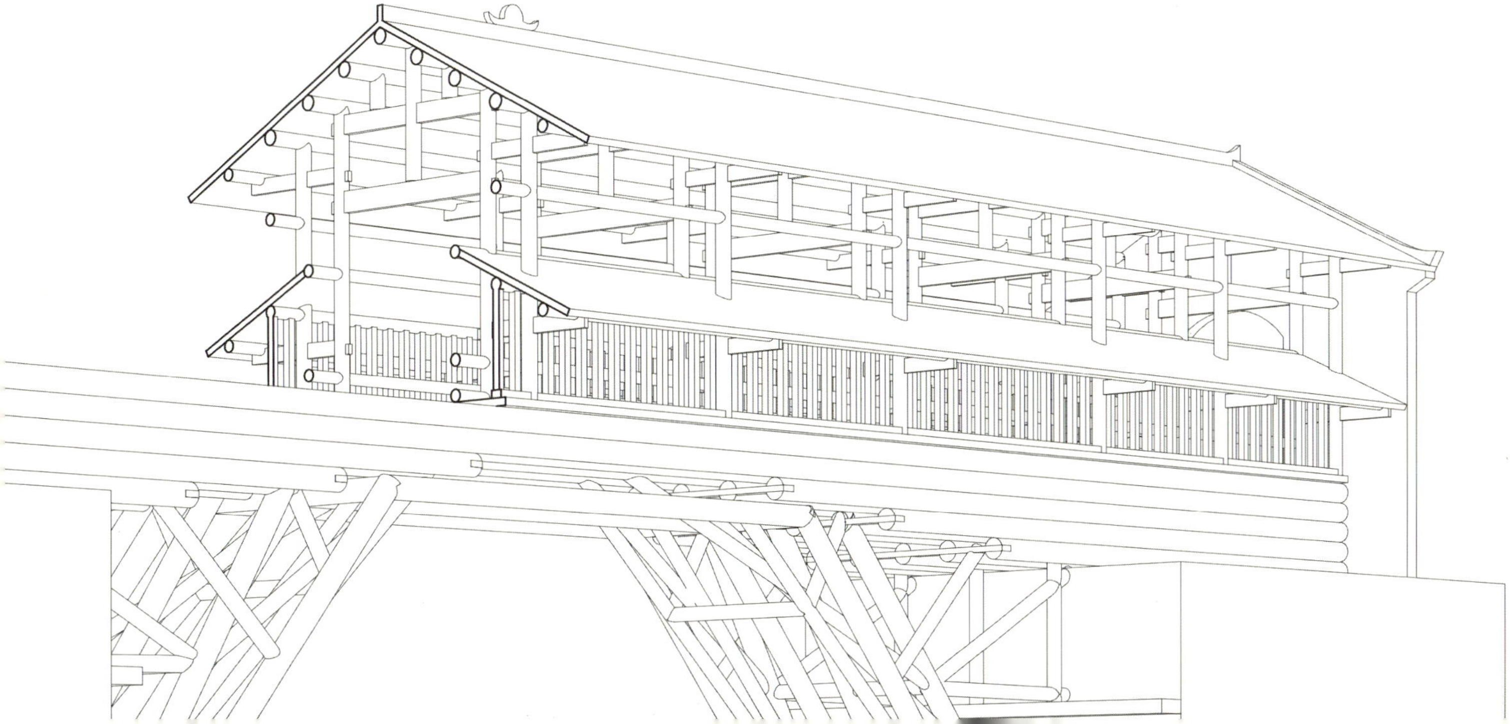

上海人民美术出版社

谨以此书献给历史上营造了和至今还在营造木拱廊桥的工匠以及木拱廊桥保存地的父老乡亲！

——作者

2017 年

In all the world there be no better workmen for buildings than the inhabitants of China.

Galeote Pereira

c.1577

在整个世界上，没有比中国人更好的造桥工匠。

——伯来拉

约 1577 年

JOSEPH NEEDHAM, SCIENCE AND CIVILISATION IN CHINA

摘自李约瑟《中国科学技术史》

序

Preface

人们鉴赏非常写实的宋人名画《清明上河图》，总是被其中的虹桥所吸引；对于行家来说，更是痴迷于它精巧的木结构。20 世纪 60 年代，我看到甘肃遗存的类似木桥实物，具体而微地展现了千余年前的汴水虹桥风貌，令人不胜惊喜。半个世纪之后，当我得知闽浙交界山区至今犹存不少此类木桥时，更是大喜过望，庆幸祖国的这一文化遗产没有失传。

10 多年前，鄙门生上海交通大学建筑学系副教授刘杰见告，才使我了解到这些先人杰作的遗存。刘杰是一位精明干练的青年学者，他尤其具备开拓精神。他从 1995 年来选定的研究课题——“东南地区古代木构建筑的发展与演变”，是他 20 多年来持之以恒不断深入专研的课题。从他的硕士论文《泰顺乡土建筑研究》（2001 年有生活 · 读书 · 新知三联书店《乡土中国——泰顺》中文版）到博士论文《江南木构建筑的若干问题研究》（2009 年有上海交通大学出版社《江南建筑文化丛书》的《江南木构》中、英文版），以及国家自然科学基金先后资助他的《中国南方古代木作建筑技术源流研究》（2003 年）、《中国古代木构桥梁的发展与演变研究》（2014 年）等课题都是围绕着东南地区丰厚的木构建筑遗存来展开的。

中国木拱廊桥主要分布在东南闽浙山区和西部局部地区，刘杰对这一课题的选定和披荆斩棘的调查研究，弥补了北宋汴水虹桥和木拱廊桥这一领域研究的空白，就是一个证明。刘杰养成治学严谨的良好学风，在科研中认真求实，关于北宋汴水虹桥和闽浙木拱桥的名称定位就是一例。本来桥梁史学界权威唐寰澄先生在所撰文的《中国古桥技术史》中，将北宋汴水虹桥一类命名为“叠梁木拱桥”，后来他在《中国科学技术史 · 桥梁卷》中更名为“贯木拱桥”。刘杰对此一直怀有疑问，一次问我的意见时，我不揣冒昧地提出拙见：这种结构、构造并非东汉画像砖石上所见木桥之“叠梁”做法，而“贯木”也不够确切；准确地说，这种木拱是编起来的——其构造特点是在一排木纵梁之间用若干横梁编织。起初，我强调其形成编织的受力如梁的横木这一特点，而名之曰“编梁木拱桥”。刘杰在交大的合作伙伴——著名的结构专家沈为平教授很认同这个“编”字，他们在一次又一次的现场勘测中确定，闽浙木拱廊桥与汴水虹桥在结构与构造上都用共同的做法，那就是“编织”的木构件系统。但从结构学界定构件的受力特征着眼，区别北宋汴水虹桥和闽浙现存虹桥，他们分别命名前者为“编木拱桥”，后者为“编木拱梁桥”，我很赞成他们的这一命名。在刘杰进行虹桥研究的过程中，他和一些志同道合者还组织成立了“中国廊桥研究会”，自 2005 年起每两年举办一次国际学术会议，世界各国的廊桥研究学者和爱好者都有机会来到中国，进行交流与探讨；他还率领中国代表团远赴北美参加第二届美国廊桥国际学术研讨会，让世界各国学者领略了中国古代能工巧匠的杰出技能和巧思。此外，他还联合历史地理学、结构学领域的学者参与了他的研究课题，使木拱廊桥研究更上一层楼。10 多年来他的研究成果颇为丰硕，陆续出版了《泰顺廊桥》（2005

年，上海人民美术出版社）、《乡土寿宁》（2007 年，中华书局）、《乡土屏南》（2009 年，中华书局）、《江南木构》（2009 年，上海交通大学出版社）、《乡土庆元》（2011 年，浙江古籍出版社）、《乡土福安》（2016 年，中华书局）等著作。现在，他又与上海人民美术出版社合作，出版《中国木拱廊桥建筑艺术》一书，嘱我作序，我不胜感慨。

刘杰进行的木拱廊桥研究还有两大特点，那就是比较注意多学科的协作、跨国别的交流。刘杰和沈为平教授的合作本身就是建筑学与结构学两大学科的结合。此外，他们还与复旦大学历史地理研究所的教授们合作，与闽浙两省的文博专家合作，与当地的专业技术人员合作，所用方法早已超出建筑学的范畴，他们还运用了历史学、社会学和文化人类学的方法。同时，刘杰与美国、欧洲以及日韩学者的合作也将中国木拱廊桥的研究直接推进到国际学术的层面，引起了近年来国际学术界对中国木拱廊桥的持续关注。在这一点上，刘杰他们功不可没！本书中就展示了他与各国学者以及木拱廊桥保存地专家合作研究的部分成果。

如果说汴水虹桥是编木拱结构的代表，那么闽浙木拱廊桥则可以说是编木拱梁式结构的典型，进一步论，它应当是闽浙地区保存着的古代木结构杰作。历史地、宏观地来看，闽北、浙南属于古闽越文化圈；扩大来说，它应属越文化体系。瓯越、闽越，追究其根源，都是发源于胶东半岛的上古东夷集团。按照不断得到考古学印证的古史传说，发源于青海高原的西部华夏集团的部族，大约在 4000 年前东进，与发展壮大而西进的东夷集团相遇。东西两大原始文明的撞击，最终决战于“涿鹿之野”，以华夏集团的黄帝族战胜东夷集团的蔑帝（被黄帝族贬称为害人虫——“蚩尤”）族而告终。未归顺的蔑帝族人四散逃亡，大体上说，部分越海东渡日本，部分经赣、湘转赴西南（现在苗族仍然自称为蚩尤后代），部分向东南沿海迁移。后来江浙地区的吴越、福建地区的闽越、广东地区的南越，直至越南，都是原始东夷集团移民的后裔。所谓“百越”，在文化上是有渊源关系的。闽北、浙南地区，作为瓯越和闽越文化圈，是和北部的杭嘉湖地区有着历史因缘的。将近 7000 年前的河姆渡文化所反映的高水准的木结构成就，表明了闽浙虹桥深远的历史文化根基。

扩展地看，中国木拱廊桥除了闽浙主要分布地外，西北的甘肃、西南的云南与重庆都有类似或相近木拱结构的廊桥遗存。这些区域，除桥梁建造相对较晚的甘肃[①]外，基本都可以认为属于百越民族或受其文化影响的区域。近来有学者认为，分布于重庆、湘西的木构廊桥区域基本上在文化上受“五溪蛮”的影响，其木构桥梁营造技术也出于这一民族。简要地说，西南地区的木构桥梁技术是随着东南部浙闽一带干阑建筑技术附带传入的。[②]闽浙山区保存着的至迟从明代传承下来的木拱桥营造技术，虽然没有直接证据证明其与北宋《清明上河图》中虹桥技术的关联，但是其结构逻辑却有相似之处。这类编木拱

①甘肃仅存的渭源灞陵桥，始建于明洪武年间 (1368—1398 年)，民国八年（1919 年）才仿兰州卧桥形式改建为木拱桥。而卧桥现已不存，兴隆山云龙桥也于 1981 年改建时将木拱架改为混凝土结构。

②参考王玉、黄晓东撰《重庆古代廊桥——兼论重庆廊桥与南方廊桥的关系》一文，载于重庆中国三峡博物馆编《长江文明》第 1 辑第 77 至 94 页。

的营造技术是我国古代工匠发明的，至今仍是世界上风格最独特的木构桥梁建筑技术。我很高兴地被告知，在刘杰他们和闽浙文化、文物部门的专家及地方领导的共同努力下，“中国木拱廊桥传统营造技艺”已经成功于2009年列入世界非物质文化遗产名录；2012年，“闽浙木拱廊桥”也被住建部和国家文物局列入我国申报世界文化遗产后备名录中。刘杰他们20余年的研究与努力始见成效，相信坚持下去，还能取得更大成绩。

12年前，刘杰与沈为平教授合作出版了《泰顺廊桥》，书中主要介绍了以泰顺县为代表的闽浙山区编木拱梁式木拱廊桥，其中也精彩地论述了它与汴水虹桥的渊源；12年后，他的新书将论述重点放在了木拱廊桥的建筑艺术方面，并将研究范围扩展到了整个中国，木拱结构的类型也从以前的编木拱、编木拱梁式，拓展到了组合撑架式木拱结构更大的范围。相信能看到此书的人们都会惊讶地发现，古代丰富多姿的木拱廊桥竟然曾如此普遍地分布在祖国的大江南北，在一些山区今天还能见到它们如虹般的身影，它们与周边的建筑、山水环境一起共同形成了中国传统乡村或者城镇的最美风景。它们特殊的木拱结构，优雅的建筑造型，至今还散发着迷人的艺术气息。

现在，刘杰新书问世，必将使中国木拱廊桥扬名天下，它将不仅在中国桥梁史上，而且在世界桥梁史上占有独树一帜的重要地位。中国木拱廊桥作为建筑文化遗产的历史、科学与艺术价值，不仅仅属于中国人民，也必将为全世界人民所共享。

楊鸿勋

2016年2月于北京

目录

Contents

导论

Introduction

图 1 北宋范宽《秋林飞瀑图》

第一节

中国古代木拱廊桥及其建筑艺术

一、何为中国古代木拱廊桥？

每当人们沉醉于北宋书画名作、著名宫廷画师张择端所绘《清明上河图》写实入微的生动画面时，往往会被占据了画幅核心部位的那座闻名古今的木拱桥——虹桥所吸引。这就是中国古代木拱桥编木拱结构类型的典型代表。爱好绘画的朋友们还可以从一些古代绘画作品中看到不同的木拱结构类型。比如说，台北故宫博物院藏北宋范宽所绘《秋林飞瀑图》（见图 1）[①]，画面下方正中就是架在飞瀑之上的一座撑架式木拱桥。中国一些遗存下来的古代寺庙宫观的殿堂两端或后壁上绘制的壁画中也有反映古代木拱桥的形象，比如山西省洪洞县水神庙壁画（见图 2）中就有用界画手法绘制的一座撑架式木拱桥。

古人绘画讲究"外师造化，中得心源"。对于写意性质的绘画，我们虽然不能完全确认其描绘的建筑形式，但是，其结构的真实性本身就很能说明问题。古画中界画或类似《清明上河图》一类现实主义的作品，其细致入微的描摹所展现出的建筑结构及构造的真实性也是毋庸置疑的。后世有人严格遵循《清明上河图》描绘的虹桥进行了真实环境下的复建，都屡屡成功。

中国古代绘画作品中除了对木拱桥的描摹外，还能见到木构廊桥，比如说故宫博物院藏南宋李嵩所绘《水殿纳凉图》（见图 3），但唯独不见木拱廊桥。个中原因可能是木拱廊桥结构和建筑形体都比较复杂，其结构和建筑特征难为表意画家通过少量的笔墨即可清晰描摹，故这类题材自张择端《清明上河图》这类现实主义画风以后就鲜有表现。历史遗存中较早的木拱廊桥是建于明天启五年（1625

①引自唐寰澄著《中国科学技术史·桥梁卷》第 449 页，科学出版社 2000 年版。不过，书画界一般的看法是：北宋画家范宽的作品仅存现藏于台北故宫博物院的《溪山行旅图》和现藏于美国波士顿博物馆的《雪山楼观图》，据谢稚柳主编《中国书画鉴定》，东方出版中心 1998 年版；北宋画家范宽的作品仅存现藏于台北故宫博物院的《溪山行旅图》，据［美］高居翰著《图说中国绘画史》，生活·读书·新知三联书店 2014 年版。持高居翰观点的还有英国人迈珂·苏立文，详见其著《山川悠远：中国山水画艺术》，上海书画出版社 2015 年版。

年）的浙江省庆元县如龙桥①，之前我曾撰文介绍浙江省泰顺县存有一座建于明景泰五年（1454 年）的叶树阳桥，可惜已于 1965 年因修建公路被拆除。②从已知南方温润潮湿地区保存的木构桥梁来看，明代中前期的实物能延续至今已经算得上保存史上的极限。由此，我们可以推测中国木拱廊桥的建造至迟完善于明代的中前期，其发展和成长时期还将往前推，甚至有可能与汴水虹桥所运用的编木拱或其后续发展类型在时间上相衔接③，当然以汴水虹桥为代表的“编木拱”类型和以闽浙山区木拱廊桥为代表的“编木拱梁式”类型也存在着不同环境下各自发生的可能。

流布于西部诸省以及中南、东南山区的撑架式、编木拱梁式木拱廊桥，其基本构成有两部分：一部分是作为桥梁结构的主体——撑架拱结构或者编木拱梁式结构，它们的位置都在木拱廊桥的下部，亦即桥面板以下，凌空架设在河床或山涧之上；另一部分就是桥面之上的廊屋部分。西部地区对不同形式的木拱廊桥称谓也有差异，西南一带普遍将廊桥称为“风雨桥”或“花桥”，主要是言其功能或建筑形式；西北地区的甘肃、青海一带，对源于伸臂梁式木桥技术发展而来的组合撑架式木拱廊桥，多称为“握桥”，是言其桥梁下部结构的特征。闽浙地区各县市对其保存的木拱廊桥的称谓更是丰富，有反映出其下部结构与构造特征的，比如浙江省泰顺县流行的“蜈蚣桥”、庆元县称呼的“鹊窠桥”，以及福建省周宁县所称的“虾蛄桥”；有反映出其结构杆件特征的，如福建省松溪县流行的“饭筷桥”；有反映出其上部廊屋面貌的，如福建省寿宁县称呼的“厝桥”等。

本书讨论的重点是中国古代木拱廊桥，这里的“木拱”是指其特殊的拥有“人”字形、“八”字形撑架和编木构架等的木制弧形组合结构形式，它与西方逐步发展起来的现代结构科学中所特称的“拱”式结构还是存在一定差异的。在西方现代结构理论中，“拱”式结构特指一种主要承受轴向压力，并由两端推力维持平衡的曲线或折线形结构类型。毫无疑问的是，拱式结构比桁架结构或梁式结

图 2　山西洪洞水神庙元代壁画中的木桥

图 3　南宋李嵩《水殿纳凉图》中的木构廊桥

①刘妍博士通过对如龙桥的精细测绘推断，它极可能是由八字撑架拱改建成的闽浙编木拱梁式木拱廊桥。详见刘妍、于燕楠撰《如龙桥拱架结构建筑考古学精细测绘简报》，载于刘杰主编《闽浙木拱廊桥保护利用与申遗学术（政和）研讨会论文集》，2013 年 11 月。

②详见刘杰著《乡土中国——泰顺》第 42 页，生活 · 读书 · 新知三联书店 2001 年版。

③关于汴水虹桥的编木拱结构与闽浙木拱桥的编木拱梁式结构之间的渊源，我与沈为平教授曾于 2004 年撰写过《中国虹桥再研究——试论编木拱桥和编木拱梁桥的命名及其渊源》一文，并在 2004 年的第三届中国建筑史学国际研讨会上宣读，后收录于台北《城市与设计学报》第 1 卷第 1 7 期，2007 年 3 月；我与沈为平教授合著的《泰顺廊桥》一书也有辑录，上海人民美术出版社 2005 年版；后收入杨鸿勋主编《营造》第 3 辑，中国科学技术出版社 2008 年版。

构具有更大的力学优势。它也是传统社会中所诞生的最具经典性的结构类型。在古代西方，拱式结构主要体现于石材建造的建筑或结构类型中，比如拥有穹顶的大教堂或石拱桥，也有少数运用在木制桥梁中。在古代的中国，石砌的拱式结构较早出现在战国至秦汉时期的石构墓穴之中，稍后也出现在晋隋时期的石桥中[①]，比如说河北“赵州桥”就是闻名世界的石拱桥。古代中国的木拱结构，实际上是一种木制的直梁构件通过一定方式组合而成的撑架拱或编木拱结构。在组合形成的木拱结构中，这些直梁构件不仅仅存在着现代结构学中所谓的轴向压力，也有相当大一部分构件存在着梁式构件中的弯矩。因此，从现代结构科学的视角来看，中国古代木拱廊桥并不是严格意义上的拱式结构。尽管如此，这一点并不能掩盖住中国古代木拱廊桥所承载的千年营造智慧与光芒。相反，它的存在，犹如它所属的主体文化——迥异于西方逻辑思维的、以独特的整体思维缔造出的中华文明体系一样，一直屹立于世界东方熠熠生辉。

二、何为木拱廊桥建筑艺术？

艺术，是源于西方的学科体系。在讨论何为木拱廊桥建筑艺术的问题之前，我们先来讨论一下什么是建筑艺术。

什么是建筑艺术呢？要回答这个问题，不妨先反过来问问：什么不是建筑艺术？同样在西方学术的语境下，我们来看看西方古典美学的代表人物黑格尔的观点。他在《美学》第 3 卷上册中说：“住房庙宇和其他建筑物都有一个重要的特点，这就是它们都是一种单纯的手段，须假定有一个外在的目的。住房和神庙须假定有住户，人和神像之类，原先建造起来，就是为他们居住的。所以建筑首先要适应一种需要，而且是一种与艺术无关的需要，美的艺术不是为满足这种需要的，所以单为满足这种需要，还不必产生艺术作品。”[②]

再来看看什么是建筑艺术。同样在《美学》第 3 卷上册中，黑格尔针对“古典建筑的一般性格”还说过这样的话：“真正的建筑艺术的基本概念在于精神性的意义并不是单独地纳入建筑物本身，使建筑物因而成为内在意义的一种独立的象征，而是这种意义在建筑之外本来就已获得自由的存在了。这种存在可以有两种，一种是意义已由另一种较广泛的艺术（在真正的古典时期这主要是雕刻）独立地表现出来了，另一种是人在直接现实生活中已生动地认识到这种意义而且把它施诸实践了。此外，这两种意义还可以结合在一起。”[③]这段翻译文字看起来有些晦涩难懂，不过，他在接下来的举例解释中还是将其意思表达得比较清楚的：“所以从前巴比伦、印度和埃及这些民族的东方式的建筑一方面用本身自有值价的形体，以象征的方式把他们所奉为绝对和真实的东西表现出来，而另一方面不管人物已死，还把他的外在的自然形体保存下来，用建筑把它围绕起来，而现在古典建筑却不然，精神性的意义已是独立存在的（或是凭艺术，或是在实际生活中），和建筑物是分割开来的，建筑就要为这种精神性的东西服务，这种精神性的东西就成了建筑的真正的意义和确定的目的。”[④]

在西方艺术观念的语境下，我们必须承认：在中国历史上产生过的桥梁建筑不计其数，但并不是每一座桥梁都有艺术性可言，尤其是在桥梁建筑发生与成长过程中诞生的一些桥梁形式。这一点与建筑艺术的情形完全一致：并不是所有建筑都有艺术的要求，大多数实用建筑突出其功能，而建筑美，或言建筑艺术则是建筑的较高形式。建筑的实用性是一种功能，其更加注重精神性表达的时候才能升华为艺术。由此推理，建筑艺术只有在超越功能性要求的时候，才有可能被激发或被唤醒。因此，对于历史上大多数功能性太强的建筑而言，其艺术性的表达则是欠缺的，甚至是缺失的。这是西方建筑的特点，由此，我们就不难理解西方古代早期建筑艺术中最杰出的代表类型基本上都属于神庙或教堂一类。

①唐寰澄先生针对汉画像的研究考证出至迟东汉时期中国即拥有了石拱桥建造技术。

②引自［德］黑格尔著、朱光潜译《美学》第 3 卷上册第 29 页，商务印书馆 1979 年版。

③④引自［德］黑格尔著、朱光潜译《美学》第 3 卷上册第 62 页，商务印书馆 1979 年版。

以上是西方古典美学思想对建筑艺术的理解。

与西方观念不同的是，我国古代的美学思想相当强调“善”的内涵，亦即注重功能性的一面。这一点我们可以从汉字“美”的构成中清楚地看到。汉代许慎在《说文解字》中对美作如此解释：“美，甘也。从羊从大。羊在六畜主给膳。美与善同意。”[①]事物的使用价值优先于审美价值，这是符合历史唯物主义的观点，也反映出美是由劳动产生的真实历史过程。在中国传统思想中，美和善的含义长期是合一的，言美首先强调其功能性，这一点对于着重强调交通功能的桥梁建筑而言尤其如此。

在中西方美学思想巨大差异的背景下，我们如何来看待中国古代木拱廊桥的建筑艺术呢？

实际上，我们今天生活中的诸多知识和学术体系已经打破了中西方文化的绝对界限。自从中国与西方开始有文化和贸易交往之日起，中国文化就如一条开放的长河，一直在接纳着源自世界各大文明体系的智慧之流。在这里略举二例。比如在雕塑方面，古希腊、古罗马的雕刻艺术通过中亚的犍陀罗文化间接传入中国，给大同云冈石窟中的雕塑人物形象带来了欧罗巴的阳刚之气；在建筑方面，古印度的窣堵婆随着佛教东传，与汉代的楼阁建筑技术结合，形成了中国独特的楼阁式塔。因此在本书的写作中，我也尝试着用中西融合的观念来探讨中国古代木拱廊桥的建筑艺术。我认为，中国木拱廊桥的建筑艺术体现在以下五个方面：

第一，木拱廊桥所展现的建筑艺术应当符合“功能与美学相结合”的传统要求。

中国传统建筑审美遵循这一规律，桥梁建筑更是如此。早期桥梁建筑是着重解决交通这一基本功能的。比如说，西安半坡仰韶文化时期的聚落遗址周边都有一圈防卫用的壕沟，而半坡先民们与外界的联系是必须通过壕沟的。经过桥梁学家的推断，壕沟上的交通工具是非常简单的骈木简支梁桥，几根木头之间通过藤条绑扎，没有任何装饰。原始桥梁基本上都是这一类型的简支梁桥，这也极可能是“梁”字代表“桥梁”比“桥”字代表“桥梁”出现更早的一个原因。尽管汉代许慎在《说文解字》中将“梁”和“桥”二字互训，作出“梁，水桥也，从木水，刅声”和“桥，水梁也，从木，乔声”的互通解释。但是，无论从清代段玉裁《段氏说文解字注》中对二字的注释来看，还是从五代南唐徐锴《说文解字系传通释》中对“桥”的注释来看，“梁”和“桥”分别代表“桥梁”时的差别还是明显的。段氏对“梁”的注释为：“梁之字，用木跨水，则今之桥也。”对“桥”的注释是：“水梁者，水中之梁也。梁者，宫室所以关举南北者也。然其字本从水，则桥梁其本义而栋梁其假借也。凡独木者曰杠，骈木者曰桥，大而为陂陀者曰桥。”徐氏对“桥”的注释则更显明白：“乔，高而曲也，桥之为言趫也，矫然也。”由此可见，无论是“大而为陂陀者曰桥”，还是“高而曲也”曰桥，都无疑说明“桥”字是指有坡度而中间高的那类桥梁形式，与“梁”字仅训为跨水或绝水者不同。[②]

“桥”代替“梁”在文献中的出现，在某种意义上意味着上古时期桥梁技术的发展与进步。从建筑类型来看，它基本上代表着一种中间高、两边低的桥式。从建筑结构的角度看，要形成这样的桥式有以下两种可能：第一种，是中间设有两个桥墩的三跨简支连续梁桥，中间跨高，连接两岸的跨低，通过梁板搭接后自然形成中间高、两边低的桥式；第二种，是三折边或多折边的木或石拱桥。前一种类型的桥梁形象在秦汉时期的画像砖石上出现较多，一直延续到魏晋时期。山西省太原市晋祠圣母殿前的鱼沼飞梁（见图4）就是这样的桥式，只不过多出了一组梁桥，形成了十字组合而已。

桥梁建筑的发展之所以呈现出如此趋势，我想至少应该有两个原因：首先是功能上的需求，这是最重要也是最根本的原因。中间高、两边低的新桥式无论在平原水乡，还是在山区乡村，都是非常合理的。在平原水乡则有利于下面行船和泄洪，尤其是山区里的桥梁在

①有学者根据甲骨文“美”字的构成，认为是“羊人为美”而非“羊大为美”，因而将美字的早期含义引申向“巫”。参见廖群著《中国审美文化史·先秦卷》第143至144页，山东画报出版社2000年版。

②详见茅以升主编《中国古桥技术史》第3至4页，北京出版社1986年版。

图 4　山西太原晋祠圣母殿前的鱼沼飞梁

山洪暴发的季节，经常要经受随洪水漂浮而下的树木、房舍和大体积的家具什物的巨大冲击，中跨高是有利于保护桥身的，当然无柱的拱形梁桥和拱桥则更加有利。其次就是美学上的追求了。高高临虚而架的梁桥，或者弯弯的拱桥，引得无数文人骚客的赞美与歌咏，后世文献逐渐多用“桥”而少用“梁”，甚至用“虹”来代替“桥”，也都反映出这种审美需求。

从此意义上来说，各式木拱廊桥建筑技术的发明与创建，也是契合了中国传统社会对桥梁建筑发展的功能要求和审美要求的。

第二，木拱廊桥的建筑艺术还体现在其作为城乡建成环境中的景观构成与风水模式方面。

由于人类生活离不开水体，城镇、乡村不同规模的聚落都必然有水系存在，桥自然就成了聚落联系四方的纽带。在通向聚落的空间序列中，过桥往往就是进出城镇、出入乡村的序曲，在特定的环境下甚至还能成为一种国家的或社会要求下的仪轨。此外，建筑群里往往会配置一定的桥梁，“这些桥梁常是建筑在人工开挖的池沼曲水之上。这已不是为了克服自然险阻而修桥，而是在建筑群的总体布置中作为一个有机的组成部分，服从社会生活中一定时代的政治礼制或宗教思想，使人们产生庄严肃穆或清虚幽静的感受”。①

桥梁建筑成为中国古代人居环境中一个不可缺少的环节，除了其本身有交通功能的原因外，更重要的是它通过古代风水观念融进了聚落景观构成的规划理论。中国古代人民根据长期对大自然的观察和对实际营造经验的积累，形成了一种有关住宅、村镇及城市等居住环境的基址选择及规划设计学说，这个学说被称作“风水术”或“堪舆学”。尽管后世的风水术掺杂了太多玄学与迷信色彩，但究其实质，“不外是在选址方面作为准绳对地质、地文、水文、日照、风向、气候、气象、景观等一系列自然地理环境因素，做出或优或劣的评价和选择，以及达到趋吉避凶纳福

①详见茅以升主编《中国古桥技术史》第 222 页，北京出版社 1986 年版。

的目的，创造适于长期居住的良好环境”。[①]

负阴抱阳，背山面水，这是风水观念中对住宅、村落、城镇基址选择的根本原则。住宅、村镇的选址不但需要“负阴抱阳，背山面水”，还得“藏风聚气”。要实现这些目标，就得关锁水口。当山形水势有缺陷时，为了“化凶为吉”，在风水师的指导下，可以通过修景、造景、添景等办法达到风景画面的完整和谐。根据风水理论，有消极和积极的两种方法来进行山水形势的调整。其一，可以用调整建筑出入口的朝向、街道平面的轴线方向等办法来避开不协调的景观，获取视觉及心理上的平衡，是为消极的方法；其二，通过改变溪流的局部走向，或改造地形，或建风水塔，或建风水桥，或建风水墩等措施，对已有环境的景观缺陷进行改造与修补，这是积极的方法。由此可知，在山环水绕的村落与城镇之间，桥梁的建设不仅仅起交通作用，更为重要的是它起着景观修补的作用。这便是我国传统社会中遗存下来的城镇、乡村环境中桥梁往往是进入其前导空间的哲学背景。

黑格尔在《美学》第 3 卷上册中说：“艺术的最初最原始的需要就是人要把由精神产生出来的一个观念或思想体现于他的作品，正如人运用语言来传达自己的思想，使得旁人能理解。”[②]传统社会中，在风水或称堪舆理论的指导下，桥梁建筑往往成为人们规划聚落环境的重要手段。它参与聚落水口的景观构成，体现着人们追求的理想聚落环境观念；反过来讲，这种桥梁参与聚落水口园林景观的结果，正是人们在风水思想指导下的规划设计作品。所以，在风水理论下桥梁参与城镇、乡村聚落的景观营造成为了必然，并且它在千百年的发展过程中逐渐形成一种聚落景观艺术构成的模式。毫无疑问的是，在中国南方地区尤其是东南闽浙山区，木拱廊桥在城镇与村落的水口园林或景观构成中起到了至关重要的作用。

第三，木拱廊桥建筑艺术所展现出来的建筑结构、形体、装饰与附属构筑物之美。

当高大的桥形出现以后，支撑这个高大桥形的建筑结构又成为人们关注和必须解决的问题。在这个问题中，慢慢地衍生出来了一个结构美学的问题。在桥梁建筑中，结构扮演了两个重要的角色：一方面，结构要保障桥梁建筑的安全，抵御地震、台风和荷载的作用；另一方面，结构也承担了对桥梁建筑美学作贡献的重要角色。从此意义来说，桥梁建筑从梁桥发展到拱桥，从平桥发展到廊桥，都是桥梁结构在艺术性方面的升华。

黑格尔在《美学》第 3 卷上册中曾这样说过：“建筑艺术到了获得符合它的本质的时候，它的作品就服务于一种非它本身所固有的目的和意义。它就变成一种无机的环绕物，一个按照重力规律来安排和建造起来的整体，这个整体的各种形式都要形成严格的整齐一律，直线形，直角形，圆形和一定的数量关系，由它本身界定的尺度以及谨严的规律性之类范畴。这种建筑的美就在于这种符合目的性本身；这种目的性已摆脱了有机的，精神的和象征的三种因素的直接混合；尽管是应用的，它却结合成一个本身完备的整体，通过它所有的形式使它的目的显得一目了然，而在它的这些关系的和谐配合中就把单纯的符合目的性提高到美。”[③]

西方人常常将建筑比喻成凝固的音乐，黑格尔在其著中也提到，建筑与音乐这两种艺术都需要依靠各种比例关系的和谐，而这些比例关系又都可以归结到数。在桥梁的建筑结构、建筑形体两个方面都会存在着这种数的比例以及和谐问题。例如，木拱廊桥的拱跨多大，木拱的矢高一般是多少，木拱廊桥的廊屋高度是多少、与面阔的比例又是多少等等问题，都是本书要研究和分析的木拱廊桥建筑艺术形象问题。

此外，桥梁建筑上的雕塑、雕刻、壁画、彩画、灰塑、铺装等装饰艺术，以及桥梁附属的如华表、牌楼、塔幢等构筑物也是综合反映木拱廊桥建筑艺术的两个维度。

①详见尚廓撰《中国风水格局的构成、生态环境与景观》一文，载于王其亨主编《风水理论研究》第 37 页，天津大学出版社 2005 年版。
②引自［德］黑格尔著、朱光潜译《美学》第 3 卷上册第 33 页，商务印书馆 1979 年版。
③引自［德］黑格尔著、朱光潜译《美学》第 3 卷上册第 61 页，商务印书馆 1979 年版。

第四，木拱廊桥建筑艺术中所蕴含的营造意匠、习俗和工匠精神。

在中国传统社会中，许多建筑的营造过程就是一个艺术创作的过程，充满着创作的激情、活力以及工匠的精神，其中，木拱廊桥的营造尤其如此。在闽浙木拱廊桥的营造活动中，意匠在规划和设计层面上起着决定性的作用；建造过程中工匠们的创作激情、建构精神以及营造习俗等又决定着木拱廊桥本体的最终品质，亦即其建筑与结构的艺术价值。

对“编木拱”与“编木拱梁”两种木拱桥桥式而言，编木体系是桥梁结构中的核心技术。了解这类木拱桥结构特征的人都知道，以汴梁木拱桥为代表的“编木拱”桥，它的两套拱骨系统是3+4结构，以闽浙木拱桥为代表的“编木拱梁”桥，它的两套拱骨系统是3+5结构。无论是3+4还是3+5，两套系统如何紧密编织、紧紧咬合在一起形成一个整体的结构受力系统，这才是木拱廊桥结构体系营造的关键。在闽浙编木拱梁式木拱廊桥营造过程中，安装五节苗“平苗”之前，颇具仪式感的“撞牛头”就是将两套系统合二为一的建造关键技术。恰恰是这一关键技术，使得闽浙山区的木拱廊桥技术水平高过组合撑架式木拱廊桥；也正是因为这项技术仅被少数造桥工匠世家所垄断，不少聪明绝顶、偷师学艺的木匠没能掌握这项技术而使得建造木拱廊桥的活动功败垂成。

在闽浙木拱廊桥营造过程中，伴随着营造习俗和仪式，比如占卜吉课、南山伐梁、祭河动工（有的地方在此阶段还有“月福礼仪”、“竖柱福礼”）、上梁喝彩、完桥福礼（亦称“踏桥开走”）等。

第五，也是至关重要的一个方面，木拱廊桥建筑艺术中的创作主体和审美主体都是以保存地的村民为主的。本书尝试通过追踪古代木拱廊桥与所在地村民在生活中的互动，尤其是木拱廊桥内陈列的礼乐空间和精神世界，来揭示出木拱廊桥作为精神性意义的独立存在。

木拱廊桥所在地的山乡村民们生活离不开桥梁和道路。他们祖祖辈辈都在山地世界里生活与劳作，正如他们所营造的木拱廊桥一样。他们的喜怒哀乐，他们的爱恨情仇，他们对未来生活的期待和愿景都凝聚在这些木拱廊桥上。在很多地方，这些木拱廊桥不仅仅是附近村子里的宗教、娱乐和交流场所，还是它们所在古道系统所串联起来的更大地域范围的村民们的联谊场所。通过“端午走桥”等民俗活动、仪式的关联，四乡八境、邻邑隔省的乡亲们会济济一桥，通过廊桥上的礼乐空间及仪式来增进他们的情谊，也抒发他们的情感。在这些时刻，木拱廊桥已经不再是交通意义上的建筑设施，而是乡亲们的精神世界驻留的场所。对于这一情形，恰如黑格尔在谈到“古典建筑的一般性格”时所说：“真正的建筑艺术的基本概念在于精神性的意义并不是单独地纳入建筑物本身，使建筑物因而成为内在意义的一场独立的象征，而是这种意义在建筑之外本来就已获得自由的存在了。……精神性的意义已是独立存在的（或是凭艺术，或是在实际生活中），和建筑物是分割开来的，建筑就要为这种精神性的东西服务，这种精神性的东西就成了建筑的真正的意义和确定的目的。”①

①引自［德］黑格尔著、朱光潜译《美学》第3卷上册第62页，商务印书馆1979年版。

第二节
为何要研究中国古代木拱廊桥及其建筑艺术？

一、研究中国古代木拱廊桥的意义

中国古代木构桥梁营造技术与干阑建筑营造技术同源。[①]在中国古代工程技术发展历程中，木构桥梁营造技术，不仅仅是解决交通问题的特殊建筑技术，而且还是普通宫室营造技术的一个重要来源和补充。[②]桥梁是最能体现用组合构件形式来解决空间跨越问题的一种建筑结构。与此同时，桥梁的结构逻辑相对其他建筑类型而言显得更为简洁和明晰。因此，研究木构桥梁的演变可以窥斑见豹，从一个局部就能较为深入地了解中国古代木构建筑体系的发展与演变。

美国工程技术近 200 年来的发展表明，正是因为不断发展和演进从欧洲大陆传来的木构廊桥建筑技术，才促使美国桥梁工程技术由近代向现代转型（后来的钢结构桥梁技术就是从木构廊桥技术演进而来的）[③]，之后还反哺欧洲大陆。他山之石，可以攻玉。美国经验值得借鉴，对传统木拱廊桥建筑结构技术进行综合深入的研究，同样也可为我国正在起步发展的现代木结构建筑与桥梁技术积累经验和奠定基础。

概括地讲，中国古代遗存的木拱廊桥大致可以分为四类：其一是撑架式（Braced）；其二是组合撑架式（Composite Braced）；其三是编木拱式(Woven Timber Arch)；其四就是闽浙地区常见的编木拱梁式(Woven Timber Arch-beam)。[④]这四种木拱结构体现出了一些共同构造特征：它们都是运用较短的木杆件，通过组合之后形成结构学中类似“拱”的形式和功能，来增大跨越空间（河流或沟壑）的能力。进一步而论，后两种木拱结构与前两种之间又有差别，它们虽然也用较短的木杆件，但在构造上却是通过穿插、别压，即“编织（woven）”的方法建构起跨度更大的组合结构。一般来说，现存的木拱桥上绝大多数都没有廊屋，因此通常又被称为“木拱廊桥”。在中原和干旱少雨的北方地区，也出现过不设廊屋的木拱桥，如北宋名画《清明上河图》中的“虹桥”。

中国历史上有没有出现过其他类型的木拱桥呢？汉画像砖石上反映出多种形式的拱形桥梁，但是，汉代到底有没有出现过真正的木拱结构桥梁？其结构与构造又如何？这些问题都需学术界做进一步探究。敦煌石窟和隋唐墓室壁画中也出现过一些小尺度的拱形木桥——多是靠弯曲木梁起承重作用的梁桥。它们常见于唐宋宫廷苑囿和私家园林，后传播至东亚各国，至今在日本风格的花园里还能见到。

据李约瑟研究，中国至迟在 10 世纪发明的编木拱技术在 15 世纪传到了欧洲。欧洲文艺复兴时期巨匠——达芬奇在 15 世纪就用类似编木拱的技术设计过一座军用木桥，其草图保留至今。[⑤]18 世纪，中国桥梁技术还通过造园艺术的传播影响到欧洲的木桥建造。[⑥]编木拱营造技术至迟于 20 世纪中叶由日本匠师带到了北美大陆，在美国西海岸亨廷顿的日式花园中留有实物。2011 年，我作为特邀研究员参与了美国里海大学建筑系“中国桥”课程，并与其师生在宾夕法尼亚校园内建成了一座小规模的编木拱桥。2015 年，中国福建省周宁县木拱桥营造工匠张昌智等在德国建造了一座编木拱梁桥。[⑦]当然，中西方文化交流是双向的，桥梁建筑技术亦然。古罗马石拱券技术很早就通过陆上丝绸之路经西亚、中亚和印度间接影响到中国。在 17 世纪，西方木构桥梁技术也随着殖民者通过

①参见刘杰著《江南木构》一书，上海交通大学出版社 2009 年版。

②参见陈明达著《中国古代木结构建筑技术（战国—北宋）》第 25 页，文物出版社 1990 年版。

③ Justine Christianson & Christopher H. Marston, Executive Editors, Covered Bridges and the Birth of American Engineering, Published in 2015 by the History American Engineering Record, National Park Service, Washington, D.C.

④详见刘杰、沈为平撰《中国虹桥再研究——试论编木拱桥和编木拱梁桥的命名及其渊源》，原载于 2004 年《第三届中国建筑史学国际研讨会论文集》，后收入台北《城市与设计学报》第 1 卷第 17 期，2007 年 3 月。

⑤参见李约瑟原著、柯林·罗南(Colin A. Ronan) 改编、上海交通大学科学史系译《中华科学文明史》(The Shorter Science & Civilisation in China)，第 5 卷第 135 页，上海人民出版社 2003 年版。

⑥详见陈志华著《中国造园艺术在欧洲的影响》一书，山东画报出版社 2006 年版。

⑦该桥由德国慕尼黑工业大学中国留学生刘妍介绍周宁县造桥世家张昌智等工匠赴德建造，2015 年完成。

南亚地区对中国西藏、甘肃、四川等西部地区产生了一定影响。从古代木拱桥这个视角，学术界也可以对东西方建筑文化以及中国与东亚各国之间的建筑文化交流进行深入的探讨。

当下正在政治、经济领域里热议的“一带一路”话题，其实在木拱廊桥营造技术的中西方交流历程中也有很好的体现。石拱券技术很有可能循着陆上丝绸之路从西方传至中国，编木拱营造技术至迟又在一个世纪以来从中国传至欧美大陆。木拱廊桥营造技术的国际性流播，代表着中华文明之光对世界的影响力，是中国软实力的体现。

二、为何要研究木拱廊桥建筑艺术？

建筑史学家萧默先生在谈到建筑艺术的时候曾举了一个例子，就是《史记》中记载的西汉初年丞相萧何大兴土木营造长安未央宫的趣事。话说 2200 多年前，刘邦刚刚灭了秦朝，建立起大汉王朝，尚在肃清地方残余势力的时候，丞相萧何却在都城长安营造了壮观无比的未央宫。刘邦率领大军班师回朝之时，看见了刚刚落成的壮丽非凡的新宫殿，非常生气，于是责问萧何：“天下还在打仗，能不能最后取胜还难说，为什么要这么奢费？”萧何却回答说：“正因为胜负未定，才更应该把宫殿造得尽量堂皇一些，要不然，怎么能显得出您的赫赫威势呢？”听了丞相的一席话，刘邦才恍然大悟，明白了萧何的良苦用心。在长安城里还有一座宫殿——长乐宫，那本是秦朝时期的兴乐宫，汉朝将其修复以后成为了都城里的一座重要宫殿。工程完工以后，追随刘邦打下天下的草莽英雄们在宫殿里学习礼仪、摆宴庆贺。在壮丽雄伟的宫殿里，这些天不怕地不怕的武夫们，竟然没有一个敢不遵守规矩，连说话的声音都变小了。[①]这就是壮丽雄伟的宫殿建筑所带来的艺术震撼力。

同样的道理，在漫长的传统社会中生活在城镇与山村的普通百姓们，他们也要有生活中的殿堂、剧场、神庙甚至市场，他们也需要创建自己的建筑艺术、表达他们的营造精神和生活情趣。那么，木拱廊桥这种建筑形式在相当多的地方，尤其是山区就成为了百姓们的最佳选择。他们不仅仅将木拱廊桥当作跨越江河溪涧的交通工具，更重要的是将其当作他们生活中的殿堂，当作娱乐时的剧场，当作祭祀时的神庙，当作交易时的市场。在特别的时日，木拱廊桥还是纪念屈原的场所，是祈福的空间，是占卜问卦之地……毫无疑问的是，某些地区历史上建造的木拱廊桥，其重要性等同于都城或者地方城市中建设的大型公共建筑，它们承载着百姓们太多的生活意趣和精神需求。

在绝大多数情形下，它们的营造类型属于今天学术界所界定的乡土建筑范畴。陈志华先生曾在河北教育出版社出版的《中国古村落》书系的“总序”中说：[②]

“中国有一个非常漫长的自然农业的历史，中国的农民至今还占着人口的绝大多数。五千年的中华文明，基本上是农业文明。农业文明的基础是乡村的社会生活。在广阔的农村里，以农民为主，加上小手工业者、小商贩和少数在乡知识分子，一起创造了像海洋般深厚瑰丽的乡土文化。庙堂文化、士大夫文化和市井文化，虽然给乡土文化以巨大的影响，但它们的根扎在乡土文化里。比起庙堂文化、士大夫文化和市井文化来，乡土文化是最大多数人创造的文化，为最大多数人服务。它最朴实、最真率、最生活化，因此最富有人情味。乡土文化依赖于土地，是一种地域性文化，它不像庙堂文化、士大夫文化和市井文化那样有强烈的趋同性，千变万化，更丰富多彩。

“乡土建筑是乡土生活的舞台和物质环境，它是乡土文化最普遍存在的、信息含量最大的组成部分。它的综合度最高，紧密联系着许多其他乡土文化要素或者甚至是它们重要的载体。不研究乡土建筑就不能完整地认识乡土文化。甚至可以说，乡土建筑研究是乡

①参见萧默主编《建筑意》第 1 辑第 117 至 118 页，中国人民大学出版社 2003 年版。这个故事始见于司马迁著《史记》，可参见中华书局1959年版《史记》第 2 册第 385 至 386 页。

②引自刘杰著《中国古村落·库村》中“总序”，河北教育出版社 2003 年版。

土文化系统研究的基础。

“乡土建筑当然也是中国传统建筑最朴实、最真率、最生活化、最富有人情味的一部分。它们不仅有很高的历史文化的认识价值，对建筑工作者来说，还可能有一些直接的借鉴价值。没有乡土建筑的中国建筑史也是残缺不全的。”

以往，中国乃至世界学术界主要针对中国古代官式建筑艺术进行研究，较少面对乡土建筑艺术范畴。中国古代的木拱桥建筑虽有帝都保存的历史记录，但从今日保存地来看，恰恰是地域性的乡土世界为多。研究中国古代木拱廊桥的建筑艺术，除了研究木拱廊桥的营造技艺以外，还要还原传统社会中木拱廊桥保存地百姓们日常的生活、生产和精神追求。这是因为，木拱廊桥就是山村百姓们的宫殿、剧场和神庙，它们代表着山地世界建筑营造技术的最高水准，也是山地乡土建筑中的艺术经典。

第三节 中国木拱（廊）桥研究简史

中国古代木桥建筑技术研究肇始于 20 世纪 30 年代，学术界对木拱（廊）桥的研究相对要迟些。进入 21 世纪以来，随着我国科学研究事业的进步，木拱（廊）桥的研究也步入了一个新时期。我曾经撰文①将学术界对木拱（廊）桥的研究大致分为三个阶段：20 世纪 50 年代到 70 年代末为第一阶段，此阶段是木拱（廊）桥研究的草创期；1980 年至 2004 年为第二阶段，此阶段是木拱（廊）桥研究的发展期；2005 年以来为第三阶段，此阶段是木拱（廊）桥研究的全面深入和拓展期。

一、木拱（廊）桥研究的第一阶段：在桥梁技术史学的范畴中草创

在国内率先系统研究汴水虹桥及木拱桥的桥梁史学者是唐寰澄先生。他从 20 世纪 50 年代起就开始研究宋画《清明上河图》中的虹桥结构，并得到学界权威茅以升和梁思成的关注。② 1957 年，唐寰澄的第一部桥梁著作——《中国古代桥梁》由文物出版社出版，书中记录了他关于北宋汴水虹桥的初步研究。这些研究成果也部分收录于两年后出版的《中国桥梁史料》中。

在桥梁专家罗英 1959 年出版的《中国桥梁史料》一书中，他将木构桥梁分为简支木梁桥、木框桥、木柱桥、亭阁桥、翅式木桥（即李约瑟称的“伸臂式桥”）、用斜撑的八字式桥、木拱桥等七类。他已注意到闽浙山区的木拱廊桥，并在其著作中进行了简略的介绍。他在书中对庆元、泰顺、屏南诸县以及丽水市碧湖镇的木拱廊桥作了如下描述：

①参见刘杰撰《中国木拱桥研究综述与展望》一文，载于赵辰、郑长铃主编《第三届中国廊桥国际学术（屏南）研讨会论文集》第 81 至 94 页，文化艺术出版社 2011 年版。
②见唐寰澄著《中国木拱桥》前言，中国建筑工业出版社 2010 年版。

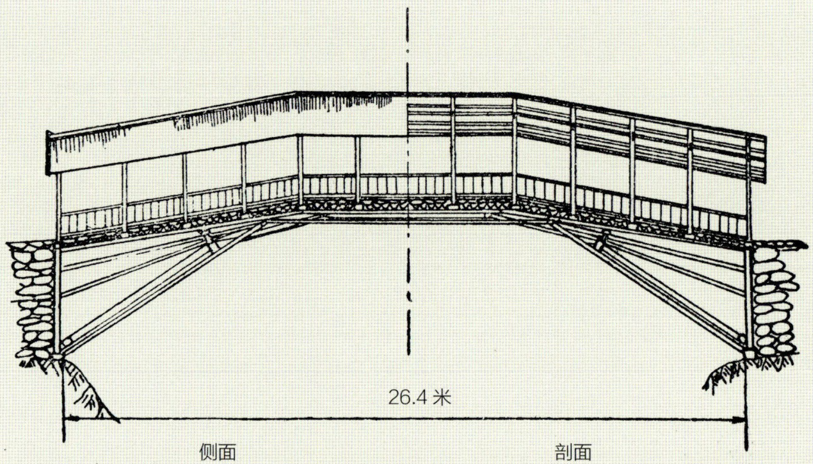

图5　浙江庆元竹口木拱桥

图6　福建宁德新建的木拱桥

“木拱桥尚未多见，有类似八字撑和木拱桥之间，亦称之为木拱桥。至今尚存在者，如浙江庆元木拱桥一座（见图5），在竹口跨东溪，是五边形和七边形的拱架，层叠并置。于七边形拱架层两端，加斜撑杆，以增稳定性。这座木拱桥重建于1885年，跨径26.4米，其矢度5.7米，高在10米以上，宽4.75米。桥上建瓦亭（即廊屋——作者注），亭高4.5米。木板桥面上铺沙土一层，再上盖石板，增加静重，可能更稳定些。又丽水碧湖附近有一座大木拱桥，其结构与竹口桥相仿。又泰顺三魁桥（即薛宅桥——作者注），跨泰顺秀溪，长35米，高约15米，建于公历1506—1521年间（明正德年间），1736—1795年间（清乾隆年间）曾重修。又屏南有金造桥、忠洋桥，其跨径自十余米至二三十米，上盖瓦亭，两旁钉有挡水板，拱腹并钉上薄板，以免受日晒雨淋的侵损。桥面的构造，也是用沙土铺于木板上，再盖石板（原文作“版”——作者注）。石板宽约1米，并不像竹口桥全桥面俱铺石板，其拱桁以两种式样的五边形木桁架，用不同斜度的斜撑杆间隔次比。在斜杆交叉处系牢，借以减短斜杆的压屈长度。如遇跨径较长时，为减少桥面直梁的弯矩，有时在交叉处立一竖柱，因此就可用两根较短的直梁。双孔木拱桥有屏南千乘桥，公历1820年（清嘉庆二十五年）重建，跨径57.2米，高4.8米。又宁德县（今蕉城区——编辑注）距城6公里处有木拱桥一座（见图6），用五边形和两种七边形木拱架层叠并置，靠岸的节间用十字交叉形联条（即剪刀撑——作者注）联结，以增稳定。旧桥已倾圮，近年在老桥原址照旧样重建了一座新桥，其跨径约18米，高约8米，桥底有一套八字撑，乃未曾拆去的老桥的部分旧结构。这座桥似乎受新式建桥方法的影响比较多些，其他现存的木结构桥，大都经过重修或重建，因此多少受些新式建桥方法的影响，在分析构件应力时，尚能与力学原理相符。”①

限于当时的研究基础和条件，罗英先生对闽浙木拱廊桥两个受力系统的结构分析并不清晰明确。当时学术界比较明确的木拱桥是

①引自罗英编著《中国桥梁史料》第63至67页，中国科学社1959年版。

《清明上河图》中反映的编木拱类型。所以，他在书中说："木拱桥尚未多见，有类似八字撑和木拱桥之间，亦称之为木拱桥。"但是，他已经明确指出它们是木拱桥的一种类型，并大致罗列出它们的分布区域。这为后来学术界的深入研究奠定了基础。

20世纪30年代以来，对中国古代桥梁进行研究的国内外最具代表性的刘敦桢、茅以升和李约瑟等学者，均未就木拱桥进行专门而系统的研究。值得一提的是英国科技史学者李约瑟对中国古代木桥的研究。在其巨著《中国科学技术史》（Science and Civilisation in China）第4卷第3分册《土木工程与航海技术》中，他着重论述了梁式木桥和伸臂式木桥，误将木拱（The Wooden Arch）纳入伸臂式桥（The Cantilever Bridge）结构类型中。宋画《清明上河图》中著名的木拱桥——虹桥，被其称为"多角度挑梁伸臂式桥(The Multi-angular Soaring Cantilever Bridge)"（见图7）。[①]再者，李氏并未深入到南方山区，尤其是闽浙山区去考察木构桥梁，故在其著中从未涉及此地区的木拱桥。

鉴于李氏在学术界的声望，1978年茅以升在外文出版社出版的《Bridges in China, Old and New》(中国的古桥和新桥——从赵州桥到南京长江大桥)一书中沿袭了李氏观点，继续将闽浙木拱桥纳入伸臂式桥（The Cantilever Bridge）的结构类型。

1979年8月由上海科学技术出版社出版的《桥梁史话》一书中收录了由杜连生撰写的《汴河虹梁》一文[②]，比较详细地分析和论述了汴水虹桥的结构以及装饰等。杜先生在文中这样描述虹桥："这座虹桥是一座单跨等边折线的木构拱桥。跨径近廿五米，净跨二十米左右，拱矢约五米，离水面净高5.5—6米，从图上（指《清明上河图》——作者注）可以看出，桥下净空基本满足航行要求。桥宽足有八米。矢跨比约1/5。桥堍和拱背培土垫层，减小了桥面坡度，所以桥上人马车轿往来尚算便利。虹桥设计严谨，构造精巧，显示出高度的建筑技术和艺术水平……"尽管杜先生已经指明虹桥是"木

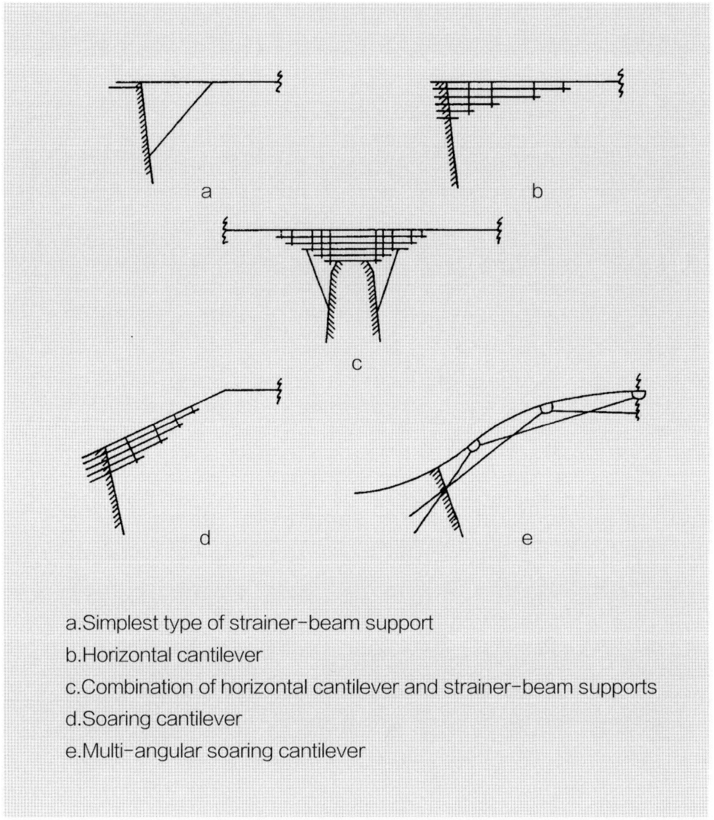

图7　伸臂式桥的类型

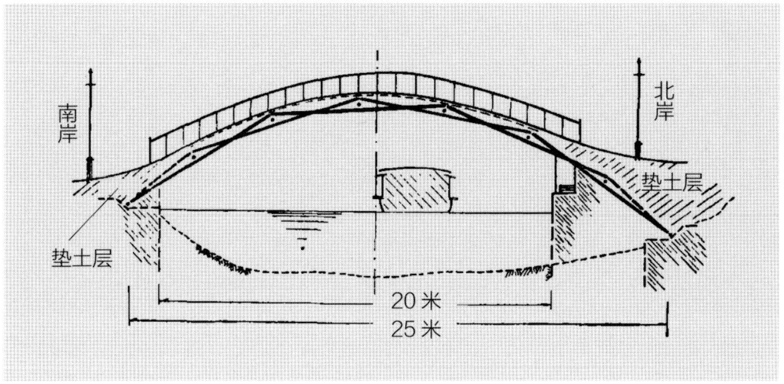

图8　虹桥示意图

①详见刘杰撰《李约瑟中国古代木构桥梁研究的评述》，载于《2015建筑历史研究与城乡建筑遗产保护国际学术研讨会论文集》第44页，中国建筑工业出版社2015年版。

②参见金大钧、李明昭、潘洪萱（以上同济大学）、沈家麟（上海市城市建设局公路管理处）编著，袁栋梁、李之平绘图的《桥梁史话》一书第97至113页，上海科学技术出版社1979年版。该篇文章由杜连生撰写。

构拱桥”，但可能是因为受到李约瑟将虹桥结构归为“多角度挑梁伸臂式桥”的影响，故在虹桥结构复原示意图（见图8）中并没能准确绘制出其本来的面目，而将其复原成4+4的编木拱结构，从桥的纵剖面观察，呈现出六节拱骨，其中两个系统中各有一根短拱骨隐藏于垫土层中。

总结此阶段研究，开创木拱桥研究的都是桥梁界或科技史界学者。他们已经注意到木拱桥的存在，但其研究还未涉及木桥技术与文化类型的复杂演变历程，尤其是对编木拱桥这一世界上唯中国独有的结构类型缺乏深入探究，也未从结构学意义上予以正确命名。关于木拱桥起源的研究，只有李约瑟在其《中国科学技术史》中有大胆推测，其余学者鲜有提及。①

二、木拱（廊）桥研究的第二阶段：跨领域的交叉、多学科的兼容

1980年至2004年为木拱（廊）桥研究的第二阶段，这是木拱（廊）桥研究在深度和广度上的扩展期。其间，学术研究出现了两个显著的变化：（一）木拱（廊）桥研究已经从之前单纯的桥梁技术史学向人文学科渗透，形成科学与人文领域的交叉学科，并在历史学、历史地理学、考古学、民俗学、文物保护学等社会科学领域拓展；（二）高等院校的建筑学者、桥梁工程学者、人文学者开始进入此领域，并成为其中一支重要的研究队伍。这些变化带来了木拱桥研究的多元化、立体化，并且将研究的广度和深度向前推进了一大步，研究成果也变得丰富起来。

1985年10月，国内出版了第一部古代建筑技术史著作——《中国古代建筑技术史》（科学出版社），由中国科学院自然科学史研究所主编。这部巨著中未设桥梁专篇，相关的内容则散见于书中第五章《木结构建筑技术》和第七章《石结构建筑技术》中。对木构桥梁的论述在第五章中，分别是陈明达撰写的《战国至西汉木结构之栈道和桥》以及祁英涛执笔的《宋代木结构之独特木拱桥——虹梁结构》两节。该书虽无专章论述古代木拱桥，但据陈明达对早期“栈道和桥”的论述，前辈学者已揭示出木桥技术与房屋建筑技术二者之间的关联。

1986年5月，北京出版社出版了国内第一部桥梁技术史著作——茅以升主编的《中国古桥技术史》。该书将木桥分为木梁桥、特殊梁桥（指木栈道）和木拱桥三类。书中称汴水虹桥为“拱式木桥”，并用“虹桥式木拱”称呼闽浙木拱廊桥的结构。这是学术界首次对木拱结构进行研究并对其进行概括分类。该书首次展示了桥梁技术专家对汴水虹桥和闽浙木拱桥二者的比较研究。该书中有关木拱桥的撰述出自副主编唐寰澄先生之手。在此阶段，唐寰澄有机会深入到闽浙山区并现场考察遗存的明清木拱桥。在之后的研究成果里，他将虹桥的木拱结构命名为“叠梁拱（The Combined Beam-arch Bridges）”，如文物出版社于1987年3月出版的《中国古代桥梁》一书即用此名；之后他又改称为“贯木拱”，如后来出版的《中国科学技术史·桥梁卷》一书即用此名。

以历史学、考古学和民俗学为代表的社会科学对木拱（廊）桥研究的渗透始于以寿宁县博物馆龚迪发、泰顺县文博馆薛一泉等为代表的基层文物研究与保护工作者。他们身处闽浙山区，研究从实物调查着手，收集整理了许多一手材料。他们的研究偏重于造桥工艺和造桥习俗方面，后者将主要精力集中在泰顺一地，有代表作——《解读泰顺廊桥》一书出版；前者以宁德地区为中心，着眼于整个福建木拱廊桥的研究，撰有了多篇论文，其代表作为《福建木拱桥调查报告》。龚迪发对闽浙木拱廊桥文物的收集也作出了重要贡献，其中最突出的一项是对造桥文书——“桥约”（即木拱桥造桥合同）的发现和征集。闽浙两省的文物保护工作者对木拱廊桥的建筑结构、营造方式进行了初步的研究，比较了闽浙木拱桥与汴水虹桥结构之

①详见刘杰撰《李约瑟中国古代木构桥梁研究的评述》，载于《2015建筑历史研究与城乡建筑遗产保护国际学术研讨会论文集》第44页，中国建筑工业出版社2015年版。

间的异同，提出了闽浙木拱桥独立起源的观点。如浙江省文物考古所陈云根、泰顺县文博馆馆长张俊等地方专家即持此观点。

2000 年 1 月，唐寰澄著《中国科学技术史 · 桥梁卷》由科学出版社出版。此书是国家科学技术史桥梁史专项研究成果，它系统记录了中国古代桥梁技术产生和发展的历史，并对桥梁的各类型进行了综合论述。这部书基本上是对 20 世纪中国古代桥梁研究的总结，从研究的历史跨度、地域广度和桥梁类型的丰富度来看，超越了之前所有的桥梁史专著。其中关于木桥的论述，尤其是木拱桥部分，相较之前的著作取得了较大的进展：（一）它科学地界定了“伸臂式桥（The Cantilever Bridge）”和“汴水虹桥（The Rainbow Bridge over the Bian River）”分别隶属于“纵梁桥(The Girder Type)”和“木拱桥(The Wooden Arch Type)”两类；（二）它科学地分析了汴水虹桥和闽浙木拱桥两种结构类型之间的异同；（三）它对汴水虹桥与闽浙木拱桥的技术渊源作出了推测，即后者是前者的发展和继承；（四）它对汴水虹桥的结构正式命名为“贯木拱”，这是对之前“叠梁拱”名称的纠正。

此外，书中对国内其他地区遗存的木拱桥也作了较为详细的论述。进一步，他将中国木拱桥分成了三类：其一，弓弓桥，主要分布于川西北等地区；其二，撑架拱桥，历史上曾在国内广泛分布，现较多存于南方山区；其三，贯木拱桥（亦即笔者命名的“编木拱桥”），曾在中原流行，现大部分存于闽、浙、陇山区。

建筑史学界素有古桥研究的传统，前辈学者如梁思成、刘敦桢、王璧文、单士元、陈从周等都有研究桥梁的专篇文章，专注于木拱桥的系统的研究成果是华侨大学方拥（后调入北京大学）1995 年 11 月发表在《建筑学报》上的《虹桥考》一文。该文是其一系列闽浙木拱桥研究论文的代表。他在唐寰澄研究基础上，对闽浙地区木拱廊桥做了进一步的调查研究。

我自 1996 年起于浙江省温州市从事乡土建筑与木拱廊桥的考察研究。1997 年，我首次在香港大学召开的第八届中国民居国际研讨会上较为详细地介绍了泰顺木拱廊桥。2000 年，我又在《地理知识》（《中国国家地理》前身）杂志上发表了《泰顺廊桥》长文。2001 年，我带领上海交通大学研究小组赴浙江省丽水市的庆元、龙泉、景宁、云和等县市考察木拱廊桥，完成了《丽水木拱廊桥考察报告》。2004 年 6 月，我与沈为平教授在芬兰召开的第八届世界木工程大会的主会场上，作了题为《Chinese Rainbow Bridges》（中国虹桥）的口头报告，9 月在河北省香河县召开的第三届中国建筑史学国际研讨会上，又与沈为平教授发表了《中国虹桥再研究——试论编木拱桥和编木拱梁桥的命名及其渊源》一文。在文中，我们运用技术进化论的观点，论述了虹桥与闽浙木拱桥的技术渊源，并分别用“编木拱”和“编木拱梁”对虹桥和闽浙木拱桥作结构学意义的命名。这一命名在桥梁和建筑史学界逐渐得到了大多数学者的认同与呼应，学界泰斗唐寰澄在其新著——《中国木拱桥》中亦有引用和说明。[①]

2001 年，南京大学赵辰团队也开始对闽浙木拱桥进行实地调查。他们有关木拱桥的研究成果有论文《木拱桥：一种传统木构营造技术的研究》（载于 2002 年华南理工大学出版社出版的《中国传统民居营造与技术》），以及在芬兰国际会议上发表的《Tectonic Studies on Wooden Arched Bridge and Wooden Drum Tower, as the Cases of Span and Height in Chinese Wooden Structure Tradition》一文。他们运用类型学的方法，通过对闽浙木拱桥各结构系统构造关系的具体分析，以施工过程分析桥梁建筑形态的特殊建构意义，同时还将之与瑞士木构桥梁进行比较分析并作出评价。

学术界在此阶段的研究工作基本上已经摒弃了纯技术史或建筑史性质的研究手段，开始采用多学科、跨领域以及中外比较的研究方法。此阶段研究的方法和内容主要集中于以下几方面：（一）对

①唐寰澄著《中国木拱桥》一书第 20 页最后一段：“世界上唯独中国有的特殊木拱桥，发明于 11 世纪，画在一幅有名的长卷画上。笔者在发表第一篇文章时名之为‘叠梁拱’。之后经过深入调查和研究，改名为‘贯木拱’或‘编木拱’，因历史记载上说桥是‘以巨木相贯’。实际上桥像织成的竹或藤篮子的一段。”中国建筑工业出版社 2010 年版。

木拱廊桥的建筑形制等基础资料进行调研摸底；（二）对木拱廊桥结构和构造方面进行深入研究；（三）对木拱廊桥的历史文化、人文典故、宗教信仰等民俗文化层面进行研究；（四）开始着手从特定地区对木拱廊桥的传统营造工匠和建桥文书进行研究。[1]

三、木拱桥（廊）研究的第三阶段：吸收国际学者、加强国际合作、全球视野下的深入拓展研究

2005年至今为木拱（廊）桥研究的第三阶段，进入这一阶段的标志就是研究界有了两个自己的系列学术研讨会。第一个是建筑学、文物考古学等领域学者主导下的中国廊桥国际学术研讨会。2005年在浙江省杭州市和泰顺县两地召开了首届会议之后，又相继于2007年在福建省寿宁县、2009年在福建省屏南县、2011年在浙江省庆元县召开了三届会议，2013年分别在福建省政和县和浙江省泰顺县举办了两次中国廊桥国际论坛，2017年8月在重庆市黔江区濯水古镇召开了第六届中国廊桥国际学术研讨会。另一个是桥梁工程技术学者主导、茅以升科技教育基金会领导下的古桥研究与保护系列会议。这两个系列会议吸引了来自美国、德国、芬兰、瑞士、意大利、瑞典、日本、韩国等国际学者的广泛参与，形成了较大的国际影响，同时也鼓励着国内外学者更加注重木拱廊桥研究的全球视野。

以木拱廊桥为研究核心的中国廊桥系列会议的国内核心成员是南京大学的赵辰、厦门大学的戴志坚、福州大学的朱永春以及上海交通大学的沈为平和我本人，国外核心成员是美国纽约州立大学的那仲良（Ronald G. Knapp）、美国肯特州立大学的泰瑞·米勒（Terry E. Miller）、德国新勃兰登堡应用技术大学的菲利浦·卡斯滕(Philip S.C. Caston)、定居瑞士的知名桥梁研究学者汤姆·彼得斯（Tom F. Peters）。稍后开展起来的古桥研究与保护系列会议将以石拱桥为代表的石桥作为主要研究对象。这个系列会议的核心成员是茅以升科技教育基金会的茅玉麟秘书长、浙江大学的项贻强、东南大学的丁汉山、福州大学的陈宝春、绍兴古桥研究者罗关洲等人。2009年起，这两个系列会议的组织者以及主要参与学者开始相互参会，形成了相互补充、相互促进的融洽局面。

此阶段木拱（廊）桥研究的主要特点表现在以下三个方面：第一，对既有研究领域进行深化拓展；第二，研究人员、活动和成果日益国际化；第三，不同研究背景、不同国别的学者开始相互合作、补充；第四，研究和保护的重点从单纯的物质形态逐渐过渡到物质形态和非物质形态兼重，并着手申报世界文化遗产。

新时期木拱（廊）桥研究吸引了不同学科和学术背景的参与者，学术研究与保护成果也多。

此阶段出版的重要学术著作有：

2005年，厦门大学戴志坚出版了《中国廊桥》（福建人民出版社）一书。该书将“中国廊桥分为木拱廊桥、石拱廊桥、木平廊桥和八字撑木廊桥四种主要形式，较全面地介绍了中国廊桥生成的历史文化背景、分布范围和构造特色”。2008年，美国纽约州立大学杰出教授那仲良（Ronald G. Knapp）的《Chinese Bridges—Living Architecture From China’s Past》一书，由Tuttle Publishing出版。该书以中国古桥为主要内容，但篇幅最重的还是闽、浙、陇等地的木廊拱桥，叙述的重点在建筑形态与人文内涵方面。同年，同济大学出版社出版了由项海帆、潘洪萱、张圣城、范立础编著的《中国桥梁史纲》（2013年再版）。耄耋之年的唐寰澄于2010年出版了《中国木拱桥》，该书尽管内容不多，却是首部木拱桥专项研究著作，他将其一生的木拱桥研究在书中作了总结。

我们在此期间也相继出版了《泰顺廊桥》（与沈为平教授合作，上海人民美术出版社2005年，书中对“泰顺廊桥的历史、文化及木拱廊桥的建桥工匠与营造技术进行了全面介绍和总结”[1]）、《乡土寿宁》（与林蔚虹合作，中华书局2007年）、《乡土屏南》（与

①参考戴志坚撰《中国廊桥研究的现状与思考》一文，载于《第二届中国廊桥国际学术研讨会暨宁德·寿宁廊桥论坛论文集》，2007年9月。

周芬芳合作，中华书局2009年）、《乡土庆元》（与胡刚合作，浙江古籍出版社2011年）、《乡土福安》（与陈昌东合作，中华书局2016年）等书，这些书以各县市的乡土建筑及其营造匠艺为主要内容，研究讨论的重点还是当地遗存的木拱廊桥。我于2009年出版的《江南木构》一书中也有专门章节对木拱桥进行论述，是在木构建筑体系下对木拱桥所做的研究。

此阶段发表的重要学术论文有：

原美国里海大学教授、世界著名桥梁技术史专家汤姆·彼得斯（Tom F. Peters，现居瑞士）先后撰写了《Cultural Aspects of Wooden Bridge Design,and an attempt to understand traditional as well as modern Western and Chinese construction forms》（木构桥梁设计的文化意义——试论中西方传统与现代的建造形式）和《The Development of Wooden Bridges in Europe》（欧洲木结构桥梁的发展历程）；美国肯特州立大学教授泰瑞·米勒（Terry E. Miller）撰写了《Covered Bridges in North America》（北美廊桥）；德国新勃兰登堡应用技术大学教授菲利浦·卡斯滕（Philip S. C. Caston）撰写了《Germany's Surviving 19th Century History Wooden Covered Bridges》（德国遗存的19世纪木廊桥）；美国麦克丹尼学院教授苏珊·克勒尔·斯科特（Susan Clare Scott）撰写了《The Legacy of the Ancient Chinese Bridge in Chinoiserie Garden Pavilions in France and England in the Eighteenth Century》（18世纪英法中式花园里的古代中国桥梁遗产）；那仲良（Ronald G. Knapp）撰写了《Rainbows and Centipedes:20th Century Discoveries of China's "Lost" Bridges》（虹桥和蜈蚣桥：中国消失桥梁的20世纪新发现）；德国慕尼黑工业大学博士研究生刘妍（毕业后在南京大学建筑学院任教）撰写了《闽浙木拱桥结构体系类型学研究》、《"双三节苗"木拱桥——木拱桥发展体系中的重要形式》（与苏旭东合作）、《如龙桥拱架结构建筑考古学精细测绘简报》（与于燕楠合作）等等，刘妍还以闽浙木拱廊桥为主要研究对象完成了她的博士论文。上述论文都是国际学者木拱桥研究的精彩之作，为中国学术界带来了对比研究题材与研究方法的交流。

福州大学朱永春、关瑞明教授分别撰文讨论木拱廊桥的历史发生及演变、比较分析不同木拱桥的结构和建筑形态，厦门大学戴志坚和曹春平则在木构桥梁的建筑形态、闽浙木拱桥的研究上撰述了论文，北京大学方拥以及福州大学杨艳、陈宝春都在"中外木拱桥的比较研究"方面撰有论文。值得重点关注的是，出现了桥梁结构方面的文章：杨艳、刘建新、陈宝春的《闽浙木拱桥为拱结构的论证研究》，杨艳、陈宝春、纪丹琳的《闽浙木拱桥实地调查研究》，方欣欣等人的《汴水虹桥式木拱桥结构复原设计介绍》，邵浦建等人的《木拱廊桥主拱结构传力机理初步研究》。此外，也出现了几篇关于造桥工匠世家研究的文章，如龚迪发的《屏南造桥世家及造桥木匠调查》、苏旭东的《秀坑张氏木拱桥建造技艺传承谱系》，以及余鹏的《闽北廊桥匠师》等。[①]

滇、渝、川三省市学者也开始关注当地的木拱廊桥及其相近的木桥建筑类型。重庆中国三峡博物馆研究员王玉的《重庆廊桥初探——兼谈重庆廊桥与南方地区廊桥的关系》，昆明理工大学杨大禹的《滇西南木构廊桥的建筑文化特色》、张亚军的《桥乡话桥——云南省云龙县古桥研究》及其以云龙县木构廊桥为主题的硕士论文，尤其是居住在上海的廊桥研究爱好者贾非先生对分布在云南各地的木拱廊桥做了细致的考察，并整理了初步的文字材料，他们将西南地区部分木拱廊桥及其相近类型的木桥初步整理了出来。

此阶段木拱桥保护领域也有成绩：

2005年的"联合国教科文组织亚太地区文化遗产保护奖"，将其最高等级的"卓越奖"授予了"浙江庆元后坑木拱廊桥"保护项目。这项似乎只是保护层面的奖励，其背后却是研究工作支撑和研究人

① 详见2005年（泰顺）、2007年（寿宁）、2009年（屏南）、2011年（庆元）和2013年（政和）等中国廊桥国际学术研讨会刊行的论文集。

员“呼吁”、“请命”的结果。[①]

此阶段还有一个现象值得注意，那就是地方学者经过长时期的调查研究和学术储备以后，厚积薄发，发表了许多重要的学术论文，出版了多部专著。

寿宁县博物馆龚迪发撰写的《福建木拱桥造桥桥约研究》及其与北京大学阙维民合署发表在《中国文物报》上的《闽浙新见木拱廊桥“桥约”的意义》二文，是有关木拱桥建造文书的重要文章。论文中记录了龚迪发在基层调研中征集的大量桥约文书，是将来进一步研究桥梁经济和营造机制的基础文献。

以钟亮为课题负责人，傅熹、龚迪发、叶迎阳、陈元照、游再生为课题成员的全国文物、博物馆系统人文社会科学重点研究课题的研究成果——《宁德市虹梁式木构廊屋桥考古调查与研究》，2006 年 7 月由科学出版社出版。此书是关于福建省宁德地区（含寿宁、屏南、周宁、古田、福安、柘荣、福鼎、霞浦各市县）木拱廊桥考古调查与研究报告。这是多名地方学者经过多年调查研究而总结整理出的一部有关福建省宁德市木拱廊桥资料的集成。在此基础上，龚迪发于 2013 年出版了《福建木拱桥调查报告》（科学出版社）。

2006 年 12 月，中国民族摄影艺术出版社出版了王国平任执行主编的《处州廊桥》。该书收录的有关处州木拱廊桥的 8 幅“造桥桥约”弥足珍贵。处州，是浙江省丽水市旧称，它下辖庆元、景宁、云和、青田、遂昌等木拱廊桥主要分布的县域。

上述几部著作，加上我的《泰顺廊桥》一书，就大致完成了这一区域的基础调研工作，为进一步深入的研究提供了良好的条件。

这阶段的研究还有一个重要特点，即研究和保护的重点不仅仅在物质形态方面，也逐渐包括了非物质形态。这与文化部近些年来大力推行非物质文化遗产保护工作有关，国内外学者对此领域的关注也起到了一定的促进作用。2008 年 6 月，以闽浙两省的庆元、泰顺、寿宁、屏南四县为主申报的“中国木拱桥传统营造技艺（Traditional design and practices for building Chinese wooden arch bridges）”，被文化部确定为国家非物质文化遗产，次年 9 月 30 日在阿联酋首都阿布扎比召开的联合国教科文组织（UNESCO）保护非物质文化遗产政府间委员会第 4 次会议上正式列入世界非物质文化遗产名录。其研究和申报成果还汇集成册，以《中国木拱桥传统营造技艺》（作者：周芬芳、陆则起、苏旭东）为名于 2011 年由浙江人民出版社出版发行了单行本。类似的还有季海波、陈伟红主编，薛一泉、叶树生著的《木拱桥传统营造技艺》一书于 2014 年 11 月由浙江摄影出版社出版。

2012 年 9 月，以浙江省泰顺、景宁、庆元和福建省寿宁、周宁、屏南、政和两省七县申报的“闽浙木拱廊桥”已被国家文物局正式批准列入《中国世界文化遗产预备名单》。在文本申报期间，我与厦门大学戴志坚教授、寿宁县博物馆馆长龚迪发受福建省文物局和文本编制单位——浙江省古建筑设计研究院邀请作为技术顾问团队成员，提供了技术指导和咨询。

2013 年 6 月，我带领以浙江省泰顺县木拱廊桥研究与保护专家为主体的中国代表团参加了在美国俄亥俄州西南部的代顿（Dayton）市召开的第二届美国廊桥国际学术研讨会，刘妍从德国赶到美国，福州大学杨艳博士也参加了此会。这是中国学者在美国廊桥学术论坛上的集体亮相，集中展示了中国木拱廊桥的最新研究成果。

在此阶段，闽浙木拱廊桥申报国家、世界非物质以及物质文化遗产方面所取得的巨大进展，体现了学术界较强的学术支撑力，也再次表明了学术界、地方政府以及民间热爱桥梁的人士在此领域逐步形成了一种合力，继续推动着木拱桥研究和保护工作向更高的层面迈进。

①庆元县后坑木拱廊桥是由南京大学赵辰呼吁、浙江省文物局拨款、庆元县政府主持的一个文物修复项目。具体负责维修的单位是浙江省匀碧古建筑公司，项目由庆元县博物馆委派吴其林担任监理，于 2001 年秋天正式开工维修。2004 年在庆元县召开“浙闽木拱廊桥保护与开发研讨会”后，受庆元县政府委托，由北京大学阙维民负责申报 2005 年度的“联合国教科文组织亚太地区文化遗产保护奖”，其间得到赵辰的学术研究支持，获奖才得以实现。参见赵辰撰《浙江庆元后坑木拱廊桥——一座小桥的国际大奖》，载于《第二届中国廊桥国际学术研讨会暨宁德 · 寿宁廊桥论坛论文集》，2007 年 9 月。

第四节

木拱（廊）桥营造的经济基础以及闽浙山区的银茶之路

历史上木拱（廊）桥曾经在我国广袤的地区普遍分布，除了文献中记录的中原汴水流域、山东和安徽等平原地区外，西南、中南和东南山区也是其分布的重要地区。但是，为什么时至今日，其保存区域退缩至云南、重庆和东南一带的山区呢？为什么与《清明上河图》编木拱结构最为接近的编木拱梁式木拱桥唯独保存在闽浙交界山区呢？这背后的原因到底是什么？

记得10多年前，我的老朋友周维亮还在泰顺县担任县委书记时，他委派宣传部何平部长到上海来拜访大导演谢晋老先生，并邀请我作陪。要我作陪的原因是，谢老无意间在书店看到了我撰写的《乡土中国——泰顺》一书，萌生了到泰顺县拍摄他酝酿已久的电影《乡村女教师》的想法。后来谢老带着他的文学顾问何建明先生走访了一座又一座泰顺木拱廊桥，其间，谢老和他的文学顾问总是在重复地问同样一个问题：“你们总是说泰顺县是贫困山区，建造这些木拱廊桥可是需要巨大投资的，这些资金无论来自官方还是民间，是一个贫困县所能承担得了的吗？”

曾经带着同样的疑问走过了20年的考察之路，我也想在这本书里试着来解答这个问题。

闽浙木拱廊桥主要分布在东南沿海的小流域，具体地说就在新安江流域以南、瓯江流域西南、闽江流域东北的崇山峻岭之中。这一地区最大的流域就是福建省福安市的长溪流域。宋、明时期，南方闽浙两省的主要银场也集聚于此。明景泰年间（1450—1457年）爆发了地方银场业主与中央政府大博弈，亦即历史上所说的“叶宗留起义”。这一矿工暴动的狂飙直接促成了闽浙两省的泰顺县、景宁县、云和县、寿宁县在明景泰年间（分别是景泰三年、景泰三年、景泰三年、景泰六年）相继析置。这些木拱廊桥串联起来的古道是闽浙山区政治、军事和经济链条中的重要交通线路。大多数的木拱廊桥恰恰就是这些重要交通线路上的关节所在，其造价不菲。之所以能够建成这些恢宏壮观的木拱廊桥，除了山区盛产林木、有造桥匠师的内因外，所在区域的经济基础和军事需求成为了驱使桥梁营造的外因。

在闽浙山区，宋、明时期丰厚的银矿产出是支撑木拱廊桥营造的一个重要经济基础。在这一历史时期，福建东北部就有闻名全国的大银场，比如位于今周宁县境内的宝丰、宝瑞银场，松溪县境内的瑞应银场等。当然即便如此，闽浙山区银矿的开采也是非常艰难与危险的。明以后银矿资源逐渐枯竭，尤其是中央政府封禁银坑的政策出台，依赖银矿的经济必然面临转型。在地方经济的压力下，闽浙交界山区的茶叶贸易代替银矿经济继续支撑起这一片天地。明末和清中前期，茶叶贸易主要通过陆路面向内陆地区，清中叶以后闽浙一带的茶叶通过水路逐渐走向海外市场。民国四年（1915年）福建的福安闽红以及浙江的惠明绿茶都曾在巴拿马万国博览会上得过金奖。万里茶道取代了宋、明时期的白银之路，营造木拱廊桥的经济基础继续在此地区存在着，因此木拱廊桥的营造技术才能一代又一代地被传承下来。

云南、重庆的木拱廊桥的生存大体上也是受益于商贸活动带来的经济支持，它们往往坐落在商贸线或其附近的村落中。云南木拱廊桥有相当大一部分处于古代西南丝绸之路上，商贸活动是驱使这些木拱廊桥营造的根本动因和经济来源。

我们尝试用历史研究的方法，从经济地理的角度来对木拱廊桥及其保存地之间的经济关系做研究，希望揭示出我国西南、东南山地特殊的人与自然、社会的互动关系。进一步研究，可以帮助我们弄清楚木拱桥技术传播之地的经济机制、人地关系。并且这些带有建筑社会学性质的研究也会使先前纯粹的技术史研究变得活泼和有趣起来。

第五节 对未来中国木拱廊桥建筑研究的展望

半个多世纪来，学术界对中国古代木拱廊桥的研究从无到有，从小众逐渐走向大众，并将之提升至国际学术的层面，客观地说，中外研究者们已经取得了非常可喜的成绩。尤其对中国的学者来说，我们的部分研究已经处在了世界的前沿。但也必须认识到，当前学术界关于木拱廊桥的研究仍然留有许多空白和不足，在此领域还有许多不清楚和无法解释的问题，有些甚至是基本问题，如果得不到解决，我们对中国古代木拱桥的认识就不可能完整和准确，木拱廊桥营造技术史的建构就会因有缺环而导致脱节。因此，在当前的木拱桥研究中，我们仍需迫切搞清楚以下几个问题：

一、今天中国木拱廊桥到底存量有多少？古代遗存有多少？1911年以来包括最近20年建造的又有多少？它们的具体地理坐标、分布区域以及保存状态如何？受制于人力、物力和财力的不足，之前的研究往往局限于某一特定的区域，而跨区域的研究相对较少。1911年以来，尤其是近期建造的木拱廊桥也必须引起高度重视，因为这部分木拱廊桥的工匠情况易于了解、掌握，对其匠艺体系及其传承的调查研究也容易着手。

二、如前文所述，中国木拱廊桥是世界上独特的拱桥结构形式，根据其结构特征可分为撑架式、组合撑架式、编木拱式、编木拱梁式等类型。汴水虹桥可称为编木拱式的代表，闽浙木拱桥是编木拱梁式的代表，位于湖北省与重庆市交界的利川市群策桥和重庆市酉阳县龙凼沟桥以及甘肃省渭源县灞陵桥可列为撑架式和组合撑架式的代表。从遗存的古桥来看，木拱廊桥并不仅存于闽浙地区，甘肃、云南、重庆、湖北等省市都有类似的木拱廊桥，它们之间当然存在着技术上的差异，但有无技术流播的渊源呢？这些地区的建桥工匠还健在吗？他们的事迹以及营造技艺是否有人记录、整理和研究？还能否持续传承下去？

三、对木拱廊桥建造工匠、建桥工艺及习俗、建筑材料等营造匠艺（工匠和技艺）体系的挖掘、记录、整理和研究还远远不够。近年来，学术界在闽浙地区发掘了寿宁县以郑多金、郑多雄、郑多希为代表的造桥工匠世家，屏南县黄金书、黄象颜、黄春财、黄闽辉等造桥工匠世家，周宁县张新祐、张昌智等张氏造桥工匠世家，泰顺县董直机、曾家快及庆元县吴复勇、胡淼等木拱廊桥传统营造工匠。云南、甘肃和重庆等省市木拱廊桥的建造工匠、技艺、习俗以及建筑材料等营造信息尚不明确。即使在闽浙地区，对木拱廊桥的营造匠艺体系的研究也只是刚刚开始。彻底掌握这些家族的木拱廊桥营造历史，了解这些营造匠艺体系的详细技术特征，将会帮助学术界进一步弄清楚古代木拱廊桥技术在闽浙山区传播和演变的细节。

四、中国古代木拱廊桥在历史上曾经的分布区域到底如何？木拱廊桥的生成机制如何？编木拱和编木拱梁式木拱廊桥今天为何相对孤立地保存在闽浙山区？是什么样的力量和经济基础支撑着这一古老而又高端的营造技艺还在这偏僻山区坚持发展和演进？我在10多年前的田野调查中无意发现，闽浙木拱桥密集存在的县市，都曾是宋、明时期闽浙银场繁荣兴盛之地。比如说福建省的周宁县，在宋、明时期它尚未立县，分属福安和宁德二县，但其境内却拥有宋朝最大的银场——宝丰银场，境内的宝瑞银场也非常有名。宝丰银场一直持续到明代都是其兴隆时期。周宁县内至今拥有木拱廊桥多座，关键在于秀坑村的张氏造桥工匠世家是闽浙两省影响最大的工匠体系，经他们之手建造起来的木拱廊桥不仅遍布闽浙两省，近年来还传播到欧洲。再比如说福建省的寿宁县，位于其境内坑底、大安、犀溪三乡镇交界处的官台山大宝坑银场，曾是明代闽浙四大银场之一。坑底乡还是徐元良、郑惠福造桥工匠世居之地。[①]类似的例子还有很多……这些银场的出现，与木拱桥技术的发展与传播是否有必然的联系？如果有，正好解决了先前学界的一大疑问——如此众多技术先进、造价不菲的木拱廊桥缘何集中保存在闽浙山区这个今日看来本属于穷乡僻壤之地，因为建造木拱桥的技术、需求和资金问题都迎刃而解了。

五、从目前中国木桥分布的一般规律来看，绝大多数的同类型木构桥梁是按特定流域进行分布的，木拱廊桥分布也大抵如此。西南地区的木拱廊桥有其流域的分布规律，闽浙地区的木拱廊桥则主要分布在新安江流域以南、瓯江流域西南、闽江流域东北的崇山峻岭之中。这一地区最大的流域就是福建省福安市的长溪流域。[②]在这些流域中，木拱廊桥营造技术的传播是按照什么样的路径进行的？水路与陆路的关联又是怎样的？

六、当前木拱廊桥研究需要有更广阔的国际视野。近年来，美国学者那仲良（Ronald G. Knapp）一直呼吁建立中国木拱廊桥名录，另一位美国学者泰瑞·米勒（Terry E. Miller）则呼吁从事工匠在进行桥梁祭祀和建造活动中的音乐研究（此项未来的研究成果正好可以弥补本书关于木拱廊桥营造艺术中蕴含的音乐艺术之不足），德国学者菲利浦·卡斯滕（Philip S. C. Caston）及瑞士学者汤姆·彼得斯（Tom F. Peters）则希望对中欧古代木拱廊桥进行对比研究，以期厘清李约瑟关于中国木拱桥技术西传的真相……诸如此类，都是中外学术界亟待研究和解决的课题。长远地看，国际学术力量介入中国木拱桥研究是一种进步，它既表现了中国学术界的开放、包容和国际化，又体现了中国木拱桥文化的普世价值。与此同时，我们可以与世界各国进行充分的学术思想、研究方法的交流，也能进行中外木拱桥的对比研究。这些活动不仅能丰富我们的研究内容，也可为彻底认识清楚我国木拱桥的普世价值奠定基础，为我国“闽浙木拱廊桥”最终申报世界文化遗产成功做好技术储备。

①参见刘杰、沈为平著《泰顺廊桥》第130至134页《营造木拱廊桥的著名工匠——徐郑世家》一节，上海人民美术出版社2005年版。

②历史上也有称“福安江”流域的，目前水利部门称其为“交溪”流域，不过经作者考证，以“交溪”命名并不科学和准确，因此作者建议恢复故称——“长溪”。关于此部分的论述详见刘杰、陈昌东主编《乡土福安》一书，中华书局2016年版。

七、历史遗存下来的木拱廊桥绝大多数都是全国重点或省级、县级文物保护单位，大部分桥梁都逾百年，在闽浙两省每年秋冬之际的台风季节里其结构的脆弱性就表现无遗。2016年中秋节，单浙江省泰顺县就损失了三座国保级廊桥，其中的两座就是木拱廊桥，并且这两座中的一座还被列入了闽浙两省联合申报世界文化遗产后备名录中。总之，木拱廊桥的保护及其技术传承是一个长时间的过程。这种过程体现出两面性：一方面，它的保护和传承是迫切的、急需的；另一方面，它的保护和传承也是长期的，需要一个综合的、长效的保护机制。

八、建筑史学研究的领域逐渐从官式建筑扩展至乡土建筑，这也正缘于当今历史学研究将其重点逐渐转向地方史建构的大背景。但是地方史的研究由于量大面广，想要将第一手资料搜集完整和全面异常困难。历史学家、哈佛大学东亚语言与文明系教授包弼德（Peter K. Bol）在为我和吴松弟教授主编的《走入中国的传统农村：浙江泰顺历史文化的国际考察与研究》一书的序言中写道："我们对中国地方史有兴趣者所共同面临的挑战是：我们的数据太多，但同时又数据不足。一方面，我们的资料太多——因为中国有数十万个村落，它们的文献对历史研究极具价值。没有任何一个人，或任何一个单独的队伍，能够搜集所有的资料。而且，由于近数十年的社会变迁，这些资料有许多正在流失。另一方面，我们的数据不足——因为使用地方文献的历史学者发表他们的研究成果，但并不发表作为其研究之基础的第一手史料。"①我想，我们对木拱廊桥及其所在地的乡土建筑以及历史、经济和地理方面的研究，必定会为建构当地的地方史提供坚实和丰富的地域建筑营造材料。

…………

其实，有关中国古代木拱廊桥研究中的疑问、困惑和难题远不止这些，以上种种难以解答又无法回避的问题，其存在就表明学术界仍需做更多的工作。目前我们还面临将闽浙木拱廊桥从申报世界文化遗产后备名录中真正推向世界文化遗产的艰巨任务。与此同时，学术界多数人认识到现阶段也是研究和解决这些问题的最好时期。一方面，国内外学者都非常积极地介入到中国木拱廊桥考察、研究和交流活动中来；另一方面，国内外学术团体已经开始就中国木拱桥乃至世界木拱桥等课题展开合作研究。②

如果这些问题能够得到进一步的研究，相信其成果必定将中国古代木拱廊桥的研究推向一个更高的水平，并能为中国古代木构建筑技术这座皇皇大厦添砖加瓦。

①参见吴松弟、刘杰主编《走入中国的传统农村：浙江泰顺历史文化的国际考察与研究》一书包弼德序，齐鲁书社2009年版。

②笔者于2013年6月率中国木拱桥学术交流代表团参加在美国俄亥俄州代顿市召开的第二届美国廊桥国际学术研讨会，已经促成俄亥俄历史学会与温州廊桥研究会结成姊妹学会关系。2013年11月，笔者还与美国廊桥研究界核心成员戴维·西蒙斯（David A. Simmons）等达成合作协议，以比较的视角展开中美遗存木拱桥建筑技术和文化研究。中国廊桥研究会的外国专家组成员汤姆·彼得斯（Tom F. Peters）和菲利浦·卡斯滕（Philip S. C. Caston）已经与笔者开展对中欧木拱桥方面的初步联合研究。2012年12月，泰瑞·米勒（Terry E. Miller）和那仲良（Ronald G. Knapp）已经与笔者开始对云南木拱廊桥的联合考察。

第一节
木桥的起源

汉语中有许多成语或俗语包含“桥”。比如说，“桥归桥，路归路”，“友谊之桥”。历代文人墨客对“桥”的吟诵更是层出不穷。比如说，唐代大诗人白居易任苏州刺史时，所作诗《九日宴集，醉题郡楼，兼呈周殷二判官》中有“远近高低寺间出，东西南北桥相望”；晚唐诗人杜荀鹤在《送友游吴越》中亦有“夜市桥边火，春风寺外船”，他更有“君到姑苏见，人家尽枕河。古宫闲地少，水巷小桥多”的名句；同是唐代诗人的刘禹锡也有“朱雀桥边野草花，乌衣巷口夕阳斜”的著名诗句。中国古代许多典故轶事也涉及“桥”，比如成语“邯郸学步”中的“学步桥”，成都“万里桥边女校书”中的“万里桥”，《庄子·盗跖》里记载的“尾生与女子期于梁下，女子不来，水至不去，抱柱而死”的“无名桥”……

“桥”是一种什么样的建筑物呢？它与“梁”有何关系？木桥又是如何起源的？我们接下来会对这些问题分别作简单的解释。

一、桥梁与木桥

什么是桥梁？木桥又是何种桥梁？它们是怎样出现在这个世界的？

桥梁专家罗英在《中国桥梁史料》一书中是这样解释桥梁的：“桥梁是一种结构物，跨越天然或人为的障碍，如江、河、山谷或街道、公路、铁路以及其他构造等，以适应人们交通需要或起着其他更广泛的作用。”通俗地讲，桥梁就是一种人工的结构体，而这种结构体就是为了帮助人们跨越空间或障碍而特别建造的。当初，人们建造这种结构体，可能是为了跨越更多的自然障碍，渐渐地，人类有了聚落规划思想以后，人工制造的障碍也渐渐出现了，为跨越人为障碍的桥梁也就应运而生了。随着生产力的发展，人们改造世界的能力进一步提升，不仅人需要跨越空间或障碍，有时候人工制造的物体或线缆也需要跨越。桥梁——这种特殊的人工结构体，当然也就义不容辞地承担起这样的重担了。这时候的桥梁，不仅可以让行人、牲畜、车辆、渠道、管线等人和物安全地通过江、河、山谷、街道、公路等自然或人工的障碍，而且还可以让河流、轮船等通过特殊的桥梁——渡槽或河桥实现空间的跨越。

木桥又是一种什么样的桥梁呢？

简单地讲，木桥就是人们运用木材作为主要的结构材料来进行建造的一种桥梁。早先的时候，由于建造工具的原因，人们建造桥梁主要是通过木材（或言木结构）来实现的。后来，生产力的提高带来了加工工具和建造技艺的进步，砖石、金属等材料也逐渐运用

图 1-1-1　浙江泰顺仕水碇步

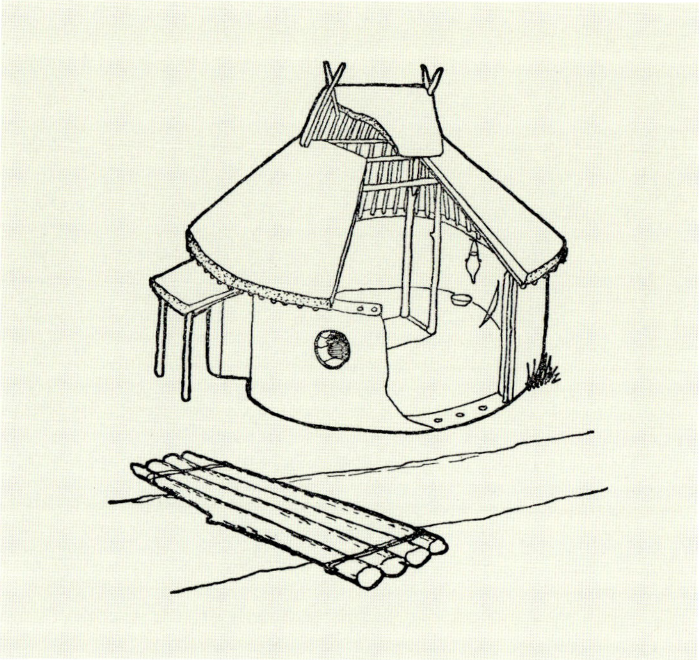

图 1-1-2　陕西西安半坡遗址想象复原图

到桥梁建造之中。当然，在纯粹的砖石和金属桥梁出现以前，更多的时候，木材是和这些材料混合使用的。比如，木材用来建造桥身，桥墩使用石材或砖结构甚至金属结构。尽管后世出现了类型丰富的石构桥梁和金属建造的各式桥梁，但是，人们用木材建造桥梁的历史恐怕是最长的，木桥数量也是桥梁中最多的，当然它的类型和造型也是最为丰富和精彩的。

桥梁和木桥是如何被人类发明出来的呢?

历史上最初的桥梁极有可能是人类受到天生桥的启发而发明创造出来的。碇步桥也是桥梁的原始雏形。早先人们看到河面上露出水面的岩石或石块，把它们当作石磴，跳跃而过。受此启发，人们遇到宽阔而又不太深的河面时，尝试着沿河岸找些石块抛掷于河水中，一步一步，形成碇步桥渡水而过。这就是原始堤梁桥的由来，堤梁桥俗称“碇步桥”或者“碇步”（见图 1-1-1）。这种原始的桥梁形式在中国大江南北都非常容易见到。刚才说到，最初的桥梁极有可能是人们受到天生石梁桥的启发而模仿建造而成的。天生石梁桥在喀斯特地貌分布广泛的地区经常被见到。远古时代的人们受其形象和原理的启迪，发明出了梁式桥。我推测，最初模仿天生桥而建造成的桥梁极有可能就是梁式木桥。

据考古学材料，我国早在新石器时代，部族聚落就已形成。根据考古发掘呈现出的遗址判断，当时的聚落已有了初步的规划，其中已产生居住、生产（窑厂）和墓葬等功能分区。居住区居中央布置，外围环以 2—6 米宽的壕沟，壕沟的作用是防止野兽袭击和其他部落的入侵。学者们据此推测，壕沟之上应该有桥梁式的跨空构件，并且此构件也应当是可以随时抽取和安放的。类似的新石器遗址在黄河流域比较普遍，如陕西西安半坡遗址周围就有防卫用的壕沟，深、宽各 5—6 米；陕西临潼姜寨遗址也呈现出了居住区外围设有壕沟的情况，其居住区大约 1.6 万平方米，呈椭圆形，村寨外围一侧临河，东、南、北三面环以深、宽各 2 米的壕沟；内蒙古自治区赤峰市敖汉旗兴隆洼遗址规模宏大，被称为华夏第一村，其居住区外围也环绕着一道椭圆形的壕沟。尤其是姜寨遗址中，从壕沟中残存的碳化木桩判断，壕沟内侧当初建有用木桩和树条编成的栅栏或围墙。壕沟内侧每隔一定距离还建有一座哨所，为方便聚落中人员的进出，壕沟之上必定设有桥梁。这种桥梁极有可能就是拼木为梁的活动木桥（见图 1—1—2）。[①]

长江流域中下游的新石器时代聚落遗址呈现的情况与黄河流域不同，以河姆渡文化和良渚文化为代表的聚落遗址反映出的主要是在沼泽地上建造的干阑建筑。与黄河流域仰韶文化聚落遗址所反映的建筑类型相比，前者对于木材的建筑技术和建造技艺显然比后者高出许多，在对水利水患的处理上也更有建树。据考古学材料证实，长江流域下游和太湖流域的新石器遗址中，已经反映出筑堤、挖井等水利工程。浙江余姚河姆渡遗址、田螺山遗址及桐乡罗家角遗址发掘出的干阑建筑已发展成熟了七种榫形。江南地区的早期聚落遗址相当大一部分是沿河而建的，比如江苏吴江龙南遗址，以河道为轴，房屋基址分布于沿河两岸，岸边还筑有河埠头及护房堤坝，另有护岸木桩。由此推测，居住于此类聚落遗址的人员出入或与外界沟通除了利用舟楫外，水道之上的桥梁一定是必不可少的。根据当时建造的常用材料和技术水平推测，这些水道之上的桥梁基本上都是木构桥梁。

此外，长江中下游普遍存在着的干阑建筑，是一种下部架空、生活面抬升的结构形式。这种下部架空的结构本身非常适合建造在沼泽甚至江河湖面上。干阑建筑与南方桥梁中最重要的一种——廊桥在结构意义上来说，没有太大的差异。因此，我在《江南木构》一书中说过，江南民居与廊桥建筑同源，那就是干阑建筑。[②]干阑建筑从诞生到今天，一直都是用木材进行建造的。所以，远古时代的桥梁，无论是普通梁桥还是廊桥，一定都是用木材进行营造的。换句话说，古代的廊桥也都是木构桥梁。

二、“桥”与“梁”的汉字释义

“桥”，在《辞海》中有八种含义：其一，即“桥梁”，是架在水上或空中以便通行的建筑物。如：石桥，铁桥，独木桥。其二，形状如桥梁的器物或其一部分。如：鞍桥。其三，井上桔槔。《礼记·曲礼上》曰：“奉席如桥衡。”“桔槔”，亦称“吊杆”，是一种原始的提水工具，春秋时代已经应用。用一横木支着在木柱上，一端用绳挂一水桶，另一端系重物，使两端上下运动以汲取井水。其四，通“撵”、“梮”。其释义为山轿。《史记·河渠书》：“山行即桥。”其五，树木名。见“桥梓”。其六，通“乔”。高大的意思。《诗·郑风·山有扶苏》：“山有桥松。”陆德明释文：“桥，本亦作乔。”其七，通“矫”。正，整。《荀子·儒效》有说：“以桥饰其情性。”杨倞注曰：“桥与矫同。”桥饰即矫饰，整饬也。其八，为姓，东汉有叫桥玄的人。

在四川辞书出版社和湖北辞书出版社于 1995 年联合出版的三卷本《汉语大字典》中对“桥”有五种解释：其一，与《辞海》完全相同，即“桥梁”，指架在水上或空中以便通行的建筑物。引《说文·木部》中“桥，水梁也”说明。其二，与《辞海》也基本相同，指器物上的横梁。引《正字通·木部》中“桥，凡器有横梁者，工人皆呼为桥”说明，还引王安石《胡笳十八拍》中“几回抛鞚抱鞍桥，往往惊堕马蹄下”进一步说明。其三，木名。引《尚书大传·梓材》中“南山之阳有木名桥，南山之阴有木名梓”说明。其四，通“乔”，高。引《诗经·郑风·山有扶苏》中“山有桥松，隰有游龙”说明。其五，姓氏名。

在 1986 年 9 月出版的《汉语大词典》中，对“桥”的释义大致有八种，与《辞海》大致相似。择其中要者略作解释：其一，桥梁，指架在水上或空中以便通行的建筑物。《墨子·备城门》：“断城以板桥，邪穿外，以板次之。”孙诒让解释：“连板为桥，

①参见项海帆等编著《中国桥梁史纲》，同济大学出版社 2013 年版。
②参见刘杰著《江南木构》，上海交通大学出版社 2009 年版。

架之城堑，以便往来。”《史记·秦本纪》：“（昭襄王五十年）初作河桥。”唐温庭筠《清平乐》词：“终日行人恣攀折，桥下水流呜咽。”其二，架桥。这是古代汉语常用的名词活用为动词的方法。《史记·司马相如列传》：“……通零关道，桥孙水以通邛都。”“桥孙水”即“为孙水作桥”。唐柳宗元《石渠记》：“自渴西南行不能百步，得石渠，民桥其上。”其三，器物上的横梁。《仪礼·士昏礼》：“笲缁被纁裹，加于桥。”郑玄注曰：“桥，所以庋笲。”亦指如桥之物。

《汉语大词典》中引《史记·秦本纪》：“（昭襄王五十年）初作河桥。”其中的“河桥”应是浮桥，并不是“架在水上或空中以便通行的建筑物”，这里编者有误。其余两部辞书的解释大致正确可靠。

从上述“桥”的种种含义来看，除了姓氏名、树木名外，主要的含义与今天的“桥梁”有关，或者是引申了的意义。“桥”其本意还是与交通相关的一种建筑物。从汉字的历史发展来看，“桥”字的出现要略晚于“梁”字。据相关史料，目前最早发现“桥”字的考古发现是1976年出土的秦安陆令吏喜（公元前262—公元前217）墓的竹简，上有“千佰津桥”字样。[①]由此推测，“桥”字的出现至迟于秦代。之前发现的文献中，只见“梁”字而不见“桥”字。例如在先秦时期的文献《诗·大雅·大明》中就有“文定厥祥，亲迎于渭。造舟为梁，不显其光”的文字。再者，《庄子·盗跖》中记载：“尾生与女子期于梁下，女子不来，水至不去，抱柱而死。”此二“梁”者，都是今天“桥”的意思。更确切地说，前者是今天所谓的“浮桥”，后者则是今天所说的“木梁桥”。

“梁”，在《辞海》中有七种含义：其一，桥。如：桥梁，津梁。《诗·大雅·大明》：“造舟为梁。”嵇康《琴赋》：“乃相与登飞梁。”其二，水中筑堰像桥梁一样的捕鱼设置。《诗·邶风·谷风》：“毋逝我梁。”其三，身体或物体上居中拱起或呈弧形的部分。如：鼻梁，车梁。其四，古国名。其五，即魏。公元前361年，魏惠王迁都大梁（今河南开封），从此魏也称为梁。其六，朝代名，南朝之“梁”朝。其七，姓。

在四川辞书出版社和湖北辞书出版社于1995年联合出版的三卷本《汉语大字典》中对“梁”有十四种解释，其中与桥相关或由桥引申而出的含义有如下五种：其一，桥。如：桥梁，津梁。引《说文·木部》中“梁，水桥也”说明。段玉裁注：“梁之字，用木跨水，则今之桥也。”其二，架桥。这也是古代汉语中名词活用为动词的方法。其三，堤堰，鱼堰。其四，屋梁，指架在墙上或柱子上支撑屋顶的横木。引《尔雅·释宫》中“宋廇谓之梁”说明。郭璞注：“屋大梁也。”其五，身体或物体上居中拱起或呈弧形的部分。如：脊梁，山梁，车梁。

在1986年9月出版的《汉语大词典》中，对“梁”的解释则有以下几种：其一，桥。《诗·大雅·大明》：“造舟为梁，不显其光。”其二，筑桥，架桥。《左传·庄公四年》：“除道梁溠。”其三，断水捕鱼的堰。《诗》有记。其四，河堤，堤堰。其五，屋梁。木结构屋架中专指顺着前后方向架在柱子上的长木。通常也指檩。《商君书·兵守》：“客至，而作土以为险阻及耕格阱，发梁撤屋……使客无得以助攻备。”亦泛指横向的长条形承重构件。《尔雅·释宫》：“楣谓之梁”。郭璞注：“门户上横梁。”

从上述“梁”的种种含义来看，多数含义与原始桥梁相关，个别可以说是“桥梁”含义的引申。

“桥”与“梁”二字，在古代本是异名同义的两个单音词，“梁”的出现略早于“桥”。“桥”和“梁”这两个单音词演变为一个合成词——“桥梁”则是相当晚的事。当然，今天“桥”与“梁”亦可单独使用，不过，其字义已有显著差别。称“桥”者，往往指桥梁；称“梁”者，在建筑结构中则另有含义。

清代训诂学家段玉裁在《段氏说文解字注》中这样解释“梁”：

①详见茅以升主编《中国古桥技术史》，北京出版社1985年版。

“梁之字，用木跨水，则今之桥也。《孟子》：‘十一月舆梁成。’《国语》引《夏令》曰：‘九月除道，十月成梁。’……《尔雅》：‘堤，谓之梁。’《毛传》：‘石绝水曰梁。’谓所以偃塞取鱼者，亦取亘（横）于水之义谓之梁。凡《毛诗》自‘造舟为梁’外，多言鱼梁。”由是观之，梁作为“桥梁”的含义，当引申自“偃塞取鱼”的“鱼梁”，这也是我们将堤梁式桥称为桥梁祖型的原因。同样，段玉裁解释“桥”曰：“水梁者，水中之梁也。梁者，宫室所以关举南北者也。然其字本从水，则桥梁其本义而栋梁其假借也。凡独木者曰杠，骈木者曰桥，大而为陂陀者曰桥。”“陂陀”，是不平坦的意思。由此观之，“桥”有多木构造的含义，也有中部起坡隆起的外观形象。

段玉裁对“桥”、“梁”二字的解释恰好揭示出了作为后世“桥梁”名称的历史演绎过程。那就是，“梁”字为最早使用者，当源于“偃塞取鱼”的“鱼梁”，即今之所谓堤梁桥；后来出现了独木桥式——杠；再经过发展，多木并举的桥梁形式——桥才正式用于桥梁的称谓。桥除了有多木并举的构造外，大多规模较大且有“陂陀”——中部起坡隆起的外观。这是“桥”与“梁”在同时作为桥梁称谓时之差异。

第二节
木构廊桥

如果以建筑形式而论，在中国古代创造出的各式木构桥梁中，有一类与普通的房屋建筑甚至宫殿庙宇形式最为接近，那便是廊桥。廊桥，亦称屋桥、厝桥，在西南少数民族地区也叫风雨桥。简而言之，廊桥就是桥上架屋或廊的一类桥梁建筑。由于廊桥实际上与普通的房屋建筑无异，因此其建筑造型艺术丰富多彩，空间组合亦复杂多变。毫无疑问的是，与其他类型的桥梁建筑相比，廊桥的建筑艺术性更高。

一、木构廊桥的起源

廊桥起源很早，先秦时期宫殿或苑囿中出现的阁道或称复道就是运用廊桥建筑技术建造的。2009 年，我在《江南木构》一书中就已指出，廊桥、阁道或称复道，都是干阑建筑的一个类型或一种形式。[1]从本质上讲，在中国古代的南方地区，廊桥也就是房屋建筑的一种，或者说，它与房屋建筑是同出一脉、同源的。但是，廊桥这个复合名词的出现却是很晚的事。20 世纪上半叶，著名建筑史学家刘敦桢先生在考察其家乡湖南新宁的江口廊桥后撰写的一篇文章《中国之廊桥》中，第一次将这种桥上架屋的建筑形式称为“廊桥”。当然，把它命名为“廊桥”这一非常具有文学意味的名字，又与中国唐代的大诗人——白居易的文章《修香山寺记》有关。刘敦桢先生正是根据白居易文中“登寺桥一所，联桥廊七间”之句命名的。他说，“今秉斯旨，暂以‘廊桥’二字撰述此文，或与桥之外形结构较为接近”，故名之为“廊桥”。[2]

有学者将廊桥和先秦两汉时期流行的阁道相联系，认为廊桥

①参见刘杰著《江南木构》一书，上海交通大学出版社 2009 年版。
②参见刘敦桢著《刘敦桢文集》第 3 卷第 448 至 449 页，中国建筑工业出版社 1987 年版。

的技术源于阁道。其实，据我本人对中国南方地区古代木作技术源流的研究，廊桥建筑技术与阁道建筑技术并不存在发展的先后顺序问题，它们都源于史前南方地区广泛存在的干阑建筑技术。阁道一词也极有可能源自“干阑”。因为“干阑”只是注音符号，是表音文字，其文字并无任何意义，南方有的少数民族地区则称之为“阁阑”、“葛栏”、“麻栏”等。因此，我认为廊桥与阁道这两种建筑应当是并行发展起来的，它们都应源于新石器晚期江南地区颇为流行的干阑长屋。[①]只是，廊桥与阁道在后来的发展过程中适应了不同的地形环境和使用功能，才使得他们共同源于干阑建筑的建造技术产生分化而形成了各自独特的建造技术和使用范畴。廊桥与阁道，古代有的文献习惯称为“桥阁”。如《宋史·五行志》载有南宋绍熙二年（1191 年）四川嘉陵江洪水一事：“七月癸亥，嘉陵江暴溢，兴州圮城门、郡狱、官舍凡十七所，漂民居三千四百九十余，潼川、崇庆府、绵、果、合、金、龙、汉州、怀安、石泉、大安军、鱼关皆水。时上流西蕃界古松州江水暴溢，龙州败桥阁五百余区（疑作“间”之误——作者注），江油县溺死者众。”[②]

事实上，刘敦桢先生也早就注意到这一点。他不仅注意到阁道与廊桥存在着内在的联系，甚至认定阁道与廊桥是同时产生的。为此，他在《中国之廊桥》一文中说：“惟木梁之上加构廊屋，则不知始于何时。以义度之，殆与阁道之产生，前后同时。……西汉长安诸殿，著录于李好问《长安图志》者，胥截山为基，渺若仙居，台殿之间，则联以阁道，窈窕相通；其巨者，且自未央，跨逾长安西墉，以达建章。而阁道咸以木构，有室有窗，方之廊桥，名谓虽殊，而用途结构，似无二致。故廊桥之诞生，或在西汉以前，春秋战国之际。”[③]这段文字的主要意思有三层：其一，阁道与廊桥都有廊道；其二，二者结构相近；其三，二者具有作为交通联系的相同用途。因此，刘先生讲阁道与廊桥“名谓虽殊”，实质上“似无二致”。

先秦两汉的古籍文献中，虽无“廊桥”一词，但仔细研读，从中多少可以搜寻到一些反映廊桥的文字。比如，我们注意到汉代的桥与阁道都以“间”作为唯一的计量单位。换句话说，这一时期几乎所有文献都是以“间”为单位来计量桥梁规模的。这里的“间”，极有可能指的是桥面上廊屋的间数。直至今天，浙南、闽北等有廊桥遗存的地区仍然以廊屋的“间”为单位来计量桥梁的规模，此可作为民俗学的佐证。

西汉长安灞桥最初就是一座廊桥。据《水经注·渭水》记载：“霸水又北径枳道，在长安县东十三里。王莽九庙在其南。……自东都门过枳道……水上有桥，谓之霸桥。”[④]由此得知，灞桥是通往长安枳道上的桥梁。从当时重要阁道“周行数里，仰不见日”[⑤]看，该桥当有廊屋。灞桥于王莽时期失火被烧毁，据《汉书·王莽传下》记载：“二月癸巳之夜，甲午之辰，火烧霸桥，从东方西行，至甲午夕，桥尽火灭。……或云寒民舍居桥下，疑以火自燎，为此灾也。”[⑥]刘敦桢先生在《石轴柱桥述要》一文中谈及灞桥火灾，也认为：“（灞桥）石构桥身之上，必更有木造之桥屋，故焚烧尽一昼夜，史籍以灾称也。”[⑦]

桥上设立廊屋，表面上看似一个建筑形式美（或“艺术形象”）的问题，但实际上对于早期的木构桥梁而言，还有一个结构坚固与耐久性等方面的问题。后者在生产力和科学技术不很发达的古代对桥梁而言更为重要。“廊屋”之于木构桥梁至少有三重功能：第一，供路人避风雨和休憩；第二，保护木构桥梁的桥身；第三，更为重要的是增加木构桥梁的自重，“利用桥屋重量，抵抗洪涛之冲击，如《闽部疏》谓：‘闽中桥梁甲天下，虽山坳细涧，皆以巨石梁之，上施榱栋，都极壮丽，初谓山间木石易办，已乃知非得已，盖闽水怒而善奔，故以数十重重木压之’。”[③]

①参见刘杰著《江南木构》一书第 131 至 135 页，上海交通大学出版社 2009 年版。
②转引自水利部长江水利委员会、重庆市文化局、重庆市博物馆编《四川两千年洪灾史料汇编》一书第 195 页，文物出版社 1993 年版。
③参见刘敦桢著《刘敦桢文集》第 3 卷第 448 至 449 页，中国建筑工业出版社 1987 年版。
④[北魏]郦道元著《水经注》，岳麓书社 1995 年版。
⑤[梁]萧统编、[唐]李善注《文选》，中华书局 1986 年版。
⑥[汉]班固撰、[唐]颜师古注《汉书》，中华书局 2005 年版。
⑦参见刘敦桢著《刘敦桢文集》第 2 卷第 23 页，中国建筑工业出版社 1984 年版。

二、木构廊桥的类型

在中国古代相当长的时期内桥梁都是以木质结构为主的，造成这种局面的主要原因是当时社会生产力的局限。在北方地区，石拱桥技术至迟出现在东汉，有明确文献记载的石拱桥至迟出现于晋朝，遗存最早的是建于隋代的河北省赵县安济桥，俗称赵州桥。在南方地区的桥梁发展历程中，约在宋元时期发生过一次木、石材质的大更替，促成这次材质变换的主要原因是整个社会生产力的发展，新的运输方式、造桥装备以及建造方法的产生。正是由于这些技术的革新和发展，传统的造桥材料才从纯粹的木材转换为木材、石材混合或者纯粹的石材。

此后，除少数盛产林木的山区之外，南方地区绝大多数城市与村镇的桥梁基本上都采用了石质结构。当然，在宋、元两代的桥梁遗构中，还能时常发现木材与石材混合使用的情形，比如在上海市青浦区的著名桥乡金泽镇就有一座元代的石柱木梁桥——迎祥桥（见图 1–2–1，陈从周先生在《梓室余墨：陈从周随笔》中记为“应祥桥”[①]）。

图 1–2–1　上海青浦金泽迎祥桥

为什么会出现这种木石混合的梁式桥呢？其实，从今天结构科学的视角来看极易理解。木材尽管在露天情况下并不耐久，但它是一种抗弯能力极好的天然材料。砖或石材，尤其是花岗岩，虽然经久耐用，抗压能力极强，但是抗弯能力并不如木材。作为梁式桥，其主梁是受弯的构件。因此，石墩作为桥梁的受压构件，木材作为主梁结构承受弯矩，桥面铺砌的砖块只是用于保护桥梁主体不受风雨侵蚀和人畜、车辆通行的磨损。三种材料将各自的力学性能发挥到极致，物尽其用——可以说是中国古代工匠最具智慧的桥梁建筑案例了。同样的木石混合结构的案例还有位于浙江省桐乡市洲泉镇石山头村的北松桥、湖州市南浔区菱湖镇建丰村的道仁桥等，均为石柱木梁桥，每跨均由数根圆木组成，梁上横铺条石板。

中国古代创造的廊桥式样，若按材料分，大致有木廊桥、木石结合廊桥两大类；若按结构形式分，有梁式廊桥与拱式廊桥两大类，再具体一些，梁式廊桥有简支梁式、连续梁式、伸臂梁式廊桥三类，拱式廊桥有撑架拱式、组合撑架拱式、编木拱式、编木拱梁式廊桥四类。一般而论，简支梁式廊桥的结构最为简单，制作方便，技术成熟且易于操作，可以是单跨或多跨的形式，因此其分布最为广泛，遍布中国内陆各地。伸臂梁式廊桥是在伸臂梁式木桥的基础上发展起来的，有一定的技术含量，且对材料要求较高，规模和造价也相对较高，其主要分布在中国长江流域及其以南地区的浙江省、福建省、江西省、安徽省、湖南省、湖北省、广西壮族自治区、重庆市、四川省等省、自治区和直辖市。此外，在西北地区的陕西省西安市等地历史上也有这种伸臂梁式廊桥的身影，如早期的西安灞桥、石轴桥等。拱式廊桥又有石拱廊桥和木拱廊桥之分。石拱廊桥也主要分布在长江流域及其以南的广袤

①见陈从周著《梓室余墨：陈从周随笔》第 15 页《上海现存最古老的两座桥》一文，生活 · 读书 · 新知三联书店 1999 年版。

地区。木拱廊桥主要分布在闽浙两省和西部地区的云南、甘肃等省。

通常情况下，为了简洁、完整地描述所研究对象，我们会将材料和结构形式结合在一起，将中国古代廊桥分为：木平廊桥（即简支木梁式木廊桥）、石平廊桥（即简支石梁式木廊桥）、木伸臂梁式廊桥、木撑架廊桥、石拱木廊桥和木拱廊桥等。

前文已述，木质廊桥的特点是造型与房屋建筑非常相似，建筑艺术性较强，但缺点是费工费材，不经济。自从石质材料开始应用于桥梁建筑之后，廊桥这一特别的桥梁形式就逐渐减少了。近 20 年来，由于中国建筑史学界、桥梁史学界众多学者的努力，闽浙地区的木拱廊桥已于 2012 年被列入国家申报世界文化遗产后备名录，其营造技艺也已于 2009 年被列入世界非物质文化遗产名录。出于非物质文化遗产的传承与保护需要，闽浙两省以及中国其他各地，甚至欧美等国，都在学习运用中国传统木拱廊桥建造工艺建造中国特色的木拱廊桥。[①]

三、木构廊桥的分布

廊桥在中国古代的分布是非常普遍的，可以说基本上覆盖了中国内陆的全境。并且，它也扩展到了今天的朝鲜半岛、日本以及东南亚地区。时光流转，廊桥这一曾经普遍分布的桥梁建筑在今天中国的东南山区、西南地区以及华中的湖南、湖北一带仍然有较多遗存。若以省为地域单位来比较，则又以福建、浙江二省为最，西南地区的云南、四川、重庆等省市历史上也拥有丰富的廊桥建筑资源。贵州、湖南和广西交界的侗族、苗族聚居区域，廊桥则以风雨桥的形式从古代一直保存到今天。总之，在中国，如果某地的民居是以从干阑演变而来的诸如穿斗架为主的建筑构架，那么该地基本上就有存在木构廊桥的可能。实际上，在东亚的绝大多数地区，这个推论都是成立的。这也从另外的角度证明了廊桥与穿斗架等建筑构架都是以干阑为共同祖源发展起来的。

与其他类型的木质桥梁比较，廊桥是一种更为华丽和昂贵的桥梁建筑形式。它的分布是与当地社会营造传统和经济相关联的。它往往出现在政府主导建造的官道，或者政府与民间都积极参与建设的重要商道之上；在一些地方乡绅或豪门聚居的村落水尾，它会作为庇护整个宗族或家族的风水桥而存在。廊桥在中国上古至中古时代的江南地区分布非常广泛，比如江苏省历史上就曾有许多精彩的廊桥。在古代文献中时常见到诸如以下的文字：

《建苑拾英》第 2 辑下册引古代文献记“饮虹桥”：“一名新桥，旧名万岁桥，在古凤台坊。按《建康实录》：南临淮有新桥，本名万岁桥，后改名饮虹新桥，今俗呼为新桥，袭其旧也。宋乾道五年，留守史正志重建，覆大屋数十楹，甚壮丽，丘崇记之。开禧元年，丘崇重建，刘叔向记之。宝祐四年，马光祖重建，梁椅记之。明正德中重修。”

《建苑拾英》第 2 辑下册引古代文献记“冶浦桥”：“在六合县东五里冶浦河。五代时，避杨浦讳，人呼之冶清桥。唐天宝中建，宋嘉定中改造。明宣德中，知县史思古大其制，用木椿万余，叠石为五空，铺以板木，覆以瓦屋十七间，长三十余丈，伟然为邑巨观，后倾颓。嘉靖十六年，知县周薇重建。按冶浦桥于丁丑之变，寇自西来，桥东居民思焚桥据水可守，寇果不能渡，获保，而仪杨一带俱得免。后邑贡生历振岳就石为基，横木作址，旁营二阁，中屋二楹，比初制更加轩豁。”

…………

而今天的江苏省境内依然保存有大量的古桥，但大多数已不是廊桥的形式，而是石梁或石拱桥了。虽然一些园林或古镇还有极少数廊桥的遗存，与之前相比却是九牛一毛了。同属江南的浙江省部分地区，北部和东部的经济状况最好，因而其廊桥遗存也较少，但南部欠发达地区却有不少的廊桥被较好地保存了下来。为什么会出

①自 2000 年以后，用传统工艺建造木拱廊桥在闽浙大地慢慢兴起，这一建桥热潮随着旅游项目逐渐蔓延到中国各地甚而其他国家。2012 年，作者就曾作为中国建筑史学界的主要代表，参与了美国里海大学组织的运用中国古代传统工艺建造木拱桥的活动，并在里海大学校园里建起了一座木拱桥。2013 年 11 月中旬，在作者组织的泰顺中国廊桥研讨会上从屏南县政协主席周芬芳以及文体局局长苏旭东处获悉，当时意大利有关部门正对闽浙山区的木拱桥产生浓厚兴趣，并拟邀屏南县造桥匠师建造类似结构廊桥。

现这种情况呢?

我认为，这种情况是与当地当时的经济发展水平相关的。经济发展较快、水平较高的地区，比较容易利用新的技术来替代旧的技术。从这个角度来看，木质廊桥被耐久性更佳的石质拱、梁桥替代在当时来讲就是一种进化，或言是一种进步，这是积极的一面；不过从建筑文化遗产传承的角度来看，廊桥的快速消失又不能不说是一种无可奈何的遗憾。

但是，我们不能忽略的一个事实是，古代中国曾司空见惯的廊桥经历了漫长的时间到了今日，却因为种种原因正以数十倍甚至数百倍建造它的速度被毁灭着。以浙江省泰顺县为例，在 1949 年，据有关部门统计，当时尚有数百座各式廊桥，但半个世纪后仅余 26 座（不包括 2000 年后新建的廊桥），这个数字还包括与福建省寿宁县共享的一座木拱廊桥。大家并不知晓的另一个事实是，泰顺县的木拱廊桥曾经拥有中国保存着的木拱桥的两项桂冠：其一，有确切纪年历史的木拱桥——建于明景泰五年（1454 年）的叶树阳桥；其二，木拱结构跨度最大的木拱桥——拱跨为 42 米的三滩桥。可惜的是，前者已于 1965 年因修建公路被拆除，后者已于 1950 年毁于洪水。[①]同样的厄运降临在了同样非常漂亮精彩的另两座木拱廊桥身上，它们分别是始建于清道光二十八年（1848 年）的漈下桥（也称福庆桥）、始建于民国二十六年（1937 年）的双神桥。前者于 1990 年毁于山洪，后者于 1989 年因建电站而被拆除。[②]

（一）浙江省的廊桥

在古代的浙江省曾遍布着各式廊桥，至今还遗存不少。比如地处浙东地区的宁波市，至今尚存数座木石混合结构廊桥。宁波，在宋代被称为明州，在宋元明三朝与日本、朝鲜等国保持着较为紧密的贸易往来和文化交流。廊桥等建筑技术也在这一时期与日本、朝鲜等国发生着技术交流的情况。位于奉化区江口街道的广济桥是浙江省境内有记载的现存较早的木石混合结构廊桥，始建于南宋，现存桥身为元代重建。桥全长 51.66 米，宽 6.6 米，为略呈弧形的四孔石柱木梁廊桥，桥上设廊屋 16 间。

2014 年 4 月重新恢复的鄞江桥，是浙东地区最长的木石混合结构廊桥。鄞江桥，始建于唐代，时称“大德桥”，是以木柱为桥脚，上面铺有竹棚的简易木桥，是鄞江镇镇北百姓通往勾章县城的必经桥梁。北宋元丰年间（1078—1085 年），大德桥被改建成石桥墩、木结构的廊桥，改称“鄞江桥”。据说当时的鄞江桥，全长约 38 丈（1 丈 ≈ 3.33 米），宽约 3 丈，共设廊屋 28 间。南宋末年，蒙古人剑指江南，廊桥被毁，随后又重建，最后一次重建在清道光十三年（1833 年），并立有碑刻两通。民国初期新增桥匾两块，是会稽道尹黄庆澜所书，桥北端的“大德会”旁曾立有镇桥塔，旨在保佑过桥行人和桥梁的安全。

自明州州治从鄞江古城迁移至今天的宁波三江口的近 500 年来，老桥的市集繁华景象始终不减。廊桥的存在，不仅方便了市镇商贸，也保障了参加庙会活动乡民的安全。镇里的三个庙会，老桥每每成了人气聚集之地。但于老百姓看来，廊桥最大的好处，不仅可以保护桥梁的安全，还能让行人免受日晒雨淋之苦，安心休憩于廊屋之中。鄞江桥为双向木伸臂梁式廊桥，其石质桥墩之上设有一排托木，即为伸臂梁。鄞江桥曾被记录于《中国古桥技术史》一书中，可惜的是，被人为拆毁于 1979 年。新桥复建于原址以西约 100 米处，由浙江省古建筑设计研究院根据 1870 年英国人拍摄的老照片等资料完成复原设计。新桥屋面采用当地的小青瓦和脊砖，桥墩部分的主要材料是当地的小溪石，桥墩以上部分全为木结构，采用与老桥相同的老杉木。同样，新桥完全按照旧桥形制，建成 5 个石桥墩、28 间廊屋、两端歇山顶的穿斗架木结构。

此外，宁波市还有鄞州区鄞江镇的悬慈桥（见图 1-2-2）、洞

①参见刘杰著《乡土中国——泰顺》第 42 页，生活 · 读书 · 新知三联书店 2001 年版。

②参见刘杰、沈为平著《泰顺廊桥》书末附录一，上海人民美术出版社 2005 年版。

图 1–2–2 浙江宁波悬慈桥

图 1–2–3 浙江宁波老洞桥

图 1–2–4 浙江庆元如龙桥

图 1–2–5 浙江泰顺“姊妹桥”之“上桥”——溪东桥

图 1–2–6 浙江泰顺“姊妹桥”之“下桥”——北涧桥

桥镇的老洞桥（见图 1-2-3），都是古代的木构廊桥。悬慈桥横跨鄞江支流清源溪，是比较少见的石伸臂梁木廊桥，该桥原跨中有混凝土梁柱支撑，2013 年修缮时已撤去。老洞桥横跨南塘河，是一座双孔厚墩木梁廊桥，桥的两端从廊屋中又出抱厦，形制颇为特殊。

浙中地区的金华市也遗存有廊桥，诸如武义县城内的熟溪桥以及永康市的西津桥。

武义熟溪桥始建于南宋开禧三年（1207 年），九孔十墩，为石墩木伸臂梁式廊桥，后于明万历四年（1576 年）在桥上加建了廊屋。现桥为 2001 年重建，全长 140 米，宽 4.8 米，共设廊屋 49 间，两侧间隔设置条凳，供行人休憩。条凳把廊桥分成三道，古时两旁走行人，中间通车马，桥身两旁设有独具江南特色的木栏杆。

永康西津桥始建于清康熙五十七年（1718 年），十二墩十三孔，为石墩木伸臂梁式廊桥。现桥全长约 166 米，面阔约 4 米，两端设踏跺。廊屋共 58 间，中间 5 间为重檐歇山顶亭阁，两端砖砌八字形桥门。

浙西南地区的丽水市被称为东南绿谷，又被称为廊桥之乡。其治下的庆元县、景宁县、龙泉市、云和县等地都遗存有大量的古代木廊桥，其中有相当多的木拱廊桥。庆元县举水乡月山村的如龙桥（见图 1-2-4）是中国第一座被列为全国重点文物保护单位的木拱廊桥。如龙桥始建年代不详，重修于明天启五年（1625 年），是一座单跨的木拱廊桥。如龙桥长 28.2 米，面阔 6 米，净跨 19.5 米，矢高6.8米，设有廊屋9间。桥面用木板平铺而成，桥上廊屋面阔3间，中间为行走的通道，两次间设有木凳供行人小憩，屋面施方椽、望板、小青瓦合铺。廊桥集楼、亭、木拱为一体，桥之北端建有一座三重檐歇山顶钟楼，与近旁的马仙宫相映成趣。南端设桥亭，三面辟门，与通往福建的古道相接。廊屋当心间面阔 4.15 米，朝西设一神龛，旧时祀奉平水王大禹。神龛上悬挂一匾，上题有“如龙桥”三个大字，相传是明末月山村名士吴懋修之子——七龄神童吴之球所书。廊屋当心间顶部施藻井，如意斗拱从梁架内层层出挑，聚合在屋顶下的天花上，精美绝伦。

如龙桥犹如长虹卧波横跨在举溪之上，整座桥的设计既考虑了功能的完备，又兼顾了外观造型之美，且如龙桥是月山村水尾的风水桥，意义重大。因此，如龙桥自建成后便被列入举溪八景之一。清代庆元知县、遵义人王恒曾有诗云：“来凤如龙号两桥，重关交锁束溪腰。月山银汉垂清影，举水金波落绛绡。道济自能为普渡，乘舆何用频相招？殷殷寄语褰裳客，从此江干被泽遥。”[①]

此外，位于浙南地区的温州市泰顺、文成、永嘉以及平阳等县都有廊桥。泰顺县的木拱廊桥相对集中，其中又以泗溪镇的“姊妹桥”（见图 1-2-5、图 1-2-6）尤为著名。

（二）福建省的廊桥

福建省的西部、北部、东部以及中部地区仍有大量的古代廊桥遗存，唯独福州以南地区少见廊桥。这种局面至迟于明代就形成了。据《闽部疏》载：“福州以南，桥皆不亭，但以巨石压之，虽重不杀亭，亦由水性不卞也。不然，洛阳、晋江讵能施南北二虹？”这姑且算是对福州以南少见廊桥的一种解释吧。《闽部疏》又云：“闽中桥梁甲天下，虽山坳细涧，皆以巨石梁之，上施榱栋，都极壮丽，初谓山间木石易办，已乃知非得也，盖闽水怒而善奔，故以数十重重木压之，中多设神佛像，香火甚严，亦压镇意也。”这说明福建廊桥的建设在明代就突出了功能和精神的双重性。

福建省北部的南平市是廊桥遗存较为丰富的地区，如其治下的政和县就有较多的木拱廊桥。武夷山市也有一座非常漂亮的木拱廊桥——余庆桥（见图 1-2-7），它是古代崇安县（今武夷山市）闽赣古道的枢纽，是五夫村和万里茶路起点——下梅村等地的百姓商旅往来城关及江西的必由之路。它也是武夷山世界文化遗产的一部

①参见刘杰、胡刚主编《乡土庆元》第 244 页，浙江古籍出版社 2011 年版。

分，以及全国重点文物保护单位——闽东北廊桥之一，是中国现存的比较少见的多跨木拱廊桥。2011 年 5 月 28 日余庆桥遭火焚毁，2015 年完成修复工程。而同样隶属于南平市的浦城县的镇安桥、丰乐桥却是木伸臂梁式廊桥。

宁德市与浙江省西南部的丽水市和温州市相邻，也是当今中国古代廊桥保存最为集中的地区。隶属于宁德市的寿宁县、屏南县、周宁县、福安市等地也保存有大量的木廊桥，其中也有相当多的木拱廊桥，以屏南县的木拱廊桥最为有特色。在屏南县的众多廊桥中，又以坐落在长桥镇长桥村的万安桥最为壮观。

万安桥位于卧龙岛南端，原名龙江公济桥，又称长桥，长桥镇与长桥村名即由此桥而来。沿村边溪堤走到旧街头，登上 36 级石阶，可达万安桥西桥头。石阶边原来砌有石栏杆，但经近千年来多次洪水冲击，现在只留下一些安装石栏杆的凿洞。万安桥建于北宋元祐五年（1090 年），为五墩六孔木拱廊桥，东西走向，桥长 98.2 米，宽 4.7 米，廊屋 36 间，单檐悬山顶，是中国现存最长的古代木拱廊桥，也是全国重点文物保护单位——闽东北廊桥之一。正中桥墩有一通石碑嵌入桥墩，文曰："弟子江稹，舍钱一拾三贯又谷三十四石，结石墩一造，为考妣二亲承此良因，又为合家男女及自身各乞保平安。元祐五年庚午九月谨题。"江稹是个慈善家，他不但捐出 13 贯钱，还捐出谷子 34 石，宋代 1 石合现在 80 公斤，34 石谷子就是 2720 公斤。古代人以捐建路桥为善举，这座百米廊桥，原来建有 6 墩，后来桥堍崩塌，重修时与第 6 墩相连接，若论造价，仅墩、堍就需干谷 21760 公斤，钱 104 贯，加上桥梁、廊屋、瓦片、木构栏杆、槛下板凳，实在是一笔惊人的数字，这笔巨资均来自长桥与周边村民的捐助。廊桥建成后经过几次重建已无法知道，但 558 年后的清顺治五年（1648 年），"戊子盗毁，仅存一板"。此后，在清乾隆七年（1742 年）、道光二十五年（1845 年），民国二十一年（1932 年）经过三次重建。1952 年桥西端被大水冲毁拱架 2 个、廊屋 12 间，1954 年重建。这次重建，留下了建桥主绳黄生富、黄象颜的名字。在我国古代，社会普遍重艺轻技，在数千

图 1–2–7　福建武夷山余庆桥

图 1–2–8　福建连城永隆桥

年留下或已毁的无数建筑中，能留下匠人姓名的实在太少。清乾隆年间（1736—1795 年）贡生江起蛟有诗咏该桥：“千寻缟带跨沧州，阳羡桥应莫比幽。月照虹弯飞古渡，水摇鳌背漾神州。汉家墨迹留中砥，秦洞桃花逐上流。锦浪浮来香片片，令人遥想武陵游。”

建桥主绳黄生富、黄象颜，就是生活在长桥村的廊桥建造工匠。当今依然健在的建造木拱廊桥的国家级非物质文化遗产传承人黄春财老人就是黄象颜的儿子。黄春财（1936— ），长桥村人，他幼年时在祖父黄金书、父亲黄象颜身边受到耳濡目染、手传口授，15 岁起就跟随父亲到建瓯、古田、宁德、顺昌一带造桥。几十年的建桥生涯，使他成为集设计、绘图、建造于一身的建桥名匠。①

闽西龙岩市连城县冠豸山下也有一座非常壮观的木构廊桥——云龙桥，此外连城县境内还存有永隆桥（见图 1–2–8）、玉沙桥等，它们都是木伸臂梁式廊桥。同样，龙岩市长汀县的永隆桥、三明市宁化县的宜生桥也是这种桥型。泉州市德化县的广济桥则是一座巨杉作梁的木简支梁式廊桥。

（三）江西省的廊桥

江西省的廊桥主要以两种形式存在着：其一，作为交通要道上的桥梁，此类桥梁规模较大；其二，以婺源县（古属徽州六邑之一）为代表的村落水口（或称“水尾”）普遍存在的风水桥。风水桥的规模一般不大，但也有例外，如江西省婺源县清华镇的彩虹桥就是规模较大的一例。

清华镇位于婺源县城以北 34 公里的五峰尖北麓，浙源水与古坦水交汇处。彩虹桥横卧在清华镇上街，初建于宋代，以唐诗“两水夹明镜，双桥落彩虹”命名。桥长 140 米，宽 3.1 米，四墩五孔，由六亭五廊组合而成。每座桥墩上设亭，每两墩之间的部分建廊屋，亭略高于廊，形成错落有致的屋面节奏。该桥为清华镇原清华村的水尾桥。

彩虹桥的设计并不仅仅考量了美学层面的问题，对其适应水流的科学性也有不少考量。这些考量至少体现在以下三个方面：

其一，桥墩像半个船形，前面尖锐如斧面，后面平整，呈流线形，可以化解洪水奔腾而下的冲击力。

其二，桥墩之间的距离不等，是根据洪水的走向来确定的。彩虹桥最大墩距为 12.8 米，最小墩距为 9.8 米，相差 3 米。河面主流量经过的地方墩距较大，有利于行洪，桥墩所受的冲击力也小；流速稍缓的地方，墩距也稍小。如此设计，有利于降低廊桥建造的难度与造价。彩虹桥的墩距设计，需要掌握准确的水文资料，充分体现了古代徽州桥匠高超的建造技术。

其三，桥墩条石砌法讲究，桥墩是用长短、大小不一的条石镶嵌在一起的，缝隙小，结合得非常紧密牢固。整座桥梁修建桥墩的难度最大，平均水深有 4—5 米，在 800 多年前的技术条件下，要清到岩基，将上百斤或成吨的石块砌好，光排水一项，就要用几十台龙骨水车昼夜不停抽水方能实现。桥墩是整座廊桥最精彩的部分，也是 800 多年前的旧物。②

彩虹桥在建造桥墩时，在第三个桥墩临水的侧面镶嵌进一头铁铸的水牛，以镇洪水，并保护桥墩。据说这是婺源人古代建桥的习俗。桥亭内神龛主祀的是治水的大禹，右边陪祀的是募化僧人胡济祥，左边陪祀的是缘首胡永班。

通济桥（见图 1–2–9）位于婺源县城西北 19 公里处的思溪村，是一座一墩两孔的木简支梁式廊桥。思溪村不大，背山面水，俞氏族人于南宋庆元五年（1199 年）因避战乱迁徙至思溪边，取鱼（俞）思恋溪水之意而给村子命名为“思溪”。通济桥是族人俞宗亨于明景泰年间（1450—1457 年）修建的，后来历经多次重修。桥长约 22 米，宽约 3.8 米。建造通济桥的材料以杉木为主，梁柱素木而作，只是在梁架上略微有些柔化处理，不施髹漆，亦无任何木雕装饰，因而显得格外朴实。桥内两侧各设有一排长条坐凳，供村民们闲谈、歇

①参见刘杰、周芬芳主编《乡土屏南》第 60 至 62 页，中华书局 2009 年版。
②参见李玉祥摄影、紫图撰文《中国古镇图鉴》第 239 页，陕西师范大学出版社 2003 年版。

息。廊桥下唯一的一座石桥墩上，设有一根立于清嘉庆三年（1798年）的“如来佛柱”，柱身八面皆刻佛像，佛像之下分别竖刻“南无阿弥陀如来”、“南无妙色身如来”和“南无多宝如来”等字。佛经柱当属佛教塔幢的简化物件，迎着水流而立，既有镇水保护桥梁平安的寓意，也表达着村民们虔诚的佛教信仰。此外，东侧桥头还建有一间“河神祠”，祠内供奉的是治水的大禹。[①]通济桥也是一座风水桥。

新丰桥位于江西省抚州市黎川县日峰镇篁竹街西侧，也是一座以交通为主的桥梁。新丰桥始建于明弘治九年（1496年），后经多次维修。新丰桥原为木构，长88.8米，宽4.25米，高7.5米，石礅木梁，条石铺就桥面，桥上建有青瓦廊屋，两侧设有雕花木桥栏，中段建有重楼，两端有桥头堡建筑。1985年，在基本保持原状的前提下，以钢筋混凝土对新丰桥进行了加固重修。新丰桥为黎川县的商业繁荣起到了极为重要的作用。据史料记载，此桥“行旅如云，黄尘掩日”，由此可以想见当年的繁华景象。这座廊桥带动了两条重要商业街：黎河北岸的南津街和南岸的篁竹街。它是黎川县城沟通德胜镇直至福建省建宁、泰宁等县的重要通道。

图1—2—9　江西婺源通济桥

①参见秦俭、龚美玲文/摄影《婺源乡村》第147页，中国旅游出版社2007年版。

（四）安徽省的廊桥

安徽省现存的廊桥主要集中在皖南古徽州的地界内，多数是古村落中的风水桥。徽州廊桥与徽州建筑风格一脉相承，依山傍水的粉墙、黛瓦，与青石、素木以及砖木石雕相间，构成了一幅幅徽韵十足的水墨画卷。有关资料表明，历史上安徽廊桥曾经多达数百座，但历经千百年风雨和人为的破坏，保存至今的廊桥只是凤毛麟角了。诸如歙县和徽州区同名的高阳桥、休宁县的三棵树廊桥、徽州区的环秀桥等均是著名的廊桥。这些廊桥往往成为古徽州水口园林的一个重要组成元素，关于这一点，本书第六章还将论述。

歙县许村廊桥是古徽州遗存廊桥中建造年代较早的一座，始建于元代，清康熙五十八年（1719年）在原址原样重建，当地人称高阳桥，出资建桥者为许村人许友山。许村廊桥为双孔石拱木廊桥，桥上设砖木结构的廊屋7间，外观上呈左中右三段，中段略高，左右两段略低，使脊线、山墙参差错落，与左岸的牌楼、亭阁相辉映。廊屋内两侧置长条坐凳，供人闲谈、休憩。中间南侧置佛座，面对圆窗，窗左侧有一焚纸炉，炉砌在廊墙外边分水桥墩上。中部3间廊屋设有天花，上施龙凤彩画。

徽州区唐模村廊桥极富特色，它建于清雍正年间（1723—1735年），与许村廊桥一样，也叫“高阳桥”。该桥为双孔石拱木廊桥，廊屋之上为小青瓦铺就的双坡屋顶，两端设有砖砌山墙并叠涩出墀头，梁架上施彩画。廊屋一侧为髹红漆方格花窗，中间为落地可开合的槅门，凭栏可观溪水两岸风景。廊屋为5间，中间面门处设置神龛，沿墙有长条坐凳。一端砖墙上镶嵌有巨型石碑，碑文记载着当年捐资修桥者的姓名与善款数量以及造桥时间。两端设有黑漆大板门，由专人负责启闭。为不妨碍乡民们在桥门关闭时过桥，特在廊桥的一侧辟出1米宽的人行桥面，饰以石雕栏杆，以便往来。

三棵树廊桥位于休宁县兰田镇隆光村，与宏儒公路相邻。廊桥建于明代，条石建造，桥上建有砖木结构的廊屋，单面敞轩，造型独特。因廊桥毗邻三棵年龄均在250多年的苦槠树而得名“三棵树廊桥”。三棵树廊桥离河面较高，形似飞虹。

环秀桥位于徽州区呈坎村，一直是村子东西跨河的交通要道，始建于元代，明代重修。桥上设有廊屋3间，悬山顶，上覆青瓦，廊屋内两侧设美人靠，少有装饰，四面通透。环秀桥为花岗岩石梁木廊桥，桥长26.65米，宽3.85米，高4.55米。

安徽廊桥的修建，与中国“修桥建亭积德积善”的传统美德有关，也与当地多风雨的气候特征有关，更与风水理论相关。安徽廊桥建筑材料的质地与独有的黑白色风格将恬淡清秀与肃穆厚重巧妙地结合于一体，正如同徽派建筑以风水理论为依据，讲究与自然环境融为一体，强调天人合一的建筑理论一样。“新安江水碧悠悠，两岸人家散若舟。几夜屯溪桥下梦，断肠春色似扬州。”郁达夫《屯溪夜泊记》一诗道出了徽州古桥的人文情怀。

除了上述典型廊桥之外，安徽还有歙县的长生廊桥、贤源观音廊桥，休宁县的拱北廊桥和屯溪区的关阳廊桥等。[①]

（五）湖南省的廊桥

位于中南地区的湖南省历史上也是廊桥广为分布的地区，至今仍有不少廊桥存世。湖南省现存廊桥以木伸臂梁式廊桥为主，且以分布在资水流域者为多，如邵阳市的新宁和益阳市的安化二县，其建造质量也较高。提到新宁，就有一件不得不说的事：新宁县是中国现代杰出的建筑史学家刘敦桢先生的故乡。刘敦桢先生曾在20世纪上半叶以家乡新宁的江口廊桥为主题撰写了中国建筑史学界第一篇关于廊桥的论文——《中国之廊桥》，拉开了建筑史学界对廊桥进行专题研究的序幕。此外，益阳市安化县也是一个廊桥之乡。众所周知，安化是黑茶的故乡，在古代遗存下来的茶马古道或茶盐古道上就存在着许许多多精彩绝伦的各式廊桥。

邵阳市新宁县是一个山清水秀、风景优美的地方，在宋代便有“长堤柳岸”、“烟村古道”等八景胜地。明代诗人陈永猷曾赞曰：“夫夷胜景天成就，摄杖归来入梦频。”江口桥原址位于新宁县城西北2公里，始建于明万历年间（1573—1620年），是当时连通湘桂地区的交通要道。江口桥在清代历经多次修治，已不复明代原貌。原桥虽已不存，但我们从刘敦桢先生当年的文章中可以清楚地看到江口桥的原貌：

“……此桥跨新呰水上，东西九孔，长102米。桥之两涯（今称桥堍——作者注），各建驳岸一处。中为石墩（即分水金刚墙）八座，皆以粗巨石条叠砌。墩迎水一面，构分水尖，以杀洪流，其另端则作方头。石墩上各置水平挑梁八根，其上再施楞木数条，在平面上与挑梁直角相交。如是层叠而上，至第三层挑梁，已伸出墩侧约2米，其上再置楞木以承受桥身大梁。

“大梁为上粗下削天然圆木。故以下段与上段颠倒搭配，依次骈比，几无空隙。另以木桩削尖一端，自上插下，贯通大梁与挑梁，并夹于石墩之两侧，以期稳固。

“大梁上铺木板一层，约阔3.5米，板之两侧各施地栿二行。外侧地栿上立檐柱，内侧地栿上立老檐柱，柱上各置桁、梁，以构成廊屋之骨架。每架之间隔大小不等，平均约在2米左右，其位置与桥下石墩及桥孔跨距并无关涉。

“老檐柱顶端施中金桁。前、后二老檐柱间置五架梁一根。梁上立瓜柱二，以受上金桁。梁之中点复建脊瓜柱，载以脊桁。此三瓜柱间贯以短梁，借资联络，但非北方之三架梁式样。外侧檐柱上

①参见秦俭、龚美玲文/摄影《婺源乡村》第20、195页，中国旅游出版社2007年版。

直接承下金桁，并于柱端伸出挑梁，以荷挑檐桁与出檐之重量。另于檐柱之中段偏下处，再出挑梁一层以受腰檐。以上二层挑梁之后尾，皆插入老檐柱内。

“廊屋之顶为两坡式，铺以小瓦。而桥中央一间，过去因祀关羽，故加建歇山式檐，以示崇异，于是外观形成变化。桥身二侧，于腰檐上、下悉施直棂窗。桥之两端辟有桥门，并各建山墙一堵，俾廊屋至此，有所归宿。墙首中部隆起如弓，两侧墀头则向上反曲，故有“猫拱背”之称。但境内其他诸桥，亦有将墙头砌作阶梯形者，或不砌山墙，而代以单檐或重檐歇山之亭屋。桥门位置有在桥端一侧，或混合采用之。其余细部变化，形制殊多，不能一一殚举，欲穷其妙，尚有俟诸异日焉。”①

龙潭桥是一座与江口桥形制接近的廊桥。该桥位于新宁县城以西 14 公里处，今金石镇龙潭村与金木村之间，横跨新寨水，建于清乾隆十二年 (1747 年)，后经多次重修。该桥为石墩木伸臂梁式廊桥，四墩五孔，长 68 米，宽 3.8 米，高 4.65 米。桥身之上设廊屋 33 间，悬山顶，两端及中部出单檐歇山顶。桥墩上分别以八重叠木组成的井字架形成伸臂梁承托主梁，主梁上铺木板贯穿南北两岸。桥面上设廊屋及木护栏，供行人歇息和观赏江景。明间内设神龛，祀关羽、周仓、关平、财神、土地神等，供百姓拜谒。两端桥亭各悬“龙潭桥”匾额一方，南端亭侧立有碑记二通，其中记曰：“夫天下之倾，尚须炼石以补之；桥之圮，期待来者以整修之；吾境龙潭桥不仅车通乡道，抑且上连黔滇，下抵湘粤商旅之通衢……”

安山回龙桥横跨于新宁县安山乡万字寨的黄龙江上，为交通要道上的重要津梁，修建于清乾隆七年 (1742 年)。桥长约 30 米，桥面距正常水位高约 6 米，两墩三孔，其中两孔跨江，跨度均为 9 米，其余一孔横跨于稻田之上。桥上设有廊屋，屋顶用青瓦覆盖。

回溪桥位于新宁县城东北 70 公里处的一渡水镇西村坊村二组，跨龙溪小江，始建于清嘉庆十一年 (1806 年)，为石墩木伸臂梁式廊桥。桥身结构为两墩三孔，长 28 米，宽 4.5 米，高 8 米。桥面上设廊屋 11 间。桥两端和中部筑亭，中亭为重檐歇山顶，内设佛龛供奉关羽、关平、周仓塑像，全桥的瓜柱和梁枋上饰有花、鸟、虫、鱼等浮雕图案，两端桥头悬有“回溪桥”黑底金字匾额，南端立有高 2.5 米、宽 0.6 米桥碑，碑铭“回溪桥”及修桥捐资人名单。

万塘狮象桥位于新宁县城以北 10 公里处，今万塘乡白马田村二组，横跨金溪水，建于清嘉庆年间（1796—1820 年），光绪二年 (1876 年) 由当地刘氏宗族捐资复修。该桥为石墩木伸臂梁式廊桥，一墩两孔，长 22 米，宽 5 米，高 6 米。桥身上设廊屋 10 间，上覆单檐悬山顶。廊屋梁架是南方常见的插梁架，桥面由木板铺就，桥身两侧设桥栏及长条坐凳，供行人休憩。桥两端及中部各筑有一亭，均为重檐攒尖顶。中亭高出桥脊 2 米，亭之攒尖为翎瓶宝顶形式。

益阳市安化县地处湘中偏北，资水中游，雪峰山脉北端，山地占全县土地面积的 82%。安化作为世界黑茶的重要生产基地，几乎山山种茶，四季运茶。在安化通往黑茶各销售地的茶马古道上，木构廊桥成为了跨越深涧和溪水的最佳选择。据有关学者调查，1949 年以前，安化县境内尚有廊桥 160 余座。时至今日，安化全县仅存 20 余座廊桥，而且大多数濒临破损。现有的廊桥大致分布在梅城、乐安、江南、马路、东坪等乡镇。

永锡桥（见图 1–2–10）是安化县规模最大、保存最为完好的木伸臂梁式廊桥。它位于江南镇锡潭村，横跨麻溪，长 83 米，高 12.8 米，宽 4.2 米，上设廊屋 34 间，为清光绪二年（1876 年）四月邑人陈五芝等捐资修建，光绪七年（1881 年）十月落成。永锡桥所在地锡潭村为新化县通往安化县的必经之路。廊桥为歇山顶，三墩四孔。桥墩平面呈菱形，桥墩上的伸臂梁由纵横交错的 6 层圆木组合而成。南北端廊屋前各设置一个三间四柱牌楼式桥门。北端桥头建有碑亭，现存石碑 58 块，还有一个与主桥相连的四合院，为守桥人住所。守桥人主要负责保持桥梁清洁并为行人提供茶水等服

①参见刘敦桢著《刘敦桢文集》第 4 卷第 70 页，中国建筑工业出版社 1992 年版。

务。南端桥门顶下有“永锡桥”桥名匾额，桥头有石级。

燕子桥（见图 1-2-11）位于安化县梅城镇启安村，东西走向，横跨伊溪，建于清乾隆年间（1736—1795 年），现存建筑为道光二年（1822 年）重建。该桥为木伸臂梁式廊桥，廊屋为单檐歇山顶。桥身两侧各设一道浅披檐，桥下设两座条石砌筑的桥墩，桥墩上的伸臂梁由纵横交错的 4 层圆木组合而成。桥长约 38.5 米，通高 11 米，宽 3.8 米。桥上设廊屋共 11 间。廊屋内中间为行人通道，两侧设长条坐凳。西桥头有过道和守桥亭，东桥头南北两侧有石级。东西桥头均设山墙，桥中央出单檐歇山顶重楼。

思贤桥（见图 1-2-12）位于安化县江南镇，南北走向，横跨于麻溪上，建于清咸丰四年（1854 年）。该桥为木伸臂梁式廊桥，下设两座巨型条石砌筑的桥墩，桥墩前设菱形分水金刚墙。廊屋为单檐歇山顶。桥身两侧各设一道浅披檐，两岸桥台上的伸臂梁由纵横交错的 5 层圆木组合而成。桥长约 57.5 米，通高 9 米，宽 4.1 米。桥上设廊屋共 21 间，每间面阔约 2.7 米。廊屋内中间为行人通道，两侧设长条坐凳。桥首的南北两端均建有三间四柱牌楼式桥门，桥北首牌楼门上设有用青花瓷拼镶成的“思贤桥”桥名匾额。

此外，邵阳市的洞口县、邵阳县、武冈市、隆回县等县市也遗存有古代的木构廊桥。

（六）湖北省的廊桥

湖北省地处荆楚大地，历史文化悠久，文物遗存颇丰。其地近重庆市之东部一带如恩施土家族苗族自治州的利川市等地有木构廊桥遗存，其他如咸宁市等地也保存有一定数量的石拱廊桥。

利川市在湖北省恩施州的清江上游。群策凉桥，也称永顺桥，位于利川市毛坝镇花板村，始建于清咸丰九年（1859 年），桥身呈东北至西南走向，横跨在三湾河上，是古毛坝、团堡至施南等地的

图 1-2-10　湖南安化永锡桥

图 1-2-11　湖南安化燕子桥

图 1-2-12　湖南安化思贤桥

主要通道。桥长 24 米，宽 2.9 米，桥面距正常水位高约 17 米。廊屋共 7 间，悬山顶，高 3.3 米。桥头立有清咸丰九年（1859 年）“降之百祥”石碑一通。

同处恩施州的建始县晏公塘桥是一座木拱廊桥，可惜今已不存。从民国二十三年（1934 年）的旧照片中，可以大致分辨出晏公塘桥下部与闽浙地区的编木拱梁结构极为相似，上设单檐廊屋 7 间，桥首的一端横向出抱厦。廊屋和抱厦都是典型的穿斗架构造。桥身结构并不像闽浙一带设风雨板，桥面两侧设木质桥栏。

（七）重庆市和四川省的廊桥

西南地区也是干阑建筑及其演化发展类型广泛分布的地区，因此在这一区域的云南、四川、重庆和贵州各省市内也有许多古代廊桥的遗存。湘、黔、桂交界的侗族、苗族等少数民族聚居区的通道县、黎平县、三江县等地的古代廊桥以风雨桥的名称一直保存着。这些漂亮的廊桥与侗、苗村寨有机组合在一起，构成了中国南方少数民族最为壮观的干阑建筑景象；也与侗、苗族人赖以生活的山川、河流相映衬，形成了一幅幅人与自然和谐共生的画卷。

1. 重庆市的廊桥

重庆市自 1997 年从四川省划出成立直辖市以来，其行政区域面积扩展到 8.24 万平方公里，下辖 38 个区县。据文物部门统计资料显示，重庆遗存的古代廊桥近 60 座，其中秀山县 14 座、酉阳县 6 座、石柱县 1 座、巫溪县 1 座、奉节县 1 座、云阳县 4 座、忠县 3 座、丰都县 2 座、梁平区 2 座、开州区 2 座、城口县 3 座、武隆区 4 座、渝北区 1 座、北碚区 1 座、合川区 1 座、潼南区 2 座、綦江区 2 座、荣昌区 1 座、南川区 5 座。①在上述廊桥中，约 40 余座为木构廊桥，主要类型为多跨木简支梁式廊桥、单跨木简支梁式廊桥和木伸臂梁式桥。此外，还有 10 余座石拱廊桥。木构廊桥主要分布在重庆长江以南地区，其中多跨简支廊桥主要分布在重庆东南部的秀山县等区县，单跨简支廊桥分布在重庆南部的南川区一带，木伸臂梁式廊桥大多分布在重庆东北部的城口区和东南部的酉阳县境内。石拱廊桥的分布较广，主要散布在嘉陵江流域的合川、北碚、渝北和三峡地区的忠县等区县。②

重庆中国三峡博物馆研究员王玉的研究成果表明，重庆市境内的木简支梁式廊桥分布地区基本上都是土家族、苗族聚居地，当地的土家族、苗族民众是廊桥的建造者和使用者。她还进一步提出，上述地区的木梁廊桥是清代土家族、苗族的文化遗存，遍布重庆长江南北的石拱廊桥则是少数民族建筑文化和汉民族建筑文化相融合的结果。以下举一例廊桥作为代表。

酉阳龙凼沟桥坐落在酉阳县清泉乡清溪场西北高高的龙凼沟峡谷上。站在廊桥之上，远可眺如黛青山、奔流江水，近可观修萝翠竹、流泉飞瀑，桥梁所处环境极为险峻和清幽。龙凼沟桥又名回龙桥，长 32 米，宽 4 米，建于清同治十年（1871 年），迄今已有 140 余年历史。桥面距正常水位高约 30 米（近年来因下游建造水库，水面有所抬升，已不复当年的险峻）。桥两岸砌有石桥台。该桥的结构比较复杂。严格地讲，它是由伸臂梁和八字撑架两种体系混合而成的结构。它的伸臂梁体系由 3 层出挑的木梁组成，它的撑架系统由两重斜撑组成。亦就是说，普通的撑架体系一般是一组，而龙凼沟桥却是两组，这在中国古代木撑架桥梁中殊为罕见。结构最上层梁铺木板做成桥面，桥面之上建有单檐悬山顶的廊屋。廊屋共 9 间，穿斗式梁架。廊屋正面为 3 间，中间为人行通道，两次间空间较低，那是为了保护木构架免受风雨侵袭，工匠们特地从内柱向桥栏外侧伸出了一道较浅的披檐。廊屋顶的正脊上，绘以八卦、祥云、飞龙、彩凤等祥瑞图案，书以“福”、“囍”等字样，寄托着当地民众对吉祥、

①据当地文物部门介绍，南川现存廊桥约 20 座，本书以重庆中国三峡博物馆研究员王玉女士的调查材料为依据。

②参见重庆中国三峡博物馆王玉撰《重庆廊桥初探——兼谈重庆廊桥与南方地区廊桥的关系》一文，收录于《第二届中国廊桥国际学术研讨会暨宁德·寿宁廊桥论坛论文集》，另见重庆中国三峡博物馆编《长江文明》第 1 辑第 77 至 94 页。

幸福的愿望和追求。桥身两侧设横木，可供行人小憩。长廊两端用砖砌成硬山墙，两端的山墙上设有拱形门洞。

当年，建桥石匠们于龙凼沟两岸高峻的悬崖上，开山凿石，垒砌石桥墩；大木工匠们在桥墩基部的石台之上，左右各以 6 根杉木向沟心约呈 45 度角支撑，形成第一组八字撑架，又在第一组八字撑架的杉木的一半处出一横木，横木之上再构建第二组八字撑架。我们不知此桥结构何故如此复杂，简直就是两套桥梁结构的重复组合。也有一种可能，此桥最早就是简单的伸臂式梁桥，后来因为悬挑的木梁出现了严重的变形，工匠们担心桥梁的结构会因此出现问题，但又不愿落架大修，不得已增建了一套撑架体系。无论如何，该桥的建成大大方便了两岸居民，桥梁的主事者和工匠们最终使天堑变成了通途，赢得了四里八村民众的交口称赞（见图 1–2–13、1–2–14）。

2. 四川省的廊桥

四川省的成都市、江油市、绵阳市以及峨眉山、青城山等山区都分布有廊桥。早期的廊桥几乎都是用纯木材建造的，清代建造的廊桥多为石拱木廊桥。

姊妹桥（见图 1–2–15）位于绵阳市安州区晓坝镇五福村李家茶园山谷，横跨茶坪河，始建于元末明初，清同治十一年（1872 年）重修。桥分两段建造，两桥之间又以天然巨石相连，像一对孪生姊妹，故称“姊妹桥”。姊妹桥又名双木桥、五福桥，始建时为石板桥。因茶坪河连年涨水，溺水之事时有发生，清同治十一年（1872 年），乡人自愿捐资捐料请工匠改建成了今天这座木构廊桥。两桥共长约 50 米，桥身高 3.5 米，宽 4 米，距河床高约 10 米，桥上建有廊屋。桥身以 40 厘米粗的圆木为梁，上面铺设桥板，十分结实。

图 1–2–13　重庆酉阳龙凼沟桥内景

图 1–2–14　重庆酉阳龙凼沟桥

因桥面离水面很高，人们又称之为高桥。

清末四川总督丁宝桢大修都江堰时，竣工之后尚余黄金 2000 余两，粟米百余斛，遂以资在城南修建普济桥，亦即南桥。普济桥始建于清光绪四年（1878 年），为木构廊桥，下设多个木柱桥墩，桥面宽三轨（古制为八尺），几经毁建。1982 年，重建的普济桥已改为混凝土结构（见图 1-2-16）。[①]

成都市横跨锦江的安顺廊桥曾被意大利旅行家马可·波罗记入其游记之中，1996 年重建时也改为了混凝土结构，尽管复建时着重模仿古代廊桥的种种特征，规模也较过去恢宏，但已失去了木构廊桥的雅韵。

（八）云南省的廊桥

云南省的廊桥主要集中在傈僳族和白族聚居的大理州云龙县、壮族聚居的文山州广南县以及保山市腾冲市等地，也是干阑建筑分布普遍的区域。云南省的廊桥，其类型主要是多跨或单跨的木简支梁式廊桥以及伸臂梁与撑架组合式的木拱廊桥。[②]

古代云南，在河面开阔的地方建设桥梁，多采用多跨木简支梁式廊桥。此类桥梁往往建有船形或六边形桥墩，木质桥梁直接安放于桥墩之上，桥栏上方多出一道浅浅的披檐，廊屋也多为单檐形式。此类桥梁如文山州西畴县的牛羊太平桥（见图 1-2-17），始建于清乾隆十三年（1748 年），咸丰年间（1851—1861 年）重修，宣统三年（1911 年）扩建。桥长 34.2 米，宽 3 米，高 6 米，有 4 个石砌桥墩。桥上建有 9 间木构廊屋，穿斗式梁架，屋面铺小青瓦。桥两端设有桥头堡，东端堡内竖有五通碑刻，其中一通记曰：“牛羊太平桥者，为南隅之要道，作东北之通衢。”

单跨木简支梁式廊桥通常设在两岸距离较近，且又有高起而坚固的岩石作为桥台的地方。当然，也有部分桥梁的桥台是由条石或卵石垒砌而成的。这类桥梁的规模一般都不大，桥面廊屋大多三五间，如大理州云龙县的师井桥和维西县的高泉风雨桥。

图 1-2-15　四川绵阳姊妹桥

图 1-2-16　四川都江堰普济桥

①参见苟子平、王国平著《都江堰两个世纪的影像记录》第 154 页，山东画报出版社 2007 年版。

②参见昆明理工大学张亚军硕士论文《云南古桥研究》。

师井桥（见图 1–2–18）位于大理州云龙县检槽乡师井村，建于清道光年间（1821—1850 年）。桥长 12 米，宽 3 米，桥面用木板铺成，中部稍高，两端稍低，设有 3 间廊屋。廊屋内两侧设有桥栏和供行人休息的条凳，为穿斗式梁架。桥头立有八字形牌楼式桥门。

高泉风雨桥位于维西县城以北 14 公里处的永春乡高泉河上。桥长 16.8 米，宽 2.3 米。桥首两端设有牌楼式桥门。

云南省的木伸臂梁式廊桥主要分布在云龙县境内，此类桥梁可分成多跨木伸臂梁式廊桥和单跨木伸臂梁式廊桥两种。单跨木伸臂梁式廊桥所在河床都比较窄，其承托木梁的伸臂部分一般都在 3 层左右，伸臂部分很少见纵横相间的井字形构架，而只出现纵木伸出不见横木且用榫卯来固定纵木的梁架样式。这是云龙县伸臂梁桥的特点。除此以外，云龙县还保存着有较大仰角、出挑层数较多的伸臂梁式廊桥。以上几种伸臂梁式廊桥除正常的伸臂梁体系外，还时常增加八字撑架作为另一结构支撑体系，据此也可作为木拱廊桥的一种类型。

云龙县跨度最大的单跨木伸臂梁式廊桥是通京桥（见图 1–2–19），俗名“大包罗桥”，也叫“解放桥”，古称“大波浪桥”，后因盐马古道及清代白羊厂银矿运银通道经此，乃取名“通金桥”，后当地人又认为银子是运往京城的，便改称“通京桥”。此桥位于县城北面的长新乡大包罗村，横跨于沘江之上，始建于清乾隆四十一年（1766 年），1963 年进行过大修。通京桥全长 40 米，宽 4 米，净跨 29 米，高 12.5 米。桥的结构采用伸臂梁层层叠涩出挑，从两岸向河心伸出，中间再用长 12 米的 5 根横梁相衔接，上铺木板形成桥面。桥上设廊屋 9 间，廊屋内中间为行人通道，两侧设置条凳供行人休憩。桥身两侧用高约 1 米的风雨板遮挡，兼作桥面围栏。桥两端建有牌楼式桥门，高 5 米，面阔 6 米，内连接一条长 5.5 米的石梯甬道。

图 1–2–17　云南西畴牛羊太平桥

图 1–2–18　云南云龙师井桥

规模略比通京桥小的彩凤桥，位于云龙县城以北 74 公里处的白石镇顺荡村。彩凤桥横跨于沘江之上，始建于明崇祯年间（1628—1644 年），后经多次维修，清光绪年间（1875—1908 年）维修时把西面的桥亭改为了楼阁，取名“童子阁”。彩凤桥也是单跨木伸臂梁式廊桥，长 33.3 米，宽 4.7 米，净跨 27 米，高 11.33 米。彩凤桥的结构与通京桥相似，采用伸臂梁层层叠涩出挑，从两岸向河心伸出，中间再用长 9 米的 5 根横梁相衔接，上铺木板组成桥面。桥上设廊屋 9 间，廊屋内中间为行人通道，两侧设置条凳供行人休憩。桥身两侧用风雨板遮挡，兼作桥面围栏。桥两端设有桥头堡，并设有牌楼式桥门。东端桥头堡内现存的清乾隆四十七年（1782 年）立的“云龙州官告示碑”上有行人、马帮等过桥规则。

滇西保山市腾冲市龙川江的峡谷里，遗存有多座斜伸臂梁式廊桥，诸如界头镇顺河村的通济桥、曲石镇箐桥村的野猪箐桥、曲石镇的水坪龙江桥、界头镇的永顺桥（见图 1-2-20）和水箐大桥等。[①]这些廊桥的部分伸臂梁是从两端桥堍的岸基底部斜向上伸出的，与水平从桥堍往桥中心伸出的伸臂梁共同构成了桥梁结构的支撑体系。这些廊桥在外观上极易被认为是木拱廊桥。

据相关学者研究，多跨木伸臂梁式廊桥今天在云南省已属罕见。据记载，富民县城中心螳螂江上曾建有一座多跨木伸臂梁式廊桥，可惜今天只剩下 4 个石桥墩。此外，云龙县宝丰乡曾有一座两跨伸臂梁式廊桥，叫“砥柱桥”，也早已被石拱桥所代替。

（九）其他省区市的廊桥

除了上述各省市拥有数量较多的廊桥外，中国还有其他地区曾经或至今保存有一定数量的廊桥。中国西部的西藏、甘肃和陕西等地都有廊桥，比如甘肃省遗存至今、闻名遐迩的渭源灞陵桥、兰州卧桥、兴隆山云龙桥等。此外，中国西南地区的贵州东南部

图 1-2-19　云南云龙通京桥

图 1-2-20　云南腾冲永顺桥

①参见杨大禹撰《滇西南廊桥的建筑技艺特色分析》一文，载于《第一届中国廊桥国际学术研讨会论文集》第 44 至 51 页。

与湖南南部、广西东北部交界的侗族、苗族聚居区，以其造型独特、艺术风格震撼人心的风雨桥闻名于世界。湘黔桂交界地区的木伸臂梁式廊桥将在下节中再作具体介绍。

雪域高原西藏自治区首府拉萨市中心遗存有一座汉藏风格合一的廊桥，藏语称“宇托桥”，翻译成汉语即为“琉璃桥”（见图 1–2–21）。它位于拉萨大昭寺以西 300 米处，呈南北走向，是一座五孔木简支梁式廊桥。据《西藏图考》记载：“琉璃桥在西藏堡（拉萨古城）外上布达拉山的大道。”它原是拉萨古城通往西面和布达拉宫的重要津梁。桥长 28.3 米，宽 6.8 米，下设 5 个桥洞。4 个桥墩和桥堍都由块石砌筑，桥墩上纵向置一排简支木梁，其上铺就土石桥面。桥面上四边再砌 1.6 米厚的石墙成为廊屋的四壁，墙高 3.2 米，上置歇山顶。桥的两个侧面墙上各开有 5 个桥洞，桥洞下部 1.5 米设有木质桥栏。屋顶为木结构，其具体做法是：东西侧墙顶上设有 9 根木梁，梁的中部又各立 1 根童柱，童柱顶顺桥面方向置 8 根脊檩。东西墙顶每边各出 13 根挑梁，南北墙顶每边出 3 根挑梁，四角各出 1 根挑梁，共计 36 根从屋脊往屋檐斜向挑出的挑梁。斜向挑梁的里端压以方木，上立瓜柱，顶承金檩；挑梁的外端置一斗三升承托檐檩。檩上铺椽及望板，上施绿色琉璃瓦，檐口施有瓦当和滴水。屋脊中饰琉璃花瓶，两端有琉璃供果饰，四角为龙首飞檐。

关于拉萨琉璃桥的建造年代有两种说法：一说建于公元 7 世纪文成公主进藏时；一说建于 18 世纪。从现存桥梁的建筑风格来看，显然不是唐代风格。但从拉萨古城当时的河流及道路关系来看，琉璃桥建造的年代应当较早，始建于唐也是可能的，但是，此桥必定在 17 世纪以后经过大修，才形成今日的建筑风格和格局。①

图 1–2–21　西藏拉萨琉璃桥

①参见陈耀东著《中国藏族建筑》第 333 页，中国建筑工业出版社 2007 年版。

第三节
木伸臂梁式廊桥

一、木伸臂梁式桥的起源及历史分布

英国著名科学技术史学家李约瑟（Joseph Needham）博士曾在《中国科学技术史》一书中写道：“在中国的西部，尤其是靠近喜马拉雅和西藏地区，人们为跨越宽达 46 米的峡谷急流修建了伸臂梁式桥。伸臂由木材从两侧以各种方式叠加而成，然后以长的木梁将两个伸臂相连形成桥梁。附加支撑（斜撑）可有可无。桥面通常由梁木填塞，然后以石头压重，但也可把梁木嵌进砖石砌体中，有时挑出悬臂的石墩直接充作桥面。当桥梁较长时，就需要更多的桥墩，伸臂从每个桥墩向两侧伸展。简单的单跨桥在中国的西部如甘肃、云南及西藏等地极为普遍，伸臂有时是水平的，但通常是从桥台以 25 度的角度向上斜挑，并同水平面横梁连接到一起。多跨水平伸臂梁式桥主要位于湖南。它们本身已经足够使人惊奇，但如果在每座桥台上再修建亭台楼阁，正如在湖南西南和广西交界地区修建的那样，这些桥梁成为了中国桥梁建筑中最为壮丽的景观。”①李约瑟博士在该书中针对此类桥梁还谈到了以下几个观点：其一，这种桥梁（木伸臂梁式桥）可能起源于喜马拉雅地区，在中国很早就被熟知并广泛使用；其二，伸臂梁式桥的起源还可能与汉代的“梯桥”有关；其三，中国木伸臂梁式桥与中国古代建筑屋顶的托臂支撑体系，即斗拱体系有关；其四，中国木伸臂梁式桥的技术传到了国外；其五，在中国也有可能建造了石质的伸臂梁式桥。

以上观点中，除了“梯桥”需要作些解释外，其余几点比较容易理解。在这里，简单介绍一下“梯桥”。在中国汉画像石中，有一幅出土于山东济宁两城山的画像石，内容就是一座“梯桥”（见图 1–3–1）。李约瑟博士解释说，在中国汉代，为修建湖上亭阁，常需将亭阁置于托臂之上，而这和伸臂非常相似，这种结构被其称为“梯桥”。问题是这种梯桥是当时现实中早已出现的呢，还是仅仅是汉代艺术家们的凭空想象。1971 年，曾臣服于汉王朝的越南河内发现了一座建于公元 1049 年的与梯桥相似的楼阁——烟雨寺（现称独柱寺，见图 1–3–2）。此楼阁坐落在立于水中的石柱之上，顶部由木质悬臂梁托和横梁支撑。其实，在中国汉画像石中，类似于此的“楼阁”，或被李约瑟称为“梯桥”的汉画形象并不止一处。诸如山东微山、枣庄出土的“楼阁观鱼图”和“钓鱼图”均是如此（见图 1–3–3、图 1–3–4）。图 1–3–5 为不丹境内的木伸臂梁式廊桥。

图 1–3–1　汉画像石上的“梯桥”图案

①引自李约瑟原著、柯林·罗南改编、上海交通大学科学史系译《中华科学文明史》第 5 卷第 132 至 133 页，上海人民出版社 2003 年版。此书是李约瑟博士的巨著《中国科学技术史》的简写本第 5 卷，译者将其名翻成《中华科学文明史》，以示与原著区别。

图 1–3–2　越南河内的独柱寺

图 1–3–3　汉画像石上的“楼阁观鱼图”

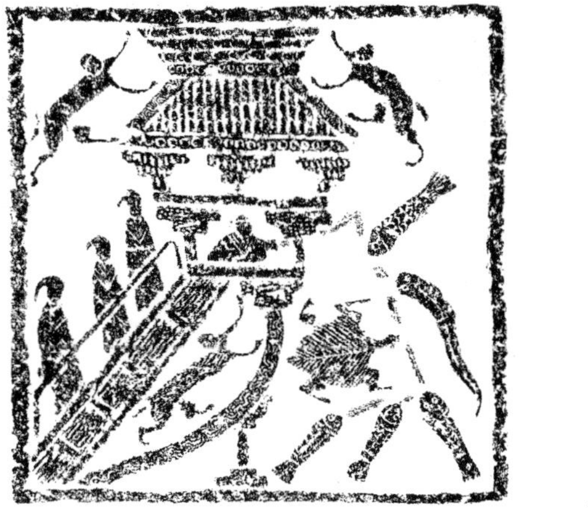

图 1–3–4　汉画像石上的“钓鱼图”

图 1–3–5　不丹境内的木伸臂梁式廊桥

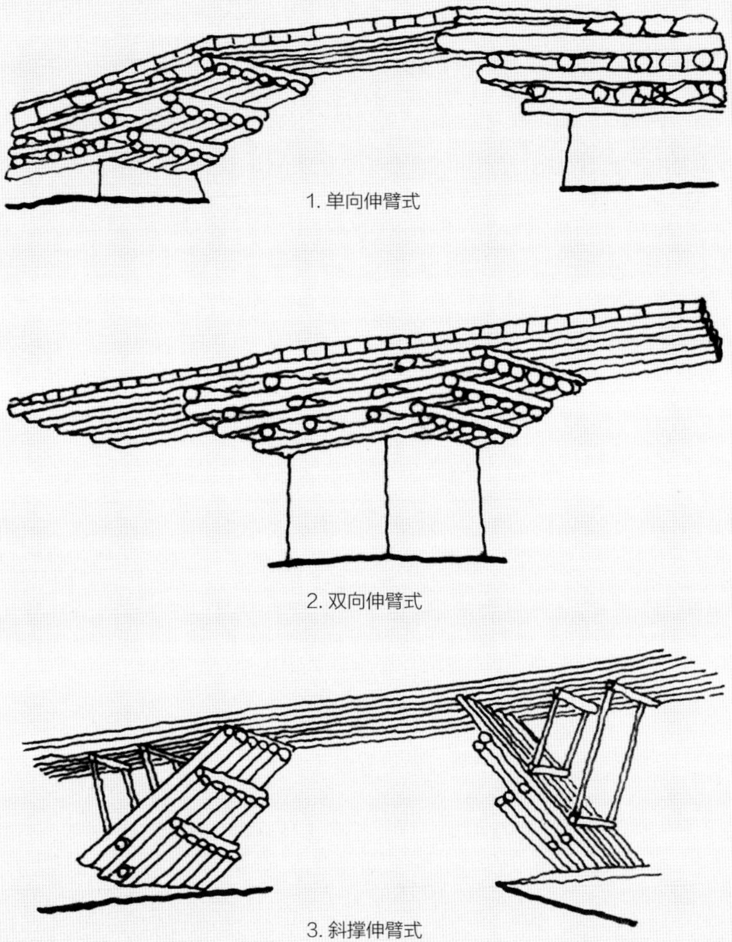

图 1–3–6 木伸臂梁式桥的三种类型

茅以升先生主编的《中国古桥技术史》一书将木伸臂梁式桥分为三种类型（见图 1–3–6）：第一种类型是单向伸臂式。桥梁靠岸的一端压重，另一端单向向河心伸臂，再在左右伸臂段架上简支木梁，增加梁跨，这就是伸臂梁的简单构造。第二种类型是双向（或平衡）伸臂式。即桥梁在河心墩顶叠架木梁，向两岸平衡地伸出于墩外，伸臂端搁悬孔而成。第三种类型是斜撑伸臂式。其有异于前二者的主要结构特征就是木伸臂梁斜伸向上，与此同时又起到了撑架的作用。正因为如此，此类桥梁的跨度往往较大。①

实际上，我非常认同李约瑟博士关于木伸臂梁式桥与中国古代建筑中斗拱体系的结构相似性的观点。从构造角度来看，二者显然有非常相似之处，其间必然有密切的渊源关系。不过，李约瑟将北宋名画《清明上河图》中虹桥结构也纳入木伸臂梁式桥类型，我对此却不能苟同。关于这一点，我还会在后面“编木拱桥”部分详细阐述。

到目前为止，已知记载木伸臂梁式桥的文献最早出现在公元 4 世纪初。北魏地理学者郦道元在《水经注》中引段国《沙州记》：“吐谷浑于河上作桥，谓之河厉，长百五十丈（疑记载有误，恐单位为尺——作者注），两岸垒石作基陛，节节相次，大木从横更镇压，两边俱平，相去三丈，并大材以板横次之，施钩栏甚严饰。桥在清水川东也。”《水经注》还有类似的桥梁记载，如秦州乞佛所作的飞桥，也有可能是木伸臂梁式桥。有学者认为，木伸臂梁式桥可能始创于西北地区的青海、甘肃诸省，而遍布西藏、陕西、四川、重庆、宁夏、云南、贵州、广西、湖南、湖北、浙江、安徽、江西、福建等省区市。这些地区木材比较丰富，因而使得这种比较消耗木材的桥梁类型得以发展。

陕西省西安市的灞桥（见图 1–3–7）、石轴桥等都为木伸臂梁式桥，可见这类桥梁曾在北方被广泛使用过。但是，随着桥梁建造技术的发展、森林的逐渐消失，北方古代木桥遗存逐渐减少，今天

①详见茅以升主编《中国古桥技术史》第 35 至 39 页，北京出版社 1986 年版。

图 1–3–7　陕西西安灞桥旧影（清代）

图 1–3–8　四川省甘孜州稻城县亚丁风景区内的某木伸臂梁式桥

图 1–3–9　甘肃与青海交界峡谷上的木伸臂梁式廊桥旧影（清代）

图 1–3–10　福建连城云龙桥

已很难在广袤的北方大地上看到更多的此类桥梁。西北地区的甘肃等地尚有一些木伸臂梁式桥的遗存（见图 1-3-8、图 1-3-9）。我们曾在 20 世纪 30 年代左右中国工农红军在西北活动的一些旧照片中发现这一地区木伸臂梁式桥的身影。当然，这一地区也有运用伸臂梁技术建造的木廊桥，如渭源县的灞陵桥、兰州市的握桥等。

二、现存木伸臂梁式廊桥的地域分布及建筑结构特征

总体而言，从中国现存的木伸臂梁式桥，尤其是木伸臂梁式廊桥的保存及分布状况来看，中国南方地区更为普遍。据重庆中国三峡博物馆王玉的研究成果，木伸臂梁式廊桥可根据建筑形式的异同将其分布范围划为闽浙赣、沅水和资水上游地区、湘黔桂交界地区、滇西四个区域。这四个区域内的木伸臂梁式廊桥存在着早晚年代的渊源关系和发展变化趋势。

（一）闽浙赣的木伸臂梁式廊桥

闽浙赣境内的木伸臂梁式廊桥主要分布在以福建省为中心的地区。江西省的木伸臂梁式廊桥分布在与福建省接壤的南部和东部地区，浙江省的木伸臂梁式廊桥主要分布在浙江省的西南地区，福建省的木伸臂梁式廊桥散布在福建省的西部地区。闽浙赣三地的木伸臂梁式廊桥基本都分布在崇山峻岭中。此区域的木伸臂梁式廊桥的共同特点是：桥梁结构的伸臂部分都用杉木，纵横相间，层层挑出，承托桥梁上部建筑。桥墩均用石块或条石砌筑，平面形状以船形为主，如江西省赣州市安远县永镇桥、南康区永安桥和福建省建瓯市步月桥等，桥下都是宽大厚实的船形墩。也有个别廊桥采用两头尖的六边形墩，如始建于南宋绍兴十五年（1145 年）的福建省永春县东关桥。从桥墩的体积大小来看，在此区域内的木伸臂梁式廊桥的桥墩，无论是众多的船形墩还是个别的六边形墩，体积都非常大，这是它们所共有的也是比较突出的外部形态特征。

闽、浙、赣三地木伸臂梁式廊桥间的不同之处主要表现在廊屋的形式上。如赣地廊桥廊屋多为简单的悬山顶或两端设山墙的硬山顶，造型普通且建筑等级较低，类似简易的民居，比如江西省铅山县澄波桥；而闽浙廊桥廊屋的造型比较丰富，多用重檐歇山或攒尖顶，建筑等级较高，类似寺庙的殿堂，如福建省建瓯市的步月桥和连城县的云龙桥（见图 1-3-10）等。此外，江西省内的木伸臂梁式廊桥均不施风雨板，有的仅在桥栏上方出一道浅浅的披檐，如始建于清顺治九年（1652 年）、重建于乾隆十四年（1749 年）的安远县永镇桥；而闽浙木伸臂梁式廊桥则采用一种斜挂式的风雨板，如连城云龙桥、建瓯步月桥和永春东关桥，都把风雨板斜挂于屋檐下。根据建造年代早晚情况判断，江西省内的木伸臂梁式廊桥从唐贞观四年（630 年）到清顺治年间（1644—1661 年）都有，建造年代都比较早；闽浙古代各类桥梁十分发达，现存宋、明时期的早期桥梁资料极其丰富，其中木伸臂梁式廊桥的建造年代早至宋代，有的重建年代也比较早，如连城云龙桥，始建年代为明末，重建年代为清代早期。尽管赣地与闽浙地区木伸臂梁式廊桥的廊屋样式有些不同，但伸臂梁的结构和硕大的船形墩却表现出区域的一致性，建筑形式比较接近，况且，闽浙赣木伸臂梁式廊桥都在三地接壤的范围以内。[1]

在此区域，木伸臂梁式廊桥的建造年代较早，规模也较大，廊屋的造型以寺庙和民居的建筑形式为主。

（二）湖南沅水及资水上游地区的木伸臂梁式廊桥

湖南省的木伸臂梁式廊桥主要分布在洞庭湖流域沅水、资水等

①参考王玉、黄晓东撰《重庆古代廊桥——兼论重庆廊桥与南方廊桥的关系》一文，载于重庆中国三峡博物馆编《长江文明》第 1 辑第 77 至 94 页。

上游地区，具体而言，主要分布在益阳市、邵阳市以及湘西等地。湖南省的木伸臂梁式廊桥主要由条石砌筑成的船形墩、木伸臂梁及通常情形下的单檐廊屋构成，悬山顶下常常出一道浅浅的披檐。桥的中心很少像闽浙赣地区那样出重楼或阁的样式，也不常用风雨板，桥头两端的入口多用砖石砌筑类似牌楼式桥门。益阳、邵阳地区廊桥的伸臂梁结构与闽浙地区基本相同，其出挑部位的圆木纵横叠置的构造与斗拱出挑原理一致。在湖南省，构成伸臂式组合梁的圆木被称作“鹊木”，大概是因为其纵横叠置的形状仿若喜鹊构筑鹊巢的缘故。比如湖南省益阳市安化县江南镇锡潭村的永锡桥，横跨于麻溪之上，两墩三孔，长 83 米，高 12.8 米，宽 4.2 米，上设廊屋 34 间，为清光绪二年（1876 年）四月邑人陈五芝等捐资修建，光绪七年(1881 年)十月落成。其船形桥墩上搭建纵横叠置的杉树圆木，出挑 3 层，承托桥梁，桥面铺木板，桥两侧施木栏，桥栏上方出檐，伸臂梁用风雨板遮蔽，两端桥首建有牌楼式桥门。

湖南省益阳和邵阳两市木伸臂梁式廊桥的梁架部分和桥墩的建筑形式与闽浙地区类似，区别在于前者廊屋上较少用风雨板而是在桥身一侧出浅披檐，两端桥首入口处普遍建有牌楼式桥门，或木构或砖石砌筑，较为气派。闽浙两省桥首设置山墙的廊桥也有不少，从绝对数量来说不如湖南一省。据统计，湖南省大约有 20 座木伸臂梁式廊桥建有砖石砌筑的桥门，形成该地区廊桥廊屋独特的建筑风格。

湖南省邵阳、益阳两市的少数木伸臂梁式廊桥始建年代为明代或清代康雍乾三朝，其中重建年代较早的有江东桥、龙潭桥、栗山桥等，现存桥梁绝大多数都是清晚期建造的。由此可见，该区域木伸臂梁式廊桥建造年代整体上晚于闽浙同类桥梁。因此，王玉认为木伸臂梁式廊桥有可能是从闽浙由南向北、从东往西传播，在沅水、资水上游地区被当地的工匠稍作修改，从而形成该区域廊桥特有的廊屋样式的。

处在邵阳、益阳两市之西北的湘西地区，其木伸臂梁式廊桥在梁架结构上发生了一些新的变化，显示出此类廊桥在其传播过程中，越往北、往西其变化就越明显的特征，比如湘西土家族苗族自治州龙山县洗车河镇新建村的凉亭桥。该桥始建于清乾隆四十五年（1780 年），重建于光绪十三年（1887 年），两墩三跨，全长 43.3 米，宽 4.9 米，六边形石砌桥墩高 11.5 米，桥墩略显单薄，共设廊屋 12 间，悬山顶，桥栏下出 道浅披檐，桥首用砖砌筑牌楼式桥门。该桥的木伸臂梁部分安放在桥墩里。这种构造方式与浙南温州市泰顺县的南阳桥、文重桥相似，而湘西南包括邵阳、益阳等地的同类桥梁却不见这种做法。泰顺县南阳桥始建于清同治九年（1870 年），文重桥重建于民国十年（1921 年），洗车河镇凉亭桥重建于清光绪十三年（1887 年），因此，将木伸臂梁安放在桥墩里的构造方法显然属于晚期做法。此外，该廊桥的伸臂梁部分只有纵木，不设横木，与湖南南部地区鹊木纵横叠置、呈井字形构架的伸臂梁做法已有不同，而与重庆、云南等更加西部的地区却颇为相似。诸多迹象显示湘西地区的木伸臂梁式廊桥已呈现出晚期特征和简化趋势，与重庆地区的同类廊桥更为接近。

据相关学者研究，历史上的沅水、资水上游地区和湘西地区都是土家族、苗族等少数民族的聚居地，也是古代五溪蛮活动的重要地区，就年代和区域来看，这些建造于明清时期的木伸臂梁式廊桥应该是土家族、苗族等南方少数民族干阑建筑的遗存。有意思的是，与湘黔桂交界山区一样，邵阳、益阳等地把廊桥叫作风雨桥。湘西地区则与重庆相同，将廊桥称为凉亭桥。[①]

（三）湘黔桂交界地区的木伸臂梁式廊桥

王玉认为，在湘黔桂交界地区，从闽浙传入的木伸臂梁式廊桥受到当地侗族建筑样式的影响，转而形成了一种风格迥异的廊桥样式和较为独立的分布区域。这种风格别致的木伸臂梁式廊桥，主要

①参考王玉、黄晓东撰《重庆古代廊桥——兼论重庆廊桥与南方廊桥的关系》一文，载于重庆中国三峡博物馆编《长江文明》第 1 辑第 77 至 94 页。

分布在广西壮族自治区三江县、贵州省黎平县和湖南省通道县等地，其桥墩多呈六边形，即带有分水尖和金刚墙，外形比船形墩显得高而薄。桥墩上纵横叠置、呈井字形构架的木伸臂梁用材粗大，上下两层圆木之间的空隙比闽浙地区和湖南南部等地的都大，从而增加了桥梁结构自身的高度，使得桥梁刚度更佳。与湖南南部的廊桥一样，为保护桥梁结构和桥栏，多在桥栏下方出一道浅披檐，有的桥栏上方也有出檐。该区域廊桥常常建有侗寨鼓楼似的楼阁在廊屋中部或桥头，楼阁多为重檐攒尖顶，三层、五层、七层不等。这种楼阁形式显然受当地侗寨、苗寨里鼓楼建筑的影响。湖南省通道县的木伸臂梁式廊桥的桥墩却多采用船形墩，显示出它们与湖南南部沅水和资水流域同类桥梁存有渊源。与此同时，其桥面廊屋的建筑形式却与广西三江侗族地区的木伸臂梁式廊桥一致，通常在桥头和桥墩上都建有像侗寨鼓楼一样的楼阁。比如通道县观月桥的楼阁建筑面积约占廊屋总面积的三分之二，其中间桥墩上建有五重檐四角攒尖顶的楼阁，两端建有三重檐的歇山顶桥亭。

图 1–3–11　广西三江程阳桥

广西壮族自治区三江县程阳桥（见图 1–3–11）是此区域木伸臂梁式廊桥的典型代表，它集桥、廊、亭三者于一身，在中国各地廊桥式样中别具一格。程阳桥又叫永济桥、盘龙桥，建于清末时期，前后建了 12 年，于民国五年（1916 年）才告完成。它横跨于林溪河之上，是一座三墩四孔木廊桥。桥面上总共建有 5 座楼式桥亭和 19 间廊屋间隔相连，十分壮观。桥面架杉木，铺木板，桥长 77.76 米，托架梁分两层，上层伸出 4 米，下层伸出 2.5 米，各以 7 根直径为 40 厘米的杉木密排而成，其上再竖柱立梁构筑桥面廊屋。廊屋宽 4 米，高 10.6 米，桥的两旁设木桥栏。中央为六角攒尖三重檐楼亭，高 7.3 米，其两侧为正方形攒尖三重檐楼亭，高 7 米。两端桥楼平面呈正方形，三重檐歇山顶，高 6.5 米。远远望去，犹如一组空中楼阁临空架在林溪河上，恍如琼楼玉宇。

三江县境内还有一座人畜分道的岜团风雨桥，其规模比程阳桥稍小，坐落在独峒镇岜团寨旁的苗江上。两桥塊之间距离 30.4 米，下设一石砌桥墩，桥面廊屋长 50 米，上设 3 座楼亭，建于清宣统二年（1910 年）。它的特别之处是在人行廊道旁边另设牲畜行走小道，成为双层桥，两层高差为 1.5 米。人畜分行，能使行人更安全，桥梁更清洁，是桥梁建筑空间运用上的创造。[①]

廊桥在广西三江被称为“花桥”、“风雨桥”，在湖南通道被称作“福桥”。湘黔桂交界地区的木伸臂梁式廊桥建造年代相对较晚，多数建成于清代晚期和民国时期。由此推测，此区域的木伸臂梁式廊桥是闽浙地区木伸臂梁式廊桥系统向北、向西延续发展，并与当地侗、苗族建筑文化相融合后产生的新类型。[②]

（四）滇西的木伸臂梁式廊桥

云南省的木伸臂梁式廊桥主要分布在滇西地区大理州的云龙县和保山市的腾冲市，以单跨梁桥为主。云南省的木伸臂梁式廊桥有

①详见于俊海著《中国广西三江风雨桥》第 10 页，中国旅游出版社 2002 年版。
②参考王玉、黄晓东撰《重庆古代廊桥——兼论重庆廊桥与南方廊桥的关系》一文，载于重庆中国三峡博物馆编《长江文明》第 1 辑第 77 至 94 页。

以下几个显著特点：一是伸臂结构一般都附加有斜撑；二是廊屋多为单檐，桥梁结构部分大都用风雨板遮蔽；三是两端桥首一般都建有四方形土墙或砖砌的桥门；四是伸臂部分很少见纵横相间的井字形构架，而只出现纵木伸出不见横木、用榫卯来固定纵木的梁架样式。如果去除桥头建筑，云南廊桥外观与闽浙廊桥极其类似。

云南廊桥以大理州云龙县的通京桥和保山市腾冲市的通济桥（见图 1—3—12）为代表。[①]通京桥是云南省单跨跨度最大的一座木伸臂梁式廊桥，净跨达 30 米。通济桥单跨跨度为 27.5 米，仅次于前者。云龙县还有类似结构的木伸臂梁式廊桥，诸如位于检槽乡的检槽桥和位于白石镇的彩凤桥。检槽桥全长 18 米，净跨 10 米，廊屋宽 2.5 米。彩凤桥横跨于沘江之上，全长 33.3 米，净跨 27 米，廊屋宽 4.7 米。在腾冲市除通济桥外，还有位于界头镇石桥村的永顺桥和曲石镇箐桥村的成德桥。腾冲市的木伸臂梁式廊桥都建在龙川江上。永顺桥始建于明嘉靖年间（1522—1566 年），曾多次重修，长 20 米，宽 3 米，高约 10 米。成德桥，因地处深山密林，常有野猪出没，故又名“野猪箐桥”。该桥始建年代不详，清光绪八年（1882 年）由同知陈宗海倡捐重修。此次重修时，在原桥面底部增添了四条铁链起牵拉作用。民国三十一年（1942 年），为阻击日寇过江而毁，民国三十六年（1947 年）李根源按原样重建，重建时采用了天然防腐的楸木。成德桥全长 29 米，净跨 18.2 米，宽 2.2 米，高约 10 米。[②]成德桥联系着的是一条古老驿道，那些从高黎贡山东面怒江峡谷翻越而来的马帮商旅们，过桥后就抵达腾冲北部的曲石镇了。

图 1—3—12　云南腾冲通济桥

通济桥横卧在腾冲市界头镇顺河村的龙川江上，始建于明成化初年，民国三十五年（1946 年）重建，是一座美丽的木伸臂梁式廊桥，桥身四周被雨水浸蚀的围栏仍清晰地透露着木材的质感。通济桥长 37.5 米，宽 4.5 米，设廊屋 9 间，净跨 27.5 米，高约 9.3 米。据《腾冲县志》载：“桥身用木材构成，最下层建筑于两岸石墩或桥亭上；第二层由两边用榫卯连接在第一层上；第三层、第四层……依次建造；最上一层铺上长厚的梁木，两边固定，构成整座大桥。桥身如弓形梯，以两端相向递升。两岸有亭，桥身上有厦，两侧有凳，凳外有护栏护板。桥厦可避雨遮日，利人歇息，又可延长桥梁寿命。该桥构思精巧，结构独特，重力由各层梁架传向两端桥墩，增加了坚固性，颇合力学原理……”

在通济桥朴素的外表下面隐藏着的内部结构相当复杂。桥面采用悬挑结构的方式，由各层梁架组合搭构而成。如第一层建筑于河岸两边的石墩和桥亭上，之后逐层向上叠置、向前出挑，再用榫卯固定，并根据桥身的长度依次向前伸出。跨度越大，桥出挑的“层数”就越多，桥面也随之不断上升，俟桥面合龙之后，再铺上长而结实的“梁木”和面板，将两边固定，一座类似拱形的廊桥就诞生了。[③]

滇西地区木伸臂梁式廊桥的始建年代较早，以明代和清代早期为主。根据伸臂梁结构及构造特征的异同，暂可把甘肃、西藏东北部、四川西北部和云南大理地区划为同一区域，该区域木伸臂梁式廊桥

①通京桥现存结构是斜伸臂梁与八字形撑架组合式木拱廊桥。但从其结构形式分析，八字形撑架疑似后来为增加桥梁负载能力而添加的。最初应是比较单纯的木伸臂梁式廊桥。云南类似的组合结构还有后文将提及的云龙县永镇桥、彩凤桥以及保山市的野猪箐桥等。

②以上诸桥的技术性数据均引自陈云峰摄影、张俊撰文《云南古桥建筑》一书，云南美术出版社 2008 年版。

③此桥数据、结构特征参见杨大禹撰《滇西南廊桥的建筑技艺特色分析》一文，载于《第一届中国廊桥国际学术研讨会论文集》第 44 至 51 页。

主要有以单跨为主、伸臂梁出挑的仰角较大（比南方其他地区的都大）、桥头多建屋宇等建筑特征。[1]

三、木伸臂梁式廊桥技术在中国古代历史上传播的路线

从上一节论述中可以大体得出这样一个结论：木伸臂梁式廊桥的建造技术是从中国东南部的闽浙地区逐渐向西、向北传播至湖南南部、江西北部等地，然后再传播到湘黔桂交界的侗族、苗族等少数民族聚居的山区，与当地建筑风格相融合形成风雨桥，再往西、往北传播至云南西部、重庆南部、四川北部以及甘青藏等地区的。如此的一个传播路线，差不多将中国长江以南和上游地区全部覆盖了。这是重庆中国三峡博物馆研究员王玉女士的基本观点。这与我在2006年完成的博士论文中的南方木构营造技术的传播路线基本一致。亦就是说，中国南方木构建筑是以江南干阑建筑技术为基础，在融合北方文明和各地土著文明之后逐步发展、演变形成的。干阑建筑技术的传播路线基本上与王玉女士发现的木伸臂梁式廊桥的传播路线保持一致。这些观点及其详细的论述详见作者于2009年由上海交通大学出版社出版的《江南木构》一书。[2]

不过从王玉论述木伸臂梁式廊桥的基本材料来看，大都集中在明清时期。实际上，木伸臂梁式廊桥在古代的发展及演变并不局限于明清时期。王玉揭示的这一传播路线，只能是伸臂梁桥若干轮技术发展过程中的最后一轮。从本书前文讨论的内容来看，诚如李约瑟在《中国科学技术史》一书中所言，木伸臂梁式廊桥的起源至迟于汉代。从北魏地理学者郦道元在《水经注》中引段国《沙州记》记录吐谷浑于黄河上作飞桥的事迹亦可表明，这一桥式在北魏时期已得到广泛应用。缘何现存木伸臂梁式廊桥大多数始建于明清时期？除了木构建筑保存时间不够长久的因素之外，还有一个因素，即桥梁建造技术处在不断革新的历史轮回之中，后者恐怕是更为重要的原因。

为了阐明历史上建筑技术传播路线的复杂性问题，我在博士论文中借用物理学中波的传播原理打了个比方：如果将先进技术发生、发展和传播的过程比喻成由石头投入平静的湖面所形成的由中心向四周传播的水波形式，大致可以说明这个问题。先进技术发明地当然是水波的中心，由中心扩散至四周的波纹则是代表技术传播的路线和过程，如果湖面上并不都是水面，还有突出的岛屿或其他物体，水波的扩散必然会受到影响，其传播的路线必然会绕开这些障碍。当旧一轮的技术传播即将结束时，新一轮的技术传播中心也可能会挪动一下位置，这个位置与旧一轮的中心位置或远或近，但新旧两种技术的交流与传播就如水波荡漾一般会发生干涉或称重叠的现象。

这一理论也可解释为什么越边远的地区所保存的技术越古老的现象。由于边远地区距离文明中心较远，再加上先进技术的传播并不都是同等能量，因此，每一次技术传播并不都能覆盖到边远地区，如此一来，边远地区所保存的技术很有可能是早期历史上传播过来的。因此，它们所保存的技术往往会比较古老。孔老夫子在战国时代就发现了这个道理，所以他说："礼失而求诸野。"我在博士论文中曾引用杨鸿勋先生观点，江南文明属于古东夷族海洋文明的范畴。古代山东所属海岱地区是东夷文化的发祥地，东夷族后被黄帝所属的炎黄联盟击溃后，往东南沿海分布以及溯长江而上，在长江沿岸地区形成了后来的百越民族。这一区域大致就是今天稻作文化分布地带，也是干阑建筑分布地带。这一文化的根本发祥地在海岱地区，即今之山东半岛。因此，李约瑟发现有伸臂梁结构的"梯桥"图案的汉画像石，大都出土于山东一地。当然，这一结构早就随干阑建筑传遍了百越地区，甚至再往西、往北传至甘肃、青海等西北地区，才有后来郦道元在《水经注》中引段国《沙州记》的飞桥故事。

①参考王玉、黄晓东撰《重庆古代廊桥——兼论重庆廊桥与南方廊桥的关系》一文，载于重庆中国三峡博物馆编《长江文明》第1辑第77至94页。
②详见刘杰著《江南木构》，上海交通大学出版社2009年版。

四、中国著名的木伸臂梁式廊桥

在本小节中，作者选择部分省市较为著名的木伸臂梁式廊桥略作介绍，让读者对中国古代遗存至今的木伸臂梁式廊桥稍加了解。

（一）浙江龙泉永和桥

永和桥（见图 1–3–13）横跨于浙江省龙泉市安仁镇安仁溪上，长 125.7 米，宽 7.5 米，高 13 米，是一座三墩四孔木伸臂梁式廊桥。永和桥建于明成化元年（1465 年），原名永宁桥，清顺治年间（1644—1661 年）毁于火，清康熙五十七年（1718 年）募费 3000 余两白银重建，始称“永和桥”。

桥身下 3 个石砌桥墩平面皆为船形，迎水面砌成雁翅金刚墙，桥墩之上设数层双向伸臂式木梁承托桥身。桥面上设廊屋 42 间，桥首两端设置三间四柱五楼牌楼，形成非常壮观的桥门。4 根柱子前后皆设有木质抱鼓石，以加强柱子的稳定性。明间一根枋梁做成月梁形制，其上用斗子蜀柱承托伸出屋面的 5 间楼屋。桥身下不仅设有一道浅披檐，桥梁结构部分还用风雨板遮蔽。东西两端皆设有石台阶与两边道路相连。廊屋内设有桥栏和条凳，以供行人休憩。清人有诗赞叹此桥，云：“风帆叶叶漾中流，两岸疏林绘晚秋。横锁彩虹分玉镜，钟灵不亚古槎洲。”[①]

图 1–3–13　浙江龙泉永和桥

（二）福建建瓯步月桥

步月桥位于福建省建瓯市吉阳镇玉溪村，横跨于玉溪河上，长 127.5 米，宽 5 米，是一座两墩三孔木伸臂梁式廊桥。步月桥始建于元至正十年（1350 年），明正德十四年（1519 年）重建，先后于清乾隆、道光、光绪年间经历三次修缮，1998 年再次大修，并在木构伸臂梁体系中加入了钢桁架梁，在外观上维持了古貌。

桥身下 2 个石砌桥墩的平面皆为船形，迎水面砌筑雁翅金刚墙。桥墩上设置 3 组纵横叠置的圆木形成井字形伸臂梁构架，构架之上再设置 3 组纵横叠置的圆木构成桥梁的主体结构。桥面上设廊屋 42 间，正面为三间四柱，共设 43 排柱架、172 根柱，梁架与楹柱全都髹红漆。两端桥首都起歇山顶重楼伸出屋面，檐下为层层叠叠的如意斗拱，形成飞檐翘角、巍峨壮观的门楼。廊屋内两边都设长条凳，供行人休憩。屋檐下设木质风雨板。中央间廊屋内设置神龛，奉祀观世音菩萨。桥梁东端门楼左侧墙体上竖刻“步月古桥”四个隶书大字，廊屋内梁架上悬挂着数十方捐资芳名匾、功德榜，重楼梁架下施八角形藻井，上施“八仙图”和“创业图”彩画。桥梁西端门楼的墙上有“步月桥”三字匾额，以及楹联一幅，云：“桥连夜埂发祥光，地对屏峰浮瑞气。”[②]

（三）福建连城云龙桥

云龙桥坐落在福建省连城县罗坊乡下罗村，东西走向，横跨于

①参考丽水市政协文史资料委员会编《处州廊桥》第 152 至 153 页，中国民族摄影艺术出版社 2006 年版。
②参考福建省公路学会编《福建古桥》第 132 至 133 页，内部资料，2004 年 5 月。

青岩河上，长81米，宽5米，高6米，是一座四墩五孔木伸臂梁式廊桥。云龙桥始建于明崇祯七年（1634年），清乾隆三十七年（1772年）重建，后历经多次维修，最近一次维修时间是1984年。①

桥身下设4个平面呈船形的花岗岩石砌桥墩，迎水面砌筑雁翅金刚墙。桥墩上设置3组纵横叠置的圆木形成井字形伸臂梁构架，构架之上再设置3组纵横叠置的圆木构成桥梁的主体结构。桥梁之上铺筑鹅卵石桥面，上设廊屋26间，桥身两侧檐下设置髹红漆披檐两层，四柱九檩抬梁构架，廊屋内共设楹柱108根。廊屋之上再建了两座建筑，一座为六角攒尖双重檐的楼阁，伸出屋面的六面桥身皆设壶门形方窗，上施直棂栏杆；另一座为单檐歇山顶的楼亭，山面顺着桥身朝东西向。六角形楼阁为“文昌阁”，奉祀文昌帝君。桥梁的两端各设置一个三间四柱牌楼式桥门，主楼为庑殿顶，檐下层层叠叠的斗拱出象鼻昂，中央间的额坊上方悬挂着“云龙桥”匾额。

有关“云龙桥”桥名的来历，有人认为是因为构成桥梁伸臂梁的圆木皆已氧化成褐色，河面常有云雾缭绕，水天相映，似在云间，桥如腾空蛟龙而得名。实际上，被冠以“云龙桥”之名的廊桥并不在少数。本书前文已述的甘肃省兴隆山云龙桥，恐怕也有“复道行空，未云何龙”的历史文化内涵。

（四）福建浦城镇安桥

镇安桥位于福建省浦城县临江镇临江村，横跨于南埔溪支流临江溪上，长79米，宽3.5米，是一座两墩三孔木伸臂梁式廊桥。据明《八闽通志》和清《建宁府志》记载，镇安桥初名临江桥，宋时建，明洪武元年（1368年）、嘉靖八年（1529年）重建，清代又经多次修缮。民国十四年（1925年）毁于火，民国二十二年（1933年）再建。②

桥身下设2个花岗岩条石砌筑的船形桥墩，迎水面砌筑雁翅金刚墙。桥墩上设置3组纵横叠置的圆木形成井字形伸臂梁构架，构架之上再设置1组纵横叠置的圆木构成桥梁的主体结构。除此之外，每面桥墩又向桥跨中心伸出4根木斜梁支撑桥体。斜梁的一端支撑在石砌桥墩或桥塆的岩石之上，另一端伸进桥面上的廊屋梁架结构之中。如此一来，桥梁除了伸臂梁结构之外，又增加了几组八字撑架。这种做法在早期的伸臂梁桥之中甚为罕见，极有可能是晚期重修时所为。

（五）福建宁化宜生桥

宜生桥位于福建省宁化县曹坊镇滑石村，长58米，宽4.6米，是一座四墩五孔木伸臂梁式廊桥。宜生桥所连接的是古代宁化通往长汀、连城的交通要道，原名“滑石桥”，明正德十六年（1521年）由通判陈龙、毛公毅及主簿陈瓒措置官钱建成。明嘉靖二十一年（1542年）桥毁，嘉靖二十三年（1544年）由知县潘时宜与义民卢瑞银、张亨驯为首倡建修复。明万历三十九年（1611年）由知县唐世济再次修复，并易名“济川桥”。明崇祯九年（1636年）再次损毁，由郡守唐世涵、檄署县丞黄色中第三次修复，并易名“唐公桥”。清光绪年间（1875—1908年），有义民曹熤费资万计重建为石墩木伸臂梁式廊桥，被称为“神仙桥”。1953年由宁化县人民政府拨款重修，遂改名为“解放桥”。③

桥身下设4个花岗岩条石砌筑的船形桥墩，迎水面砌筑雁翅金刚墙。桥墩上设置3组纵横叠置的圆木形成井字形伸臂梁构架，构架之上再设置1组纵横叠置的圆木构成桥梁的主体结构。重建后的宜生桥，共建有梁架26榀，廊屋25间，廊屋内中间为人行道，两旁设置休憩用的长条凳，中央间廊屋内设置神龛，檐下设有一道浅披檐。两端桥首建有三间四柱牌楼式桥门，桥门额坊之上悬挂匾额。

①参考福建省公路学会编《福建古桥》第145页，内部资料，2004年5月。
②参考福建省公路学会编《福建古桥》第136页，内部资料，2004年5月。
③参考福建省公路学会编《福建古桥》第146页，内部资料，2004年5月。

CHAPTER 2

第二章

木拱廊桥的基本结构类型

Basic
Structural
Types

福建屏南千乘桥

第一节
早期的撑架式木拱桥

中国幅员辽阔，历史文化悠久而多样，造就了境内古代木拱桥丰富的类型和多样的形式。除在北宋名画《清明上河图》中横空出世的汴水虹桥——笔者称之为“编木拱”结构类型外，我们从文献和实物考察中还知道有以下几种类型：

其一，四川北部地区遗存的简易捆绑式木拱桥。亦即唐寰澄先生在《中国科学技术史·方舆汇编·桥梁卷》中所说的“交桥、扐桥、弓弓桥”类型。书中引《古今图书集成·职方典》“天全州”条目有如下记载：“交桥。诸村水险恶，水落亦不可舟筏。夏则索渡，冬则交杓两岸。垒石对压二木，委其末而交缚二木扣底，以篾或缆稳相连络。渡者上木引手，下木承趾。或谓扐桥。”扐即捆、缚之意，所谓“扐桥”就是捆绑成的木拱结构桥梁。四川省《北川县志》中详细记载了此种桥式的做法：“该地土人，用树木连皮尖，架一拱桥，以通行人，俗曰弓弓桥。河口宽四丈余，两木之杪，相接于桥腰，用竹篾捆之，护以树枝，以为栏杆，见者无不称为绝技也。”据唐寰澄实地考察，经天全、荥经至硗碛的路侧溪上，曾遗存着两座弓弓桥。

其二，撑架式木拱（廊）桥，又称木撑架拱（廊）桥。这类桥式是介于梁桥与拱桥之间的结构类型，可大致分为两类：一是简单撑架式，二是组合撑架式。

其三，就是我们常说的编木拱桥。细分起来，这类拱桥也可以分为两类：一是编木拱桥，以汴水虹桥为典型案例；二是编木拱梁桥，以闽浙山区尚存的木拱廊桥为例。

由于弓弓桥并不存在上部的廊屋，因此对于木拱廊桥来说，就其结构类型而言就只有木撑架拱廊桥和编木拱廊桥两大类型。

早期撑架式木拱桥，也称斜撑式木拱桥，多是在简支梁桥基础上发展而来的。一般来说，有以下三种情形时会考虑使用撑架式木拱桥：其一，当简支梁桥的跨度需求接近或超过木梁的极限跨度时；其二，桥梁横跨水流湍急的河流、溪涧以及深壑的峡谷等不具备架设桥墩、桥柱的地质条件时；其三，要加强桥梁结构的整体刚度与可靠程度时。

撑架式木拱桥历史悠久，来源于古代先民在实践中的创造，桥梁结构简单，就地取材，虽历史上的撑架式木拱桥实物难存，但可从历代图画资料中窥见一斑。

最早在汉代就出现了各种类型的桥梁，汉画像砖石上描绘有拱桥、梁桥等大量的桥梁形象。如1984年出土于四川彭州，现藏于四川省博物馆的东汉时期的“骖车过桥图”画像砖（见图2–1–1），

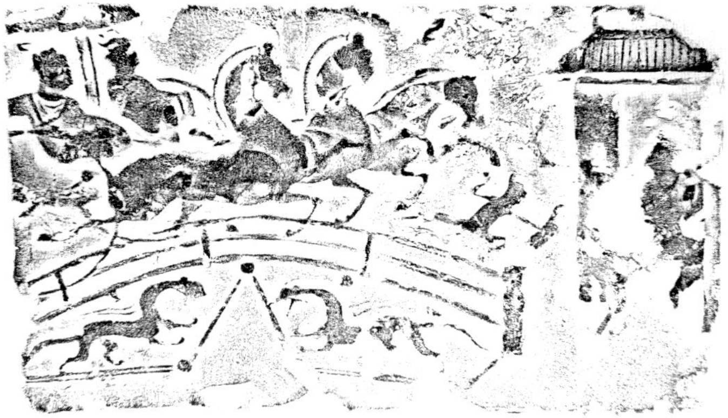

图2–1–1　汉画像砖上的“骖车过桥图”

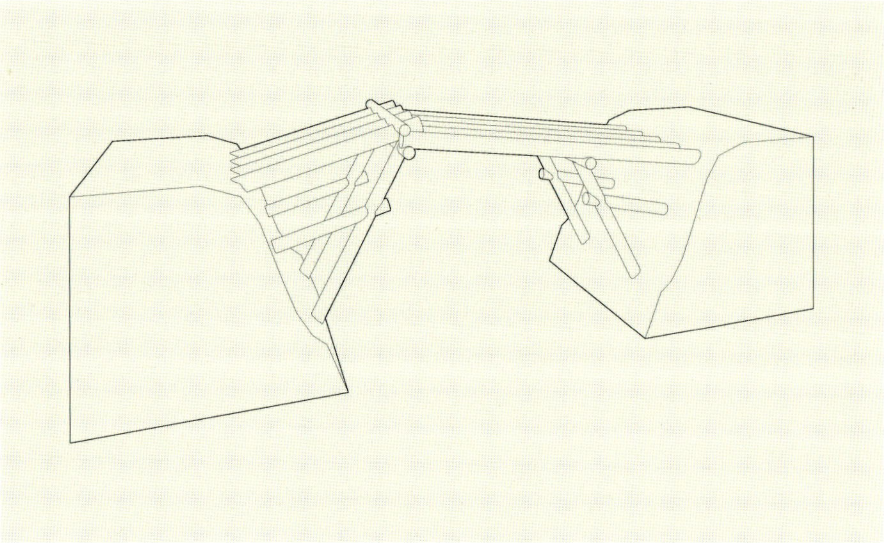

图 2-1-2　北宋《秋林飞瀑图》中的木撑架拱桥

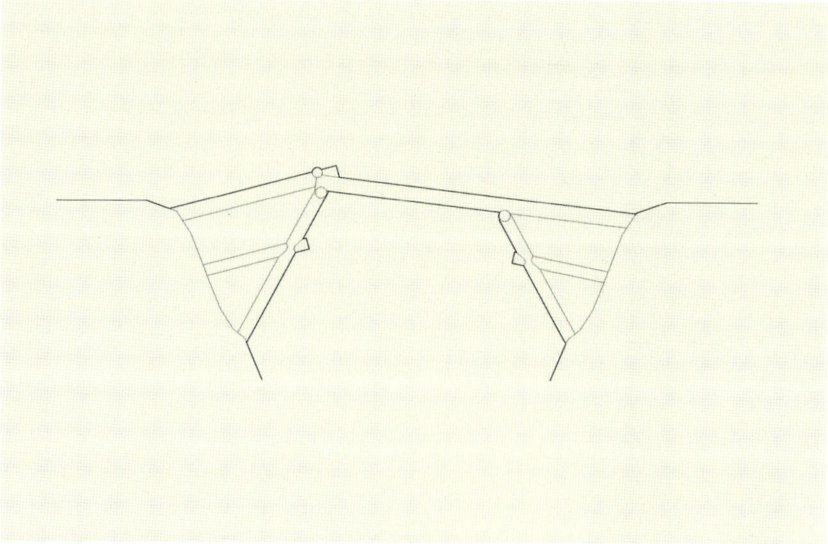

图 2-1-3　北宋《秋林飞瀑图》中的木撑架拱桥立面

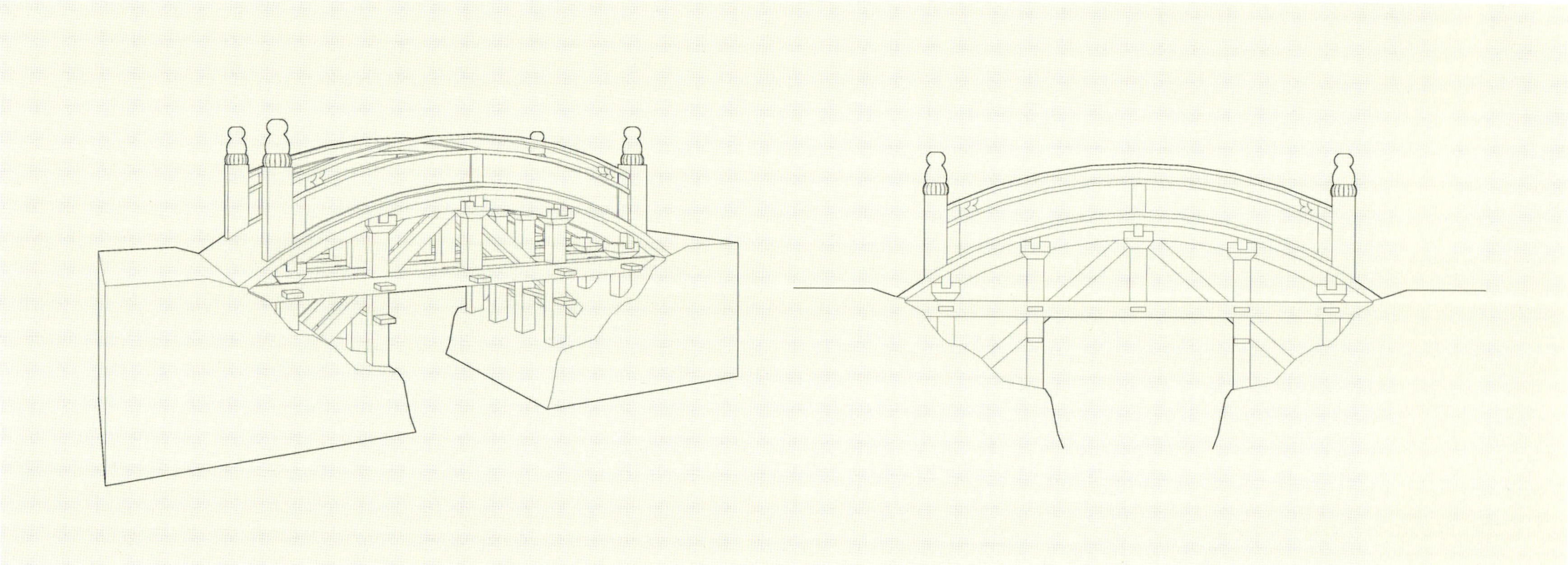

图 2-1-4　山西洪洞水神庙内元代壁画中的木撑架拱桥结构示意图

其上刻画有一座弧形桥梁，桥面下无立柱支撑，却用点、线描绘成人字撑架的形式，并在撑架与桥面形成的空格内左刻青龙，右刻白虎，桥上设栏杆，桥面正通过一辆两人乘坐的骖车。此种桥型虽无实物例证，也难排除是画师的臆想之作，但其画面却直接反映了撑架式拱桥的结构特征。

北宋著名画家范宽的《秋林飞瀑图》（现藏于台北故宫博物院）中绘有一座木撑架拱桥（见图 2–1–2、图 2–1–3）。由于范宽注重写生，对其居所终南太华山地区的自然和人文景观非常熟悉①，因此其绘画作品虽然经过艺术的提炼，但对人造物——桥梁结构的把握与描摹是非常准确的，栩栩如生。画中描绘有一耸峙的高峰，峰峦下密布丛林，漫山红遍的秋叶作为画面的大背景；画面中部有茅舍隐约其中，飞瀑拾级而下，背后远景中还有隐现的城楼；近景是陡岸和飞湍的激流，画面下部的中心就是那座连通山路与栈道的撑架式木拱桥。对于本书至关重要的是，画面非常写实地反映出这类拱桥适宜的建造环境。

山西省临汾市洪洞县水神庙明应王殿内留存有中国为数不多的戏曲题材的元代壁画，其中南壁《太宗千里行径图》中有这样一个画面：一座拱桥横跨溪涧，桥上老翁拄杖持牒，回首呈惊讶状，身后桥头文官执笏，武官横钺拱手，似为送别。从画面上看，桥系梁柱与人字形撑架组合结构，跨中立两排石柱，通过水平木梁联系，中跨梁上架斗子蜀柱支承桥面横梁，同时还有人字形撑架，撑杆穿过两根木梁，杆端支撑中跨桥面横梁（见图 2–1–4）。该桥规模虽小，但结构简单明确，构造精巧，画面也描绘细致，推测可能为原物摹画。

同样地，在清代画家石涛的山水画作《荷塘游艇图》中也有一座木撑架拱桥（见图 2–1–5），桥横跨河流，连接乡间道路。桥下近桥台两端分别立两排桥柱，斜撑一端支承桥面横梁，一端固定在桥柱上，形成八字撑架结构，桥面横铺桥板，桥上两侧立四间廊架。该画虽采用山水画技法绘制，但也大体反映了该桥的构造特征。

图 2–1–5　清代石涛《荷塘游艇图》中的木撑架拱桥

①［宋］郭若虚《图书见闻志》对范宽绘事的记录，转引自唐寰澄著《中国科学技术史 · 桥梁卷》第 449 页。

第二节

现存的撑架式木拱廊桥

撑架式与“叠木为梁”的伸臂梁式一样，都是木构桥梁囿于木材的力学性能而提高跨越空间能力的结构解决方案。两种不同结构的产生都是在简支梁结构基础上进行的改进，但却是不同构造方式演变出的产物：一是以杆件为主的撑架式结构，二是以叠梁为主的伸臂梁式结构。二者在各自的系统内都发展成独立完备的结构体系，后期也有交叉组合的情况，这一点也反映了桥梁技术发展过程中的多样性特征（见图 2–2–1）。

现存的撑架式木拱廊桥，种类繁多，数量巨大，分布区域也比较广泛。除传统的木拱廊桥集中分布的福建、浙江两省外，云南、湖北、重庆、四川等省市内尚有少数遗存。撑架式作为介于梁式、拱式两种基本桥梁结构类型之间的过渡形式，其产生与发展都基于提高桥梁的跨越空间能力这一桥梁技术发展的基本目标，反映出古代桥梁工程技术的发展历程。同时，基于各地不同的桥梁工程技术环境发展起来的撑架式木拱廊桥也呈现出多样化的特征，体现了古代先民对桥梁结构技术的自觉探索。总的来看，撑架式结构的发展也经过了从简单到复杂的过程，即从早期的简单撑架式到后期的组合撑架式。

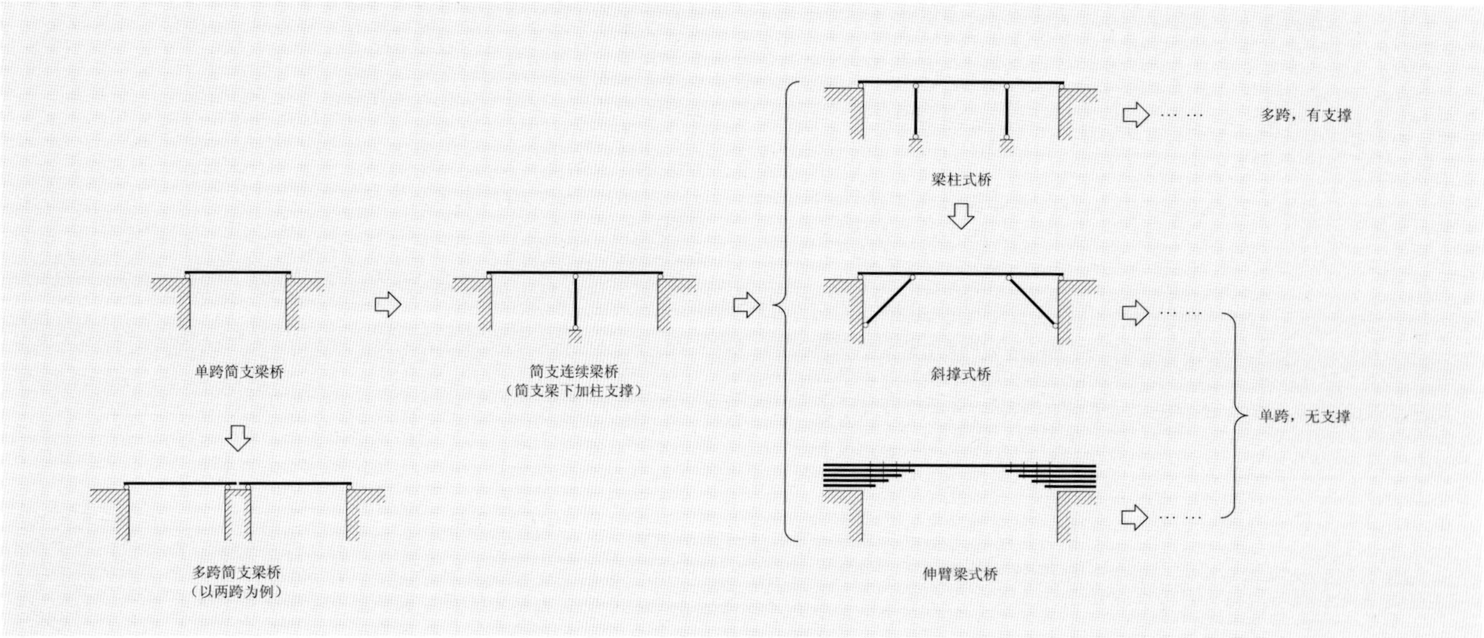

图 2–2–1　木构梁桥结构发展演变示意图

一、简单撑架式木拱廊桥

撑架式结构从早期的斜撑式结构发展而来，即在原有简支梁下两侧各增设一组斜撑，以达到减少木梁净跨与变形的目的。典型的案例是位于福建省屏南县棠口乡漈头村水尾的聚宝桥（见图 2–2–2），该桥桥下两端各设两组斜撑，每组斜撑由垫木、横木、系杆及 4 根斜杆组成，斜杆倾角约 60 度，有效地减少了桥面木梁的净跨（见图 2–2–3）。当然，从材料力学以及构造措施上看，聚宝桥的斜撑方案有以下两个特点：（一）斜撑支撑位置距支座较短，即桥面木梁的净跨仍然较大；（二）斜撑倾角较大，尚能独立支撑，无需辅助支撑。

一般来讲，斜撑式结构在产生之初往往是独立于桥梁主体结构之外的，即可拆装或替换，但随着桥梁技术的不断发展，独立的斜撑逐步进化成完整的支撑框架，即撑架，产生了八字形撑架（简称“八字撑架”）、人字形撑架（简称“人字撑架”）等多种类型。撑架式木拱廊桥分布广泛（见表 2–2–1），下面就几种类型分别举例：

图 2–2–2　福建屏南聚宝桥实景图

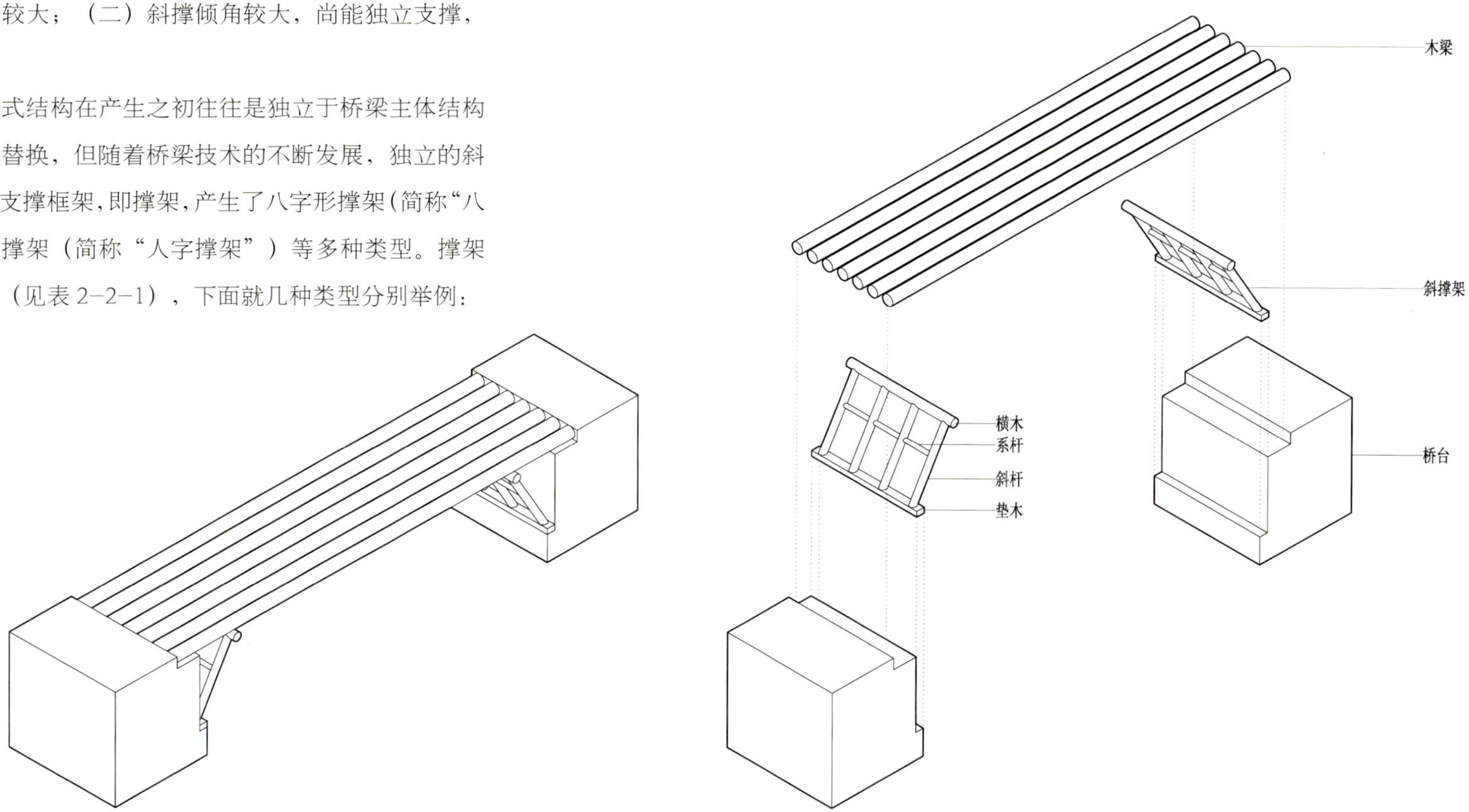

图 2–2–3　福建屏南聚宝桥斜撑结构示意图

表 2-2-1 撑架式木拱廊桥的类型分布统计表（不完全统计）

<table>
<tr><th rowspan="2">类型</th><th colspan="2">特征</th><th rowspan="2">实例</th><th rowspan="2">备注</th></tr>
<tr><th>撑架形式或组合方式</th><th>桥面系与撑架的相对位置</th></tr>
<tr><td rowspan="5">简单撑架式</td><td rowspan="3">八字形</td><td>上承式</td><td>浙江省丽水市莲都区观音桥、京花桥、普济桥，龙泉市双溪桥，庆元县白云桥、包果桥，景宁县怀胜桥，松阳县八仙桥；温州市泰顺县城水桥、霞庄桥、南庆桥；宁波市奉化区外应桥。福建省宁德市寿宁县外垟垱桥、碑坑观音桥、观音桥、奖禄上桥、葫芦门桥、奖禄下桥、升仙桥、奶殿桥，周宁县院林桥，古田县韦端桥，福安市金山水尾桥；南平市建阳区龙凤桥、安口桥，建瓯市小桔水尾桥，政和县锦屏观音桥；三明市尤溪县玉麟桥。四川省绵阳市平武县红军桥</td><td></td></tr>
<tr><td>中承式</td><td>云南省大理州云龙县五里桥、检槽桥、小岭桥、炼登桥、下地登桥，巍山县永济桥；普洱市镇沅县邦海桥，景东县文俄桥、沾牛桥；文山州广南县大牡露桥</td><td></td></tr>
<tr><td>下承式</td><td>云南省大理州洱源县茄叶桥，宾川县岩涧桥，鹤庆县河头桥；丽江市永胜县仁和桥。青海省循化县廊桥△</td><td>桁架式</td></tr>
<tr><td rowspan="2">人字形</td><td>上承式</td><td>福建省莆田市仙游县象溪桥、青海省循化县廊桥△</td><td></td></tr>
<tr><td>中承式</td><td>云南省普洱市景东县文献桥</td><td></td></tr>
<tr><td rowspan="3">组合撑架式</td><td>斜撑与八字形</td><td>上承式</td><td>浙江省宁波市奉化区卧渡桥</td><td></td></tr>
<tr><td>人字形与八字形</td><td>上承式</td><td>浙江省新昌县上三坑桥、福建省周宁县上坑桥</td><td></td></tr>
<tr><td>双八字形</td><td>上承式</td><td>福建省南平市延平区八字桥△、月圆桥△、落托桥△，顺昌县兴隆桥、岚下厝桥，建瓯市兴龙桥；福州市闽清县温汤桥，闽侯县蕉溪桥。浙江丽水市莲都区公起桥、复兴桥，青田县卧虹桥</td><td></td></tr>
<tr><td rowspan="4">伸臂撑架式</td><td rowspan="2">水平伸臂与八字形</td><td>上承式</td><td>重庆市酉阳县龙凼沟桥</td><td></td></tr>
<tr><td>中承式</td><td>福建省南平市浦城县镇安桥</td><td></td></tr>
<tr><td rowspan="2">斜伸臂与八字形</td><td>上承式</td><td>湖北省恩施州利川市永顺桥、甘肃省兰州市渭源县灞陵桥</td><td></td></tr>
<tr><td>中承式</td><td>云南省大理州云龙县通京桥、永镇桥、彩凤桥，临沧市凤庆县大花桥，保山市腾冲市野猪箐桥</td><td></td></tr>
</table>

注：“△”表示已毁或已改建为其他结构形式。

1．八字形撑架式木拱廊桥

八字形撑架由左右 2 组斜杆、1 组水平杆以及 2 根横木组成，立面呈“八”字形，因此得名。八字形撑架式木拱廊桥遗存较多，在中国各廊桥分布区均有发现，其变异类型或亚类也比较常见，下面举例分别论述：

八字形撑架式木拱廊桥通常是在原有简支梁桥的基础上，在桥下增设数组八字形撑架构成的，撑架数量至少 2 组，如福建省尤溪县梅仙镇玉石村的玉麟桥。多数八字形撑架式木拱廊桥由 2 组以上的八字形撑架组成，如浙江省庆元县白云桥、泰顺县池源桥，福建省寿宁县奖禄上桥、奖禄下桥、宫桥等（见图 2-2-4）。

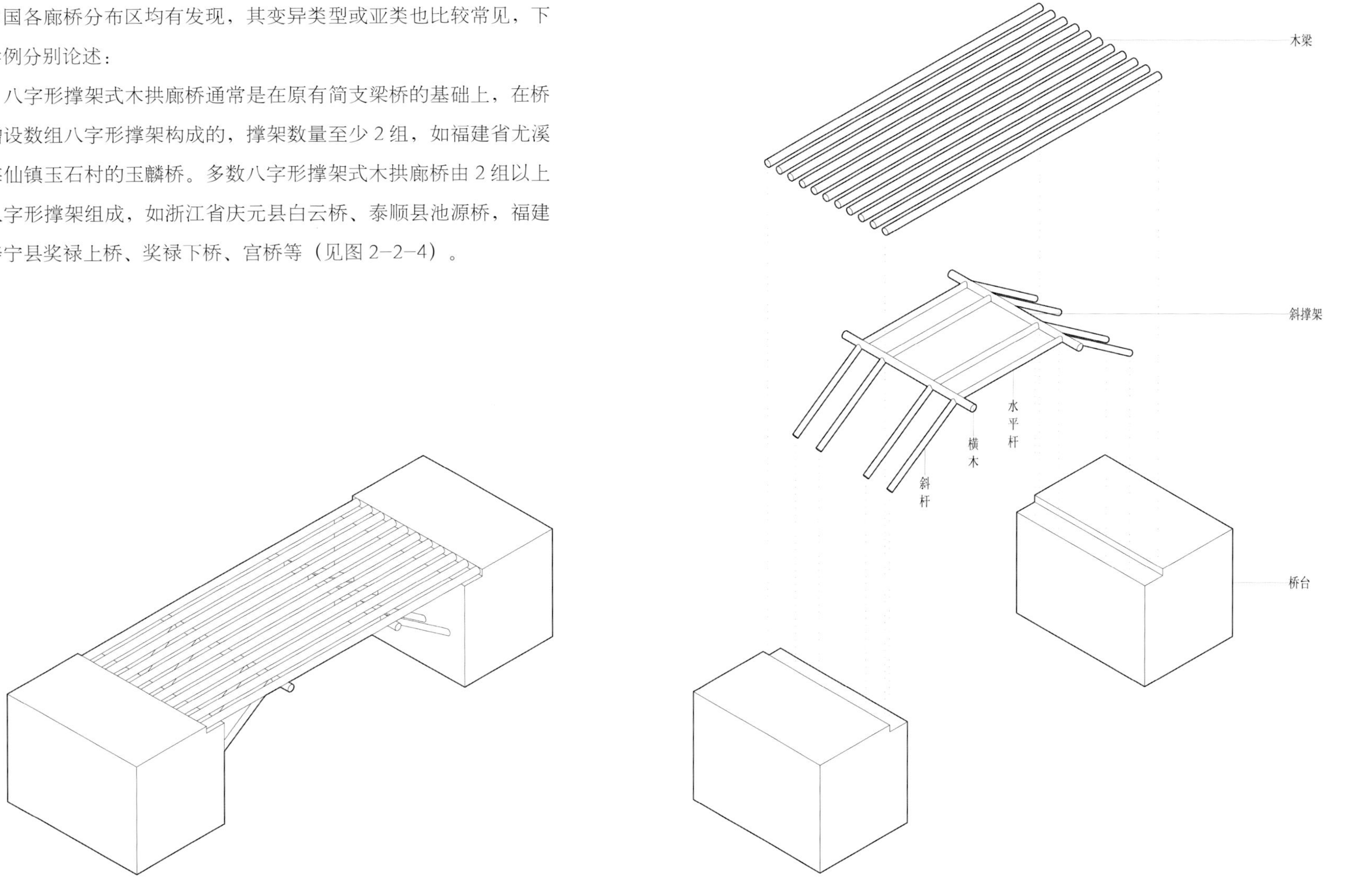

图 2-2-4　简单八字形撑架式木拱廊桥拱架结构示意图

福建省内尚遗存数座体系更加完善的八字形撑架式木拱廊桥，它们通过增设垫木、剪刀撑、排架等构件与八字形撑架组合形成更加完善的结构体系。据此可以判断出，此类八字形撑架式木拱廊桥与更为复杂的编木拱梁式廊桥在营造技艺上极有可能存在着渊源。例如福建省寿宁县下党乡碑坑村的观音桥，卵石垒砌的桥台上架设八字形撑架，共计 7 组，两端架立排架，用于架设桥面木梁，尚有左右 2 组剪刀撑支撑八字撑架中的横木，这样的构造方式提高了撑架的结构强度与刚度，保证了廊桥结构的耐久性（见图 2–2–5）。同样的案例还有同省寿宁县犀溪镇升仙桥、周宁县纯池镇院林桥等。

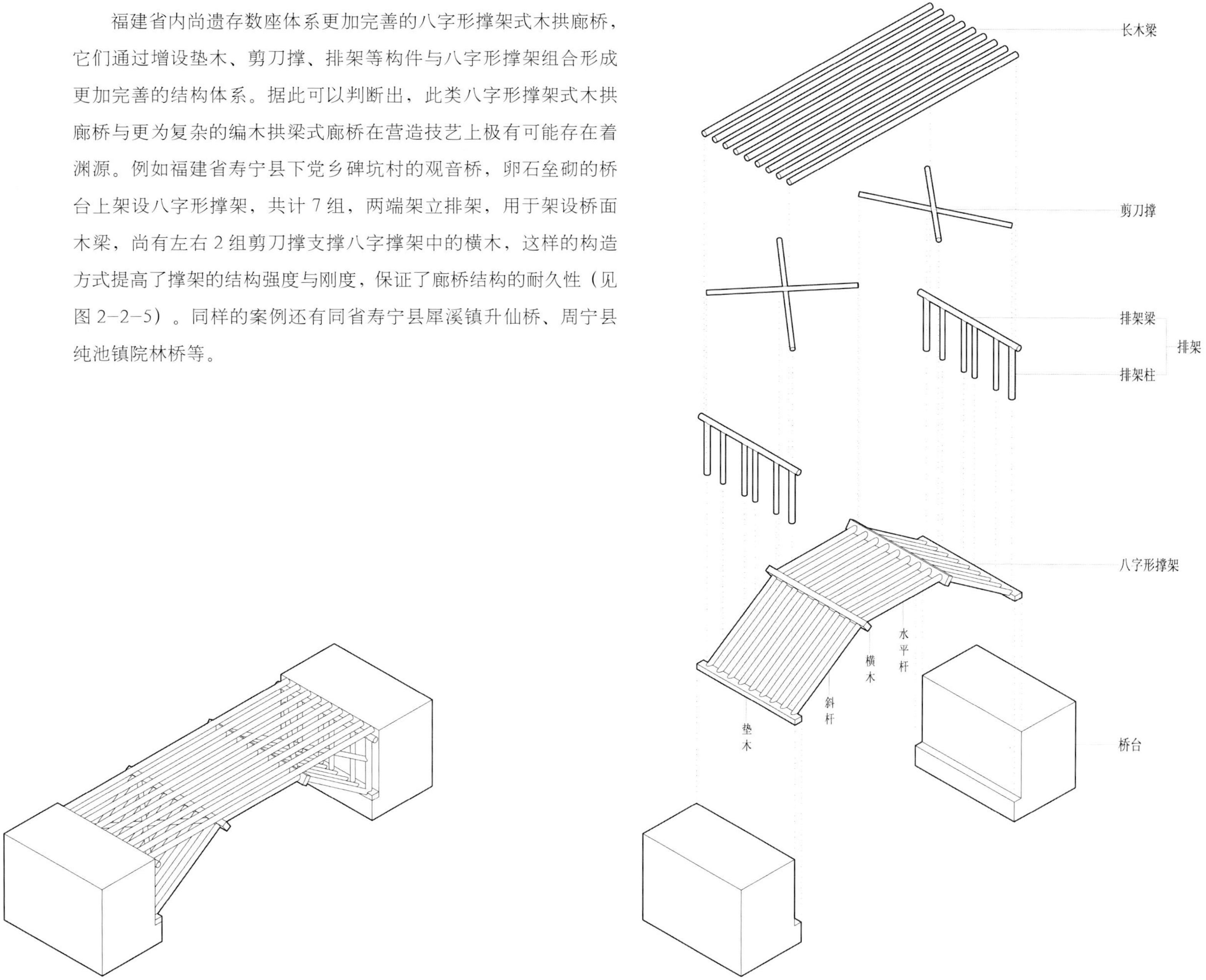

图 2–2–5　八字撑架式木拱廊桥拱架结构示意图

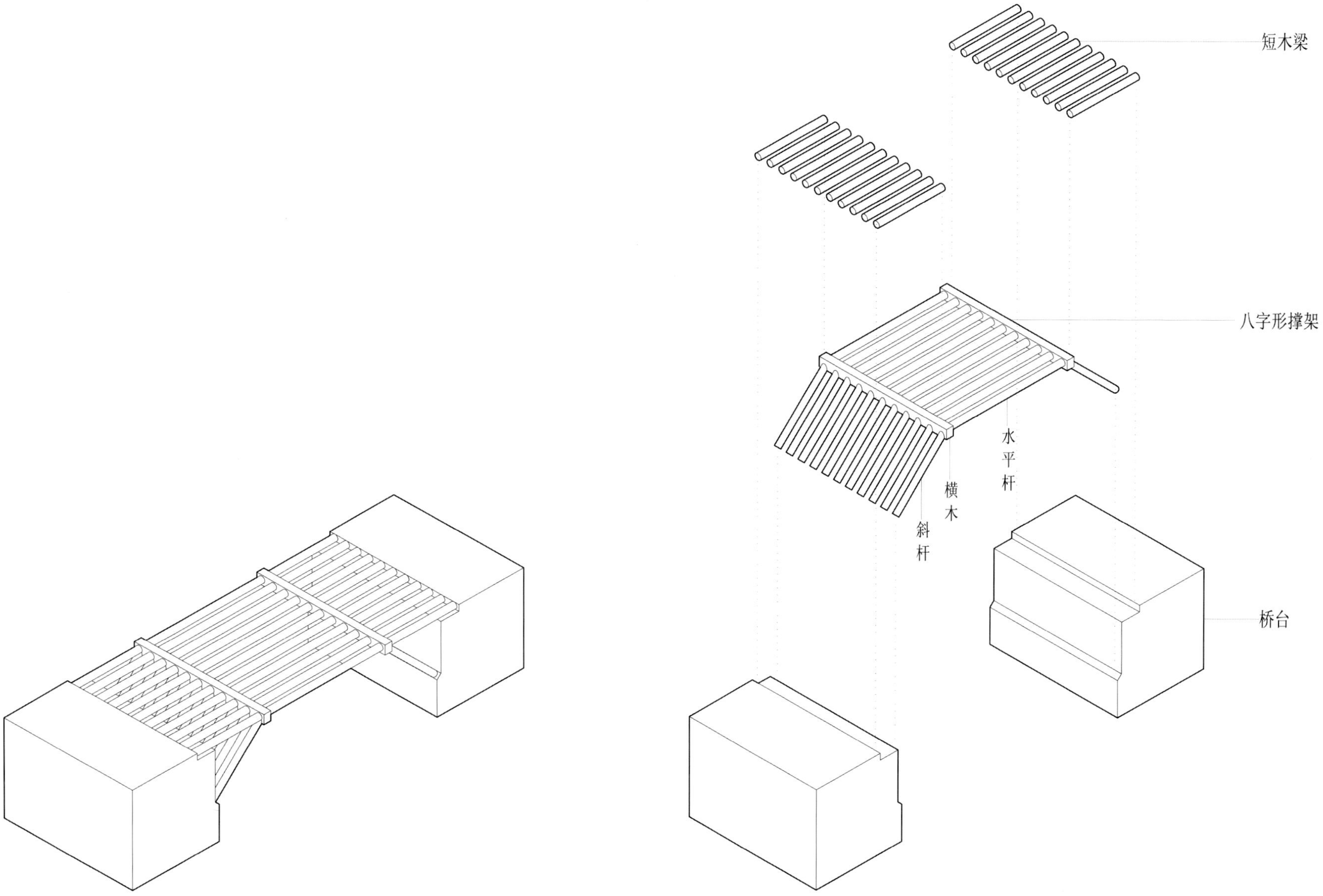

图 2–2–6　福建建阳龙凤桥拱架结构示意图

上述两类均是通长木梁与八字形撑架的组合，还有个别比较特殊的形式——八字撑架与 2 根短木梁的组合，如位于福建省南平市建阳区漳墩镇龙安村的龙凤桥。该桥桥拱由 11 组八字撑架与 2 根横木组成，比较特殊的是桥面两端的水平短木梁也与横木相连，拱架的水平杆即作为桥面梁的一部分（见图 2–2–6）。这样的构造方式，看似比较简洁合理，实则桥梁的结构冗余度不够，桥体也易变形。当然，龙凤桥的独特构造方式目前在木构桥梁中虽仅见此例，但却多见于石构桥梁中，如福建省福安市潭头镇乐善桥（见图 2–2–7）。

同样在福建省南平市建阳区，水吉镇安口村也有一座特殊的八字形撑架式木拱廊桥。与前面几例的榫卯连接方式相比，安口桥的特殊之处在于其独特的穿插别压的连接方式，其八字形撑架由两边各 8 根斜杆、9 根水平杆、4 根横木组成，杆件均为圆木，斜杆与水平杆互相交叉，外侧 2 根水平杆位置稍低于其他 7 根，紧贴其上各架设 1 根垫木支承中间 2 根横木，外侧 2 根横木与位置稍低的 2 根水平杆穿插连接（见图 2–2–8）。

图 2–2–7　福建福安潭头乐善桥实景图

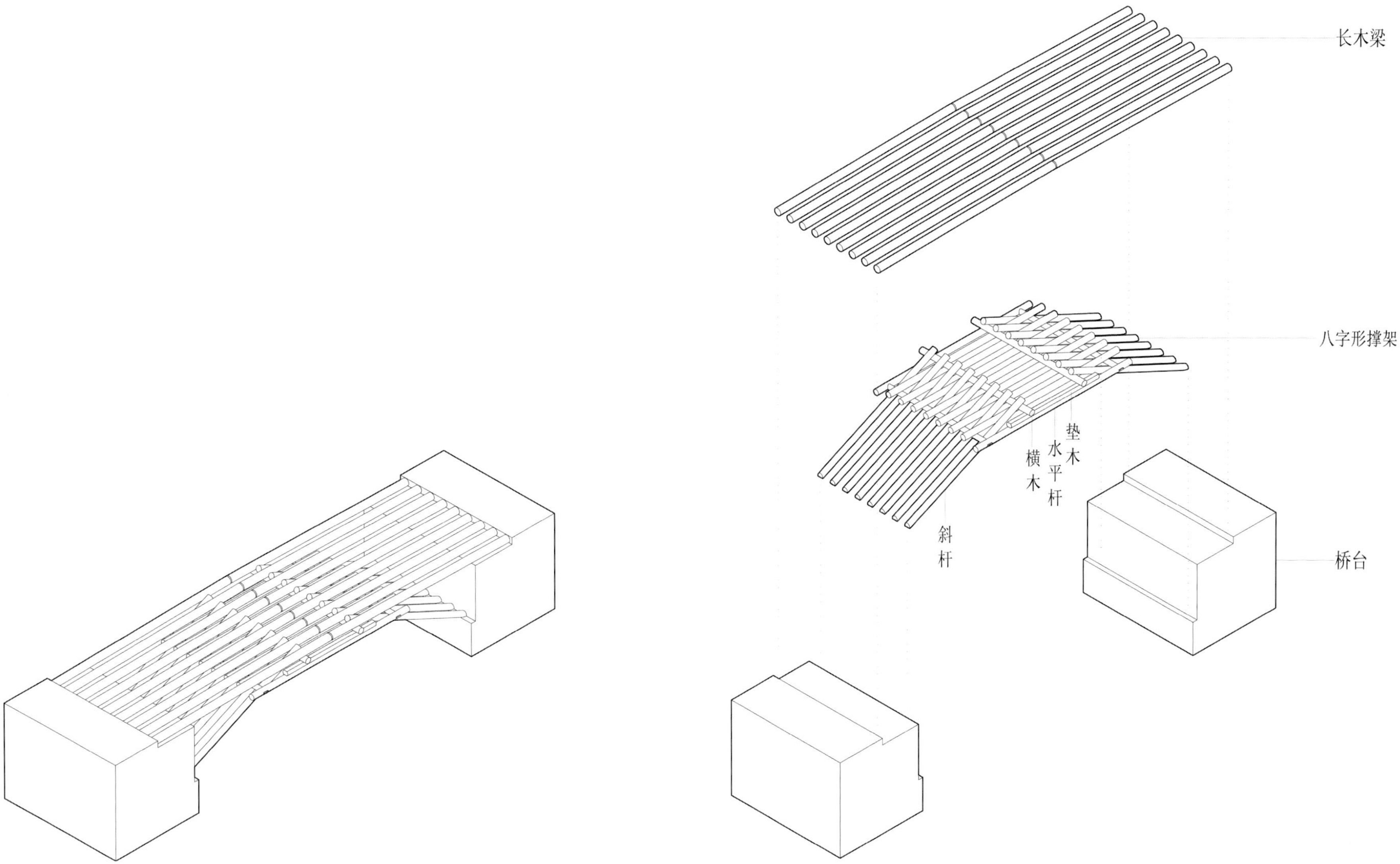

图 2-2-8 福建建阳安口桥拱架结构示意图

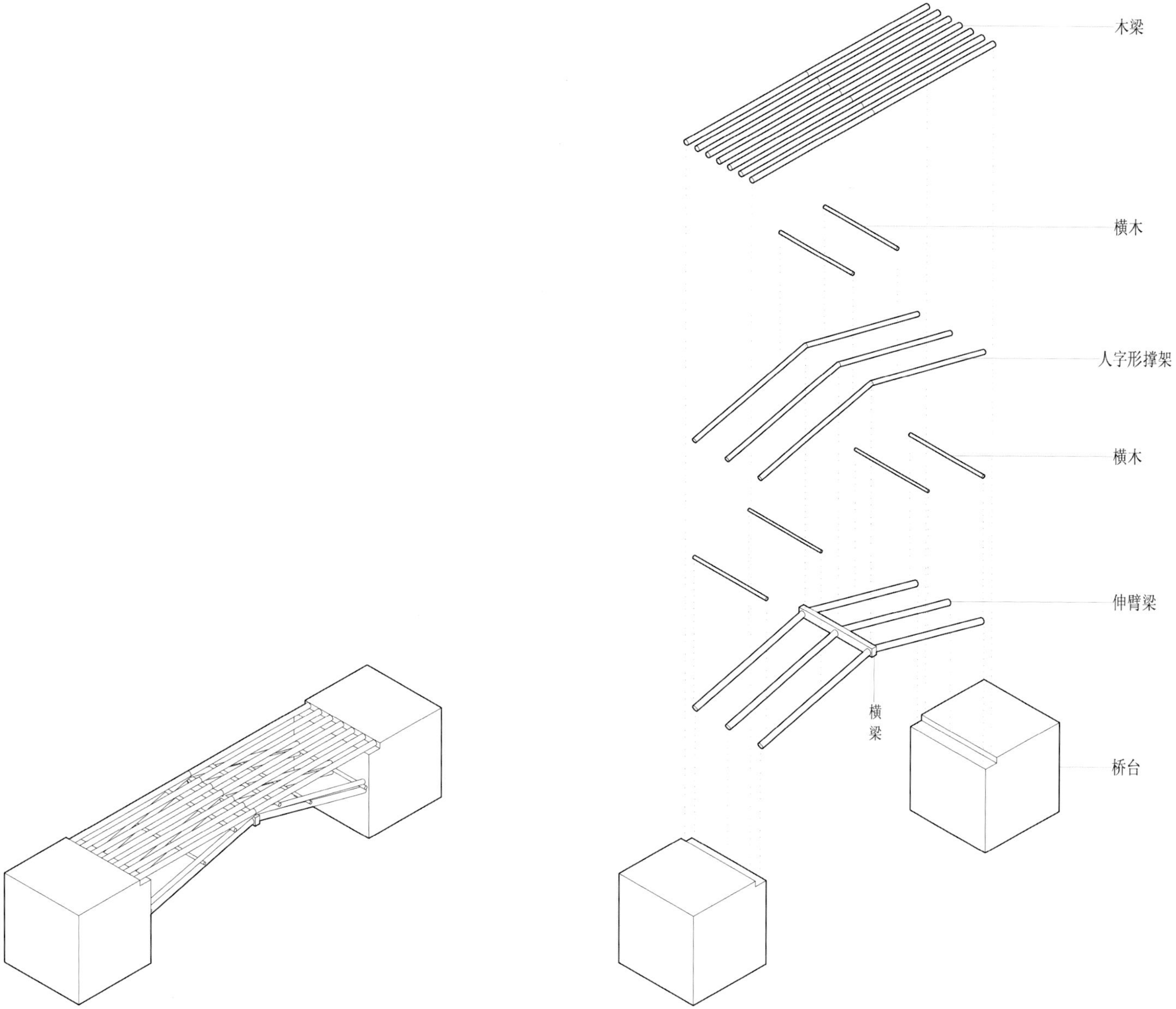

图 2-2-9　福建莆田象溪桥拱架结构示意图

2．人字形撑架式木拱廊桥

人字形撑架由左右 2 组斜杆与横梁组成，呈“人”字形，故名。人字形撑架式木拱廊桥遗存较少，目前实例仅发现一座。此桥是位于福建省莆田市仙游县菜溪乡溪边村的象溪桥，由 3 组 2 层人字形撑架组成。其中，下层斜杆较粗，后尾部压入条石垒砌的桥台，形成悬臂梁；上层斜杆较细，与下层斜杆近似平行，其间横木穿插。2 层斜杆尽端共同支撑横梁，构成人字形撑架（见图 2–2–9）。严格地讲，象溪桥并不是纯粹意义上的人字形撑架式木拱廊桥，其组合式结构中存有伸臂梁结构成分，但据其人字形撑架的构造特征，可暂且归为人字形撑架式木拱廊桥。

另外，我们在历史照片中也发现了一座人字形撑架式木拱廊桥（见图 2–2–10）。该照片是来华传教的美国基督教传教士萨穆埃尔·M·茨维默（Samuel Marinus Zwemer，1867—1952 年）在 1932—1933 年间考察中国期间拍摄的，拍摄地点位于青海省循化县。该桥横跨峡谷，系人字形撑架式木拱廊桥，桥上廊屋 5 间，两端接悬山顶单开间牌楼式桥门，廊屋结构上可见八字形撑架、柱间都设有斜撑加强，形成类似于现在的桁架结构形式。卵石与土混合砌筑桥台，两侧桥台出 2 层伸臂梁支承桥面木梁，跨中由 2 组人字形撑架支撑，斜杆倾角 40 度左右。这座廊桥结构合理，造型优美，是位于西北地区的一座非常精致典雅的木拱廊桥。

图 2–2–10　青海循化人字形撑架式木拱廊桥旧影

图 2-2-11　云南巍山永济桥实景图

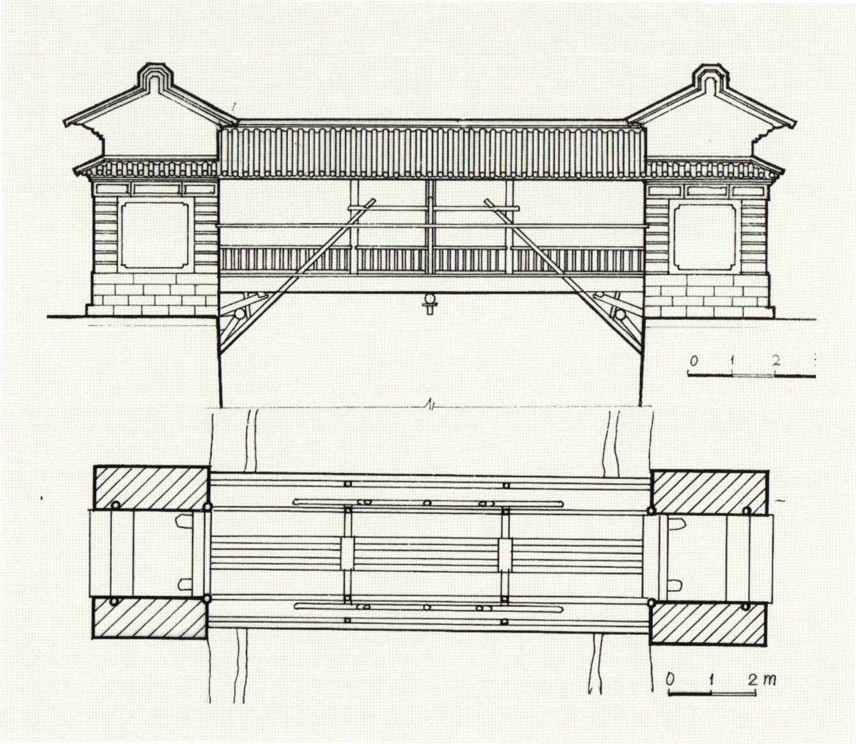

图 2-2-12　云南巍山永济桥线描图

3. 特殊的简单撑架式木拱廊桥

除前文述及的福建、浙江等省内的人字形、八字形撑架式木拱廊桥外，云南省内尚存在一类特殊的撑架式木拱廊桥。这里借用一下现代桥梁结构术语来加以说明，现代桥梁根据桥面系设置在桥跨主要承重结构（包含拱架、桁架等）的相对位置，将拱桥或桁架桥分为上承式、中承式、下承式三类。顾名思义，上承式即桥面系位于拱架或桁架上部，中承式即桥面系位于拱桥或桁架中部，下承式即桥面系位于拱架或桁架下部。

考察中国古代桥梁，不论是石桥还是木桥，多数为上承式，仅有少数的竹拱桥或“弓弓桥”为中承式。从撑架式木拱廊桥来看，多数也是上承式，桥面位于撑架之上。而在云南省内，撑架式木拱廊桥却多是中承式或下承式，下面分别举例：

位于云南省巍山彝族回族自治县永建镇巡检村的永济桥（见图 2-2-11），系单孔撑架式木拱廊桥，桥体以 5 根圆木横跨河道，梁下两端还设有 2 组短斜撑，短斜撑之下各出 2 根长斜杆，倾角约 45 度，由下至上穿出桥面约 1 米，2 根斜杆之间联系横梁，榫卯连接，横梁中点悬吊垂直竖杆并与桥面梁联系。全桥共 2 组八字形撑架，分居两侧（见图 2-2-12）。这种中承式的撑架廊桥在云南省内还有数座，构造方法大同小异，主要区别在于八字形撑架联系横梁的长度、设置高度以及垂直吊杆的数量等方面，在此不一一列举。

图 2-2-13　云南洱源茄叶桥内景

图 2-2-14　云南宾川岩涧桥

图 2-2-15　云南鹤庆河头桥外景

图 2-2-16　云南鹤庆河头桥内景

位于云南省洱源县炼铁乡茄叶村的茄叶桥（见图 2-2-13），同样系单孔撑架式木拱廊桥，但不同的是此桥的八字形撑架落脚点与水平木梁支承点一样，都位于桥台顶部，八字形撑架联系横梁的位置较高，上下并无垂直吊杆，横梁直接承托在屋架的单步梁下。这样的结构组合形态类似于现代桥梁结构中的下承式桁架结构，结构合理可靠。

另外，云南省内尚存有几座多跨撑架式木拱廊桥，也均为下承式八字形撑架式木拱廊桥。如大理白族自治州宾川县力角镇大会村的岩涧桥（见图 2-2-14），系三孔八字形撑架式木拱廊桥；同位于大理州的鹤庆县松桂镇龙珠村的河头桥（见图 2-2-15、图 2-2-16），系两孔八字形撑架式木拱廊桥。

值得注意的是，云南省内的撑架式木拱廊桥多以中承式或者下承式为主，在省外屡见不鲜的上承式在云南省内却难觅踪迹，而云南省内独特的中承式或下承式在省外也寥寥无几。桥梁技术为何在地域上有如此割裂分布的现象？本书将在第八章作初步的研究与探讨。从撑架式桥梁结构技术演化的角度来看，上承式应当是早期撑架桥的主要形式，后逐步演化为中承式、下承式，最终形成桁架式（见图 2-2-17）。唐寰澄先生在《中国木拱桥》一书中也认为“撑架桥结构是木拱与木桁架之源”。[①]

从近现代桥梁发展历程来看，中承式、下承式桥梁是后期桥梁结构发展的主流。我们认为产生这种现象的主要原因有二：一是近现代大型船舶的出现，需要更高更大的航行空间，中承式与下承式桥梁结构恰能满足此要求，这对桥梁与船舶安全都有益；二是中承式与下承式桥梁建设减少了水上施工，改为更加便利的陆上施工，提高了施工的便捷性与安全性。

从以上视角来看，如前文举例的位于青海省循化县的撑架式木拱廊桥，其上部结构就是桁架式结构，但该桥的建设年代无考；又如位于重庆市丰都县的包鸾桥，建于 1951 年，系下承式八字形撑架式木拱廊桥。

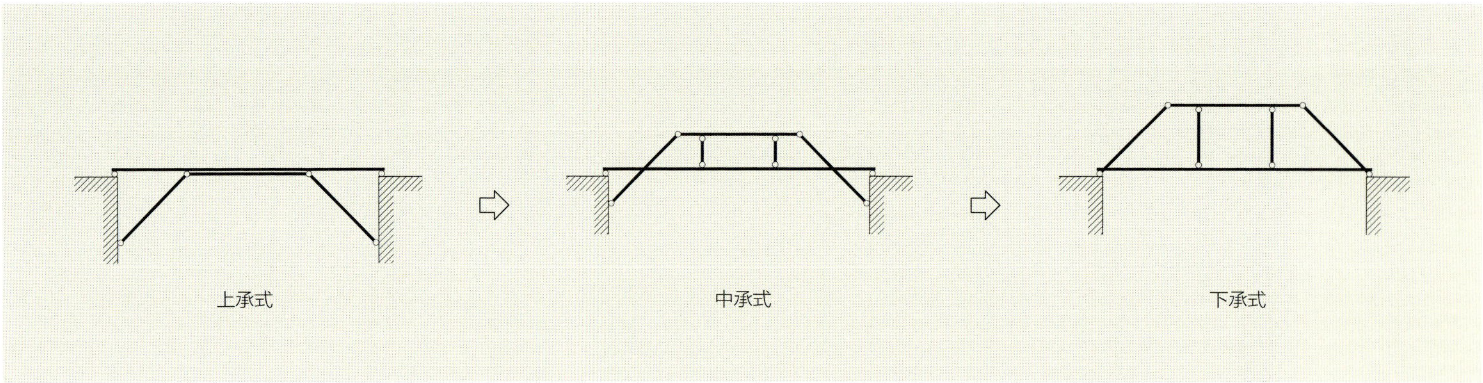

图 2-2-17　撑架式结构逐步演变为桁架式结构示意图(以八字形撑架为例)

①引自唐寰澄著《中国木拱桥》第 3 页，中国建筑工业出版社 2010 年版。

二、组合撑架式木拱廊桥

组合撑架通常由两类撑架组合而成，比较典型的有：斜撑与八字形组合撑架、人字形与八字形组合撑架以及双八字形组合撑架。组合撑架都是在八字形撑架基础上发展与演变的，组合撑架提高了拱架结构的整体性能。下面就几类组合撑架式木拱廊桥分别举例：

1. 斜撑与八字形组合撑架式木拱廊桥

斜撑与八字形撑架组合的拱架结构并不多见，现仅发现一例，即位于浙江省宁波市奉化区萧王庙街道袁家岙村的卧渡桥。该桥拱架结构由 4 组八字形撑架、8 根斜撑杆、2 组斜撑架组成，斜撑杆倾角较小，别压在八字形撑架的 2 根横木之间，斜撑架上顶横木，由八字形撑架中的斜杆与斜撑杆夹持，形成类似于剪刀撑的结构，精巧妙绝（见图 2–2–18）。

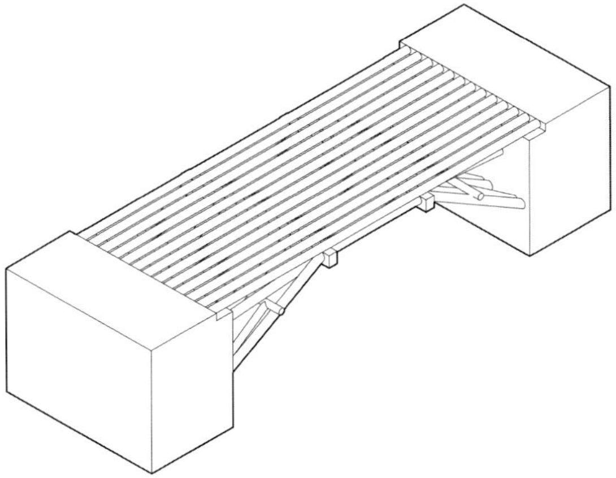

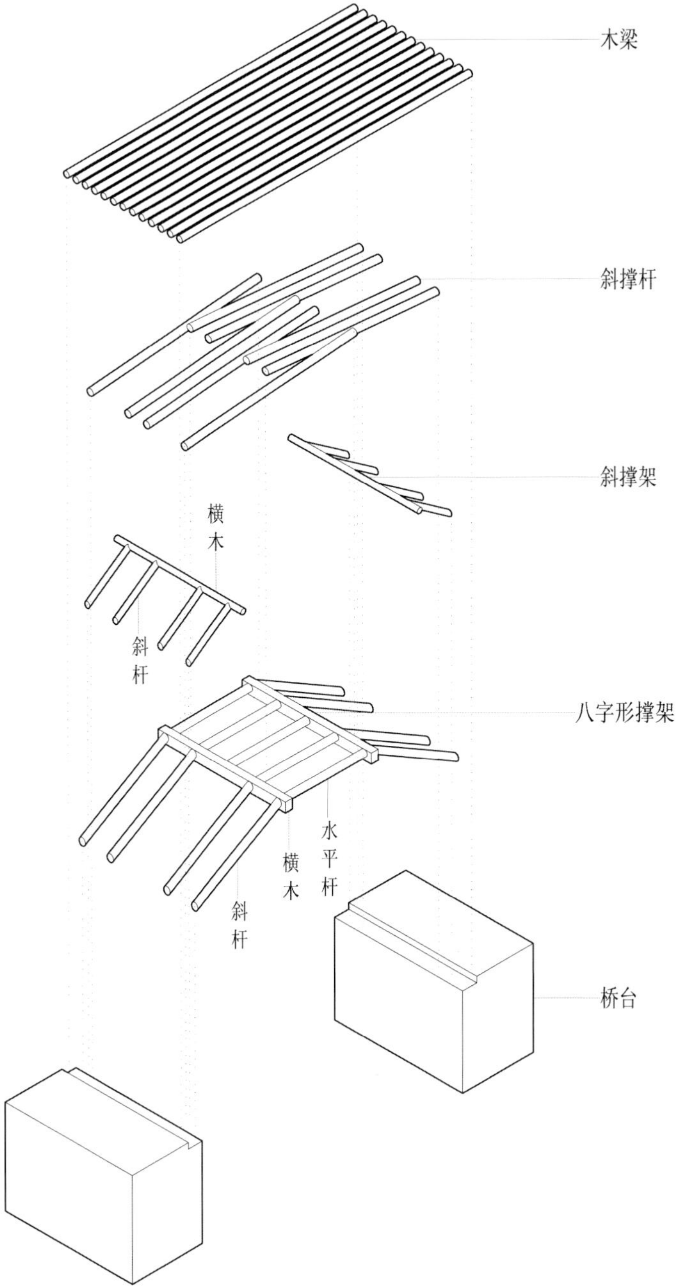

图 2–2–18　浙江奉化卧渡桥拱架结构示意图

2．人字形与八字形组合撑架式木拱廊桥

人字形撑架与八字形撑架均为独立的撑架结构体系，两者组合的实例也比较少见。目前仅发现两例——闽浙两省各一例，下面分别说明。

一例是位于浙江省新昌县巧英乡上三坑村的风雨桥，又名梅树坂桥。该桥拱架由八字形撑架、人字形撑架以及 2 根横木构成，八字形撑架由左右各 4 根斜杆、中间 5 根水平杆组成，人字形撑架由 3 组相互独立的人字撑组成。值得注意的是，该桥的人字形撑架的横木并不连续，即 3 组人字形撑架并不是支撑同一根横木，而是分别夹紧三小段木块，各自支撑在八字形撑架水平杆下。另外，尚有 2 根通长横木别压在人字形撑架与八字形撑架的斜杆之间（见图 2–2–19）。

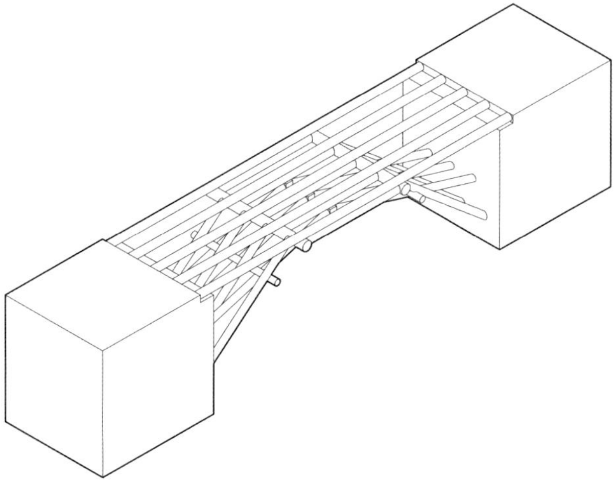

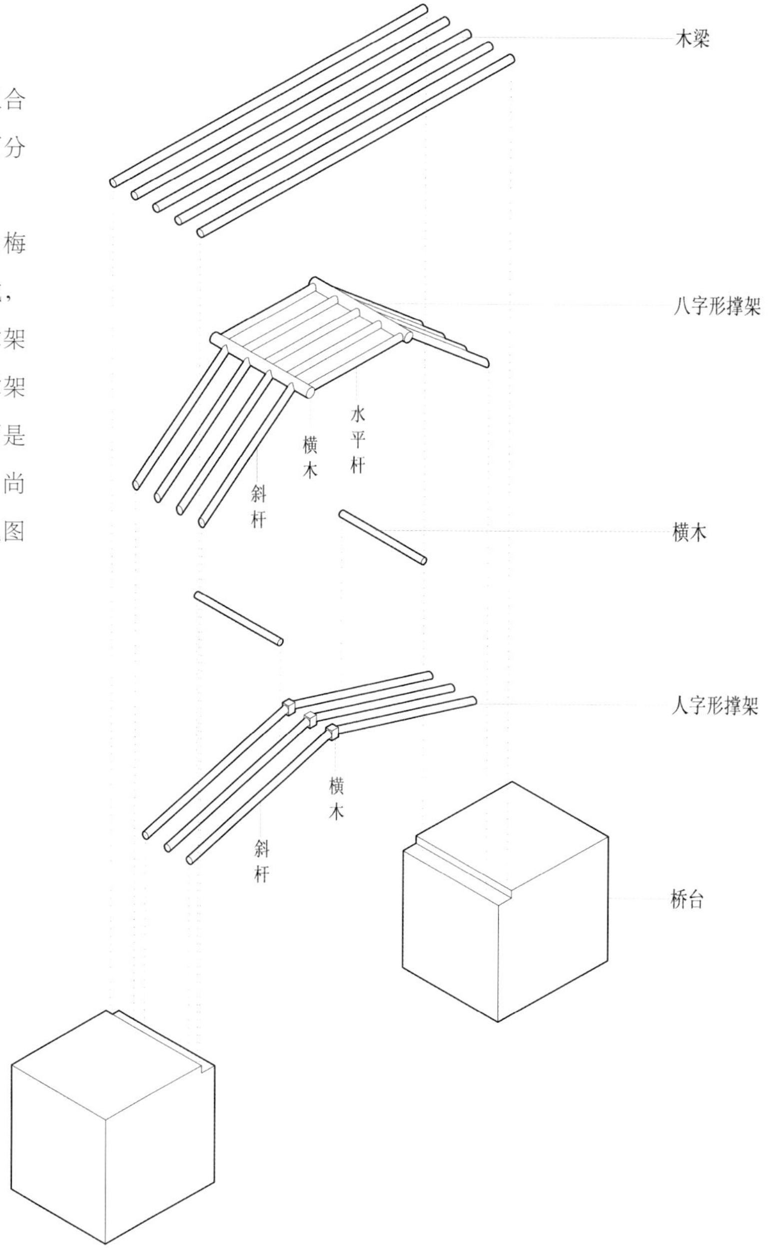

图 2–2–19　浙江新昌上三坑桥拱架结构示意图

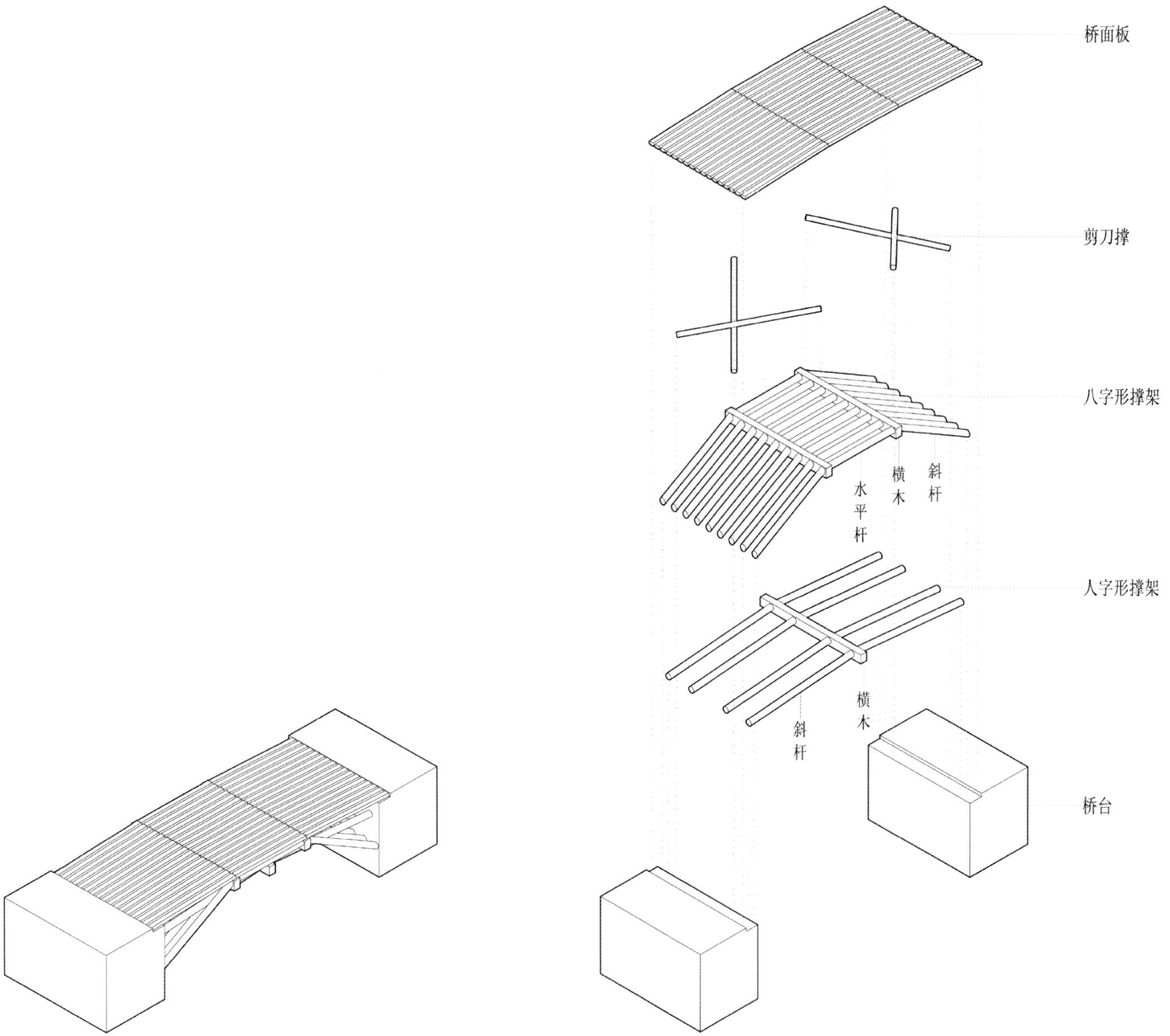

图 2–2–20　福建周宁上坑桥拱架结构示意图

图 2–2–21　宋画《江山秋色图》中的木拱桥

另一例则是位于福建省周宁县玛坑乡上坑村的上坑桥。该桥拱架由八字形撑架、人字形撑架以及剪刀撑组成，人字形撑架由左右各 4 根斜杆以及 1 根通长横木组成，八字形撑架由左右各 9 根斜杆、6 根水平杆以及 2 根通长横木组成，左右各 1 组剪刀撑支撑八字形撑架中的横木（见图 2–2–20）。

巧合的是，宋代山水名画《江山秋色图》（现藏于故宫博物院）中也描绘了一座奇特的木拱桥。该画与北宋王希孟所作的《千里江山图》一样，均为山水画长卷，画中描绘了群山、河流、村舍、楼阁、佛寺、舟桥、栈道以及人物等内容，全景展现了宏伟秀丽的山水。此画传为赵伯驹所作，其人系赵宋宗室，生卒年不详，主要活动于南宋高宗时期，因画作原题签不存，所以原画是否为赵氏所作，书画界尚存争议。书画鉴定家徐邦达先生曾根据该画的风格推断为北宋画作。画中描绘有数座桥梁与阁道，类型各异，实为少见。其中，画面的左下部描绘了这样一幅场景：一路行人（前后共计 10 人）正在通过或等待通过一座木拱桥，正在桥上通行的是一部牛车，后面有一部同样的牛车正在等待通过，最后是 1 人步行、2 人骑驴。木拱桥横跨溪流，由桥上牛、车、人的尺度比例推测，该桥跨度 10 米左右。桥的拱架也描绘得相对清楚，拱架由 2 种撑架组成，外面的一组是由 2 根短杆、1 根长杆组成的八字形撑架，里面的一组是由 2 根长杆组成的人字形撑架，横向穿插 5 根横木，形成完整的拱架结构。从拱架杆件与横木的位置关系来看，可能是通过绑扎的连接方式。当然，由于拱桥左半部画面较模糊的原因，里面的一组拱架尚有是 2 根长杆与 1 根极短的杆件组成的八字形撑架以及 6 根横木的可能。但毋庸置疑的是，这座木拱桥是一座组合撑架式木拱桥，结构巧妙，从构造和形态上都与北宋张择端所绘《清明上河图》中的“虹桥”有几分相似（见图 2–2–21）。

3．双八字形组合撑架式木拱廊桥

双八字形组合撑架由 2 套八字形撑架组合而成，有相互叠合及交叉组合两种类型，下面举例加以说明：

八字形撑架相互叠合的撑架案例仅见于福建省建瓯市迪口镇可建村的兴龙桥，该桥综合运用了梁柱、撑架、叠梁等结构。其中，横跨河流的主体结构是上下两层八字形撑架，上层撑架斜杆倾角约 60 度，共 5 组；下层撑架斜杆倾角约 45 度，共 4 组。八字形撑架均立于垫木上，架立在卵石砌桥台上（见图 2–2–22）。

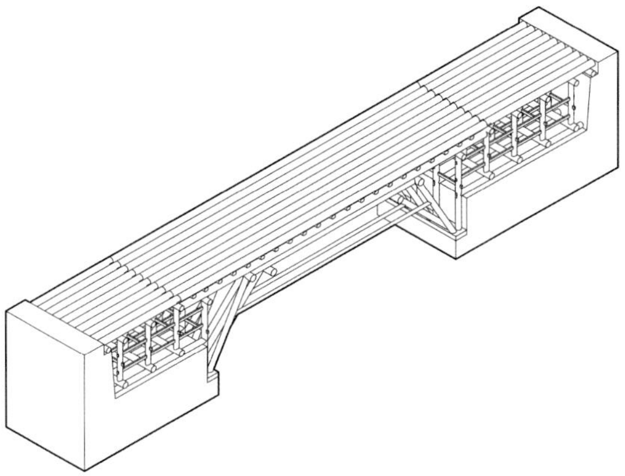

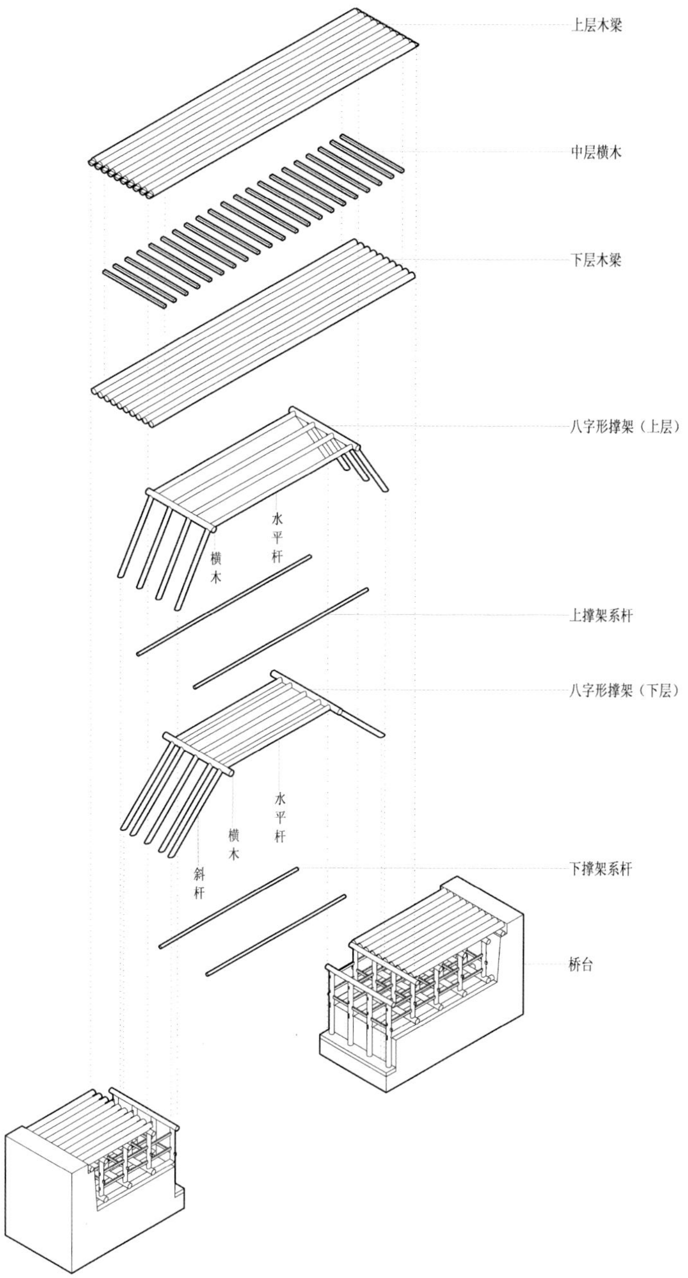

图 2–2–22　福建建瓯兴龙桥拱架结构示意图

另外一类双八字形组合撑架则是八字形撑架交叉组合的撑架。这一类撑架结构有典型的编木拱梁式的特征。近年，有地方学者在闽北地区发现了多座双八字形组合撑架式木拱廊桥，其中南平市延平区峡阳镇八字桥同时运用了 3 组八字形组合撑架结构，但据考证，最下层的八字形撑架是因为要加强桥梁的结构强度于 1979 年附加上去的。[①]简单而言，闽北地区的双八字形组合撑架式木拱廊桥，其拱架基本上都是由 2 组八字形撑架交叉组合而成的，辅助设置剪刀撑、排架等构件，结构体系比较完整，撑架净跨在 15—20 米之间（见图 2—2—23）。

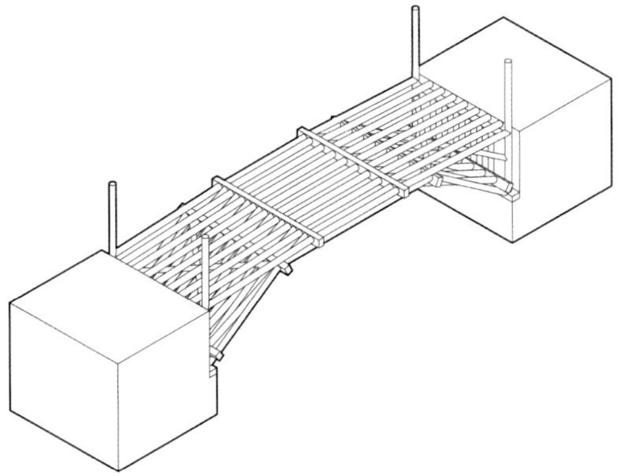

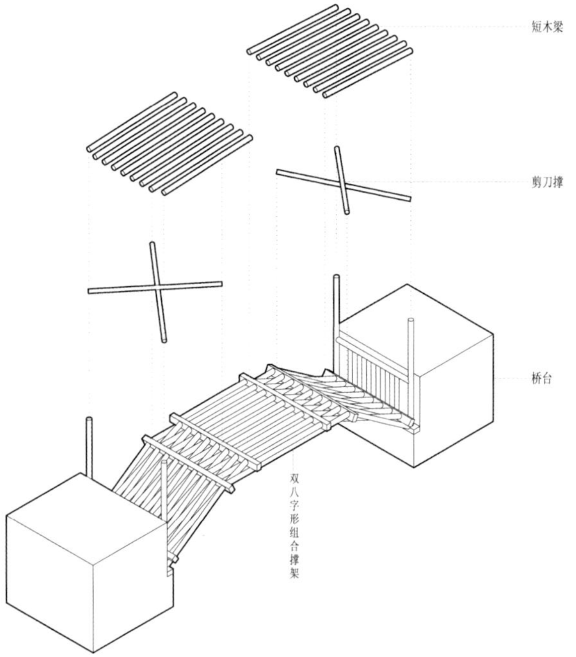

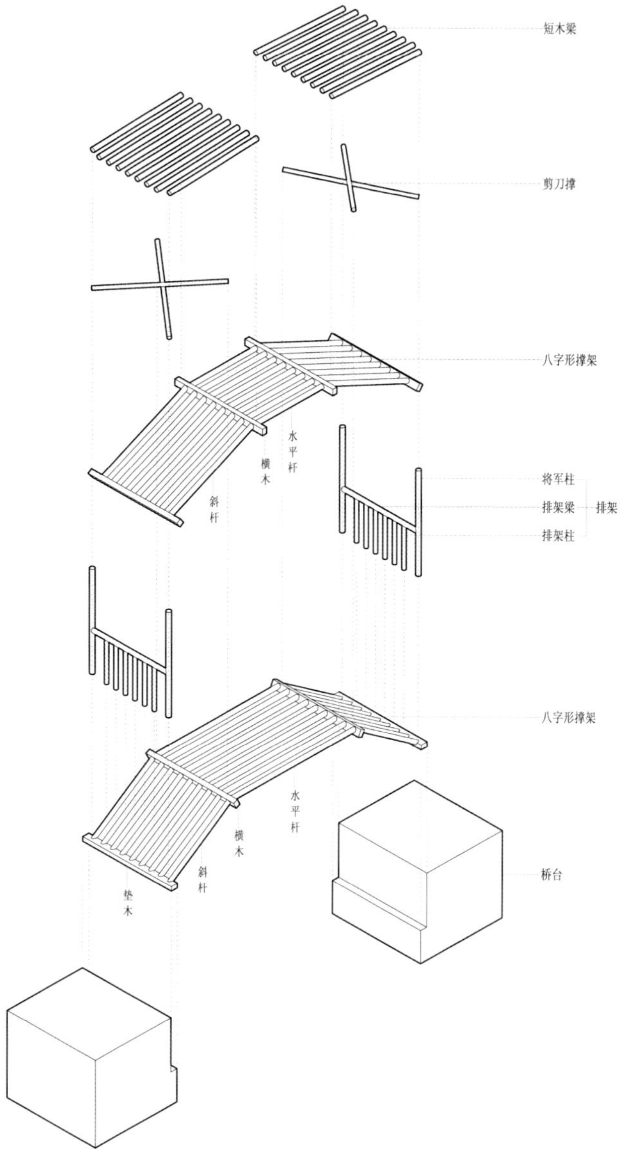

图 2—2—23　双八字形组合撑架结构示意图

①引自苏旭东、刘妍《“双三节苗”木拱桥——木拱桥发展体系中的重要形式》，载于《华中建筑》2010 年第 10 期。

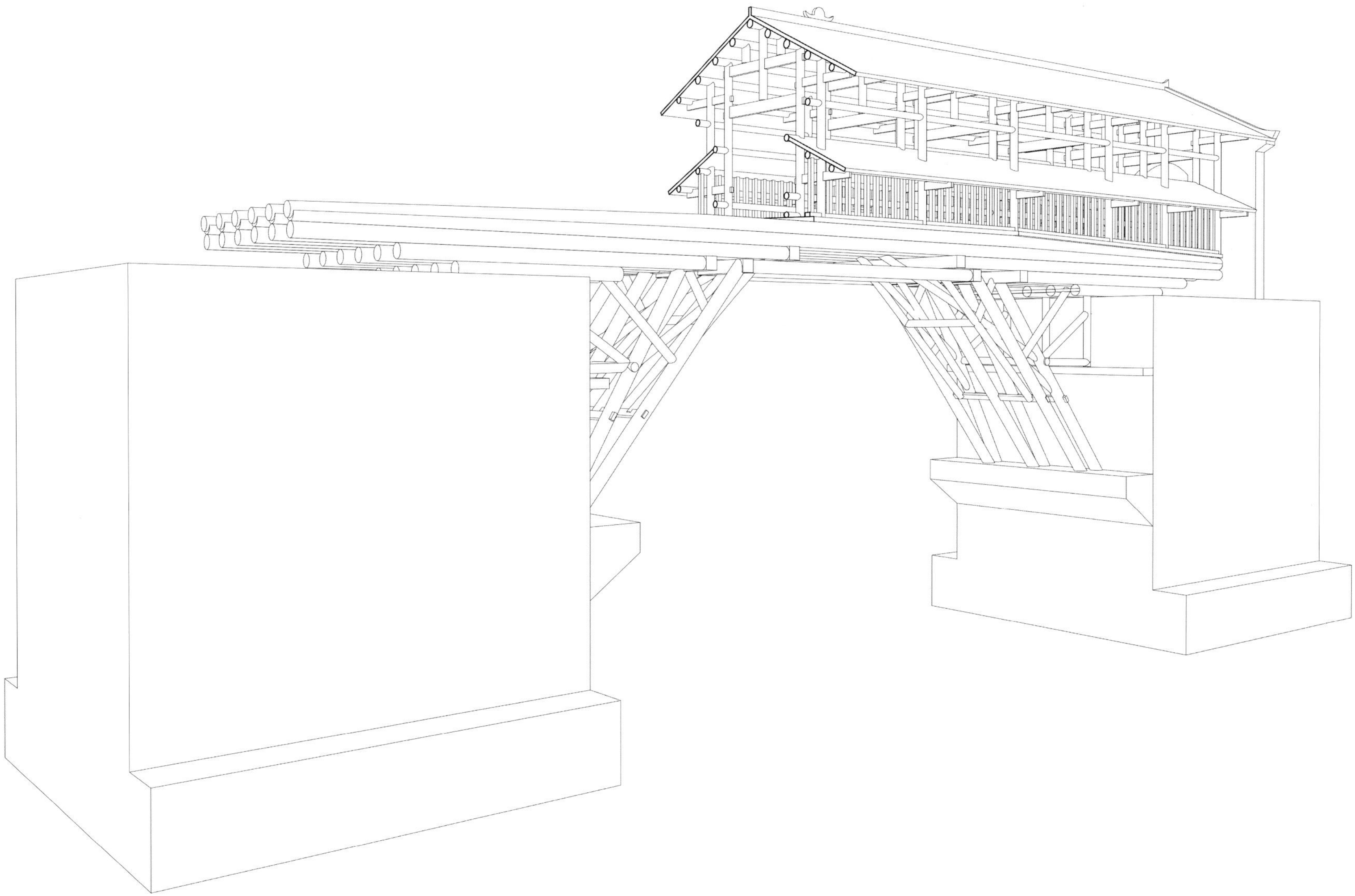

图 2-2-24　重庆酉阳龙凼沟桥结构示意图

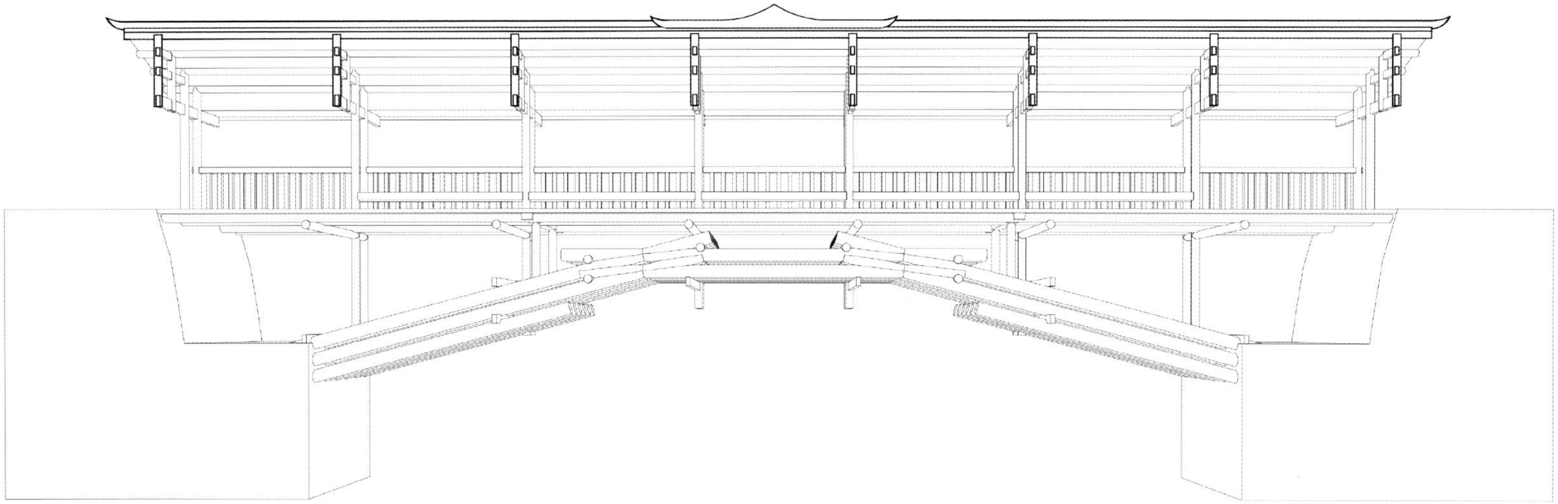

图 2-2-25　湖北利川永顺桥结构示意图

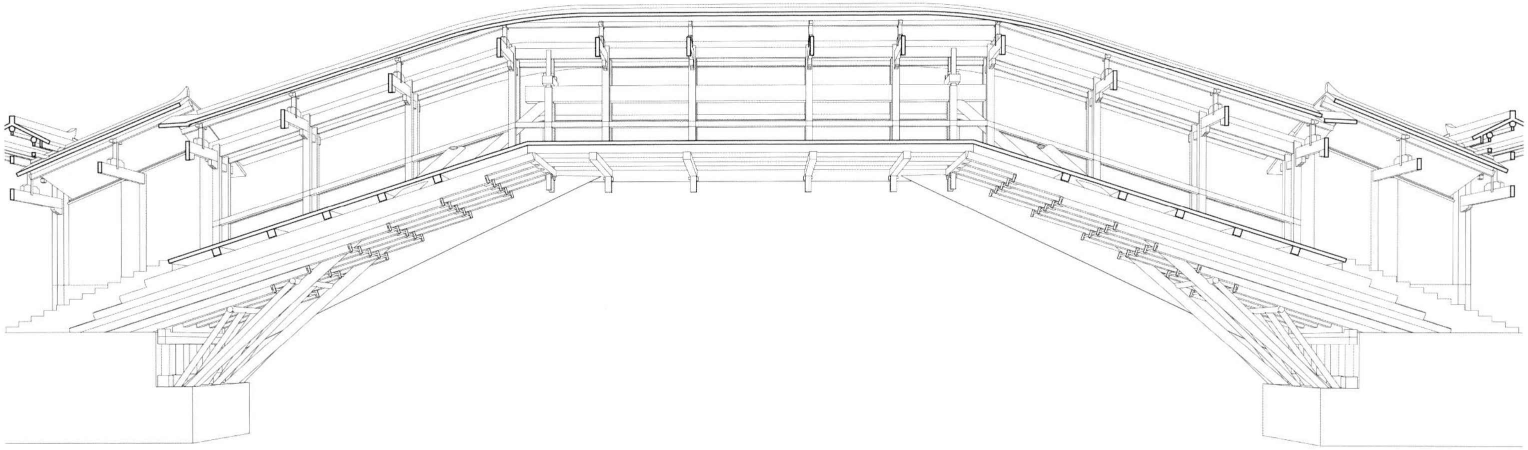

图 2-2-26　云南云龙通京桥结构示意图

三、伸臂撑架式木拱廊桥

除上文提及的简单与组合撑架式木拱廊桥外，还存在着一类特殊的撑架式木拱廊桥，其特殊之处在于桥体主要承重结构由八字形撑架与伸臂梁组合，暂可命名为伸臂撑架式。下面举例分别说明：

1. 重庆市酉阳县龙凼沟桥

该桥原横跨于峡谷之上，现已迁建。原桥系水平伸臂梁与八字形撑架组合式木拱廊桥，单孔，上承式结构。伸臂梁系三层六组，逐层出挑，梁下设有八字形撑架与斜撑以及众多辅助支撑构件，构件之间联系复杂，却也合理（见图 2–2–24）。

2. 湖北省利川市永顺桥

该桥又名群策凉桥，系斜伸臂梁与八字形撑架组合式木拱廊桥，单孔，上承式结构。伸臂梁系三层六组，端部卵石压置。与一般的伸臂梁逐层出挑不同，该桥的三层伸臂仅出两挑，上两层出挑一致。更为特别的是，两端伸臂梁之间通过两层水平系杆连接，每层五根，系杆与伸臂梁之间用横木穿插，相互夹持，形成整体。拱架上设水平桥面木梁，通过竖向立柱与拱架相互联系（见图 2–2–25）。

3. 云南省云龙县通京桥

通京桥是古代盐马古道以及运银通道上的重要桥梁，该桥跨度近 30 米，为斜伸臂梁与八字形撑架组合式木拱廊桥，单孔，中承式结构。伸臂梁系五组七层，逐层出挑，梁端压入桥台，上砌廊屋。左右两组八字形撑架自伸臂梁下穿过桥面，并通过水平方向的方木榫卯连接，方木与桥面梁通过竖向系杆连接，使得两组结构形成整体（见图 2–2–26）。

通京桥的桥体结构并非孤例，同样的案例还有同县的永镇桥、彩凤桥以及腾冲市的野猪箐桥等。稍有不同的是，野猪箐桥桥体除伸臂梁、撑架结构外，尚有斜拉索作为加强措施，但并不影响对其桥梁主体是伸臂梁与撑架组合结构的判断。

4. 甘肃省渭源县灞陵桥

灞陵桥始建于明代，历史上屡毁屡建。该桥初为平桥，民国八年（1919 年）改建为木拱桥，后又经多次重修形成现貌。桥跨 20 余米，系斜伸臂梁与八字形撑架组合式木拱廊桥，单孔，上承式结构。两边伸臂梁均系五层十组，逐层出挑，最上一层伸臂梁通过水平梁相互联系，形成斜伸臂撑架；在每组斜伸臂撑架之间，尚各有一组八字形撑架，共九组，两组撑架结构通过横木穿插，相互联系，形成整体。同样是此种结构类型的，尚有位于兰州城内的握桥，但现已不存。

当然，特殊形式的撑架廊桥尚不止上述几例。现存此类廊桥还有福建省浦城县镇安桥（见图 2–2–27），系水平伸臂梁与八字形撑架组合式木拱廊桥，中承式结构。特殊的是，该桥系两墩三孔，每孔均设八字形撑架，且两边各有两组平行的撑架，一低一高，低处撑架与栏杆结合，高处撑架与廊屋梁架结合，大大地提高了桥体结构的整体性。

图 2–2–27　福建浦城镇安桥

第三节
编木拱与编木拱梁式廊桥

一、编木拱与编木拱梁的命名

在中国浙江省的西南、福建省的东北以及福州地区，至今还保存着古代遗存的百余座木拱廊桥，我们将之命名为“编木拱梁式木拱廊桥”，简称为“编木拱梁廊桥”。这种廊桥的下部结构是一种“编木拱梁”的亦拱亦梁组合式结构。与北宋著名画家张择端所绘《清明上河图》中的虹桥结构略有不同，虹桥结构被我们命名为“编木拱”。在闽浙交界的山区，有数座木拱桥的结构就非常接近于虹桥结构的“编木拱”，比如浙江省庆元县甫田桥和双门桥、福建省闽侯县合龙桥的一孔拱架就是如此。

中国木拱桥的再发现在学术界是比较晚的事。英国的李约瑟（Joseph Needham）博士在其巨著《Science and Civilisation in China》（中译名《中国科学技术史》）一书中仍然将虹桥结构错误地归类在伸臂式桥（The Cantilever Bridge）的范畴。1957 年出版的《中国古代桥梁》一书中，唐寰澄先生在学术界第一次将虹桥结构归为木拱桥。1959 年出版的《中国桥梁史料》一书中，罗英先生不仅认同唐寰澄对汴水虹桥的木拱桥判定，且将撑架式或组合撑架式桥梁定为木拱桥。1986 年出版的《中国古桥技术史》一书中，《竹木拱桥》一节的作者唐寰澄先生将虹桥归为木拱桥，并对闽浙木拱桥也作了考察和描述，对二者分别命名为“拱式木桥”和“虹桥式木拱桥”。这是中国现代学者在学术著作中对木拱桥结构进行系统研究并初步对其结构进行分类。

唐寰澄在后来的著述中力图进一步规范虹桥及闽浙木拱桥结构的命名。他在随后编著的《中国古代桥梁》（文物出版社，1987 年 3 月出版）一书中，将两种桥梁结构笼统地称为“叠梁拱”，运用“叠梁拱”结构的桥梁自然称作“叠梁拱桥”，英文译作“The Combined Beam-arch Bridges”。他在书中还解释说：“介于梁与拱之间的木桥，作者姑名之为叠梁拱桥，可以宋代《清明上河图》上的汴水虹桥为代表。”这是中国现代学者第一次对虹桥桥式的下部结构明确地给予命名，代表着中国学者对虹桥研究的一个重要的阶段性成果。

然而，唐寰澄是一位资深的桥梁专家，他可能并不知道“叠梁”二字在中国古代木构建筑中有约定俗成的意义，即指木梁纵横交错、层层相叠，房屋或桥梁结构中较多运用叠梁的方式层层出挑，以求更多更大的空间或跨度。这种叠梁结构在建筑上运用较早，在先秦时期的青铜器上就有所刻画。用“叠梁拱”来称呼虹桥的下部结构极易与“木伸臂梁式桥”的结构相混淆，因为后者的“伸臂”正是通过叠梁的方式来形成的。其实，作者当时也觉得并不妥，故在书中用了“姑名之为叠梁拱桥”的话语。华侨大学建筑系方拥教授于 1995 年发表在《建筑学报》上的《虹桥考》一文中，也是引用的唐氏命名的“叠梁拱”一词。

在 2000 年 1 月由唐寰澄著、科学出版社出版的《中国科学技术史·桥梁卷》一书中，汴水虹桥的结构又被命名为“贯木拱桥”。由此看来，唐先生依然对虹桥结构以“叠梁拱”的命名并不满意。据作者称，“贯木”取自《渑水燕谈录》中“取巨木数十相贯”一句描述虹桥的建造的文字。客观地讲，用“贯木”二字要比“叠梁”准确，并有古文献为据，但是“贯木拱”在结构上仍然存有较多的模糊性，它没能明确地描绘出虹桥的拱式结构是如何相贯而成的。

最初，我们研究团队提议用“编梁木拱桥”来命名汴水虹桥的下部结构。用“编织”的方式形成一种结构，小到日常生活用的器皿（如竹篓、竹筐等），大到建筑结构（如竹墙），在中国历史上都出现较早。事实上，用“编梁木拱”四个字作桥的定语，比较完整地描述了该结构的三大特征：（1）构造特征——“编梁”。如果我们分别把第一系统4根拱骨和第二系统3根拱骨视为连续的经线，把横木视作纬线，则虹桥拱骨和横木上下穿插别压的交叠构造，正好与用经纬线编成织物的技术相同，而且两者都利用了经纬线之间的摩擦力保持结构或织物的整体稳定性。(2)材料特征——“木”。表示采用圆木。（3）结构力学特征——“拱”。表示结构构件主要受压。我们采用有限元法对其结构进行计算机模拟，证实该结构构件主要内力为纵向压力，是结构力学意义上的拱结构，具有优越的承载能力。

2004年6月14日，我们应邀在芬兰拉赫蒂（Lahti）市举行的第八届世界木工程大会（8th World Conference on Timber Engineering，WCTE）上作了题为《Chinese Rainbow Bridges》（中国虹桥）的报告，重点介绍了汴水虹桥和闽浙木拱廊桥的结构特点，并在大会上首次使用了“编梁木拱桥”作为汴水虹桥结构的名称。但我们对闽浙木拱廊桥进行的结构力学分析和计算机模拟后证实，由于第一系统采用5根拱骨，而不是虹桥的4根拱骨，这一差别使第二系统中央拱骨主要受弯，因而该桥结构兼具拱桥和梁桥特征，参照上述名称应称为“编梁木拱梁桥”。这一名称中出现了两个“梁”字，乃修辞之大忌。而且这两个“梁”有不同含义：第一个“梁”指用来编织的“圆木”，第二个“梁”指结构力学上受弯的构件。

因此，我们建议对上述名称略作改动，称为“编木拱桥”，这一名称仍准确完整地描述了虹桥结构的三大特征。《续资治通鉴长编》中亦曾以“编木为之”来描述虹桥结构。相应地，闽浙木拱廊桥的下部结构名称应为“编木拱梁桥”，两个名称反映了两类桥梁结构的大同和小异。在WCTE 2004英文报告中，上述两个名称分别被译为“Woven Timber Arch Bridge”和“Woven Timber Arch–Beam Bridge”。同时，接受美籍华人叶守璋(Frank Yih)先生建议，在上述报告中将“廊桥”译为“Lounge Bridge”，这一译名中“Lounge”与汉语中“廊桥”发音相似，且反映了廊屋的多种功能。

因此，我们将汴水虹桥和现存的闽浙木拱廊桥的下部结构命名分别规范为“编木拱桥”（英文译作“Woven Timber Arch Bridge”）和“编木拱梁桥”（英文译作“Woven Timber Arch–Beam Bridge”），而将目前国内非常时尚的“廊桥”一词的英文译名规范为“Lounge Bridge”，将闽浙一带尚存的“木拱廊桥”一词的英文译名规范为“Timber Arch Lounge Bridge”。①

就在2004年的暑期，我应邀赴福建省宁德市屏南县，出席当地一年一度的“白水洋”旅游节系列活动的廊桥文化论坛。主办方也邀请了唐寰澄先生莅临发言。在研讨会上，我曾就木拱桥的命名问题与唐先生商讨。当时，唐先生表示他已完成了一部中国木拱桥的专著，即将出版，在这一著作中，他将对木拱桥的命名问题仔细斟酌后再确定。果然，我们等到了2010年1月由唐寰澄著、中国建筑工业出版社出版的《中国木拱桥》一书。在书中第20页倒数第二自然段，唐先生写道：“世界上唯独中国有的特殊木拱桥，发明于11世纪，画在一幅有名的长卷画上。作者在发表第一篇文章时名之为‘叠梁拱’。之后经过深入调查和研究，改名为‘贯木拱’或‘编木拱’，因历史记载上说桥是‘以巨木相贯’。实际上桥像织成的竹或藤篮子的一段。”中国现代最早进行木拱桥研究的唐寰澄先生经历了几乎半个世纪的研究历程，在其耄耋之年，最后将木拱桥的研究报告正式出版，且将近年来众说纷纭的中国木拱桥结构学名正式定为“贯木拱”或“编木拱”。可以说，这是他作为中国最资深古桥研究学者的杰出贡献之一。

①详见刘杰、沈为平著《泰顺廊桥》第96至102页，上海人民美术出版社2005年版。另见刘杰著《江南木构》第200至206页，上海交通大学出版社2009年版。

二、编木拱与编木拱梁的关系与渊源

我在10多年前所作的《中国虹桥——浙闽山区叠梁木拱桥的建筑形态及历史研究》①一文中已经比较过汴水虹桥和浙闽木拱廊桥的建筑和结构特点，并作过详细的分析。这是笔者最初所持的一种观点。在本书中也简单叙述如下：

汴水虹桥与浙闽木拱廊桥都是全木构体系的桥梁，有相似的编木拱结构，这是它们最大的共同点，也是能够被称为“虹桥”的必备特征。然而，两者之间也存有较多的差异：

第一，汴水虹桥为纯粹的编木拱结构，而后者却是编木拱与木梁相结合的拱梁结构；

第二，汴水虹桥的编木拱在节点上使用北方常用的棕绳绑扎技术，而后者使用的是南方惯用的榫卯技术；

第三，汴水虹桥的木拱之上并不设廊屋，而后者的拱梁之上均设置翘角飞檐的青瓦木屋顶；

第四，汴水虹桥的拱形结构外形呈完整的弧形，而后者的拱梁结构外形却略似“八”字形；

第五，汴水虹桥的结构跨度在20米左右，而后者单跨跨度从9米左右一直到42米左右的范围均可，相比较而言，后者适应河道的能力更强，跨越空间的能力更甚；

第六，汴水虹桥因为使用于地势平坦的中原地区，只用了编木拱一种结构体系，而后者运用在浙闽山区的大山密林之中，深沟高涧之上，除了拱梁体系外，还常常在靠近两岸的下部结构中运用门式刚架，不仅能增强桥梁结构的受力性能，也能增大拱梁结构的跨度。

如果细细比较两种结构，当会寻找到更多的相似之处和差异来。面对两种木拱结构的众多相似之处和差异，我们能否结合历史文献的研究和浙闽山区百余座木拱廊桥的实地考察，从中寻找出二者的渊源关系？按建筑进化论的观点分析，如果它们真有亲缘关系，那么，哪些基因是共同遗传下来的？哪些基因又是发生了变异的呢？

唐寰澄先生认为，浙闽木拱廊桥是汴水虹桥的改进型桥式，是随着宋室南渡士工农商将造桥技术带到了浙闽山区，再结合当地的木构技术逐步发展起来的。这种观点在其主编和著述的《中国科学技术史 · 桥梁卷》和《中国古代桥梁》二书中都有体现，在稍早出版的茅以升主编的《中国古桥技术史》一书中，《竹木拱桥》一节也主要出自唐先生之手，故观点一致。后来桥梁和建筑专家也多持此观点。不过，也有专家有不同意见，其中包括浙闽山区的文物工作者，可惜拿不出更多更可靠的证据。②

通过多年的考察研究，我认为浙闽山区保存的木拱廊桥在拱梁结构上基本是一致的。不同地区尤其是出于不同木匠师傅（工匠世家）之手的木拱廊桥，在拱梁结构的建造过程中或多或少有些差别，但是这些细微的差别改变不了浙闽木拱廊桥的拱梁结构特征。

我们以前过多地把考察和研究的注意力集中在木拱桥一种桥式上，并且研究的着眼点一直局限在建筑学和建筑史学的狭隘范畴，经过几年的研究积累，仍然没能从中找到这些木拱桥的技术来源。从2001年起，随着研究队伍的扩大，尤其是有着深厚工程以及结构力学背景的专家加盟，我们将研究视野扩展到浙闽地区所有的以木构为主的桥梁中，并运用工程技术学和其他学科的思维方法进行综合研究。由于这一地区幅员辽阔，木构桥梁的总数不下1000座。以浙江省泰顺县为例，对所有的以木构为主的桥梁进行对比考察和研究后，发现这些形形色色的木桥从其主体结构来看，大致呈现出从简到繁的状况，并且这种从简到繁有许多中间层次，这会不会是这一地区木构桥梁在发展过程中各类桥式的一种孑遗现象呢？

木桥的营造自古以来都属于工程技术的范畴，于是，我们联想到工程技术由发生、发展到成熟的过程在历史上遵循类似生物通过

①详见杨鸿勋主编《建筑历史与理论 · 第8辑》第30至34页，湖北科学技术出版社2002年版。

②方拥先生在其《虹桥考》一文中也认为浙闽虹桥更早，详见《建筑学报》1995年第11期第56页。浙江省泰顺县文博馆夏碎香、张俊二同志认为泰顺木拱廊桥有比虹桥更为悠久的历史，或者至少是一个独立发展的体系。

遗传和变异实现进化的规律。其原理简述如下：某种技术在尚能满足需要时，将会“遗传”，即基本稳定地复制；当有新需求出现，原技术不能满足时，将会引发技术变革，产生“变异”；推动技术进步的是创新性的变革，即“突变”；“突变”一般发生于局部，其余大部分仍是“遗传”，即全局“渐变”，局部“突变”；“突变”初生时会有多种形式，在一定时期内并存，且不稳定；一段时期后，不同形式的“突变”会“优胜劣汰”，即淘汰较差的，保留完善较好的；最终保留的一种或少数几种“突变”形式会趋于完善稳定，进入“遗传”阶段。上述过程周而复始，多次发生，形成某一种技术发展的历史过程（见图 2–3–1）。[①]

遵循上述原理，我将木构桥梁进行了分类整理（见图 3–3–2），基本上勾勒出了如下桥梁发展谱系：（1）简支木梁桥→（2）中间有支撑的木平梁桥→（3）两端设斜撑的木平梁桥→（4）向编木拱梁结构过渡的木拱桥→（5）浙闽编木拱梁桥→（6）由编木拱梁结构向编木拱结构过渡的木桥→（7）编木拱桥（汴水虹桥）。要完成此谱系，需要经历 7 种桥式的发展过程。在这 7 种桥式中，我通过实地考察，先是掌握了第（1）、（2）、（3）、（5）、（7）种 5 种桥式的实例，根据上述原理推测出应该有第（4）、（6）种 2 种中间过程的桥式。在此科学假想之下，我们又经过 2 年多的实地考察，最终在浙闽山区寻找到了这 2 种中间过程的桥式实例（见图 2–3–3）。

除第（6）种桥式的实例在与泰顺县相邻的庆元县发现外，其

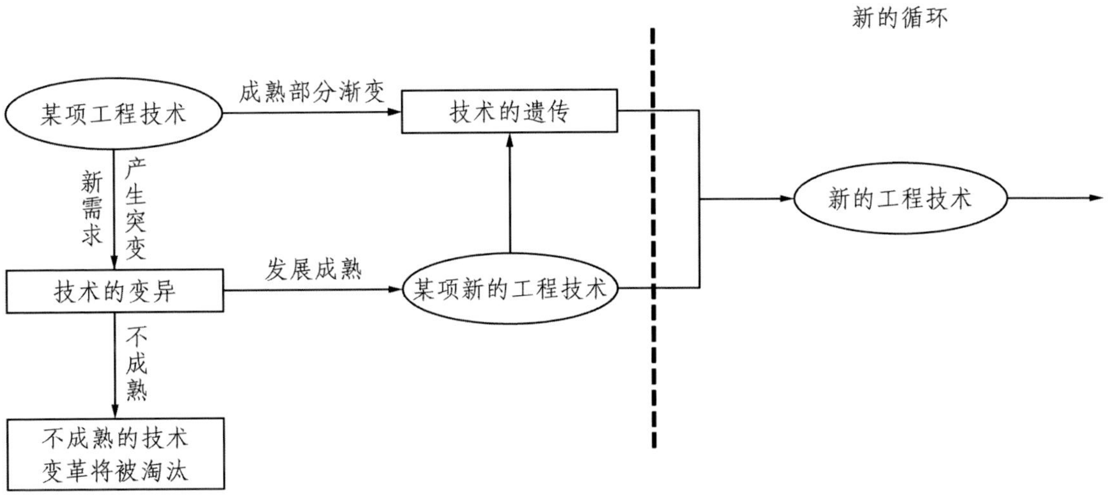

图 2–3–1　技术进化论理论框图

①详见刘杰 2003 年所申请并被批准的国家自然科学基金（青年科学基金）项目“中国南方古代木作建筑技术源流研究”的报告正文第 13 页。

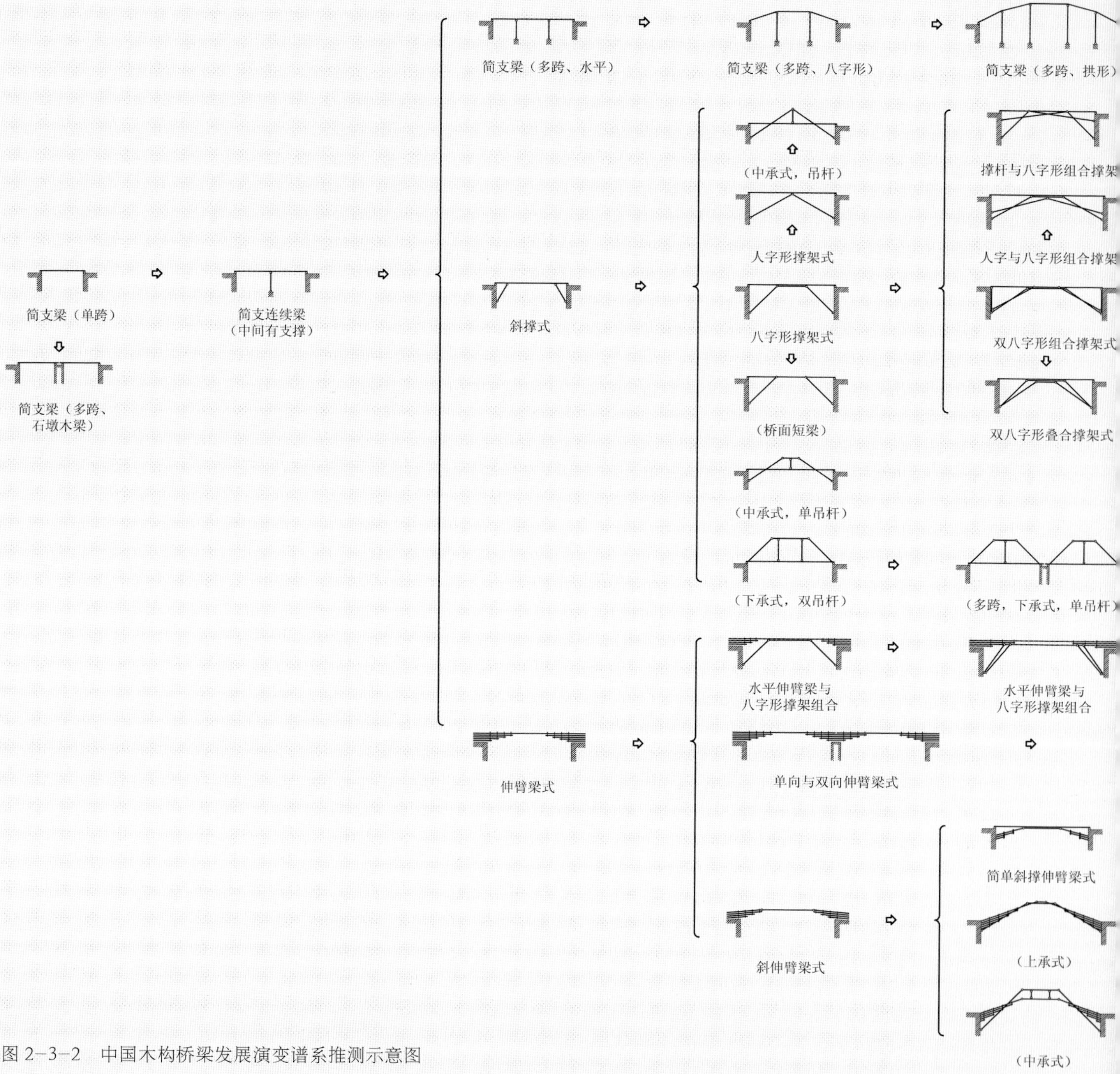

图 2-3-2　中国木构桥梁发展演变谱系推测示意图

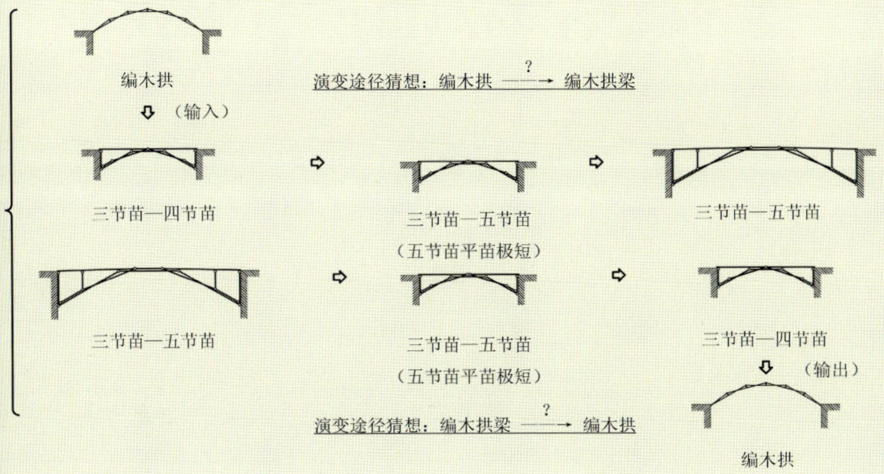

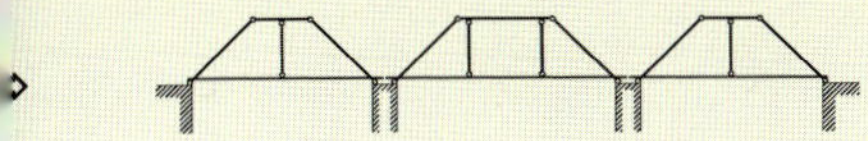
（多跨，下承式，单、双吊杆）

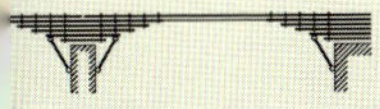
跨，带斜撑）

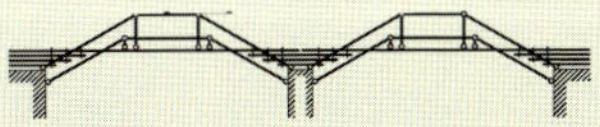
（多跨，带八字形撑架）

斜撑伸臂梁式（多重）

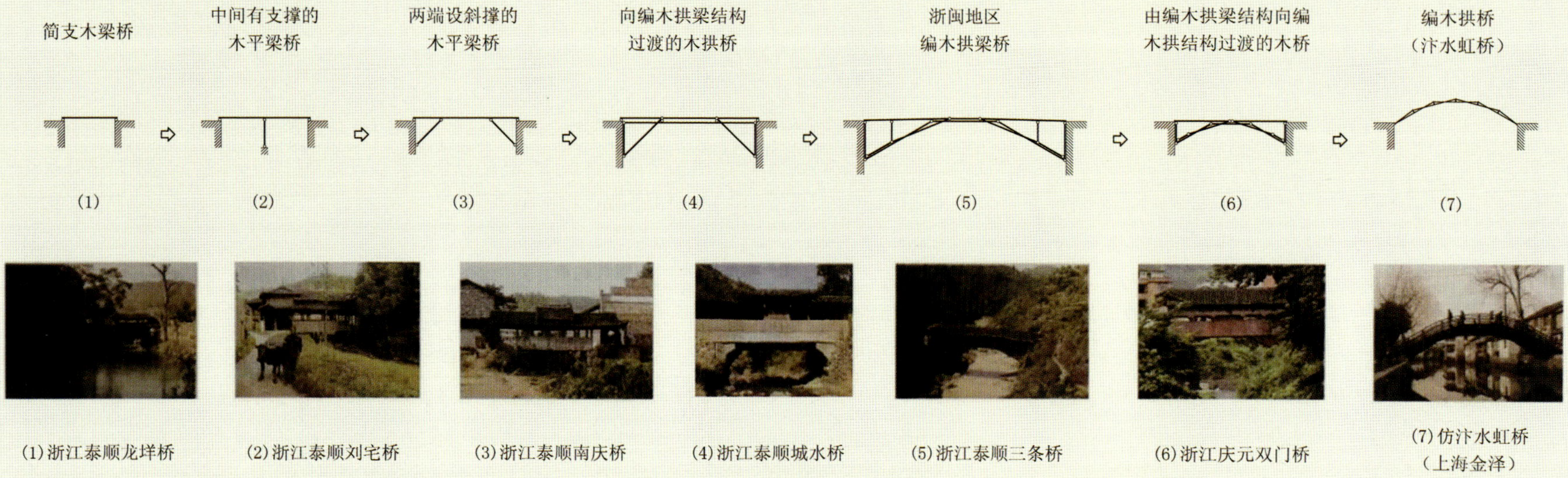

图 2-3-3　浙闽山区木构桥梁发展谱系推测示意图

余6种桥式的实例全部在泰顺县发现。如果这一木桥向木拱桥发展演变过程的假想成立，那么，在浙闽山区独立发展编木拱梁桥的观点就有可能成立。反观汴水虹桥所在的北宋东京，即使将整个中原地区算在内，恐怕要找到上千座木构桥梁也非易事。因为，当时经济文化发达的中原可以有石桥乃至石拱桥等先进桥式的更多选择。没有了广泛的木桥建造基础，从纯技术上讲就失去了在当地产生高水平的先进木桥桥式的可能，何况汴水虹桥如此完美的编木拱结构呢？

再看看浙闽山区木拱廊桥的实地营造情况。

谈到虹桥营造的历史，研究者们都会共同关注到一座特殊的桥梁，那就是浙江省泰顺县的三条桥。现存的三条桥位于西旸镇的横溪上，临近福建省寿宁县。三条桥远离喧嚣的公路以及现代文明下的城乡环境，置身于幽溪深涧之中，山道曲折，风景优美而古雅。登临三条桥，极易让人忘却历史，展开无限遐想。但正是这座三条桥，承载了太多中国虹桥营造的秘密。

据清光绪泰顺《分疆录》记载："三条桥在七都。此桥最古，长数十丈，上架屋如虹，俯瞰溪水。旧渐就圮。道光间里人苏某独力重建，拆旧瓦有贞观年号。"1982年，泰顺县文博馆专门调查三条桥，又在此桥的屋面上发现了一块刻有"丁巳绍兴七年九月十二日开工作瓦瓦□其年米谷直价每斛五文"字样的旧瓦（见图2-3-4），经考证为南宋绍兴七年（1137年）的旧瓦。桥上发现唐宋的旧瓦似乎并不能证明同一时期的桥身就是木拱结构，但是，木桥结构的存在应该是没有多大问题的。

另据1991年由泰顺县交通局编、中国海洋出版社出版的《泰

图2-3-4　浙江泰顺三条桥上发现的宋瓦

图2-3-5　浙江泰顺三条桥旧址柱孔

顺交通志》记载："距现桥上游十余米的西岸巨石上，尚有旧桥址的柱孔遗迹（见图2-3-5），四个方孔向东岸倾斜，两个圆孔朝天。"唐寰澄和泰顺县文博馆馆长张俊都曾根据这些桥洞遗迹绘制了木桥的复原图。由于二人的观点不同，所复原的木桥桥式也有所差别。唐所复原之桥式更趋向于笔者上面提及的第(3)、(4)种桥式之间，而张复原的桥式更趋向于第（4）、（5）种桥式之间。但不管怎样，三条桥上游之旧桥肯定是上述7种桥式之一。也许，众多的桥洞遗迹根本就不是一座木桥所有，更可能是多座不同桥式桥梁建造后的遗迹之总和。同样根据《分疆录》记载，最初的三条桥就是由3根巨木跨溪而成的简支梁桥，亦即上述第（1）种桥式，因而命名为"三条桥"。

我们根据对三条桥的研究认为，三条桥及其周边桥洞遗迹上的原有桥梁组合在一起，极有可能完成了上述桥梁发展历程的7个步骤中的第（1）、（2）、（3）、（4）、（5）种5种桥式的演进。当然，最终桥梁结构的演进止步于第（5）种桥式，即编木拱梁桥。

同样，在庆元县调查时，我们发现大济村的双门桥在丽水地区建造年代最早（虽曾于1992年底重建，但桥式和梁架基本无变化）。其廊屋明间梁下，有墨书"大宋天圣三年甲子吴縠、吴毂兄弟二公仝建双门桥"字样。清光绪三年（1877年）编修的《庆元县志·建置》（政协庆元县委文史资料研究委员会1985年编，注释本）也记有："双门桥，吴縠、吴毂兄弟联登，竖双门于桥侧，故名。"如果双门桥的编木拱梁桥桥式果真是北宋天圣三年（1025年）建成的，那么其建造时间要早于夏竦在北宋明道年间（1032—1033年）建造虹桥至少7年，正好晚于北宋天禧元年（1017年）魏化基罢修无脚桥8年。

这里，还得提及一下魏化基及其建造无脚桥的故事。北宋初期，京城汴水上有许多座有柱梁桥，但一遇洪水或船运繁忙之时，就经常发生船撞桥事件。《续资治通鉴长编》记载："内殿承制魏化基言，汴水悍激，多因桥柱坏舟，遂献无脚桥式，编木为之，钉贯其中。诏化基与八作司营造。至是，三司度所费工逾三倍，乃诏罢之。"《宋会要》中也有记载："天禧元年（1017年）正月，罢修汴河无脚桥。"这种无脚桥到底是何种桥式？方拥先生认为"这种因耗工太多而未建造成功的无脚桥可能为伸臂木梁式"[①]。根据对"编木为之，钉贯其中"以及"三司度所费工逾三倍，乃诏罢之"等文字理解，我认为这种无脚桥也有可能就是编木拱梁桥。因为"编木为之，钉贯其中"描述的极有可能就是编木结构的南方榫卯做法。2001年11月，我曾参与中央电视台《虹桥寻踪》电视纪录片的拍摄，为了真实再现浙闽木拱桥的建造实景，曾在福建省寿宁县坑底乡小东村请造桥世家的传人郑多金师傅主持建造了一座规模较小的木拱桥的主体结构模型。在美籍华人余敏的帮助下，我们得到了美国马萨诸塞州波士顿WGBH公共电视台拍摄的《虹桥》电视纪录片，片中记录了唐寰澄以及汤姆·彼得斯（Tom F. Peters）教授主持在上海市青浦区金泽镇恢复汴水虹桥的建造全过程。对比而言，编木拱梁结构适合建造跨度较大的桥梁，建造时两岸的石砌岸基非常重要，并且编木拱梁结构的两端断面都很粗大，并运用了门式刚架，所有节点几乎都是榫接，做法要比汴水虹桥的编木拱结构复杂费事得多，故云"三司度所费工逾三倍"。

再说说吴縠、吴毂两兄弟及其双门桥。据清光绪三年（1877年）编修的《庆元县志·选举志》记载："天圣二年甲子科（宋郊榜）：吴縠，官至太子赞善改殿中丞，有传。景祐（仁宗）元年甲戌科：吴毂，濠州知府特授守秘丞，有传。"吴縠是宋朝第一位通过科举取仕的庆元籍人士，并且官至殿中丞。据上海辞书出版社1992年出版的《中国历代职官词典》载："殿中丞：官名。唐改殿内省为殿中省，殿中丞为其属官。""殿中省：官署名。唐武德元年（618年），改殿内省为殿中省，掌皇帝生活诸事，所属有尚食、尚药、尚衣、尚舍、尚乘、尚辇六局。……宋沿置，仅为寄禄官，六尚局职掌分由它署担任……"根据以上信息可知，吴縠建议甚至参与皇城内的桥

①详见方拥著《虹桥考》一文，刊载于《建筑学报》1995年第11期第56页。

梁营造也不是没有可能。现存之双门桥，单孔净跨 11.2 米，宽 4.6 米，其桥身结构非常接近于上述第（6）种桥式（由于第二系统的五节苗变为四根，中间一根被省略，亦即形成了编木拱桥式），其跨度与汴水虹桥（估为 16—18 米）也比较接近。因此，在汴水虹桥之前的一种桥式由吴榖这样背景的官员带到北宋京城也是极有可能的，编木拱梁桥的技术再与北宋京城的固有木构技术融合，最终形成了千古奇观的编木拱桥——汴水虹桥。

除却上述二例，浙闽山区营造木拱廊桥的历史至少可以追溯到明代。据《中国古桥技术史》一书记载，浙闽山区最古老的木拱廊桥当数泰顺叶树阳桥，建于明景泰五年（1454 年），可惜于 1965 年因修建公路而遭拆除。至今保存完好的庆元县如龙桥建于明天启五年（1625 年）。据泰顺县文博馆研究人员考证，当地还有几座木拱桥的始建年代在明代，如泗溪镇的溪东桥（亦名东溪桥）始建于明隆庆四年（1570 年）。此外，笔者亲自考察过的福建省福安市康厝乡的积谷桥也始建于明崇祯年间（1628—1644 年）。屏南金造桥也有可能始建于明代。[①]由此可见，浙闽山区木拱廊桥营造的历史极有可能上迄宋代，往下一直延续至今，没有间断的迹象。

后来我们在福建省还发现了多座始建年代在两宋时期的木桥。其中宁德市屏南县就有两座有可能在宋代始建的编木拱梁廊桥——千乘桥和万安桥，另一座是福州市闽清县的合龙桥。合龙桥位于省璜镇省璜村，始建于南宋乾道年间（1165—1173 年），元延祐年间（1314—1320 年）毁，明万历年间（1573—1620 年）、清康熙三十八年（1699 年）两度重建，后再毁，民国十六年（1927 年）再次重建。千乘桥位于福建省宁德市屏南县棠口村，《屏南古代桥梁》（2003 年，政协屏南县委员会文史资料委员会编印）记载：“（千乘桥）始建于南宋理宗年间（1201—1264 年），明末毁于火患，清康熙五十四年（1715 年）重建，雍正十年（1732 年）落成。嘉庆十四年（1809 年）被大水冲毁，嘉庆二十五年（1820 年），周大权等人再次募建。”万安桥，当地人俗称长桥，位于长桥镇长桥村东面，为一座五墩六孔的编木拱梁廊桥，也是我国现存最长的木拱桥。据清光绪三十四年（1908 年）版《屏南县志》载：“长桥《玉田志略》称：两溪相接，亘如长虹，俗云仙人所建。古志，一名龙江公济桥，宋时建，垒石为墩五，构亭于上，戍子（当为戊子）被盗焚毁，仅存一板。乾隆七年重建。”后文博人员又在中间墩离水面约 3 米处发现一块石刻（见图 2-3-6），上有文字曰：“弟子江稹，舍钱一拾三贯又谷三十四石，结石墩一造，为考妣二亲承此良因，又为合家男女及自身各乞保平安。元祐五年庚午九月谨题。”这块石刻嵌在石砌桥墩内，镌刻文字共计 54 字，分 9 行竖书，每行 6 字。

元祐为北宋哲宗赵煦的年号，元祐五年亦即公元 1090 年。如果此桥在修造之初即为编木拱梁桥，那么它将是已知的仅晚于浙江省庆元县大济村双门桥的一座古老的木拱桥。唐寰澄先生显然也注意到这条线索，他在 2010 年出版的《中国木拱桥》一书中解释说：“假如当初的万安桥便是贯木拱，此记无疑打破了第一假定（即先前著作中所说的由市工农商在南宋时期由北方将木拱桥技术带到南方的假定），即桥式自南宋后南传。但 1090 年已在贯木拱桥最晚的发明期 1041—1048 年后又 50 年，此时汴京虹桥已建成。”如此一来，唐先生还是坚持木拱桥技术是由汴京传来浙闽地区的。但为了在逻辑上能够说通，他认为有人如北宋名臣周邦彦等可能成为此类桥式的传播者。周邦彦（1056—1121 年），钱塘（今浙江杭州——编辑注）人，《宋史》载其“元丰初（约 1080 年）游京师，献《汴都赋》余万言，神宗异之”。《汴都赋》中对汴河上繁忙的水上运输有深入细致的刻画描写，因此，唐先生推测他不可能不关注到汴河上的编木拱桥。况且，《宋史》还记载周邦彦先在京师做官，后“知隆德府，从明州（今浙江宁波）……未几知顺昌府（今安徽阜阳），徙处州（今浙江丽水），卒年六十六”。周邦彦或者有类似经历者极有可能在北宋年间就已将这编木拱技术从汴京带到了浙闽地区。

①详见龚迪发著《福建木拱桥调查报告》第 223 页，科学出版社 2013 年版。

图 2-3-6　福建屏南万安桥桥墩上的石刻

无论如何，唐先生都不赞成这一先进的木拱技术会是浙闽独立发展起来的。因此，在《中国木拱桥》一书中，唐先生也从反面提出一个疑问：“如果北宋闽浙已独立发明了贯木拱，为什么不能像夏竦、陈希亮一样的闽浙地方官上报中央，解决汴京船撞桥毁的问题？！”

当然，我是从技术进化论角度推导出浙闽地区有可能独立发展编木拱梁桥技术的，但并不肯定这一技术一定是从浙闽地区独立发展起来的。以我考量，在没有寻找到足够的证据之前，至少以下三种可能都还是存在的，即：第一种可能是如唐寰澄先生所推测，编木拱技术是由北宋东京汴梁城传播而来；第二种可能是浙闽地区率先发展起编木拱梁以及编木拱技术，然后再由地方官员将之带到了中央；第三种可能是编木拱梁技术是由浙闽地区独立发展起来的，与北宋东京的编木拱没有必然的渊源关系。从各方面的材料看来，前两种的可能性更大。唐寰澄先生的推测也不是没有道理。如果历史确实如唐先生的观点，那么我们首先要确认的关键问题是：这一种先进的木拱技术为何独存于浙闽地区的崇山峻岭之中，且都是经济并不发达的地区？再进一步提问：这一经济整体欠发达区域，有何种迫切的实际需求采用这一国家最先进、尖端的桥梁营造技术？这将是我们以后需要继续弄清楚的重要问题。

三、编木拱与编木拱梁式廊桥的分布

诚如唐寰澄先生以及我的著述，编木拱桥曾广泛分布于以北宋东京汴梁古城为核心的黄河流域，在今之西北的甘肃尚能见到类似木构造的遗存。而编木拱梁桥则更多以廊桥的形式保存在长江以南的区域，尤其是浙西南、闽东北的山区。我们在这一区域里经过了长达 10 余年的调查和研究，大致可以将这一区域确定在如下的县市里：福建省宁德市的寿宁县、屏南县、周宁县、古田县、福安（县级）市、柘荣县、福鼎（县级）市、霞浦县，南平市的政和县、建瓯（县级）市、武夷山（县级）市，福州市的闽侯县、晋安区、闽清县；浙江省丽水市的景宁畲族自治县、庆元县、龙泉（县级）市、青田县，温州市的泰顺县等县市。总的来讲，从数量上看，闽多于浙；从质量上看，浙优于闽，尤其是庆元县和泰顺县的编木拱梁廊桥。

除去近年来因廊桥热而新造的木拱廊桥外，这一地区尚遗存古代编木拱梁廊桥百余座，具体统计见表 2–3–1。

表 2–3–1 闽浙地区现存的古代编木拱梁廊桥数量统计表

省份	地市	区县	名称	数量
福建省（71 座）	宁德市（53 座）	寿宁县	鸾峰桥、杨梅州桥、飞云桥、升平桥、仙宫桥、登云桥、杨溪头桥、张坑桥、长濑溪桥、里仁桥、文明桥、小东上桥、大宝桥、福寿桥、单桥、寿春桥、红军桥、回澜桥、普济桥	19
		屏南县	万安桥、千乘桥、百祥桥、广利桥、广福桥、龙井桥、龙津桥、金造桥、清晏桥、惠风桥、锦溪桥、樟口桥、迎风桥	13
		周宁县	登龙桥、后垅桥、三仙桥、七仙桥、楼下桥、竹岭桥、长峰桥	7
		古田县	公心桥、徐州桥、亭下桥、兰溪桥、树荫桥	5
		福安市	登烛桥、玉亭桥、积谷桥、洋坑桥、柘头桥	5
		柘荣县	东源桥、归驷桥	2
		福鼎市	老人桥	1
		霞浦县	临清桥	1
	南平市（12 座）	政和县	后山厝桥、洋后厝桥、赤溪桥、龙滩桥、大梨溪桥、落岭桥、下坂桥	7
		建瓯市	接龙桥、后建桥、德胜桥、仙恩桥	4
		武夷山市	余庆桥	1
	福州市（6 座）	闽侯县	远济桥、坑坪桥、泰山桥、塘里桥	4
		晋安区	店坂桥	1
		闽清县	合龙桥	1
浙江省（31 座）	丽水市（25 座）	景宁畲族自治县	接龙桥、东坑下桥、东坑上桥、大赤坑桥、梅岐桥、莲川大地桥、永镇桥、芎岱岭脚桥、北溪桥、长滩桥、永平桥、石梘坑桥	12
		庆元县	如龙桥、兰溪桥、后坑桥、咏归桥、半路亭桥、袅桥、半黄水长桥、甫田桥、竹坪桥、双门桥	10
		龙泉市	顺德桥、合兴桥	2
		青田县	怀仁桥	1
	温州市（6 座）	泰顺县	三条桥、北涧桥、溪东桥、薛宅桥、文兴桥、仙居桥	6

注：本表统计范围为截至 2017 年 8 月，闽浙地区各市县内现存的古代编木拱梁廊桥。

四、编木拱与编木拱梁式廊桥的类型

编木拱结构是近代学者对《清明上河图》中“虹桥”的拱架结构的称谓，其拱架结构主要由两类不同的拱架系统排列组合而成。一类由3根长杆组成，一平两斜，称为系统Ⅰ；另一类由2根长杆、2根短杆组成，均为斜杆，称为系统Ⅱ。两类拱架系统横向交替依次排列，其中系统Ⅰ拱架10榀，系统Ⅱ拱架11榀，4根横木穿插其中，并通过棕绳绑扎连接，形成整体的拱架。[①]时至今日，汴河上的“虹桥”早已无存，与之相同的桥梁结构也难寻踪迹（见图2-3-7）。编木拱桥也仅“虹桥”这一孤例。

而闽浙地区的编木拱梁廊桥，遗存数量可观，分布广泛，类型丰富。其中多数为单孔，个别为两孔、三孔、六孔等，单孔净跨9至30米不等。以典型的单孔编木拱梁廊桥为例，其拱架结构也主要由两类不同的拱架系统排列组合而成。一类由3根长杆组成，一平两斜，称为系统Ⅰ；另一类由5根长短不一的杆件组成，一平四斜，称为系统Ⅱ。两类拱架系统横向交替依次排列，其中系统Ⅰ拱架数量通常为9榀，系统Ⅱ拱架数量通常为8榀，也有8榀与7榀、7榀与6榀的组合，一般来讲系统Ⅰ拱架数量较系统Ⅱ拱架数量多1榀。同系统拱架内的杆件通过榫卯连接横木，拱脚垫木块或石块，紧贴桥台立竖向排架，拱架上部增设剪刀撑。系统Ⅱ下横木上架小排架，支撑桥面木梁，通常还有撑杆支撑小排架。两类拱架系统组合之后，协同剪刀撑、撑杆、排架、桥面梁等辅助构件，构成完整的编木拱梁廊桥的主体承重结构。当然作为地方的营造技术，闽浙地区的木拱廊桥造桥匠师们对构件也有独特的称谓（见图2-3-8）。

闽浙地区的编木拱梁廊桥的类型大同小异，这里不再赘述，举比较特殊的几例：

一是位于浙江省庆元县松源街道大济村的甫田桥，系单孔编木拱梁廊桥，该桥孔跨9米余，系统Ⅰ拱架9榀，系统Ⅱ拱架8榀，特别的是系统Ⅱ拱架的水平杆件长度极短，近与横木宽度相同（见图2-3-9）。同村的双门桥结构也如出一辙，仅仅不同的是双门桥孔跨稍大，达11米余，系统Ⅰ拱架7榀，系统Ⅱ拱架6榀。

二是位于福建省福州市闽清县省璜镇省璜村的合龙桥，前文已述相关历史背景，在此不赘述。该桥系两孔编木拱梁廊桥，两孔跨度长短不一，短跨为12米余，长跨为14米余，两跨拱架均由8榀系统Ⅰ拱架、7榀系统Ⅱ拱架组成，不同的是短跨拱架结构中系统Ⅱ拱架由4根斜杆组成，并与系统Ⅰ拱架组合，形成类似于“虹桥”的结构体系，为闽浙地区罕见（见图2-3-10）。

最后，还有一座位于福建省泉州市上涌镇曾坂村的永革桥，又名长寿桥、山茶桥。该桥重建于民国三十四年（1945年），系单孔编木拱梁廊桥，孔跨18米余，外观造型与拱架结构独特，主要在于：一是拱架的矢高较小，外观较平缓；二是该桥的系统Ⅱ拱架由4根杆件组成；三是系统内的杆件之间以及杆件与横木之间的连接，不用榫卯，均用铁螺栓或蚂蟥钉连接，其他通过杆件之间的别压形成整体；四是有别于典型的编木拱梁廊桥拱架内的剪刀撑、小排架等辅助支撑构件，该桥由于矢高较小，直接通过下横木上杆件叠累支撑桥面木梁，另外在主体拱架之下设置5组连续剪刀撑，并用螺栓固定。总的来讲，永革桥是一座比较特别的编木拱梁廊桥，它是近代人们对古代编木拱梁廊桥技术的模仿，桥梁结构中应用了近代才出现的螺栓连接技术以及特别的构造方式，不失为创新之举。该桥的主事者与桥匠的无意之间的成就，造就了闽浙地区编木拱梁廊桥中的一朵奇葩。

编木拱梁结构的渊源迄今尚无定论，但其在闽浙地区却普遍应用。作为一种结构先进的木构桥梁，编木拱梁廊桥的矢高较大，桥跨短至9米余，长至30米余，易于取材，有着较好的环境适应性与技术灵活性，适合在村镇河道、郊野峡谷等不同地质环境中建设。从桥梁技术发展历程来看，编木拱梁结构技术的成熟与发展，代表了中国古代木构桥梁技术的高峰。

①部分表述参考唐寰澄著《中国科学技术史·桥梁卷》第465页，科学出版社2000年版。

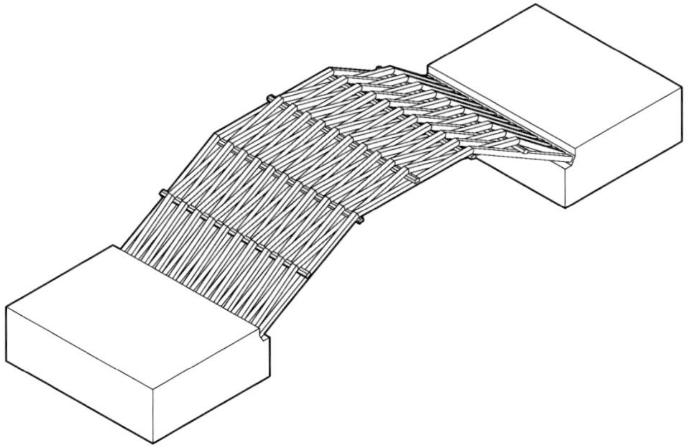
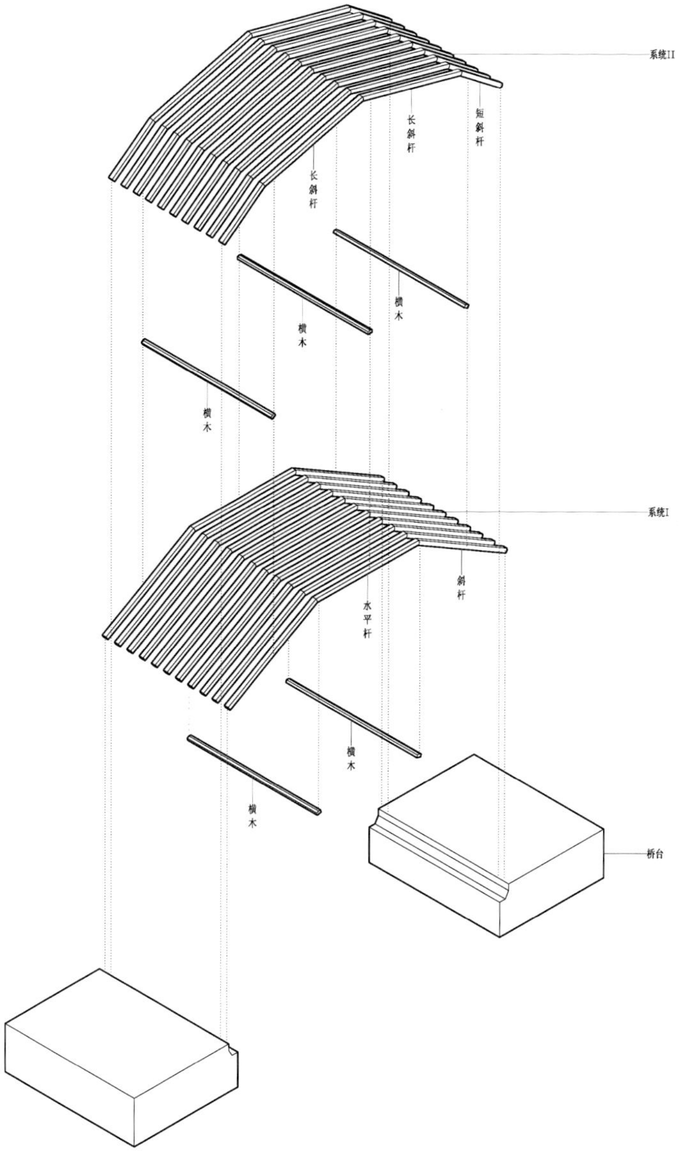

图 2-3-7　《清明上河图》中“虹桥”拱架结构示意图

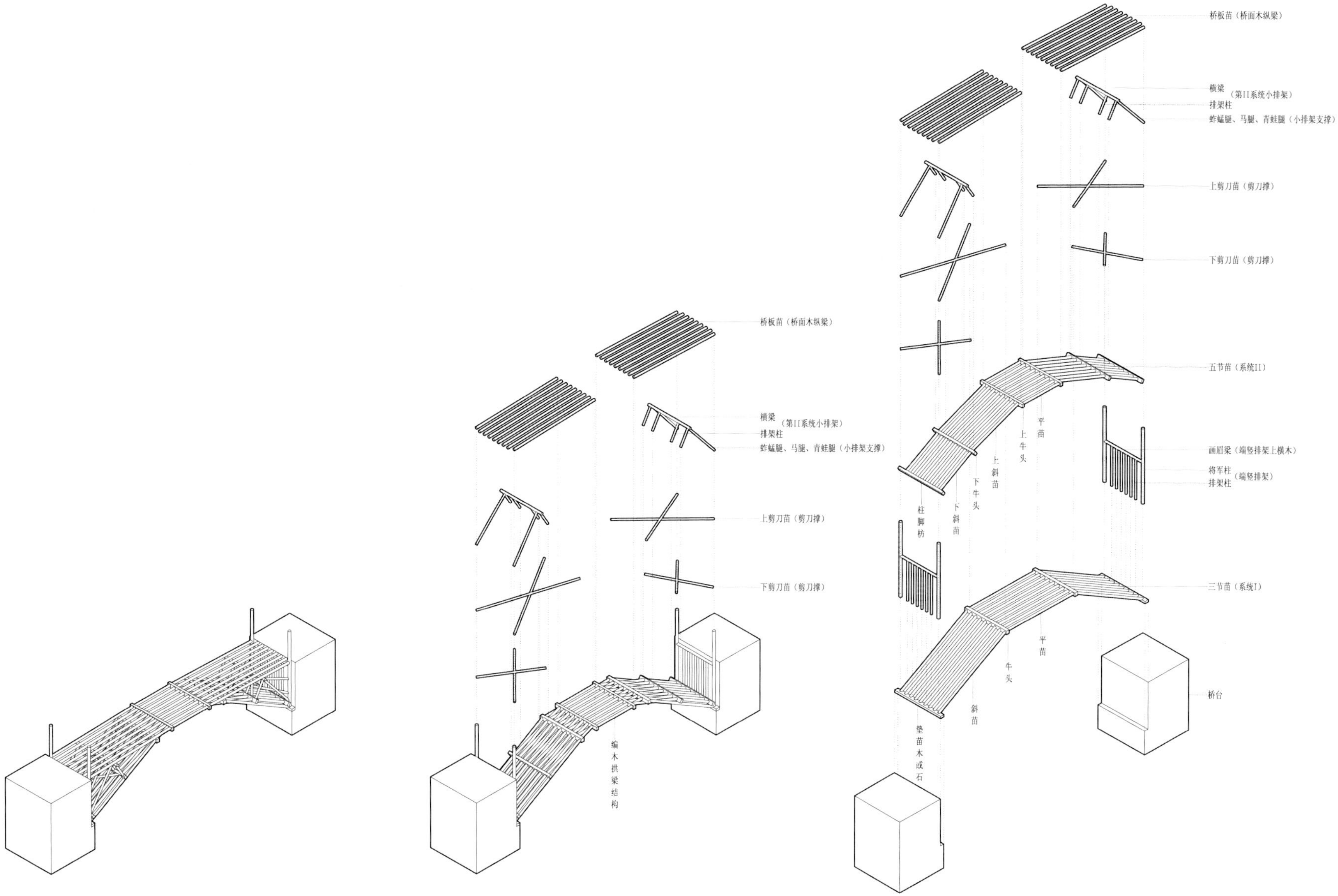

图 2–3–8　典型的编木拱梁廊桥拱架结构示意图

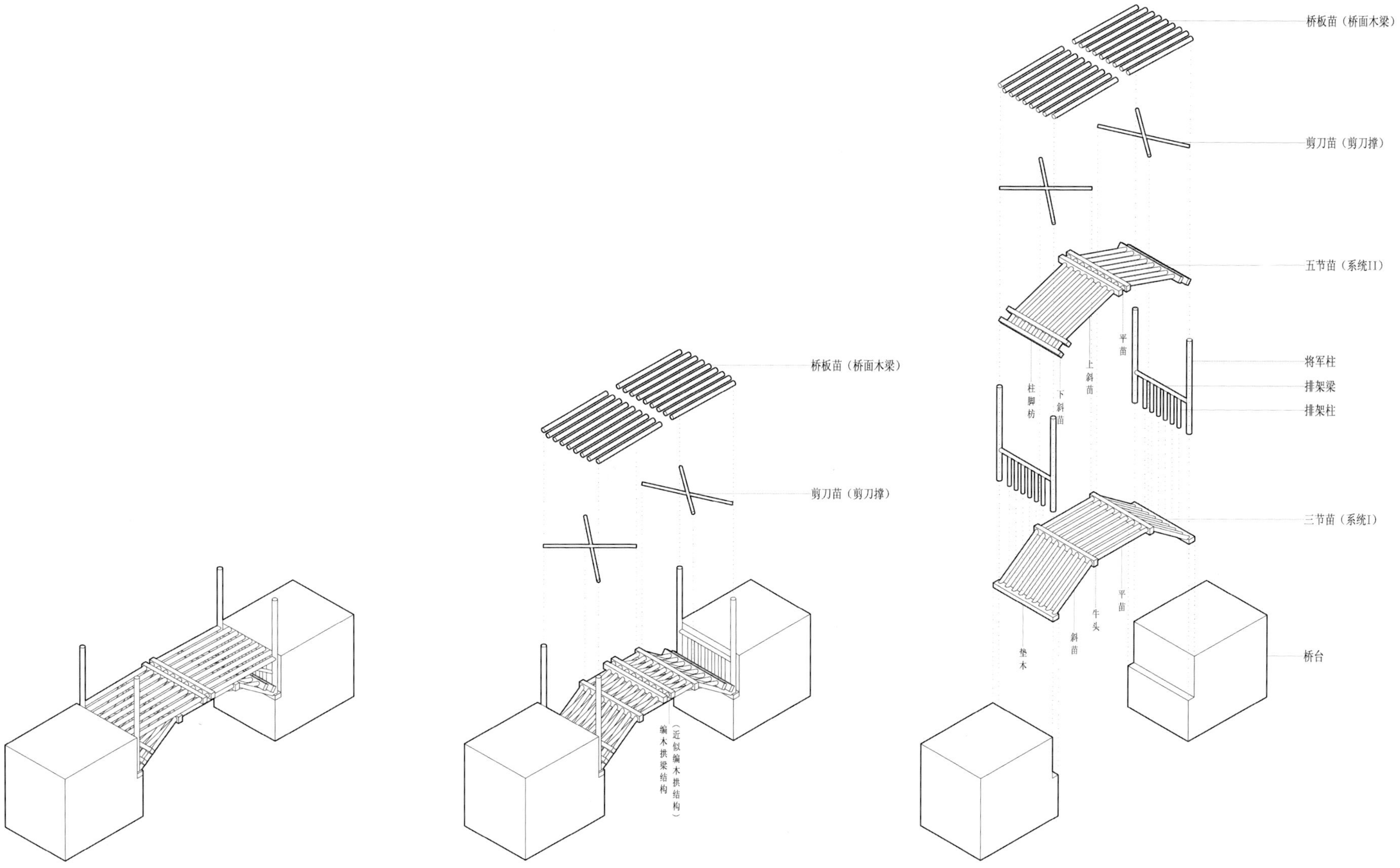

图 2–3–9　浙江庆元甫田桥拱架结构示意图

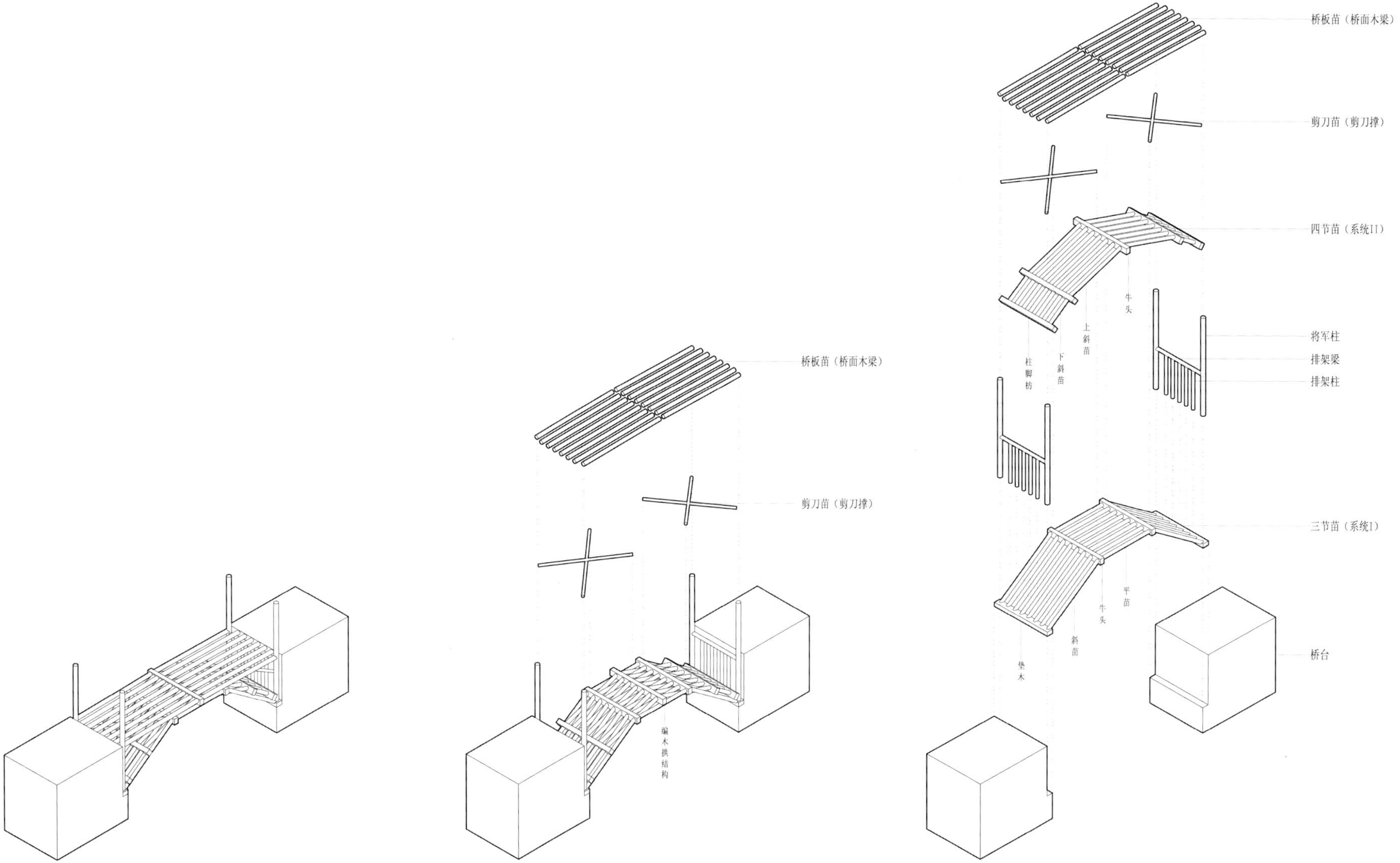

图 2–3–10　福建闽清合龙桥拱架结构示意图

CHAPTER 3

第三章 木拱廊桥的分布及现状

Distribution and Current Situation

福建屏南千乘桥

从历史文献和现代遗存来看，我国很多地区，无论是平原、水乡还是山区都曾经分布着各类木拱桥或木拱廊桥。时至今日，我们尚能在东南、西北、西南、华中等地区的部分省市发现它们美丽而有些落寞的身影。

第一节
东南地区的木拱廊桥

东南地区即指我国东南部区域，主要包含浙江、福建等省。以丘陵地形为主的东南地区的各省市内，都曾广泛分布着多种类型的古代木构廊桥。而木拱廊桥则集中分布在浙南闽北交界地区的各市县内，如浙江省泰顺县、庆元县、景宁畲族自治县，福建省寿宁县、屏南县、政和县、周宁县、福安市等。总的来看，闽浙两省内的古代木拱廊桥遗存众多、类型丰富也独具特色。

一、浙江省的木拱廊桥

（一）温州市的木拱廊桥

1. 泰顺县

现存的木拱廊桥：

三条桥（见图 3-1-1），坐落于垟溪乡（现属西旸镇）富家垟村，横跨横溪；始建于唐贞观年间（627—649 年），南宋绍兴七年（1137 年）、清道光二十三年（1843 年）分别重建；系编木拱梁廊桥，全长约 32 米，总宽约 3.96 米，净跨约 21.26 米，距正常水位高约 9.55 米；廊屋 11 间，四柱九檩梁架，单檐歇山顶；2006 年被公布为第六批全国重点文物保护单位——泰顺廊桥。

北涧桥（见图 3-1-2），坐落于泗溪镇下桥村，横跨北溪，此桥是泗溪“姊妹桥”之下桥；始建于清康熙十三年（1674 年），嘉庆八年（1803 年）、道光二十九年（1849 年）重修；系编木拱梁廊桥，全长约 51.7 米，总宽约 5.37 米，净跨约 29 米，距正常水位高约 11.22 米；廊屋 19 间，四柱九檩梁架，单檐歇山顶，中 5 间出单檐歇山顶，脊饰二龙戏珠；2006 年被公布为第六批全国重点文物保护单位——泰顺廊桥。

溪东桥（见图 3-1-3），坐落于泗溪镇下桥村，横跨东溪，此桥是泗溪“姊妹桥”之上桥；始建于明隆庆四年（1570 年），清乾隆十年（1745 年）重修，道光七年（1827 年）重建，1986 年重修；系编木拱梁廊桥，全长约 41.7 米，总宽约 4.86 米，净跨约 25.7 米，距正常水位高约 10.35 米；廊屋 15 间，四柱九檩梁架，单檐歇山顶，中 3 间出单檐歇山顶；2006 年被公布为第六批全国重点文物保护单位——泰顺廊桥。

薛宅桥（见图 3-1-4），坐落于三魁镇薛宅村（现薛外村），横跨秀溪，东北至西南走向；始建于明正德七年（1512 年），清咸丰七年（1857 年）重建，2016 年遭洪水冲毁，2017 年重建；系编木拱梁廊桥，全长约 51 米，总宽约 5.2 米，净跨约 29 米，距正常水位高约 10.5 米；廊屋 15 间，四柱九檩梁架，单檐歇山顶；2006 年被公布为第六批全国重点文物保护单位——泰顺廊桥。

文兴桥（见图 3-1-5），坐落于筱村镇坑边村（现坑底村），横跨玉溪；始建于清咸丰七年（1857 年），民国十九年（1930 年）、1990 年分别重修，2016 年遭洪水冲毁，2017 年重建；系编木拱梁廊桥，全长约 46.2 米，总宽约 5 米，净跨约 29 米，距正常水位高约 11.5 米；廊屋 19 间，四柱九檩梁架，单檐歇山顶，中 3 间起重楼，

图 3-1-1　浙江泰顺三条桥

图 3-1-2　浙江泰顺北涧桥

图 3-1-3　浙江泰顺溪东桥

图 3-1-4　浙江泰顺薛宅桥

用单檐歇山顶；2006 年被公布为第六批全国重点文物保护单位——泰顺廊桥。

仙居桥（见图 3-1-6），坐落于仙稔乡（现罗阳镇仙稔社区）仙居村水尾，横跨仙居溪；始建于明景泰四年（1453 年），明弘治四年（1491 年）、嘉靖四十二年（1563 年）、清康熙十二年（1673 年）分别重建，嘉庆十一年（1806 年）重修，2002 年落架大修并原址抬升；系编木拱梁廊桥，全长约 41.83 米，总宽约 4.89 米，净跨约 34.14 米，距正常水位高约 12.6 米；廊屋 19 间，四柱九檩梁架，悬山顶，两端山面加披檐；2006 年被公布为第六批全国重点文物保护单位——泰顺廊桥。

城水桥，又名神水桥，坐落于龟湖镇后章岗村，横跨城水溪，东北至西南走向；建于民国三十一年（1942 年）；系八字撑架拱廊桥，全长约 15 米，总宽约 4.6 米，净跨约 11.2 米，距正常水位高约 5 米；廊屋 7 间，四柱九檩梁架，悬山顶，中 3 间屋面升起；2006 年被公布为第六批全国重点文物保护单位——泰顺廊桥。

池源桥，坐落于横坑乡（现属泗溪镇）池源村；始建年代不详，清道光三年（1823 年）重修，咸丰二年（1852 年）毁，咸丰七年（1857 年）重建；系八字撑架拱廊桥，全长约 21 米，总宽约 4.3 米，净跨约 9.5 米，距正常水位高约 4.4 米；廊屋 8 间，四柱九檩梁架，悬山顶；2006 年被公布为第六批全国重点文物保护单位——泰顺廊桥。

霞庄桥，坐落于横坑乡（现属泗溪镇）建新村，横跨霞庄溪，南北走向；建于清咸丰二年（1852 年），同治七年（1868 年）重修；系八字撑架拱廊桥，全长约 23.5 米，总宽约 4.4 米，净跨约 11 米，距正常水位高约 4.5 米；廊屋 9 间，四柱九檩梁架，单檐歇山顶；2005 年被公布为第五批浙江省级文物保护单位——泰顺廊桥。

南庆桥，又称宫桥，坐落于下洪乡（现罗阳镇下洪社区）上洪村，横跨洪溪，南北走向；建于清光绪十二年（1886 年）；系八字撑架

图 3-1-5　浙江泰顺文兴桥

图 3-1-6　浙江泰顺仙居桥

拱廊桥，全长约16米，总宽约4.4米，净跨约9米，距正常水位高约5米；廊屋7间，四柱九檩梁架，悬山顶，中间出悬山顶。

已毁的木拱廊桥：

双神桥，坐落于仕阳镇双神村；建于民国二十六年（1937年），1949年遭焚毁，1955年重建，1989年因水电站建设遭拆毁；系编木拱梁廊桥，全长约47米，总宽约4.8米，净跨约30米，距正常水位高约12.7米；廊屋15间。

漈下桥，又名福庆桥，坐落于筱村镇新浦社区；始建年代不详，清道光二十八年（1848年）重建，后毁，光绪六年（1880年）重建，民国十一年（1922年）重修，1990年遭洪水冲毁；系编木拱梁廊桥，全长约44.1米，总宽约4.8米，净跨约32.2米，距正常水位高约12.7米；廊屋17间，单檐歇山顶，中3间出重檐歇山顶。

近年新建的木拱廊桥：

同乐桥（见图3-1-7），坐落于罗阳镇岭北社区村尾村；建于2006年；系编木拱梁廊桥，全长约34.4米，总宽约5.2米；廊屋11间，单檐歇山顶，中5间出重檐歇山顶。

南溪桥，坐落于泗溪镇南溪村；建于2003年；系编木拱梁廊桥，全长约10米，总宽约3.2米，跨径约5.9米；廊屋7间，单檐歇山顶，中间出单檐歇山顶。

福漈桥，坐落于乌岩岭风景区；建于2009年；系编木拱梁廊桥，全长约26米，净跨约18米；廊屋11间，单檐歇山顶，中3间出重檐歇山顶。

埠下桥（见图3-1-8），又名集贤桥，坐落于雅阳镇埠下村；建于2010年；系编木拱梁廊桥，全长约38米，总宽约5米，净跨约23米，距正常水位高约18米；廊屋15间，四柱九檩梁架，单檐歇山顶，中5间出重檐歇山顶。

西旸桥，坐落于三魁镇西旸社区（现西旸镇）；建于2012年；系编木拱梁廊桥，全长约40米、总宽约5米，净跨约20米，距正常水位高约11米；廊屋13间，悬山顶，中5间出重檐歇山顶，两端接3开间重檐歇山顶桥亭。

图3-1-7　浙江泰顺同乐桥

图3-1-8　浙江泰顺埠下桥

图 3-1-9　浙江泰顺濛秀桥

图 3-1-10　浙江泰顺龟湖桥

图 3-1-11　浙江泰顺龙凤桥

濛秀桥（见图 3-1-9），坐落于雅阳镇秀涧上村；建于 2013 年；系编木拱梁廊桥，全长约 35 米，总宽约 5 米，净跨约 16 米；廊屋 11 间，组合式屋顶，中 3 间出重檐歇山顶，两端接单开间重檐歇山顶桥亭。

中州桥，又名南院桥，坐落于罗阳镇凤山公园；建于 2013 年；系编木拱梁廊桥，全长约 39 米，总宽约 6 米。

白海桥，坐落于三魁镇洋溪社区白海村；建于 2014 年；系编木拱梁廊桥，全长约 28 米，总宽约 5 米，净跨约 17 米。

姻缘桥，坐落于筱村镇箬垟村（现属南浦溪镇）；建于 2013 年；系编木拱梁廊桥，全长约 21 米，总宽约 8 米，净跨约 12 米，距正常水位高约 16 米；廊屋 7 间，单檐歇山顶，中 3 间出重檐歇山顶。

龟湖桥（见图 3-1-10），坐落于龟湖镇；建于 2012 年；系编木拱梁廊桥，净跨约 40.3 米；廊屋 21 间，四柱九檩梁架，组合式屋顶，中 7 间出重檐歇山顶，两端接 3 开间重檐歇山顶桥亭。

龙凤桥（见图 3-1-11），坐落于罗阳镇下洪社区；建于 2014 年；系编木拱梁廊桥，全长约 63 米，总宽约 6.3 米；廊屋 15 间，组合式屋顶，中 3 间出单檐歇山顶，其上再出八角攒尖顶，两端接 3 开间重檐歇山顶桥亭。

图 3-1-12 为泰顺县木拱廊桥分布图，图 3-1-13—图 3-1-19 为三条桥等木拱廊桥实测图。

2. 瓯海区

近年新建的木拱廊桥：

琼华桥，坐落于温州市瓯海区三垟街道三垟湿地公园；建于 2008 年；系编木拱梁廊桥，全长约 26.6 米，总宽约 7.8 米，净跨约 23.4 米；廊屋 13 间，单檐歇山顶，中 3 间出单檐歇山顶。

图 3–1–12　浙江省温州市泰顺县木拱廊桥分布图

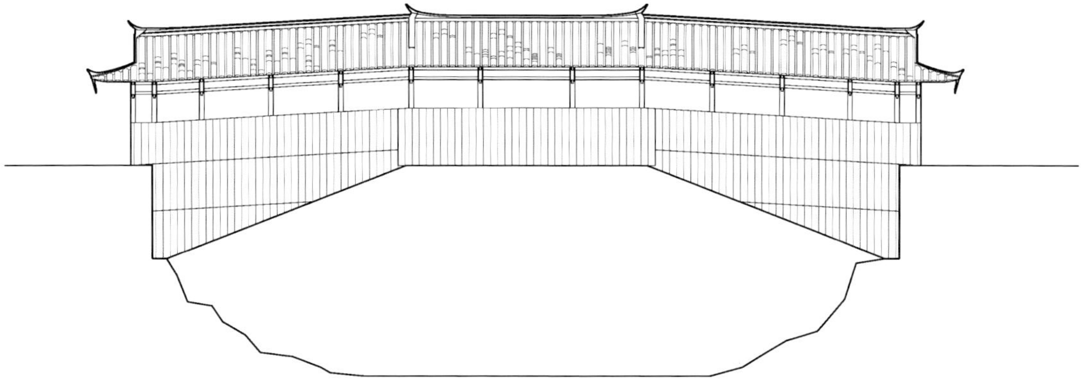

a. 正立面

b. 侧立面

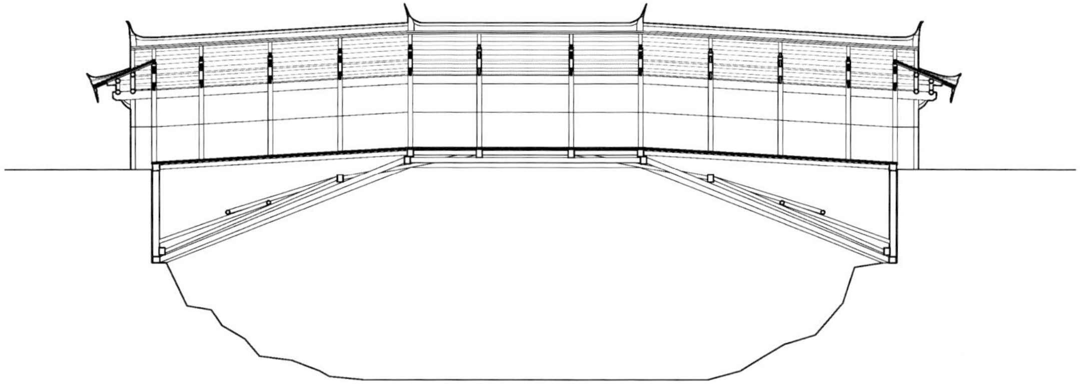

c. 纵剖面

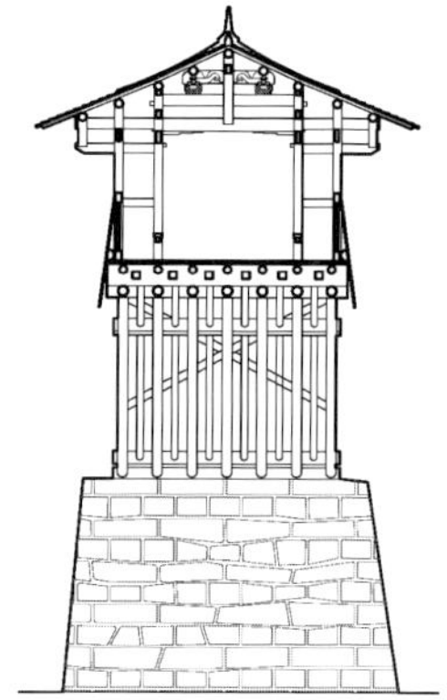

d. 横剖面

图 3–1–13　浙江泰顺三条桥实测图

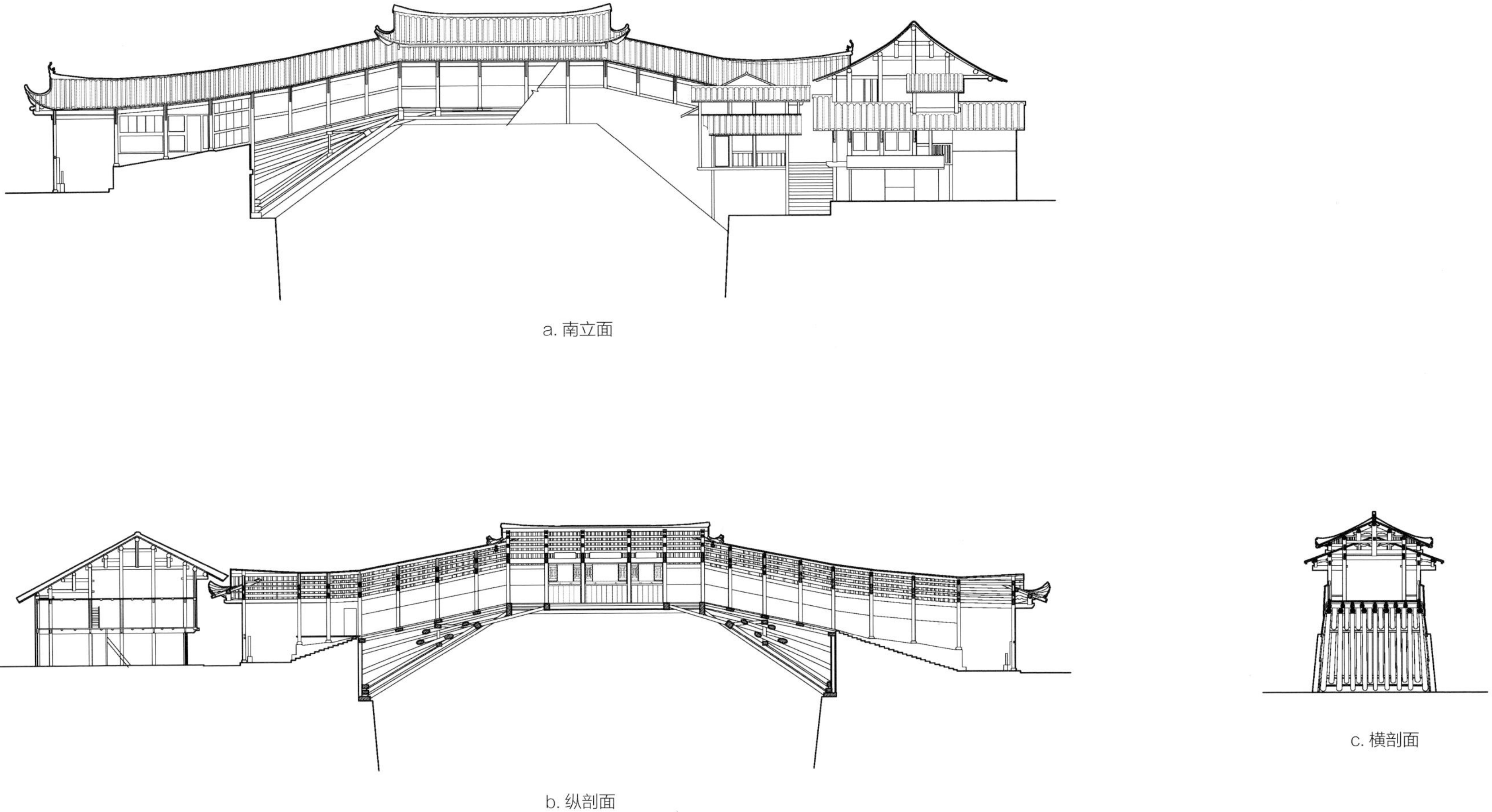

图 3-1-14　浙江泰顺北涧桥实测图

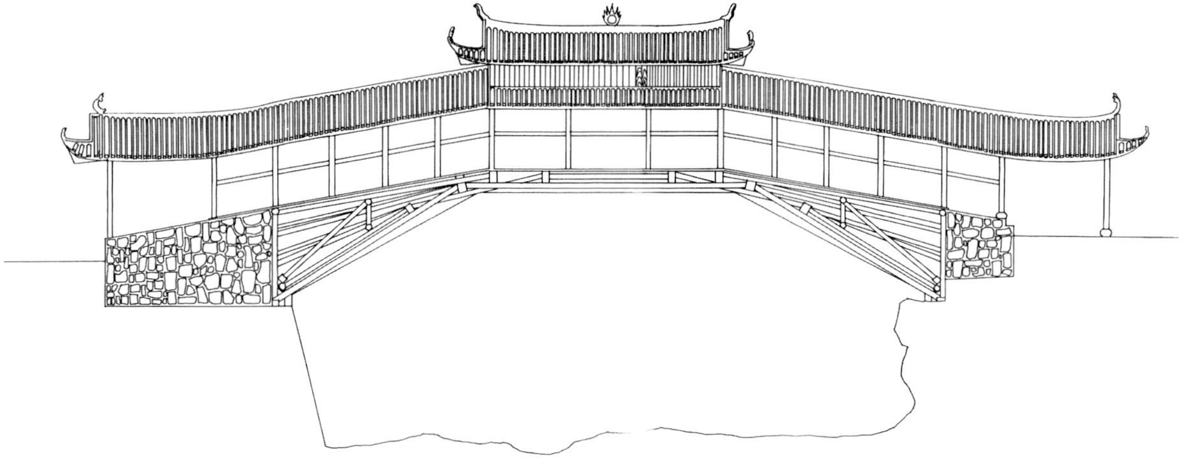

a. 正立面

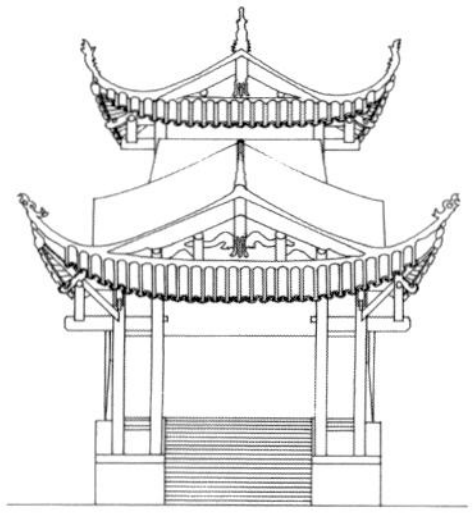

b. 东立面

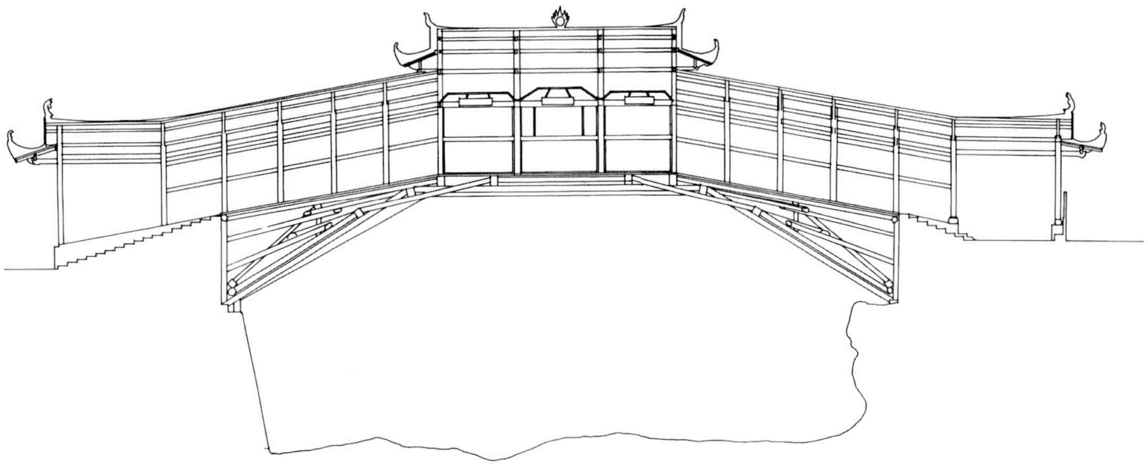

c. 纵剖面

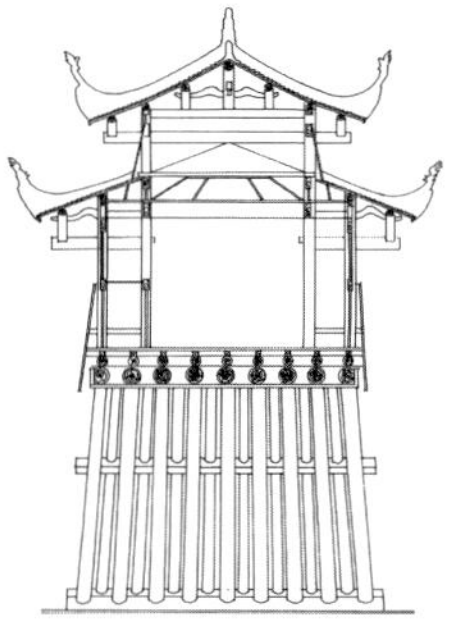

d. 横剖面

图 3–1–15　浙江泰顺溪东桥实测图

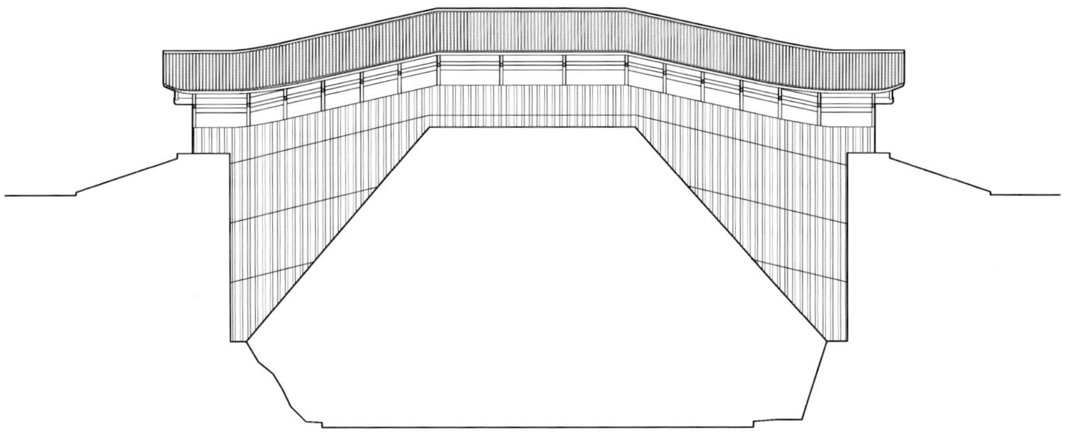

a. 正立面

b. 侧立面

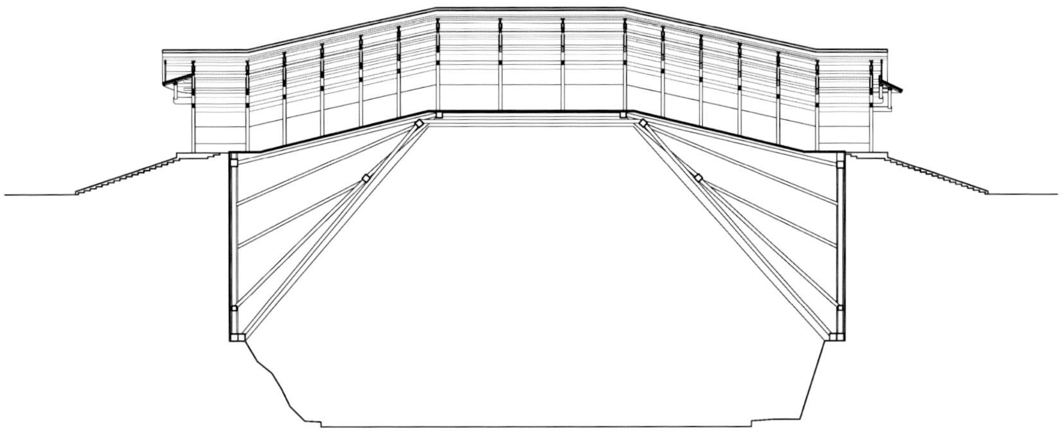

c. 纵剖面

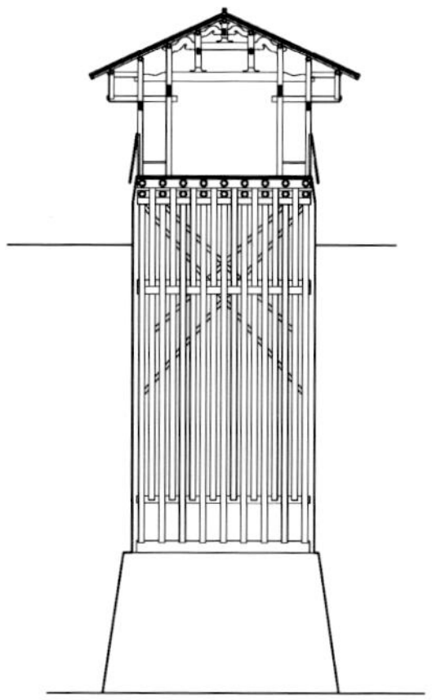

d. 横剖面

图 3–1–16　浙江泰顺薛宅桥实测图

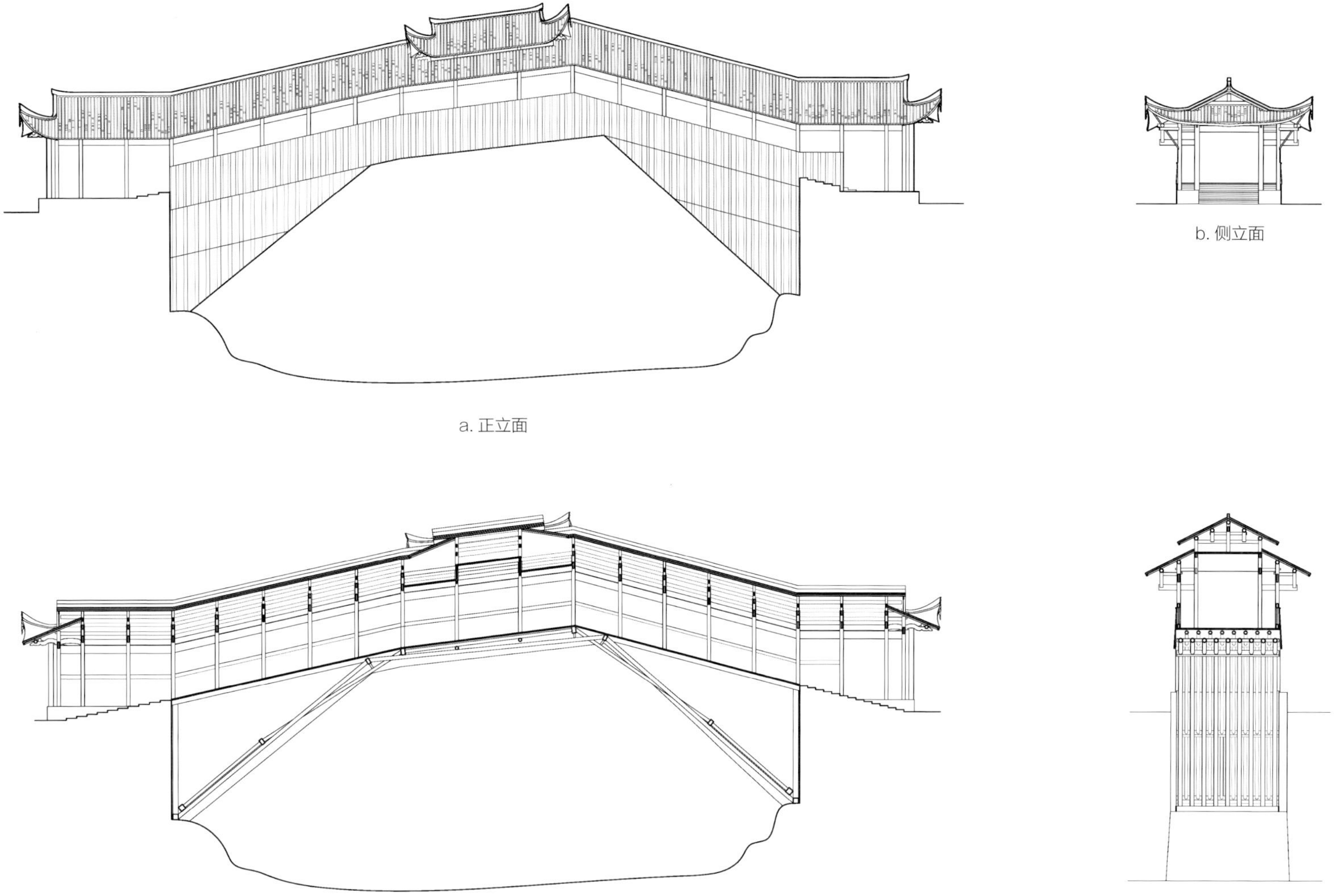

a. 正立面

b. 侧立面

c. 纵剖面

d. 横剖面

图 3-1-17　浙江泰顺文兴桥实测图

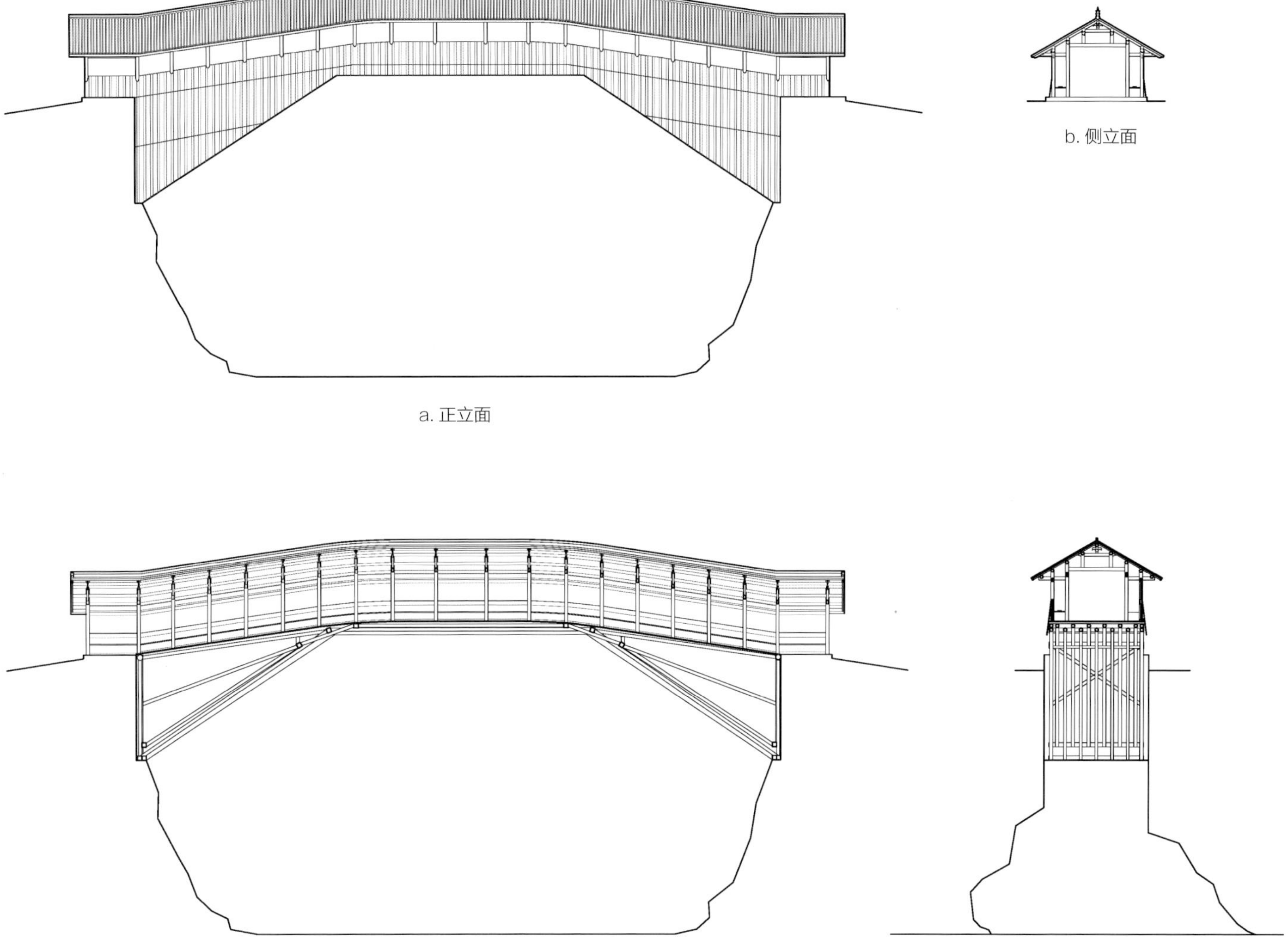

a. 正立面

b. 侧立面

c. 纵剖面

d. 横剖面

图 3–1–18　浙江泰顺仙居桥实测图

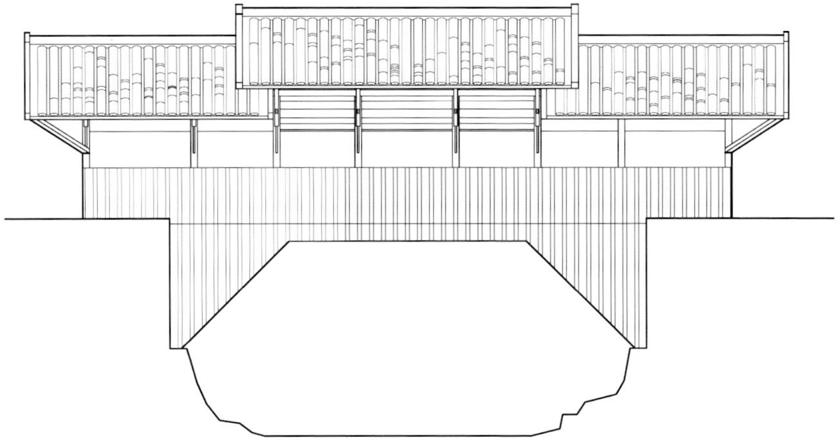

a. 正立面

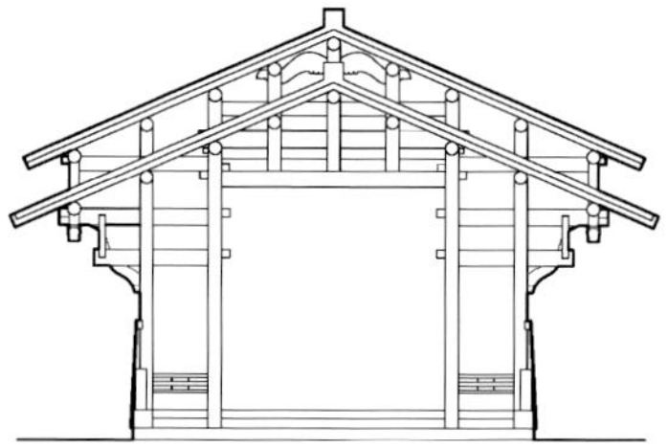

b. 侧立面

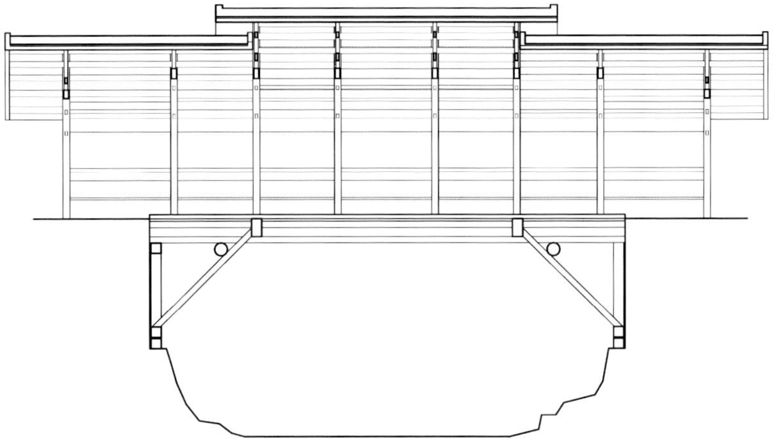

c. 纵剖面

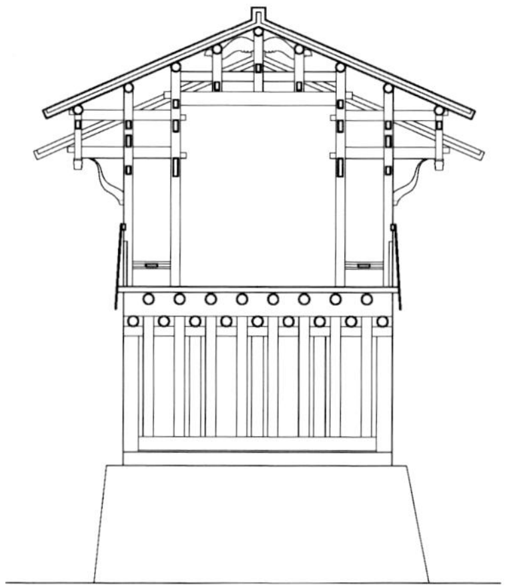

d. 横剖面

图 3-1-19　浙江泰顺城水桥实测图

3. 文成县

近年新建的木拱廊桥：

三滩廊桥，坐落于文成县南田镇三滩村；建于2006年；系编木拱梁廊桥，净跨约40米，总宽约5米。廊屋十五间，四柱九檩梁架，单檐歇山顶。

（二）丽水市的木拱廊桥

1. 庆元县

现存的木拱廊桥：

如龙桥（见图3-1-20），坐落于举水乡月山村，横跨举溪，南北走向；始建于明天启五年（1625年），1998年修缮，2005年修缮；系编木拱梁廊桥，全长约28.2米，总宽约5.09米，净跨约19.5米，距正常水位高约6.8米；廊屋7间，四柱九檩梁架，组合式山顶，中间出单檐歇山顶，北端接3间三重檐歇山顶钟楼，南端接3间重檐歇山顶桥亭；2001年被公布为第五批全国重点文物保护单位，2013年与公布的第七批全国重点文物保护单位——处州廊桥合并。

兰溪桥（见图3-1-21），坐落于五大堡乡西洋村，横跨松源溪，南北走向；始建于明万历二年（1574年），清乾隆五十年（1785年）重修，1984年因水库建设迁建至现址；系编木拱梁廊桥，全长约48.12米，总宽约5米，净跨约36.8米，距正常水位高约9.8米；廊屋19间，四柱九檩梁架，硬山顶，中间出单檐歇山顶；2013年被公布为第七批全国重点文物保护单位——处州廊桥。

后坑桥（见图3-1-22），又名红军桥、普渡桥，坐落于竹口镇枫堂村，东西走向；始建于清康熙十年（1671年），道光五年（1825年）重修，光绪十一年（1885年）重建，2001年落架大修；系编木拱梁廊桥，全长约36.2米，总宽约5.45米，净跨约28.5米，距正常水位高6.05米；廊屋15间，四柱九檩梁架，硬山顶；2013年被公布为第七批全国重点文物保护单位——处州廊桥。

咏归桥（见图3-1-23），又名杨公桥、护龙桥、兴贤桥，坐落于松源镇（现属松源街道）北门村，横跨松源溪，东西走向；始建于元大德十年（1306年），明天顺年间（1457—1464年）、民国十三年（1924年）分别重建，1983年重修；系编木拱梁廊桥，全长约38.76米，总宽约5.5米，净跨约21.7米，距正常水位高8.8米；廊屋9间，四柱九檩梁架，组合式屋顶，中5间出单檐歇山顶，东端接3间重檐歇山顶楼阁；2013年被公布为第七批全国重点文物保护单位——处州廊桥。

半路亭桥（见图3-1-24），又名查洋桥、云岩桥，坐落于黄田镇陈边村，东西走向；始建于元至正年间（1341—1368年），清嘉庆二十三年（1818年）重建，民国六年（1917年）重建；系编木拱梁廊桥，全长约28.8米，总宽约4.9米，净跨约21.2米，距正常水位高约5.2米；廊屋9间，四柱九檩梁架，悬山顶，中间出

图3-1-20　浙江庆元如龙桥

图 3–1–21　浙江庆元兰溪桥

图 3-1-22　浙江庆元后坑桥

图 3-1-23　浙江庆元咏归桥

图 3-1-24　浙江庆元半路亭桥

图 3-1-25　浙江庆元黄水长桥

重檐歇山顶；2013 年被公布为第七批全国重点文物保护单位——处州廊桥。

袅桥，坐落于松源镇（现属松源街道）西门村，横跨竹坑溪，东西走向；始建于明万历三十二年（1604 年），清乾隆三十四年（1769 年）重修，2008 年修缮；系编木拱梁廊桥，全长约 28.63 米，总宽约 3.6 米，净跨约 14.5 米，距正常水位高约 4.1 米；廊屋 10 间，四柱九檩梁架，悬山顶，东端接重檐攒尖顶桥亭；2013 年被公布为第七批全国重点文物保护单位——处州廊桥。

黄水长桥（见图 3–1–25），又名飞阁桥，坐落于合湖乡（现属百山祖镇）黄水村，横跨黄水坑溪，南北走向；始建于清乾隆三十一年（1766 年），同治十一年（1872 年）重建，2003 年因水电站建设于原址抬升 1.7 米；系编木拱梁廊桥，全长约 54.3 米，总宽约 4.9 米，净跨约 17.4 米，距正常水位高约 8.7 米；廊屋 21 间，四柱九檩梁架，悬山顶；2013 年被公布为第七批全国重点文物保护单位——处州廊桥。

甫田桥（见图 3–1–26），坐落于松源镇（现属松源街道）大济村，横跨大济溪，东西走向；始建于宋代，明万历年间（1573—1620 年）、清顺治十八年（1661 年）、道光七年（1827 年）分别重修，民国二十六年（1937 年）重建；系编木拱梁廊桥，全长约 16.2 米，总宽约 4.75 米，净跨约 9.3 米，距正常水位高约 3.7 米；廊屋 5 间，四柱九檩梁架，悬山顶；2013 年被公布为第七批全国重点文物保护单位——处州廊桥。

竹坪桥，又名蜈蚣桥，坐落于左溪镇竹坪村，横跨会龙溪，南北走向；始建年代不详，清道光二十二年（1842 年）重建，2006 年遭洪水冲毁，2007 年重建；系编木拱梁廊桥，总长约 36.7 米，宽 4.5 米，净跨约 19.8 米，距正常水位高约 7 米；廊屋 17 间，四柱九檩梁架，悬山顶，两端山面加披檐；县级文物保护单位。

双门桥（见图 3–1–27），原名临清桥，坐落于松源街道大济村，东西走向；始建于北宋天圣二年（1024 年），明隆庆元年（1567 年）重修，1992 年重建；系编木拱梁廊桥，全长约 12.35 米，总宽约 4.31 米，净跨约 11.05 米，距正常水位高约 4.05 米；廊屋 5 间，四柱九檩梁架，悬山顶，两端各设四柱三开间牌楼式桥门；县级文

图 3–1–26　浙江庆元甫田桥

图 3–1–27　浙江庆元双门桥

物保护单位。

白云桥，坐落于举水乡月山村，南北走向；建于清代；系八字撑架拱廊桥，全长约 8.34 米，总宽约 3.72 米，净跨约 5.75 米，距正常水位高约 3.5 米；廊屋 3 间，四柱九檩梁架，单檐歇山顶，中间出单檐歇山顶；2011 年被公布为第六批省级文物保护单位。

包果桥，坐落于岭头乡包果村，南北走向；始建于清乾隆十一年（1746 年）；系八字撑架拱廊桥，全长约 18.15 米，总宽约 4.25 米，净跨约 6.85 米，距正常水位高约 4.0 米；廊屋 9 间，四柱九檩梁架，悬山顶。

已毁的木拱廊桥：

回龙桥，坐落于荷地镇石磨下村，东南至西北走向；始建年代不详，清光绪二十六年（1900 年）重建，2006 年遭洪水冲毁；系编木拱梁廊桥，全长约 20.8 米，总宽约 4.6 米，净跨约 16.3 米，距正常水位高约 7.4 米；廊屋 9 间，四柱九檩梁架，悬山顶；县级文物保护单位。

印潭桥，坐落于庆元县安南乡粗砻村，南北走向；建于清道光二十七年（1847 年），民国年间（1911—1949 年）被洪水冲毁，1958 年被拆除，2003 年于原址重建为钢筋混凝土桥。

阴阳桥，坐落于安南乡洋坪村，东西走向；始建年代不详，20 世纪 70 年代被焚毁；一墩两孔，全长约 50 米，总宽约 5 米。

仙宫桥，坐落于安南乡余地村，东西走向；始建年代不详，1980 年遭拆毁；廊屋 3 间。

新兴桥，坐落于隆宫乡源头村；始建年代不详，1952 年遭拆毁，1986 年重建为石拱廊桥。

庙桥，坐落于隆宫乡源头村；始建年代不详，1952 年遭洪水冲毁，1988 年重建为钢筋混凝土桥。

洋尾桥，坐落于隆宫乡源头村；始建年代不详，1952 年遭洪水冲毁。

生水塘水尾桥，坐落于隆宫乡生水塘村；始建年代不详，1969 年遭焚毁。

文昌桥，又名魁星龙桥，坐落于隆宫乡张地村；建于清乾隆三十八年（1773 年），民国年间（1911—1949 年）倒塌。

普济桥，又名庙门桥，坐落于隆宫乡里地村；始建于清嘉庆二十二年（1817 年），民国年间（1911—1949 年）遭焚毁，2008 年在原址重建为钢筋混凝土桥。

后洋溪尾桥，坐落于江根乡后洋村，横跨牛劲溪；全长约 24 米，总宽约 4 米。

槎溪桥，坐落于屏都镇（现属屏都街道）八都村，始建于南宋淳熙年间（1174—1189 年），明嘉靖四十三年（1564 年）重修，万历二十二年（1594 年）重建，现仅留存桥亭一座，建于清光绪六年（1880 年）。

桃坑水尾桥，坐落于隆宫乡桃坑村；始建年代不详，1979 年遭拆毁；全长约 10 米，总宽约 3 米；廊屋 3 间。

棘兰桥，坐落于屏都镇（现属屏都街道）八都村；建于明万历三年（1575 年），道光二十年（1840 年）重建，民国年间（1911—1949 年）遭毁。

阙桥，坐落于屏都镇八都村，东西走向；始建年代不详，20 世纪 80 年代遭拆毁；一墩两孔，全长约 70 米，宽约 5 米。

石门槛桥，坐落于左溪镇芳村；始建年代不详，20 世纪 60 年代遭洪水冲毁；全长约 20 米，总宽约 4 米；廊屋 5 间。

抱龙桥，坐落于左溪镇左溪村；始建年代不详，1975 年遭拆除，重建为石拱桥；一墩两孔；廊屋 24 间。

步流桥，坐落于左溪镇青竹村；始建年代不详，1949 年后遭拆毁，重建为石拱桥。

水尾桥，坐落于左溪镇木桥头村，东南至西北走向；始建年代不详，清道光二十年（1840 年）重建，2006 年遭台风摧毁，后重建为石拱廊桥；全长约 26.3 米，总宽约 3.4 米，净跨约 7.5 米，矢高约 3.8 米；廊屋 9 间，悬山顶。

回龙桥，坐落于黄田镇美源村；建于清嘉庆十三年（1808 年），民国三年（1914 年）年遭焚毁，后重建，1996 年倒塌，后改建为钢筋混凝土结构桥。

福寿桥，坐落于黄田镇下济村，东西走向；建于民国十六年（1927 年）；全长约 30 米，总宽约 5 米；廊屋 11 间。

桂香桥，坐落于举水乡月山村，横跨举溪，南北走向；始建年代不详，清代末年遭焚毁。

荷地接龙桥，坐落于荷地镇，南北走向；始建年代不详，20 世纪 70 年代遭拆毁。

金虾桥，坐落于荷地镇黄沙村；始建年代不详，20 世纪 70 年代遭拆毁。

大岩新桥，坐落于荷地镇大岩村；始建年代不详，民国年间（1911—1949 年）遭焚毁，后遭拆除。

上碓坪桥，坐落于荷地镇苏湖村，南北走向；始建年代不详，民国年间（1911—1949 年）遭拆毁。

金村桥，坐落于松源镇（现属松源街道）五都村；始建年代不详，后遭拆毁。

水尾桥，坐落于百山祖镇斋郎村，南北走向；始建于清代，1952 年遭洪水冲毁。

双柳溪桥，坐落于百山祖镇枫坪村；始建年代不详，1952 年遭洪水冲毁。

黄宙坑村尾桥，坐落于岭头乡黄宙坑村，南北走向；始建年代不详，20 世纪 70 年代遭焚毁。

龙岩度龙桥，坐落于百山祖镇龙岩村；始建于明代，1952 年遭洪水冲毁。

攀龙桥，坐落于松源镇（现属松源街道）大济村；建于明隆庆二年（1568 年），万历三十六年（1958 年）重建，清康熙二年（1663 年）重建，后遭洪水冲毁。

程公桥，又名角门桥，坐落于县城西北角门岭；建于清康熙年间（1662—1722 年），后毁，在原址上重建为钢筋混凝土桥。

北门桥，现名“登云桥”，坐落于县城石龙街西端；建于明嘉靖十五年（1536 年），明嘉靖四十三年（1564 年）、万历三年（1575 年）、清康熙三年（1664 年）、乾隆十五年（1750 年）先后重建，嘉庆十五年（1810 年）遭毁，后重建为钢筋混凝土桥。

亨利桥，坐落于张村乡南阳村，南北走向；始建于清乾隆五十八年（1793 年），清光绪三十三年（1907 年）、民国十九年（1930 年）先后重建，1957 年遭台风摧毁；全长约 40 米，总宽约 4 米，净跨约 33.5 米。

济川桥，坐落于张村乡张村，南北走向；建于清乾隆二十九年（1764 年），嘉庆十七年（1812 年）重修，1980 年遭拆毁，后重建为石拱廊桥；全长约 27 米，总宽约 4 米，净跨约 24 米；廊屋十七间。

拱秀桥，坐落于张村乡岙头村；建于清光绪三十一年（1905 年），1986 年遭拆毁，后重建为石拱桥；全长约 30 米，总宽约 5 米。

长生桥，坐落于贤良镇石川村，东西走向；建于清嘉庆十四年（1809 年），光绪三十四年（1908 年）增建桥亭，后遭洪水冲毁，1982 年拆除；全长约 40 米，总宽约 5 米，净跨约 32 米。

近年新建的木拱廊桥：

蒙①淤桥（见图 3–1–28），坐落于五大堡乡蒙淤村，东西走向；始建于元至元年间（1264—1294 年），明嘉靖五年（1526 年）、清嘉庆十四年（1809 年）分别重建，1986 年重修，1995 年遭焚毁，2011 年重建；系编木拱梁廊桥，全长约 35 米，总宽约 4.5 米，净跨约 28.42 米，距正常水位高约 8 米；廊屋 17 间，四柱九檩梁架，

① “濛”字已简化为“蒙”字，但浙江庆元仍习惯用“濛”字，如“濛淤桥”、“濛洲桥”等。

硬山顶，中间出单檐歇山顶，正脊中矗宝塔形脊刹。

安溪桥，坐落于安南乡安溪村，东西走向；始建年代不详，清嘉庆四年（1799 年）重建，2001 年重修；系编木拱梁廊桥，全长约 41.5 米，总宽约 5 米，净跨约 32 米，距正常水位高 11.15 米；廊屋 15 间，单檐歇山顶。

蒙洲桥（见图 3–1–29），原坐落于五大堡乡蒙圩村，现坐落于县城松源街道，横跨松源溪；始建于元至元元年（1264 年），明嘉靖五年（1526 年）重建，1986 年重修，1992 年遭焚毁，2008 年于现址重建；系编木拱梁廊桥，两墩三孔，全长 114.37 米，总宽约 5.4 米，三孔净跨分别为 23.4 米、29.6 米、23.4 米；廊屋 31 间，四柱九檩梁架，组合式屋顶，中 3 间出重檐歇山顶，两端接 3 间重檐歇山顶桥亭。

阜梁桥，又名抱梁桥，坐落于竹口镇竹口村；始建于明永乐九年（1411 年），明嘉靖十一年（1532 年）、万历四年（1576 年）重修，清道光年间（1821—1850 年）重建，1969 年遭拆除，2012 年于原址下游重建；系编木拱梁廊桥，两墩三孔，全长约 76.8 米，总宽约 5 米，距正常水位高约 6 米；廊屋 23 间，四柱九檩梁架，组合式屋顶，中 5 间出重檐歇山顶，两端接 3 间重檐歇山顶桥亭。

文昌桥，坐落于松源街道大济村，横跨济川溪；建于 2009 年；系编木拱梁廊桥，全长 15.6 米，总宽 4.8 米，净跨 13.7 米，距正常水位高约 3.5 米；廊屋 5 间，四柱九檩梁架，硬山顶，中间出单檐歇山顶。

夹金桥，坐落于贤良镇贤良村；始建于乾隆三十年（1765 年），1975 年因公路建设被拆毁，2012 年于原址下游重建；系编木拱梁廊桥，原为一墩两孔，现为单孔，全长约 50 米，总宽约 5 米，净跨约 29.5 米，距正常水位高约 7.2 米；廊屋 11 间，四柱九檩梁架，组合式屋顶，中间出单檐歇山顶，一端接 3 间重檐歇山顶桥亭，一端接 3 间重檐歇山顶桥亭与 3 间三重檐歇山顶楼阁。

双龟桥，坐落于荷地镇苏湖村；建于 2013 年；系编木拱梁廊桥，全长约 27 米，总宽约 5 米；廊屋 7 间，单檐歇山顶，中间出单檐歇山顶。

图 3–1–30 为庆元县木拱廊桥分布图，图 3–1–31—图 3–1–40 为如龙桥等木拱廊桥实测图。

图 3–1–28　浙江庆元蒙淤桥

图 3–1–29　浙江庆元蒙洲桥

图 3-1-30　浙江省丽水市庆元县木拱廊桥分布图

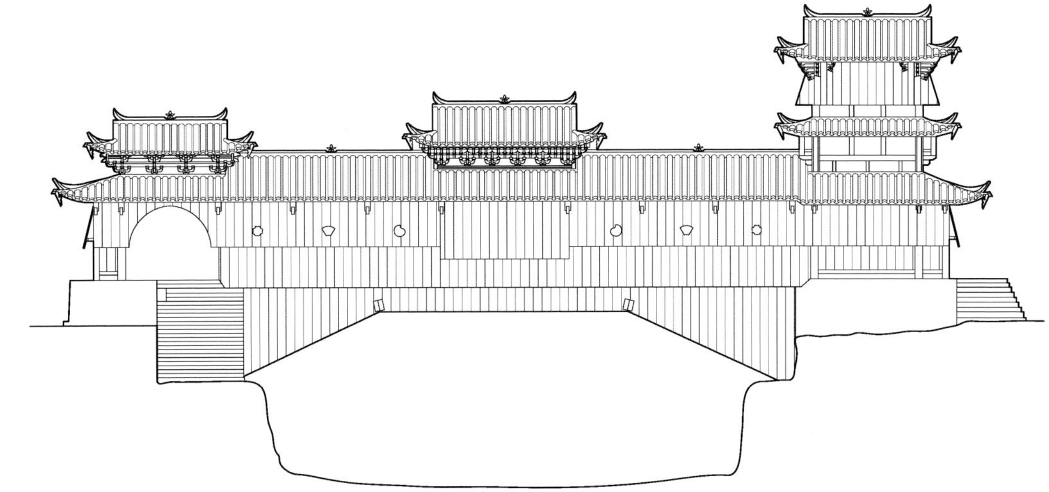

a. 正立面

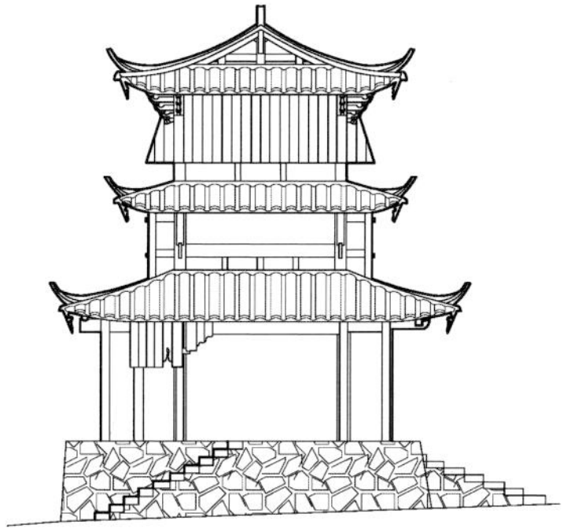

b. 侧立面

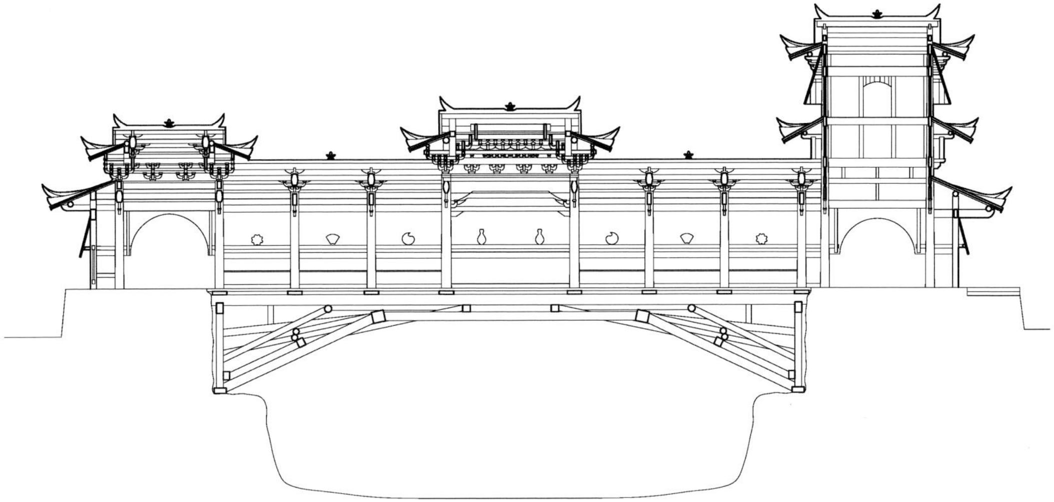

c. 纵剖面

d. 横剖面

图 3-1-31　浙江庆元如龙桥实测图

a. 侧立面

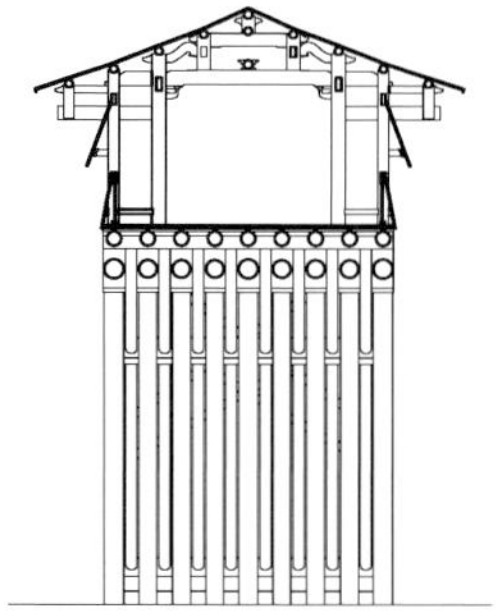

b. 横剖面

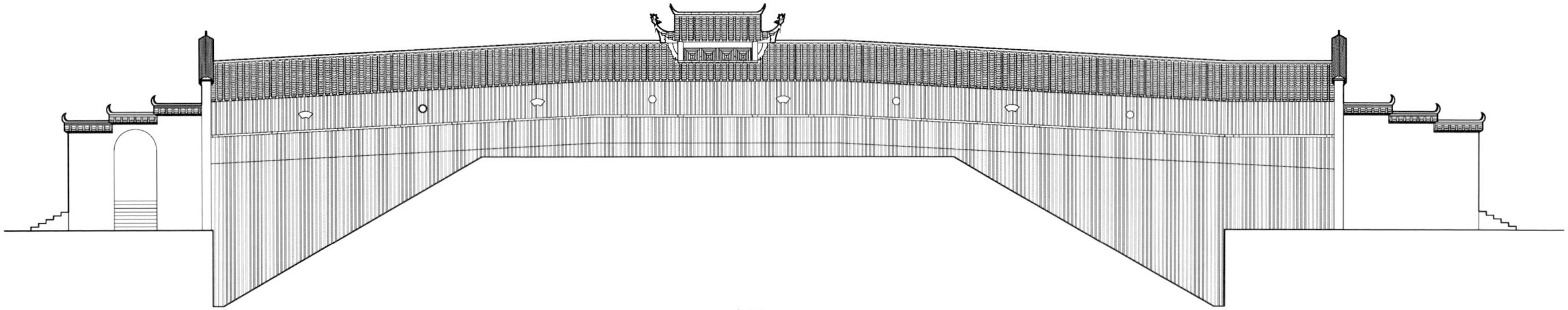

c. 正立面

图 3–1–32　浙江庆元兰溪桥实测图

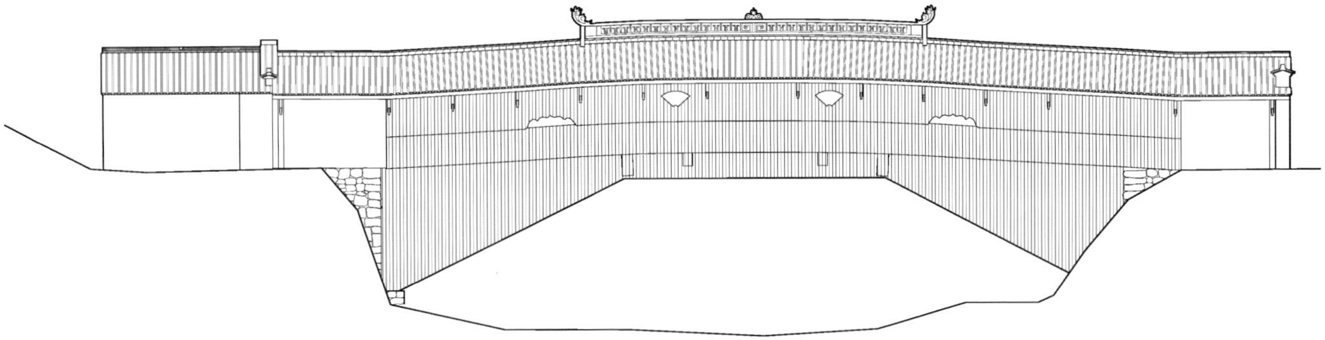

a. 东侧立面

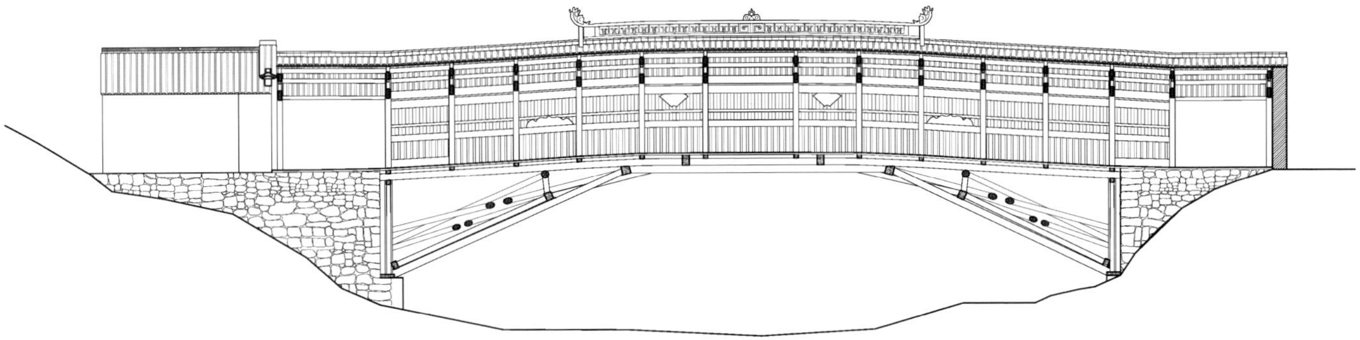

b. 纵剖面

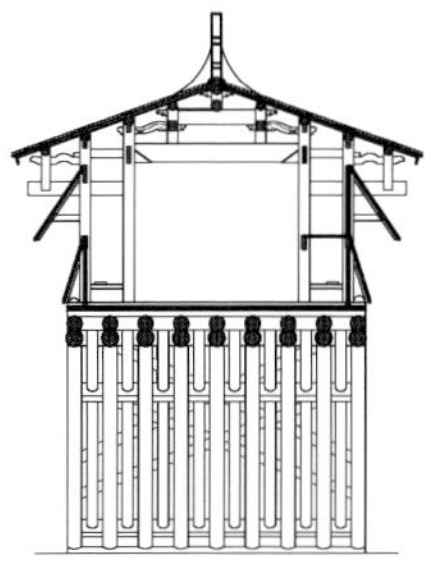

c. 横剖面

图 3—1—33　浙江庆元后坑桥实测图

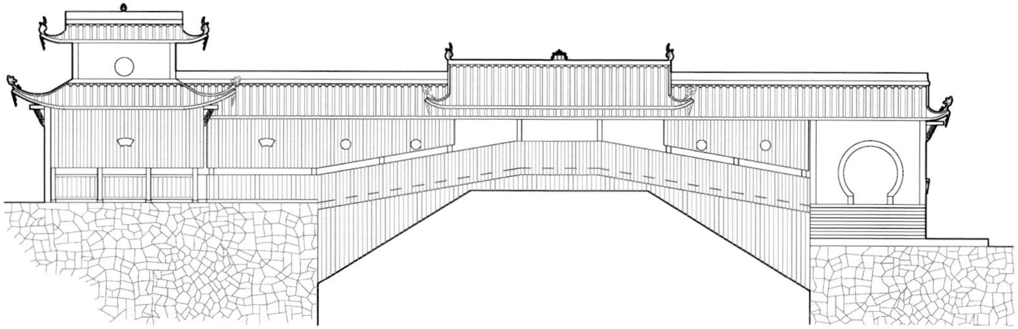

a. 南立面

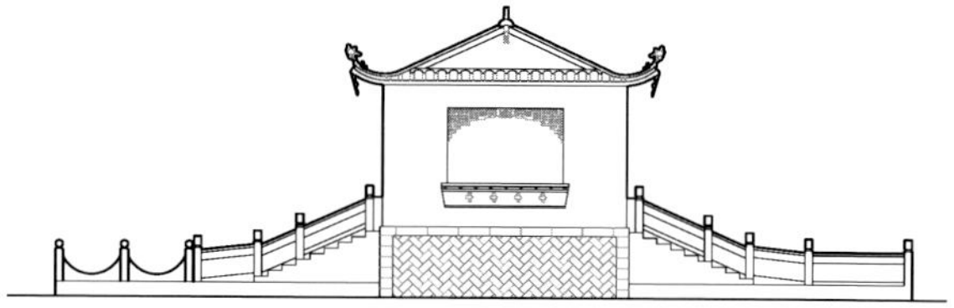

b. 东立面

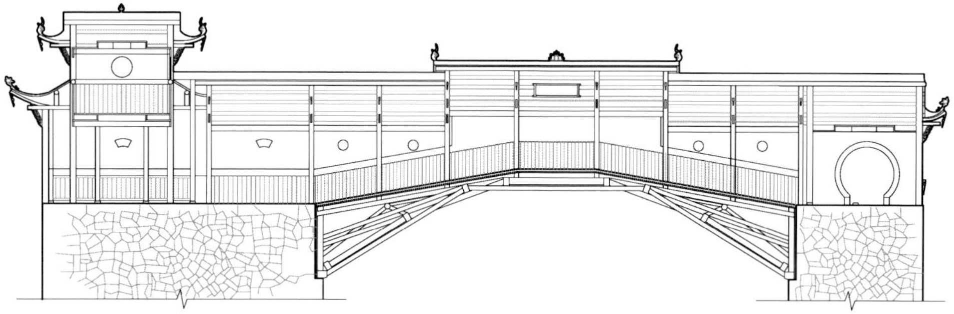

c. 纵剖面

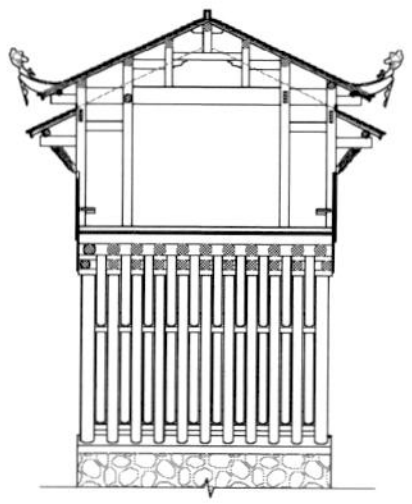

d. 横剖面

图 3-1-34　浙江庆元咏归桥实测图

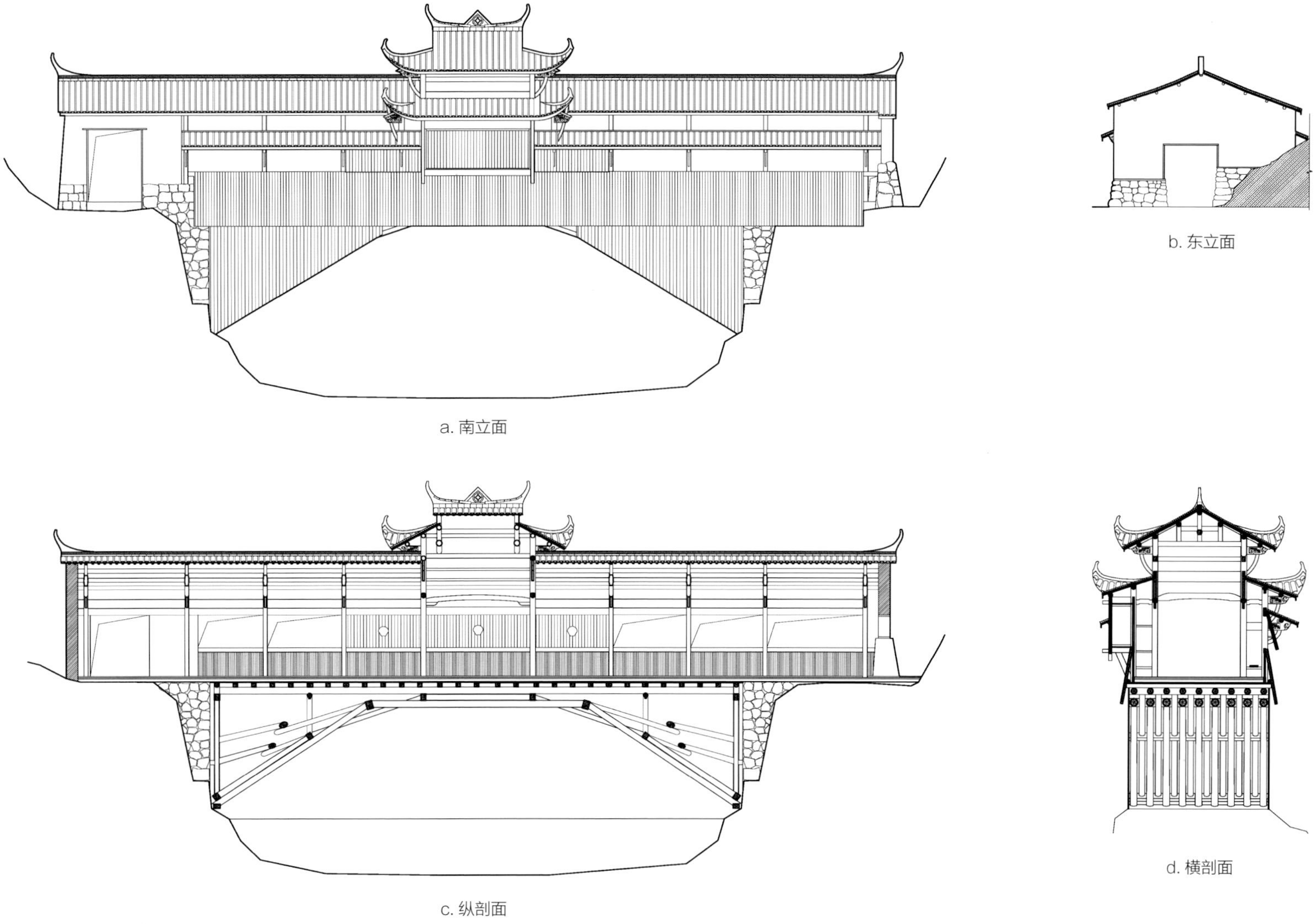

图 3–1–35　浙江庆元半路亭桥实测图

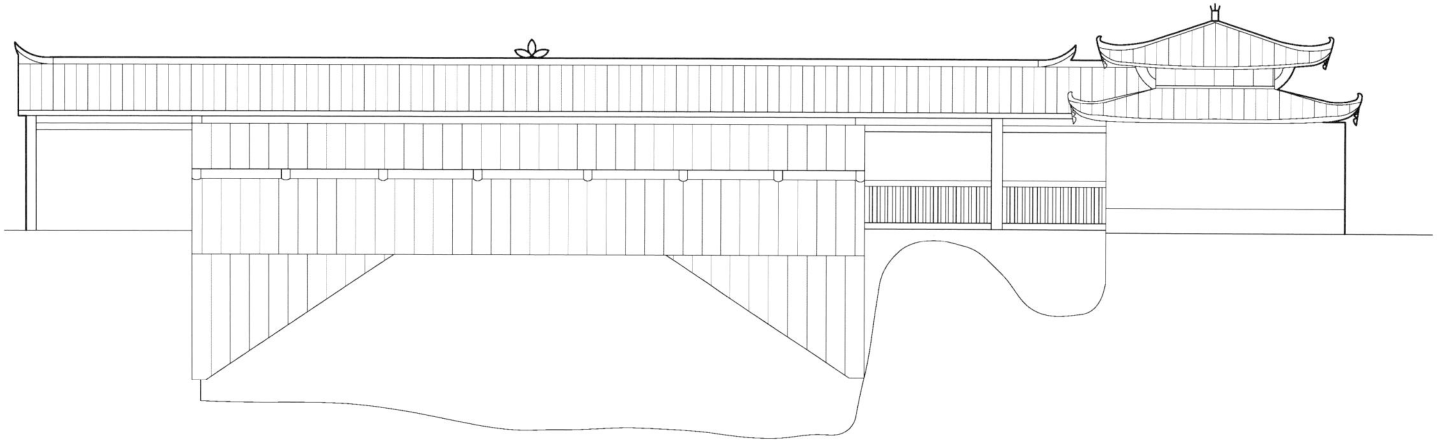

a. 立面

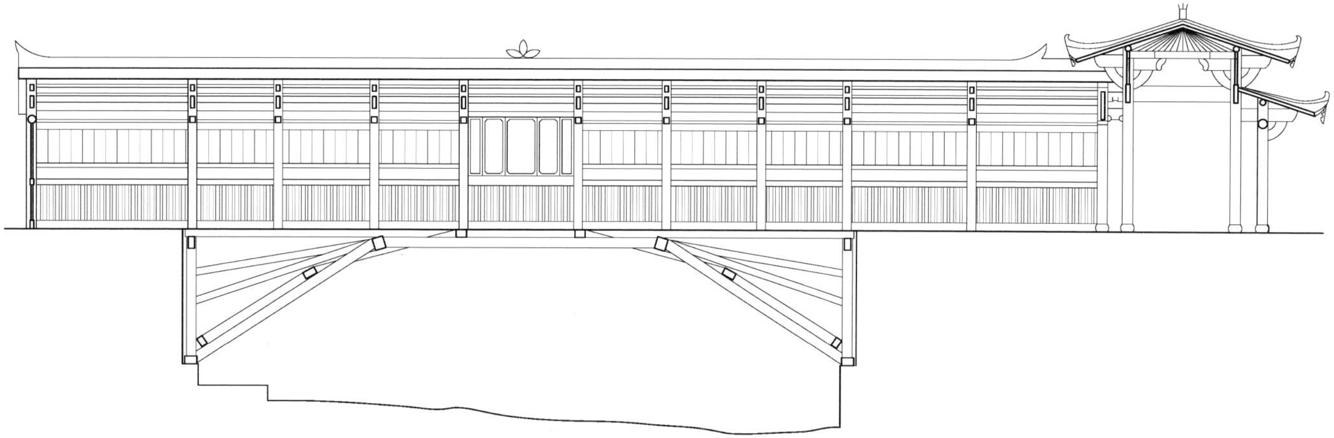

b. 纵剖面

图 3-1-36　浙江庆元袅桥实测图

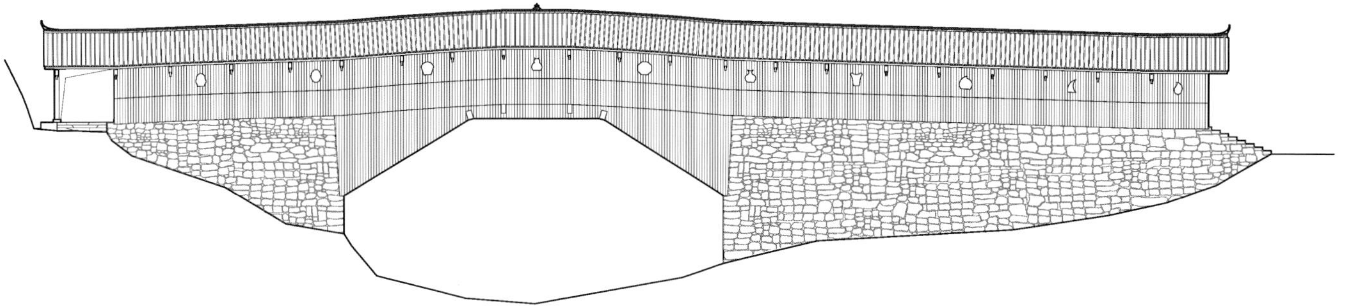

a. 东立面

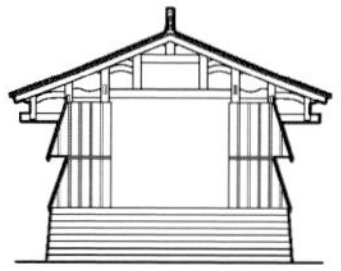

b. 南立面

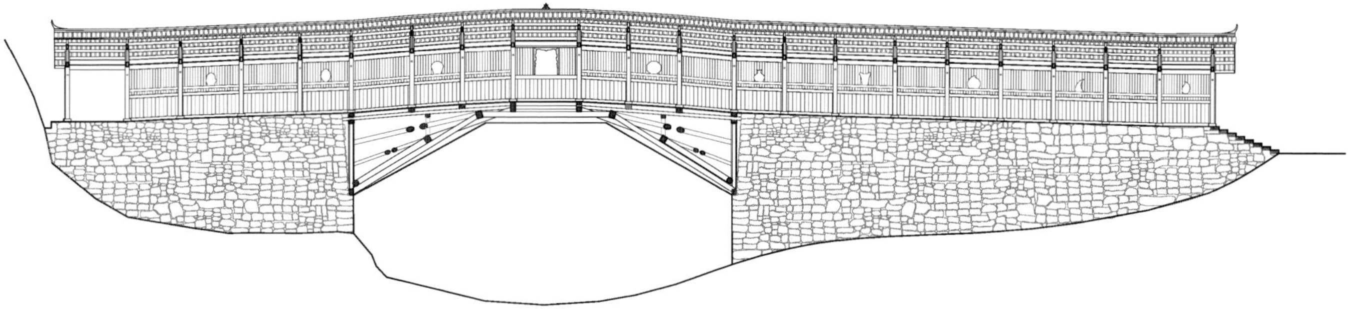

c. 纵剖面

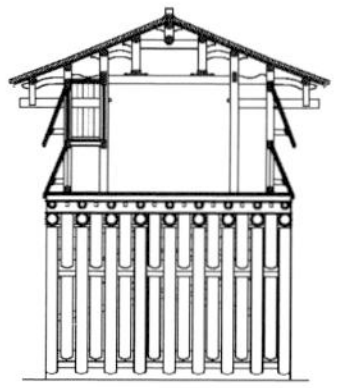

d. 横剖面

图 3-1-37　浙江庆元黄水长桥实测图

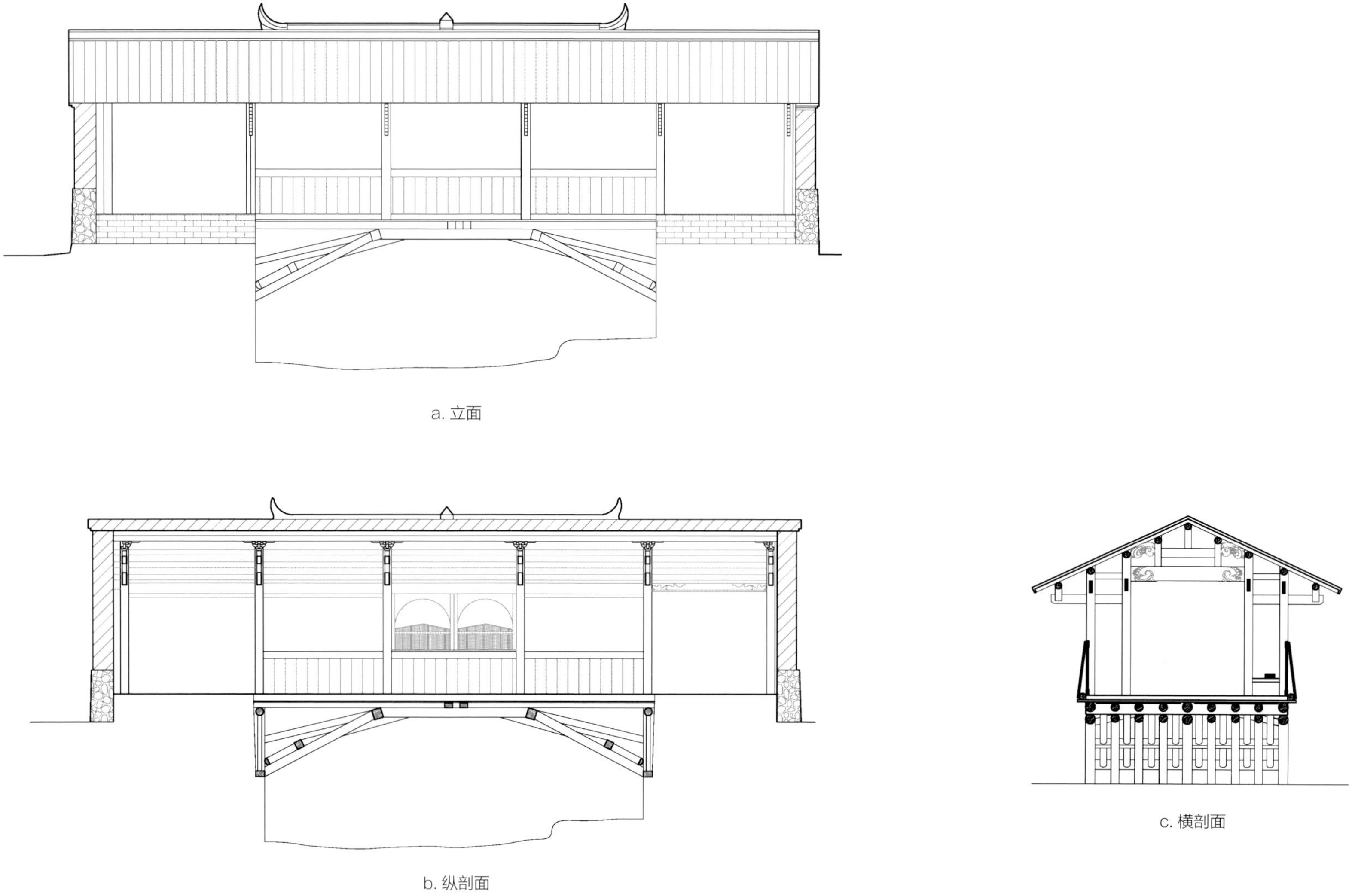

图 3-1-38　浙江庆元甫田桥实测图

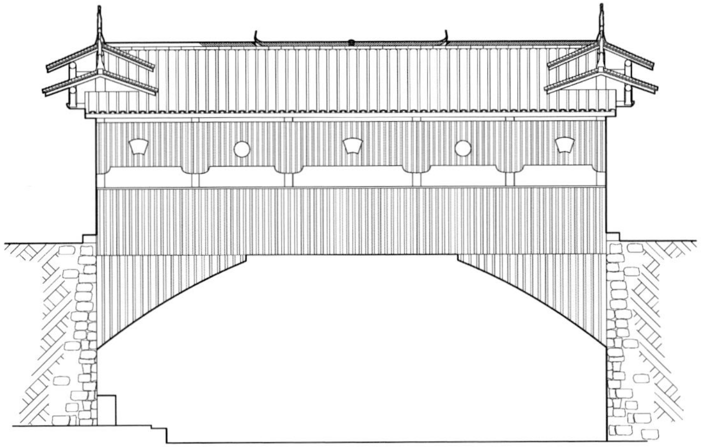

a. 南立面

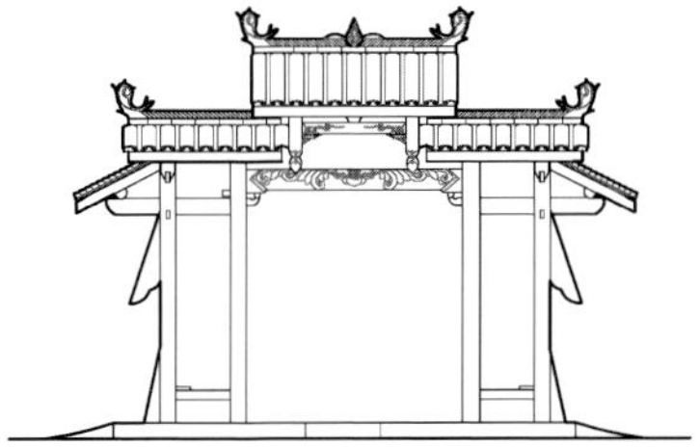

b. 东立面

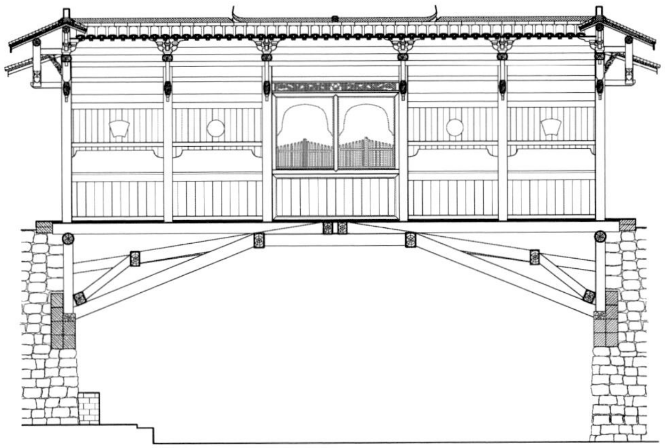

c. 纵剖面

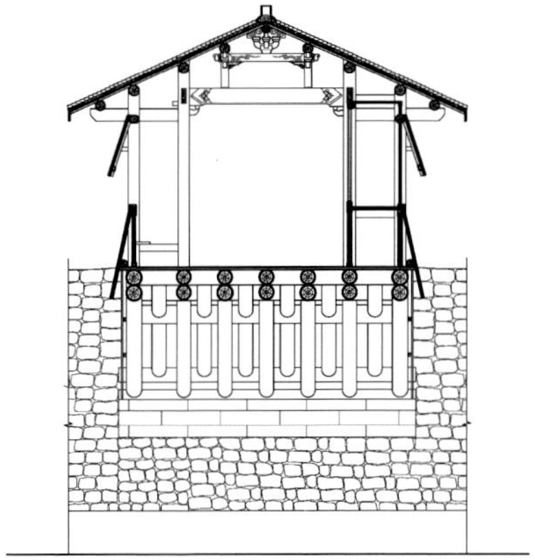

d. 横剖面

图 3-1-39　浙江庆元双门桥实测图

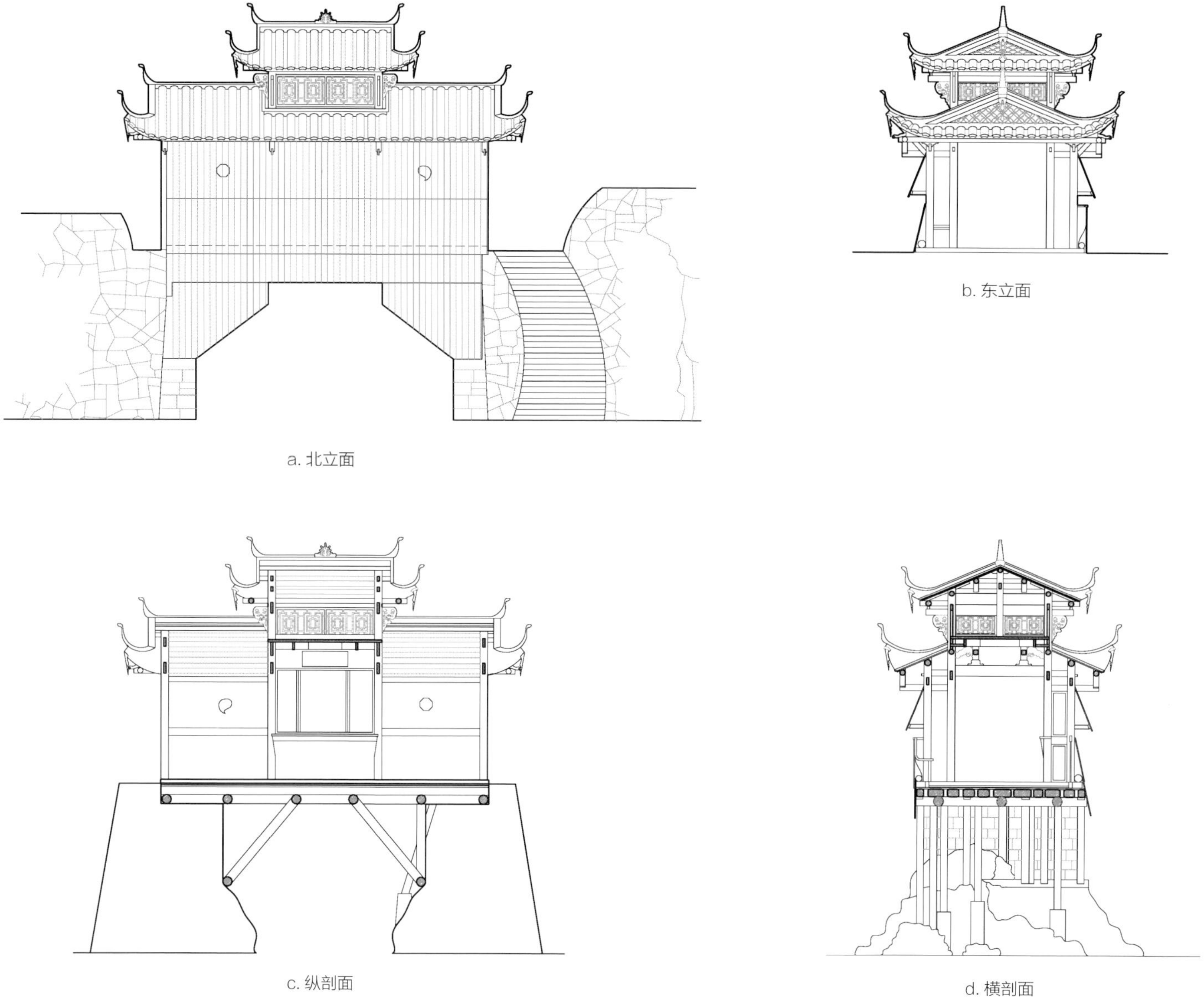

图 3-1-40　浙江庆元白云桥实测图

2. 景宁畲族自治县

现存的木拱廊桥：

接龙桥，又名庆安桥，坐落于东坑镇章坑村，横跨章坑溪，南北走向；始建于清咸丰十一年（1861年），民国六年（1917年）重建；系编木拱梁廊桥，全长约38.5米，总宽约4.8米，净跨约30.7米；廊屋17间，四柱九檩梁架，单檐歇山顶；2013年被公布为第七批全国重点文物保护单位——处州廊桥。

东坑下桥，坐落于东坑镇内，横跨东坑溪，东北至西南走向；建于清康熙二十八年（1689年）；系编木拱梁廊桥，全长约29.15米，总宽约4.8米，净跨约21.8米，距正常水位高约9.5米；廊屋11间，四柱九檩梁架，悬山顶，两端山面加披檐；2013年被公布为第七批全国重点文物保护单位——处州廊桥。

东坑上桥，又称观音阁桥，坐落于东坑镇东坑村，横跨东坑溪；始建于清康熙年间（1662—1722年），同治八年（1869年）重建；系编木拱梁廊桥，全长28.3米，总宽约4.4米，净跨约18.7米，距正常水位高约6.7米；廊屋9间，四柱九檩梁架，悬山顶；2013年被公布为第七批全国重点文物保护单位——处州廊桥。

大赤坑桥（见图3-1-41），又名成美桥，坐落于大均乡大赤坑村，横跨赤坑溪，东西走向；始建于清嘉庆十五年（1810年），民国十二年（1923年）重建；系编木拱梁廊桥，全长约36.35米，总宽约5米，净跨约30米，距正常水位高约11.3米；廊屋15间，四柱九檩梁架，单檐歇山顶；2013年被公布为第七批全国重点文物保护单位——处州廊桥。

梅岐桥，坐落于梅岐乡梅岐村，横跨梅岐溪，东西走向；始建年代不详，民国十四年（1925年）重建；系编木拱梁廊桥，全长约35米，总宽约4.6米，净跨约26.3米，距正常水位高约8米；廊屋13间，四柱九檩梁架，悬山顶，两端山面加披檐；2013年被公布为第七批全国重点文物保护单位——处州廊桥。

莲川大地桥，坐落于沙湾镇大地桥村，横跨大地溪，东西走向；始建于清嘉庆八年（1803年）；系编木拱梁廊桥，全长约41.5米，总宽约4.8米，净跨约31.1米；廊屋19间，四柱九檩梁架，单檐歇山顶；2005年被公布为省级文物保护单位。

永镇桥，坐落于金钟乡（现属鹤溪街道）徐山村，横跨洋坑，东南至西北走向；建于清同治三年（1864年），1985年重修；系编木拱梁廊桥，全长约30.4米，总宽约3.8米，净跨约25米；廊屋15间，四柱九檩梁架，悬山顶。

苎岱岭脚桥，坐落于家地乡苎岱村岭脚，横跨石壁溪，南北走向；建于清同治九年（1870年）；系编木拱梁廊桥，全长约38米，总宽约4.6米，净跨约27.3米，距正常水位高约9.6米；廊屋15间，四柱九檩梁架，悬山顶。

北溪桥，坐落于东坑镇北溪村，横跨北溪，东西走向；建于民国十二年（1923年）；系编木拱梁廊桥，全长约23.3米，总宽约4.1米，净跨约14.7米，离正常水位高约6米；廊屋11间，单檐歇山顶。

图3-1-41　浙江景宁大赤坑桥

长滩桥，原坐落于英川镇木耳口村，横跨洪源港，南北走向，现坐落于英川水库边上的西坑港；建于清光绪二年（1876 年），2002 年因英川水电站建设遭拆除，2010 年于现址重建；系编木拱梁廊桥，全长约 26.4 米，总宽约 4.5 米，净跨约 20.2 米，距正常水位高约 5.3 米；廊屋 11 间，四柱九檩梁架，悬山顶。

畲桥，又名永安桥，原坐落于东坑镇平桥村，横跨白鹤溪，东西走向，现坐落于东坑镇深垟村，横跨深垟溪；建于清康熙三十一年（1692 年），清光绪二十年（1894 年）重建，2000 年因白鹤水电站建设遭拆除，2010 年于现址重建；系编木拱梁廊桥，全长约 37.4 米，总宽约 5 米，净跨约 29.2 米，距正常水位高约 14.7 米；廊屋 17 间，四柱九檩梁架，单檐歇山顶。

永平桥，原坐落于东坑镇平桥村，横跨东坑溪，南北走向，现坐落于东坑镇何村，东北至西南走向；始建年代不详，民国十五年（1926 年）重建，2000 年因白鹤水电站建设遭拆除，后于现址重建；系编木拱梁廊桥，全长约 22.6 米，总宽约 4.2 米，净跨约 14.4 米；廊屋 9 间，四柱九檩梁架，单檐歇山顶。

石枧坑桥，又名半岭廊桥，坐落于东坑镇半岭村，横跨石枧坑溪，东西走向；建于清嘉庆十四年（1809 年），民国十二年（1923 年）重建；系编木拱梁廊桥，全长约 23.7 米，总宽约 4.5 米，净跨约 17.2 米，距正常水位高约 2.6 米；廊屋 9 间，四柱九檩梁架，悬山顶，两端山面加披檐。

茶堂桥，原坐落于英川镇木耳口村，横跨黄谢圩港，南北走向，现位于北京中华民族园（中华民族博物院）内；建于清康熙三十五年（1696 年），2002 年因英川水电站建设遭拆除，2005 年于现址重建；系编木拱梁廊桥，全长约 40.6 米，总宽约 4.88 米，净跨约 26.7 米，距正常水位高约 12.3 米；廊屋 15 间，四柱九檩梁架，单檐歇山顶。

怀胜桥，坐落于东坑镇章坑村，横跨章溪，南北走向；始建于清咸丰十一年（1861 年），光绪三十年（1904 年）重建；系撑架拱廊桥，全长约 20 米，总宽约 4.7 米，净跨约 17.9 米，距正常水位高约 5 米；廊屋 7 间，四柱九檩梁架，单檐歇山顶，两端设牌楼式桥门。

已毁的木拱廊桥：

龙潭桥，坐落于东坑镇北溪村，横跨北溪，东西走向；始建年代不详，民国十八年（1929 年）重建，2005 年遭洪水冲毁；系编木拱梁廊桥，全长约 21.2 米，总宽约 3.8 米，净跨约 15.2 米，距正常水位高约 9.5 米；廊屋 9 间，四柱九檩梁架，悬山顶，两端山面加批檐。

白鹤桥，坐落于东坑镇白鹤村，横跨北溪，东南至西北走向。始建于清道光十一年（1831 年），光绪十四年（1888 年）重建，2005 年遭洪水冲毁；系编木拱梁廊桥，全长约 32.3 米，总宽约 4.8 米，净跨约 23.9 米，距正常水位高约 9.7 米；廊屋 13 间，四柱九檩梁架，悬山顶。

梅崇桥，坐落于英川镇梅崇村，横跨英川港，东西走向；建于清嘉庆七年（1802 年），2005 年遭火焚毁；系编木拱梁廊桥，全长约 40.8 米，总宽约 5 米，净跨约 33.5 米，距正常水位高约 12 米。廊屋 17 间，四柱九檩梁架，悬山顶。

近年新建的木拱廊桥：

鹤溪廊桥，坐落于鹤溪镇内，横跨鹤溪；建于 2011 年；系编木拱梁廊桥，两墩三孔，全长约 77.92 米，总宽约 5.5 米，三孔净跨分别约为 18 米、22 米、18 米；廊屋 23 间，组合式屋顶，中 5 间出重檐歇山顶，两端接 3 间重檐歇山顶桥亭。

图 3–1–42 为景宁县木拱廊桥分布图，图 3–1–43、图 3–1–44 为东坑下桥、梅崇桥实测图。

图 3-1-42　浙江省丽水市景宁县木拱廊桥分布图

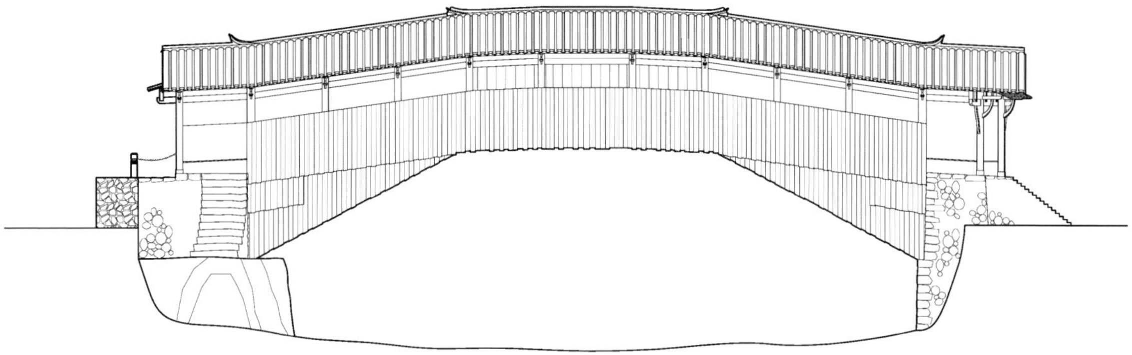
a. 北立面

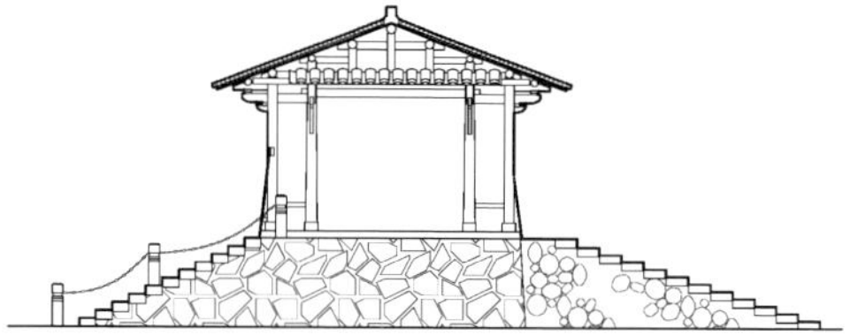
b. 东立面

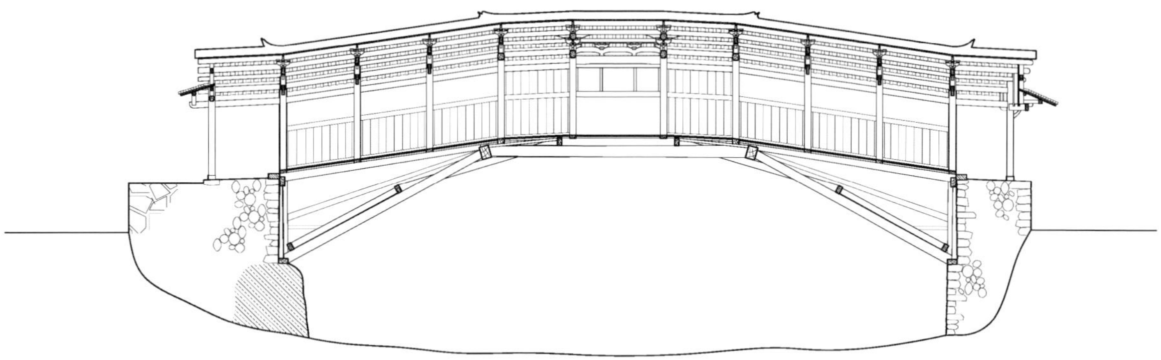
c. 纵剖面

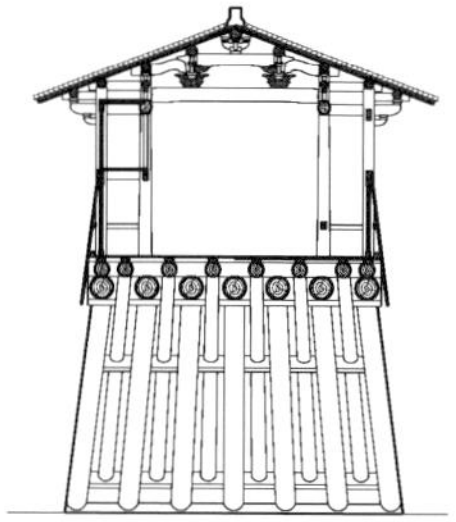
d. 横剖面

图 3–1–43　浙江景宁东坑下桥实测图

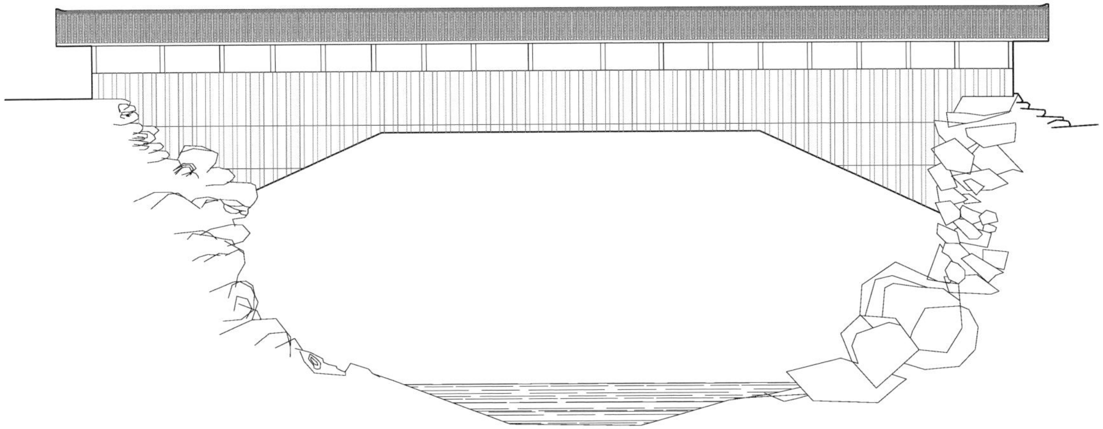

a. 南立面

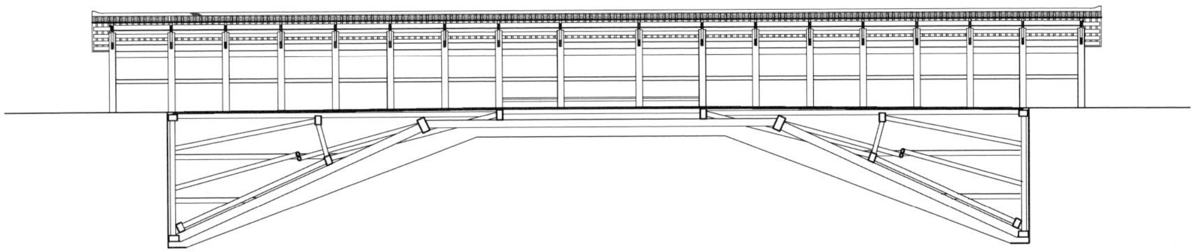

b. 纵剖面

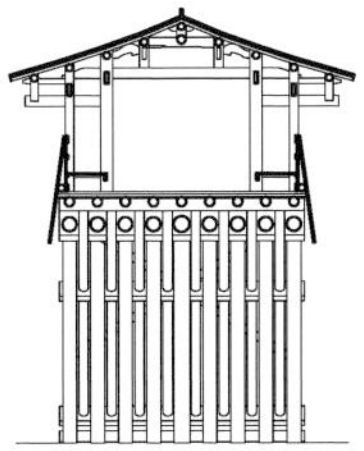

c. 横剖面

图 3-1-44　浙江景宁梅崇桥实测图

3. 龙泉市

现存的木拱廊桥：

顺德桥，坐落于屏南镇坪顺村，横跨坪顺溪，东西走向；建于清道光二十年（1840 年），民国四年（1915 年）重建；系编木拱梁廊桥，全长约 35 米，总宽约 4.5 米；廊屋 15 间，悬山顶；2013 年被公布为第七批全国重点文物保护单位——处州廊桥。

合兴桥，坐落于塔石街道秋丰村，南北走向；建于民国十七年（1928 年），后多次维修；系编木拱梁廊桥，全长约 25.7 米，总宽约 4.18 米，净跨约 15.0 米，距正常水位约 3.0 米；廊屋 11 间，四柱九檩梁架，四坡顶；2011 年被公布为第六批省级文物保护单位。

双溪桥，坐落于小梅镇孙坑村，横跨青溪，东北至西南走向；始建于清同治十年（1871 年），民国二十一年（1932 年）重建；系八字撑架拱廊桥，全长约 32.6 米，总宽约 4.5 米，净跨 15.4 米，距正常水位高约 3.75 米；廊屋 11 间，四柱九檩梁架，硬山顶，中间出单檐歇山顶；2011 年被公布为第六批省级文物保护单位。

4. 青田县

现存的木拱廊桥：

怀仁桥，坐落于岭根乡林坑村；始建年代不详，民国元年（1911 年）毁，1962 年重建；系编木拱梁廊桥，总长约 35.6 米，总宽约 4.4 米，净跨约 25.8 米，距正常水位高约 11 米；廊屋 9 间，四柱九檩梁架，单檐歇山顶。

卧虹桥，坐落于章村乡坑根村，横跨坑根溪，东西走向；始建年代不详，清同治十二年（1873 年）重建；系双八字组合撑架拱廊桥，全长约 25 米，总宽约 4 米，净跨约 14.45 米；廊屋 7 间，四柱七檩梁架，悬山顶。

5. 莲都区

现存的木拱廊桥：

公起桥，坐落于大港头镇河村，横跨大龄台溪，南北走向；始建于清嘉庆年间（1796—1820 年）；系双八字组合撑架拱廊桥，全长约 22.8 米，面宽约 3.3 米，净跨约 12.7 米，距正常水位约 4.7 米；廊屋 8 间，四柱五檩梁架，悬山顶。

复兴桥，又名钟山桥，坐落于峰源乡夏庄村，横跨峰源溪，东西走向；建于清咸丰八年（1858 年），民国三十七年（1948 年）重修。系双八字组合撑架拱廊桥，全长约 31.5 米，总宽约 4.2 米，净跨约 29.8 米，距正常水位高约 3.5 米；廊屋 9 间，四柱七檩梁架，悬山顶；县级文物保护单位。

已毁的木拱廊桥：

观音桥，坐落于雅溪镇上黄村，横跨葛渡溪，东南至西北走向；建于清代，2005 年毁，2006 年重建；原系八字撑架拱廊桥，全长约 26 米，总宽约 4.15 米，净跨约 25 米，距正常水位高约 5.8 米；廊屋 12 间，悬山顶；现已改建为钢筋混凝土结构廊桥，一墩两孔。

京花桥，又名观音桥，坐落于雅溪镇里东村，东北至西南走向；始建于清乾隆年间（1736—1795 年），民国二十四年（1935 年）重修；系八字撑架拱廊桥，全长约 18.40 米，总宽约 3.35 米，净跨约 12.20 米，距正常水位高约 2.9 米；廊屋 5 间，四柱七檩梁架，硬山顶。

普济桥，坐落于仙渡乡何金富村，横跨富村小溪，南北走向；建于民国十七年（1928 年），2008 年重修；系八字撑架拱廊桥，全长约 22.1 米，总宽约 3.2 米，净跨约 13.7 米，距正常水位高约 5.0 米；廊屋 7 间，硬山顶，一端接六角重檐攒尖亭。

图 3-1-45 为合兴桥实测图。

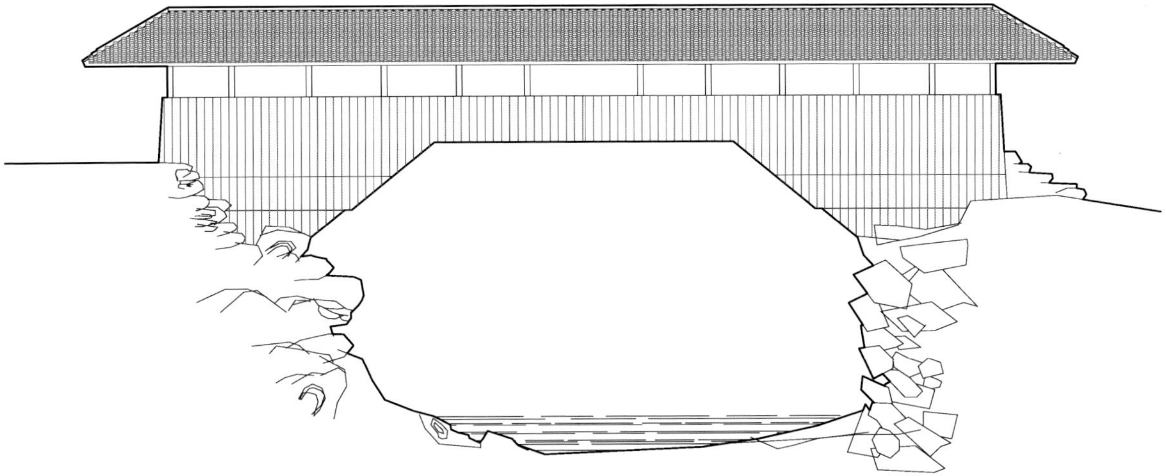
a. 正立面

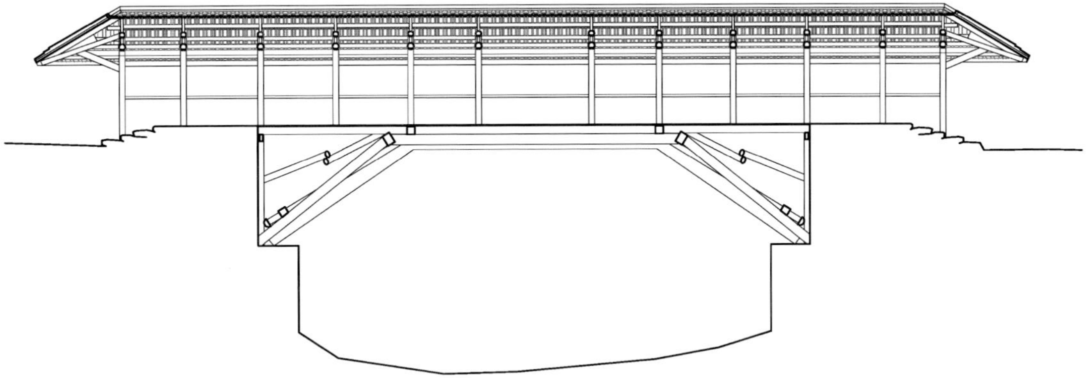
b. 纵剖面

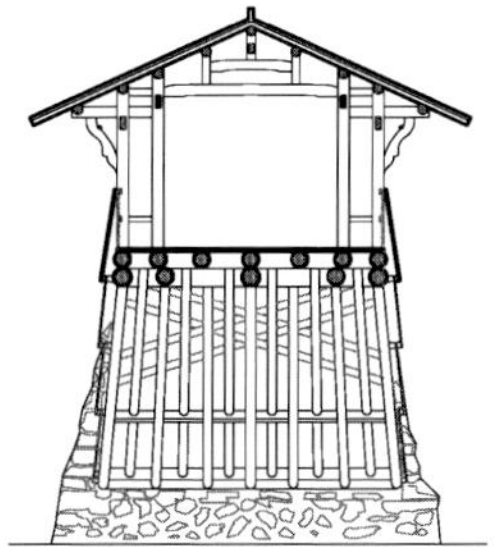
c. 横剖面

图 3-1-45　浙江龙泉合兴桥实测图

6. 松阳县

现存的木拱廊桥：

八仙桥，坐落于裕溪乡凤弄源村；建于民国二十六年（1927 年）；系八字撑架拱廊桥，全长约 10.4 米，总宽约 3.55 米；廊屋 3 间，四坡顶。

（三）绍兴市的木拱廊桥

现存的木拱廊桥：

上三坑风雨桥，又名梅树坂桥，坐落于新昌县巧英乡上三坑村，横跨三泾溪，南北走向；建于清嘉庆十九年（1814 年）；系人字与八字组合撑架拱廊桥，全长约 16 米，总宽约 4.87 米，净跨约 10 米，距正常水位约 5 米；廊屋 5 间，四柱七檩梁架，悬山顶；县级文物保护单位。

图 3-1-46　浙江奉化卧渡桥

（四）宁波市的木拱廊桥

现存的木拱廊桥：

外应桥，坐落于奉化区锦屏街道外应村，横跨锦溪，南北走向；始建年代不详，现为清代建造；系八字撑架拱廊桥，全长约 16.46 米，总宽约 4.4 米；廊屋 5 间，四柱五檩梁架，悬山顶。

卧渡桥（见图 3-1-46），又名双桥，坐落于奉化区萧王庙街道袁家岙村，横跨龙溪；建于乾隆二十四年（1759 年），民国十年（1921 年）重建；系斜撑与八字形组合撑架拱廊桥，全长约 24 米，总宽约 6.4 米；廊屋 7 间，六柱七檩梁架，悬山顶。

（五）衢州市的木拱廊桥

近年新建的木拱廊桥：

黄土岭桥，坐落于柯城区七里乡；建于 2006 年；系编木拱梁廊桥，全长约 16 米，总宽约 3.6 米，净跨约 12.5 米；廊屋 11 间，单檐歇山顶，中间出单檐歇山顶。

二、福建省的木拱廊桥

（一）宁德市的木拱梁廊桥

1. 寿宁县

现存的木拱廊桥：

鸾峰桥（见图 3-1-47），又名下党桥、水尾桥，坐落于下党乡下党村水尾，横跨长溪，南北走向；始建于明代，清嘉庆五年（1800 年）重建，1964 年、1983 年先后重修；系编木拱梁廊桥，全长约

47.6米，总宽约4.9米，净跨约37.2米，距正常水位高约17.2米；廊屋17间，四柱九檩梁架，悬山顶，两端山面加披檐；2006年被公布为第六批全国重点文物保护单位——闽东北廊桥。

杨梅州桥（见图3-1-48），又名飞云桥，坐落于坑底乡司前村杨梅州自然村，东西走向；始建于清乾隆五十六年（1791年），道光二十一年（1841年）、同治八年（1869年）先后重修，民国二十八年（1939年）重建；系编木拱梁廊桥，全长约42.5米，总宽约4.2米，净跨约35.7米；廊屋17间，四柱九檩梁架，悬山顶，两端山面加披檐；2006年被公布为第六批全国重点文物保护单位——闽东北廊桥。

飞云桥（见图3-1-49），又名步云桥、后墩桥，坐落于鳌阳镇后墩村，横跨蟾溪，东南至西北走向；始建于明天顺七年（1463年），清嘉庆二十三年（1818年）、光绪二年（1876年）、民国二十七年（1938年）分别重修，1995年修缮；系编木拱梁廊桥，全长约29.2米，总宽约5.3米，净跨约18.8米；廊屋13间，悬山顶，中3间出重檐歇山顶；2006年被公布为第六批全国重点文物保护单位——闽东北廊桥。

升平桥（见图3-1-50），又名横溪桥，坐落于鳌阳镇，横跨蟾溪，南北走向；始建于明天顺元年（1457年），明隆庆五年（1571年）、清乾隆四十三年（1778年）分别重建，1997年重修；系编木拱梁廊桥，全长约25.4米，总宽约5.6米，净跨约23.4米；廊屋11间，四柱九檩梁架，单檐歇山顶，中间出单檐歇山顶；2006年被公布为第六批全国重点文物保护单位——闽东北廊桥。

仙宫桥（见图3-1-51），又名玉带桥，坐落于鳌阳镇，横跨蟾溪，东西走向；始建于明天顺年间（1457—1464年），清乾隆三十二年（1767年）重建，1992年重修；系编木拱梁廊桥，全长约27米，总宽约5.1米，净跨约24.5米；廊屋13间，四柱九檩梁架，悬山顶，中间及两端出八角攒尖顶；2006年被公布为第六批全国重点文物保

图3-1-47　福建寿宁鸾峰桥

图3-1-48　福建寿宁杨梅州桥

图3-1-49　福建寿宁飞云桥

图3-1-50　福建寿宁升平桥

图3-1-51　福建寿宁仙宫桥

护单位——闽东北廊桥。

登云桥（见图3-1-52），又称杨梅桥，坐落于鳌阳镇杨梅村，横跨蟾溪，南北走向；始建于清乾隆三十六年（1771年），民国年间（1911—1949年）重修；系编木拱梁廊桥，全长约33.8米，总宽约4.2米，净跨约30.8米；廊屋17间，悬山顶，两端山面出披檐；2006年被公布为第六批全国重点文物保护单位——闽东北廊桥。

杨溪头桥（见图3-1-53），坐落于下党乡杨溪头村，横跨后溪，东西走向；始建于清道光二十年（1840年），1967年重建，1969年重修；系编木拱梁廊桥，全长约50.5米，总宽约4.96米，净跨约36.56米，距正常水位高约12.1米；廊屋17间，悬山顶，两端山面加披檐；县级文物保护单位。

张坑桥（见图3-1-54），原坐落于芹洋乡张坑村，横跨溪源溪，南北走向，现坐落于芹阳乡尤溪村，南北走向；始建于清道光八年（1828年），1954年重修，2006年因牛头山水电站建设迁建至现址；系编木拱梁廊桥，全长约40米，总宽约5米，净跨约33.4米；廊屋17间，四柱九檩梁架，悬山顶；县级文物保护单位。

长濑溪桥（见图3-1-55），原坐落于芹洋乡长濑溪村，横跨长溪，东南至西北走向，现坐落于芹洋乡芹洋村，南北走向；建于清道光九年（1829年），2006年因牛头山水电站建设迁建至现址；系编木拱梁廊桥，全长约39.2米，总宽约5.2米，净跨约32米；廊屋15间，四柱九檩梁架，悬山顶；县级文物保护单位。

里仁桥（见图3-1-56），又名尤溪桥，坐落于芹洋乡尤溪村，横跨长溪，南北走向；建于清道光十二年（1832年）；系编木拱梁廊桥，全长约26.4米，总宽约5.6米，净跨约21米；廊屋13间，四柱九檩梁架，悬山顶；县级文物保护单位。

文明桥（见图3-1-57），又名尤溪上桥，坐落于芹洋乡尤溪村，横跨长溪，南北走向；建于清道光十二年（1832年），光绪十二年（1886年）重修；系编木拱梁廊桥，全长约23.5米，总宽约4.6米，净跨约16.7米；廊屋11间，四柱九檩梁架，悬山顶；县级文物保护单位。

大宝桥（见图3-1-58），又名小东下桥，坐落于坑底乡小东村，横跨后溪，东南至西北走向；始建于明代，清光绪四年（1878年）重建；系编木拱梁廊桥，全长约44.3米，总宽约4.6米，净跨约33.1米；廊屋19间，四柱九檩梁架，悬山顶，两端山面加披檐；2005年被公布为第六批省级文物保护单位。

小东上桥（见图3-1-59），坐落于坑底乡小东村，南北走向；建于清嘉庆六年（1801年），民国八年（1919年）重修；系编木拱梁廊桥，全长约21.4米，总宽约4.6米，净跨约16.4米；廊屋8间，悬山顶；县级文物保护单位。

单桥（见图3-1-60），坐落于坑底乡猛虎林村，南北走向；始建于清乾隆五十七年（1792年），民国二十八年（1939年）重建，系编木拱梁廊桥，全长约20.1米，总宽约4.1米，净跨约16.3米；廊屋8间，悬山顶，两端山面加披檐；县级文物保护单位。

福寿桥（见图3-1-61），又名坝头溪桥，坐落于犀溪镇犀溪村，南北走向；建于清嘉庆十九年（1814年），民国十九年（1930年）重修；系编木拱梁廊桥，全长约40.7米，总宽约4.9米，净跨约32.8米；廊屋18间，悬山顶；县级文物保护单位。

寿春桥（见图3-1-62），又名翁坑桥，坐落于犀溪镇翁坑村，南北走向；始建于清康熙三十二年（1693年），清同治九年（1870年）重建，1995年、2005年先后重修；系编木拱梁廊桥，全长约19.6米，总宽约4.2米，净跨约12.4米；廊屋7间，悬山顶；县级文物保护单位。

红军桥（见图3-1-63），坐落于犀溪镇李家山村，横跨寿宁、泰顺两县的交界溪，南北走向；建于1954年；系编木拱梁廊桥，全长约39米，总宽约5米，净跨约32.9米；廊屋15间，四柱九檩梁架，悬山顶，山面加披檐；县级文物保护单位。

图 3-1-52　福建寿宁登云桥

图 3-1-53　福建寿宁杨溪头桥

图 3-1-54　福建寿宁张坑桥

图 3-1-55　福建寿宁长濑溪桥

图 3-1-56　福建寿宁里仁桥

图 3-1-57　福建寿宁文明桥

图 3-1-58　福建寿宁大宝桥

图 3-1-59　福建寿宁小东上桥

图 3-1-60　福建寿宁单桥

图 3-1-61　福建寿宁福寿桥

图 3-1-62　福建寿宁寿春桥

图 3-1-63　福建寿宁红军桥

回澜桥（见图 3–1–64），又名渤潭桥、当中桥，坐落于南阳镇南阳村，东南至西北走向；建于清光绪十九年（1893 年），1959 年遭拆除，1964 年重建；系编木拱梁廊桥，全长约 26 米，总宽约 5.2 米，净跨约 17.2 米；廊屋 10 间，悬山顶；县级文物保护单位。

普济桥（见图 3–1–65），又名溪南桥，坐落于南阳镇溪南村，东南至西北走向；始建于明代，1966 年重建；系编木拱梁廊桥，全长约 25 米，总宽约 5 米，净跨约 16.4 米；廊屋 9 间，悬山顶；县级文物保护单位。

外垟垱桥（见图 3–1–66），又名水尾桥，坐落于南阳镇含头村，横跨渔溪，南北走向；建于清乾隆四十七年（1782 年）；系八字撑架拱廊桥，全长约 14.7 米，总宽约 3.9 米，净跨约 9.5 米；廊屋 7 间，悬山顶。

碑坑观音桥（见图 3–1–67），坐落于下党乡碑坑村，南北走向；建于清康熙六年（1667 年），2000 年重修；系八字撑架拱廊桥，全长约 22 米，总宽约 6 米，净跨约 14.5 米；廊屋 5 间，组合式屋顶，中间出单檐歇山顶，两端接 3 间重檐歇山顶。

观音桥，又名大石桥，坐落于凤阳镇大石村，南北走向；始建年代不详，清道光二十年（1840 年）重建；系八字撑架拱廊桥，全长 31 米，总宽约 5.1 米，净跨约 12 米；廊屋 11 间，四柱九檩梁架，单檐歇山顶，中 3 间出重檐歇山顶。

奖禄上桥（见图 3–1–68），坐落于斜滩镇奖禄村上村自然村，南北走向；建于民国三十三年（1944 年）；系八字撑架拱廊桥，全长约 23.6 米，总宽约 4.2 米，净跨约 6.5 米；廊屋 7 间，中间出悬山顶。

葫芦门桥（见图 3–1–69），又称宫桥，坐落于斜滩镇奖禄村葫芦门自然村，南北走向；建于清咸丰年间（1851—1861 年），民国三十四年（1945 年）重建；系八字撑架拱廊桥，全长约 12 米，总宽约 4.6 米，净跨约 10.8 米；廊屋 5 间，悬山顶。

图 3–1–64　福建寿宁回澜桥

图 3–1–65　福建寿宁普济桥

图 3–1–66　福建寿宁外垟垱桥

图 3-1-67　福建寿宁碑坑观音桥

奖禄下桥（见图 3-1-70），坐落于斜滩镇奖禄村下村自然村；建于民国三十四年（1945 年）；系八字撑架拱廊桥；廊屋 5 间，悬山顶，中 3 间屋面略升起。

升仙桥（见图 3-1-71），又称宫桥，坐落于犀溪镇仙峰村，东西走向；始建于清道光十九年（1839 年）；系八字撑架拱廊桥，全长约 26.7 米，总宽约 4.1 米，净跨约 14.5 米；廊屋 9 间，四柱九檩梁架，悬山顶，中 3 间出重檐歇山顶。

奶殿桥（见图 3-1-72），坐落于平溪乡（现平溪镇）柯洋村；始建于清代；系八字撑架拱廊桥，全长约 26.6 米，总宽约 5.6 米，净跨约 19 米；廊屋 11 间，四柱九檩梁架，歇山顶。

已毁的木拱廊桥：

葛家渡桥，坐落于犀溪镇葛家渡村；始建年代不详，清同治十二年（1873 年）重建，1952 年遭火焚毁，1963 年改建为石拱桥。

上地洋桥，坐落于坑底乡上地洋村；1952 年建，1954 年遭洪水冲毁。

大溪头桥，又名永康桥，坐落于斜滩镇大溪头村；始建年代不详，1958 年遭洪水冲毁，1964 年改建为石拱桥。

溪头桥，坐落于县城外深渡；始建于清嘉庆元年（1796 年），1990 年遭火焚毁，1994 年改建为石拱桥；全长约 31.8 米，总宽约 4.75 米，净跨约 28.8 米。

通顺桥，坐落于南阳镇花岭村；始建年代不详，1959 年遭拆毁，改建为石拱桥。

溪底桥，又名溪里桥，在平溪乡（现平溪镇）溪底村水尾；建于清咸丰年间（1851—1861 年），1969 年遭洪水冲毁，1993 年改建为石拱桥。

南溪桥，坐落于平溪乡（现平溪镇）南溪村；建于清乾隆十九年（1754 年），1953 年重建，1969 年遭洪水冲毁。

九岭溪桥，坐落于芹洋乡九岭溪村；建于明天顺七年（1463 年），1973 年遭拆毁，改建为公路桥。

掬下桥，又名华盖桥，始建年代不详，民国二十年（1931 年）重建，1979 年改建为石拱桥。

三枣坑桥，又名三岛桥，坐落于南阳镇官路村三枣坑自然村，1979 年遭拆毁，后在原址下游重建石拱桥。

弄桥，坐落于凤阳乡（现凤阳镇）福后村；建于 1952 年，1979 年遭拆毁，后改建为石拱桥。

图 3-1-68　福建寿宁奖禄上桥

图 3-1-69　福建寿宁葫芦门桥

图 3-1-70　福建寿宁奖禄下桥

图 3-1-71　福建寿宁升仙桥

石马桥，坐落于南阳镇南阳村，建于清光绪年间（1875—1908年），1979年遭火焚毁，1983年于原址改建为石拱廊桥。

元潭桥，又名见龙桥，坐落于斜滩镇元潭村，1958年遭拆毁，改建为公路桥。

前洋桥，坐落于坑底乡前洋村，建于1955年，1980年遭洪水冲毁。

蛇眉桥，坐落于清源乡西溪仔村，建于清乾隆五十四年（1789年），1993年遭拆毁，改建为石拱桥。

城西桥，原名西城桥，坐落于鳌阳镇内，始建于明正统十三年（1448年），清嘉庆二十四年（1819年）改建至城内，1984年遭拆毁，改建为石拱桥。

溪乾桥，坐落于大安乡溪乾村；始建年代不详，1990年遭拆毁，改建为石拱桥。

下坪峰桥，又名双凤桥，坐落于下党乡坪峰村；建于清康熙年间（1662—1722年）建，清嘉庆五年（1800年）重建，1996年遭拆毁，在原址重建为石拱桥；全长约45米，总宽约4.9米，净跨约35.2米。

图 3-1-72　福建寿宁奶殿桥

布罗林桥，坐落于南阳镇官路村布罗林自然村；建于1960年，1998年遭台风摧毁，2000年改建为石拱桥。

刘坪桥，坐落于竹管垅乡刘坪村；建于1950年，1999年遭拆毁；全长约47.6米，总宽约5.1米，净跨约37.6米。

溪坪桥，坐落于托溪乡溪坪村；始建年代不详，1983年遭拆毁，改建为石拱桥。

溪州桥，坐落于托溪乡圈石村溪州自然村；建于清嘉庆十五年（1810年），1984年遭拆毁，改建为石拱桥。

东溪桥，坐落于平溪乡（现平溪镇）东溪村；始建年代不详，1949年重建，1969年遭洪水冲毁，后改建为石拱桥。

坪坑水头桥，坐落于托溪乡坪坑村水头，1980年遭拆毁，改建为石拱桥。

坪坑水尾桥，坐落于托溪乡坪坑村水尾，1985年遭拆毁，改建为石拱廊桥。

西浦岭兜桥，坐落于犀溪乡（现犀溪镇）西浦村岭兜；建于民国十年（1921年），1980年遭拆毁，改建为石拱桥。

溪边桥，坐落于武曲镇小溪村；始建年代不详，1985年倒塌，重建为石拱桥。

近年新建的木拱廊桥：

飞龙桥，坐落于犀溪镇西浦村彭碓洋自然村，横跨彭碓洋溪，东北至西南走向；建于2011年；系编木拱梁廊桥，全长约27.2米，总宽约5.1米，净跨约20.6米；廊屋9间，四柱九檩梁架，单檐歇山顶，中间出单檐歇山顶。

图3-1-73为寿宁县木拱廊桥分布图，图3-1-74—图3-1-79为鸾峰桥等木拱廊桥实测图。

图 3-1-73　福建省宁德市寿宁县木拱廊桥分布图

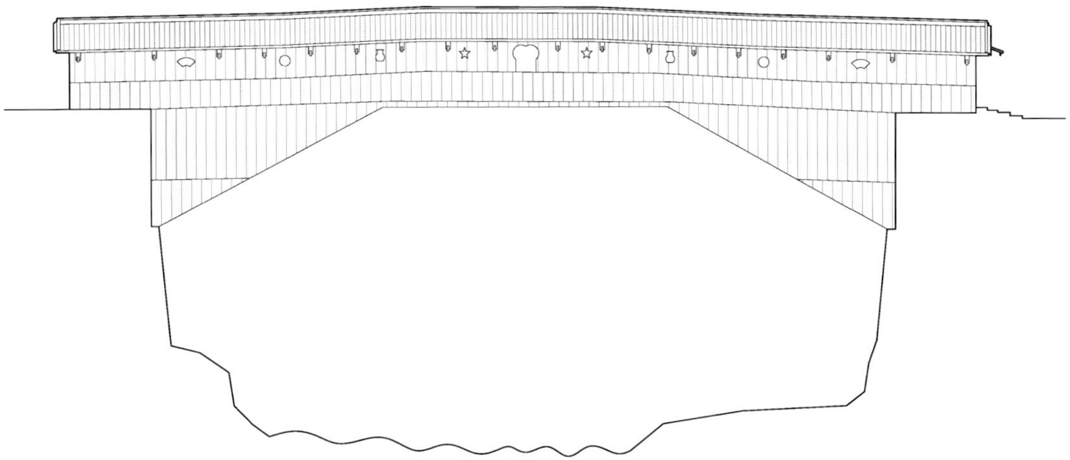
a. 正立面

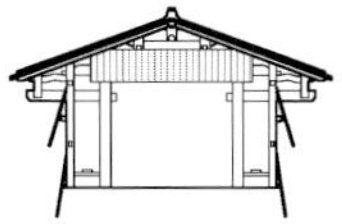
b. 侧立面

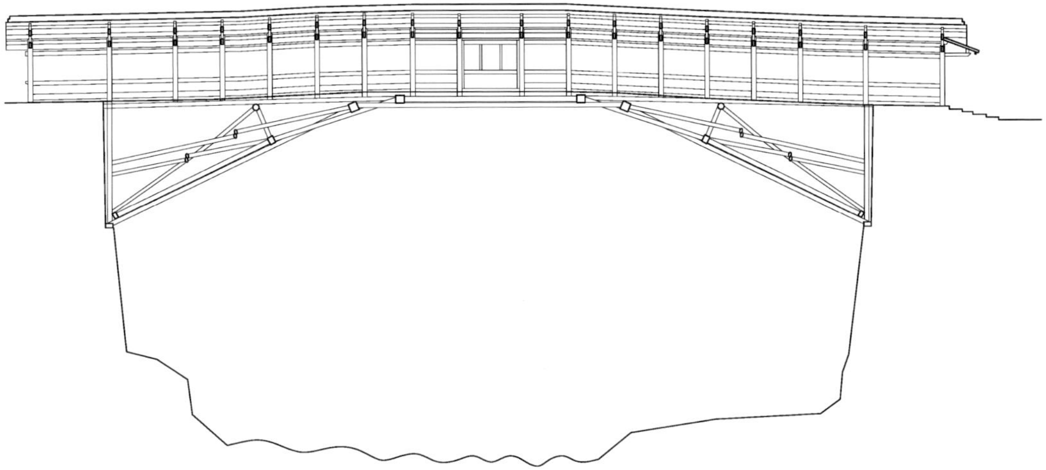
c. 纵剖面

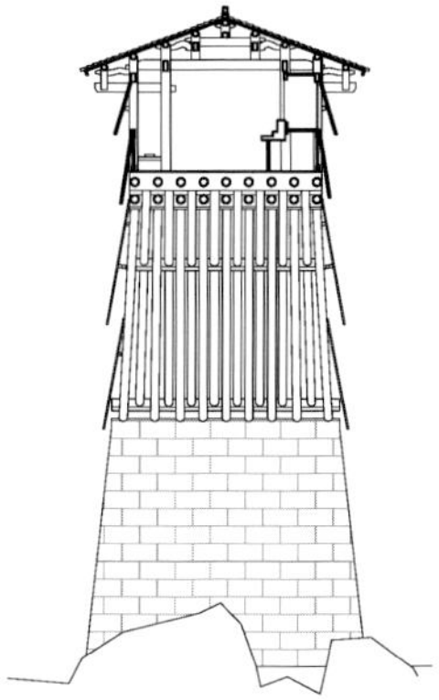
d. 横剖面

图 3–1–74　福建寿宁鸾峰桥实测图

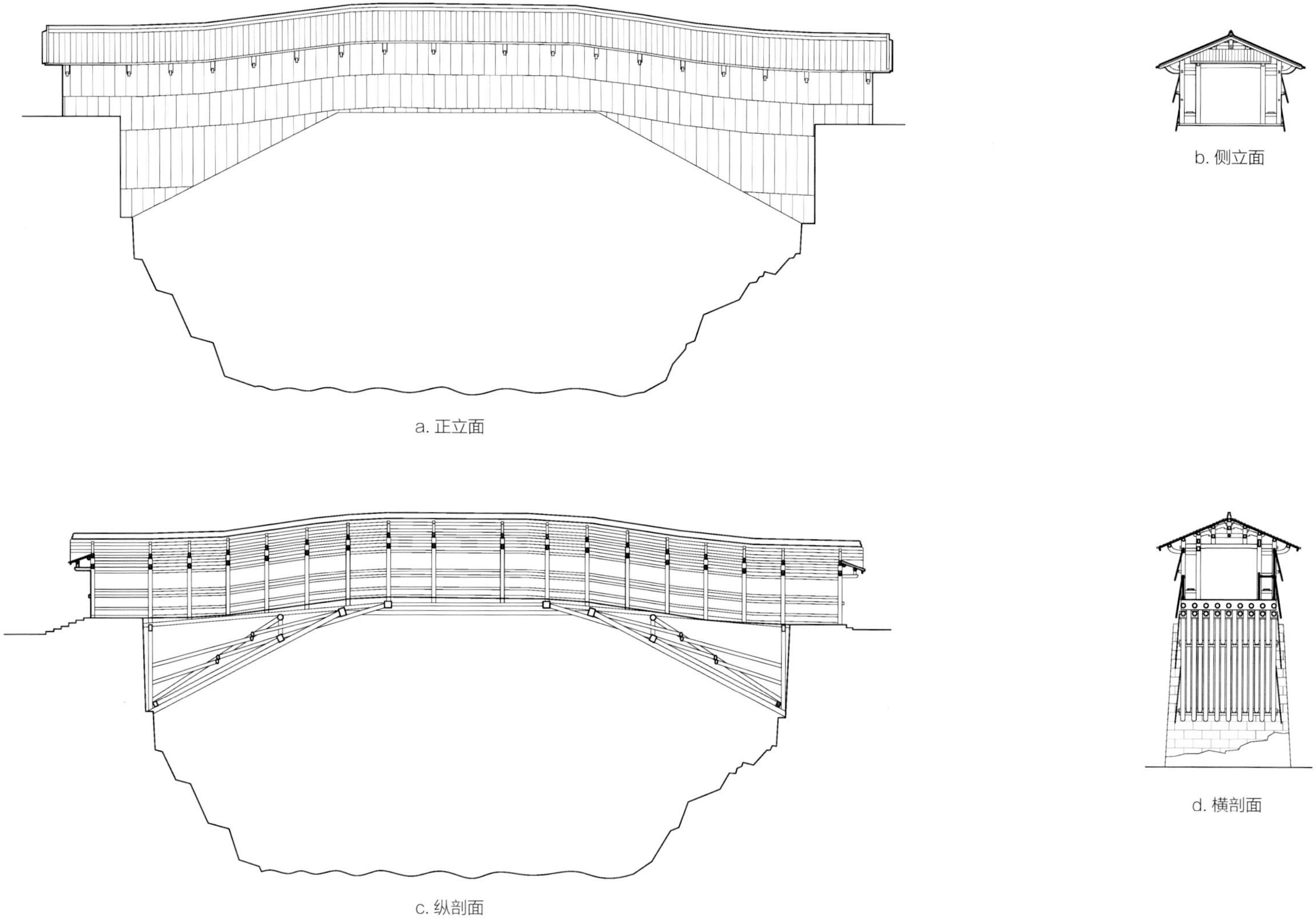

图 3-1-75　福建寿宁杨梅州桥实测图

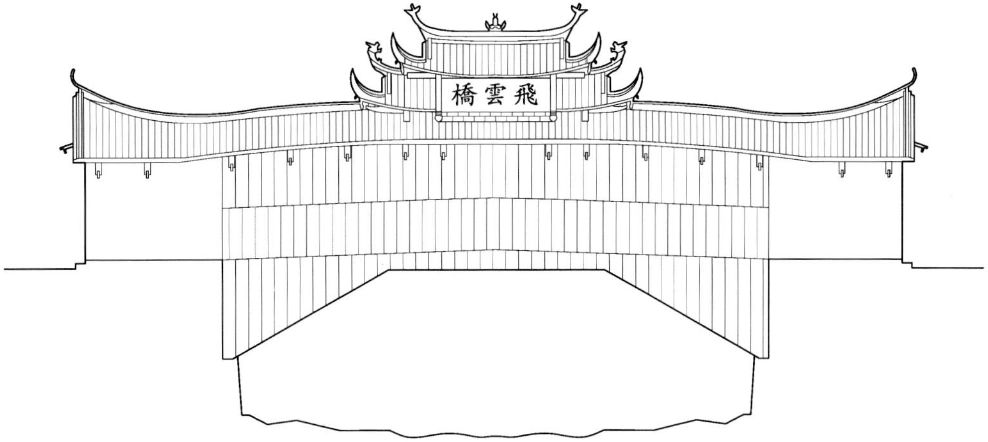

a. 正立面

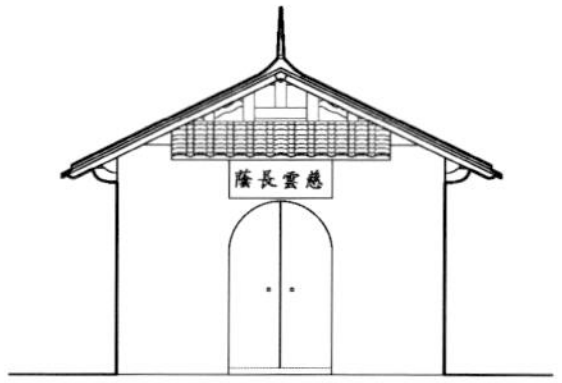

b. 侧立面

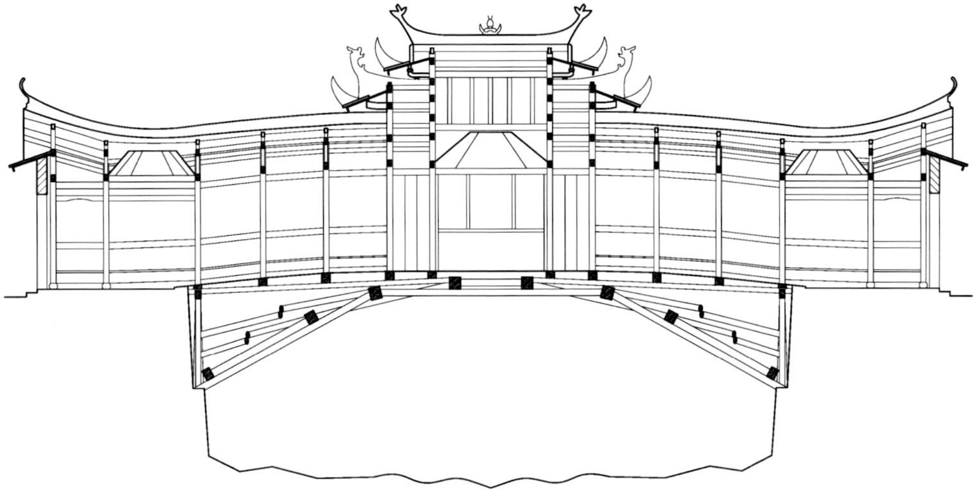

c. 纵剖面

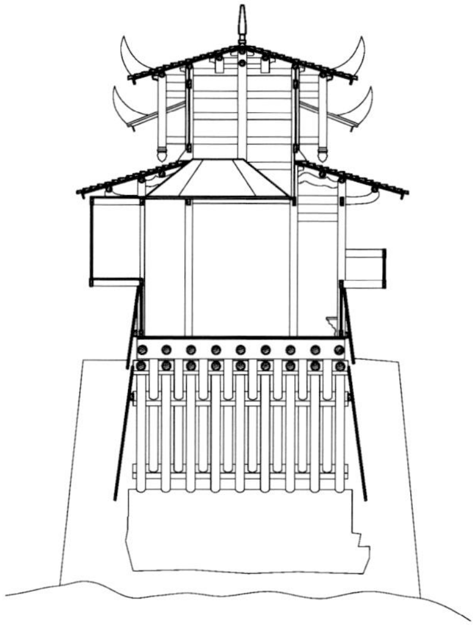

d. 横剖面

图 3–1–76　福建寿宁飞云桥实测图

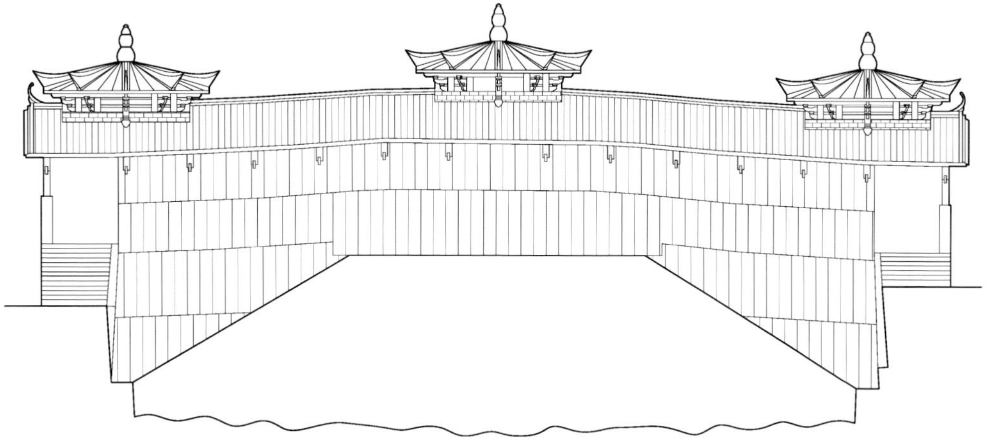

a. 正立面

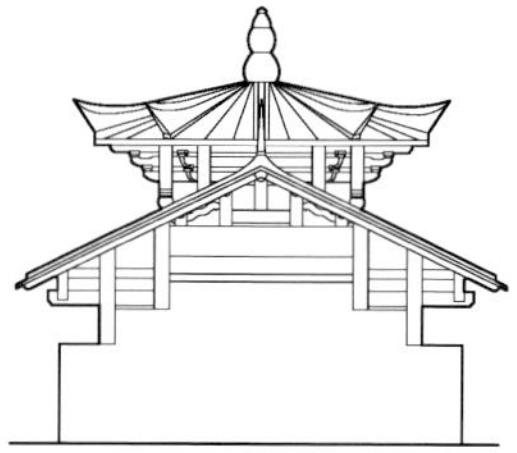

b. 侧立面

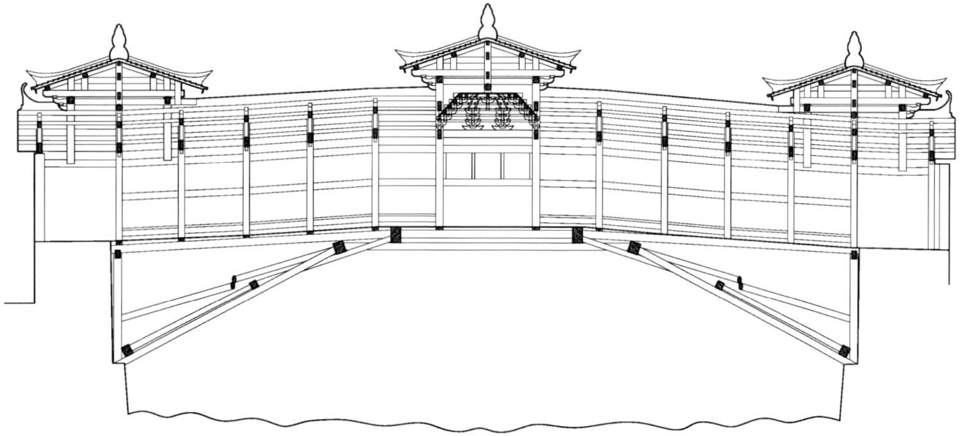

c. 纵剖面

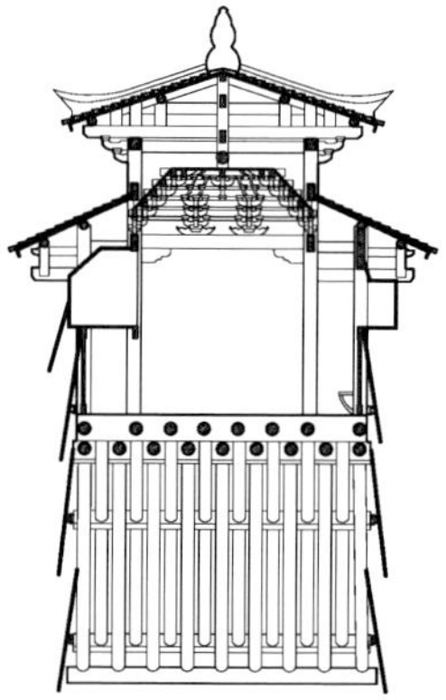

d. 横剖面

图 3-1-77　福建寿宁仙宫桥实测图

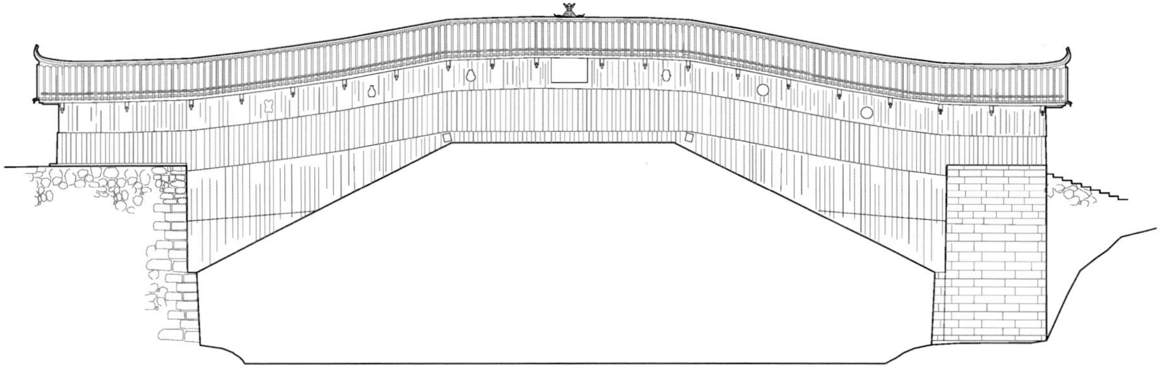

a. 正立面

b. 侧立面

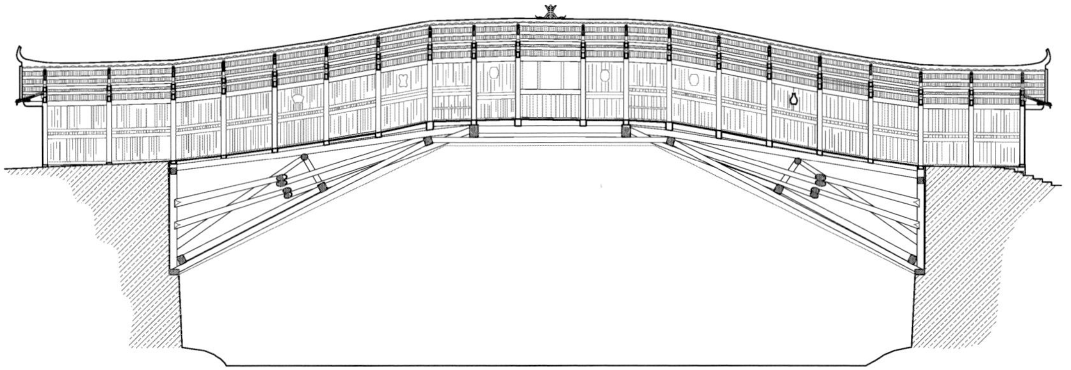

c. 纵剖面

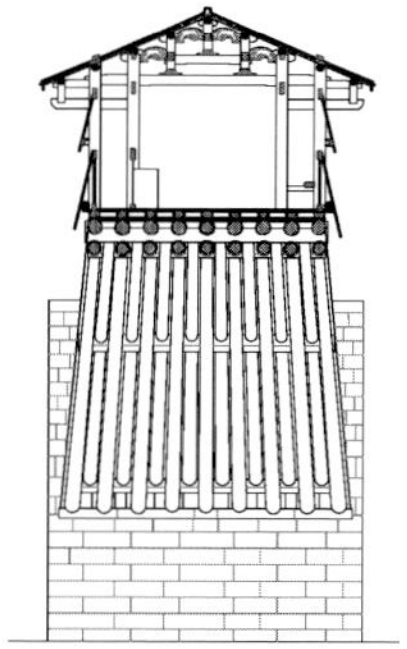

d. 横剖面

图 3-1-78　福建寿宁大宝桥实测图

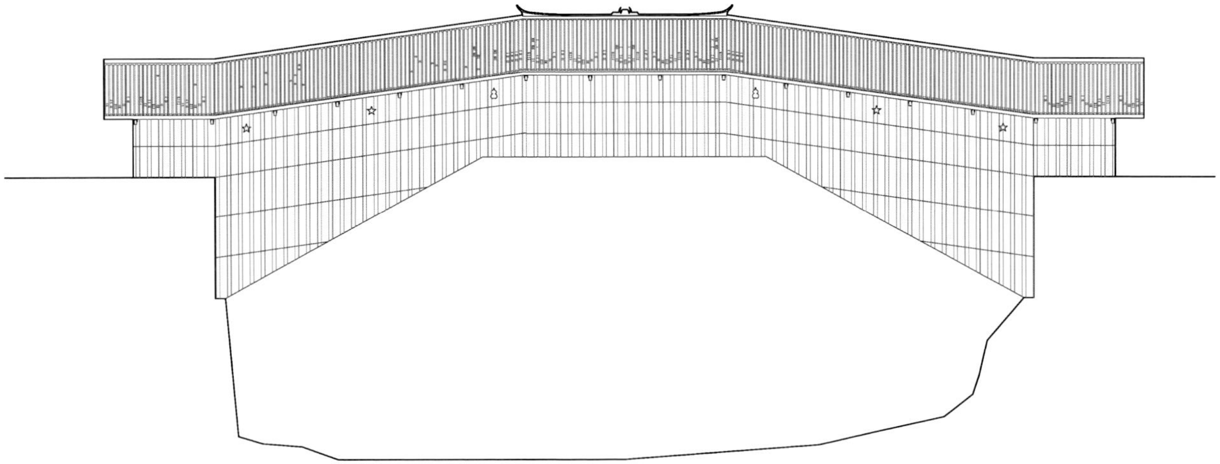

a. 正立面

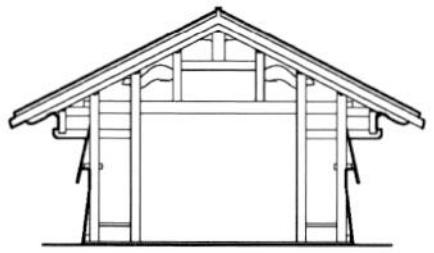

b. 侧立面

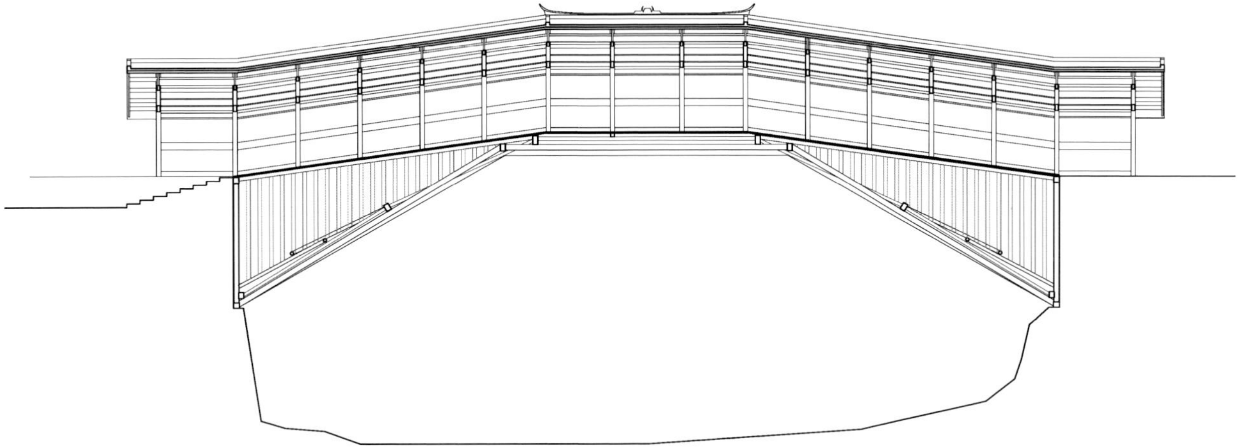

b. 纵剖面

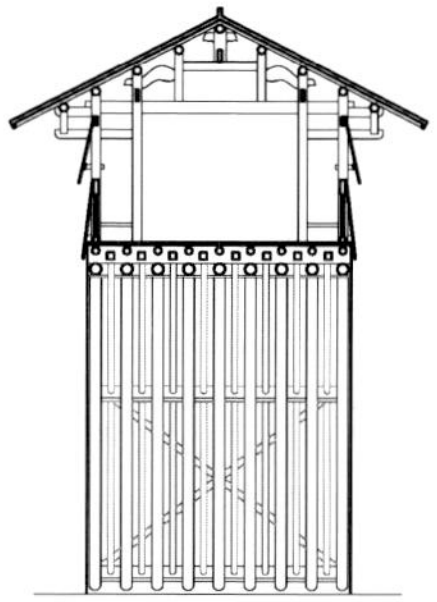

c. 横剖面

图 3–1–79　福建寿宁红军桥实测图

2. 屏南县

现存的木拱廊桥：

万安桥（见图 3–1–80），又名长桥、彩虹桥、龙江公济桥，坐落于长桥镇长桥村；始建于北宋元祐五年（1090 年），清乾隆七年（1742 年）、道光二十五年（1845 年）、民国二十一年（1932 年）先后重建，1954 年重建；系编木拱梁廊桥，五墩六孔，全长约 98.2 米，总宽约 4.7 米，每孔净跨分别为 14.09 米、13.55 米、14.25 米、13.46 米、12.75 米、9.9 米，距正常水位高约 8.5 米；廊屋 37 间，四柱九檩梁架，悬山顶，一端山面加披檐成歇山式；2006 年被公布为第六批全国重点文物保护单位——闽东北廊桥。

千乘桥（见图 3–1–81），坐落于棠口乡棠口村；始建于南宋理宗年间（1224—1264 年），清康熙五十四年（1715 年）、嘉庆二十五年（1820 年）先后重建；系编木拱梁廊桥，一墩两孔，全长约 59.88 米，宽 4.9 米，每孔净跨分别为 25.56 米、26.37 米，距正常水位高 10 米；廊屋 24 间，四柱九檩梁架，单檐歇山顶；2006 年被公布为第六批全国重点文物保护单位——闽东北廊桥。

图 3–1–80　福建屏南万安桥

百祥桥（见图 3–1–82），又名白洋桥、柏松桥，坐落于寿山乡白洋村；始建于宋代，后多次修建，清光绪二十年（1894 年）重建，2006 年遭焚毁，2010 年于原址上游重建；系编木拱梁廊桥，全长约 38 米，总宽约 4.5 米，净跨约 35 米，距正常水位高约 22 米；廊屋 17 间，四柱九檩梁架，单檐歇山顶；2006 年被公布为第六批全国重点文物保护单位——闽东北廊桥。

广利桥（见图 3–1–83），又名花桥，坐落于岭下乡岭下村；始建于宋代，明正统年间（1436—1449 年）重建，清乾隆三十九年（1774 年）重修，1993 年再次重修；系编木拱梁廊桥，全长约 30.5 米，总宽约 4.5 米，净跨约 20.6 米，距正常水位高约 7.3 米；廊屋 11 间，四柱九檩梁架，悬山顶；2005 年被公布为第六批省级文物保护单位。

广福桥（见图 3–1–84），又名溪源桥、开源长桥，坐落于岭下乡岭下村与开源村之间，横跨岭下溪，东南至西北走向；始建于元元统元年（1333），清嘉庆十二年（1807 年）重修；系编木拱梁廊桥，全长约 32 米，总宽约 5 米，净跨约 26 米，距正常水位高约 10.5 米；廊屋 11 间，四柱九檩梁架，悬山顶；2005 年被公布为第六批省级文物保护单位。

龙井桥（见图 3–1–85），坐落于寿山乡白玉村；始建于宋代，清嘉庆二十五年（1820 年）重建，光绪十四年（1888 年）年重修；系编木拱梁廊桥，全长约 27.5 米，总宽约 4.9 米，净跨约 22.2 米，距正常水位高约 6.2 米；廊屋面阔 3 间、进深 13 间，四柱九檩梁架，单檐歇山顶；县级文物保护单位。

龙津桥（见图 3–1–86），又名玉锁桥、溪尾桥，坐落于屏城乡后垅村（现后龙村），东西走向；始建于清代初年，道光二十七年（1847 年）重建；系编木拱梁廊桥，全长约 33.5 米，总宽约 4.5 米，

图 3-1-81　福建屏南千乘桥

净跨约 23 米，距正常水位高约 12 米；廊屋 13 间，四柱九檩梁架，单檐歇山顶；县级文物保护单位。

金造桥（见图 3–1–87），原坐落于棠口乡漈头村金造自然村，现坐落于漈头村的宁屏公路旁，横跨滢漈溪；始建于清嘉庆十三年（1808 年），民国三十七年（1948 年）重建，2005 年因金造桥水电站建设迁建现址；系编木拱梁廊桥，全长约 41.7 米，总宽约 4.8 米，净跨约 32.5 米，距正常水位高约 12 米；廊屋 15 间，四柱九檩梁架，单檐歇山顶；县级文物保护单位。

清晏桥（见图 3–1–88），又名暗桥，坐落于熙岭乡前塘村，东西走向；建于清光绪三十一年（1905 年）；系编木拱梁廊桥，全长约 26.4 米，总宽约 4.5 米，净跨约 21.8 米，距正常水位高约 13.5 米；廊屋 11 间，四柱九檩梁架，单檐歇山顶；县级文物保护单位。

惠风桥，又名黄宅桥、泮地桥，坐落于黛溪镇（现代溪镇）泮地村，东南至西北走向；建于清康熙年间（1622—1722 年），民国三十年（1941 年）重建，1998 年重修；系编木拱梁廊桥，全长约 32.2 米，总宽约 4.5 米，净跨约 23.5 米，距正常水位高约 12 米；廊屋 11 间，四柱九檩梁架，悬山顶。

锦溪桥，又名溪里桥，坐落于熙岭乡溪里村；始建年代不详，清代初年重建，1970 年再次重建；系编木拱梁廊桥，全长约 37.8 米，总宽约 4.3 米，净跨约 20 米，距正常水位高约 7.8 米；廊屋 11 间，四柱九檩梁架，悬山顶；县级文物保护单位。

樟口桥，又名樟源下桥，坐落于黛溪镇（现代溪镇）樟源村；始建年代不详，清咸丰五年（1855 年）、1955 年先后重建；系编木拱梁廊桥，全长约 26 米，总宽约 3.8 米，净跨约 18.5 米，距正常水位高约 5.5 米；廊屋 9 间，四柱九檩梁架，悬山顶；县级文物保护单位。

迎风桥，又名陆地桥，坐落于屏城乡陆地村，东西走向；始建于清咸丰四年（1854 年），光绪三十年（1904 年）重建；系编木

图 3–1–82　福建屏南百祥桥（重建前）

图 3–1–83　福建屏南广利桥

图 3-1-84 福建屏南广福桥

图 3-1-85 福建屏南龙井桥

图 3-1-86 福建屏南龙津桥

图 3-1-87 福建屏南金造桥

图 3-1-88 福建屏南清晏桥

拱梁廊桥，全长约 26.52 米，总宽约 3.45 米，净跨约 13.39 米，距正常水位高约 8 米；廊屋 9 间，两柱七檩梁架，悬山顶；县级文物保护单位。

已毁的木拱廊桥：

金钟桥，又名虾姑桥，坐落于屏南县黛溪镇（现代溪镇）忠洋村；始建于明崇祯年间（1628—1644 年），清道光五年（1825 年）重建，20 世纪 90 年代遭拆毁；全长约 38 米，总宽约 4 米，净跨约 36 米。

长澜桥，坐落于棠口乡，横跨岭下溪；始建于清康熙年（1662—1722 年），嘉庆十七年（1812 年）重建，1976 年遭拆毁，于原址重建为公路桥；全长约 40 米，总宽约 4.5 米，净跨约 35.3 米，距正常水位高约 15 米。

溪坪桥，坐落于棠口乡漈头村，横跨金造溪；始建于清代初年，民国元年（1911 年）重建，20 世纪 90 年代遭拆毁，重建为公路桥；原桥全长约 34.3 米，总宽约 4.3 米，净跨约 28.3 米，距正常水位高约 11 米。

三石桥，又名长宦桥，坐落于黛溪镇（现代溪镇）长宦村；建于清光绪十四年（1888 年），20 世纪 80 年代遭拆毁，重建为公路桥；全长约 33 米，总宽约 4.5 米，净跨约 22 米。

樟源上桥，坐落于黛溪镇（现代溪镇）樟源村；建于清道光十七年（1837 年），光绪十七年（1891 年）重修，1998 年倒塌；一墩两孔，全长约 27.4 米，总宽约 3.6 米，单孔净跨约 12.5 米。

新乡花桥，又名横山桥，坐落于长桥镇新乡村水尾；建于清道光年间（1821—1850 年），1980 年遭焚毁；一墩两孔，全长约 39 米，总宽约 4.9 米，单孔净跨约 13 米。

西霖桥，又名西亭桥，坐落于长桥镇长桥村；始建年代不详，1980 年遭洪水冲毁，后改建为木桥；全长约 20 米，总宽约 4 米，净跨约 15 米。

近年新建的木拱廊桥：

双龙桥，现坐落于双溪镇白水洋风景区，横跨白水洋上游峡谷，东北至西南走向；原坐落于鸳鸯溪上游，2006 年于现址重建；系编木拱廊桥，两墩三孔，全长约 59.87 米，总宽约 4.19 米，三孔跨度分别为 17.77 米、16.20 米、17.72 米，距正常水位高约 9 米；廊屋 25 间，四柱九檩梁架，歇山顶，中 3 间出重檐八角攒尖顶，双龙脊饰。

十锦桥（见图 3–1–89），坐落于长桥镇慈云村，东西走向；2008 年建；系编木拱廊桥，全长约 12.84 米，总宽约 3.0 米，净跨约 9.79 米；廊屋 5 间，四柱九檩梁架，单檐歇山顶。

图 3–1–90 为屏南县木拱廊桥分布图，图 3–1–91—图 3–1–96 为万安桥等木拱廊桥实测图。

图 3–1–89　福建屏南十锦桥

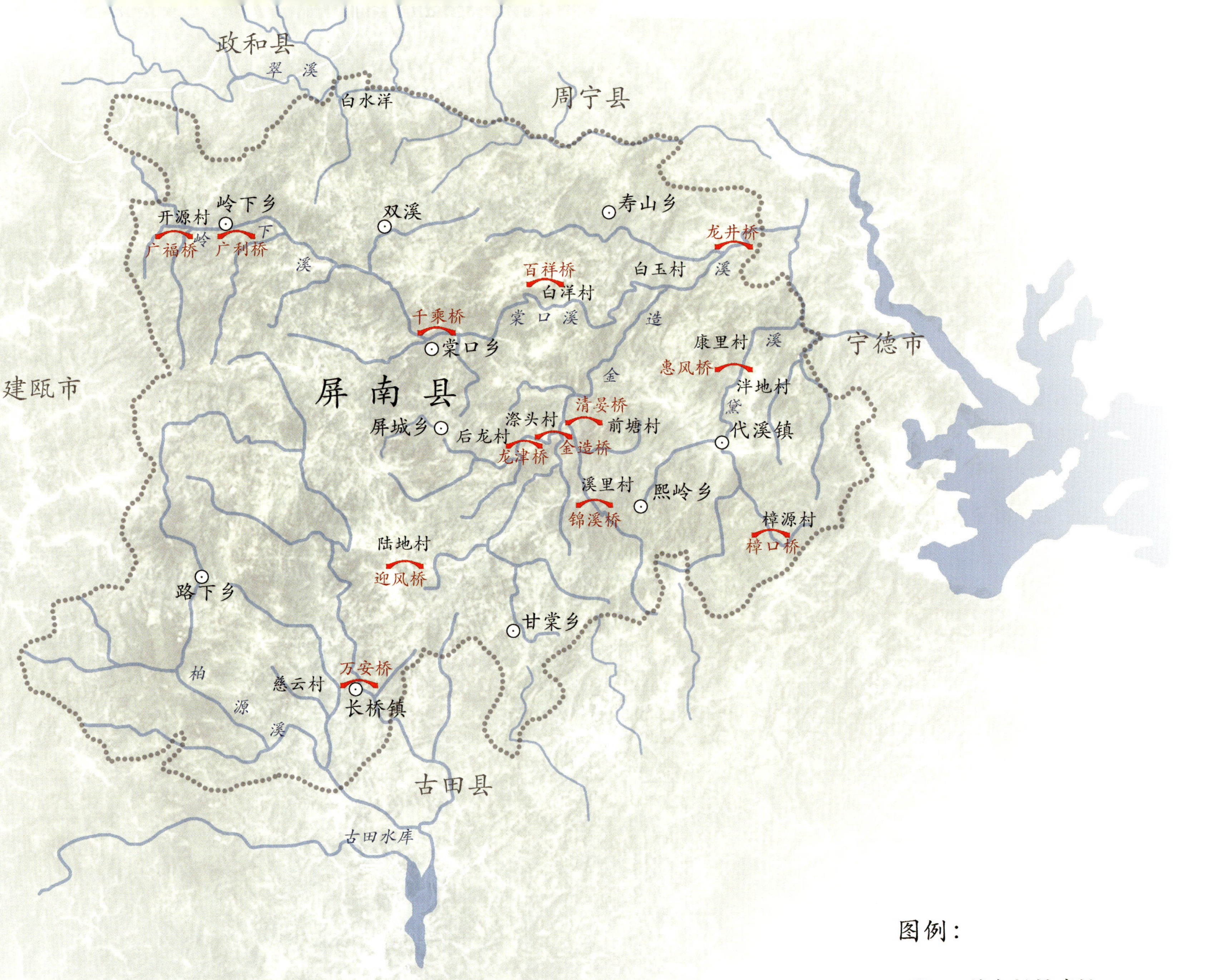

图 3-1-90　福建省宁德市屏南县木拱廊桥分布图

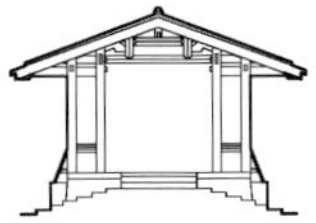

a. 东南立面

b. 西北立面

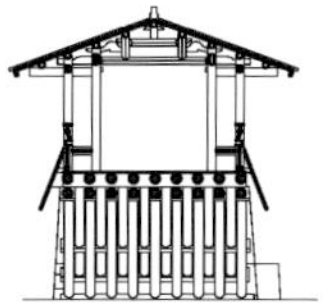

c. 横剖面

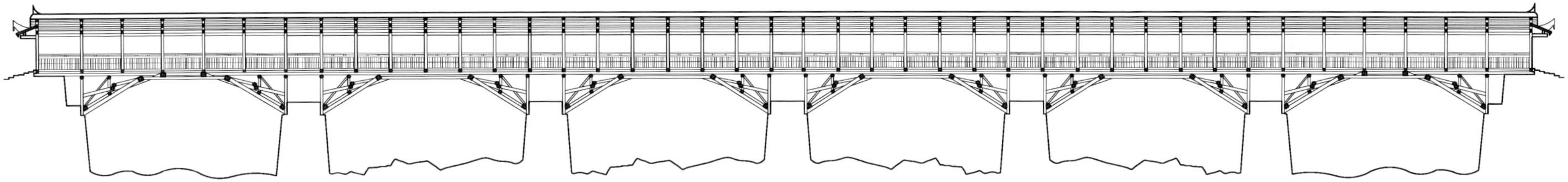

d. 西南 - 东北立面

图 3–1–91　福建屏南万安桥实测图

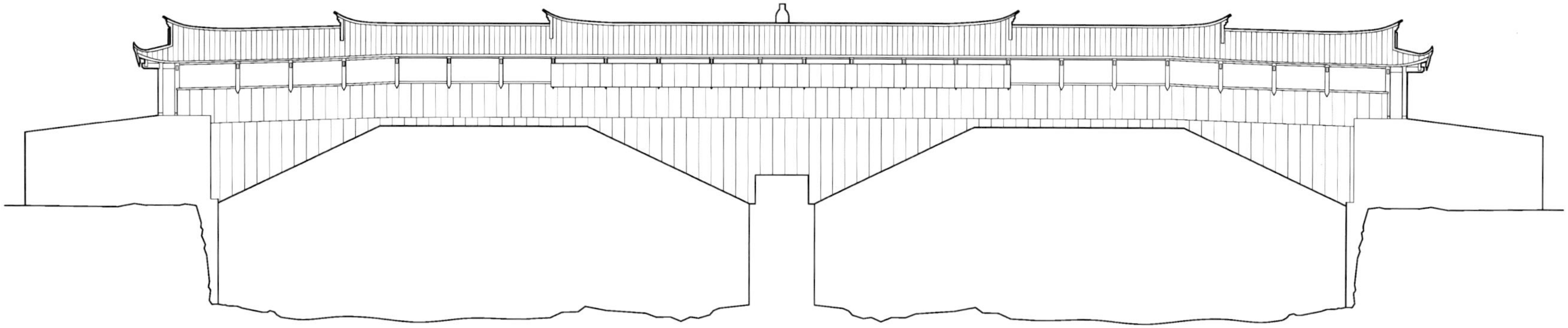

a. 正立面

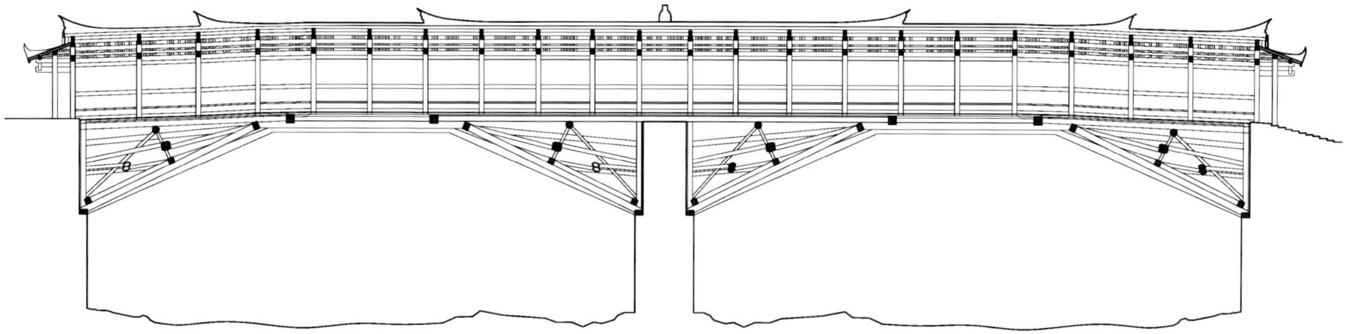

b. 纵剖面

图 3–1–92　福建屏南千乘桥实测图

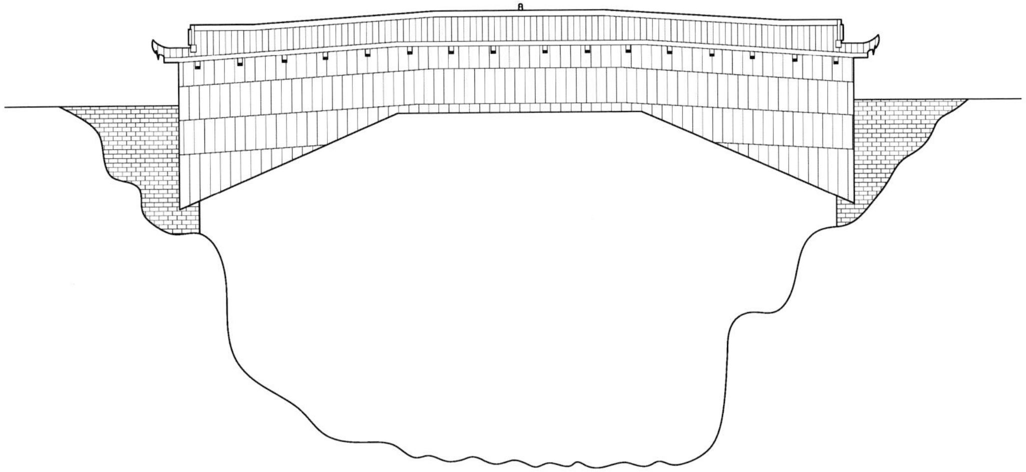

a. 正立面

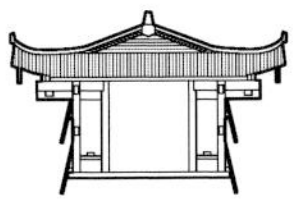

b. 侧立面

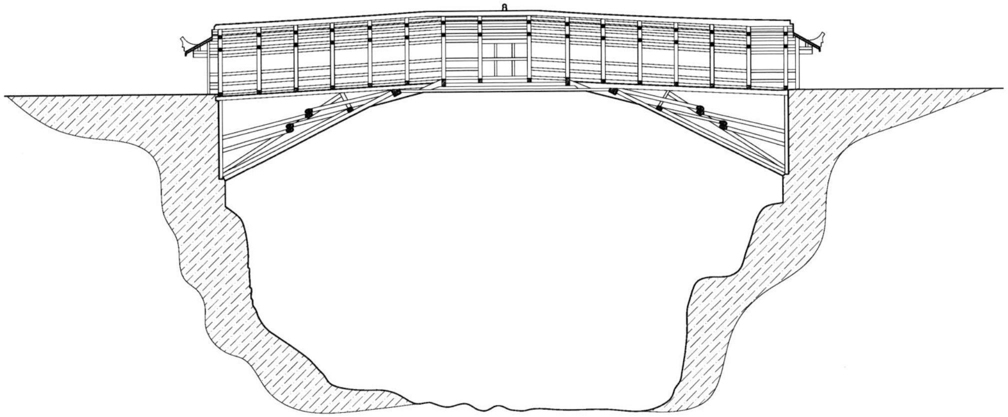

c. 纵剖面

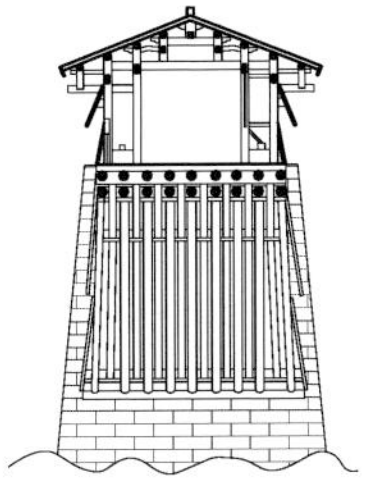

d. 横剖面

图 3-1-93　福建屏南百祥桥实测图

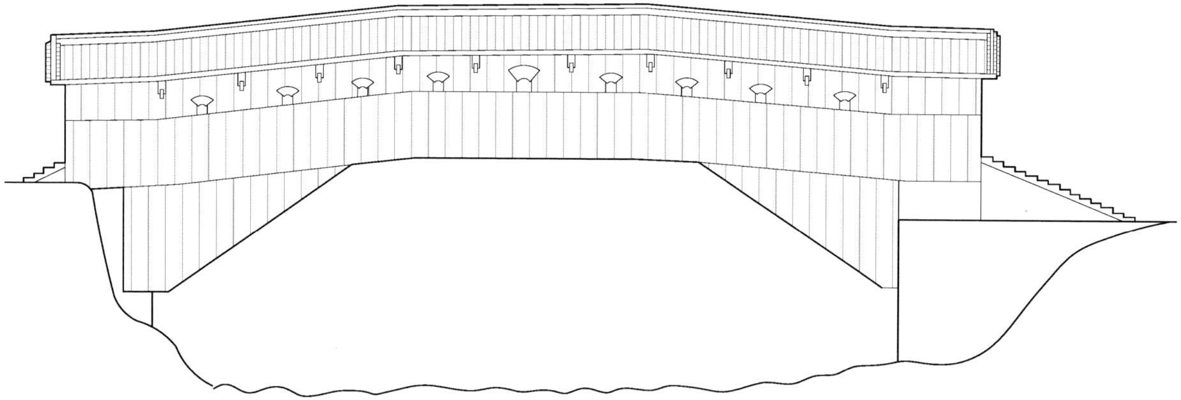

a. 正立面

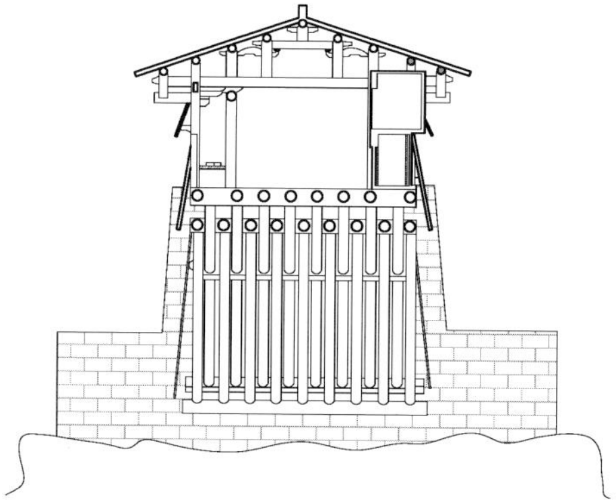

b. 横剖面

图 3–1–94　福建屏南广利桥实测图

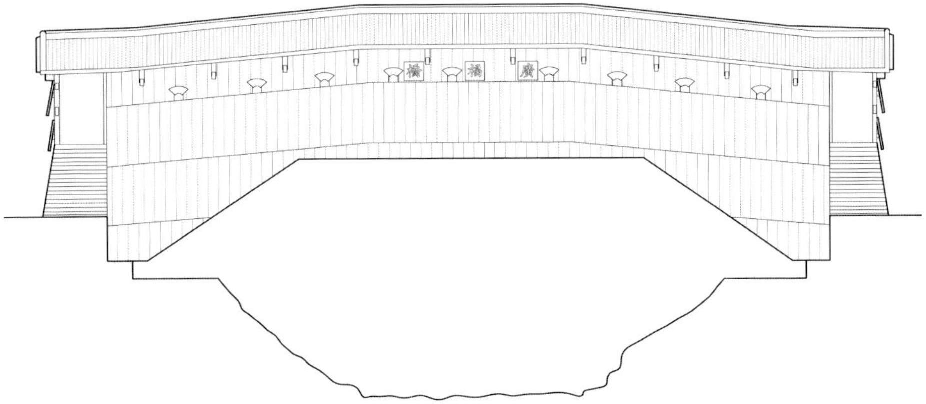

a. 正立面

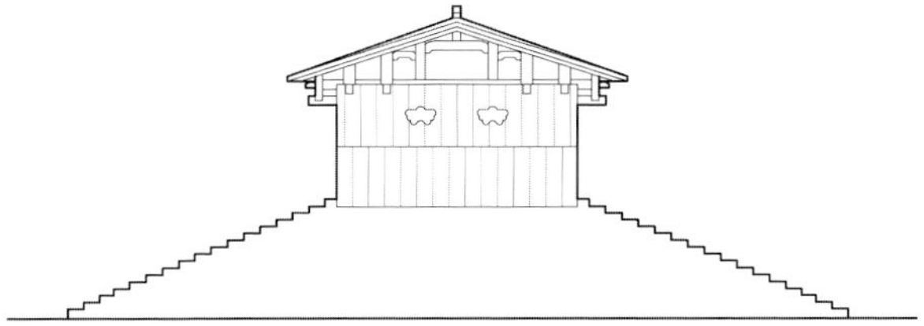

b. 侧立面

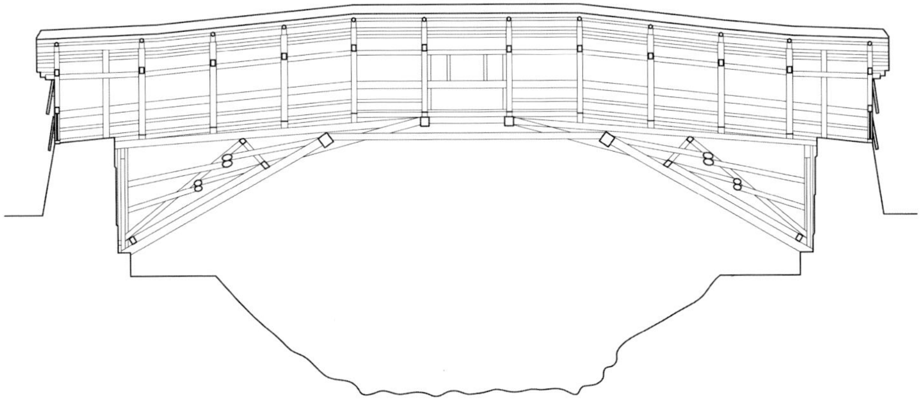

c. 纵剖面

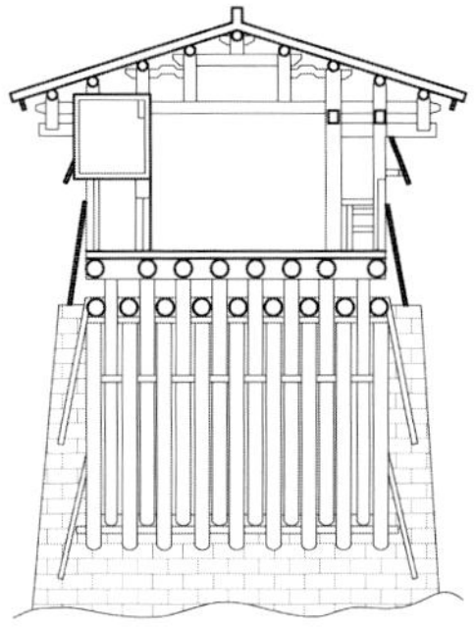

d. 横剖面

图 3–1–95　福建屏南广福桥实测图

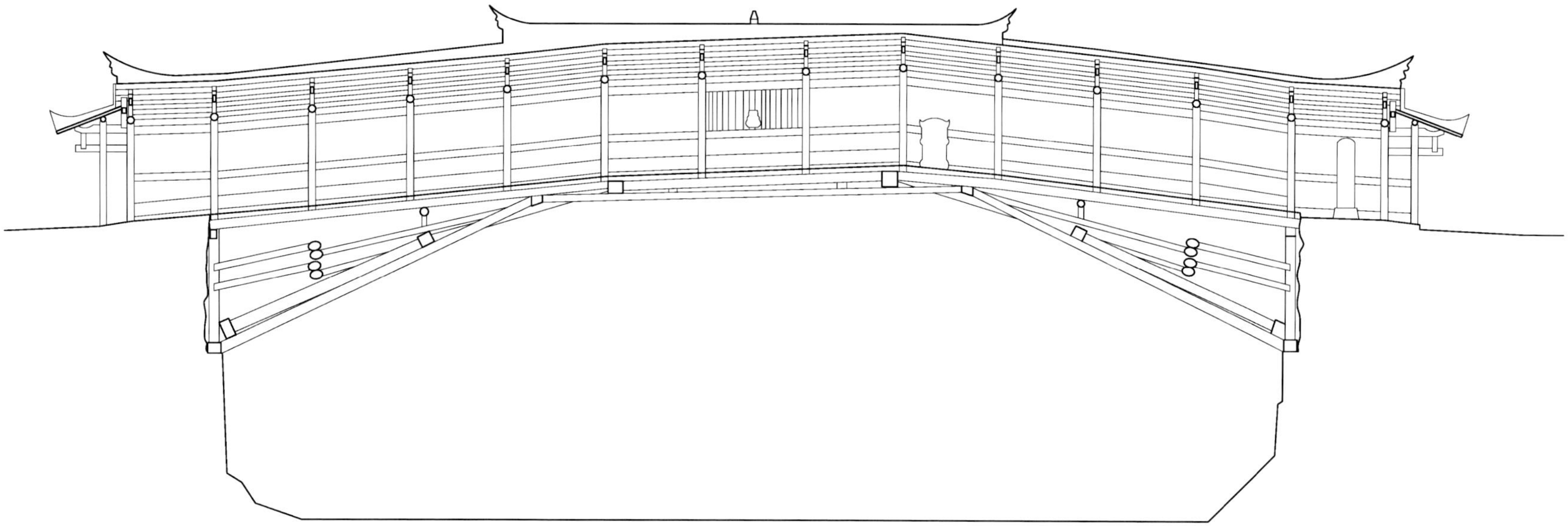

纵剖面图

图 3–1–96　福建屏南金造桥实测图

2. 周宁县

现存的木拱廊桥：

登龙桥（见图 3-1-97），坐落于七步镇八蒲村，南北走向；始建于清康熙十六年（1677 年），康熙五十六年（1717 年）重建，乾隆三十九年（1774 年）重修，道光十六年（1836 年）重建，1986 年重修；系编木拱梁廊桥，全长约 38 米，总宽约 4.9 米，净跨约 23.5 米，距正常水位高约 9 米；廊屋 15 间，四柱九檩梁架，硬山顶；2005 年被公布为第六批省级文物保护单位。

后垅桥（见图 3-1-98），又名渡头桥，坐落于礼门乡后垅村，东西走向；始建年代不详，清乾隆年间（1736—1795 年）重修，咸丰十一年（1861 年）重建，民国十年（1921 年）遭焚毁，1964 年重建，2006 年重修；系编木拱梁廊桥，全长约 36.5 米，总宽约 4.8 米，净跨约 30.2 米，距正常水位高约 18 米；廊屋 13 间，四柱九檩梁架，悬山顶，两端山面加披檐；县级文物保护单位。

三仙桥（见图 3-1-99），又名澄明桥，坐落于纯池镇禾溪村，横跨禾溪，东西走向；始建于明成化三年（1467 年），民国六年（1917 年）重建；系编木拱梁廊桥，全长约 23.94 米，总宽约 4.8 米，净跨约 18.25 米；廊屋 7 间，四柱九檩梁架，悬山顶，中间出单檐歇山顶，两端接重檐四坡顶桥亭；县级文物保护单位。

七仙桥（见图 3-1-100），又名七天桥、桃坑桥，坐落于纯池镇桃坑村，横跨禾溪，东南至西北走向；始建于清代末年，民国二十三年（1934 年）重建；系编木拱梁廊桥，全长约 23.64 米，总宽约 5.05 米，净跨约 15.96 米；廊屋 7 间，四柱九檩梁架，单檐歇山顶，中 3 间出重檐歇山顶；县级文物保护单位。

楼下桥（见图 3-1-101），坐落于礼门乡楼下岗村，横跨芹溪，东西走向；始建年代不详，清宣统三年（1911 年）重建，2002 年重修；系编木拱梁廊桥，全长约 22.6 米，总宽约 4.14 米，净跨约 18 米，

图 3-1-97　福建周宁登龙桥

图 3-1-98　福建周宁后垅桥

图 3-1-99　福建周宁三仙桥

图 3-1-100　福建周宁七仙桥

距正常水位高约 20 米；廊屋 9 间，四柱九檩梁架，悬山顶；县级文物保护单位。

竹岭桥（见图 3-1-102），坐落于泗桥乡竹岭村，东西走向；始建年代不详，民国四年（1915 年）、民国二十三年（1934 年）先后重建，1967 年重修；系编木拱梁廊桥，全长约 36 米，总宽约 4.9 米，净跨约 26.7 米，距正常水位高约 9 米；廊屋 13 间，四柱九檩梁架，悬山顶。

长峰桥，坐落于玛坑乡长峰村，南北走向；建于清乾隆三十三年（1678 年），清道光十二年（1832 年）、民国三十三年（1944 年）、2008 年先后重修；系编木拱梁廊桥，全长约 22.1 米，总宽约 4.7 米，净跨约 14.4 米，距正常水位高约 6.9 米；廊屋 9 间，四柱九檩梁架，硬山顶。

外店桥，又名前溪桥，坐落于纯池镇前溪村，南北走向；始建于明成化三年（1467 年），清康熙五十八年（1719 年）重建，嘉庆十三年（1808 年）重修，2005 年重修；系编木拱梁廊桥，全长约 20.9 米，总宽约 4.7 米，净跨约 11.4 米，距正常水位高约 5.28 米；廊屋 9 间，单檐歇山顶。

上坑桥（见图 3-1-103），坐落于玛坑乡上坑村，东南至西北走向；始建年代不详，民国三十七年（1948 年）重建，2016 年遭洪水冲毁；系人字与八字组合撑架拱廊桥，全长约 13 米，总宽约 2.67 米，净跨约 11.4 米；廊屋 3 间，两柱七檩梁架，悬山顶。

院林桥，坐落于纯池镇纯池村；始建于明代，民国八年（1919 年）重建；系八字撑架拱廊桥，全长约 21 米，总宽约 5 米，净跨约 14 米；廊屋 9 间，四柱九檩梁架，中间及两端出单檐歇山顶。

已毁的木拱廊桥：

赤岩虹桥，坐落于泗桥乡赤岩村，横跨梅溪；始建于清康熙四十一年（1702 年），嘉庆十六年（1811 年）重建，光绪三十四

图 3-1-101　福建周宁楼下桥

图 3-1-102　福建周宁竹岭桥

年（1908 年）重建为石拱廊桥，1988 年重修；全长约 27 米，总宽约 5 米；廊屋 11 间，四柱九檩梁架，单檐歇山顶，中 3 间出重檐歇山顶。

深堑桥，坐落于泗桥乡，横跨温洋溪；始建于明崇祯十七年（1644 年），清光绪二十七年（1901 年）重建，1989 年遭洪水冲毁；一墩两孔，全长约 53.5 米，总宽约 4.5 米，两孔净跨分别约为 19.5 米、23 米。

何姑桥，原名桃溪桥，坐落于咸村镇云门村，横跨桃源溪；建于清康熙二十九年（1690 年），嘉庆十九年（1814 年）重建，1962 年遭焚毁，1964 年重建，1984 年在原址重建为石拱桥；现桥全长约 34 米，总宽约 5 米，净跨约 27.6 米。

灵鹫桥，坐落于纯池镇那坑村；始建于明天启五年（1625 年），清乾隆三十六年（1771 年）、同治十一年（1872 年）、民国三十年（1941 年）先后重建，1969 年遭洪水冲毁，后在下游重建为石拱桥。

图 3–1–103　福建周宁上坑桥

岭坂桥，又名回龙桥，坐落于咸村镇下坂村；建于 1950 年，1982 年遭拆毁，后在上游重建为石拱桥。

川中桥，坐落于咸村镇川中村；约建于 1968 年，后遭拆毁。

石竹坑桥，坐落于礼门乡常源村；建于清康熙四十四年（1705 年），1998 年遭拆毁；全长约 35.8 米，总宽约 4.7 米，净跨约 30 米。

可港桥，坐落于纯池镇禾溪村可港自然村；始建于明代，清代末年重建，民国年间（1911—1949 年）重建，20 世纪 90 年代因芹洋水电站建设而遭淹没；全长约 23 米，总宽约 5.6 米，净跨约 16 米。

青龙桥，坐落于七步镇；建于民国三十一年（1942 年），20 世纪 90 年代遭拆毁，改建为石拱桥。

石墩桥，坐落于咸村镇王宿村；建于清代末年，后改建为石拱桥；全长约 22 米，总宽约 4.6 米，净跨约 15 米。

瑞竹坑桥，坐落于浦源镇瑞竹坑；始建年代不详，20 世纪 90 年代因芹洋水电站建设而遭淹没；全长约 18 米，总宽约 4.2 米，净跨约 10 米。

洋头桥，又名丰隆桥，坐落于七步镇洋头村；建于清同治年间（1862—1874 年），光绪三年（1877 年）、民国三十一年（1942 年）先后重建，1966 年被洪水冲毁，1971 年改建为石拱桥。

岔溪桥，坐落于礼门乡，横跨周宁、屏南两县的交界溪；建于清光绪十六年（1890 年），民国九年（1920 年）遭火焚毁。

泗州桥，坐落于泗桥乡泗桥村；始建年代不详，清光绪十五年（1889 年）重建，民国三十年（1941 年）遭火焚毁。

福德桥，坐落于七步镇渡头村；始建于清光绪三十四年（1908 年），民国五年（1916 年）遭洪水冲毁，民国七年（1918 年）迁至原址上游重建，民国二十三年（1934 年）遭焚毁。

图 3–1–104 为周宁县木拱廊桥分布图，图 3–1–105 为三仙桥实测图。

图 3-1-104　福建省宁德市周宁县木拱廊桥分布图

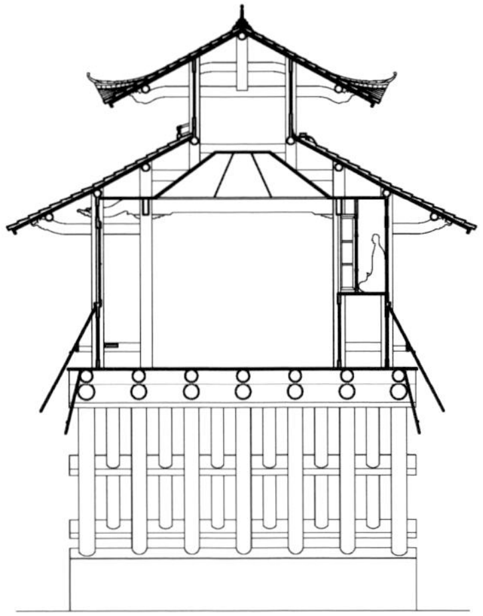

a. 横剖面

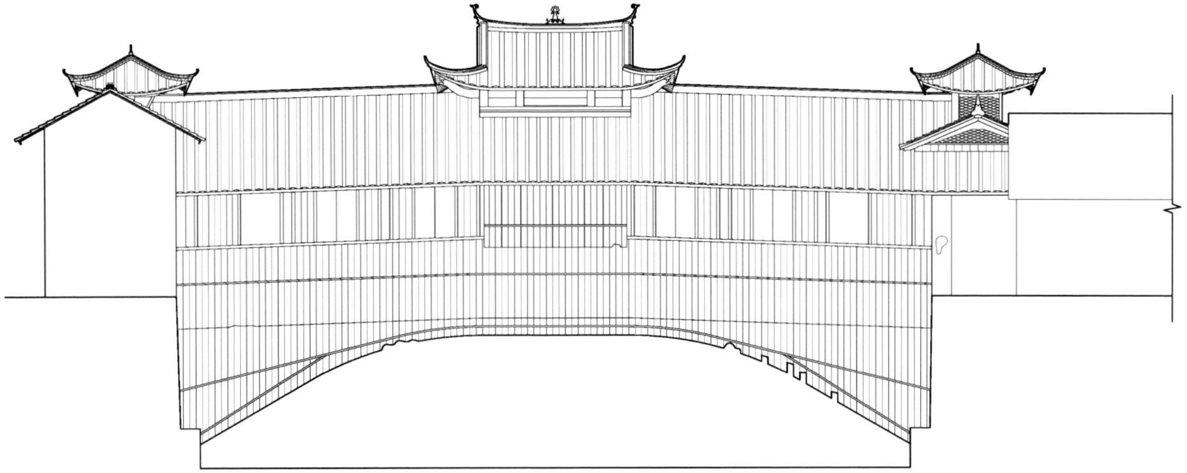

b. 正立面

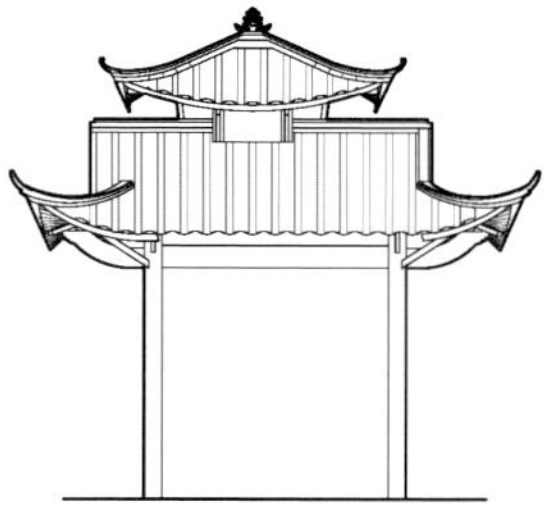

c. 侧立面

图 3-1-105　福建周宁三仙桥实测图

3. 古田县

现存的木拱廊桥：

公心桥，又名田地桥，坐落于鹤塘镇田地村，横跨霍口溪，东西走向；始建于清嘉庆十一年（1806年），民国二十四年（1935年）重建；系编木拱梁廊桥，全长约40.75米，总宽约4.5米，净跨约31.8米，距正常水位高约15.2米；廊屋17间，四柱九檩梁架，单檐歇山顶；2006年被公布为第六批全国重点文物保护单位——闽东北廊桥。

徐州桥（见图3-1-106），又名洙州桥，坐落于鹤塘镇前圪村，横跨徐州河，东北至西南走向；始建于明万历六年（1578年），清道光二十二年（1842年）重建；系编木拱梁廊桥，全长约34.58米，总宽约4.48米，净跨约29.41米，距正常水位高约8米；廊屋11间，四柱九檩梁架，单檐歇山顶；县级文物保护单位。

亭下桥，坐落于杉洋镇楼下村，东北至西南走向；始建于清嘉庆九年（1804年），宣统元年（1909年）重建；系编木拱梁廊桥，全长约29.18米，总宽约3.94米，净跨约27.64米，距正常水位高约11.6米；廊屋13间，四柱九檩梁架，悬山顶；县级文物保护单位。

图3-1-106　福建古田徐州桥

兰溪桥，又名蓝溪桥、蜈蚣桥，坐落于鹤塘镇溪边村，横跨蓝溪，南北走向；始建于明万历三十七年（1609年），清乾隆年间（1735—1796年）、清同治八年（1869年）先后重修；系编木拱梁廊桥，全长约38.74米，总宽约4.38米，净跨约27.12米；廊屋17间，四柱九檩梁架，单檐歇山顶；县级文物保护单位。

树荫桥，又称树兜桥，坐落于卓洋乡树兜村；始建于明永乐十六年（1418年），民国九年（1920年）重建；系编木拱梁廊桥，全长约29.9米，总宽约4.2米，净跨约16.1米，距正常水位高约7.1米；廊屋9间，四柱九檩梁架，单檐歇山顶；县级文物保护单位。

韦端桥，坐落于吉巷乡韦端村水尾；始建年代不详；系八字撑架拱廊桥；廊屋9间，悬山顶。

已毁的木拱廊桥：

半山桥，坐落于杉洋镇洪湾村；始建于清乾隆三十九年（1774年），嘉庆十七年（1812年）重修，2004年遭焚毁；系编木拱梁廊桥，全长约20米，总宽约4.3米，净跨约17米，距正常水位高约10.2米；廊屋7间，悬山顶。

百花桥，坐落于大桥镇临水村，横跨临水溪；始建于明万历三十四年（1606年），清道光二十一年（1841年）毁，后重建，民国十四年（1925年）重修，1983年改建为石拱廊桥；系编木拱梁廊桥，全长约26.1米，总宽约5.36米，高约7.64米；廊屋7间，悬山顶。

高攀桥，坐落于平湖镇乔洋村；始建于北宋，清雍正元年（1723年）、民国三十七年（1948年）先后重建，20世纪六七十年代遭拆毁；系编木拱梁廊桥，一墩两孔，全长约60米，总宽约6.67米，距正常水位高约16.67米；单檐歇山顶。

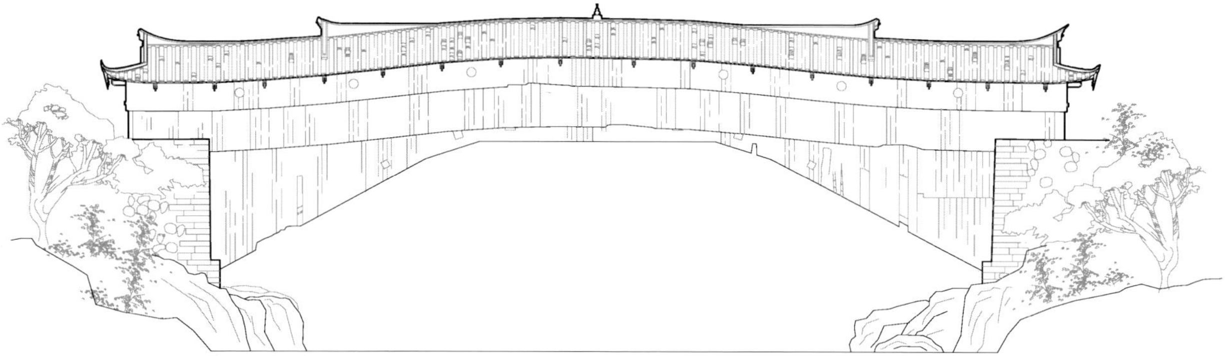
a. 南立面

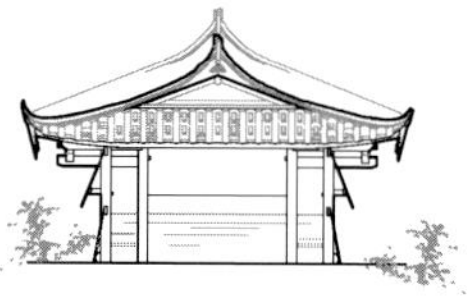
b. 东立面

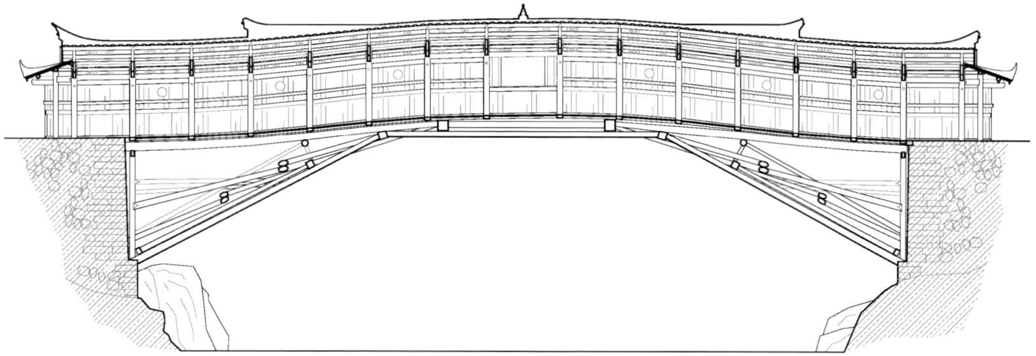
c. 纵剖面

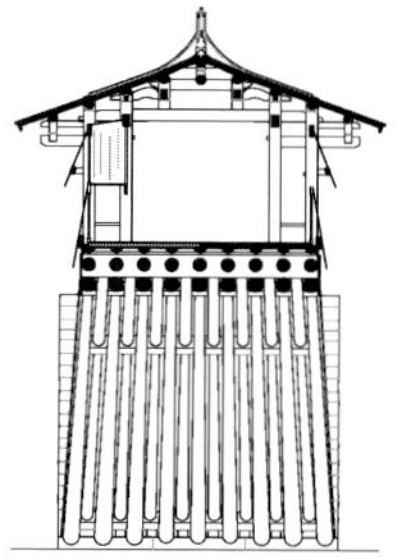
d. 横剖面

图 3-1-107 福建古田公心桥实测图

汤寿桥，又称杨桥，坐落于古田、闽清两县的交界古道上；始建于宋代，清乾隆十六年（1751 年）、道光十七年（1837 年）先后重建。

近年新建的木拱廊桥：

双虹桥，坐落于卓洋乡卓洋村，东南至西北走向；建于 2008 年；系编木拱梁廊桥，全长约 35.56 米，总宽约 4.63 米，净跨约 27.82 米；廊屋 15 间，四柱九檩梁架，单檐歇山顶，中 3 间出重檐歇山顶。

图 3-1-107 为公心桥实测图。

4. 福安市

现存的木拱廊桥：

登烛桥（见图 3-1-108），又称棠溪桥、井桥，坐落于潭头镇棠溪村，横跨棠溪，东西走向；始建于清宣统元年（1909 年），1963 年重修，2004 年修缮；系编木拱梁廊桥，全长约 40.6 米，总宽约 4.75 米，净跨约 35.3 米，距正常水位高约 12 米；廊屋 17 间，四柱九檩梁架，悬山顶；县级文物保护单位。

玉亭桥（见图 3-1-109），又名瓦蓝桥，坐落于穆云乡玉林村，横跨蟾溪，南北走向；始建年代不详，清光绪二十八年（1902 年）重建，民国十六年（1927 年）重修，1949 年重建；系编木拱梁廊桥，全长约 28.41 米，总宽约 4.46 米，净跨约 23.83 米；廊屋 13 间，悬山顶，两端山面加披檐；县级文物保护单位。

积谷桥，又名暗桥、石尖桥，坐落于康厝乡石尖村，横跨八蒲溪支流，东西走向；始建于明崇祯年间（1628—1644 年），清康熙四十六年（1707 年）重建，乾隆五十六年（1791 年）重修，同治十年（1871 年）重建，2013 年重修；系编木拱梁廊桥，全长约 20.2 米，总宽约 4.1 米，净跨约 12.75 米，距正常水位高约 6 米；廊屋 7 间，悬山顶，两端山面加披檐；县级文物保护单位。

图 3-1-108　福建福安登烛桥

图 3-1-109　福建福安玉亭桥

图 3–1–110　福建福安柘头桥

洋坑桥，坐落于范坑乡上坪村，横跨洋坑溪，南北走向；始建于清乾隆五十六年（1791 年），同治七年（1868 年）重建，民国二十七年（1938 年）重修，2012 年重修；系编木拱梁廊桥，全长约 21.15 米，总宽约 4.25 米，净跨约 16.37 米；廊屋 9 间，四柱九檩梁架，悬山顶；县级文物保护单位。

柘头桥（见图 3–1–110），坐落于潭头镇柘头村，东西走向；建于 1959 年，2014 年重修；系编木拱梁廊桥，全长约 15.4 米，总宽约 3.75 米，净跨约 16.51 米，距正常水高约 5 米；廊屋 7 间，四柱九檩梁架，悬山顶，两端山面加披檐，正脊饰二龙戏珠灰塑。

金山水尾桥，坐落于松罗乡金山村，东北至西南走向；建于清嘉庆年间（1796—1820 年）；系八字撑架拱廊桥，全长约 14.8 米，总宽约 6.86 米；廊屋 7 间，四柱七檩梁架，单檐歇山顶。

已毁的木拱廊桥：

墙坪水尾桥，坐落于晓阳镇墙坪村水尾；建于民国二十五年（1936 年），1979 年被洪水冲毁。

永安桥，坐落于社口镇上山村；建于民国二十七年（1938 年），1969 年被洪水冲毁。

真武桥，坐落于社口镇坦洋村；始建于清乾隆二年（1737 年），咸丰十一年（1861 年）、光绪二年（1876 年）先后重建，民国二十八年（1939 年）重修，1959 年修缮，1988 年改建为石拱廊桥。

图 3–1–111 为福安市木拱廊桥分布图，图 3–1–112—图 3–1–115 为登烛桥等木拱廊桥实测图。

图 3-1-111　福建省宁德市福安市木拱廊桥分布图

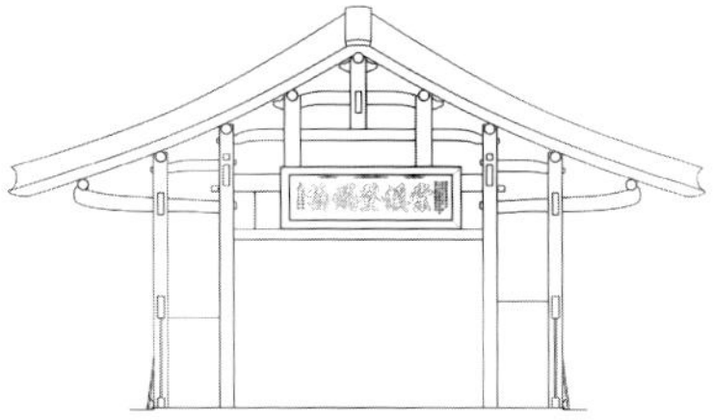

a. 侧立面

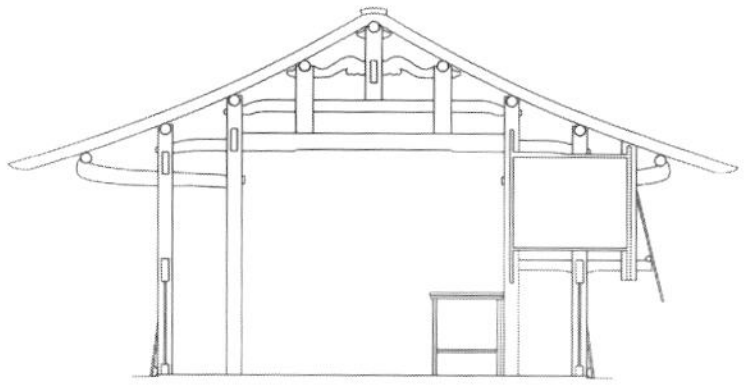

b. 横剖面

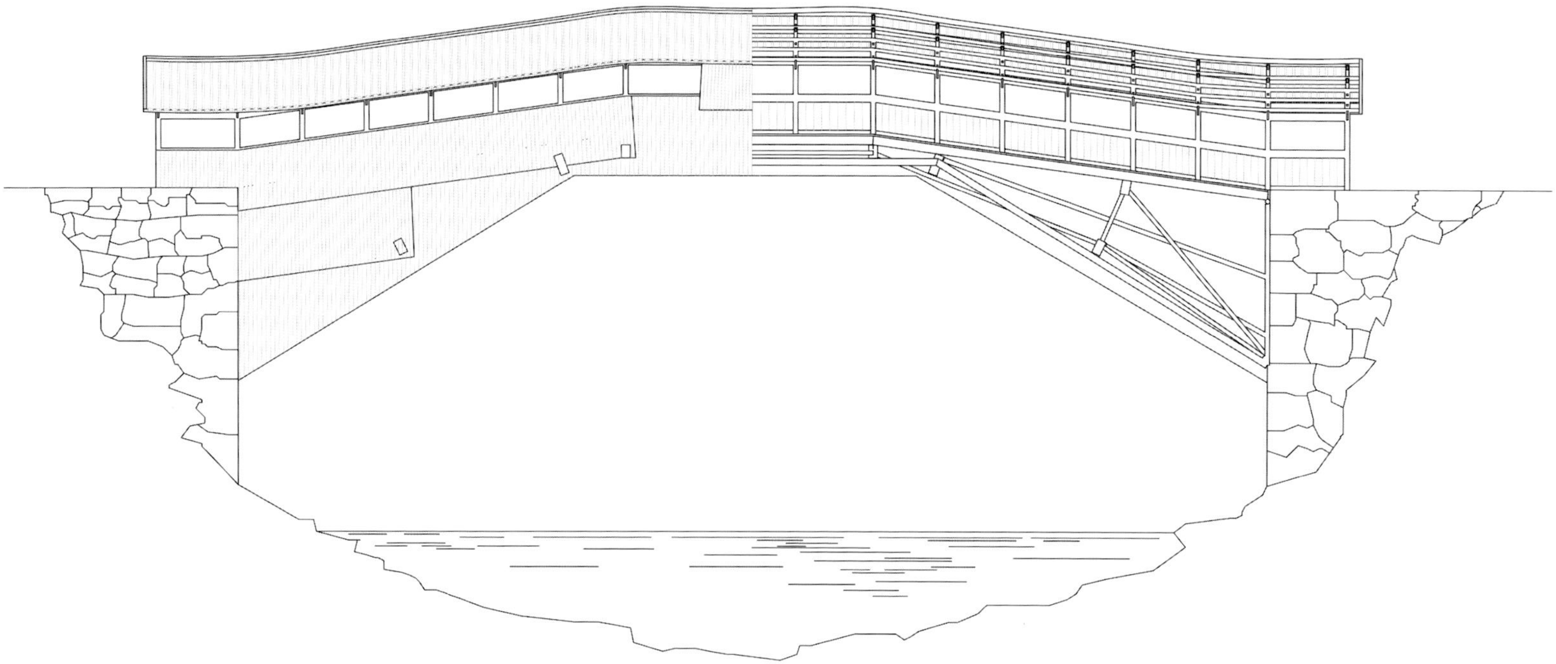

c. 正立面与纵剖面

图 3-1-112　福建福安登烛桥实测图

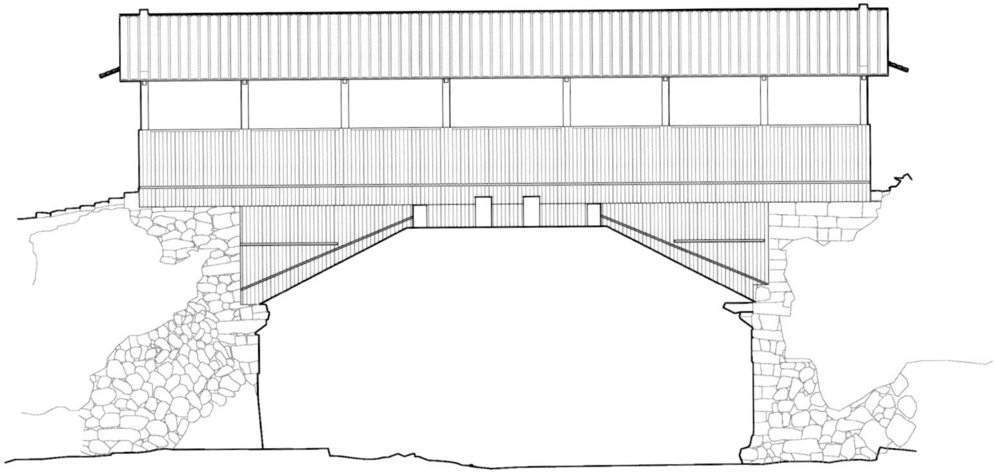

a. 正立面

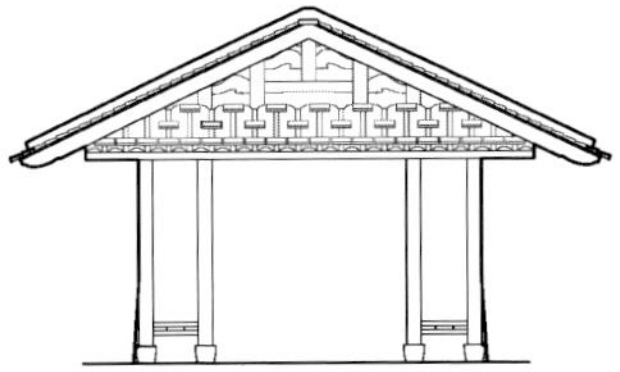

b. 侧立面

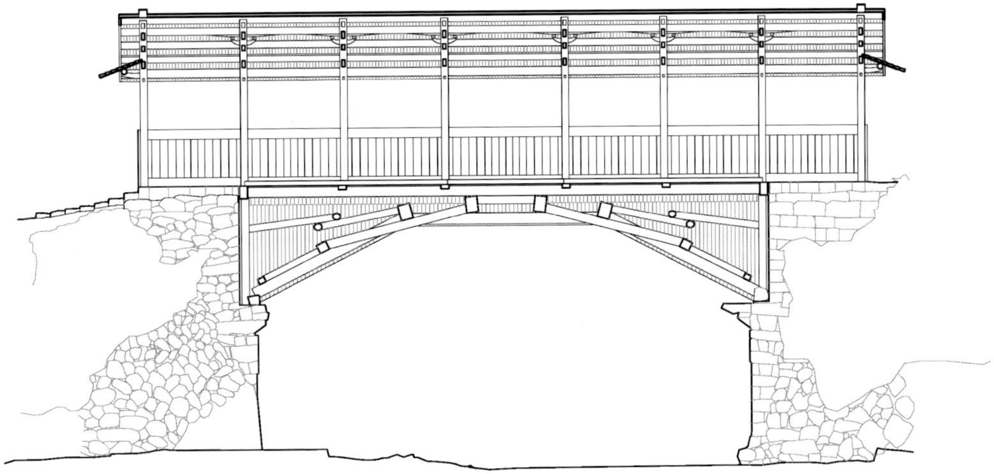

c. 纵剖面

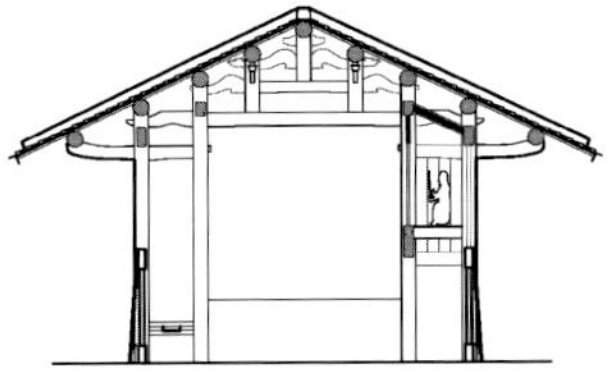

d. 横剖面

图 3–1–113　福建福安积谷桥实测图

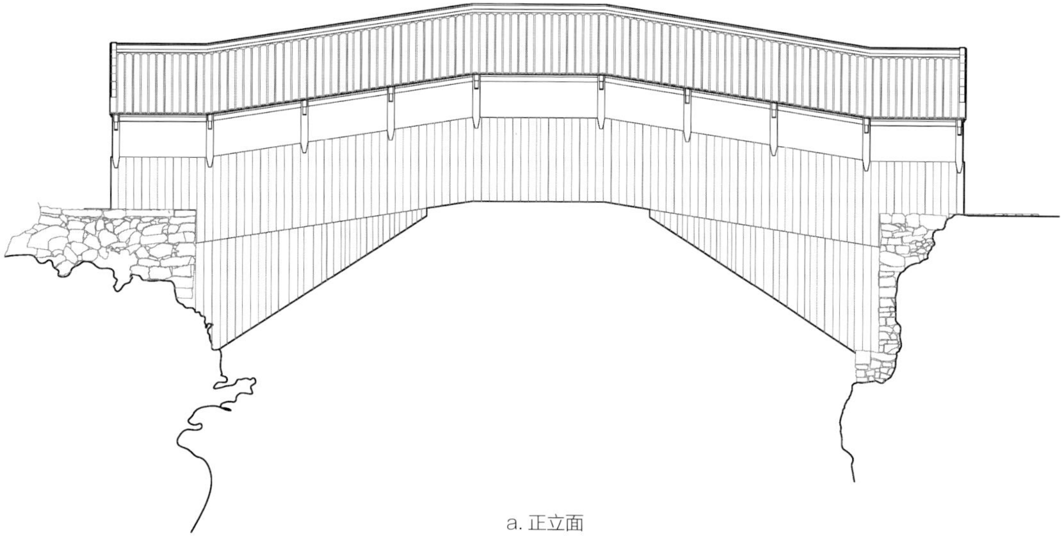

a. 正立面

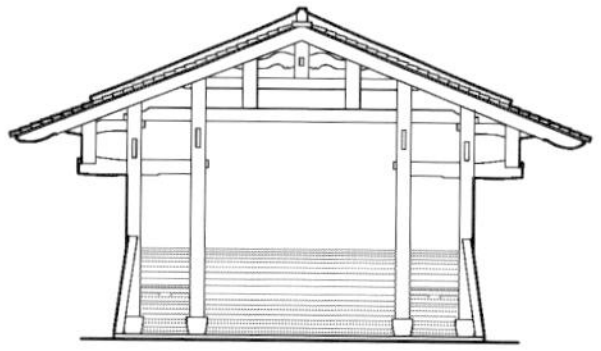

b. 侧立面

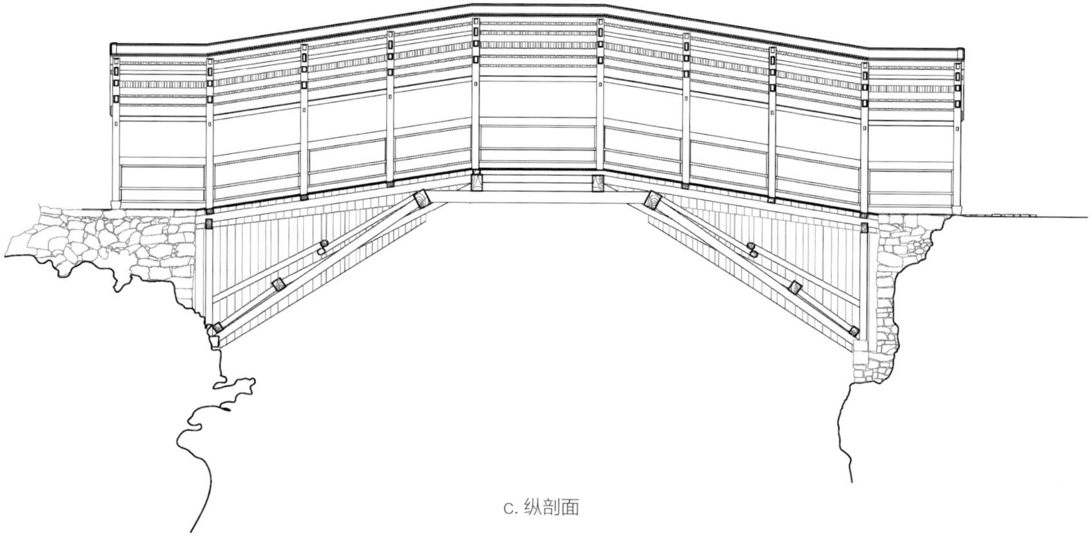

c. 纵剖面

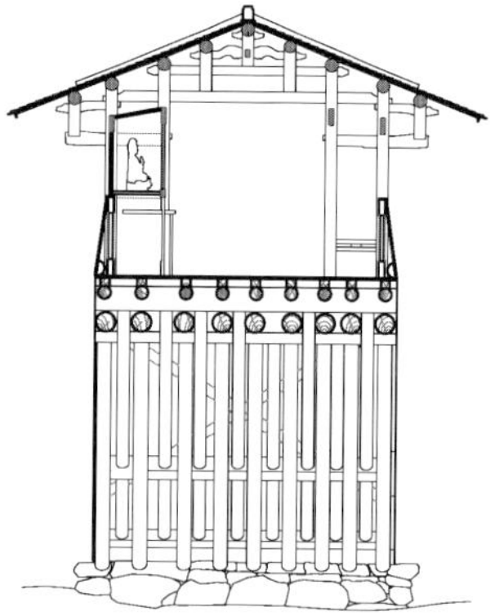

d. 横剖面

图 3-1-114　福建福安洋坑桥实测图

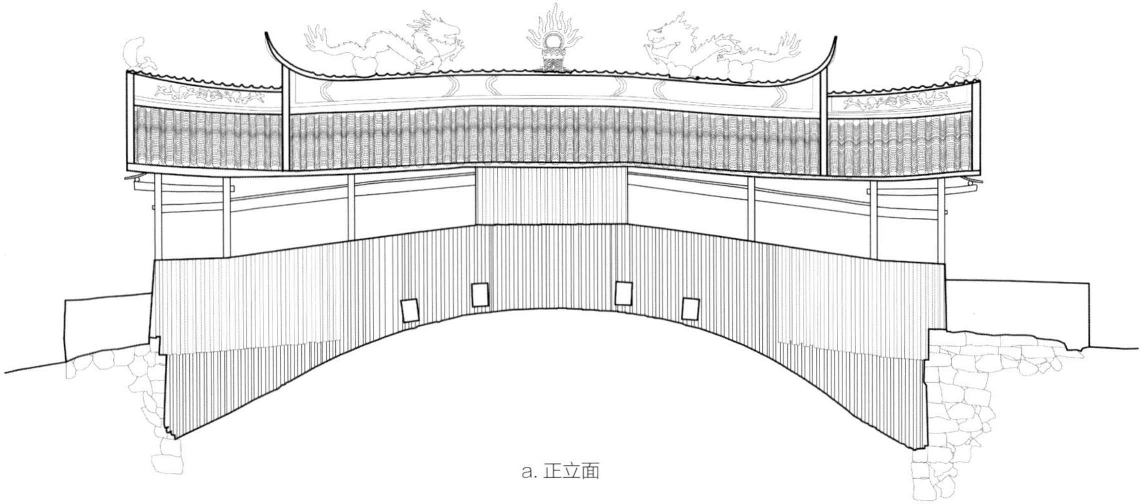

a. 正立面

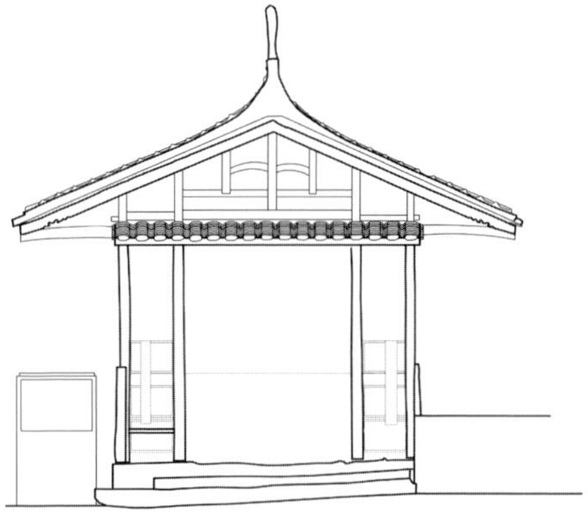

b. 侧立面

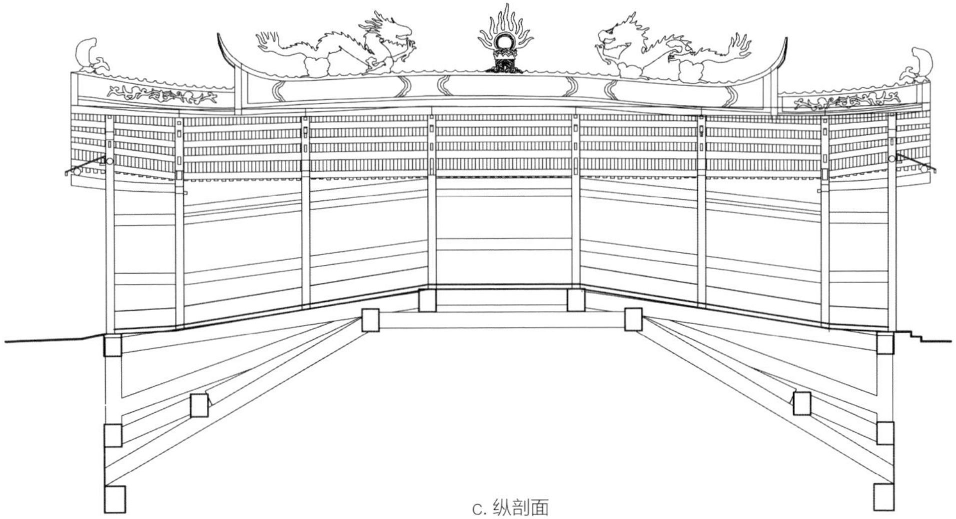

c. 纵剖面

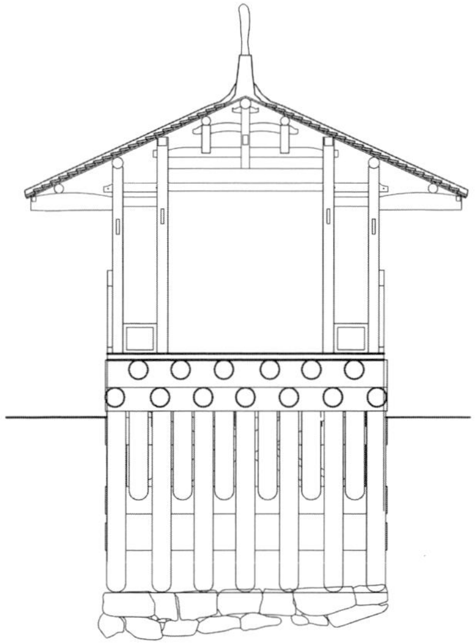

d. 横剖面

图 3-1-115　福建福安柘头桥实测图

5. 柘荣县

现存的木拱廊桥：

东源桥（见图 3–1–116），又名水浒桥，坐落于东源乡马道村，横跨金沙溪，东北至西南走向；原为石桥，始建于元至元元年（1335年），明嘉靖十三年（1534 年）、清乾隆十六年（1751 年）先后修建，同治九年（1870 年）改建为木拱廊桥，民国三十三年（1944 年）、1952 年先后重修；系编木拱梁廊桥，全长约 41.65 米，总宽约 6.19 米，净跨约 15.25 米；廊屋 17 间，六柱十一檩梁架，悬山顶；2006 年被公布为第六批全国重点文物保护单位——闽东北廊桥。

归驷桥，坐落于富溪镇富溪村，横跨武际溪，东西走向；始建于南宋淳熙十四年（1187 年），清乾隆五十三年（1788 年）重建；系编木拱梁廊桥，全长约 25 米，总宽约 4.8 米，净跨约 15.4 米，距正常水位高约 7.8 米；廊屋 9 间，四柱九檩梁架，悬山顶；县级文物保护单位。

图 3–1–116　福建柘荣东源桥

6. 福鼎市

现存的木拱廊桥：

老人桥（见图 3–1–117），坐落于管阳镇西阳村；始建于明正德年间（1506—1521 年），清康熙年间（1662—1722 年）重建，同治年间（1862—1874 年）重建，1964 年、1987 年先后重修；系编木拱梁廊桥，全长约 29.74 米，总宽约 4.6 米，净跨约 24.86 米；廊屋 13 间，四柱九檩梁架，悬山顶，两端山面加披檐；县级文物保护单位。

图 3–1–117　福建福鼎老人桥

7. 霞浦县

现存的木拱廊桥：

临清桥（见图 3–1–118），又名观音桥，坐落于柏洋乡盖竹村上万自然村，东西走向；始建于元至正十二年（1352 年），清同治年间（1862—1874 年）重修，光绪十五年（1889 年）重建；系编木拱梁廊桥，全长约 19.81 米，总宽约 3.61 米，净跨约 11.45 米，距正常水位高约 5.3 米；廊屋 7 间，四柱九檩梁架，悬山顶；县级文物保护单位。

8. 蕉城区

已毁的木拱廊桥：

濂坑桥，坐落于霍童镇柏步村；建于 20 世纪 60 年代，后拆毁。

鱼仓桥，坐落于洪口乡；建于 1975 年，1985 年遭拆毁。

石壁岭尾桥，坐落于金函乡石壁岭尾；建于明万历年间（1573—1620 年），1973 年改建为石拱桥，后改建为钢筋混凝土结构梁桥。

近年新建的木拱廊桥：

鸾江桥，坐落于飞鸾镇飞鸾村，东西走向；建于 2013 年；系编木拱梁廊桥，全长约 21.08 米，总宽约 2.78 米，净跨约 17.26 米；廊屋 9 间，四柱九檩梁架，单檐歇山顶。

图 3-1-118　福建霞浦临清桥

（二）南平市的木拱廊桥

1. 延平区

已毁的木拱廊桥：

八字桥（见图 3-1-119），坐落于峡阳镇八字桥村；建于民国二十一年（1932 年），2010 年遭洪水冲毁，2011 年在原址重建为石拱桥；原系双八字组合撑架拱廊桥，全长约 37.51 米，总宽约 4.82 米，净跨约 19.90 米；廊屋 11 间，四柱九檩梁架，悬山顶，两端设 3 开间牌楼式桥门；市级文物保护单位。

月圆桥（见图 3-1-120），坐落于峡阳镇洋安村，南北走向；建于民国二十三年（1934 年），1999 年重修，2010 年遭洪水冲毁，2013 年在原址重建为钢筋混凝土桥；原系双八字组合撑架拱廊桥，全长约 40.0 米，总宽约 5.0 米，净跨约 20.5 米，矢高 4.0 米；廊屋 11 间，单檐歇山顶。

落托桥（见图 3-1-121），坐落于茫荡镇漈头村；建于民国三十年（1941 年），2010 年遭洪水冲毁；系双八字组合撑架拱廊桥，全长约 22.2 米，净跨约 15.3 米；廊屋 9 间，单檐歇山顶。

2. 建阳区

现存的木拱廊桥：

龙凤桥，坐落于漳墩镇龙安村；始建于清嘉庆年间（1796—1820 年），1954 年重建，2010 年重修；系八字撑架拱廊桥，全长

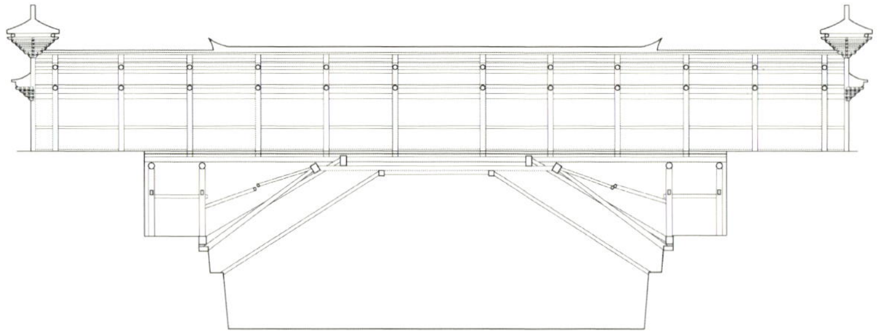

图 3-1-119　福建南平八字桥纵剖面

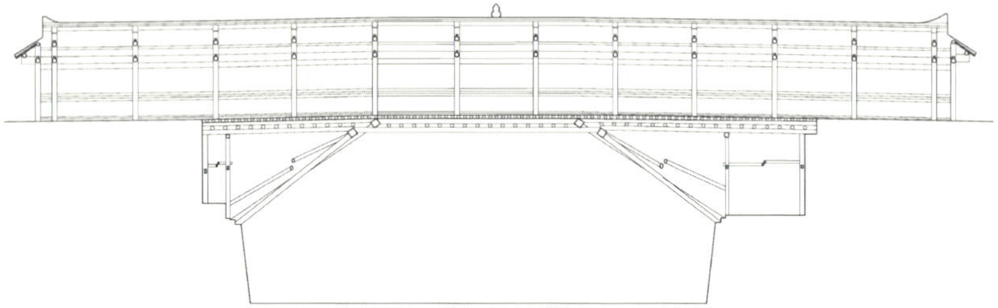

图 3-1-120　福建南平月圆桥纵剖面

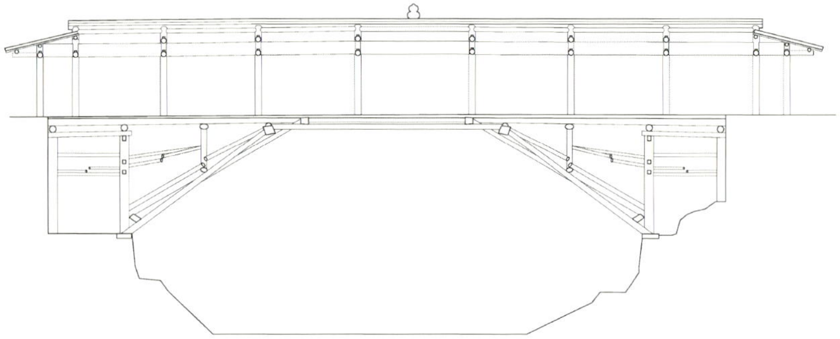

图 3-1-121　福建南平落托桥纵剖面

约 18.5 米，总宽约 6 米，净跨约 10.5 米；廊屋 6 间，四柱九檩梁架，悬山顶。

安口桥，坐落于水吉镇安口村；建于 1964 年；系八字撑架拱廊桥，全长约 16.9 米，总宽约 4.75 米，净跨约 13.0 米；廊屋 5 间，四柱七檩梁架，悬山顶。

3. 武夷山市

现存的木拱廊桥：

余庆桥（见图 3-1-122），坐落于市区南门街；始建于元代，清光绪十五年（1889 年）重建，2011 年遭焚毁，2016 年原址重建；系编木拱梁廊桥，两墩三孔，全长约 79 米，总宽约 5.26 米，三孔净跨分别为 23.80 米、23.82 米、23.89 米；廊屋 25 间，硬山顶；2006 年被公布为第六批全国重点文物保护单位——闽东北廊桥。

图 3-1-123 为余庆桥实测图。

图 3-1-122　福建武夷山余庆桥

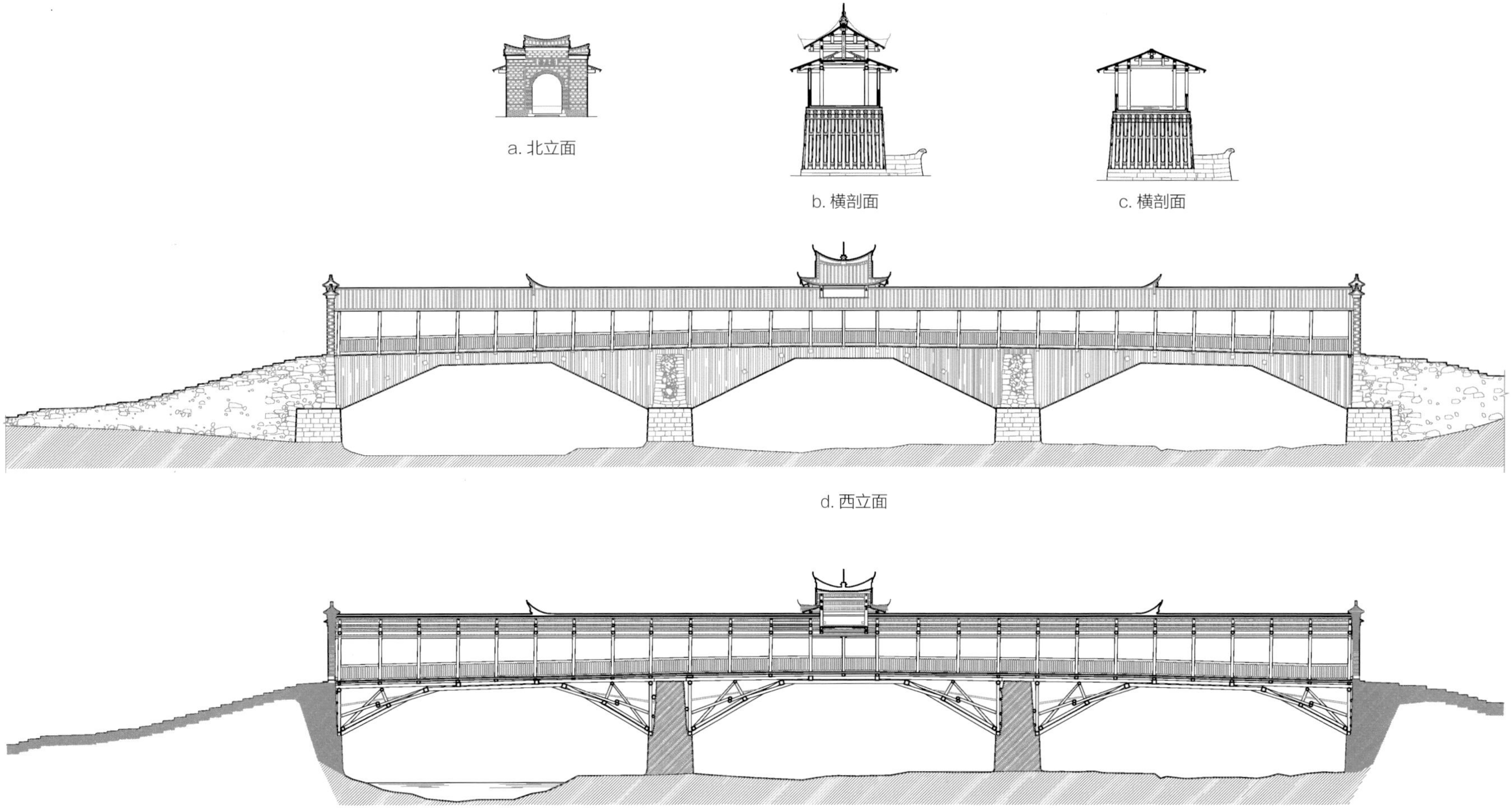

a. 北立面

b. 横剖面

c. 横剖面

d. 西立面

e. 纵剖面

图 3-1-123　福建武夷山余庆桥实测图

图 3-1-124　福建顺昌兴隆桥

图 3-1-125　福建顺昌岚下厝桥

4. 顺昌县

现存的木拱廊桥：

兴隆桥（见图 3-1-124），又名胜隆桥，坐落于建西镇谢屯村，横跨麻溪，东西走向；始建年代不详，清同治十三年（1874 年）重建，1965 年、1994 年先后重修，2005 年被洪水冲毁，2006 年重建；系双八字组合撑架拱廊桥，全长约 45.27 米，总宽约 5.0 米，净跨约 20.14 米；廊屋 15 间，四柱九檩梁架，单檐歇山顶。

岚下厝桥（见图 3-1-125），又名石环桥，坐落于岚下乡岚下村，东北至西南走向；始建年代不详，清光绪十三年（1887 年）重建；系双八字组合撑架拱廊桥，全长约 51.6 米，总宽约 4.3 米，净跨约 15.8 米；廊屋 19 间，四柱九檩梁架，悬山顶，两端山面加披檐。

近年新建的木拱廊桥：

九龙桥，坐落于华阳山风景区，横跨华阳山水库泄洪口；建于 2007 年；系编木拱梁廊桥，全长约 99 米，总宽约 4.2 米，净跨约 18 米；廊屋 23 间，单檐歇山顶，中 3 间出单檐歇山顶。

龙泉桥，坐落于双溪街道合掌岩风景区；建于 2012 年；系编木拱梁廊桥，全长约 25 米，净跨约 19 米。

图 3-1-126 为兴隆桥纵剖面，图 3-1-127 为岚下厝桥纵剖面。

5. 政和县

现存的木拱廊桥：

后山厝桥（见图 3-1-128），坐落于岭腰乡后山村，跨乐平溪，东南至西北走向；始建于明代，清嘉庆四年（1799 年）重建，2001 年重修；系编木拱梁廊桥，全长约 42.26 米，总宽约 4.77 米，净

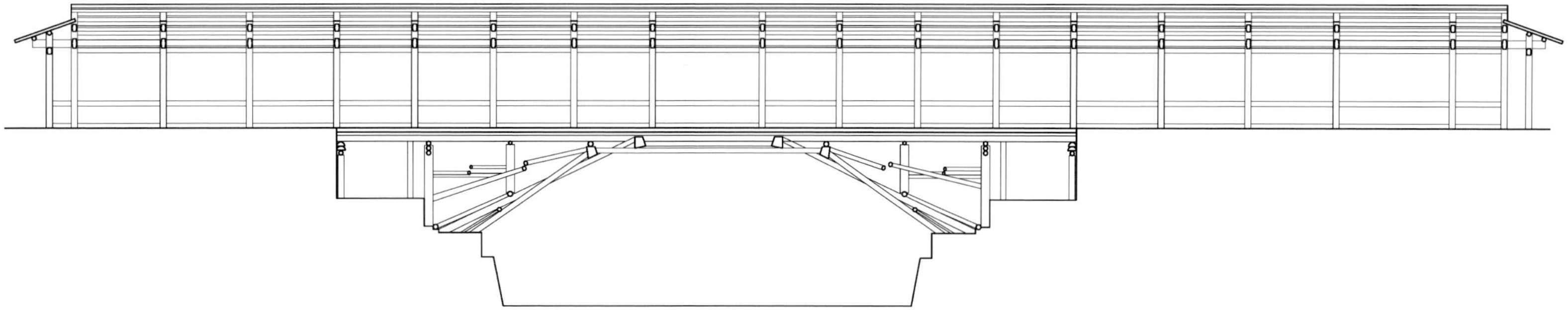

图 3-1-126　福建顺昌兴隆桥纵剖面

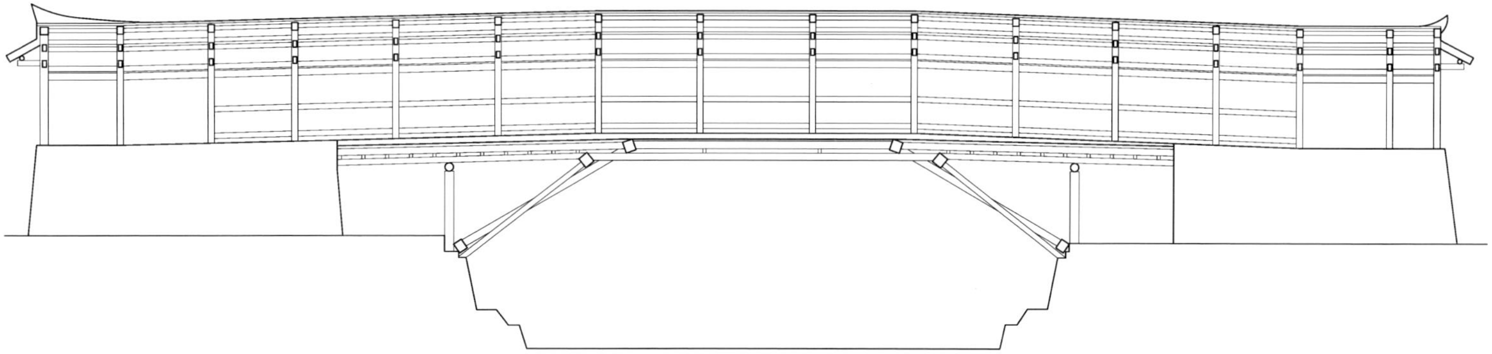

图 3-1-127　福建顺昌岚下厝桥纵剖面

跨约 32.15 米，距正常水位高约 8.4 米；廊屋 17 间，四柱九檩梁架，单檐歇山顶；2013 年被公布为第八批省级文物保护单位。

洋后厝桥（见图 3–1–129），坐落于外屯乡外屯村洋后自然村，横跨七星溪，东北至西南走向；始建年代不详，清道光三十年（1850 年）重建，2007 年重修；系编木拱梁廊桥，全长约 34.79 米，总宽约 4.74 米，净跨 27.33 米；廊屋 13 间，四柱九檩梁架，单檐歇山顶，一端接重檐歇山顶桥庙；2013 年被公布为第八批省级文物保护单位。

赤溪桥（见图 3–1–130），又称观音桥，坐落于澄源乡赤溪村，南北走向；建于清乾隆五十五年（1790 年），嘉庆二十三年（1818 年）、1995 年重修；系编木拱梁廊桥，全长约 31.6 米，总宽约 4.8 米，净跨约 23.9 米；廊屋 15 间，四柱九檩梁架，悬山顶；2013 年被公布为第八批省级文物保护单位。

龙滩桥，坐落于杨源乡龙滩村，横跨龙滩溪；建于 1963 年；系编木拱梁廊桥，全长约 29.37 米，总宽约 4.43 米，净跨约 23.58 米，距正常水位高约 14 米；廊屋 13 间，四柱九檩梁架，悬山顶；2013 年被公布为第八批省级文物保护单位。

大梨溪桥，又名交龙桥、蛟龙桥，坐落于澄源乡大梨溪村，跨大梨溪，东北至西南走向；始建年代不详，清道光十五年（1835 年）重建，1994 年重修；系编木拱梁廊桥，全长约 28 米，总宽约 4.8 米，净跨约 14 米；廊屋 11 间，单檐歇山顶，中间出单檐歇山顶；2013 年被公布为第八批省级文物保护单位。

落岭桥，坐落于杨源乡杨源村，横跨翠溪，东西走向；始建于明万历二十二年（1594 年），清乾隆十三年（1748 年）、嘉庆七年（1802 年）先后重修，光绪九年（1883 年）重建，1995 年重修；系编木拱梁廊桥，全长约 39.17 米，总宽约 3.75 米，净跨约 26.77 米；廊屋 17 间，四柱九檩梁架，悬山顶；县级文物保护单位。

下坂桥，坐落于杨源乡王大厝村，东西走向；始建于清道光七年（1827 年），光绪十一年（1885 年）重修，1987 年修缮；系编木拱梁廊桥，全长约 25.64 米，总宽约 4.46 米，净跨约 21.47 米；廊屋 11 间，四柱九檩梁架，悬山顶；县级文物保护单位。

锦屏观音桥，又名上场桥、回龙桥，坐落于岭腰乡锦屏村，南北走向；始建于宋元时期，清乾隆二十七年（1762 年）重建；系八字撑架拱廊桥，全长约 27.5 米，总宽约 4.65 米，净跨约 14.5 米；廊屋 7 间，四柱九檩梁架，单檐歇山顶。

图 3–1–131 为政和县木拱廊桥分布图，图 3–1–132—图 3–1–134 为后山厝桥等木拱廊桥实测图。

图 3–1–128　福建政和后山厝桥

图 3–1–129　福建政和洋后厝桥

图 3–1–130　福建政和赤溪桥

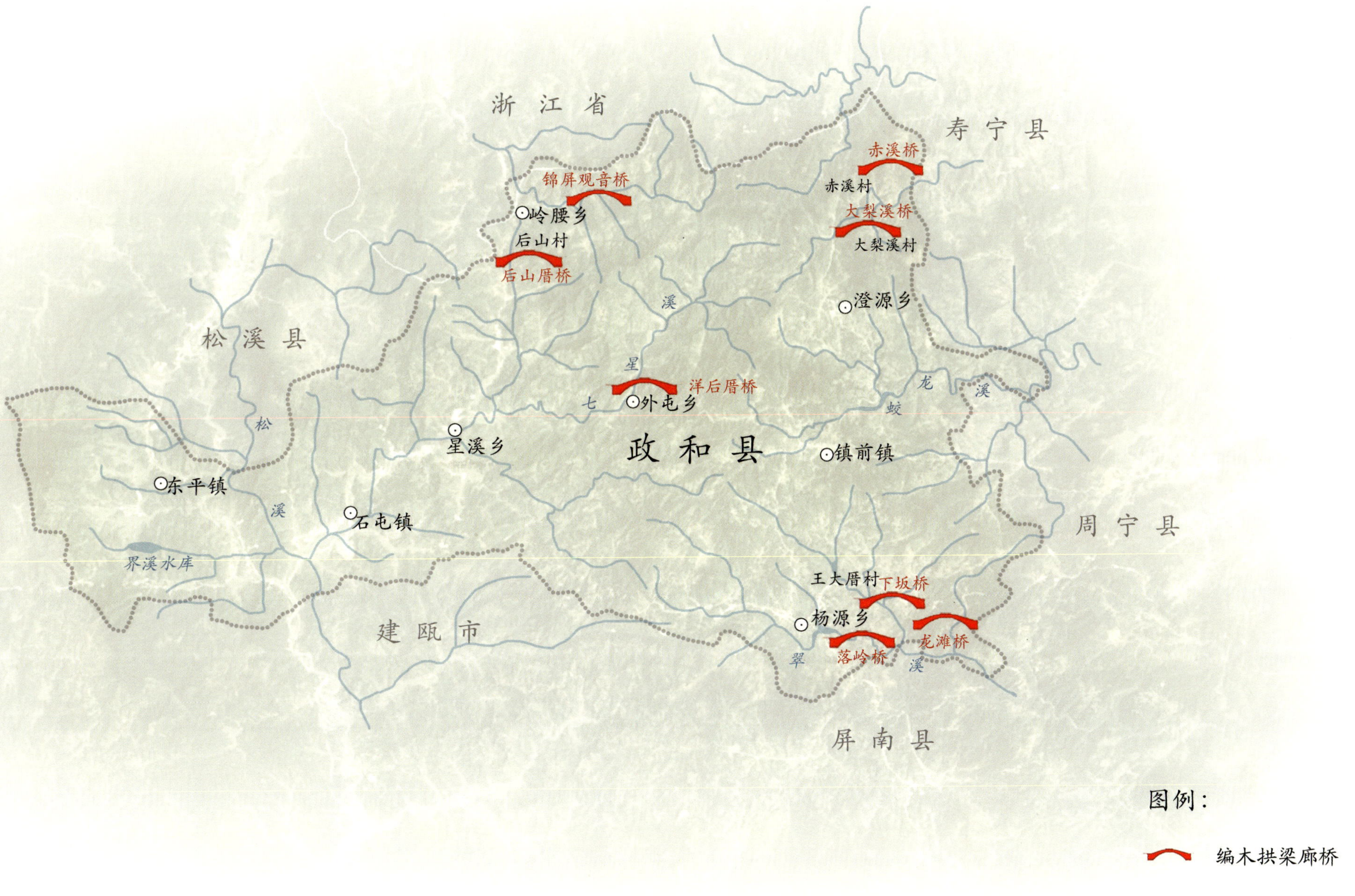

图 3–1–131 福建省南平市政和县木拱廊桥分布图

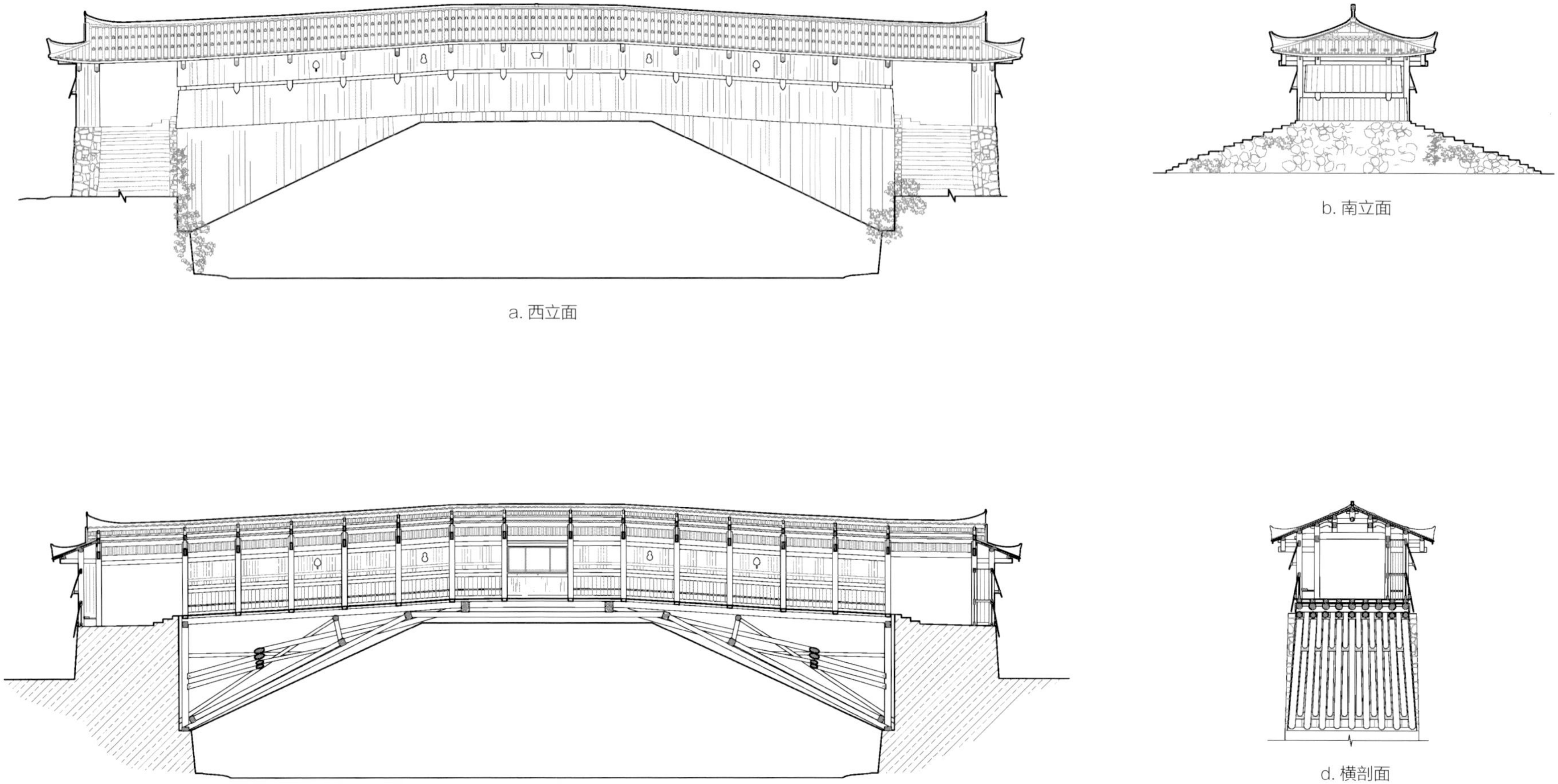

a. 西立面

b. 南立面

c. 纵剖面

d. 横剖面

图 3-1-132　福建政和后山厝桥实测图

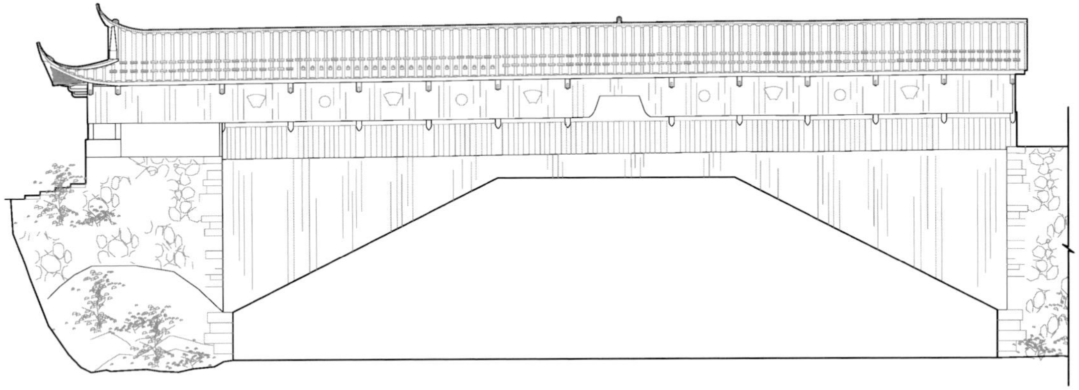

a. 东立面

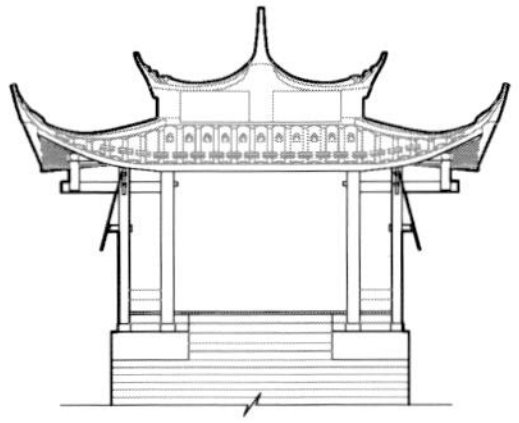

b. 北立面

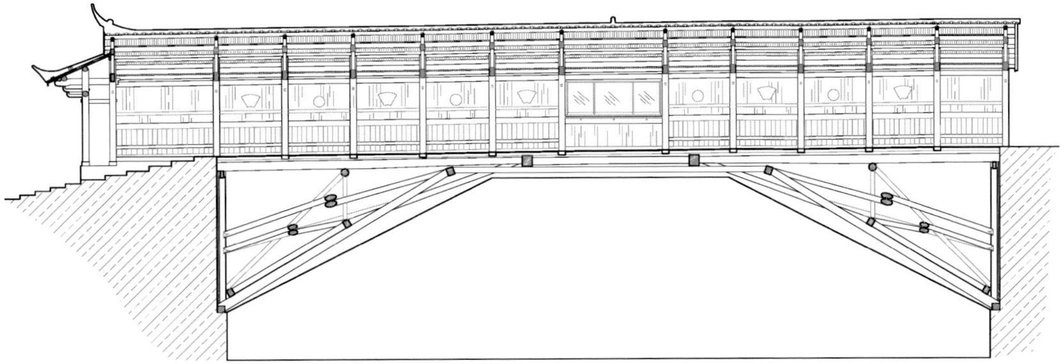

c. 纵剖面

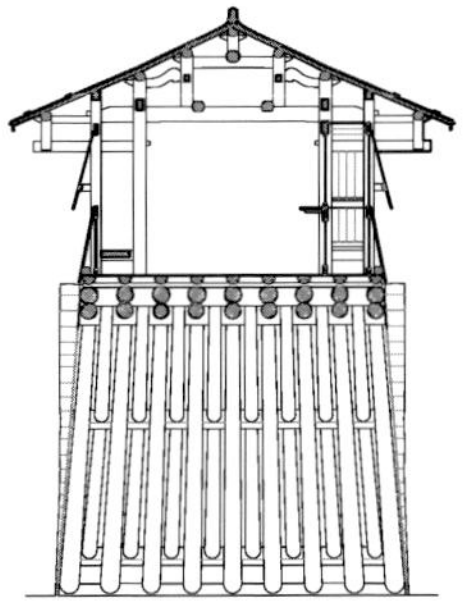

d. 横剖面

图 3-1-133　福建政和洋后厝桥实测图

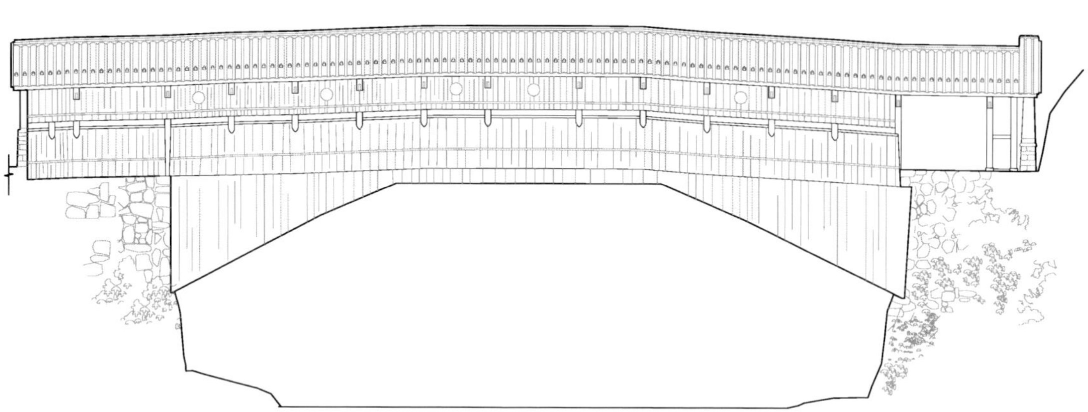

a. 正立面

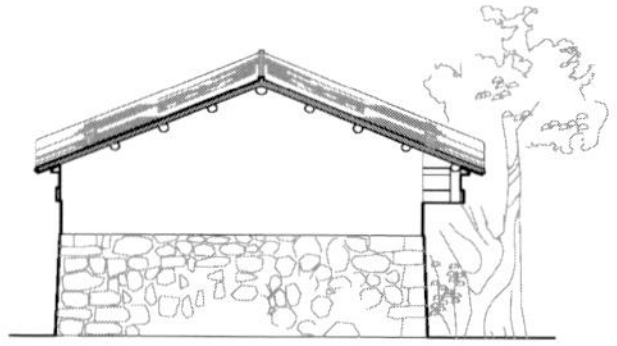

b. 侧立面

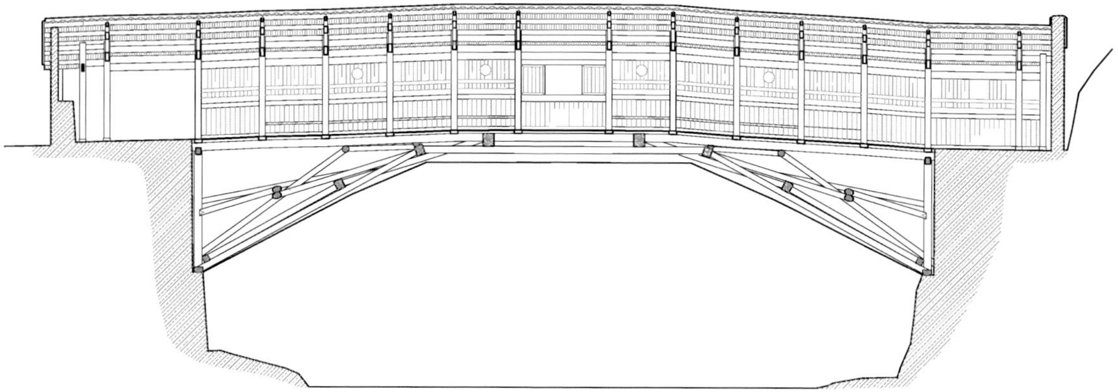

c. 纵剖面

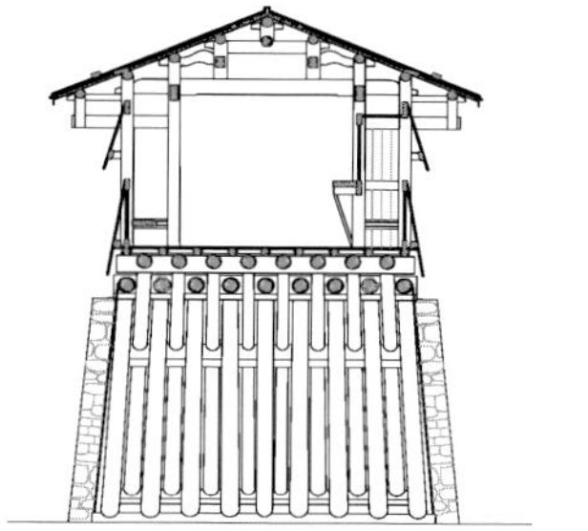

d. 横剖面

图 3–1–134　福建政和赤溪桥实测图

6. 建瓯市

现存的木拱廊桥：

接龙桥（见图 3—1—135），又称龙北溪桥，坐落于迪口镇龙北溪村，横跨迪溪，东南至西北走向；建于民国六年（1917 年）；系编木拱梁廊桥，全长约 45.99 米，总宽约 4.02 米，净跨约 31.53 米；廊屋 15 间，四柱九檩梁架，硬山顶，正脊饰宝塔状脊刹；县级文物保护单位。

后建桥（见图 3—1—136），坐落于迪口镇可建村深溪自然村，横跨可建溪支流，东南至西北走向；建于清光绪三十二年（1906 年），1976 年重修，2016 年修缮；系编木拱梁廊桥，全长约 29.36 米，总宽约 3.93 米，净跨约 23.83 米；廊屋 13 间，四柱九檩梁架，单檐歇山顶；县级文物保护单位。

德胜桥，又名得胜桥，坐落于迪口镇郑魏村，横跨迪溪，东南至西北走向；建于清光绪二十九年（1903 年）；系编木拱梁廊桥，全长约 35.92 米，总宽约 4.22 米，净跨约 26 米；廊屋 13 间，四柱九檩梁架，单檐歇山顶；县级文物保护单位。

仙恩桥，又称马桥，坐落于迪口镇郑魏村，横跨迪溪，南北走向；建于清光绪三十年（1904 年）；系编木拱梁廊桥，全长约 44.02 米，总宽约 4.24 米，净跨约 26.29 米；廊屋 17 间，四柱九檩梁架，单檐歇山顶；县级文物保护单位。

小桔水尾桥，又名承龙桥，坐落于迪口镇小桔村，横跨小桔溪，东南至西北走向；始建于清光绪二十四年（1898 年），2009 年重修；系撑架拱廊桥，全长约 56.92 米，总宽约 3.9 米，净跨约 17.46 米；廊屋 19 间，四柱九檩梁架，单檐歇山顶。

兴龙桥，又名李溪厝桥，坐落于迪口镇可建村李溪自然村，南北走向；始建年代不详，明崇祯七年（1634 年）、清道光四年（1824 年）先后重建；系组合撑架拱廊桥，全长约 35 米，总宽约 4 米，净跨约 12.7 米；廊屋 11 间，四柱九檩梁架，硬山顶。

图 3—1—135　福建建瓯接龙桥

图 3—1—136　福建建瓯后建桥

（三）福州市的木拱廊桥

1. 晋安区

现存的木拱廊桥：

店坂桥（见图 3-1-137），又名多亭桥、状元桥，坐落于日溪乡梓山村店坂自然村，横跨日溪；建于清嘉庆十六年（1811 年）；系编木拱梁廊桥，全长约 25.4 米，总宽约 4.15 米，净跨约 20.1 米；廊屋 9 间，四柱九檩梁架，悬山顶，两端山面加披檐，正脊饰二龙戏珠灰塑；县级文物保护单位。

寿山桥，坐落于寿山乡上仑村；始建年代不详，民国三十七年（1948 年）重建；系撑架拱廊桥，净跨约 10.5 米。

2. 闽清县

现存的木拱廊桥：

合龙桥，又名八都桥，坐落于省璜镇省璜村，横跨梅溪，东西走向；始建于南宋乾道年间（1165—1173 年），明万历年间（1573—1620 年）、清康熙三十八年（1699 年）、民国十六年（1927 年）先后重建。系编木拱梁廊桥，一墩两孔，全长约 32.35 米，总宽约 4.35 米，两孔净跨分别为 12.56 米、14.59 米；廊屋 11 间，四柱九檩梁架，硬山顶；2013 年被公布为第八批省级文物保护单位。

温汤桥，坐落于桔林乡温汤村，横跨温汤溪，东北至西南走向；始建年代不详，清同治十三年（1874 年）重修；系双八字组合撑架拱廊桥，全长约 11.6 米，总宽约 3.95 米，净跨约 9.86 米；廊屋 7 间，四柱九檩梁架，单檐歇山顶。

3. 闽侯县

现存的木拱廊桥：

坑坪桥（见图 3-1-138），坐落于延坪乡坑坪村，东北至西南走向；始建于清乾隆十三年（1748 年）；系编木拱梁廊桥，全长约 24.33 米，总宽约 4 米，净跨约 22.7 米；廊屋 11 间，四柱九檩梁架，单檐歇山顶；2013 年被公布为第八批省级文物保护单位。

图 3-1-137　福建福州店坂桥

图 3-1-138　福建闽侯坑坪桥

远济桥（见图 3-1-139），又名石陌桥，坐落于白沙镇联坑村大坑自然村，横跨大穆溪，南北走向；建于清光绪十八年（1892 年），2007 年重修；系编木拱梁廊桥，全长约 33.09 米，总宽约 4.8 米，净跨约 30.89 米，距正常水位高约 20 米；廊屋 13 间，四柱九檩梁架，单檐歇山顶；2013 年被公布为第八批省级文物保护单位。

泰山桥（见图 3-1-140），又名后溪桥，坐落于延坪乡后溪村前路自然村，横跨后溪，东北至西南走向；始建年代不详，民国二十二年（1933 年）重建；系编木拱梁廊桥，全长约 21.45 米，总宽约 4.38 米，净跨约 15.89 米；廊屋 7 间，四柱九檩梁架，悬山顶；2013 年被公布为第八批省级文物保护单位。

塘里桥，坐落于延坪乡塘里村，东西走向；建于 1951 年；系编木拱梁廊桥，全长约 28.96 米，总宽约 4.36 米，净跨约 24.43 米；廊屋 11 间，四柱九檩梁架，单檐歇山顶。

蕉溪桥（见图 3-1-141），坐落于延坪乡蕉溪村，横跨蕉溪，南北走向；建于民国十九年（1930 年），1951 年重建；系双八字组合撑架拱廊桥，全长约 27.3 米，总宽约 3.98 米，净跨约 19.2 米；廊屋 11 间，四柱九檩梁架，单檐歇山顶。

已毁的木拱廊桥：

龙津桥，坐落于延坪乡流源村，横跨东源溪，东西走向；始建于明崇祯四年（1631 年），清乾隆二十年（1755 年）重修，道光二十三年（1843 年）重建，2016 年遭洪水冲毁；系编木拱梁廊桥，全长约 27.26 米，总宽约 4.3 米，净跨约 22.19 米；廊屋 11 间，四柱九檩梁架，悬山顶，一端山面加披檐；2013 年被公布为第八批省级文物保护单位。

三溪桥，又名蔡峰桥，坐落于大湖乡六锦村，横跨雪溪、院里溪、东溪等三溪交汇处，南北走向；建于清道光二十五年（1845 年），1970 年重修，2016 年被洪水冲毁；系编木拱梁廊桥，全长约 32 米，总宽约 4.48 米，净跨约 21.06 米，距正常水位高约 16.3 米；廊屋 13 间，四柱九檩梁架，悬山顶。

图 3-1-142 为福州市木拱廊桥分布图。

图 3-1-139　福建闽侯远济桥

图 3-1-140　福建闽侯泰山桥

图 3-1-141　福建闽侯蕉溪桥

图 3-1-142 福建省福州市木拱廊桥分布图

（四）泉州市的木拱廊桥

现存的木拱廊桥：

永革桥（见图 3-1-143），又名长寿桥、山茶桥，坐落于德化县上涌镇曾坑村（现曾坂村）山茶自然村，横跨茶溪；始建于清乾隆十二年（1747 年），民国三十七年（1948 年）重建；系编木拱梁廊桥，全长约 26.4 米，总宽约 3.8 米，净跨约 20.5 米；廊屋 9 间，四柱七檩梁架，悬山顶。

图 3-1-144 为永革桥实测图。

图 3-1-143　福建德化永革桥

（五）莆田市的木拱廊桥

现存的木拱廊桥：

象溪廊桥，坐落于仙游县菜溪乡溪边村，横跨象溪，南北走向；始建年代不详，清代重建，2015 年重修；系撑架拱廊桥，全长约 30 米，总宽约 4 米，净跨约 22 米，距正常水位高约 4 米；廊屋 4 间，两柱七檩梁架，单檐歇山顶。

（六）三明市的木拱廊桥

现存的木拱廊桥：

玉麟桥，坐落于尤溪县梅仙镇玉石村；系八字撑架拱廊桥；廊屋 15 间，四柱九檩梁架，单檐歇山顶。

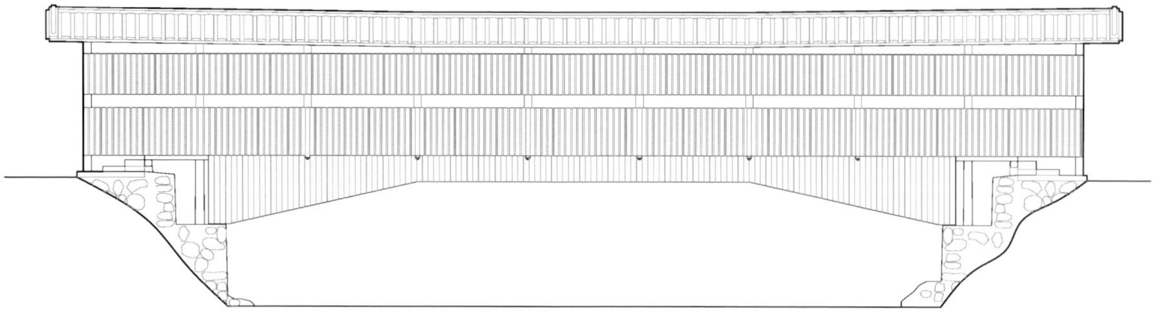

a. 西北立面

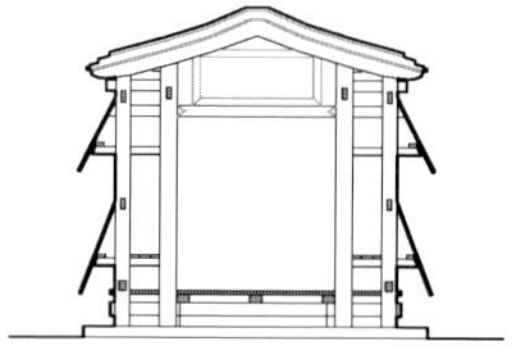

b. 东北立面

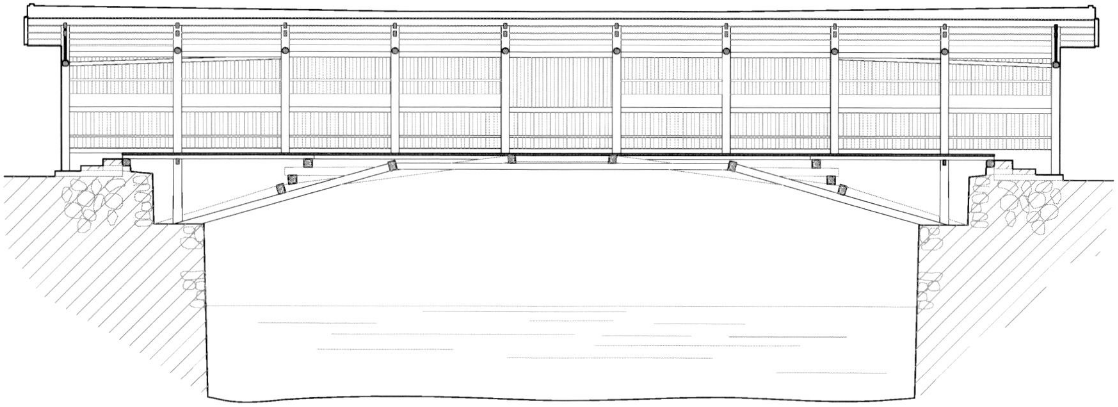

c. 纵剖面

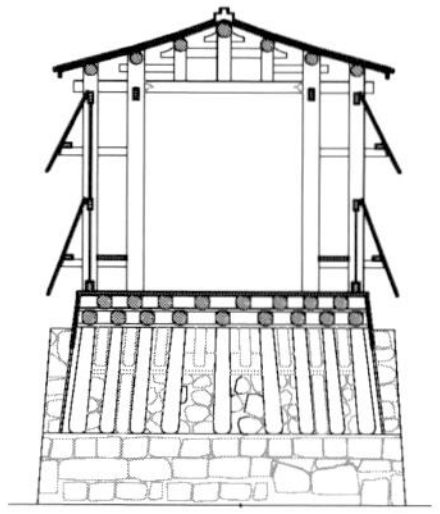

d. 横剖面

图 3-1-144　福建德化永革桥实测图

第二节

西北地区的木拱廊桥

西北地区即指我国西北部区域，主要包含甘肃、陕西、青海三省。历史上，上述三省也曾存在为数不少的木构廊桥，且甘南还曾出现土木结合的撑架拱桥。伴随着交通运输方式的改变、桥梁工程技术的更迭，古代木构廊桥的遗存逐渐减少，而木拱廊桥更是凤毛麟角，目前仅见甘肃省渭源县灞陵桥一例，当然同省的兰州市握桥（见图3–2–1）、榆中县兴隆山云龙桥也都曾是木拱廊桥。

灞陵桥（见图3–2–2），又名卧桥，位于定西市渭源县城内，横跨清源河，南北走向；始建于明洪武年间（1368—1398年），清同治年间（1862—1874年）重修，民国二十三年（1934年）重建；系伸臂梁与撑架组合式木拱廊桥，全长约40米，总宽约4.8米，净跨约29.5米；廊屋13间，卷棚歇山式。

已毁的木拱廊桥：

握桥，又名卧桥，位于兰州城内，横跨雷坛河；始建年代不详，明永乐年间（1403—1424年）重建，清乾隆年间（1736—1795年）、嘉庆二年（1797年）、道光二十一年（1841年）、光绪十三年（1887年）先后维修，1952年因道路建设遭拆毁；推测系伸臂梁与撑架组合式木拱廊桥，全长约27米，总宽约4.6米，净跨约22.5米，距正常水位高约4.8米；廊屋13间，悬山顶，两端接3开间单进深、卷棚歇山顶的桥门。

云龙桥（见图3–2–3），位于兰州市榆中县城内；始建年代不详，清乾隆二十八年（1763年）、嘉庆八年（1803年）、光绪二十六年（1900年）先后重建，后遭毁，现已改建为钢筋混凝土拱廊桥。

图3–2–1　甘肃兰州握桥旧影（1937年）

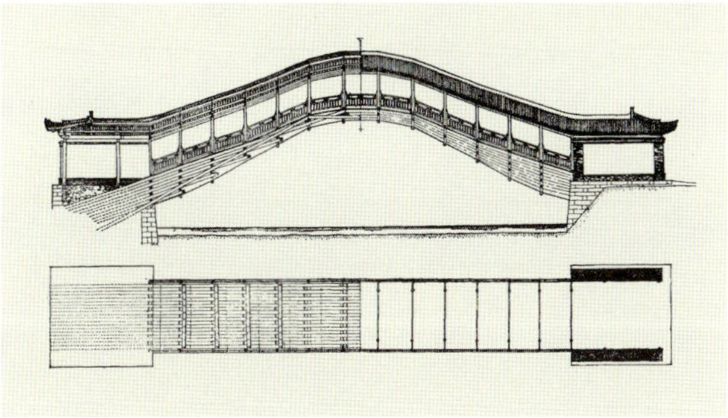

图3–2–2　甘肃渭源灞陵桥线描图

图3–2–3　甘肃榆中云龙桥

图 3-3-1　云南云龙通京桥

图 3-3-2　云南云龙彩凤桥

第三节
西南地区的木拱廊桥

西南地区即指我国西南部区域，主要包含四川、贵州、云南、重庆等省市。历史上的西南地区也曾大量存在着多种类型的木构廊桥。其中，四川、重庆、贵州三省（市）的木构廊桥以苗族、侗族等少数民族聚居区内的风雨桥为特色。而云南堪称古代桥梁的“博物馆”，从索桥、梁桥、拱桥等不同结构类型的桥，到藤桥、木桥、石桥、铁索桥等不同结构材料的桥，都能在云南境内发现，当然木拱廊桥也不例外。从分布特征来看，沘江流域遗存的古桥数量最多，类型也最丰富。

一、云南省的木拱廊桥

（一）大理白族自治州的木拱廊桥

通京桥（见图 3-3-1），又名大波浪桥、解放桥，坐落于云龙县长新乡大波罗村（现包罗村），横跨沘江；始建于清乾隆四十一年（1776 年），乾隆四十九年（1784 年）、道光十五年（1835 年）重修，1963 年大修，1993 年遭洪水冲毁，1994 年重建，2005 年重修；系伸臂梁与撑架组合式木拱廊桥，全长约 40 米，总宽约 4 米，净跨约 29 米，距正常水位高约 12.5 米；廊屋 9 间，两端建有单开间砖砌牌楼；2013 年被公布为第七批全国重点文物保护单位——沘江古桥梁群。

彩凤桥（见图 3-3-2），又名大花桥，坐落于云龙县白石镇顺荡村，横跨沘江；始建于明崇祯年间（1628—1644 年），清乾隆四十七年（1782 年）重修，光绪年间（1875—1908 年）将桥亭改为阁楼，1961 年、1994 年先后修缮；系伸臂梁与撑架组合式木拱廊桥，全长约 33.3 米，总宽约 4.7 米，净跨约 27 米，距正常水位高约 11.33 米；廊屋 9 间，两端建有桥阁；2013 年被公布为第七批全国重点文物保护单位——沘江古桥梁群。

永镇桥（见图 3–3–3），坐落于云龙县长新乡长春村，横跨沘江支流大达河；始建于清乾隆六年（1741 年），光绪元年（1875 年）重修，1987 年修缮；系伸臂梁与撑架组合式木拱廊桥，全长约 26 米，总宽约 4.8 米，净跨约 16 米，距正常水位高约 11 米；廊屋 7 间，两端建有单开间砖砌牌楼；2013 年被公布为第七批全国重点文物保护单位——沘江古桥梁群。

五里桥（见图 3–3–4），坐落于云龙县白石镇顺荡村，横跨沘江支流；始建年代不详；系八字撑架拱廊桥，全长约 16 米，总宽约 3 米，净跨约 10 米；廊屋 5 间，两端建有单开间悬山顶桥亭；2013 年被公布为第七批全国重点文物保护单位——沘江古桥梁群。

检槽桥（见图 3–3–5），坐落于云龙县检槽乡检槽村，横跨师里河；始建于清乾隆年间（1736—1795 年）；系八字撑架拱廊桥，全长约 22 米，总宽约 3.2 米；廊屋 7 间，两端建有单开间悬山顶桥亭；2013 年被公布为第七批全国重点文物保护单位——沘江古桥梁群。

炼登桥，坐落于云龙县检槽乡炼登村；始建年代不详；系八字撑架拱廊桥，全长约 15.5 米，总宽约 3.0 米，净跨约 10.5 米；廊屋 3 间，两端接悬山顶桥亭。

永济桥，坐落于巍山彝族回族自治县永建镇巡检村，横跨巡检河；始建于明万历元年（1573 年），后多次维修；系八字撑架拱廊桥，全长约 15.6 米，总宽约 3.25 米，距正常水位高约 6.9 米；廊屋 3 间，两端建重檐歇山顶桥亭；2013 年被公布为第七批全国重点文物保护单位——沘江古桥梁群。

茄叶桥（见图 3–3–6），坐落于洱源县炼铁乡茄叶村，横跨茄叶河；始建于民国十四年（1925 年）；系八字撑架拱廊桥，全长约

图 3–3–3　云南云龙永镇桥

图 3–3–4　云南云龙五里桥

图 3–3–5　云南云龙检槽桥

图 3–3–6　云南洱源茄叶桥

图 3–3–7　云南宾川岩涧桥

图 3–3–8　云南鹤庆河头桥

图 3-3-9　云南镇沅锁口河桥

图 3-3-10　云南景东文献桥

图 3-3-11　云南腾冲野猪箐桥

图 3-3-12　云南凤庆琼凤桥

图 3-3-13　云南广南大牡露桥

8.6 米，总宽约 2 米；廊屋 3 间，两端建有歇山顶桥亭。

岩涧桥（见图 3-3-7），又名永宁桥，坐落于宾川县力角镇大会村，横跨纳溪河；始建于清嘉庆十五年（1810 年），清光绪二十五年（1899 年）重建；系撑架拱廊桥，两墩三孔，全长约 38.4 米，总宽约 4.4 米，距正常水位高约 7 米；廊桥 7 间，中孔廊屋 3 间，另两孔廊屋 2 间，两端建有歇山顶桥亭。

河头桥（见图 3-3-8），坐落于鹤庆县松桂镇龙珠村河头自然村，横跨漾弓河；始建于清光绪年间（1875—1908 年）；系撑架拱廊桥，一墩两孔，全长约 24 米，总宽约 3 米；两端设单开间悬山顶亭。

（二）普洱市的木拱廊桥

锁口河桥（见图 3-3-9），位于镇沅彝族哈尼族拉祜族自治县九甲镇登高村，横跨凹古河；始建于清道光十四年（1834 年），2009 年遭火毁坏，2012 年重建；系八字撑架拱廊桥，全长约 26.37 米，总宽约 4.68 米。

文献桥（见图 3-3-10），位于景东彝族自治县花山镇文岔村；建于清代；系八字撑架拱廊桥，全长约 18 米，总宽约 4.4 米；廊屋 5 间，两端接 3 开间、单进深悬山顶牌楼式桥门。

（三）保山市的木拱廊桥

野猪箐桥（见图 3-3-11），又名成德桥，坐落于腾冲市曲石镇箐桥村，横跨龙川江；始建于清康熙三十二年（1693 年），清乾隆十年（1745 年）、道光二十七年（1847 年）、光绪八年（1882 年）先后重建；系伸臂梁与撑架组合式木拱廊桥，净跨约 30 米，距正常水位高约 30 米；廊屋 11 间，四柱五檩梁架，悬山顶，两端接面阔 1 间、进深 2 间桥亭。

图 3–3–14　云南省木拱廊桥分布图

（四）临沧市的木拱廊桥

琼凤桥（见图 3–3–12），位于凤庆县三岔河镇，横跨三岔河；建于民国十四年（1925 年）；系伸臂梁与撑架组合式木拱廊桥，全长约 40 米，总宽约 3.5 米；廊屋 9 间，两端接硬山顶桥亭。

（五）文山壮族苗族自治州的木拱廊桥

大牡露桥（见图 3–3–13），位于广南县董堡乡大牡露村，横跨西洋江；建于清代；系八字撑架拱廊桥，全长约 30 米；廊屋 15 间，悬山顶。

图 3–3–14 为云南省木拱廊桥分布图。

图 3–3–15　重庆酉阳龙凼沟桥（迁建后）

二、重庆市的木拱廊桥

龙凼沟桥（见图 3–3–15），又名回龙桥，位于酉阳土家族苗族自治县清泉乡清溪村，横跨于龙凼沟入乌江口峡谷上，南北走向；始建于清同治十年（1871 年），1998 年修缮，2010 年因乌江彭水水电站建设，于原址以东 20 米处重建。系伸臂梁与撑架组合式木拱廊桥，全长约 32 米，总宽约 4 米，净跨约 25 米，距正常水位高约 28 米；廊屋 9 间，单檐硬山顶，两侧设腰檐，两端设砖砌金刚墙，开设券形门洞。

三、四川省的木拱廊桥

红军桥，原名松桥、清水风雨廊桥，坐落于绵阳市平武县平南羌族乡正街西口，横跨龙治沟，东西走向；始建年代不详，清咸丰七年（1857 年）、民国十一年（1922 年）先后重建；系八字撑架拱廊桥，全长约 25.41 米，总宽约 3.27 米；廊屋 7 间，单檐歇山顶，中 3 间屋顶稍高于两边，四柱九檩梁架。

第四节

华中地区的木拱廊桥

华中地区即指我国中部区域，主要包含湖北、湖南等省。湘鄂两省水系发达、河道纵横，古代茶盐贸易往来频繁，重要的古道上都曾有大量的木构廊桥，如湖南省安化县内的风雨桥，而在少数民族聚居区则以富有民族建筑特色的风雨桥为典型，如通道侗族自治县的坪坦风雨桥。同样地，在湖北省恩施土家族苗族自治州内也曾有独具特色的木拱廊桥，但现仅见利川市永顺桥一例。

永顺桥，又名群策凉桥，位于恩施土家族苗族自治州利川市毛坝镇花板村，横跨三湾河，东北至西南走向；始建于清嘉庆十三年（1808 年），光绪六年（1880 年）及新中国成立后多次修缮；系八字组合撑架拱廊桥，全长约 37 米，总宽约 4 米，净跨约 26 米，距正常水位高约 36 米；廊屋 7 间，四柱九檩梁架，悬山顶；市级文物保护单位。

已毁的木拱廊桥：

晏公桥（见图 3-4-1），又名晏公塘桥，位于恩施土家族苗族自治州建始县，约建于清道光十三年（1833 年），后遭毁；系撑架拱廊桥；廊屋 7 间，两端接悬山顶桥亭。

图 3-4-1　湖北建始晏公塘桥旧影

第五节

其他地区的木拱桥

历史上，山东省、安徽省都曾出现过木拱桥，如北宋时期在山东青州、安徽宿州分别新建的“飞桥”，即为无桥柱的木拱桥，但都早已难觅踪迹。直至现在，伴随着越来越多的人对中国木拱廊桥的关注，有关木拱桥或木拱廊桥的史料及实例的不断发现，国内外学者对此研究也方兴未艾，同时也得到了社会的普遍关注，掀起了一阵“廊桥热”。以《清明上河图》中的“虹桥”为例，国内多数以宋代为时代背景新建的历史文化主题景区内，都会建设一座“虹桥”作为标志，如河南开封清明上河园、江苏无锡水浒城、浙江杭州宋城等，但这些“虹桥”均为钢筋混凝土结构仿制，难以体现传统木拱桥的技术价值，仅仅作为一个历史的符号而已。当然，也有不少有识之士积极地推进木拱桥以及木拱廊桥的研究，并促进国内外的交流。如 20 世纪末，桥梁专家唐寰澄先生曾协助美国某电视台在上海市青浦区金泽镇建设了一座仿“虹桥”的编木拱桥——普庆桥（见图 3–5–1）；自 2002 年启动的杭州西湖综合保护工程中，曾在西湖景区茅家埠上香古道上新建了一座仿“虹桥”的木拱桥（见图 3–5–2）；2014 年，德国慕尼黑工业大学的中国留学生刘妍博士曾组织策划了一座由福建省周宁县桥匠张昌智师傅赴德建造的闽浙风格的木拱廊桥。

普庆桥建于 1999 年，系为配合美国马萨诸塞州波士顿 WGBH 公共电视台拍摄制作 NOVA 系列纪录片而模仿《清明上河图》中“虹桥”建造的木拱桥。唐寰澄作为项目总顾问，同济大学杨士金教授负责桥梁设计，青浦古代建筑修整所负责桥梁施工。桥全长 16.28 米，总宽 4.0 米，净跨 13.2 米，矢高 3.13 米。

图 3–5–1　上海金泽普庆桥

图 3–5–2　浙江杭州西湖景区内的新建木拱桥

CHAPTER 4

第四章

木拱（廊）桥的建筑景观艺术

Artistry of Surrounding Landscapes

福建寿宁鸾峰桥

在多数情况下，中国古代桥梁既是一种交通工程技术，即在水平方向上解决跨越空间的技术；同时多数桥梁又呈现出独特的建筑或景观艺术，无论从桥梁布局、选型、用材、装饰等客观物质因素上说，还是从桥梁营造环境，唤起人们联想的情思以及桥梁本身与民俗的紧密结合等方面上说，都在共同地传达着桥梁的艺术形象和超越普通建筑或构筑物的精神感染力。

古建筑与园林学家陈从周曾说：“我国河道，存在三种情况，即大河、支流和小溪，因此，城镇的建设必循河道而有别。城濒大河，镇依支流，村傍小溪，几成不移的规律。而桥梁的建造，亦随之而异，各臻其妙。我国山区、水乡或平原城镇，将至该地，必遥见一塔；入城镇前，必经一桥。这样的布置随处可见，亦标志了中国城镇的独特风貌。这些控制城镇通道的桥梁，如‘灞桥折柳’，‘卢沟晓月’，送往迎来，联系着人间离合悲欢的种种复杂感情。”[①]

人类生活从来就离不开水，城市、乡镇和村落三种不同规模的聚落都必然有水系环绕，或穿越流淌，桥梁自然就成为了聚落联系四方的交通纽带。在通向聚落的空间序列中，过桥往往就是进城、入镇和穿村的序曲，在特定的环境下甚至还能成为一种国家或社会礼仪要求下的特殊仪式。比如说，唐宋时期特别盛行的城外桥畔折柳送别。因为“柳”与“留”谐音，折柳的目的是希望将客人或亲朋好友留下。这类桥梁往往在进出城关的要道上，进则入城，出则离城。在交通和医疗状况不发达的古代，离别城市、故乡出游远方，或赴西陲戍边，或赴北国南疆，生还的可能性远远不如今天，几乎与诀别的情形一致，是故有“生离死别”一语将此两种情形等同对待。明朝葛一龙有词句曰：“桥上飞花桥下水，断肠人是过桥人。”古人送别，伤心的除了有情人，桥畔的柳树也难免遭池鱼之灾，也是伤心折体的。

表面上看，桥梁最主要的功能是交通方面的功能。但事实上，相当多的中国古代桥梁绝对不是一种简单的交通设施。如果仅仅是为了交通，那么就只需在最适宜的地方选择桥址即可；但是，在中国历史上相当多的桥梁，无论是在城镇里，还是在村落中，其选址的有意识性，往往更多体现在规划层面和文化层面上，属于脱离了物质的精神领域，古代属于风水术，今天被称作“地景学”（西方称Landscape 或 Landscape Architecture，中文也译作“景观学”）范畴，这便是建筑环境美学要求及其艺术性的高度体现。

在中国古代，廊桥最容易成为环绕城市外围河道上的风景，木拱廊桥作为廊桥的一个特殊类型，也是其中主要的景观元素。

①引自陈从周撰《说桥梁》一文，载《陈从周散文》第193至194页，同济大学出版社1999年版。

第一节
木拱（廊）桥与城市、市镇景观

一、作为城市与市镇近郊重要景观的桥梁

中国幅员辽阔，南北方自然环境和气候特征差异较大，南方城市与市镇多在水系密布的地区设置，桥梁与城市的关联自然紧密。在北方，尽管多数城市与市镇（少数的都城和水城除外）并不拥有丰富的水系，但是桥梁建设却往往能成为一个城市景观体系营造中的重要环节。正如《清明上河图》中描绘的北宋东京汴梁城东郊的汴水虹桥一样，木拱桥不仅仅起着交通联系的功能，其编木拱的造型也是即将进入城市的空间序列中的重要景观元素。与北宋东京汴梁城保持着类似城市景观元素的是近代的兰州城。在县城这一层级，也就是人们常说的城关镇或一些南方水乡地区的市镇，木拱廊桥这种桥梁类型也常被用来作为重要的景观予以建设。

1．作为城市近郊重要景观的桥梁

兰州自西汉设立县治，当时取“金城汤池”之意而称金城。隋初改置兰州总管府，始称兰州。汉至唐宋时期，随着丝绸之路的开通，出现了丝绸西去、天马东来的盛况，兰州逐渐成为丝绸之路重要的交通要道和商埠重镇、联系西域少数民族的重要都会和纽带，在沟通和促进中西经济文化交流中发挥了重要作用。古丝绸之路也在这里留下了众多名胜古迹和灿烂文化。

兰州，今天看来虽然僻在西北一隅，但是，从中国历史发展的角度来看，兰州却较长时期毗邻着中国古代的政治文化中心。即使到今天，它依然是中国陆域版图的几何中心，亦即地理中心。兰州至迟于清代就有“兰州八景”之说，这八景曾让无数游人流连忘返。它们分别是：“五泉飞瀑”、“兰山烟雨”、“白塔层峦”、“梨苑花光”、“古刹晨钟”、“河楼远眺”、“虹桥春涨”、“莲池夜月”。这些景色既反映了兰州古城的山水美景，又体现了四季变化、昼夜差异及雨雪阴晴。这里头的八景之一——“虹桥春涨”就是兰州城非常著名的卧桥（也称握桥）。本书第三章对卧（握）桥的结构与建筑形式有详细叙述，卧（握）桥是一座伸臂梁结合编木拱结构的组合式木拱廊桥，与同在甘肃的渭源灞陵桥和榆中兴隆山云龙桥的结构类似，都是唐寰澄在《中国木拱桥》一书中所称的“变异木拱桥”类型。

20 世纪初，曾经游历了中国 10 多个省府的美国人威廉·埃德加·盖洛是怎样看待这些作为城市（包括城内和城郊）景观的桥梁的呢？在《中国十八省府》一书中，他花费了很多的笔墨来描述“兰州八景”和涉及的景观桥梁。不过在他的版本中，这八景却是：“浮桥”、“金山”、“金山塔”、“莲池”、“卧桥”、“五泉山”、“后五泉”、“宝塔”。对比这中、美两种版本的“兰州八景”，有六景大致相同。而在美国人眼里，桥作为景观的元素却更加重要，因而，兰州浮桥也算作了“八景”之一。卧（握）桥是兰州城当时唯一的木拱廊桥，自然是珍贵的建筑景观，进“八景”理所当然。在“莲池”一景中也提到了“精美无比的砖桥”。

还是来看看这个美国人是如何描述有资格进入他眼中“兰州八景”的这几座桥梁：

“1．浮桥　出北城门，穿过西郊，不过几十步就到了黄河边上。虽然离大海还有数千英里，但河水在 250 码宽的河床内仍是波涛汹涌，对外国侵略者与和平贸易都构成了严重的阻碍。谁最先想到要架桥的

呢？最初，心惊胆战的旅行者跨骑在原木上，划水而过；或者是用独木舟来运载货物。后来，由某个大胆的发明家改进了这种方法，他在河的两岸吊起一根绳子，并将他的船系在这根绳子上；在巴塞尔①有这样一个别出心裁的摆渡至今仍在赚不少观光者的钱，因为他们想观看激流是如何将船推过河去的。接着，又有人想出了把许多只船并列在一起，以便组成一座浮桥的主意；当波斯国王薛西斯用这种方式驯服达达尼尔海峡时，他实际上是侵犯了兰州的一项专利权。

“24 艘驳船，每艘长达 40 英尺，用缆绳拴在了一起，12 根草绳和 3 根麻绳，每根的直径都达 6 英寸；还有两条当地锻造的粗铁链，它们都增加了浮桥的整体安全性。船只似乎没有单独配备锚，但密密麻麻的绳索和铁链把它们牢牢地固定住。两岸竖起了 24 根木柱和两根铸铁空心柱子，索链固定在柱子上。各条船之间搭起了架子，架子上铺设了通向下一条船甲板的木板。通道两边有简易的围栏，可以让一辆手推车轻松地通过，而两辆手推车交会时则有些困难。车辆、动物和人流源源不断地通过浮桥。

“浮桥在一年中大多数月份中都能使用，随着水势而涨涨落落，直到冬季水面的冰凌对浮桥构成危险时才停止使用。此时浮桥才会从中间分开，两边沿岸各 12 条趸船，被牢牢地缚在岸边。此时知府衙门会提供免费的摆渡。等春天来临，浮冰融化，浮桥又重新捡起来时，人们会祭上一头猪、一只羊，而总督会亲自来主持浮桥重启的仪式。

…………

“4. 莲池　这是兰州官员们专用的休息娱乐花园，相当于巴比伦的空中花园。莲池有供官员们用膳的小屋，建在长城脚下，其效果显然丝毫不逊于幼发拉底河畔的空中花园。它的周围点缀着寺庙，院子里种植蔬菜，供官员们欢宴作乐。但园子的中心却是莲池本身。莲池足有 24 英寸深，池水来自一条狭窄的、与黄河相通的运河。在这儿，可以研究当地的动物，尤其是像蚊子这类的动物，还有生机勃勃的和正在腐朽的植物。莲池中建了几座亭子，精美无比的砖桥将这些亭子连接在一起……

“5. 卧桥　可别把这座悬空建筑的精品跟黄河上的浮桥给混淆了。卧桥横跨在城西的一条小河上，一年四季开放通行，而不仅仅是在夏季。但另一方面，小河通常无水，所以车马可以从河床上通过。桥上仅供步行，行人从两边爬上去，会发现中间那一段是平道。桥的跨度约有 70 英尺。桥上的顶棚（书中译为顶棚，实际上应该称为“廊屋”——作者注）增加了卧桥的力度和美感，而桥两边则各有一个桥头堡。桥的主要材料是木头；除这点之外，它很容易让人想起威尼斯最有名的叹息桥（见图 4－1－1），以及剑桥大学圣约翰学院的图圄桥。

“伸臂木梁卧桥是浮桥的进一步发展，大概也是对罗马艺术的拓展；罗马人叹服于神妙的造桥工艺，曾把筑桥的工匠任命为大祭司②。世界上各个民族都对桥梁高度重视，印加人曾把破坏桥梁者处以极刑。

“兰州没有出现过多的拱桥，但在乡间却能见到一些原始的伸臂木梁桥，由中间的桥墩支撑起一长段桥面，与从岸上伸展过来，或由其他桥墩支撑的路面相衔接，所以这一类型的长桥呈现为一系列的 T 字形。然而无论这种桥的工程技术如何优良，它们都比不上兰州卧桥那么优雅动人。”③

在这里，有必要先介绍一下这位威廉·埃德加·盖洛（William Edgar Geil）先生。他是 20 世纪初美国著名的旅行家、英国皇家地理学会会员，1865 年出生于美国宾夕法尼亚州的多伊尔斯顿城。盖洛先生受过严格系统的地理学专业训练，对中国的历史文化抱有浓厚的兴趣。自 1903 年起，他数次来到中国进行地理学的考察，走遍了大江南北、长城内外和三山五岳，先后出版了《扬子江上的美国人》（1903 年）、《中国的长城》（1909 年）、《中国十八省府》（1911 年）和《中国五岳》（1926 年）等一列作品，深受西方读者好评。他是

①巴塞尔是瑞士西北部的一个城市，位于莱茵河畔。

② Pontiff（大祭司）在拉丁语中的原意是“筑桥者”。

③引自美国人威廉·埃德加·盖洛原著，沈弘、郝田虎、姜文涛译，沈弘、李宪堂审校《中国十八省府》一书第 302 至 305 页，山东画报出版社 2008 年版。

图 4-1-1　意大利威尼斯叹息桥

一位地理学专业的学者，他的观察力是非常敏锐的。他对作为兰州古城的最具景观特质的建筑物和构筑物进行了看似不经意却认真的分析和评价，毫无疑问的是，他的结论是公允和客观的。尤其是他对兰州卧桥的点评，直至100多年后的今天，仍然有很高的科学价值。他将卧桥与浮桥比较，与乡间的普通伸臂木梁桥比较，甚至试图找到这类拱桥的技术与艺术源头——与罗马的拱桥相关联；他认为“桥上的顶棚（廊屋）增加了卧桥的力度和美感”，这可能是20世纪以来最早对中国古代木拱廊桥所作出的准确的结构与美学方面的评价。

再来看看中国人是怎么描述“虹桥春涨”这一美妙景观的。

“虹桥春涨”是兰州旧时八景之一，是指雷坛河卧桥的美丽景观。卧桥位于阿干河下游的雷坛河上，即今兰州市雷坛河桥处。据清乾隆四十三年（1778年）修的《皋兰县志·桥津》载：“卧桥又名三公桥，在袖川门西二百步，当阿干河口。架木横空，东西十余丈，其下无柱，高五丈。其上覆盖如屋，楹栏齐整，亦匠心之巧者。”阿干河源于马衔山，沿途汇集马坡、银山、铁冶、阿干、石佛沟、后五泉等水，于白云观西侧流入黄河，全长44.6公里。古人称阿干河为浩门河，明代有“浩门春涨”的景观，到了清代才称“虹桥春涨”。卧桥是一座很特别的木拱廊桥，它既不是典型的伸臂式梁桥，也不是《清明上河图》中所描绘的编木拱结构。实际上，它是二者的组合，亦即从两端桥塊往中间延伸的结构是伸臂结构，而在桥中央形成类似虹桥的编木拱结构，这样的桥式只在西北出现过，现存的渭源木拱桥以及兰州兴隆山的木拱桥（可惜最近的一次维修将木拱悉数替换成了钢筋混凝土拱）的结构大致如此。

2. 作为县城（市镇）近郊重要景观的桥梁

本小节以福建省寿宁县鳌阳镇为例，来考察我国传统县城（市镇）近郊营造木拱廊桥并将其作为重要景观建筑的情况。

寿宁县是福建省东北部宁德市下辖的一个县。它位于宁德市的最北部，形状很像一只楔子插在浙江省的西南部。寿宁县插进浙江省版图部分的是坑底乡，坑底乡的西北与浙江省庆元县接壤，东北与犀溪乡（现属犀溪镇）与浙江省泰顺县毗邻。我有一次奇妙的浙江省木拱廊桥之旅，就是从泰顺出发，取道寿宁的北部而去到同属浙江的庆元县。

鳌阳镇是寿宁县的城关镇，也就是百姓通常所说的县城。鳌阳镇古名杨梅村，因从城北镇武山俯瞰，镇区形似鳌鱼而得名。明景泰六年（1455 年）议割政和、福安两县之地设寿宁县以来，鳌阳镇即为县府驻地。建县之初，官府为就近控制官台山，维持治安，以及防止大宝坑银矿被盗采，遂选定杨梅村为寿宁县治。蟾溪环绕鳌阳镇自西北往东南流过，在镇区内不到 2 公里长的溪面上，在 1949 年时尚保存着 6 座木拱廊桥，今仅存 4 座。顺着水流的方向，在这段溪面上依次分布着飞云桥（见图 4—1—2）、升平桥、仙宫桥和登云桥（见图 4—1—3）。从 2007 年前后的县城城区来看，飞云桥和登云桥分别处于鳌阳镇的北面和南面的近郊，而升平桥和仙宫桥位于镇区旧城中心的蟾溪之上。

后墩村，又名坞墩村，地处蟾溪上游，紧挨着寿宁县城鳌阳镇。村子水口处的飞云桥，旧名“步云桥”，当地人称“后墩桥”，横跨在县城北郊蟾溪之上。飞云桥地处要道，是寿宁县西路古道经大安乡至坑底乡的主要津梁之一。旧桥为明天顺七年（1463 年）县丞李贞、邑人吴永忠募建，后毁；清嘉庆二十三年（1818 年）、光绪二年（1876 年）两度重修，民国二十七年（1938 年）重建廊屋，桥面加铺桥面板；1995 年首事王维椿、郑淼进等人又发起重修。2006 年登云桥被列为全国重点文物保护单位。

飞云桥长 29.2 米，宽 5.3 米，木拱净跨 18.8 米，桥身呈东南至西北走向，两端桥堍用条石砌筑。飞云桥是典型的编木拱梁式结构，桥面之上设有廊屋 13 间，面阔 3 间，共用 56 柱，上覆双坡悬山顶，中间升出 3 间牌楼式结构，升出廊屋屋面的 3 楼（中间高，两边低）均为歇山式屋顶。廊屋中央升出的歇山顶下两侧枋心内书“飞云桥”3 个圆润饱满遒劲的楷体大字。据考证，这 3 个字出自民国二十七年（1938 年）重建廊屋时平溪乡南溪村一举人之手。廊屋中央设有 2 个神龛，主祀临水夫人（即通天圣母陈靖姑），配祀黄三相公（黄槐）。寿宁县村民尤其是中老年妇女多信仰临水夫人（村民俗称其为“奶娘”），并认为飞云桥是寿宁祀奶娘的“总祠”，所以又称飞云桥为“奶娘桥”。据当地老人们说，廊桥内自从塑有通天圣母神像以后，显赫威灵，香火不断，经常有本邑、泰顺、景宁、福安等地百姓前来迎接奶娘祈雨、保平安，当地盛传“哪村来接，哪村有雨”之说。自廊桥建成之日起到中华人民共和国成立初期，当地村民为颂扬奶娘功德以纪太平，时常组织木偶戏在桥上演出，一场多则十来天，少则三两天。是时，村子里、廊桥上自是热闹非常。西北岸桥头设有一座观音阁，民国七年（1918 年）创建，

图 4—1—2　蟾溪上的飞云桥与观音阁

图 4–1–3　蟾溪上的登云桥

1965 年重修。[①]

尽管飞云桥是蟾溪上鳌阳镇北郊唯一的景观木拱廊桥，但并不影响它作为后墩村水口的风水桥，观音阁和飞云桥共同形成了村落的水口屏障，起着护佑村子的作用。

登云桥也称杨梅桥，是鳌阳镇镇区内蟾溪上现存 4 座木拱廊桥中的第 4 座，离城区不足 1 公里，坐落于县城东南的杨梅村，四周是翠色袭人的乡村田野。杨梅桥之所以得名，是因为桥头所对不远处的山头上旧时一直种植杨梅。登云桥是寿宁县城经南阳镇至犀溪乡（现犀溪镇）通往浙江省泰顺县的要津。

清康熙二十五年（1686 年）刊本《寿宁县志》载："登云桥在县东三里。"清乾隆二十七年（1762 年）版《福宁府志》载："登云桥在县东三里杨梅仔。"现桥于清乾隆三十六至三十八年（1771—1773 年）重建，民国年间曾加以维修，修缮时因桥面板损坏较为严重，就在原桥面板上再加了一层木板，所以至今存有两层桥面板。2006 年登云桥被列为全国重点文物保护单位。此桥也是编木拱梁式木拱廊桥，全长 33.8 米，宽 4.2 米，木拱净跨 30.8 米。桥身之上设有面阔 3 间，进深 17 间廊屋，廊屋为抬梁穿斗混合构架形式，共用 72 柱。桥身呈南北走向，两端桥堍用块石砌筑。廊屋中神龛内祀临水夫人，内置有清道光二十五年（1845 年）的石香炉旧物。此廊桥位于鳌阳镇南郊，廊屋造形简朴，上覆双坡悬山顶。此廊桥还有两个特点：一是桥内廊枋较低，高仅 3.12 米；二是将军柱底部采用了石柱（可能是因为距水面较近而采取的防腐措施）。

二、作为城市与市镇建筑景观的桥梁

中国古代木拱桥作为城市内部交通与景观桥梁的历史非常悠久。我们至今可以在汉画像里看到许多拱桥的形象，当然，是否在汉代就已经出现了木拱桥或者木拱廊桥，学术界现在还没有统一的认识。根据建筑材料的时代运用特征来看，木构桥梁在汉代显然占据主流的地位。汉画像中诸多酷似木拱桥的图像是汉代石刻艺术家们的集体想象，还是对其生活中建筑形象的真实描摹？还有待学术界进一步研究证实。根据古代文献和图画记录，汉代以降，无脚飞桥——木伸臂梁式廊桥在西北等地已有出现，木拱桥在城市中的出现至迟于北宋。

1．作为城市交通与景观的木拱廊桥

从历史文献和古代画作的材料来看，中国至迟在宋代的汴梁城内已经出现了编木拱桥这类交通与景观兼具功能的桥梁形式。北宋宫廷画师张择端在其巨著《清明上河图》中至少描绘了 5 座桥梁，除画面中心闻名世界的编木拱桥——汴水虹桥外，还有 1 座城门外的木平梁桥和 3 座拱形木桥。3 座拱形木桥的结构类型类似北宋遗臣孟元老在《东京梦华录》中记载的"骆驼虹"式样。

细心的人在欣赏《清明上河图》（见图 4-1-4）时，一定能发现虹桥实际上被张择端画在了城门之外的汴水上。历史上的汴梁城与虹桥的位置关系的确如此吗？如果真是这样，那么汴梁城内还有没有别的编木拱桥存在呢？

孟元老在《东京梦华录》中对"汴河"的记载如下："自西京洛口分水入京城，东去至泗州入淮，运东南之粮，凡东南方物，自此入京城，公私仰给焉。自东水门外七里至西水门外，河上有桥十三，从东水门外七里曰虹桥，其桥无柱，皆以巨木虚架，饰以丹雘，宛如飞虹，其上、下土桥亦如之；次曰顺成仓桥，入水门里曰便桥，次曰下土桥，次曰上土桥，投西角子门曰相国寺桥，次曰州桥（正名天汉桥），正对于大内御街，其桥与相国寺桥皆低平不通舟船，唯西河平船可过，其柱皆青石为之，石梁石笋楯栏，近桥两岸，皆石壁，雕镌海马水兽飞云之状，桥下密排石柱，盖车驾御路也。州

①参见缪长钻著《廊桥遗韵——品读寿宁廊桥》第 2 页，上海人民美术出版社 2008 年版。

a.《清明上河图》虹桥段

b.《清明上河图》城楼段

图 4-1-4 《清明上河图》(1)

c.《清明上河图》寺院前段

图 4-1-4 《清明上河图》(2)

d.《清明上河图》宅邸前段

e.《清明上河图》郊外段

图 4-1-4　《清明上河图》（3）

桥之北岸御路，东西两阙，楼观对耸；桥之西有方浅船二只，头置巨杆铁枪数条，岸上有铁索三条，遇夜绞上水面，盖防遗失舟船矣。西去曰浚仪桥，次曰兴国寺桥（亦名马军衙桥），次曰太师府桥 （蔡相宅前），次曰金梁桥，次曰西浮桥（旧以船为之桥，今皆用木石造矣），次曰西水门便桥，门外曰横桥。”

孟元老细致入微的描述清楚地告诉我们，汴梁城汴水之上“自东水门外七里至西水门外”的13座桥分别是：虹桥、顺成仓桥、便桥、下土桥、上土桥、相国寺桥、州桥（天汉桥）、浚仪桥、兴国寺桥（马军衙桥）、太师府桥、金梁桥、西浮桥、西水门便桥。再加上西水门外的横桥，共14座。汴梁外城之内有便桥、下土桥、上土桥、相国寺桥、州桥（天汉桥）、浚仪桥、兴国寺桥（马军衙桥）、太师府桥、金梁桥、西浮桥、西水门便桥，共11座。由此可见，张择端对虹桥的描绘是忠于客观事实的，亦即汴水虹桥确实地处城门之外——“东水门外七里”的位置。难道北宋东京汴梁城内便没有编木拱桥吗？仔细阅读孟元老这段文字，很容易发现，他讲到从东水门往西之西水门之间的汴水上共有桥梁13座。“东水门外七里”是虹桥，往西便是顺城仓桥，进入东水门后第一座桥梁就是便桥，第二座是下土桥，第三座是上土桥……他在书中对虹桥的结构有详细的描写：“其桥无柱，皆以巨木虚架，饰以丹雘，宛如飞虹。”关键是，他紧接着说：“其上、下土桥亦如之。”也就是说，上土桥、下土桥与虹桥结构一样，都是编木拱类型。东京汴梁城共有3道城墙，最里一道围合的是宫城，亦即大内；中间一道围合的是里城；外边一道围合的是外城。上、下土桥坐落在里城与外城之间的汴水河上，虹桥却在外城“东水门外七里”的地方。张择端在《清明上河图》中画的到底是哪座木拱桥呢？

据宋史学者、河南大学历史系教授周宝珠的研究，张择端最有可能是以北宋东京汴梁城外城（见图4–1–5）内的下土桥为蓝本进行描绘的。[①]桥梁作为城市的重要景观建筑参与城市的格局规划并

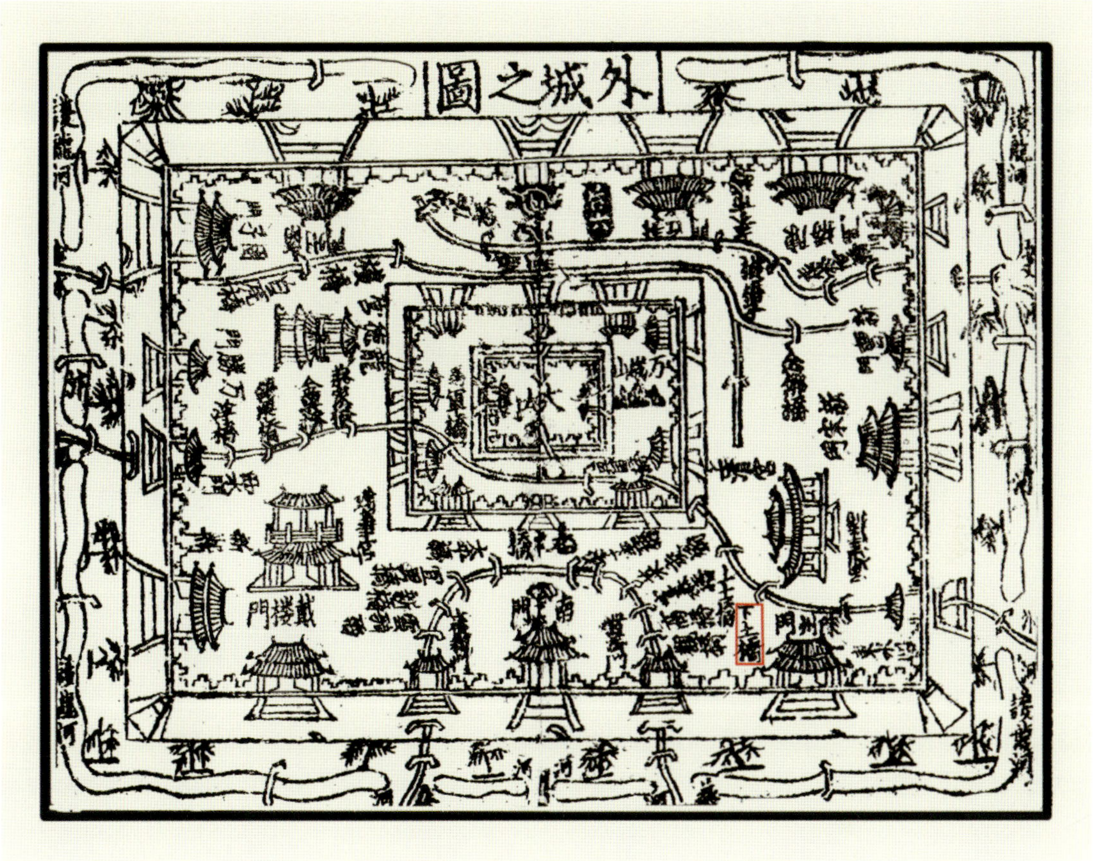

图 4–1–5　《事林广记》所载北宋东京外城图

①参见周宝珠著《清明上河图与清明上河学》一书第72页，河南大学出版社1997年版。

不是在北宋时期才开创的。从古代文献来看，至迟于秦朝就已经出现了类似的思想。

先秦政治家管仲在其《管子·乘马》中说："凡立国都，非于大山之下，必于广川之上，高毋近旱，而水用足；下毋近水，而沟防省。"如何获得水资源、合理利用水资源、趋利避害，是人类选择居址、规划聚落，尤其是大型聚落诸如城市、国都的一个重要因素。作为国都的城市，必需水资源，并且不是少量的水体。在城市规划时，必须考虑水体在都市空间中的合理分布和流动格局，既要防涝，也要抗旱。在古代社会中，作为交通运输的主角，河流在城市中流经的区域和方向更是国家运输部门需要考虑和规划的。当然，水体在城市中突出的生态环境功能和作用也是非常重要的一个方面。在前述基础之上，水体与桥梁在城市格局中的实际功能与象征意义，更是国家最高统治者所关注和必须赋予的。

秦汉时期的都城及其周边的重要桥梁布局最能代表中国在帝国时期的桥梁规划思想。透过这一思想，展示出的是中国古代城市"象天法地"的规划观念。

"长桥卧波，未云何龙？复道行空，不霁何虹？"这是唐代著名文学家杜牧所撰《阿房宫赋》中的名句，它是用来形容秦都咸阳渭水上最著名的桥梁——渭桥的。据建筑史学家考证，渭桥的总长度超过 12 公里（达 30 汉里），总建筑面积等于两座紫禁城内的明清故宫——34 万平方米；它是一座特异的超大型密闭式双层宫庭廊桥，又是世界历史上迄今为止最长的城市空中走廊；它特地设置的雕塑——"忖留神像"（或"力士孟贲等像"），为中国桥梁雕塑开创了先河；它又是一组宏大的足以与咸阳北阪的阿房宫、骊山陵竞相比美的空中建筑群。[①]

《史记·秦始皇本纪》记载："三十五年……于是始皇以为咸阳人多，先王之宫廷小……乃营作朝宫渭南上林苑中，先作前殿……为复道，自阿房渡渭，属之咸阳，以象天极阁道绝汉抵营室也。"这座"自阿房渡渭"的桥，就是秦始皇所建的"渭桥"。其名最早也出现在《史记》一书中。《史记·孝文纪》记载："代王（汉文帝）驰至渭桥，群臣拜谒称臣。"

从上面引文中可以看出秦始皇建造渭桥的根本原因：第一，是基于秦朝都城——咸阳城市功能发展的需求。因为秦始皇二十六年（公元前 221 年），始皇已下令"徙天下豪富于咸阳十二万户"，城市人口急剧增加，而"诸庙及章台，上林皆在渭南"。秦始皇三十五年（公元前 212 年），又益发感到"咸阳人多，先王之宫廷小"，乃"营作朝宫渭南上林苑中"。由此，在渭水上架桥以沟通渭北旧城和渭南新区就势在必行了。第二，这一结合自然地理条件和城市需求的桥梁布局与当时"象天法地"的规划观念是如此的契合。

在当时，"象天法地"到底是怎样一种流行的规划观念呢？

《三辅黄图》中引《史记·秦始皇本纪》："（秦始皇）二十七年作信宫渭南，已而更命信宫为极庙，象天极。自极庙道骊山，作甘泉前殿，筑甬道，自咸阳属之。始皇穷极奢侈，筑咸阳宫，因北陵营殿，端门四达，以则紫宫，象帝居。渭水贯都，以象天汉；横桥南渡，以法牵牛。桥广六丈，南北二百八十步，六十八间，八百五十柱，二百一十二梁。桥之南北堤，激立石柱。"文中"天极"、"端门"、"紫宫"、"天汉"、"牵牛"均是天象星宿的名称。可见秦都咸阳的布局呈现出一幅壮丽而浪漫的景色：沿着北原高亢的地势营造殿宇，宫门四达，以咸阳城为中心，建造象征"天帝常居"的"紫微宫"；渭水自西向东横穿都城，恰似银河亘空而过；而横桥与"阁道"相映，把渭水南北宫阙林苑连为一体，象征"鹊桥"使牛郎织女得以团聚，建阿房象征"离宫"，天下分为 36 郡又似群星灿烂，拱卫北极咸阳的平面布局和空间结构成为天体运行的缩影。使人置身于一个天地人间一体化的神奇世界。建国都，要取三垣之帝座星宫，帝国之王宫为帝王所居处，秦汉时期皇宫称"禁中"这在史记中有所体现，如"二世用其计，乃不坐朝廷见大臣，居禁

①参见高介华撰《渭桥——秦建筑文化中的水上明珠》，载于《华中建筑》1988 年第 4 期第 43 至 55 页。

中”以及“景帝居禁中”等。秦宫殿的天象设计，取得了辉煌的成就，从此奠定了后世历朝都城与日月同辉的大一统思想格局。这种“象天法地”的哲学思想，孕育了后世天地分野的宇宙观和空间观。

司马迁说，渭桥的布局是“以象天极阁道绝汉抵营室也”。“天极”、“阁道”、“汉”、“营室”都是天上的星宿，要把天上星宿分布的形态通通搬到人间。地上的“天极”在哪里？就是秦始皇二十七年（公元前220年）所作的渭南信宫。《史记·秦始皇本纪》：“二十七年……作信宫渭南，以更命信宫为极庙，象天极。”司马氏是掌管“天官”——天象的太史令，“天极”也只有一个，他大概是不敢随便张冠李戴的。地上的“汉”（银汉、银河）呢？就是渭水。“营室七星，天子之宫。”“营室”就是秦始皇增扩建后的咸阳（旧）宫——天子之所居也。“阁道六星在王良北，飞阁之道”，而地上的“阁道”——“天子欲游别宫之道”就是二宫之间的复道——渭桥。“绝”，直度；“抵”，至也。

以“象天法地”为基础的宇宙地理观念被统治阶级的理论家们涂上了一层神秘主义色彩。他们自称代表“天命”，其言行皆受之于上天。至于他们在地上的一切生活形态，包括居住和进行统治活动的都城宫室等，也应是上天亦即天体运行的缩影。天上最具象的东西就是日月星辰的形态与变化。秦始皇时代的咸阳都城宫室的规划正是这种“象天”思想的产物，以至于使咸阳这座古老的、当时世界上最宏伟的都城成为了“象天法地”思想的典型范例，而渭桥就是这个伟大作品中的一条主线。《史记·天官书·正义》引东汉天文学家张衡之说：“众星列布，体生于地，精成于天，列居错峙，各有所属，在野象物，在朝象官，在人象事。”把天人相应的观念刻画得淋漓尽致。

实际上，根据文献记载，比汴水虹桥更早的城市木拱桥营造案例在山东青州和安徽宿州。在青州“洋水”上率先建造起来的木拱桥除了其主要的交通功能外，作为景观建筑依然意义非凡。

宋代王辟之《渑水燕谈录》记：“青州城四面皆山，中贯洋水，限为二城。先时跨水植柱为桥，每至六七月间，山水暴涨，水与柱斗，率常坏桥，州以为患。明道中，夏英公守青，思有以捍之。会得牢城废卒，有智思。叠巨石固其岸，取巨木数十相贯，架为飞桥，无柱。至今五十余年桥不坏。庆历中，陈希亮守宿，以汴桥坏，率尝损官舟，害人命，乃法青州所作飞桥，至今沿汴皆飞桥，为往来之利，俗曰虹桥。”据文献记载推测，夏英公主持建造的当是青州南阳桥（见图4-1-6）。其中，《青州府志》有记：“益都故城，在寿光县北十五里……唐宋之青州城，即以为治所。”又记：“古城在临淄县，汉属齐郡，晋曹嶷略齐地，入临淄，一城大地原，不可守。移置尧山南三里为广固城，后为南燕都。宋刘裕攻破之，平其城，以羊穆之治青州，乃建城于阳水北，名东阳城。北齐废东阳，迁筑于阳水南，为南阳城，即今郡志。唐宋金元因之。”从这段文

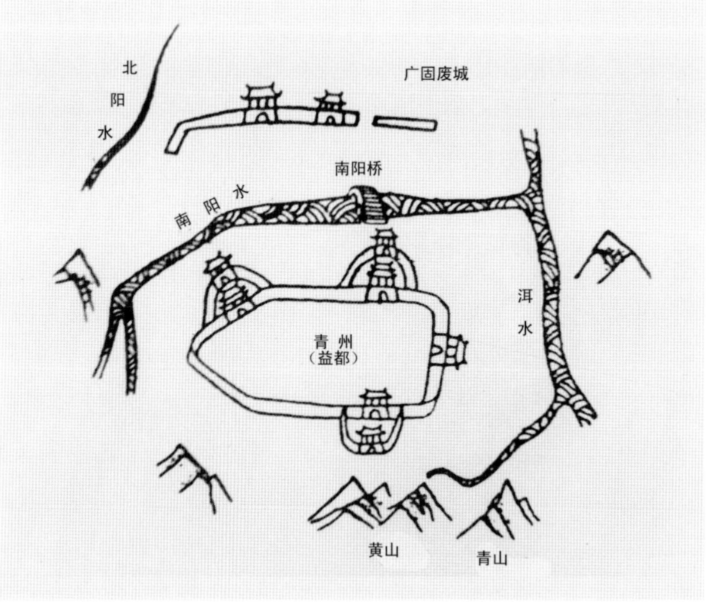

图4-1-6　山东青州南阳桥位置示意图

字中可以清楚知晓，所谓“青州城四面皆山，中贯洋水，限为二城”，“洋水”应为“南阳水”，“二城”即为“东阳城”和“南阳城”。关于“洋水”为“南阳水”之误，《青州府志》中也有记录：“按南阳、北阳皆当作阳字，今俗作洋字，误。”[1]

南阳水之上木拱桥的景观意义又体现在何处呢？

还是先来看一段文献资料。清代赵执信撰《南阳桥碑铭》中记载：“桥驾南阳水，不知其所始。郦注南阳带绳，又名绳水。按其地形，今犹昔也，而不次桥梁。郡志唯称有宋时碑。曾子固为文，米元章书者。今亡，不可考矣。元人郝经行诗云：‘饮马南阳桥，摩挲米芾记。’是则兹桥之昭昭者欤？胜国以还，再圮再复。传闻圮于弘治之季也。川原横溃，堞漂石走，往迹残碑，于焉顿尽。迨万历中，郡守魏姓者修复之，易其名曰万年……”写于清康熙三十五年（1696年）年的碑记中讲出了南阳桥的往事：北魏郦道元在《水经注》中提到了南阳水，却没有记“南阳桥”，这说明南阳桥当时并未建成，这与《渑水燕谈录》和《青州府志》等文献的记录是吻合的。唐宋八大家之一的曾巩曾经为南阳桥作记，北宋大书法家米芾书写了曾巩桥记，并有人勒石为念。曾巩是北宋嘉祐年间（1056—1063年）进士，当时离明道年间（1032—1033年）不超过30年，根据《渑水燕谈录》中记录南阳桥“至今五十余年桥不坏”，曾巩作桥记的南阳桥应当就是夏英公所造。可惜的是，米芾书写、曾巩撰文的桥碑未能遗存下来，仅在《青州府志》中遗存两句：“曾巩南阳桥记云：‘阳水有二，曰南阳河，今桥所在是也。北阳河，距城北三里者是也。’”到了明弘治年间（1488—1505年），桥已非旧物，连碑也被洪水冲走了。[1]

被洪水冲走了的名人碑记是景观桥梁的一大憾事，但从清人赵执信所撰的《南阳桥碑铭》中可知，在宋代夏英公成功建造南阳木拱桥之后，不但有曾巩和米芾这些北宋文坛领袖人物为其造势，甚至到了元代，还时常有人“饮马南阳桥，摩挲米芾记”，由此推之，宋元时期的南阳桥是何等的荣光啊！不难想见，南阳木拱桥当然成为青州城“南阳水”面之上的一座重要景观建筑，甚至被称之为名胜亦不过分。

2. 作为县城（城关镇）交通与景观的木拱廊桥

在中国历史上，无论南北，都有多座城镇的城区内外曾经广泛分布着造型各异的木拱廊桥。可惜的是，随着历史的进程，这些城镇的绝大多数木拱廊桥都化作了历史的尘埃，只留存在文献里或者古旧地图上。比如说闽浙山区，浙江省的庆元县城松源镇（现松源街道）自元代以来直至民国时期存有多座木拱廊桥，但如今仅存一座咏归桥。幸运的是，邻县福建省的寿宁县城关鳌阳镇内外尚保存着4座木拱廊桥。可以这样说，在今天没有一座城市（包括县城）的城区内外（特指城区周边）遗存下来的古代木拱廊桥数量能超过福建省的寿宁县。因此，本节仍然以寿宁县为例来谈谈作为县城（城关镇）里景观建筑的木拱廊桥。

蟾溪是寿宁县城范围内最主要的河流，先前是经西门桥（今蟾西桥）直角拐弯转向半月山麓，再绕至城南直下。古时的蟾溪流经半月山下，山形倒影如画，被称为“半月沉江”，为当时“鳌城八景”之一。明代寿宁县举人姜英曾作《蟾溪垂钓》一诗，其中有“江含频影鱼惊饵，石抱松根草弄斑”两句。[2]明代寿宁建县以前，每遇山洪爆发，洪水泛滥，往往改变溪水流向往前直冲城东。经年侵月蚀之后，水流将这一地带塑造成了新河床雏形。明景泰年间（1450—1457年）建县后，县府决定改变蟾溪流向，截弯取直，引导水流通过城内，如玉带般环于县衙之前并从东水门处地势低洼地出城，沿城墙外侧转而向南流。这一贯穿城市河流的出现带来了城市空间的巨大变化。这一变化不但改变了城市风貌，新形成的蟾溪河出城绕城墙往南流的格局还可使之作为护城河以固城防。原半月山下蟾溪

①参见唐寰澄著《中国古代桥梁》第70至71页，文物出版社1987年版。
②参见缪长钻著《廊桥遗韵——品读寿宁廊桥》第175页，上海人民美术出版社2008年版。

故道已变成了居民区，遗迹尚存。

前文有叙，在寿宁县城（鳌阳镇）的蟾溪之上，不到 2 公里长的范围内历史上曾经分布了 6 座木拱廊桥，至今尚余 4 座。事实上，据清康熙二十五年（1686 年）刊本《寿宁县志 · 津梁》记载，县城共拥有子来桥、升平桥、永清桥、仙宫桥、东镇桥、西振桥、步云桥、济川桥、七星桥、翠屏桥、南镇桥、北镇桥、登云桥和通仙桥等 14 座桥梁，除子来桥、七星桥注明分别于明万历年间（1573—1620 年）和清康熙年间（1662—1722 年）改为石桥外，其余均为木结构桥梁。从清乾隆二十七年（1762 年）修《福宁府志》中记载和刊刻的《寿宁县疆域图》(见图 4—1—7) 中描绘的县城及其周边的桥梁来看，至少有子来桥、升平桥、永清桥（蟾溪桥）、玉带桥（仙宫桥）、东镇桥、西振桥、翠屏桥、七星桥、步云桥（飞云桥）、济川桥、南镇桥、北镇桥、登云桥、溪头桥、南桥、通仙桥等 16 座桥梁。《福宁府志》中注明东镇桥、翠屏桥、七星桥 3 座桥为“石捲”，说明在编撰府志的乾隆二十七年（1762 年）这 3 座桥已经是石拱结构了。另据 1990 年寿宁县交通局编撰的《寿宁交通志》载:“蟾溪桥　城西，明正统间邑人吴永忠等建，嘉靖廿四年知县张鹤年改建，原是木廊桥,公元 1985 年改为石拱桥;子来桥　城内,明天顺间主簿史立正建，名‘惠爱’，后毁，万历间知县李应春重建改今名，清乾隆间叶尚圭等改建为石拱桥；西振桥　城西，石拱桥，明天顺间知县沈能建，公元 1960 年改为公路桥，今电影院门前；北镇桥　弹子岭尾，明天顺间邑人吴永忠募建，石拱桥，今尚好；溪头桥　城东溪头，清嘉庆间建，木廊桥，今尚好；茗溪头桥　茗溪，木廊桥，（建期不详）今尚好……”由此推断，截至 1990 年，寿宁县城附近的蟾溪桥、子来桥、西振桥和北镇桥 4 座桥梁均已改为石拱结构。统计《寿宁交通志》和《福宁府志》二书，一共有 7 座桥梁为石拱结构，余下 9 座当为木构桥梁无疑。按闽东一带桥梁营造传统，这 9 座木构桥梁基本上是廊桥的形式。可惜的是，《寿宁交通志》并未将这 9 座木构廊桥的具体结构形式交代清楚;幸运的是，在 2002 年出版的《寿宁文物》一书中留有 1985 年更改结构前的蟾溪桥照片，并根据寿宁县文博界老人回忆，蟾溪桥是编木拱梁结构确实无疑。2008 年出版的缪长钻著《廊桥遗韵——品读寿宁廊桥》附录的寿宁县 27 座已毁木拱廊桥的目录中记有：“溪头桥　城西外深渡，清嘉庆元年（1796）建，长 31.8 米，宽 4.75 米，拱跨 28.8 米，1990 年失火，1994 年改建石拱桥。”看来，1990 年版的《寿宁交通志》付梓时，溪头桥尚存而被辑录，但在后来出版的文献中不知所踪了。

通过对相关古代文献的梳理，可以作出如下判断：至迟在清康熙二十五年（1686 年），寿宁县城及其周边至少存有 14 座桥梁，其中至少 2 座为石构桥梁，即子来桥和七星桥；截至清乾隆二十七年（1762 年），寿宁县城及其周边至少存有 16 座桥梁，其中至少有 3 座石拱桥，即东镇桥、翠屏桥、七星桥；截至 1985 年前，寿宁县城至少保存有 6 座编木拱梁式木拱廊桥，即飞云桥、蟾溪桥、升平桥、仙宫桥、登云桥和溪头桥；从 1990 年至今，寿宁县城共保存着 4 座木拱廊桥，即飞云桥、升平桥、仙宫桥、登云桥。2006 年，完整保存下来的 4 座木拱廊桥全部被列入全国重点文物保护单位，其中 2 座在城关镇的近郊，2 座位于城区，位于城区的 2 座木拱廊桥分别是升平桥和仙宫桥。

升平桥在寿宁县城东门南侧东水门内附近，俗称“横溪桥”。桥的北岸还有县城东门，它是寿宁县城城墙和城门的唯一遗存。明弘治十八年（1505 年），寿宁始筑城墙，周长 770 丈，高 1.6 丈，厚 1 丈。明嘉靖十八年（1539 年）城内叶家失火殃及东门城楼，崇祯十一年（1638 年）知县区怀素捐修城墙，始称东门为日升门、西门为怀勋门、南门为望丰门、小东门为宾阳门。明崇祯七年（1634 年）知县冯梦龙修东坝，蓄水川济县城。

关于城内的木构廊桥，最早有详细记载的要数明崇祯年间（1628—1644 年）出任寿宁知县的著名文学家冯梦龙，他在《寿宁

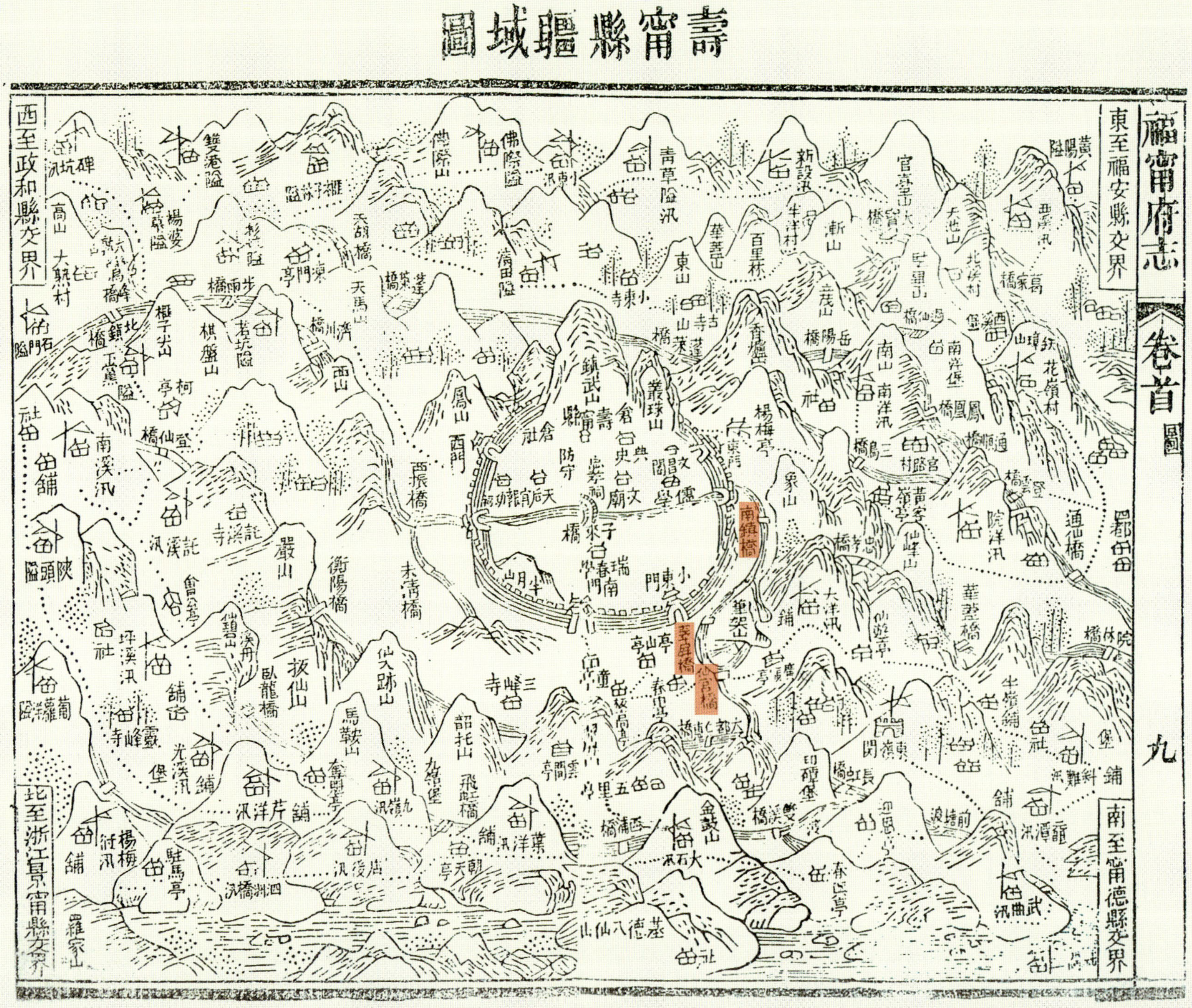

图 4–1–7 《福宁府志》刊载的《寿宁县疆域图》

待志》中这样写道："自升平桥至永清桥（蟾溪桥），溪水有鱼，或青或红，水清可数，名曰'神鱼'。人不敢取，取之至疾。每淘米，群鱼趋食，全不畏人。若过桥，则取之无禁。"[①]

清康熙二十五年（1686年）刊本《寿宁县志》载："升平桥在城东，天顺年建，匾曰'东作桥'。后圮于水，知县梁元杲重建。"升平桥于明天顺元年（1457年）由邑人叶伯铭、韦荣进、陈伯荣、叶斯拱等人创建，嘉靖二十四年（1545年）与惠爱桥（子来桥）同时毁于火，隆庆五年（1571年）知县梁元杲再度建造；清乾隆十四年（1749年）与子来桥同时圮于水，乾隆四十三年（1778年）又重建。1997年郑淼进为首事主持大修。该桥南北走向，两端桥堍用块石砌筑。桥长25.4米，宽5.6米，拱跨23.4米。桥上有廊屋，面阔3间，用四柱九檩穿斗、抬梁混合式木构架，进深11间，共用48柱。桥中央间以斗拱层层出挑承托藻井，雀替雕刻有卷草纹。桥屋正中间升出歇山式屋顶，形成重檐桥屋。廊屋内有神龛，祀观音。桥屋中西面原设有栅栏通道供牲畜或挑污秽脏物人行走，后被拆除。桥屋两边设有木凳，桥身檐下有风雨板。廊屋内梁架之上存有丰富的彩画和文字资料。

据清乾隆二十七年（1762年）修《福宁府志》刊载的《寿宁县疆域图》中描绘，清代寿宁县城在西门和东门的南侧还并行设置有西、东两座水门，即"西水门"和"东水门"，蟾溪自西向东贯穿整个县城，并将城区大致均匀地一分为二；蟾溪在城内向东流经子来桥，子来桥的位置恰好处在县城的正中心，穿过东水门出城后急速地向南拐了一个90度的大弯，经南镇桥后继续向南直奔仙宫桥而去。实际上，蟾溪在城内向东陆续流经的三座桥梁的顺序分别是蟾溪桥（亦称城西桥、西城桥）、子来桥和升平桥。但不知为何，《福宁府志》刊载的《寿宁县疆域图》上并未标注出蟾溪桥和升平桥；而图中标注出的，在升平桥和仙宫桥之间还先后有南镇桥和翠屏桥。不过，图中标注的南镇桥恐是"东镇桥"之误。据清康熙二十五年（1686年）刊本《寿宁县志》记载："南镇桥在县南二里。"另据《福宁府志·津梁》记载："东镇桥在东门外。"与《福宁府志·津梁》所载"南镇桥在漈头，县南二里"的说法吻合。

从上游往下游数，升平桥为鳌阳镇蟾溪上遗存下来的第二座木拱廊桥，仙宫桥为第三座木拱桥。清康熙二十五年（1686年）刊本《寿宁县志》记："仙宫桥在城南外，懿政行祠前。"清乾隆二十七年（1762年）修《福宁府志》载："玉带桥，水如玉带绕城至城南外，懿政行祠宫前，又名仙宫桥。"仙宫桥位于升平桥下游约200米处，因桥东建有马仙宫，故名。20世纪50年代马仙宫被拆，现无存。桥始建于明天顺年间（1475—1464年），清乾隆十四年（1749年）与子来桥、升平桥皆圮于水，乾隆三十二年（1767年）重建（一说乾隆四十三年重建），1992年再经修缮。桥身呈东西走向，桥堍用块石砌筑。桥长27米，宽5.1米，拱跨24.5米。桥上设有廊屋，面阔3间，用四柱九檩穿斗、抬梁混合式木构架，进深13间，共用56柱。廊屋中心间用如意斗拱叠涩砌成八角藻井，屋面用双坡顶，中心间及桥两端尽间升出八角攒尖顶重楼。攒尖顶上设置三塔，紧接虎象交牙二山，成为鳌城屏障，取三星映城吉祥之意。[②]廊屋两边有木凳，桥身檐下有风雨板。廊屋内梁架之上也保存有大量彩画和文字资料。

廊桥西岸是基督教堂，东岸是马仙宫，廊屋中神龛也祀马仙。马仙崇拜在寿宁县非常普及，寿宁人也非常重视。冯梦龙在《寿宁待志·香火》中记："朔望有司拜谒，首文庙，次城隍庙，次马仙，次关庙，各行四拜礼。"由此可见，马仙在官家眼里其地位还盖过武圣关公。马仙何许人也，为何能得到寿宁官民如此崇拜？《寿宁待志·香火》中也有详细记述："民间佞佛者，男奉三官，女奉观音，他非所知矣。惟马仙则不问男女，咸虔事焉。马仙者，建安将相里人，俗名马五娘。适人一年而夫亡，誓不嫁。家贫姑老，纺绩以养，出入常跣足。一日，欲度溪，值暴涨，乃仰伞水面，乘之以济，见

①参见冯梦龙著《寿宁待志·香火》第12页，福建人民出版社1983年版。
②参见缪长钻著《廊桥遗韵——品读寿宁廊桥》第12页，上海人民美术出版社2008年版。

图 4-1-8 福建寿宁仙宫桥旧照

图 4-1-9 华灯初上的仙宫桥

者异焉。每谓人曰：‘我非世人，俟姑天年，即当去矣。’值天旱，乡人舆迎，祈雨立应。姑死毕葬，白日飞升。今建中名山，所在有香火，而寿宁尤盛，凡水旱无不祷焉。”明末时的寿宁官民又是如何在马仙宫和仙宫桥这类场所祭祀马仙的呢？我们依然可以在冯梦龙的书——《寿宁待志》中找到答案：“六月十六日为马仙诞辰，县官设祭。里中岁聚敛为迎仙社月，置一人谓之‘仙首’。自十二日迎之出宫，一日两斋，午斋则轮家供养，晚斋则架台于街次，鼓吹彻夜。如此三日，城中已遍，则往乡，又二日乃还宫。各乡亦有社首，或于八月收成行之。其部下有名‘元帅’者，另有牲醴，宫在东门之外。”

历史上在寿宁做官的文人曾留下不少吟咏马仙宫和仙宫桥的诗文。明朝知县戴镗诗《马仙宫》：“画桥左驾青虹起，锦嶂前临紫雾笼。”明代邑人教谕柳元游马仙宫后赋诗《登马仙宫观音阁》：“长桥虹影接郊垧，高阁翚飞倚太清。”凡是登临仙宫桥的人都有“影摇波底月，人渡镜中梯”的感受，仙宫桥及其两岸的马仙宫等建筑一时成了寿宁县城城南的游览胜地，是寿宁县城百姓最喜光临的地方，近代摄影术引入寿宁以后，也是当地人最爱的留影背景（见图 4-1-8）。

时至今日，每当夜幕降临，仙宫桥上华灯初上（见图 4-1-9），五彩的灯色勾勒出木拱廊桥庄重典雅的身躯轮廓。霓虹闪耀，连桥下的蟾溪也流光溢彩了。此时此景，正如桥上所书的一幅楹联：“天上现琅环入诗入画，人间添福址非佛非凡。”

第二节
木拱廊桥与自然景观

中国南部地区多山区、少平原，由于地形环境的复杂与多样性，各地城镇与村落的面貌也呈现出千姿百态。总体而言，由于雨水的富足，带给南方地区最基本的景观特点是溪流纵横、水量丰沛。城镇与村落的选址和营造，出于生活的方便以及风水的需求，山环水绕，山清水秀，则是一个优秀的南方人居环境所必需的要素。山多水多，于是桥梁就多。这也就是人们常常说到的“水乡往往就是桥乡”的原因。

具体而言，中国广大的南部地区，如西南的云南、贵州、四川、重庆等省市，都是山多水多之地，伸臂式、撑架拱式木廊桥在这一片区域建设非常普遍；在中南地区的湖北武陵山区和湖南南部山区，茶马古道贯穿了这一地区，湖南省的通道、新宁、安化、醴陵等县市都是伸臂式木廊桥的聚集区；东南地区的浙江和福建二省山区，主要是瓯江流域、飞云江流域、长溪流域以及闽江流域，伸臂式和编木拱梁式木廊桥的营造则最为普及，廊桥建筑的形式和构造技术也多姿多彩。为了适应这些不同的地域和文化，木拱廊桥在结构技术上也呈现出相应的适应性。同样，当不同结构技术和建筑形式的木拱廊桥出现在不同地理环境和自然环境中时，它们又给人们带来了不同景观效果和审美感受。接下来，本节就分别从崎岖山道、平畴地景和峡谷对峙三种地景模式对木拱廊桥所形成的建筑景观作进一步解读。

一、崎岖山道上的木拱廊桥

（一）浙江省泰顺县“温州大路”上的仙居桥

“罗山日暖春花吐，迎春门接仙源路。三阳过处是石亭，杨柳湾深锁烟雾。高低岭尽见清溪，长空一道飞虹度。松林隐隐隔烟村，此中应有高人住。觅径寻源山更幽，稻陌松林相回互。清溪流水泛桃花，桃花深处有人家。楼阁参差云树里，村前鸡犬杂桑麻。天马山前朝日出，莲花山下春烟碧。朝日春烟获石牛，月名夜照织机石。金盘皎洁漾金鹅，石屏风静水无波。竹露松云山寂静，清风处处起弦歌……”[①]此诗为清代浙江省泰顺县罗阳文人张天树途经温州大道仙居木拱廊桥时，惊叹沿途山道及仙居村自然景色之美有感而作。在他的诗中，你仿佛看到了这样的景象：

“罗山日暖，春花竟吐，正是寻仙探源之时，走上仙源古路，几乎就快踏上仙居桥的张氏，不仅在自然物色‘吐’、‘锁’、‘隔’等的对待关系中感受到飞云江流域经常弥漫着气象变化与气动生气的地理特质，而且，还看到了仙居桥所在聚落的独特美质！说得也是，‘松林漠漠，在高低山峦的围护中，在溪湾烟雾迷锁的托衬里，布列于一水之隔的岸边，既隔隐了炊烟，也让村落以一种浑然的姿态，与溪水、廊桥、古道甚至整个仙陵地景合而为一，而呈现出一种诗意的美感’，张氏显已意识，仙居是整体‘古意仙陵’的一环，而且体认到了，其作为一处朴质‘烟村’，既为云雾松林所隔藏，却又与兴其莽然连成一体的大气之美！”[②]

温州大道，亦称温州大路，是明清时期泰顺县城罗阳镇通往府

①引自民国三十年（1941年）泰顺仙居村《张世氏宗谱·卷十》。
②引自萧百兴著《蜈龙化虹的生命升华——小说泰顺木拱廊桥》第163页，西泠印社2014年版。

城温州的官修驿道。泰顺建县之初，与温州府城的沟通全靠此路。据《泰顺县交通志》载，从罗阳出东门偏北行，沿途每隔 5 公里设一铺舍，按顺序有县前铺、赤坑铺、上稔铺、陈岱铺、洪口铺、周坑铺、莒江铺（方村铺）、新塘铺、白水漈铺（下革铺）、方岙铺，共 10 铺。过第 10 铺后，进入瑞安（今属文成）县境，直至温州府城，全程 185 公里。这些铺舍是官府为传递公文人员而设的。明代于罗阳、洪口、莒江、龙斗等处还设有公馆，以备往来的官府人员住宿。至清代中叶，百丈口水运渐兴，在下大雨溪水上涨时，木帆船可顺流而下，当日即抵瑞安县城。因此，从泰顺赴温州路径，改由县城出北门，经三滩、百丈坑、垟坑头、恭坑、朱岭头到百丈口，行程 30 公里，然后乘船到瑞安（计 124 公里），再从瑞安乘船抵达府城温州（计 35 公里），水路兼程计 189 公里。[①]截至 1991 年，温州大路除石亭至仙居，岭头铺至拳头岭头（陈岱岭头）两段有部分已改成公路外，其余老路依旧未变。当时罗阳镇东大街迎恩宫右墙脚还嵌着刻有“浙江温州大路”六个大字的石质路碑。[②]

明代设置的上稔铺就在后来的仙稔乡[③]境内，至今此地尚有上稔村。从清乾隆版《温州府志》中辑录的《泰顺县境图》（见图 4-2-1）中可以很清楚地看到，赤坑铺和上稔铺分别位于“仙方桥”的西、东两岸不远处。“仙方桥”显然就是仙居桥。仙稔乡是 1949 年以后才出现的名字，从仙居村和上稔村（一说下稔村）首尾各取一字而得名，明代时属温州府瑞安县义翔乡 59 都，清初编为城外北隅。[④]1952 年后仙稔乡一度改称“仙居乡”、“仙稔人民公社”等名，隶属罗阳区。[⑤]

仙稔乡毗邻泰顺县城关罗阳镇西北面，乡驻地仙居村距罗阳仅 10 公里路程。著名的仙居木拱廊桥就在仙居村的水尾。仙居桥就是罗阳文人张天树诗句中“高低岭尽见清溪，长空一道飞虹度”反映的“飞虹”。它始建于明景泰四年（1453 年），历经多次重建，是泰顺现存木拱廊桥中唯一曾由官方主持多次修建者。据清泰顺人林鄂私修志书《分疆录 · 建置 · 津梁》记载：“仙居桥。在城东十五里，明知县郭显宗建。成化十九年（1483 年）六月洪水冲毁，弘治四年（1491 年）知县范勉重建，嘉靖三十年（1651 年）崩圮，四十二年（1653 年）知县区益重建，今康熙十二年（1673 年）正月里人复建造之。”[⑥]2002 年，泰顺县政府再次按照传统建造方式修复了仙居桥。

仙居桥在温州大路未改部分水路之前一直是泰顺县城通往温州府城的必由之路，是泰顺县现存历史最久、跨径最大的编木拱梁式木拱廊桥之一。“凌虚千尺驾飞桥，势控长虹挂碧霄。返照入川波泛泛，暮云拥树路迢迢。晴光缥缈岸空阔，石色参差影动摇。断霭残阳横两岸，苍茫落日见渔樵。”[⑦]这首《长桥夕虹》也是张天树对仙居桥及其环境的赞誉之词。张诗并不仅仅着墨于木拱桥幻化而成的虹桥，晨光、暮云、晴光、石色、残阳、落日、渔樵等自然景色和人文景象均一一入诗，亦如画，展现充满无限意境空间的乡下古道，令人融身于美不胜收的山乡景物之中，忘却了归途。

（二）闽东北山区银茶路上的木拱廊桥

1. 闽东山区茶路上的木拱廊桥

众所周知，当今福建省、浙江省是我国主要的产茶基地。编木拱梁式木拱廊桥主要分布在闽浙交界的闽江、长溪（亦称福安江）、瓯江和飞云江等流域，这一区域包括浙江省的庆元、泰顺、景宁、青田等县，福建省的福鼎、柘荣、寿宁、福安、周宁、政和、屏南、古田等县市，都是绿茶、白茶和红茶的重要产地。以长溪流域为例，根据相关资料，福安一带饮茶、产茶的生活、生产习俗在隋唐时即已开始，在宋、元、明各历史时期随着时代的变化，饮茶、制茶的习俗及工艺亦有不同。到清代时，茶叶的种植已经遍及闽东，而且

①引自《泰顺县交通志》第 5 页，海洋出版社 1991 年版。
②参见《泰顺县交通志》第 6 页，海洋出版社 1991 年版。
③ 2011 年，泰顺县乡镇撤并，仙稔乡撤销，并入泰顺县城罗阳镇，改为仙稔社区。
④据清光绪泰顺《分疆录》记载，泰顺建县始于明景泰三年（1452 年），当时明廷析瑞安县义翔乡五都十二里、平阳县归仁乡三都六里，分疆设县，立治罗阳。清承明制，县下仍分都、里、图。清康熙四十年（1701 年），知县曹绅将城内分编为承宣坊、太平坊、士林坊、登俊坊、永安坊、文明坊等六坊，城外编为东、南、西、北四隅，并编为八都十七图。
⑤参见浙江省泰顺县地名委员会编《浙江省泰顺县地名志》第 26 页，1986 年 11 月内部版。
⑥参见 [清] 林鄂、林用霖编篡，陶汉心点注校勘《分疆录点注》第 112 页，香港出版社 2010 年版。
⑦引自刘淑婷、薛一泉著《温州泰顺乡土建筑》第 93 页，浙江摄影出版社 2009 年版。

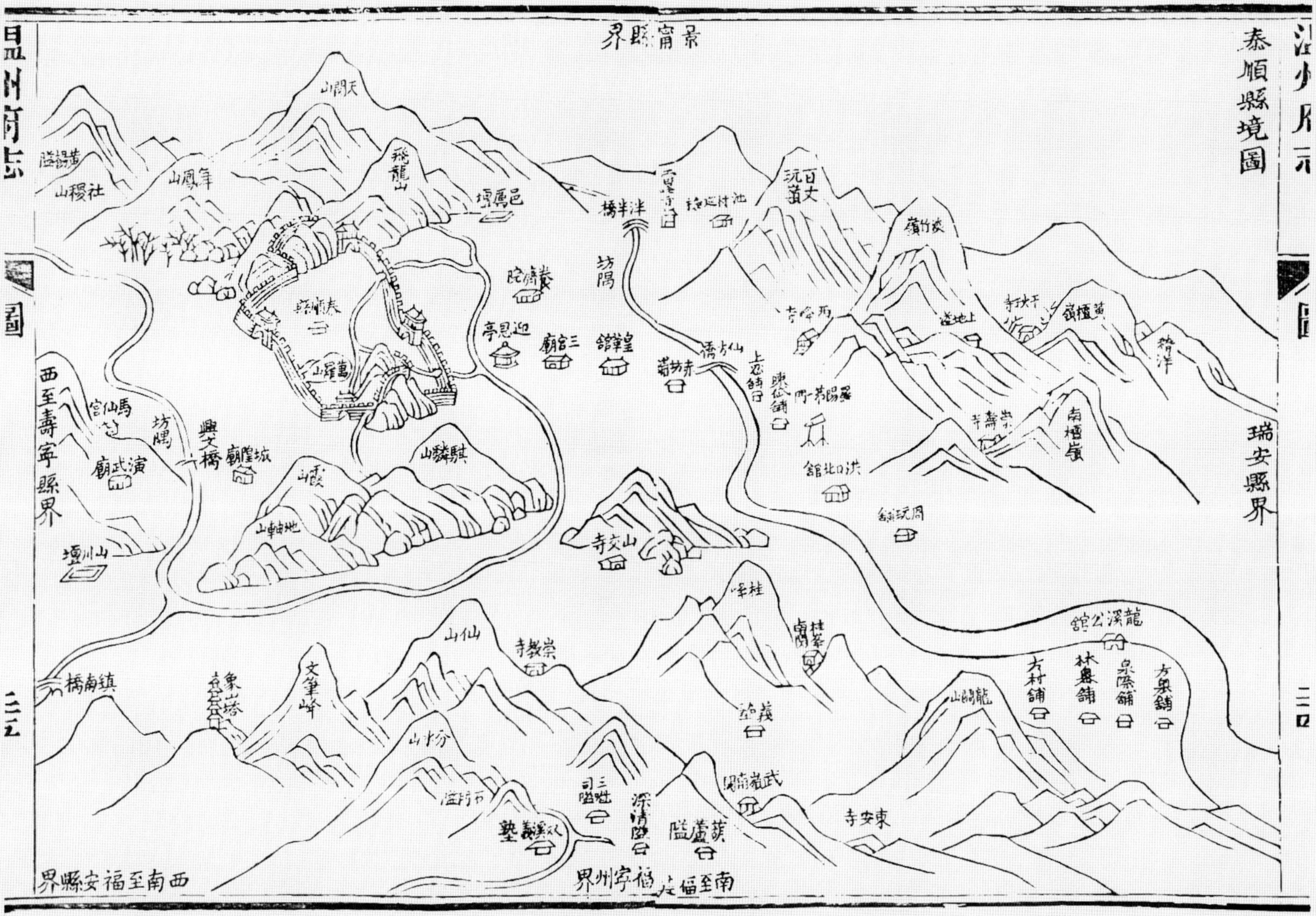

图 4–2–1　清乾隆版《温州府志》中的《泰顺县境图》

出现了名茶的产区。清乾隆二十七年（1762年）编修的《福宁府志》称："茶，郡治俱有。佳者福鼎白琳、福安松罗，以宁德支提为最。"沿海的广州、厦门、福州、宁波和上海五大口岸通商之前，福安产制的茶品主要是炒青绿茶，茶叶贸易主要针对国内需求。①

清咸丰元年（1851年）福安坦洋工夫红茶问世以后，福安茶叶开始行销海外，同时带动了闽东各地红茶的发展。当时称闽东所产之茶为"北路茶"，北路茶沿水路从周边各县汇集福安赛岐码头，然后转运福州口岸，转驳轮船出口。1853年，以赛岐为起点的闽东"海上茶叶之路"开始形成。光绪六年（1880年）后，英殖民地印度、锡兰的茶叶开始与华茶争夺市场，繁重的关税和运输费用使闽茶处于劣势。福安茶人迅速收缩市场，把主要精力转到国内市场上。②19世纪末和20世纪初，全县每年有"绿茶、白茶、茅茶、白尾茶、乌龙茶、二五箱茶（红茶）销行苏州、温州、福州等处，统计十万挑"。②

闽东海上茶路开辟46年后，光绪二十五年（1899年）三都澳福海关成立，北路茶借机东山再起，此后三都澳几乎成为了闽东茶区独享的航运中心。从赛岐港起运的茶叶全程走海路直抵福州口岸，不再走飞鸾岭官道。根据《三都澳海关十年报》（1899—1901年）的统计，1901年出口货物价值145.3万关两（1海关两相当于0.77两），比进口货物超出142.4万关两，进口货物价值只占出口的2%。出口货物中茶叶是大宗，占全部货物的99%以上。③三都澳成为赛江航运业的转运口岸和以茶叶为主要出口商品的关税码头。

由此可见，福海关在三都澳的设置，无论于清廷来说，还是于欧洲各国来论，其实主要是为了解决闽东地区茶叶的海外贸易问题，毕竟于清廷和西方国家而言，看重的都是茶叶贸易之上的丰厚利润。庞大的茶叶海内外市场需求，俨然成为了驱动闽东地方经济发展的主要引擎。民国四年（1915年），坦洋工夫红茶在美国旧金山举行的"巴拿马太平洋万国博览会"上获得金牌奖章，奠定了其作为中国名茶的历史地位。无独有偶，离长溪流域不远、处于瓯江上游的处州所产惠明绿茶也在此届博览会上荣膺金奖殊荣。这一年，经三都澳福海关出口的红茶由1912年的5.06万担发展到1915年的7.24万担。④此后由于欧洲经济大萧条和第一次世界大战的影响，北路茶再次跌入谷底。

民国十一年（1922年），闽红的国际贸易开始逐渐恢复，直接导致了闽红第三次崛起。此后到全面抗战爆发前，是闽东茶业的黄金时期。这一时期福安生产的茶叶主要是坦洋工夫红茶，多数销往英国、苏联，少量销往日本。福安的坦洋、穆阳，福鼎的白琳，政和的铁山，寿宁的斜滩，周宁的东洋是当时闽东的重点茶区。民国二十三年（1943年），"福安茶地面积达6万亩，占全省茶地面积的10.3%；茶叶产量达5.1万担，占全省茶叶产量的21.7%，居于全省第一位。茶叶产值达大洋178万元。其中有4.2万担销于福州。每担最高大洋40元，最低大洋30元"。⑤

早期闽东海上茶叶之路有两种走法。一条是全程水路，即各地汇集到赛岐码头的茶品过驳大船后，沿赛江南下，出白马门，经三沙湾，过东冲口，进入东海，然后循岸线驶往福州口岸。另一条路则是水陆兼程，出白马门后先从海路到宁德飞鸾码头登岸，然后改用肩挑，翻越飞鸾岭，循官道经罗源、连江到达福州。⑥

直至今日，这条水陆兼程的茶叶之路所经过的罗源、连江和福州等地也都是编木拱梁式木拱廊桥遗存之地；晚清至民国初期，福安、福鼎、政和、寿宁和周宁等地都是当时闽东的茶区，尤其民国十一年（1922年）至抗战全面爆发前，这些地区的经济受到茶叶贸易的刺激而得到较好发展，积累了不少财富，并将部分资金投向了包括木拱廊桥营造在内的基本建设，这一时期也是长溪流域木拱廊桥营造、修缮活动最多的时期。据此，我们有理由相信，长溪流域的茶叶贸易和茶叶之路，也将长溪流域保存了几百年的木拱廊桥建造技艺传播了出去。因为建造木拱廊桥不仅仅需要独特的营造技术，

①参见刘杰、陈昌东主编《乡土福安·下卷》第432至433页，中华书局2016年版。

②参见[清]周祖颐《福安乡土志·卷二》，京师京华书局光绪三十一年（1905年）刊本。转引自刘杰、陈昌东主编《乡土福安·下卷》第434页，中华书局2016年11月版。

③参见《三都澳海关十年报》（1899—1901年），载于《福建文史资料》第10辑，福建省政协文史委1985年编印。转引自刘杰、陈昌东主编《乡土福安·下卷》第434页，中华书局2016年版。

④参见《三都澳海关十年报》（1912—1921年），载于《福建文史资料》第10辑，福建省政协文史委1985年编印。转引自刘杰、陈昌东主编《乡土福安·下卷》第434页，中华书局2016年版。

⑤见《福建之茶》，福建省政府统计处，民国二十六年（1937年）。转引自刘杰、陈昌东主编《乡土福安·下卷》第435页，中华书局2016年版。收入本书时略有修改。

⑥参见刘杰、陈昌东主编《乡土福安·下卷》第434页，中华书局2016年版。

而且需要庞大的资金支持，两者缺一不可。恰恰这两个必不可少又极其难遇的元素在长溪流域得到了很好的结合，因为有了茶叶贸易形成的强大经济基础，再时逢本流域中周宁的张氏、寿宁的徐氏和郑氏、屏南的黄氏和韦氏等重要造桥世家上百年来传承的独门绝技，木拱廊桥营造技术的发展与传播才成为可能。

读者们也能从本书的相关章节中发现木拱桥与茶叶贸易的关联。比如说福安市坦洋村的真武木拱廊桥（1988 年改为石拱结构，但桥上木构廊屋还是旧物）就与坦洋村的红茶生产有关；潭头镇的登烛桥（“灯烛桥”之音讹）的得名，就是因为夜以继日收购茶青所需，点燃油灯和蜡烛加班之故。万里茶道上的木拱廊桥也不在少数，比如说武夷山市的三孔木拱廊桥——余庆桥就是其中的一座。

接下来，我们通过发表在《乡土福安》中的一段文字[①]来了解木拱廊桥桥与茶叶贸易的关系：

真武桥位于社口镇坦洋村以东 600 米处，是福安最美石拱廊桥，更是坦洋村乡民引以自豪的古迹。真武桥始建年代不详，现存为清光绪版（1876 年）重建，由坦洋村武举人施光凌带头倡建。据清光绪本《福安县志 · 山川 · 桥梁》载：“真武桥在坦阳，乾隆间水圮，咸丰十一年（1860 年）重建，上覆以亭，旋火，光绪二年（1876 年）武举施光凌等建。”原桥为木拱廊桥，桥两端各用 17 根圆木穿插别压编织成拱，历经百来年风雨侵蚀，毁损严重，1988 年木拱桥被改为现今的石拱桥。真武桥南北走向，横跨于坦洋溪上，北面毗邻寿宁武曲、凤阳等村落，是寿宁民众往南至福安的重要通道。南面穿越社口，经过坂中地界就直达福安城区。据村里老人们回忆，在坦洋茶叶兴盛时，清明节前后的一段时间里，每天凌晨，从北面寿宁村落来的茶农就挑着茶叶担出现在这条山道上。因为大伙一边挑着担一边打着照明的火把，远远看去宛如一条条火龙在山峦上蜿蜒

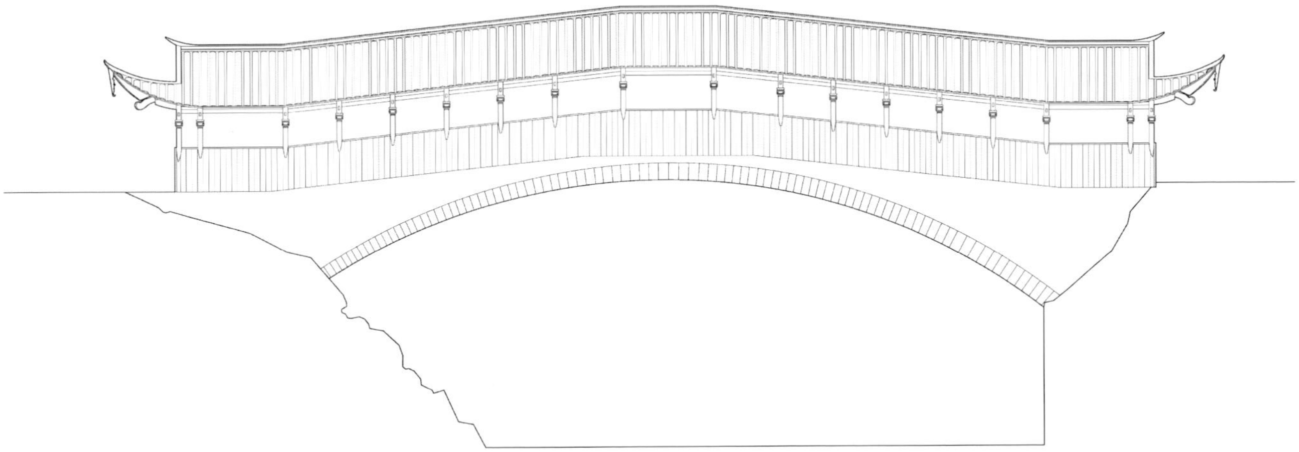

图 4–2–2　福建福安真武桥立面图

①参见刘杰、陈昌东主编《乡土福安 · 下卷》第 315 页，中华书局 2016 年版。

游动，场面极为壮观。天一放亮，火龙最后变成了绿油油的青龙游过这座古老的廊桥，来到目的地坦洋村。这是村民们多么熟悉的往日景象啊！

真武桥全长40米，宽4.9米，净跨32米，占地面积196平方米。桥面廊屋共17间，用柱72根，穿斗和抬梁混合式木构架，歇山式屋顶，前后檐挑檩出挑饰作垂花柱，柱头雕刻成宫灯模样，且每一个都不尽相同，整齐而不乏变化。廊屋的明间面朝上游溪水的一侧设置神龛，供奉真武大帝，是坦洋村乡民宗教信仰的重要场所。桥面后来铺设了水泥，两侧栏板外侧保持风雨板，内侧檐柱下安装长条厚木为坐凳供路人休憩。特别是其桥廊屋面顺着屋顶的曲度弯曲有度，线条优美而柔顺，酷似虾蛄，加上两侧檐口雕刻精美成排的垂花柱，也平整成排，随着屋面的曲度一起摆动，漂亮之极。赞不绝口的行人形象地称呼它为“坦洋虾蛄桥”。

2. 闽东北山区银路上的木拱廊桥

闽东北山区的银矿开发主要集中在宋、明两朝，这也正好对应着闽东北木构廊桥建设史上的两个活跃期。如果说闽东北山区木拱廊桥在晚清至民国时期出现的建设高潮得益于茶叶贸易带来的丰厚利润，那么，宋、明时期的木构廊桥（含木拱桥）在这一地区的积极建设应该与银矿开发和白银冶炼的经济活动相关。

宋代是我国古代社会经济与文化高度繁荣的时期，科学技术得到长足发展，矿藏的开采与冶炼技术较前朝有了较大进步。朝廷为了鼓励民间对矿产资源的开发，也配合出台了相应的激励政策。在此情形下，矿产逐渐成为国家财政收入的重要支柱。在当时，金银铜铁铅锡诸矿，允许民户佃山开采，但官府须榷卖税外的全部产品。在这些矿产区，宋廷设有特殊的行政机构进行管理，并形成一系列的规章制度，即“坑冶制度”。[①]在较大型矿山，宋廷设“监”，与府、州、军是平行的行政机构，但只是管理当地的矿冶业，与当地在行政隶属上没有关联；在小型矿山，则设置独立的冶或矿、场，这些独立设置的坑、场、务、冶，直属各路提点坑冶公事。提点司，即提举坑冶司，掌收山泽所产及铸造钱货。[②]

据《宋史·食货志》所载，北宋初期，朝廷对福建银矿的开发在建州设置了“监”，在福州、汀洲、漳州、南剑州、邵武军等地设置了“场”。据徐晓望主编的《福建通史》记载，宋代福建的银矿主要分布在南剑州与建州，其次是邵武、汀州和福州。而福州的银场主要集中在闽东境内。[③]北宋时期，在闽东一带就有古田宝兴银场、长溪玉林银场、宁德宝丰银场；在闽北一带则有政和天受银场、松溪瑞应银场、光泽太平银场，建安（即今建瓯）石舍、永兴、丁地等银场，邵武黄土、邹溪、寺城等银场，浦城余生、蕉溪、角力竹（通德、潘家山、余桑）等银场，剑浦（今属南平）大演、石城银场等。[④]

自明代中叶起，白银的魅力与日俱增，银矿就像明代经济社会的一根敏感神经牵动着朝野，狂热的白银采炼，规模远胜前朝。一方面，明廷在成化、弘治年间（1465—1505年）以来，认可了白银货币化，巨额的银课入库在很大程度上缓解了朝廷财政困境；另一方面，帝国庞大的官僚系统的消费欲望日益膨胀，贪婪促成了官方对银矿业的垄断。特别是宦官集团由于自身利益所系，不时鼓噪开矿。实际上，明廷在郑和下西洋之后，宦官再一次进入权利的中心，明廷旋即向全国各个矿区派遣了大批宦官作为矿税监。[⑤]我们今天在闽浙山区存有木拱廊桥的县市（诸如泰顺、寿宁等县）考察，能经常听到民间传说的“太监府”即源出于此。

明代黄仲昭在《八闽通志》中说：“民之食，出于土田，而尤仰给于水利；民之货，出于物产，而尤取资于坑冶。凡是数者，非独民赖以生，而土贡财赋亦由是而出焉。”把坑冶与水利兼提并论，可见它对天下苍生也具有重要性。长溪流域福安、寿宁、周宁各地

①参见漆侠著《宋代经济史》下册第587页，上海人民出版社1988年版。转引自李进尧、吴晓煜、卢本珊著《中国古代金属矿藏和煤矿开采工程技术史》第181页，山西教育出版社2007年版。

②参见李进尧、吴晓煜、卢本珊著《中国古代金属矿藏和煤矿开采工程技术史》第181页，山西教育出版社2007年版。

③参见刘杰、陈昌东主编《乡土福安·下卷》第348页，中华书局2016年版。

④参见孙绍旭著《白银古道》第48至49页表2-1（北宋时福建银矿一览表），中国言实出版社2012年版。

⑤参见孙绍旭著《白银古道》第46页，中国言实出版社2012年版。

至今还流传着“三千来去客，四万打银人”、“三千挑砂客，四万凿砂人”、“路上三千客，坑中八百人”和“井下三千采矿工，井上一万过往客”之类的民间熟语，这些形象的当地语言描绘出了一幅熙熙攘攘、拥挤热闹的图卷，引起人们对矿业兴盛时期的无尽遐想。实际上，银矿的开采早已成为地方的民生所赖，而明帝国也因银矿的开发大大增加了其财政收入。明永乐年间（1403—1424 年），仅福建一地就上交了 32800 余两白银的课税，至宣德年间（1426—1435 年）又增加到 40270 余两。[①]可见，明代福建坑冶，特别是银坑，在社会经济中所占地位之重要。据徐晓望主编的《福建通史》载，明天顺四年（1460 年）统计全国矿产：云南第一，为 102380 两；浙江第二；福建第三，为 28250 两。由此统计数据看来，明天顺之后，福建的银矿收入有所下滑，但是在全国还是稳居前三。

明代中后期，因为银矿开采而引起朝廷与地方的利益纷争，甚至利益博弈之事较为频繁。就在闽东北与浙西南交界的山区，浙江省泰顺县、景宁县、云和县以及福建省寿宁县都是在明景泰年间（1450—1457 年）系列银矿工人大暴动之后朝廷才陆续建县即能说明问题。在某种程度上讲，在宋、明时期，尤其是明代中叶以来，闽浙山区的银矿产业不仅仅关乎地方豪族、百姓们的生活与生计，还牵系着朝廷、官员们的税收与利益。

本节以闽东周宁县为例，来尝试揭示闽东北山区银矿开采与木拱廊桥的关系。

周宁建县较晚，虽早在明嘉靖三十五年（1556 年）在宁德县治下设置了东洋行县，但真正立县还是在民国三十四年（1945 年）。宋时在闽东古东洋地区的芹溪山上发现了丰富银矿并得到开发，是为“宝丰银场”之始。至明代，宝丰银场在朝廷支持下开采规模得以扩大，而且还发现了新的矿坑——官司银场。出于开矿和运输的需要，周宁的先民们改善了从政和至周敦[②]以及从周敦到屏南，经泗桥乡、浦源镇、狮城镇、七步镇、李墩镇和礼门乡的古道，如《周敦区志》[③]提到的，从西门出四里，过西关亭、瑞龙观、石马桥到坂头亭，自此桥直历浦源、麻岭二十里，逾岭十里，至寿宁泗州交界再历泗州衙后，透迤洋尾弄、三秀桥至政和界；从南门外分道，经南坂，越南源（南庄）岭，过七步溪头、洋头、李墩、贡川、礼门、叉溪桥至屏南界之古道，仰仗于白银的采炼，古道上一次又一次被铺上了整洁漂亮的石板，尤其是在明代中后期以来。随着白银产业的蓬勃发展，古道上的村庄、商业街等也得到了一定的发展。这条主要因为白银产业而发展和完善起来的古道，被宁德地方史学者孙绍旭称为“白银古道”。[④]

根据孙绍旭的研究，“白银古道”近来虽也被列为周宁县级古道，但它与其他县级古道相比还是有所差异。这种差异具体而言就是体现在沿途的村落、路亭和桥梁等方面有着数量上的较大差异。如表 4-2-1 所示。

表 4-2-1　周宁县级古道与白银古道沿途的村庄、路亭、桥梁比较一览表

	长度（公里）	村庄（个）	路亭（座）	桥梁（座）
全县古道	142.5	49	39	31
白银古道	53	25	23	16
占全县比例	37.2%	51.0%	59.0%	51.6%

注：1. 本表所列白银古道不包括贡川—芹溪—楼坪—政和西门村以及大桥头—官司—政和西门村的古道。
2. 本表由孙绍旭根据叶申礼《周宁县交通志》（1992 年印本）与访谈内容整理。

①参见《明英宗实录 · 卷一一九》。转引自刘杰、陈昌东主编《乡土福安 · 下卷》第 348 页，中华书局 2016 年版。

②民国二十四年（1935 年）6 月，国民政府将宁德县第五区（即原东洋行县、东洋分县）改成周敦特种区，脱离宁德县辖，直属福建省第一行政督察区（公署驻长乐）。

③周敦区志编纂局《周敦区志》原文如下记载：“周敦辖十五、十六、十七、十八等都，东西长七八十里，南北长约百里。层峦叠嶂，舟车不至，城处适中，惟有陆路。一从东南出，右旋二里许，至仙溪桥，与南门出路合，（详下南门出路）余皆村落往来之山径。一从西门出四里，至石马桥，自此桥直历浦源、麻岭二十里，逾岭十里，至寿宁泗州交界再历泗州衙后，逶迤洋尾弄、三秀桥，系政和界，此为政和之孔道。由浦源左旋历源头、官司、至竹篙岭离墩城三十余里，逾岭又十里，与政和西门村交界，此往建瓯之孔道。又自石马桥北旋，历萌源、龙亭下，灵鹫桥直至凌地、北岭底，离墩城五十里，与寿宁纯池交界，此往寿宁之孔道。一从从南门外分出两道：一从南源过洋头、李墩、贡川、礼门、叉溪桥至屏南界，又由李墩分往际会、下荐过岭亦屏南界……”民国二十七年（1938 年）新订，2002 年 7 月再版，第 21 至 22 页。

④参见孙绍旭著《白银古道》第 77 至 78 页，中国言实出版社 2012 年版。

从表中可以清晰地看到，周宁县域内白银古道上的村落、路亭和桥梁等建筑物密度显然要比其他古道大得多。这说明随着白银产业的发展，产业在白银古道沿线聚集，带来了人流和物流，也带动了周边经济的发展。经济水平的提升，比较容易体现在沿途建筑物的质和量上。

通过表 4-2-2，我们可以清楚地看出沿线村落名称及主要姓氏、路亭和桥梁建设的情况。根据孙绍旭调查，古道沿线村落的主要姓氏中一部分明中后期才移入古道附近，开始聚居并逐步形成村落，如司徒陈氏从江西移入周宁贡川的时间约在明嘉靖十九年（1540年），洋尾弄村的钱氏、高氏（现已移出）也是明中后期才迁入的，礼门洋中村的魏氏大约也是在同期迁入并逐步发展起来的。[①]

在周宁这条白银古道上，曾经建造了不少编木拱梁式木拱廊桥，后来被改建成了石构桥梁。比如说贡川就曾有一座叫作振文桥的木拱廊桥，它是著名的"贡川四桥"之一。长约 200 米的贡川街是白银古道上的一段，商业一度繁荣昌盛，因为它是通往闽北的交通枢纽。周宁的咸村、宁德的霍童等地村民赶往上府（闽东当地人称建瓯、建阳、光泽等地），一般在此歇息过夜，次日继续前行。不唯如此，它还连接芹溪、楼坪、洞宫山、官司、围城里的白银古道，以及屏南和宁德的商道和官道。著名的"贡川四桥"分别是后地洋桥、振文桥、贡川石拱桥和赤房坑桥。现在四座桥梁全是石结构，除了振文桥是三折边斜撑式石梁桥外，其余皆为石拱桥。振文桥本是木拱结构廊桥，在贡川文士陈丙东著《何所有》一书中有《兴废关情振文桥——癸酉重建记》一文，记有："振文桥，明嘉靖间吾肇基祖谷、直斋公昆仲鼎建。初为木拱，清光绪辛巳毁于祝融之灾。后二十一年壬寅三月，族董居珊等三十人公议折众产重构石拱。民国九年添造桥亭，飞檐画栋，蔚为壮观，为入村首景，故又名画桥……"[②]

泗桥原名泗州桥，也处于白银古道之上，村子里也曾有过一座木拱廊桥（当地人称"厝桥"）。先前穿村而过的泗水河上曾有四座桥，分别是石板梁桥、木梁桥、石拱桥和木拱廊桥。这四座桥分别通向泗桥村的四处岔口古道：往北越洋头岔通政和可达衢州；往南翻麻岭岔下东洋，过宁德而入福州；往西过坡上岔爬杨梅岭经杨源至建州；往东穿炉下洋岔通寿宁至温州。据说那座厝桥规模很大，位置就在今泗桥的过桥头，人们经过厝桥前往赤岩。这里是上府与下府往来的必经之路。[③]

二、平畴地景中的木拱廊桥

总体而论，现存木拱廊桥分布虽广，覆盖了闽、浙、滇、渝、湘等多个省市，但所分布区域基本上都处于中山地貌或丘陵地区。尽管这些木拱廊桥处在不同的流域，但它们所跨越的溪流基本都是大水系中末端或支流。在这样的地理环境下，它们绝大多数情况下都与大山作伴，与悬崖周旋于蓝天白云之下，是典型的山地景观。但在极少的情形下，这些溪流也会冲积出一些河谷平原，或是一片极小的绿洲，或是一块流水缓缓淌过的河滩地。这些平畴地景中展现出来的木拱廊桥及其建成环境弥足珍贵。

（一）闽北[④]武夷山市浴火重生的余庆桥

余庆桥位于闽北的武夷山市（即崇安县，1989 年撤县设市后改今名）市区南门街南端的崇阳河上，是一座三孔的编木拱梁式木拱廊桥。余庆桥曾经是古代崇安闽赣古道的枢纽，是五夫村和下梅村（万里茶路起点）的百姓及商旅往来城关与江西的必由之路。余庆桥所处的位置附近，有多处建桥痕迹，这也从另一个角度反映出武夷山市南门外的桥梁建设历史之悠久。据现存的资料表明，南宋嘉定元年（1208 年）、元至正三年（1343 年）、明成化十七年（1481 年）、明嘉靖四十年（1561 年）、清康熙十一年（1672 年）、清嘉庆五年（1800

①参见孙绍旭著《白银古道》第 80 页，中国言实出版社 2012 年版。
②参见孙绍旭著《白银古道》第 37 至 38 页，中国言实出版社 2012 年版。
③参见孙绍旭著《白银古道》第 123 至 125 页，中国言实出版社 2012 年版。
④福建人所言闽北，一般是指福建省闽江流域的建宁府、邵武府和延平府所辖 18 个县，具体到现在指的是福建省南平市所辖的延平、邵武、武夷山、建瓯、建阳、顺昌、浦城、光泽、松溪、政和等 10 个县市区。

表 4–2–2　周宁白银古道上的路亭、桥梁和村落姓氏一览表

古道沿途村落	古道村落主要姓氏	古道上的路亭	古道上的桥梁
洋尾弄	宋、吴、俞、张	三门亭	三门亭桥
赤岩	谢、王	茶亭	虹桥
吴厝坪	陈	—	老鸭桥
泗桥	陈	—	泗州桥
桥头	陈	—	—
麻岭	郑	卷石亭、行仙亭、开杏亭	—
大桥头	郑	大桥头亭	德成桥
浦源	郑	—	村头桥
松旁亭	龚	松旁亭	—
坂头	李	炉路口亭、灵山洋头亭	—
石马潭	熊	石马亭	—
瑞龙观	周	下马亭	—
周敦	周	—	—
下碓楼	周	—	—
南庄	吴	南山亭	南门石桥
溪头	陈	岭头亭、岭中亭、北山亭	溪头桥
漈头岭尾	吴	漈头岭尾亭	漈头岭尾桥
李墩	李、阮、陈	佛亭	—
陈厝	陈	—	—
黄埔	林	—	莲柄桥
棕衣岭尾	阮	棕衣岭头亭、棕衣岭尾亭	—
贡川	陈	贡川奎亭	红坑桥、振文桥、贡川桥
洋中	魏	坂头岔亭	后塔桥
秋坪	陈	秋坪亭	
岔溪	黄	滴水岩	滴水岩桥、岔溪桥

注：1. 本表所列之白银古道不包括贡川—芹溪—楼坪—政和西门村以及大桥头—官司—政和西门村的古道。
2. 本表由孙绍旭于 2008 年 7 月调查整理完成。

年），在现桥址附近至少有6次建桥活动。加上余庆桥在今址之上的2次建设，那么武夷山市南门外的桥梁建设活动不下于8次之多。这也表明，在相对平坦广阔的河滩地上建设桥梁，由于河床常常不稳定，而导致桥梁容易被无拘束的洪水所冲毁。

余庆桥是屡毁屡建，历史上桥名曾为继贤桥、永宁桥、屏南桥等，现存的余庆桥第一次建设是在清光绪十三年（1887年），是由崇安县缙绅朱敬熙（1852—1917年）为母献寿捐建的。民国时期《崇安县志》载：“（崇安）南郊阻大河，行者病涉，敬熙秉母命，以三万金创余庆、垂裕二桥，雄伟为闽北冠。”可惜的是，垂裕桥民国时毁于火而未再修复。[①]

据《闽北廊桥》一书所记，余庆桥是闽北地区最长的木拱廊桥，桥身呈西北至东南走向，全长79米，桥面上建有廊屋25间。廊桥下部结构用了三孔编木拱梁式木拱，两个边孔净跨相等，为24米；中孔略大，净跨为24.4米；木拱矢高为8.6米。两端桥台用块石砌就，中间两墩用规整条石砌筑，迎水面作分水尖，墩尖顶上置鸟首，形象生动。桥面宽6.7米，廊屋面阔3间，用四柱九檩的穿斗和抬梁的混合梁架。由于余庆桥两端立面用了砖砌牌门的形式，因此廊屋的屋面呈现的是硬山式屋顶，用的是清水脊的做法，但在中孔的中央间起重楼，为单檐歇山式。桥面中间是条石铺砌的人行通道，两侧铺设的是鹅卵石地面。桥廊的两侧设置有高1.3米的直棂式木栏杆。东桥头亦即左岸前设置有18级石阶，西桥头亦即右岸也设置有24级石阶，以通两岸。桥廊两端用青砖砌筑的牌门，上端用了马头墙，中开券顶门洞以作桥门。桥西券门额匾上阴刻“余庆桥”三个大字，是清光绪十五年（1889年）仲秋鹅湖孟国瑞所题。2006年5月余庆桥被公布为全国重点文物保护单位。

不幸的是，余庆桥在70余年之后依然没能躲过它的姊妹桥——垂裕桥毁于火灾的厄运，2011年5月28日下午2时20分许起火，3时许余庆桥轰然坍塌。经过一段时间的筹备，余庆桥修复工程于2014年7月20日正式启动，2015年7月20日修复工程主体项目完成，经2016年3月3日验收通过后正式开桥通行。武夷山南门街崇阳河两岸的百姓经历了1793天近5年的期待，终于再度见到了完好如初的三孔木拱廊桥。

浴火重生的余庆桥，是由宁德市寿宁县木拱桥营造世家郑多金、郑多雄团队完成的。由于郑多金师傅年事已高，具体由郑多雄、吴大根师傅主墨营造。修复工程完全按照传统木拱廊桥营造的程序和仪式进行，并于2015年1月29日进行了廊屋上梁封顶仪式。上梁仪式开始前，在桥边上摆供品、点烛、焚香、烧纸钱、敬茶酒，随后由主墨与副墨师傅及有一定身份的地方人员抬梁木，一边抬一边放鞭炮。在祭梁、抬梁、上梁过程中，主墨木匠还要祭拜鲁班先师，并吟唱：“左手一把曲尺量，量的梁头七尺长；右手一把曲尺量，量的梁尾七尺长；梁头刻个金狮子，梁尾画个凤朝阳……”

余庆桥东端桥堍植有两棵苍劲葱茏的古樟树，西端有一条小溪缓缓流淌而来。夕阳下，彩霞满天，落日的余辉将最后那一抹光芒涂在木拱廊桥上，也洒落在暮归的行人身上，这就是流传了多年的崇安“南门八景”之“余庆夕辉”美景。[①]

（二）闽东屏南县千乘桥[②]

千乘桥（见图4-2-3）位于棠口乡棠口村，距离屏南县城仅5公里之遥，是屏南县境内第三长的木拱廊桥[③]。棠口村原名棠溪村，之所以得名棠溪，是因为村落坐落在棠溪和白溪的交汇口的缘故。在闽东北一带的崇山峻岭中，棠口村正好坐落在棠溪和白溪冲刷出来的一片河谷盆地里，这是一块相对平整、宽阔的土地。棠口村水尾处，有一对小小的山峰相对峙，涧绕东西，远方以青山为屏，风

①参见南平市政协文史资料和学习委员会编《南平市文史资料第16辑：闽北廊桥》第28至30页，南新出[2010]内书第87号。

②此部分内容参考刘杰、周芬芳主编《乡土屏南》第56至58页，中华书局2009年版。

③屏南县境内现存第一长木拱廊桥是万安桥，桥长98.2米，五墩六孔，共设桥屋37开间和152柱，始建于宋，现存主体结构为民国二十一年（1932年）复建，1954年经历修复；第二长木拱廊桥是白水洋上游峡谷内的双龙桥，于2005年异地重建，桥长66.29米，两墩三孔，共设桥屋25开间和104柱。

图 4–2–3　福建屏南千乘桥

光旖旎，前人为此留下了“十里烟霞迷处士，一潭素影斗婵娟”的精美诗句。

棠口村居住着周、黄、张、危、苏等5个姓氏的村民，其中周姓为大姓，其始祖周子美于北宋熙宁元年（1068年）从熙岭墩里迁入棠口肇基，已近950年的历史。此地原属福州府古田县二十八都管辖，清雍正十三年（1735年）古田、屏南分治后，隶属屏南县三都。

千乘桥始建于南宋理宗年间（1224—1264年），又名“祥峰桥”，桥身呈西南至东北方向横跨于棠溪之上，明末毁于火，清康熙五十四年（1715年）重建并于雍正十年（1732年）落成。清嘉庆十四年（1809年）被水冲毁，嘉庆二十五年（1820年）秀才周大权等人再次募建，取“乘驷长卿，骑驴高客，农工商贾，攘往熙来”之意，改名为“千乘桥”。为确保重建桥梁永固，周大权召集能工巧匠精心勘察设计，把桥梁建成形似一只昂首展翅的公鸡形象。桥长62.7米，宽4.9米，桥面至水面高度9.7米，一墩两孔，两孔跨度并不一致，一孔为25.56米，另一孔为26.37米，桥堍和桥墩均以块石砌筑，桥墩为船形平面，墩尖雕成鸟喙（亦称“鸡喙”）形状。桥面上的廊屋并不对称设置，因此出现了廊屋24开间共用100柱的情况。廊屋的木构架是四柱九檩抬梁、穿斗混合形式，歇山式屋顶，桥面用木板铺设。廊屋中央设神龛，奉祀五显灵官大帝。建桥董事为周大权、周大楷、周大齐、周大铺、周大柚、周廷瓒、周尚纶、周尚凤；协缘为九洋周泰榕、谢有余，忠洋韦作笃，溪里沈大绶，岭里陈俊香、陈俊绿等；主绳为宁邑（即宁德市蕉城区）何开发、何奶兴、张茂江，东盘黄荣成；石匠为宁邑张成送；锯匠为北山彭兴赛、彭其孝；克择（选择动工时辰的人）为宁邑陈春兰、溪里僧长明。

千乘桥造形别致典雅，雄伟壮观，桥两岸风景秀丽，前人有“曲岸斜阳双羽泛，平桥流水数家分”的题咏。桥东北端连有石阶37级，不远处还有一座祥峰寺。寺院创于南宋淳祐三年（1243年），重建于清康熙四十四年（1705年）。寺院坐北朝南，终日面对深潭碧水、苍松翠竹，清幽而平静。寺前还矗立着一座三重檐的“四角亭”，实际上是一座楼亭。楼亭坐西朝东，建于清嘉庆元年（1796年），共3层，逐层往内缩进，形成上小下大的塔幢造型。亭子一层为方三间平面，边长6.5米，层高4米；二层边4米，层高3.5米；三层边2.2米，层高3米；造型别具一格，结构精巧绝伦。楼亭三层屋顶为四角攒尖式做法，正中央竖立一尊高2.5米的宝塔作为楼亭之宝顶，极为独特。楼上奉祀“文昌帝君”，又称“奎光阁”，为棠口村的文运所系。

千乘桥西南端有石阶20级，立有四通碑记，其中三通记载着捐款人姓名和金额，一通为清嘉庆年间（1796—1820年）周大权撰写的《千乘桥记》。碑文云：“周制徒杠舆梁成，岁不废修，今阙不讲者，赖磐石之坚，一构动经数百载也。棠溪有桥，颜曰千乘，双峰其对峙也，双涧其汇流也，虽居僻壤，而北抵县城，南通省郡，实往来之通衢。自宋以来，重建已三次矣，迨嘉庆十四年，两河伯争长，又荡然无存。行人病涉，时以小艇济之桥也，而变为渡焉。特是羲驭西沉，谁作渔郎之唤；鸭头春涨，那为舟子之招。缅彼征人，其自涯而返者，来易更仆数也。爰与诸同人募金再造，于嘉庆二十五年仲冬下浣，重协力重兴。临渊累石，下同鼎峙千秋；架木凌空，上拟云横百尺。自此乘驷长卿、骑驴高客以及农工商贾，咸不必于棠溪岸上复须一苇之杭，是攘往熙来，依然有千乘桥济厥巨川也。落成后倚栏凭眺，爰穷源竟委而历志之云。”

此外，由于木拱廊桥处于棠口村的水尾，其西南端还建有“齐天大圣王殿”、“拓主殿”，以及建于清乾隆十九年（1754年）的“夫人宫”、“山头奶殿”，建于清宣统元年（1909年）的“林公殿”等地方神庙。村落的水尾处还有作为“棠溪八景”的“双峰对峙”、“两涧潆洄”、“松岛春光”、“金台积雪”、“石印堆云”等绝佳景致。

（三）闽东屏南县广利桥和广福桥[①]

广利桥和广福桥（见图 4-2-4、图 4-2-5）都是岭下乡岭下村的水口桥，广利桥在上水口，广福桥在水尾处，二桥相距仅 800 余米，是全国范围内设置双木拱廊桥作为水口桥的少数传统村落实例之一。

岭下村，古称锦厦，坐落在屏南县西北约 35 公里处的一个小盆地之中。岭下村四面青山环抱，锦厦河从村中蜿蜒流过，是屏南西北隅一处难得的平整土地上发展起来的具有千年历史的村落。屏南设县前属古田县新俗里二十九都二保，清雍正十三年（1735 年）屏南分县后划为二都。

唐末五代至两宋时期，岭下人口已有一定规模，据村史记载，当时锦厦包括峬峰境、开源境、祐源境、上山富境、双楼境、桂芳境。鼎盛时期的岭下，方圆数十里内分布着峬峰、开源、上山富、石郑、后溪、古楼、原里、茶树下、林前、洋坪、周厝里等大小十几个村子，居住着陆、游、周、林、徐、吴、陈、郑、高、施、蔡、彭等 10 多姓人口。据开源村陆氏宗谱记载，南宋嘉定四年（1211 年），峬峰境三巷 128 烟户（其他各境户口无记载）；明成化年间（1465—1487 年），峬峰境 120 火（火即烟户，下同），游舍（祐源境）28 火，双楼境 14 火，周舍 4 火，林舍 3 火，原里 4 火，高舍 2 火，蔡舍 1 火，彭舍 1 火，洋坪尾 1 火，吴舍 1 火，开源境无记载。清初，据第一任县令沈钟总辑的乾隆五年版《屏南县志》记载，锦厦共五村：后峬村、石郑村、开源村、上山富村、后溪村。

岭下在历史上一度繁荣，与其地处交通要道密切相关。当时连接福宁、建宁两府的"上下府"官道即从岭下境内穿过，沿锦厦官道往北 5 公里就是与建瓯交界的分水隘，隘口设有隘楼和分

图 4-2-4　福建屏南广福桥

图 4-2-5　福建屏南广福桥窗景

①此部分内容参考刘杰、周芬芳主编《乡土屏南》第 56 至 58 页，中华书局 2009 年版。

水头塘讯（兵防设置，有塘屋 5 间，配讯兵 1 名）；从岭下往东北经谢坑、葛畲到下山口塘讯可与青岭官道相接；从岭下沿官道至梨洋溪口往西经梨洋、富竹、东峰可达上楼塘讯，这是交通要道。此外，宋时即兴起的“宝兴银场”，在岭下附近罗厝境内。“宝兴银场”于北宋天禧二年（1018 年）开办，至关闭前后经历 4 个朝代共计近 474 年。这一时期也恰好是岭下村的鼎盛时期，因为地处交通要道，附近又有一个较大规模的银场，过往客商众多，与建瓯、政和边界地区的贸易十分活跃，也促进了岭下的发展，使岭下成为这一地区的物资集散地和商业中心。当时岫峰境的后埔街开设了棉布、百货、五金、食杂、药材、土产等商店和饮食、客店、屠宰、银器作坊、铁器作坊、贩运（主要靠肩挑）等行业，是岭下境内最繁华的商业街。

广利桥又名花桥，位于岭下乡岭下村南，是一座编木拱梁式木拱廊桥。广利桥始建于北宋雍熙四年（987 年），明正统年间（1436—1449 年）焚于火后重建，清乾隆三十九年（1775 年）后经多次重修，1993 年再次重修。广利桥为单跨木拱结构，桥面上设廊屋 11 间，屋面为悬山顶。桥堍以整毛石砌筑，桥面以木板横铺，其上再以卵石铺砌。廊屋中设神龛，祀真武帝。桥西北端有石阶 10 级。桥两岸有红豆杉、南洋铁杉、柳杉、水松等古树名木和一座千年古寺——景福寺，环境清幽。

广福桥又名溪源桥、开源长桥，位于岭下乡岭下村与开源村之间，东南至西北走向，横跨岭下溪。广福桥始建于元元统元年（1333 年），清嘉庆十二年（1807 年）重修，1949 年后又经历 3 次维修。此桥也是单孔的编木拱梁式木拱廊桥，木拱跨度 26 米。桥面设廊屋 11 间，屋面为悬山顶。廊屋中央设神龛，祀观音和五显灵官大帝。桥面以木板横铺，再以卵石铺砌，桥堍为块石砌筑。桥两岸竹木葱茏，桥下碧波荡漾，风景秀丽。桥东端有碑记一通，记载着清嘉庆年间（1796—1820 年）修桥的捐款人姓名与金额。桥两端各有左右 2 条 20 多级的石阶。

广利桥和广福桥是两座高高拱起的木廊桥，雄踞在岭下村的村口和村尾，它们仿佛两尊岭下村的保护神，日夜守护着村庄的安宁。过往其间的村民、行旅和客商，都可以透过桥上的窗户，眺望平畴如镜的村庄，景色怡人。

三、峡谷对峙中的木拱廊桥

中国现存木拱廊桥的地区，几乎都是崇山峻岭。无论是滇西的高黎贡山，还是浙西南、闽东北地区的武夷山、洞宫山、鹫峰山、仙霞岭和括苍山，都是主峰海拔超过 1000 米的名山。在高山之间，尤其是洞宫山与括苍山十字切割之后形成的群山之间，千峰万壑，溪流纵横。山地环境中的木拱廊桥，尤其是一些古道上的，基本都处在峡谷对峙的小环境中，数百年来，它们与青山绿水相映，与古道行旅作伴。浙江省泰顺县的三条桥，福建省寿宁县的长濑溪桥、屏南县的百祥桥、周宁县的后垅桥等都属于这类自然环境中的木拱廊桥，它们长期处于天地、山水之间，得大自然之灵气，与山川融于一体，仿佛与山岩同生。这类木拱廊桥最接近大自然的环境。

1. 浙江省泰顺县三条桥

三条桥（见图 4-2-6）是泰顺县富家垟村通往福建要道上的一座木拱廊桥，位于横溪之上。它初建于唐贞观年间（627—649 年），20 世纪 80 年代重修此桥时还发现了廊屋上南宋绍兴七年（1137 年）的旧瓦，现桥为清道光二十三年（1843 年）重建。清泰顺人林鹗（1793—1874 年）撰《分疆录》中记载：“三条桥在七都。此桥最古，长数十丈，上架屋如虹，俯瞰溪水。旧渐就圮。道光间里人苏某独力重建，拆旧瓦有贞观年号。”据今泰顺文士陶汉心《分疆录点注》

一书，清代泰顺“七都”包括南院、郝家洋、旧大安南、旧三魁司等地，而三条桥所在地富家垟在当初即为“郝家洋”，明朝泰顺设县前属于平阳县归仁乡39都，今属洲岭。

相传，此桥最早曾用三条巨木跨溪，故而得名，至今可以在桥梁上游10余米远的两边崖壁上分别见到三个方形的石孔。更有意思的是它得名的另外一种说法，它连接着两端桥头的三条古道，即东南桥头的一条通往垟溪，西北桥头两条，左边一条通往洲岭，右边一条通往南院（现属罗阳镇），三条古道由一座木拱廊桥联系在了一起，所以才称为“三条桥”。

三条桥身处谷底，四周是满目的青山，桥下是碧绿的溪水，高山之巅几丘梯田早已荒芜废弃，这是一个让人忘却时间和时代的无忧谷，是一个纯粹的自然之境。历代多少人士至此忘却了烦恼与忧伤，唯有尽情享受大自然赋予人类的一切！桥面由长条硬木板铺就，桥屋依例面阔3间，中间较宽——挑夫走卒和行人通道，两次间较狭——设置了长木条凳供行客们小坐歇脚。正对东南桥头有一个小宫庙，宫庙前设有一条形石柱支撑的香炉，这是供行人和里人祭拜许愿之所。桥屋内一块桥裙板（亦称蓑板、风雨板）上还留有一首并不太合词律的《点绛唇》，词曰：“常忆五月，与君依依解笑趣。山青水碧，人面何处去？人自多情，吟吟水边立。千万缕，溪水难寄，任是东流去。”词与桥，桥与境，人与环境皆融于天地山川成为一体。

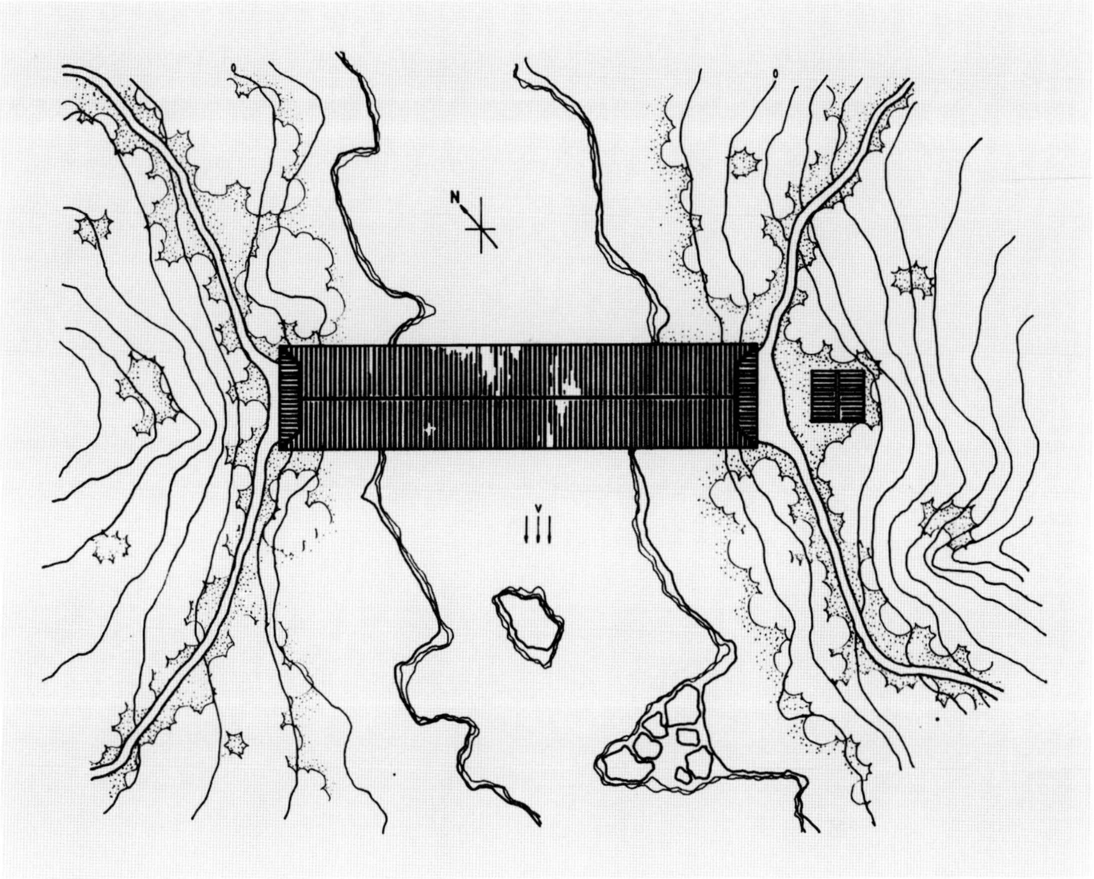

图4–2–6　浙江泰顺三条桥总平面图

2. 福建省寿宁县张坑桥和长濑溪桥[①]

芹洋乡政府驻地东南方约2.5公里处有一条溪叫长濑溪，溪上有座木拱廊桥就是长濑溪桥，它离下游的长濑溪村相距1公里。长濑溪桥附近还有一个村叫上修竹村，木拱廊桥就是由上修竹村和长濑溪村两个村子的村民合力倡导建造的。

①本节资料主要来源刘杰、林蔚虹主编《乡土寿宁》第154页“张坑桥”和“长濑溪桥”两部分内容，以及缪长钻著《廊桥遗韵——品读寿宁廊桥》第120至125页“异地迁建长濑溪桥”和“千古流芳张坑桥”两部分内容。

处于高山峡谷中的长濑溪，水量丰沛，因其远离山村屋宇，终年处在鸟鸣山幽的清净环境中，木拱廊桥就坐落在两山对峙的山腰处。从乡政府或村子里出发，都须攀登数里山道才能抵达此桥。木拱廊桥始建年代不详，现桥为清道光九年（1829 年）重建，1949 年后经历多次修缮。长濑溪桥为编木拱梁式结构，桥长 39.2 米，宽 5.2 米，拱跨 32 米。桥身呈东南至西北走向，桥堍用块石砌筑。桥上设廊屋 15 间，用 64 柱，屋架为四柱九檩抬梁、穿斗混合式木构架，上覆悬山屋顶。建桥董事为李周泽，知县周立寀、教谕吴茂林捐建。

桥屋梁上墨书人文资料丰富，柱联曰："利济行人此溪不闻民病涉，路通上国迄今喜见雁排连。""桥梁已成不须招乎舟子，虹霓高挂云何待于乘舆。""结室架长空无事鲁贤问渡，彩虹牵两岸奚顷郑相济人。"桥屋内原设有神龛，后被拆除，桥身风雨板多有破损。因长濑溪桥地处牛头山水电站淹没区，经批准于 2006 年 9 月将此桥迁建于芹洋乡政府左侧的溪涧之上。

长濑溪上游的溪源溪上，还存有一座与长濑溪桥并称"姊妹桥"的张坑桥，张坑桥亦是编木拱梁式木拱廊桥。它距芹洋乡张坑村西南约 1 公里，清道光八年（1828 年）年建，1954 年重修。全桥长 40 米，宽 5 米，木拱跨度 33.4 米，桥身呈南北走向，南面拱脚和将军柱直接架在岩石岸上，北面桥台用大片卵石砌筑。桥上设廊屋 17 间，用 72 柱，上覆悬山屋顶。

桥内梁柱上墨书内容丰富，书有建桥时间、捐款人名字和金额、工匠等信息。尤其是楹联非常有价值，其中有一幅内容就很是有趣，曰："客至岂无缘自西自东自南自北，桥成谁是赖曰木曰石曰土曰金"。廊屋内左右设有供行人休憩的长凳，中央按例设置神龛。张坑桥地处溪源溪所处的峡谷山石之上，水清树繁，远离村庄，环境清幽无比。张坑桥原址内柱上悬有一块民国二十五年（1936 年）的路牌，上有墨书："指路牌　左行过桥三里缸窑透去芹洋九岭寿宁县泰顺县，下行过亭五里长濑溪透去修筑牛替斜滩镇福安县；上行过溪五里溪源村透去沙潭阳尾溪坪庆元县；右行过岭三里尤溪村透过平溪南溪牛途政和县；丫路四边通，征人问□□，诸君路不识，问牌可得知。天运丙子廿五年腊月谷旦，立牌人张坑村王昌举敬书。"

同样，因牛头山水电站建设，张坑桥与它的姊妹桥——长濑溪桥的命运一样，不得不被搬迁。不过，它没有被移至长濑溪桥的附近，而是到了尤溪村下游 1 公里处的袋仔面。张坑桥和长濑溪桥的迁移工程都是由寿宁县坑底乡小东村木拱桥营造世家出身的郑多金师傅主持的。我在 2006 年 12 月，与摄影师李玉祥陪同清华大学建筑学院陈志华教授和李秋香老师考察寿宁时还到长濑溪桥的修复工地上探视过郑多金师傅。时年，郑师傅已是 77 岁的高龄。

3．福建省周宁县后垅桥

后垅桥（见图 4–2–7），亦称渡头桥，位于礼门乡后垅村上游 500 米处，横跨后垅溪大峡谷，是周宁通往屏南古道上的必经桥梁。后垅溪大峡谷全长 25.6 公里，峡谷底部的后垅溪上下游落差达 300 余米，整条溪多深潭、怪石、激流和险滩。后垅溪是流经宁德市屏南、周宁、蕉城三区县的霍童溪最大的支流。溪流水面最宽阔处即后垅村面前的桃花潭，溪面宽达 150 余米，最窄处仅有几十米。峡谷两岸群山连绵，座座险峰临溪拔起，处处峭壁嶙峋峥嵘，海拔超过 1000 米的山峰竟达 20 余座。烈日下溪面水汽蒸腾，雨雾中群峰更显神秘，阳光下云蒸霞蔚，秋日里万山红遍，这就是后垅溪大峡谷慷慨馈赠给后垅人如此瑰丽、壮观的风景。[①]

后垅村，亦写作厚垅村，其所在的后垅行政村是周宁、宁德和屏南三区县交界之地。得天独厚的地理位置，给后垅村的经济发展带来了诸多机会。旧时，后垅村有人经营木材行，他们将从后垅溪

①参见政协周宁县委员会编《〈周宁文史资料〉第 18 辑：周宁古村名村》第 377 至 385 页，宁新出 [2010] 内书第 37 号。

图 4-2-7　福建周宁后垅桥

上游屏南、政和收购来的木材经溪水顺流“放排”而下，运至宁德八都出售，廉价地利用后垅溪丰富的水利资源；后垅桥桥头还建起后垅供销社，设有布匹、日杂、百货三个专柜，还兼设收购站，这不仅仅给后垅村及周边村落带来了便利，也成功营造了后垅村的商业氛围，使之成为了周宁县境内唯一一处商业繁荣的边贸村落。在依靠步行与水运的时代，后垅村凭借其特殊的地理位置，从水路可以直通宁德，陆路通往屏南，是三县连接起众多村落的区域中心，因此，历史上后垅村长期经营客栈、染布、食品等行业，这都说明当时经过后垅村的流动人口较多。[①]

后垅桥是一座编木拱梁式木拱廊桥，始建年代不详，清康熙年间（1662—1722年）重修，咸丰十一年（1861年）重建，民国十年（1921年）焚于火。据周宁县博物馆馆长郑勇调查，1921年为阻止屏南“乌线会”洗劫礼门，时任社兵队长的魏明珠下令烧毁了后垅溪上的陈峭、岔溪、后垅三座木拱廊桥。[②]后垅桥桥身呈东西走向，两端桥台建在峡谷的峭壁之上，两边桥头建有石制护栏。

现桥为1964年重建，全长34.47米，宽4.77米，木拱跨度30.24米，离水面18米。桥面之上设廊屋13间，用56柱，廊屋高4米，面阔3间，屋架为四柱九檩抬梁、穿斗混合式木构架，上覆悬山屋顶。廊屋中央设置神龛，原塑像被人为破坏，现改贴神榜，祀观音、真武大帝和五显大帝。桥面板之上再铺砌青砖。廊屋内梁上墨书保存了建桥时间和工匠信息：“公元一九六四年岁次甲辰农历十一月八日子时鼎建完美。”“建桥筹备当事人秀坑村张世汪、张必博，梅度村何邦豪、何接纳、何邦庸、叶步明，厚垅村（后垅村）何常舵、何开景、何常全、黄尚醉。”造桥匠师分别是：下架（木拱构架）木匠，周宁县主绳后垅村何天舵，副绳洋坪村彭伏党；上架（廊屋构架）木匠，周宁县主绳洋坪村彭治统，副墨后垅村何天舵。建成后40余年，即出现桥体结构扭曲变形，周宁县政府遂于2005年9月主持重修，于次年2月竣工。修复工程由桥匠何昌云、何常云主持。

后垅桥重建后的第三年，廊屋内悬挂上了一块木质桥匾，其上墨书主要介绍了1964年造桥缘由及收支，现录其中起首一段于下：

“本境原有前人创建通衢之桥，名曰渡头桥。虽属邻乡路达四境，虽保永远于无处。至清乾隆时代然整修一次，终尔年深久远风雨飘摇苟不从而修之，至清咸丰十一年切思先伦前人全新重建。原欲重于不朽，至公元1921年，因人行且息吸烟烧掉之后，人之阻于涉水，可用渡船过路，就有四十三年。前因国家未能，解放之前人民生活十分困难，未莫敢缘为。后来幸中国共产党之吾出而解放有十多周年，人民生活丰衣足食而果。各地人民生欢，自动力求人民政府支持，于1964年由本乡设立建桥筹备组，负责缘为广募。善缘各地仁人志士士生欢喜乐自动捐款，共成盛世，济生解危，永保子孙病涉之患。伏愿螽斯衍庆，瓜越绵长，子孙昌盛，福有攸存者！”[③]

这篇文采并不激扬的文字给我们提供了至少三条重要的有关后垅桥的信息：第一，后垅桥在清乾隆年间（1736—1795年）整修过一次；第二，1921年木拱廊桥毁于行人吸烟之不慎造成的火灾；第三，后垅桥最近的一次重修是在1964年。这三条信息中前两条即与郑馆长调查不符。第一条或可作为后垅桥维修信息之补充，第二条失火被焚的原因完全相异。仔细分析，中国古代木构桥梁用材大都比较粗大，通常情形下，遗弃烟头或吸烟不慎很难引起大火，除非桥上廊屋内存有引火的柴火等易燃物品。考虑到后垅桥当时是连接屏南、宁德等县通津之重要桥梁，人来人往，使用频率很高，不大会被荒废而充作杂物存放之所。因此，因路人吸烟而烧毁的可能性不大。事实上，据相关部门统计，中国各地木构廊桥被火焚烧时有发生，但很少纯粹因为吸烟所致。但不管怎样，后垅桥在1921年失火被毁总是事实，1964年才有周宁何氏造桥匠师重新修复，这是后垅人民的福气，也使得人们再有机会亲自踏行在瑰丽而壮观的后垅溪大峡谷之上，领略这片特殊山川带来的无限风情。

①参见政协周宁县委员会编《〈周宁文史资料〉第18辑：周宁古村名村》第377至385页，宁新出[2010]内书第37号。
②参见周宁县博物馆馆长郑勇提供的《福建省木构廊桥文物资源调查表》，2009年6月填写。但是，后文抄录的廊屋内木匾上的文字显示，1921年后垅桥被毁的原因是因路人吸烟失火所致。关于廊桥被焚一事，二者记录并无矛盾，但究其原因却是互相矛盾的。作者将此二说皆列于书中，以待来者再行深究，必定能调查出真相，特此说明。
③参见龚迪发著《福建木拱桥调查报告》第131页，科学出版社2013年版。

4．福建省屏南县百祥桥[①]

百祥桥是一座编木拱梁式木拱廊桥，又名白洋桥、柏松桥，位于棠口、寿山两乡交界处白洋村附近的屏宁交通要道上，由高朝阳始建于宋代，后为张禄相、林祈灿重建，张旭传、张世灿再次重建，清嘉庆年间（1796—1820 年）毁于水患。道光初年，邻近 18 个村庄公推漈头村张永嵩为首事募建廊桥，不料事情开展不久张永嵩便病故，其妻黄氏与子钦奇毅然司理总董事务，募集巨资，再度重建了百祥桥。清咸丰二年(1852 年)，旺坑、漈头村的苏顺生、张永衢、张传恭等 16 人集资买下桥西一片山地，植杉树 480 余株，充作永久修桥之专用林，并在桥头立碑永志（见图 4-2-8）。碑文云：

"立公议苏顺生等今因各处杉木稍大便砍伐买钱应用，巩久后柏松桥被狂风吹坏，或世远年湮朽坏无大杉木架造，行人病涉且遇大水流，行有赶急之事，则贻误不少。是以纠集数姓之人相商，公捐□文买得张日子土名柏松桥头茅山一所栽种杉木，晋植长大以备柏松桥使用，附近邻村及公议数姓之子孙人等俱不敢偷砍盗买盗卖□情。如有此情，即呈官究治，决不徇情。更恐公议数姓之子孙遇柏松桥朽坏不肯做缘首，即不在公议之子孙，有能做缘首秉公架造者，大杉木亦听其砍伐应用。至大杉木根有萌蘖者，俱要爱养长大以备柏松桥应用，不许私行戕贼。公立石碑为照，其山在暗亭坪下，上至大路，下至塆尾石岩，左至出水塆，右至冈火路直下塆。日子尾价银二两正。缘首：兴化府儒学张永衢、庠生张传恭、苏顺生；协缘张永禅、张仕香、张传扬、高大左、高伯发、林光辉、张传雅、张奕凯、梁光宗、陈汝观、韩占道、张日子、张钦泽仝立，咸丰二年十月日吉。"

此外，廊桥董事会还公议制定了管理章程：16 位缘首每人各捐献干谷 25 公斤，计 400 公斤，并将其借贷给缺粮者，从中收取薄利，以作每年"立冬"日集中劈草时的午餐。100 多年来此规一直未改，一直执行到 1949 年。清光绪年间（当在 1875 至 1894 年之间）百祥桥毁于火患，光绪二十年(1894 年)，以漈头村庠生张传陛为首再度募捐重建，总理为张传陛和里汾溪村贡生徐居盛、棠口村监生周林耀、降龙村附贡韩启登等；主绳为宁邑（原属宁德县，即今周宁县）秀坑村张茂钰、张茂秀、张茂春等；石匠为棠口村周奕谷、周奕长等；瓦匠为睢溪徐居宝。

百祥桥凌空飞架于两岸的悬崖峭壁之上，其险峻不亚于屏南县的龙井桥。全桥长 38 米，宽 4.5 米，单孔跨度达到 35 米，桥面至水面高度 22 米。桥面上设廊屋 15 间，用 64 柱，廊屋面阔 3 间，用四柱九檩抬梁、穿斗混合式木构架，上覆悬山顶。廊屋中央设置神龛，祀真武大帝。桥堍以块石砌筑，桥面以杉木为梁，上铺厚木板。桥拱形状似虾蛄，飞架峡谷，仰望如长虹凌空，非常壮观。桥东端有四通碑记，其中两通记载捐款人姓名与金额，一通为拔贡张钦奇撰写的《百祥桥记》。碑文云：

"岁十一月徒杠成，十二月舆梁成，关津道路王歧之典要系焉。屏之三十三都白洋桥，不下数百年而境凡三变。谁实为创，曰高朝阳，美哉！其始基之耳，久之而圮，石倾危矣。绿杨新月，今昔殊观，此境之一变也；继而张君禄相、林君祈灿辈修厥旧址以成，劳告久之而雁齿飘零矣。朱雀斜曛，转成往事，此境之二变也；嗣是重新鼎建，特起鼍梁，则若张君旭传，世璨诸□人，又久之，而彩虹寥落矣，虽曰一苇之杭，未免自崖而返，此境之三变也。遥遥驿路，隔岸兴悲，渺渺烟波，临渊致叹，夫尝不心焉，悼之。夫桥以白洋名，何问诸水滨清且冽，颜为白水洋，故桥以水名也。奇等募缘义举，因其境之屡变，欲为久庆安澜计，遂移厥址卜厥基，拟以音之不甚相远者，易其名曰百祥桥，取纳福致祥之意也。爰是偏告十方，共冀成功一旦，七星之体制方裁，半月之堤根永固。送仙子于百花，澜回灞岸，听吹箫于廿四，瑟鼓湘灵。庶往来者无复褰裳之叹，辐辏者共曳羡轮之吉矣，是为序。"

①本节资料主要来源于刘杰、周芬芳主编《乡土屏南》第 212 至 214 页"百祥桥"部分内容。

另一通为棠溪副举人周子歧撰写的《百祥桥重建志》，碑文云：

“桥名百祥，由其地迩白洋村谐声以取致祥之义也。溯创始以来重修三次矣，复变遭回禄，欲渡无梁，行人苦之。夫断岸绝流，不能飞而越也，穷乡僻壤，未便苇而杭也。长溪一带皆峻阔阻深，又无可改途而他徙也，故重建之谋莫急乎。是岁二月诸同志勤商义举，广募多金相与督匠庀材。迄仲冬厥功告竣。鼍梁架而高敞琼霄，雁齿排而倒衔璧月，从兹履险如夷，往来坦荡皆成于将伯之助者多也，爰勤勒石以记。俾乐捐姓名均垂不朽云。光绪廿一年岁在旃蒙协洽葭月吉旦，棠溪副举人周子岐谨志。”

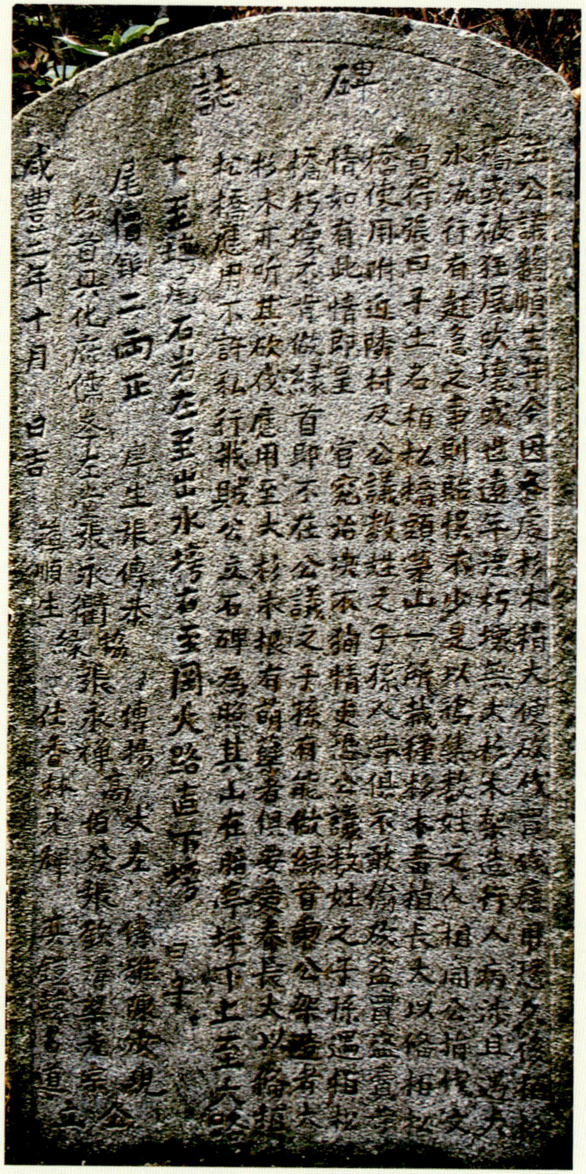

图 4–2–8　福建屏南百祥桥碑志

第三节
水口景观中的木拱廊桥

在漫长的古代社会发展历程中，中国传统城镇、村落逐渐形成了一种特殊的人居环境模式，迥异于其他国家的聚落形式。在这种模式下，它不仅仅是作为一种聚族而居、讲究“纲常人伦”的有秩序人居空间，在此之上除了体现宗族观念和宗教意识等思想理念之外，还特别强调营造一种“可居可游”的理想生活空间环境。[①]过去，传统城镇和村落的营造除了针对地形、地势趋利避害地规划行政中心、商业市场、宗祠、住宅等核心建筑以及交通系统（包括道路和桥梁）、水利系统外，宗教建筑、教育建筑等都会有机地相应布置。这部分规划内容是以物质层面为主导的，还有一部分内容是由城镇和村落营造主事者所代表士绅阶层的美学品格和趣味决定的，即城镇和村落景观的营造，属于精神范畴。中国传统城镇、村落的景观意象非常丰富，构景形式多样，具有中华田园文化的典型性和独特性，保存有浓郁的以耕读传家为载体的儒家文明思想。即使到了今天，它仍然是一种可贵的景观资源和重要的人文遗产。建构中国传统城镇、村落景观的手法比较多，比较突出而普遍的做法有“八景”、“十景”、水口园林等形式。无论是哪一种形式，桥梁的建设在传统城镇、村落中都是非常重要的内容。除了基本的交通功能外，桥梁作为景观元素的存在往往又成为城镇和村落营造的重点。在交通功能与景观系统之间，为桥梁搭建起“桥梁”的应当是在中国传统社会中风靡已久的风水学理论，过去或称堪舆、相地术和风水术。在江南山水聚落或平原水乡，在传统风水术的影响下，传统城镇、村落的景观规划和风景营造往往集中在水口一带，为了实现风水术中的“关锁水口”、“藏风聚气”，桥梁——往往以亭桥、廊桥的形式为佳，就注定成为水口园林末端最精彩的一道风景线，在东南沿海山区城乡，木拱廊桥又是各式廊桥中的最佳选择。

一、风水术影响下的城镇与村落规划

尚廓在《中国风水格局的构成、生态环境与景观》一文中对“风水术”有如下解释：根据长期对自然的细致观察及实际生活的体验，在中国古代就已产生了一种有关住宅、村镇及城市等居住环境的基址选择及规划设计的学说。其中虽掺杂了许多玄学和迷信的成分，但究其实质不外在选址方面作为准绳对地质、地文、水文、日照、风向、气候、气象、景观等一系列自然地理环境因素，作出或优或劣的评价和选择，以及所需要采取的相应的规划设计的措施，从而达到趋吉避凶纳福的目的，创造适于长期居住的良好环境。[②]实际上，在传统营造过程中对聚落或住居的规划、选址起着举足轻重作用的“风水术”，不仅仅要指导人们选择建筑地点时，对气候、地质、地貌、生态、景观等各建筑环境因素进行综合评判，还要对建筑营造中的布局、某些技术的运用和种种禁忌进行分析与概括。简单地说，风水是人们对生前居住环境和身后墓葬环境的选择和处理。（见图 4-3-1）

日本学者在《风水：中国的环境设计》一文中指出：“在黄淮平原上发展起来的中国农业文明中，人们的生活、耕作、收获与天地间的关系非常紧密，这种天、人之间的关系，并不局限于克服自然界的影响，进行再创造，而是渐渐地产生了对天地万物的信仰和向自然学习的生活态度。从这种概念出发，便产生了中国人的独特

①参见刘沛林著《古村落：和谐的人聚空间》第 176 页，上海三联书店 1997 年版。

②尚廓撰《中国风水格局的构成、生态环境与景观》一文，引自王其亨主编《风水理论研究》第 26 至 31 页，天津大学出版社 1992 年版。

图 4–3–1　宋代王希孟《千里江山图》中表现的聚落环境（1）

村落

图 4–3–1　宋代王希孟《千里江山图》中表现的聚落环境（2）

的哲学思想和价值观念，而风水理论，就是这种思想观念的代表，或者也可以说它是中国人对于自然的一种主观的心理模式。”[①]

作为一种相地的学问，堪舆相地之术在中国起源很早，最初仅涉及宅邑的选址和定向，其理论和方法比较简单，主要是地理面貌、气候环境等因素与人们居住条件协调的经验总结和运用。至汉代，在《易经》玄学思想及董仲舒“天人感应”等学说影响下，原有的堪舆相地之说与先秦时期就发展起来的阴阳五行、八卦干支结合在一起，为后世进一步发展起来的风水学奠定了基本的逻辑结构和哲学基础。[②]现在所能见到最早的风水书由晋代郭璞（276—324 年）所撰。这本书的主题是“得水藏风”，“风水”一词即源于此。唐代的高官杨筠松，曾写过一部有关风水的书——《灭蛮经》，在当时广为流传。在他致仕隐退之后，又试图运用风水术来解救百姓的贫困和疾病，因此被后世人称为“救贫先生”。他的弟子曾文遄后来又写了一部名为《龙水经》（《青囊经》）的风水理论书籍。此三部书几乎就是后世盛行之风水术的鼻祖。[③]宋代程朱理学兴起，风水术的理论构架日臻完善。这种理论体系的完善不仅仅体现在之前比较看重的山川形势、藏风得水等方面的内容日益完备，并且还与占卜、宅主“命相”和“黄道吉日”等联系起来，此外还添加了方位理气方面的内容。当然，后来增添的部分内容，尤其是明清之际蒋大鸿的玄空大卦和沈竹乃的九星术，将风水理论带向了更多具有玄虚和迷信色彩的发展方向。[②]

东汉以降，动荡的中原促成了大量北方居民南迁，时局的动乱、生活奔波之苦造成了移民们追求遗世而居的理想。最具代表性的人居环境模式就是东晋文学家陶渊明笔下的《桃花源记》描写的模式。文章中是这样写的：“林尽水源，便得一山。山有小口，仿佛若有光，便舍船从口入。初极狭，才通人。复行数十步，豁然开朗。土地平旷，屋舍俨然，有良田、美池、桑竹之属。阡陌交通，鸡犬相闻。”这样的聚落环境恰恰与风水学著作——《入山观水口论》中记载的理想人居环境非常吻合。“入山观水口”是非常重要的一个环节。进一步而论，所谓“入山观水口”，就是指探寻两山之间的水口。从地理环境来看，就是观察寻找一种环境与另一种环境的连接点，也就是现代景观学中常说的一处“景观节点”。在风水学中的这一节点，往往强调“水口不通舟”，追求的是水口两岸尽可能为陡峭的绝壁，中间只有一道山峡让水流过，沿着这样的山川，穿过窄窄的水口处，就出现了“豁然开朗”后群山环抱的原野，水在原野中形成弯弯曲曲的河流，这里便是风水最佳的地方了。

中国人这种独特的人居环境观也深刻地影响着六朝以来的绘画和文学作品。也就是说，中国文人和艺术家们所描绘的自然，并不是纯粹的自然界本身，绘画和诗只不过是作者对自然的一种主观意念而已。这就是现代美学理论中常常说到的审美主体的人格精神外化过程。总之，中国传统的自然环境观念和风水学中的人居观念是高度契合的，陶渊明笔下的桃源村的自然地理环境就是由山围合而成的要塞类型，与风水学著作中的“环抱”相一致，是一种出入口狭窄、利于防卫的聚落空间形态。[③]

据相关的研究，风水理论大致分为两个流派：一个是形势派，着眼于山川形胜和建筑外部自然环境的选择；另一个是理气派，注重于建筑方位朝向和布局。风水学的这两大派系至迟在公元 3 世纪就已形成。[②]源自陕西的形势派，其理论主要与土地、山脉以及河流的走向，形状和数量等环境地貌相关。唐代以后，这个学派主要流布于南方的江西一带，逐步演变发展成为后来的江西“峦头派”。此派主要以赣州为中心进行传播，因此又有学者称其为“赣州派”。对于此派，清代《四库全书》引明代王祎《青岩丛录》中有所评论：“择地以葬，其术本于晋郭璞……后世之为其术者分为二宗。……一曰江西之法，肇于唐人杨筠松、曾文遄及赖大有、谢子逸辈，尤精其学。其为说主形势，原其所起，即其所止，以定位向，专指龙、穴、砂、水之相配，其他拘泥在所不论。今大江以南无不尊之者。”

①［日］郭中端等撰《风水：中国的环境设计》一文，引自王其亨主编《风水理论研究》第 276 至 277 页，天津大学出版社 1992 年版。
②见程建军著《藏风得水——风水与建筑》第 3 至 21 页，中国电影出版社 2005 年版。
③［日］郭中端等撰《风水：中国的环境设计》一文，引自王其亨主编《风水理论研究》第 276 至 277 页，天津大学出版社 1992 年版。

风水学的另一派别源于汉代中原的图宅术，亦即后来兴盛于福建的理气派。它开宗于福建，以秦汉“五姓图宅”五行生克论吉凶为权舆，至南宋盛行于世。其具体操作方法是以罗盘定空间、方位和阴阳，并取八卦五行，飞星翻布定生剋吉凶。换句话说，它是通过年运与宅、墓的坐向推算主人命运的时空因素，占测最佳选择。理气之法依据《周易》的原理以八卦、十二支、天星、五行为四维，比“峦头派”专论山川形势更为抽象。明清以后，形（术）家倾向于“峦头为体，理气为用”，两派渐渐合流。但在实际运用中，理气之法更加侧重于住宅的营造方面。

因而，尚廓在《中国风水格局的构成、生态环境与景观》一文中，将传统城镇、村落规划与营造中所运用的风水术作了总结。其结论有三个层面：第一个是风水格局与生态环境层面；第二个是风水格局的空间构成层面；第三个是风水与景观的层面。[①]

第一个层面是风水格局与生态环境。在可能的前提下，村落、城镇乃至住宅都会选择“负阴抱阳、背山面水”的基址格局。所谓“负阴抱阳”，就是指基址后面有主峰来龙山，左右有次峰或岗阜的左辅右弼山，或称为青龙、白虎山，山上要保持丰茂植被；前面有月牙形的池塘（住宅或村落）或弯曲的水流（村落或城镇）；水的对面还有一个对景山——案山；轴线方向最好是坐北朝南，当然，如果能满足前面所述的情形，住宅或村落的主体也不必强求朝南的坐向。在如此的格局下，村落或住宅的基址正好处于山环水抱的中央，地势平坦而具有一定的坡度，这样就形成了背山面水基址的基本格局。

第二个层面是风水格局的空间构成。中国传统营造比较讲究围合空间的做法，尚廓称之为“封闭空间”。为了加强空间的封闭性，在传统营造中常常可以见到同时采取多重封闭办法的情形。在传统村落与市镇的外围，按照风水格局，基址后方是以主山为屏障，山势向左右延伸到青龙、白虎山，成左右臂膀环抱之势，将后方和左右辅弼围合成一体；基址前方有案山遮挡，连同左右余脉，亦将前方封闭，剩下水流的缺口，又有水口山把守，这就形成了第一道封闭圈。如果在这道圈外还有主山后的少祖山及祖山，青龙、白虎山之侧的护山，案山之外的朝山，这就形成了第二道封闭圈。总之，尚廓认为风水格局是在封闭的人工建筑环境之外的又一层天然的封闭环境。

第三个层面是风水与景观的关系。尽管风水术有自己的理论体系和逻辑推理原则，但出于中国古代基本的哲学观念如“天人合一”、“天人感应”等思想，中国古代的人们认为人与自然应取得和谐一致的关系。因此，追求一种优美的、赏心悦目的自然和人工环境的思想始终包含在风水的观念之中。尚廓从传统村落中的理想风水选址中归纳出如下六个重要景观因素：其一，以主山、少祖山、祖山为基址背景和衬托，使山外有山，重峦叠嶂，形成多层次的立体轮廓线，增加了景深；其二，以河流、水池为基址前景，形成开阔平远的视野；其三，以案山、朝山为基址的对景、借景，形成基址前方远景的构图中心，使视线有所归宿，前景的两重山峦也更加丰富而有层次感；其四，以水口山为障景、为屏挡，使基址内外有所隔离，形成空间对比，进入基址后有豁然开朗、别有洞天的景观效果，使人有“先抑后扬”的空间感受和视野的释放感；其五，作为风水地形之补充的人工风水建筑物如宝塔、楼阁、牌坊、桥梁等，常常以环境的标志物、控制点、视线焦点、构图中心、观赏对象或观景点的姿态出现，均具有识别性和观赏性；其六，注重绿化和彩化环境，种植四季花卉和观叶植物，保护古树名木以及山地、平原之上的风水林，既强调植物性景观的观赏性，也注重植物对小气候的调节。[②]（见图 4-3-2—图 4-3-7）

①尚廓撰《中国风水格局的构成、生态环境与景观》一文，引自王其亨主编《风水理论研究》第 26 至 31 页，天津大学出版社 1992 年版。

②参见尚廓撰《中国风水格局的构成、生态环境与景观》一文（王其亨主编《风水理论研究》第 29 至 30 页）。有关“风水与景观”一节，原文拟有 7 个景观因素，其中第 5 个与第 7 个相似，本书节引时有所调整。

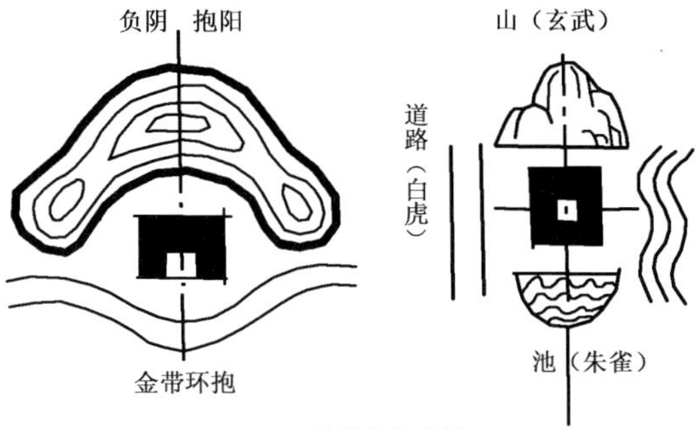

▲ 最佳住宅选址

▲ 最佳村址选择

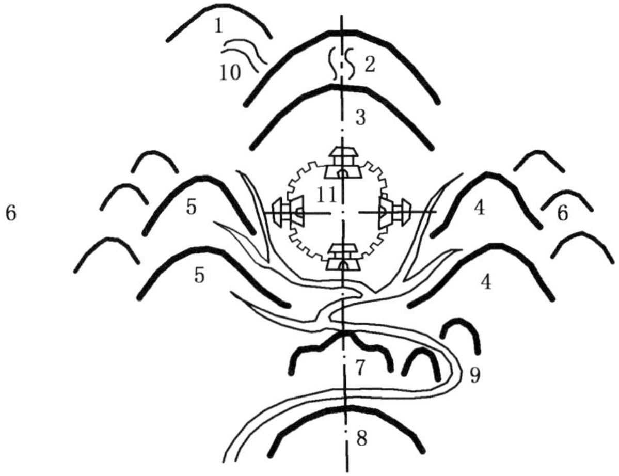

▲ 最佳城址选择

图 4–3–2 风水观念中宅、村、城的最佳选址

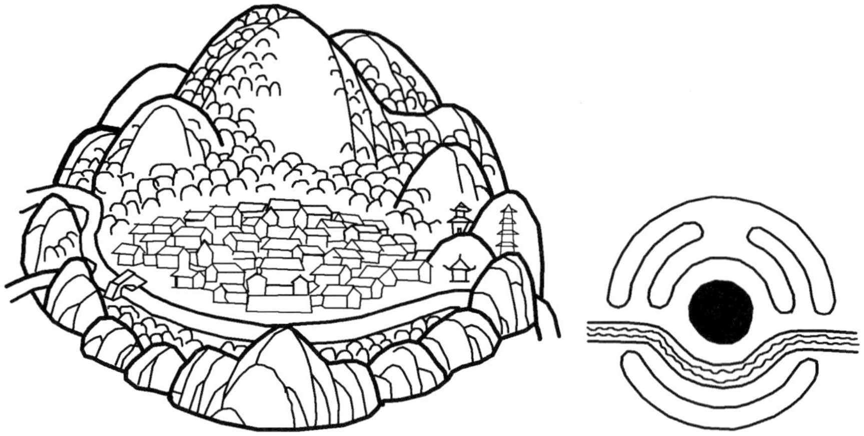

a. 空间构成

b. 基本模式

图 4–3–3 村镇风水格局的封闭式空间构成及其基本模式

◀

1. 祖山：基址背后山脉的起始山；
2. 少祖山：祖山之前的山；
3. 主山：少祖山之前、基址之后的主峰，又称来龙山；
4. 青龙：基址之左的次峰或岗阜，亦称左辅、左肩或左臂；
5. 白虎：基址之右的次峰或岗阜，亦称右弼、右肩或右臂；
6. 护山：青龙及白虎外侧的山；
7. 案山：基址之前隔水的金山；
8. 朝山：基址之前隔水及案山的远山；
9. 水口山：水流去处的左右两山，隔水成对峙状，往往处于村镇的入口，一般成对地称为狮山、象山或龟山、蛇山；
10. 龙脉：连接祖山、少祖山及主山的山脉；
11. 龙穴：基址最佳选点，在主山之前，山水环抱之中央，被认为是万物精华的“气”的凝结点，故为最适于居住的福地。

图 4–3–4 风水山与风水池的背景、前景效果

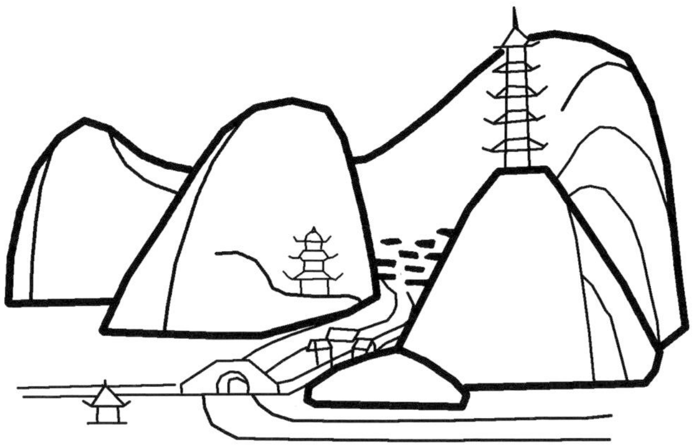

图 4–3–6 水口山及附带建筑的景观表现

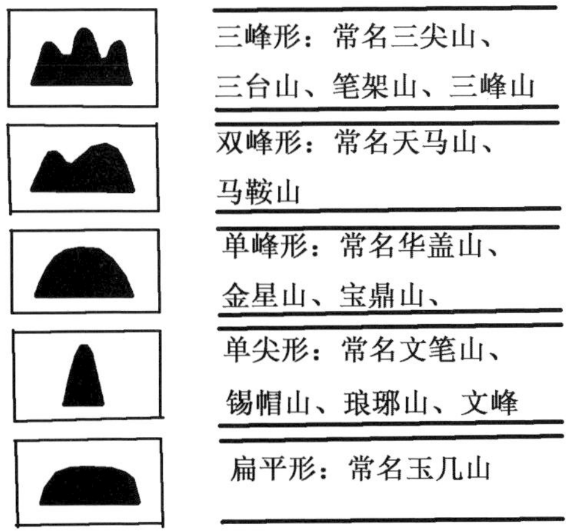

图 4–3–5 对景山——朝山或案山的几种常见选形

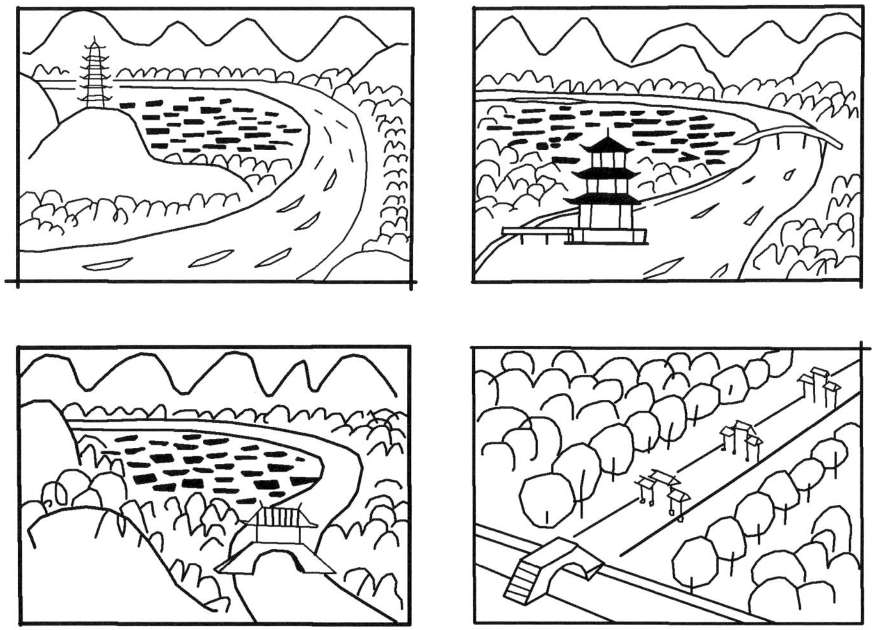

图 4–3–7 风水建筑的选址

二、城镇水口园林与景观建设

风水术或风水观念影响下的传统城镇与村落规划以及景观建设都非常重视水口的营造。所谓“水口”，是传统风水术中对一个理想聚居地（大者如州县所在城镇，小者如乡村）的水流进、出口的统称。缪希雍在《葬经翼·水口篇》中说：“夫水口者，一方众水总出处也。”一般说来，水口包括水流进口（或称入口）和水流出口，因此在风水术中，水流进口被称为“天门”，水流出口被称为“地户”。风水家（或称风水师、风水先生、地理先生、阴阳家、堪舆家或形家，不同地域对其称呼不同）尤其看重“地户”的设置。风水理论书《人地眼图说·水口》中说：“自一里至六七十里或二三十余里，而山水有情，朝拱在内，必结大地，若收十余里者，亦为大地；收五六里、七八里者为中地；若收一二里者，不过一山一水人财地耳。”风水术中，水流常常被认为是“龙之血脉”，是“生气的外在形态”，还代表财气的兴衰。因此，水口的开闭，实际上就是一地风水对生气财源的把握或控制。总之，在风水家看来，“水口之势，宜迂回收束，关拦重重”。

在中国风水术中的阳宅，可以是宅第、村落，也可以是城镇，所以，城镇也有水口之说。风水术盛行的古徽州和闽浙等地，城镇基本都有各自的水口。比如徽州万安镇、浙江庆元县的松源镇（现松源街道）等传统城镇即如此。

万安镇坐落在古徽州休宁县城东面，依畔钱塘江上游的水运干道横江，是徽州重要的水陆码头。镇东古城岩亦称万寿山，是其水口。“寿山初旭”是休宁八景之一。徽州建筑研究学者朱永春在《徽州水口廊桥》一文中说：“总之，对徽州廊桥的讨论，不能脱离徽州水口园林。”（见图 4-3-8）

浙江省庆元县城关松源镇（现松源街道）的水口历史上曾经建造了至少 3 座木拱廊桥，即咏归桥、北门桥和角门桥，角门桥也就是程公桥，这些木拱廊桥中至少有 2 座与城镇风水攸关。尽管主体上是因为交通与风水原因，但是最后的结果却构成了松源镇（现松源街道）水口一带的靓丽风景。从某种程度上讲，风水是“因”，景观是“果”。甚至可以说，对于中国传统的城镇而言，风水术是水口景观营造最基本的理论。虽然松源镇（现松源街道）水口上的 3 座木拱廊桥唯有咏归桥硕果仅存，但并没有消减其作为水口景观营造的作用。

首先来看看咏归桥。它是这三座桥中历史最久、重建次数最多、景观地位最重要的一座木拱廊桥。有关此桥建造和再造的历史，本书第八章第二节《木拱廊桥与古道》将详细叙述。这里，只讨论建造时主事者和风水家将其作为水口处“关锁风水”的策划和具体设计。

咏归桥原名兴贤桥，位于庆元县城北门（即旧时“云龙门”）外。元大德十年（1306 年）建成时称“兴贤桥”，后几经毁建。明天顺年间（1457—1464 年）桥坏，知县张宜重建，桥中央建构了一座大观亭。如果说元代始建兴贤桥只是出于交通考虑的话——它是通往府城驿道上的第一座桥梁，那么，明天顺年间的再造活动，就有点经营县城北门——云龙门水口园林的意味了。明末知县杨芝瑞再建咏归桥，此次重建的咏归桥规模扩大了一倍，形成了两座木拱廊桥头尾相衔的格局，双虹连接处的小岛——“小蓬莱”上还增建了因应风水之需的“补天阁”。新建成的廊桥被称为“杨公桥”。杨知县为了这座杨公桥殚精竭虑，他不仅仅从工程的建设质量入手，还从环境角度出发对县城水口的风水予以补救。其中杨知县对县城水口的环境做了三处大的调整：其一，在溪水汇聚的湖面上堆砌了一座人工岛，即“小蓬莱”；其二，在小蓬莱的两端各建造了一座廊桥，连接松源溪两岸，形成“双虹卧波，中有一岛，首尾相衔”的环境空间；其三，在小蓬莱上建造“补天阁”景观建筑，同时，又可以供县城市民随时登临观赏蒙洲（松源街道旧时别称）景色。关于补

图 4–3–8 《休宁县志》中的版画《古城岩》

天阁的设置，主观上是针对县城西北总是爆发洪水，冲毁桥梁和民房设施而做的环境上的风水改良，客观上却为水口园林增添了一处景观性建筑——楼阁。之所以设置“补天阁”并以“补天阁”命名，都应是杨知县源自风水师的创意吧？关于这一点，我们可以从清光绪三年（1877年）编修的《庆元县志》下册辑录署名“兵道吕阳”的《补天阁记》中探知究竟。为了叙述完整，兹引全文如下：

“昔上帝既剖浑沌氏，以其支节为山岳，肠胃为江河。山曰积气，水曰积形，高者为生，下者为死，邱陵为牡，溪谷为牝。凡山川蜿蜒者旺气也，奔窜不回者衰气也，故郡邑孕旺气者泰，乘衰气者否。庆元为浙东僻邑，天为山欺，石不抱水，离城数武而北，是为龙潭，两水迅泄，有石孤峙于波中，状似巨鳖，挟有灵气。肯堂杨年伯（即知县杨芝瑞——作者注）了如也。久之，集邑之老者、壮者、贤而达者佥谋之曰，余少读汉唐史，至其载堪舆诸书，知青囊术，百世所奇盍图诸。于是捐俸发粟，为士民先，遂鸠工庀材，殚心毕力。自草昧以来，为斯石开其生面者，则自年伯始，自孟夏迄季秋而工落成。其阁昂藏，周以廊，环以栏。危檐峻楹，承阴广霤。中悬太极，外列八卦，曲梯盘纡，玲珑莹透，登临啸咏，天宇空阔，烟雾莽苍。仙桃巾峰诸山，近在指顾间，俯瞰溪流，水光微茫，诸鳞出没，若群鸦浴波，远瞻云树，掩映蓊郁，籁声盈耳，日光注射，伟哉观也！士德既维，屹乎山峙。风气聚于斯，地脉厚于斯，将使人文浸盛。噫嘻！天缺西北，女娲炼石以补之，兹邑亏西北，杨年伯创构杰阁，奠坤维以挽天工，岂曰小补云乎哉。年伯曰诺，是则仆榜阁意也。遂书之石。”

庆元县城松源镇（现松源街道）西北地势低洼，导致溪水汇聚而不易排泄，雨水带来的山洪常常导致灭顶之灾。杨公桥及其环境的规划与设计者借上古“女娲补天”的传说，设置了楼阁，并命名为“补天阁”，以弥补县城水口关锁的不足。

不唯杨公桥的建设有风水考量，县城郊外，距杨公桥下游不远处的程公桥建设也突出了风水功能。据清光绪三年（1877年）编修的《庆元县志》记载：“程公桥，在县北角门岭，众水聚汇，狮象两山耸峙，南北为邑关锁。康熙九年知县程维伊从父老请，倡捐鼎建，民无病涉，行旅感之，故名。有记见艺文。后废于水。乾隆二十七年慈照寺僧达一募资建复，并建观音堂于桥左。嘉庆十三年又废于水，后造草桥于旧址下，因与蒙龟、玖月二桥想联络，俗呼为三义桥。其后或改‘角门’，或易‘绳枫’为名不一。同治七年邑绅试用训导姚文　等劝捐修建，以是桥为程公遗泽，不宜改易旧名，落成之日，仍颜曰‘程公桥’。”①

从清光绪三年（1877年）编修的《庆元县志》辑录的《庆元县境全图》（见图4-3-9）中可以清晰地看到，在杨公桥西北的松源溪上，两山对峙的地方正是程公桥所在。它的建成，风水术中“关锁水口”的功能比交通功能更强一些。县志中介绍程公桥，直接说是清康熙九年（1670年）庆元县令程维伊体恤民情而建造木拱廊桥于松源溪狮象两山对峙之处，作为“邑关锁”。事实上，康熙九年（1670年）程公桥落成时，程维伊亲自撰写过一篇文章——《建角门桥记》①，我们一起来看看程县令是如何解释程公桥的功能的。文曰：

“自古分建郡邑，莫不上应列星，下随地纪，以为形胜。故泰岱峙于东，而青、齐显，衡霍列于南，而荆、扬著，华、恒分立于西、北，而雍、冀名，此其最巨者也。至若津梁之设，又所以补天地之气机，聚山川之秀气，而大有助于文运，岂仅系一方之利涉而已哉。庆邑僻处万山，去省会千有余里，其民力田务本，不事末作。其士敦诗书、习礼让，彬彬乎弦诵之风，足与上国名邦媲美。而三岁宾兴升诸司马者，廖廖无几，识者未尝不扼腕而叹庆士之难遇也。余治庆之六年，岁在己酉，偶值簿书之暇，与邑人士登高远眺，四顾徘徊，北望抚然曰：‘士之扼于制举，非无故也。松源之水，自东振迅而来，至角门岭而一曲，邑之文澜于斯萃焉。向之有其才而难遇者，以兹水之泄洩而不聚，故若此。若架木为梁，以接两山之脉络，锁一水之潆洄，

①引自政协庆元县委文史资料研究委员会整理清光绪三年（1877年）编修的《庆元县志》下册第344至345页，内部资料，1985年注释本。

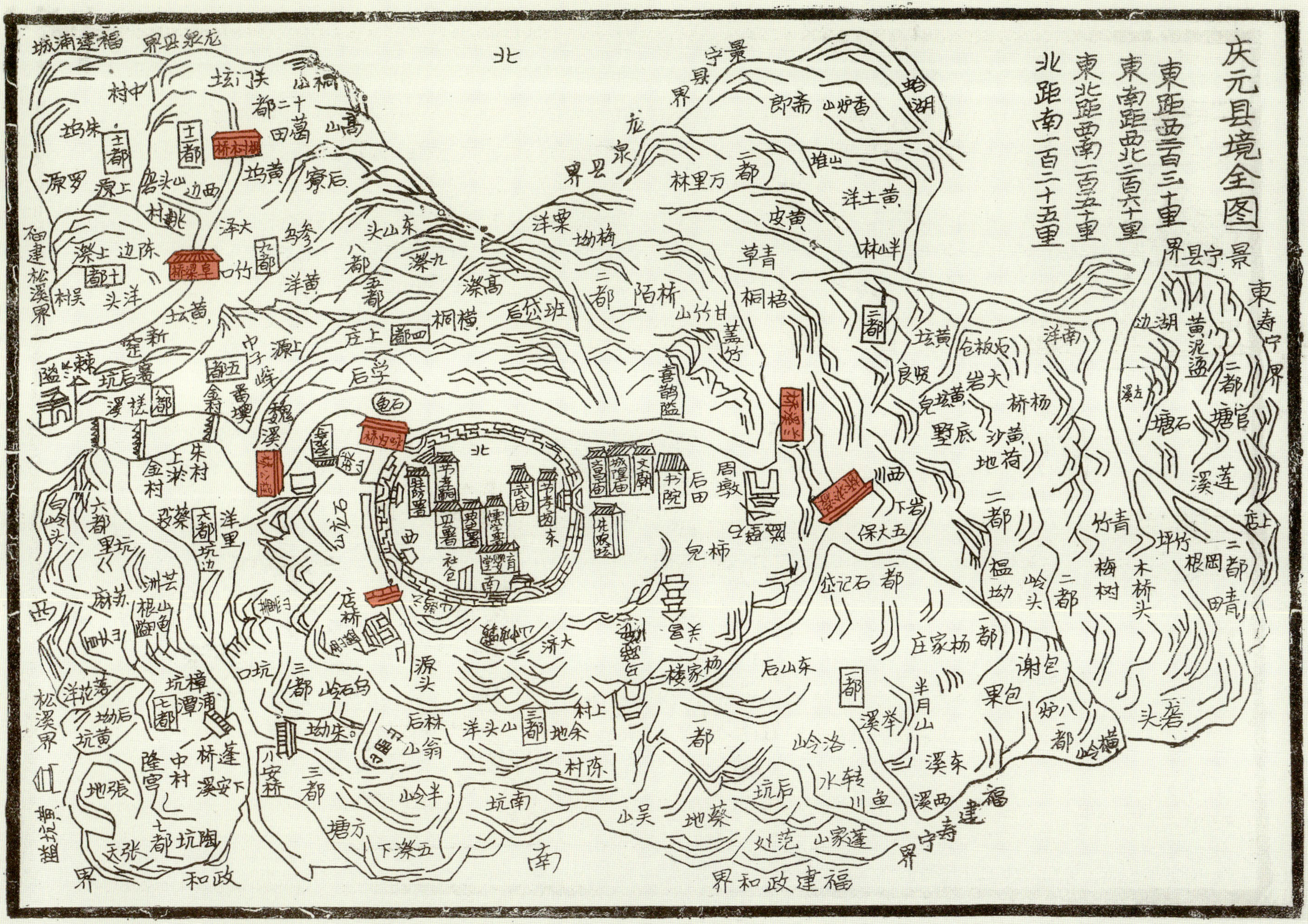

图 4-3-9　清光绪三年（1877 年）编修的《庆元县志》中的《庆元县境全图》

文运殆一助乎。’邑人士咸跃然喜曰：‘善。’余乃捐数岁之俸，以为邑人倡，诸绅衿父老，不谋同辞，各效厥力。于是伐石庀材，建桥于其上。其工始于本年之二月，至明年十月而工落成……”

原来，程维伊是想提振庆元县的文运，帮助地方多出人才而在角门岭建造了一座非常雄伟壮观的木拱廊桥，并捐出了自己做县令几年的俸禄。难怪他会得到地方百姓，尤其是读书人的支持和拥戴，建成后的角门桥，也被邑人效仿“杨公桥”而命名为“程公桥”，以表达百姓们对程公的敬意。程维伊通过提议建造角门桥，不仅仅促进了县城周边交通和景观建设，更重要的是收获了民意，尤其是文人士子们的心；虽说捐出了自己数年的薪水，比起在政绩上的斩获，总的来说还是合算的。

我们再来看看程维伊欣然接受的以“程公”命名的廊桥到底是一座什么样的桥。

程维伊继续在《建角门桥记》中说：“望之如长虹亘两山之间者，桥之形也。重檐飞栋，鳞次而纵横者，长廊邃阁，架于桥之上也。峨然双峙，骞翥于桥之左右者，丽谯之楼也。”这段文字非常清楚地交代了桥梁的结构形式和建筑形制。根据其揭示桥梁结构和造型的顺序，我进行了简单的白话文翻译。首先，“望之如长虹亘两山之间者，桥之形也”——表明程公桥极可能是一座木拱桥；接着，“重檐飞栋，鳞次而纵横者，长廊邃阁，架于桥之上也”——表明桥上架有长长的廊屋，它是一座廊桥；然后，“峨然双峙，骞翥于桥之左右者，丽谯之楼也”——表明廊桥的南北两端建有楼亭。程公桥的建筑形制很像同属庆元县的月山村“如龙桥”。

程公桥周围的环境和景观如何呢？换句话说，县城松源镇（现松源街道）水口处的园林景观是怎样的呢？

程维伊在《建角门桥记》中也有提到：“修垣曲扉，有亭翼然于石壁之畔者，储英庄也。长川滢滢，波折而内拥者，溪之水流而复返也。列嶂层岩，郁郁蒸蒸，互为掩映者，两山之气相生相续也。而庆邑之山川庶几从此其效灵乎。虽然自有天地，即有此山川，自有此山川，即应有此桥，向不知建，而建于余，盖亦有数存焉，余又幸遇合之奇也。”廊桥的附近还有一座庄园，叫作“储英庄”，外面设有长长的院墙，墙上设有拱门，内有一亭建在石壁旁。角门岭处的山水奇特，“列嶂层岩，郁郁蒸蒸，互为掩映者，两山之气相生相续也”。在这样的环境中，木拱廊桥与四周环境相得益彰，所以程维伊说：“虽然自有天地，即有此山川，自有此山川，即应有此桥……”

有意思的是，承载着清代县令程维伊如此智慧和灵光的程公桥，由于公路交通的需要，终于在300多年后被改造成了一座钢筋混凝土大桥。虽然程公桥已面目全非，但好歹程公的名字和事迹可以凭此传承下去，这难道不是程维伊当初创建此桥的回报？

三、村落水口园林与景观建设

在中国南方山水资源比较丰富的传统村落中，村落水口的规划与建设常常与园林和景观结合在一起，形成独特的水口园林或水口景观。这也是形成传统村落景观意象中的“八景”或“十景”中重要的景观来源。无论是云、贵、川、渝、桂等西南地区的汉族、土家族、苗族、侗族、瑶族聚居区，还是中南、东南地区的汉族和苗族、土家族、瑶族、畲族等少数民族传统居住地，木构廊桥或石构木廊桥、石构亭桥常常成为水口园林或景观建筑中点景的主角。在明清以来经济发达地区的徽州、江浙一带更是如此。

清人赵吉士《寄园寄所寄》中，有“风水之说，徽人尤重之”的文字。赵吉士并无夸大，从现存徽州传统村落看，大都经过风水师指点，如歙县的呈坎、棠樾、雄村、许村、唐模，黟县的西递、宏村、南屏、屏山，绩溪县的石家村、磡头、湖村、龙川，休宁县的古城岩、五城、溪头，婺源县的理坑、思溪、延村，祁门县的六都、润田等。徽州传统村落大多背山面水，入水口处在较安全的背部，且多在山上，无须特别关照。而出水口，也就是风水术中的“地户”，常常又是聚落的主要入口，须着重处理。这一点也反映在风水说辞上，如：“凡水来处谓之天门（乾位），若来不见源流谓之天门开；水去处谓之地户（巽位），不见水去谓之地户闭。夫水本主财，门开则财来，户闭财用之不竭。”（《入地眼图说·水口》）。实地考察中，仅发现绩溪县冯村在上水口架安仁桥，并在桥上方围墙设“天门”。[①]

理想水口有双峦夹持相峙的山形格局。徽州传统村落常常在水口处广植林木花卉，筑堤，造桥，建亭榭和掇石山。除了建造廊桥，又经常辅之以文峰塔、文昌阁、奎星楼、牌坊、书院等儒家建筑，加之佛教、道家与民间信仰建筑的观音阁、雷祖殿等，使水口区成为可游可憩的园林或村落景观场所。水口园林是徽州传统园林中非常值得关注的一类，它不仅仅是风水理论在村落规划运用中的具体体现，还是同时代乡绅和村民们美学品格的反映。它为村落中同宗族人共有，是村落中的公共园林。在浙江省西南一带（主要是新安江、建德江、金华江和瓯江流域）的传统村落中，也能找到类似的水口园林，并且显示出相似的构成特征，比如说武义县的郭洞村、永嘉县的岩头村等。水口园林在徽州极普遍，典型的如歙县的昉溪（现许村镇）、唐模、岩镇的水口园，婺源县的庆源、桃溪、福山的水口园。祁门县的六都、张村，休宁县的五城富溪，绩溪县的冯村，黟县县的南屏、屏山等地的水口园，也颇具特色。[①]（见图 4–3–10—图 4–3–15）

总体来看，在这些山地聚落的水口园林中自然的山体与水体是最主要的元素，其次是自然或人工修整后的驳岸或掇置的山石等物理环境，当然在自然的山体或掇置的山石旁，林木花卉的培植也是环境修复工作的一个重点。此外，根据风水理论的需要，结合儒、释、道三教以及民间信仰等不同思想的需求，桥、堤、亭、榭、廊、阁、塔和庙等具有景观元素的个体建筑、建筑组群也就粉墨登场了，于前者相对自然的环境中，添加了些许人造环境的美。

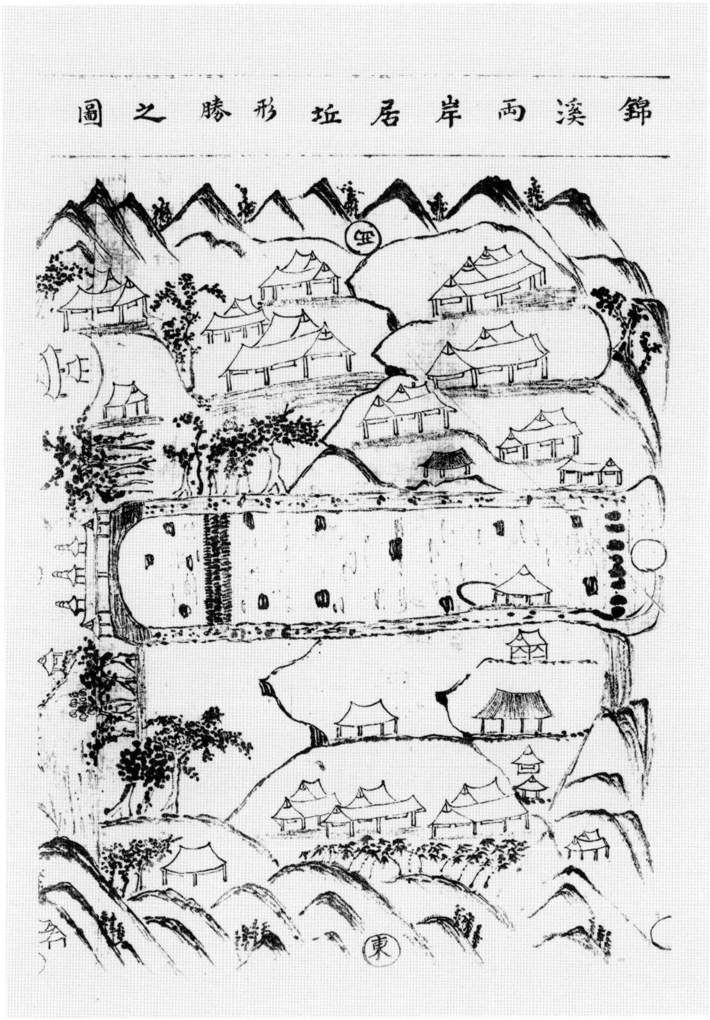

图 4–3–10　浙江泰顺锦溪两岸居丘形胜之图

①参见朱永春撰《徽州水口廊桥》一文，载于《第三届中国廊桥国际学术（屏南）研讨会论文集》第 257 页，文化艺术出版社 2011 年版。

图 4–3–11　浙江庆元月山旧村全图

图 4–3–12　浙江福安桂林村图

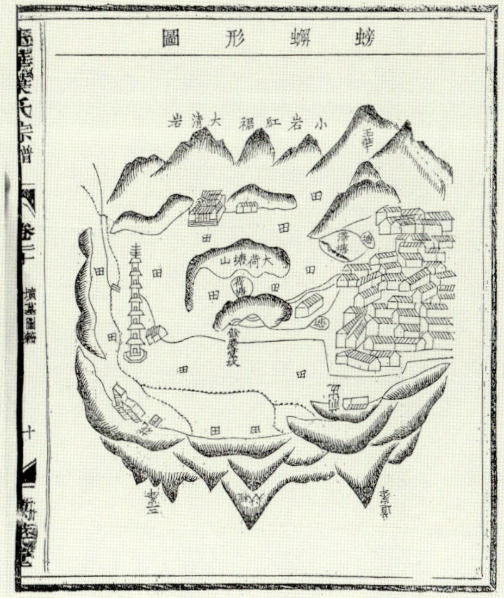

图 4–3–13　浙江建德
新叶村风水图之螃蟹图形

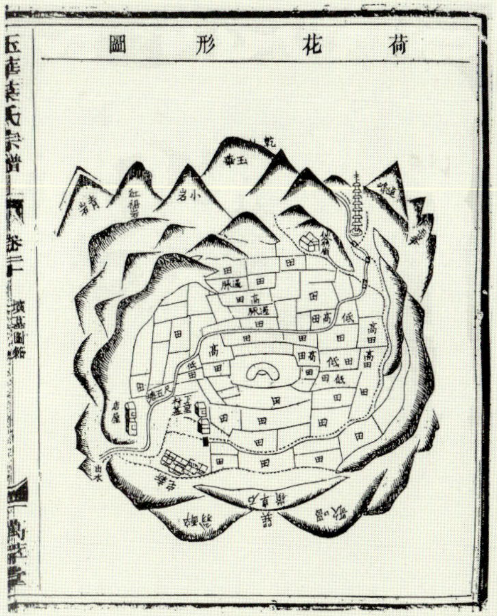

图 4–3–14　浙江建德
新叶村风水图之荷花图形

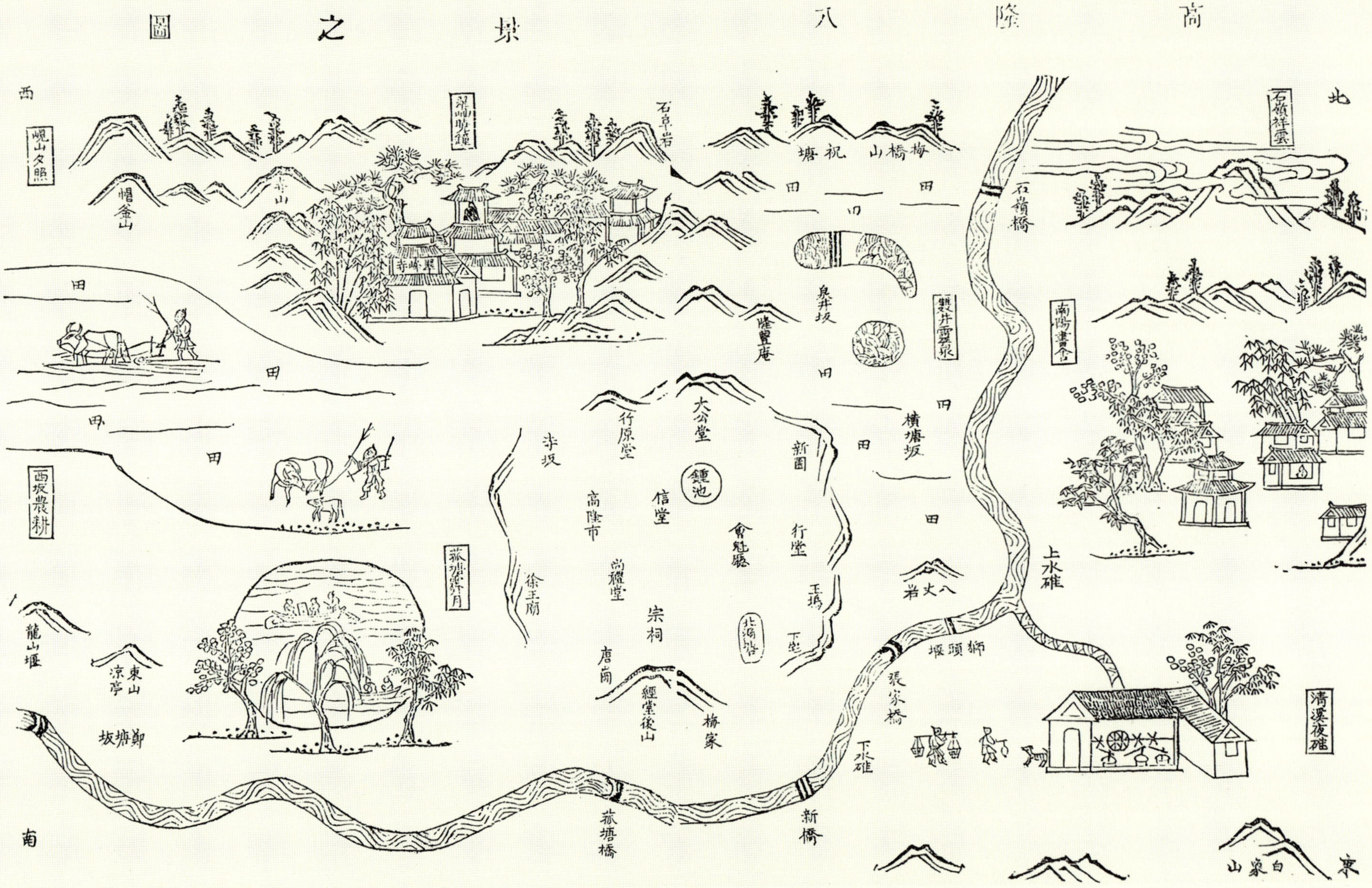

图 4-3-15　浙江建德诸葛村明正德年间高隆八景之图

比如温州市永嘉县瓯江流域的支流——楠溪江畔的岩头村，在其水口园林中，就增加了桥——丽水桥、堤——长堎、亭——接官亭、廊——丽水街长廊、塔——文峰塔、阁——文昌阁、庙——塔湖庙等人造物。（见图 4-3-16—4-3-19）

浙江省金华市武义县郭洞村的水口园林也是颇富特色的村落公共园林。郭洞村地形独特，三面山环如嶂，北面是一片开阔的田野，远处左右有青山相拥，恰如风水术中所谓的“狮象把门”。村南，源自大湾东坑和黄岭西坑的两条溪水在村前汇合后，环绕着村子画了条弧线奔村北而去。村东头龙山与村西头相对的西山之间，是狭长山谷中的最窄处，此处正是郭洞村营造时选择的水口。据《郭洞何氏族谱》所记，经过郭洞村何氏始迁祖何寿及其后代的不懈努力，在村落的水口处砌城墙形成关隘，修建回龙桥“聚气藏风”，在村子周围植树造林改善环境和小气候，划分村舍、道路，并巧设七星井，使郭洞村按风水术要求进行规划与布局。于是郭洞村便形成了如下格局：村庄后有龙山为祖山，主龙运不绝；前有虎山为朝山，主文运卓越；有形似狮象、龟蛇的青山把守水口、河流；有龙溪似玉带般绕村而过。郭洞村水口的建设情形如下：郭洞村坐落在狭长峡谷中段的龙山之麓，北边虽有狮山、象山，但背后却无靠。因此，何寿及其子孙在村北相对

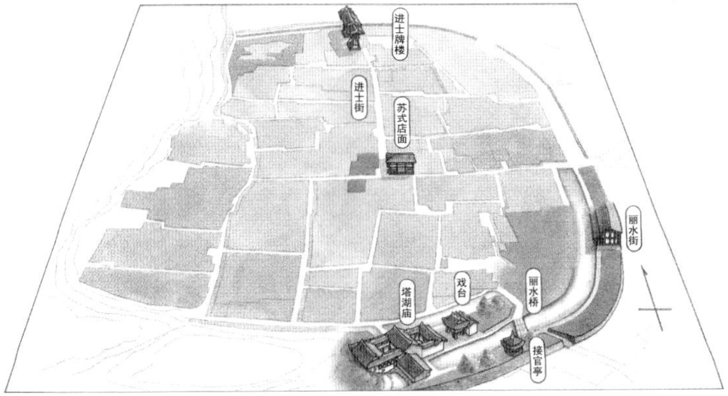

图 4-3-16　岩头村塔湖庙景区手绘鸟瞰图

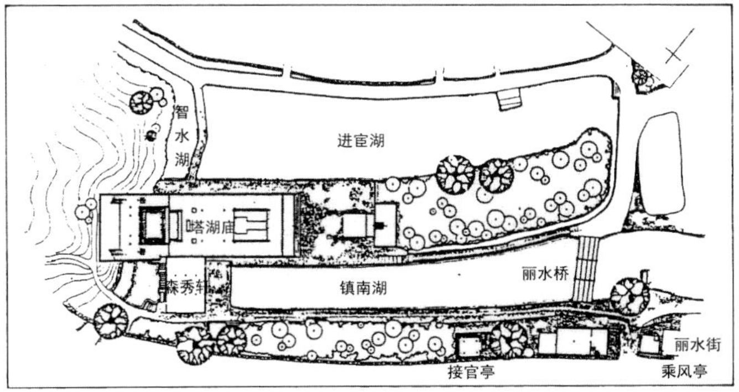

图 4-3-17　塔湖庙景区平面图

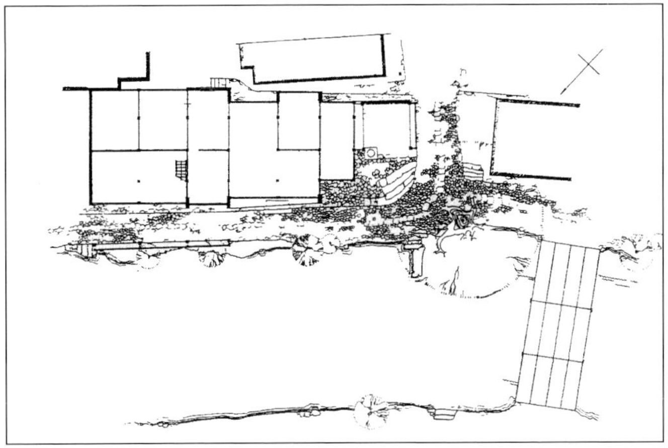

图 4-3-18　丽水桥平面图

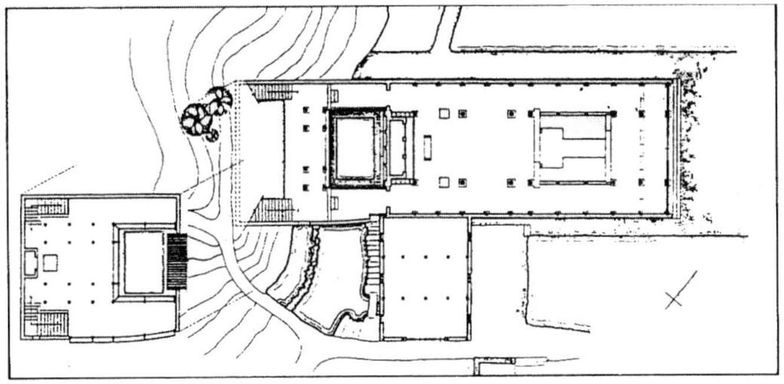

图 4-3-19　塔湖庙一楼及二楼平面图

狭窄的龙山与西山之间，砌筑一道5米多高的蛮石寨墙，并设东、西二门供村民出入；东门附近的龙溪过城处建造了一座石拱桥，名“回龙桥”；桥东头建造了海麟院、凭虚阁，桥西面建造了水碓房和水碓塘；寨墙内外，栽种了近百棵苍松、翠柏、香樟和红枫。“集山川之灵秀，汇诡奇之景色”的郭洞村水口终于建成。[①]

郭洞村水口最为突出的景观便是回龙桥了，这是一座什么样的风水桥呢？据朱连法所撰《风水郭洞》一书说，元代何氏寿一公迁居前即有了回龙桥，早先称“石虹桥”。明隆庆年间（1567—1572年），荆山公“倡首营造回龙桥”，他“鸠工筑护龙岸，任劳任费”，重修毁于洪水的桥梁。桥梁竣工后，荆山公根据“山为龙山，桥为艮象，堰水作桥，龙回气聚”的风水观，将“石虹桥”更名为“回龙桥”。与此同时，荆山公仍然在桥南石栏的枋心板上留下了“石虹三驾”四个大字，为使后人不忘桥史。清康熙六十年（1721年），回龙桥再次重建成功，时任建桥董事的孚悦公曾留下一篇激情书就的文字——《重造回龙桥记》，其中就有：“双泉之水自南来，折而西，回绕东北以去。即数百武（步），乃堰其水，作桥于上。形家（风水先生）谓山为龙山，住则龙回，故名桥为回龙桥。下流既遏，水乃萦纡曲折，澹艳里闾，游其间者，辄赏溪水之胜。”再次重建后的回龙桥，长28米，宽3.7米，单拱跨度13米，矢高7米有余。桥上南北栏板各设6柱，柱间镶砌石板，石阶东面8级、西边9级，并不严格对称。清乾隆十九年（1754年）重修回龙桥时，里人又在拱顶之上增建了石柱方亭，称“攀桂亭”。之所以加建石亭，在我看来也许是因为后人觉得此桥拱太薄，其上需增加些荷载来加强桥梁的整体刚度以御洪水的冲击，也许是重修时风水先生觉得原来的石拱桥还不够“聚气藏风”，此外，从“攀桂亭”的名字来看，加建石亭也有重振郭洞村何氏子弟文风之意。总之，回龙桥从此后成为一座标准的亭桥。石亭为四角攒尖顶，亭内设置藻井，其上彩绘有人物、山水和花鸟。石亭西楣挂有“义乡”匾额一枚，因此，亭又被称为“义乡亭”。

清康熙年间（1662—1722年）的何氏孚惠公曾留下了赞美郭洞村水口亭桥的诗句：“叠翠重重望眼清，相依碧间玉光莹。登临乍觉尘襟豁，来往方歌步履平。界压两山如赑屃，气回一带愈峥嵘。斯桥倘有升仙客，题柱他年问长卿。”[①]

有条件的传统村落会在水口处设置类似园林的各种设施，在绝大多数普通村落中，在水口处进行简单的风景建设也是常见之举。在福建、浙江的大部分山村中，水口处理得比较朴实无华，往往就是木构廊桥（不少是木拱廊桥的形式）结合庙宇或民间信仰祠殿的格局，当然也有规模宏大、人工环境营造较为丰富的水口园林，比如说宁德市周宁县浦源村（见图4-3-20）就是此类代表。浦源村三山环抱，鲤鱼溪一弯水穿村而过，屋舍择溪流两岸依次建设。据

①见朱连法撰文、田源摄影《风水郭洞》第23至31页，上海人民出版社2006年版。

图4-3-20　福建周宁浦源村鸟瞰图

资料介绍，浦源村是按《易经》八卦形状来进行规划布局的，给各处房宅定向，鲤鱼溪东岸半月沉江山下建房取向坐震向兑（坐东朝西）；西岸石牛西卧处建房取坐兑向震（坐西朝东）；南向太极眼上的油家岭、官山沿山一带建屋则坐南朝北；北向开阔地是水尾之处，建神宫庙宇，按顺序建有船形的郑氏宗祠、奉祀观音的木构廊桥、鱼冢、林公忠平王宫，靠后还建有观音阁和文昌阁，取向多为“坐空朝满”。风水理论控制下的浦源村规划非常有特点：四方八向均朝太极，以中心标准房屋为卦坎，以弄巷为经纬逐渐外延建房。如从空中俯瞰全村旧貌，一个传统的风水罗盘则呈现于观者眼前。[①]浦源村的水口不但有大面积园林水体的设置，还建造了亭台楼阁以及廊桥等景观建筑，其景观的效果和意义均得到大力彰显。

文昌阁（宫）结合廊桥成为水口处最重要的景观元素，在闽浙地区的传统村落中较为常见，比如宁德市寿宁县下党乡下党村水尾不但建有鸾峰桥，还在桥南岸的小石岭上建造了八角楼阁式的文昌宫，成为下党村水口处最具标志性的景观建筑。在徽州和浙江的一些传统村落中的水口，文峰塔（或称文笔塔）以及桥梁则往往是景观建筑的最佳选择（见图 4–3–21）。

泛江南地区中的山地聚落，在其得天独厚的自然景观、强有力的宗族结构以及传播广泛的风水术综合作用下，水口园林和景观建设显示出独特的风貌和恒久的魅力，是我国传统村落文化百花园中的一朵奇葩。

四、村落水口景观中的木拱廊桥

（一）村落营造木拱廊桥的历史

从现有的材料来看，我国乡土聚落中至迟在两宋时期就有营造木构廊桥的传统。浙江省庆元县大济村所存的甫田桥和双门桥都是在宋代始建的木构廊桥。福建省屏南县长桥镇万安桥是一座长 98 米余的木拱廊桥，从其桥墩里保存的一块宋代石刻文献来看，万安桥北宋元祐五年（1090 年）就存在着。取名于唐诗“两水夹明镜，双桥落彩虹”的江西省婺源县（历史上属徽州）清华镇彩虹桥，是一座始建于南宋绍兴七年（1137 年）的石墩连续简支木廊桥，全长 140 余米。彩虹桥桥墩为宋代原物，桥上廊屋虽经多次重修，仍然保留了原有风貌。婺源县甲路村的花桥，亦留有岳飞行军路过时的题诗。据建筑史学者、福州大学教授朱永春研究，“两宋时徽州已普遍运用风水术选择村落，应当已有水口廊桥。现存的歙县呈坎村环秀桥和婺源县浩溪桥两水口，均为元代古桥，离宋代也不远”。从西南地区云南、四川、重庆、贵州以及广西等省区市，华中、华东地区的湖南、湖北、江西、福建、安徽和浙江等省遗存的传统村落水口桥梁来看，绝大多数属于木构廊桥。多数传统村落只在出水口处，亦即通常所谓的水尾处建设廊桥，也有不少村落在进水口和出水口两个地方都建设廊桥。

现存最早有确切纪年的木拱廊桥是浙江省庆元县月山村的水口桥——如龙桥，其始建年代不详，廊屋当心间随脊枋上有“明天启五年（1625 年）岁在乙丑四月十二日谷良旦吴门从新修造”的墨书。清代至民国时期，在闽浙山区村落的水口处营造木拱廊桥似乎已成为一种习惯和时尚。我们从遗存至今的百余座木拱廊桥中可以清晰地分辨出，有相当多的桥梁是村落的水口风水桥。多数村落的风水桥只在出水口，也就是闽浙一带村民们常说的水尾处建设，因此也就被称为“水尾桥”，比如说浙江省泰顺县仙居村与仙居桥，三魁镇营岗店与薛宅桥；福建省寿宁县下党村与下党桥，碑坑村与碑坑桥（八字撑架式木拱廊桥），杨溪头村与杨溪头桥，仙峰村与升仙桥（八字撑架式木拱廊桥）；屏南县长桥村与长桥，棠口村与千乘桥，周宁县禾溪村与三仙桥等都是水尾桥。实际上，也有一些村子在进水口和出水口都有营造木拱廊桥的实例，比如说福建省宁德市

①参见廖小军、郑新聪主编《宁德历史文化名镇名村》第 92 页，福建人民出版社 2013 年版。

图 4-3-21　福建寿宁下党村鸾峰桥与文昌阁

寿宁县的小东村建有小东上桥和小东下桥，尤溪村建有文明桥（尤溪上桥）和里仁桥（尤溪下桥）。此外，同属宁德市的屏南县岭下村的上、下两个水口处就建有广利桥（上桥）和广福桥（下桥）。

（二）水口木拱廊桥的功能

木拱廊桥与普通廊桥一样，作为村落水口的重要元素，除了对河流两岸的交通作用外，还有以下实际或精神层面上的功能：

1. 关锁

按传统风水理论，水口处的水是财的象征，不能轻易让其流失，但又难以让河（溪）水停止不前，故要尽量让水口处出水被自然景观或人造建筑遮蔽，使其在人的视线上受到阻碍而在心理上求得水流被停止的感受，即所谓的水口要“关锁”。风水理论中说：“去口宜关闭紧密，最怕直去无收。”风水术中将“不见水去”谓之“地户闭”。

用于关锁的主要有三类：其一，自然的山峦，如狮、象、龟、蛇之类的水口砂。其二，种植水口林，由于水口处的林木涉及村落的命脉，关乎村民们的福祉，是绝不允许砍伐破坏的。其三，桥、亭、塔、庙一类建筑。这里有一个非常典型的实例——浙江省庆元县的月山村，其村落有一主（举溪）一辅（云泉涧）两条来水，汇合后称举溪。除了在主来水口——举溪上游建有一座规模宏大的来凤桥——石拱木廊桥外，在另一条较小的来水——云泉涧水口上还建有一座规模较小的八字撑架式木拱廊桥——白云桥。通过来水口桥，亦即村头桥或称上桥的引导，可将外界的福瑞之气带进村落，庇佑村落繁荣昌盛。此外，在村落流水的出口，亦即“水尾”之处，也先后建有编木拱梁廊桥——如龙桥和石拱木廊桥——步蟾桥。风水先生对月山村水系的“关锁”规划并没有结束，他们在如龙桥桥南建了一座宫庙，又在村落下水口步蟾桥东边的山峦上建了一座文明塔。因此，有专咏“举溪八景”中“龙凤两桥”的诗篇，曰：“来凤如龙号两桥，重关交锁束溪腰。月山银汉垂清影，举水金波落绛绡。道济自能为普渡，乘舆何用频相招？殷殷寄语褰裳客，从此江干被泽遥。”从实际效果来看，既然水口处的廊桥牵系到聚落的命运，族谱上一般都要辟专门章节来记载桥梁建造，水口桥即使受损，也极易得到修复。[①]

2. 镇厌

“镇厌”多用于弥补已有的“不吉”或“凶”。南方村落中，诸如泰山石敢当、风水塔及各种符箓，多用于镇。短缺水口砂一类的水口缺陷，也可以通过“镇”来弥补。有时，也可将镇物设在廊桥上，据说是为了使“村里的灵气不要外泻，村外的邪气不要进来”。[①]（见图 4-3-22）

3. 祈福

木拱廊桥上常辟有佛道一类神龛。这类神龛所祀奉的对象，常被佛、道以及民间信仰所混杂。由于民间巫风淫祠的影响，浙南闽东一带廊桥上的祭祀并没有系统的理论，也没有教规和严密的宗教组织，不同信仰间并无排他性。信仰观音，不妨碍祀关公、陈十四娘娘。信仰者并非为了道德目标，而是出于祈福禳灾的功利要求。这些铸就了廊桥设各类神龛，用于“祈福”、“许愿”和“还愿”等。[①]

4. 防御

南方村落里许多水口即村口，木拱廊桥自然兼有类似城门楼的

①参见朱永春撰《徽州水口廊桥》一文，载于《第三届中国廊桥国际学术（屏南）研讨会论文集》第 256 页，文化艺术出版社 2011 年版。

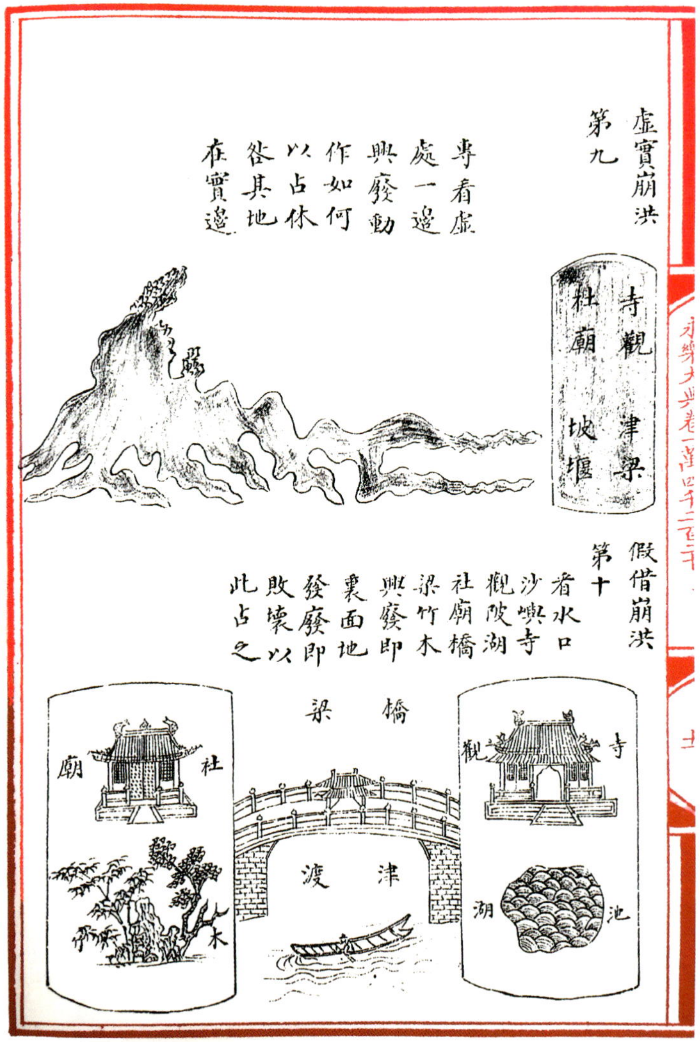

图 4–3–22　《永乐大典 · 卷十七》中图“第十，看水口沙（砂）”

防御功能，尤其是早期的水口廊桥。随着村落扩张后，老水口已居于村内，廊桥的防御功能被弱化。[①]此外，水口廊桥还是传统村落的一个安全边界，村民通过桥梁从村外回到熟悉而又亲切的村内，他们心里会有一种踏实的安全感。从此点来说，水口廊桥既具有实质的防御功能，又具有心理防范与镇守的双重意义。

5. 导引

对于上、下水口均设置木拱廊桥的村落而言，桥梁在村民或者外来人员的心理暗示中存有导引的功能。在外出归来的村民视线中，一旦看见了水口处高耸而起的木拱廊桥，就即将到达家园；在长途跋涉的行旅、游商或脚夫们的眼里，远远望见木拱廊桥，他们心中也会油然升起可以歇脚和休整的希望。

6. 游憩

木拱廊桥廊屋内均置赏景纳凉的坐凳或可凭窗观景的“美人靠”，可供村民休憩、聚会乃至闲聊之用，也可为长途跋涉者提供短暂的栖身之所。

（三）村落水口木拱廊桥营造实例

本节以福建省宁德市周宁县禾溪村三仙桥（见图 4–3–23）为例，来看看闽浙山区先民们是如何在村落水口处配合风水格局来规划设置木拱廊桥的。

禾溪村，原名湫溪村，坐落在周宁县西北部，离县城 35 公里，是隶属纯池镇的一个行政村。村落是在湫溪的溪谷小盆地中规划建设而成的。溪涧盆地四面环山，东有仙岗山，为禾溪村的后靠山，

①参见朱永春撰《徽州水口廊桥》一文，载于《第三届中国廊桥国际学术（屏南）研讨会论文集》第 256 页，文化艺术出版社 2011 年版。

众多小山峦层层叠叠；西有凤山，是禾溪村的面前山，山形似飞凤，山峦峻峭，古木参天；南有笔架山和麒麟岗，是禾溪村的水尾山。禾溪村南边有三座山峰形似笔架，从右插向湫溪拦住水尾，麒麟岗从左伸向湫溪再抱水尾；北有双虎山和象山，为禾溪村护卫山，上虎山、下虎山的山麓有两条山涧小溪，流入湫溪时被象山的象鼻相拦，使得湫溪之水蜿蜒曲折。四周的山峦将村落层层环绕围合，是一块风水宝地。

传统风水理论认为，“山之血脉为水”。湫溪发源于北面寿宁县的牧童山，蜿蜒汇聚多条山涧之水，流经禾溪村后与柯建溪汇合，再经溪口，取道东南方向福安市的长溪入海。湫溪贯穿整个村子，成为整个村落的一条腰带。禾溪村横跨湫溪两岸，依山傍水，民居建于溪水两侧，湫溪上游有一块平滑岩石，形成石门栏，由左伸向溪中。溪下游也有一块同样的奇石，由右伸向溪中。传说这两扇石门“日落关门紧锁，日出开门放水”。溪水清澈见底，满足整个村落的饮用水。明成化五年（1469 年）建拦河坝，后人又在村头水尾建了两道拦河坝，充分避开了台风暴雨、山洪水涝。

据禾溪村《许氏族谱》记载，高阳许氏入闽鼻祖延二公，于唐大中九年（855 年），带着亲属、族人以及随从 32 姓 70 余人，辗转卜居梧桐（今政和县上洋村），筑室垂创，营置田庄，建造寺院，繁衍生息。传至第十八世许秦一公，于明成化元年（1465 年）由楼下村徙居禾溪村，为禾溪肇基祖。此后历代先祖顺着山势建造民居，沿着湫溪水畔修建曲径长堤，用溪中卵石铺砌道路，形成古村的千米长街。连接两岸坡地上民居间的道路也由卵石铺砌而成，将道路从坡上向下延续至溪畔。成化二年（1466 年）在湫溪的拐弯处建起许氏宗祠及水碓房；同年，许吴一公也迁入禾溪。成化三年（1467 年）在许氏宗祠旁，砌了 7 级石阶建造横跨溪面的第一座木拱廊桥，原名澄明桥，俗称三仙桥。成化四年（1468 年）在澄明桥西面桥头兴建虎马将军祠（又名“保生宫”）。成化五年（1469 年）在桥下

图 4-3-23　福建周宁三仙桥及村落

10米处建拦河坝，开始饲养鲤鱼。成化八年（1472年）在村对面凤山下建湫云庵。成化十二年（1476年）在水尾的大皇林旁建奶娘宫。明弘治十二年（1499年）禾溪村村民许韬三在离村2.5公里的灵显山莲花圣地重建灵峰寺。清嘉庆十九年（1814年）在归门路旁边建显圣宫。光绪十五年（1889年）重建溪头风雨亭。光绪二十九年（1903年）在曲径长堤的溪头修建石拱桥。民国元年（1912年）在柯建溪修建木拱廊桥。民国三十一年（1942年）在村对面的龙岗鹄背上建造民国学校。①

民国时，禾溪村为寿宁县第六区（区公所驻地为纯池）禾溪乡政府所在地（1955年第六区才划归民国三十四年即1945年新设置的周宁县，今仍隶属于周宁县）。之所以被选为乡政府所在地，与禾溪村四通八达的交通状况是分不开的。禾溪村东往纯池、大石通福安，西往泗桥通屏南，北往平溪通寿宁，西往澄源通政和，也是福安晓洋、坦洋一带通往闽北的必经要道。为方便村民及过路人避雨、歇息甚至留宿过夜，禾溪先民遇岭建亭，逢溪架桥，以便利和舒适的交通及其设施，才造就了历史上繁荣一时的禾溪村。

禾溪村所择的地理特征符合传统的水系围抱、藏风聚气的模式，但这仅仅是一个物质环境的基础，它仍将需要风水先生的尽心改造。接下来，风水先生对村落风水系统做了系列的处置：他们以桥（在柯建溪和湫溪之上皆建有木拱廊桥，在村落湫溪上游还建有石拱桥）的营造为主，辅之以宫——保生宫、奶娘宫、显圣宫，庵——湫云庵，寺——灵峰寺，庙——土主庙，树——风水林，亭——风雨亭，堤——曲径长堤，坝——拦河坝，塘——拦河坝蓄水后形成的饲养鲤鱼的池塘等建筑，从而构成了禾溪村水尾的风水格局，以致形成村落在未来呈现财源广进之势。桥梁是村落布局的重要组成部分，村民相信，借助桥及周围的建筑的营造，并在周围山势和树木的配合下，可以招来外界的财运、祥瑞之气，保佑整个村落世代繁荣昌盛。

群山环抱下河谷盆地上的禾溪村，湫溪潺潺而过，沿着溪水流过的方向，依次营造了炮楼、许氏宗祠、三仙桥、拦河坝、保生宫、奶娘宫、风水林、土主庙等建筑或构筑物。禾溪村的整体规划布局，以炮楼作为村落景观的起点和门户，通过许氏宗祠和鳞次栉比的民居的层层递进，在三仙桥处达到高潮，最后一段村落空间是以风水林及土主庙为主营造的，并作为整个村子聚落空间及景观的收尾。在景观上，三仙桥作为禾溪村的点睛之笔，造型挺秀俊美，配以桥旁的保生宫、桥下的拦河坝，并在两边层层叠叠的山地民居映衬下，交相辉映，成为整个禾溪村视觉的焦点。

三仙桥是村子里的标志性建筑，在物质层面具有交通上的重要功能，在精神层面上更为重要的是“藏风聚气”的拦截风水作用。此外，许氏先祖建设廊桥时在桥上廊屋内设有神龛，供奉着杨、柳、倪三位仙姑塑像，祈求合族平安。与此同时，三尊神像面对着水流——财源流来的方向，望着村落，亦即财源滚滚的禾溪村，弥补了“气运”的缺漏。禾溪村的村民相信三仙桥关系着全村的财运和风水，因而将廊桥建造的异常精美，且不定期进行维修。

前文已述，在风水理论中，村落选址讲究“天门开、地户闭”，至少要求在视线上见不到水流出村的情景。因此除了“关锁”风水的木拱廊桥外，建设风水林也是有利于“藏风聚气”的。为保存“生气”而禁止砍伐风水林在民间成为了一条家家户户、男女老幼都坚守的铁律。禾溪村先祖肇基以来，重视植树造林，绿化美化家园，在水尾坪的四周山峦种植杂树、红豆杉、松、柏，郁郁葱葱，形成风水林，取名大王林，成为禾溪村本土的保护神。清嘉庆十三年（1808年）十月初八，在小道上辟21级、宽1.5米的石阶，用溪中卵石围成一个百余平方米的椭圆形空坪，坪中垒一长方桌形神龛，供奉土主，神龛后正中用块石砌神坛香位，内置一石雕大香炉，外置四个小香炉，分别刻有“招财进宝”、“敬神如在”、“求念恩深”、“神恩浩荡”，这些构成了水尾处的神域空间，起着精神上的防御功能，使整个村落形成八卦形格局，风水林和土主成为了禾溪村特有的保护神祇。②

①参考许模增、许中迁撰《依山傍水多清雅，风情乐趣独悠闲》一文，载政协周宁县委员会编《〈周宁文史资料〉第18辑：周宁古村名村》第239至260页，2010年未正式出版刊物。

②参考何明春撰《闽东周宁县木拱廊桥研究》，福建师范大学“考古及博物馆学”硕士论文，导师黄国盛教授，2014年3月31日。

CHAPTER 5

第五章

木拱廊桥建筑与装饰艺术

Ornamentation

浙江庆元如龙桥

第一节

木拱廊桥的建筑造型艺术

中国古代是以“善”为美的，这里的“善”是指功能和作用。换句话说，在中国古代通常的情形下，尤其是在物质并不充裕、技术并不发达的时期，实用主义的价值取向深刻地影响着先民们的审美判断。但是，一旦物质有所储备、技术得到突破，这种情形就会发生改变。具体而言，当营造技术不再成为建桥首要障碍的时候，桥梁的结构和建筑形式就开始变得丰富起来。这种丰富，体现在外观上就是桥梁的结构形式和建筑造型的统一性和多样性，体现在审美上就是突出功能和艺术的完美结合，体现在环境上就是表露出“因地制宜”和“就地取材”的生态理念。当然对于环境而言，古代中国人还有一种更为深刻的哲学思想，那就是“天人合一”的观念，具体到规划的操作层面，则更多地体现到风水术及其系列的实践上。

什么叫作“桥梁的结构形式和建筑造型的统一性”呢？

建筑界的人们常常说，优美的建筑造型其结构形式往往是合理的，但是，结构合理的建筑其造型不一定就是优美的。桥梁建筑的发展与演变，其首要的功能或者说关键技术是结构技术，比如说是桥梁结构的跨度问题或桥梁的结构形式问题，这二者之间是有关联的。就拿木拱结构桥梁来说吧，本书在第二章《木拱廊桥的基本结构类型》中已经部分讨论了结构形式与跨度的问题；当然，桥梁技术发展到一定程度，亦就是说某项桥梁结构技术到了成熟期以后，桥梁本身的建筑造型就必然会受到重视。这是因为，建筑工程的成熟与完善不仅仅体现在结构技术的先进性方面，至关重要的标志是其建筑造型与结构形式是否能互相呼应，且同时达到较高的水平。从这个意义上说，木拱廊桥——木拱结构加上桥面廊屋的这种结构形式与建筑造型就是互相呼应、结构与体型完美统一的典型。

那么，什么又叫作“桥梁的结构形式和建筑造型的多样性”呢？

前文讲过，桥梁建筑的发展与演变，其首要的功能或者说关键技术是结构技术。通常情况下，为了解决某时某地具体的空间跨越问题，从纯技术的角度来讲，可以选择的桥梁结构形式可能不止一种；但是，不同的结构形式会带来不同的建造难度、不同的经济代价以及不同的建筑造型，桥梁建造的主事者就会具体分析和平衡考量这些问题，最终只能选择一种桥梁结构形式。几乎面对同样的交通问题，由于主事者、建造环境、建筑造型和经济实力的不同，最终选择的桥梁方案可能迥异。这就是桥梁结构形式和建筑造型多样性问题。因此，如果我们了解到桥梁建筑这个多样性的特点，就容易理解为什么同属于木拱结构，也会呈现出诸如编木拱桥、编木拱廊桥、八字撑架式木拱廊桥、双八字撑架式木拱廊桥以及编木拱梁廊桥等丰富多彩的建筑造型来。

一、木拱廊桥的建筑形体艺术

中国古代桥梁的建筑造型是与它的生成环境、交通功能、建造材料和营造技术密不可分的。桥梁的生成环境取决于古代道路交通系统与将欲跨越的江、河、湖、海以及山涧、沟壑的空间关系，其具体的功能取决于桥梁将要承载的社会需求，其建造材料取决于建造者积累的社会财富和可得的资源，其营造技术又取决于当时社会的生产力发展水平。陈从周先生曾说：“水本无形，因岸成之。”[①] 那么，依此逻辑，我们也可以作这样的推论——桥梁无常态，因需求、

①参见陈从周撰《说绍兴》一文，收录于《陈从周天趣美文》，广东人民出版社 1999 年版。

材料、技术和环境而定之。

历史上，中国很早就出现过“文定厥祥，亲迎于渭。造舟为梁，不显其光”（《诗·大雅·大明》）的浮桥，出现过“秦王金作柱，汉帝玉为栏”（梁庾肩吾《石桥》）的石梁桥，也出现过“跨虹连绝岸，浮鼋续断航”（北周庾信《忝在司水看治渭桥》）的长桥，还有“石壁如明镜，飞桥类饮虹”（北周王褒《玄圃浚池临泛奉和诗》）的拱桥，有“桥跨千仞危，路盘两崖窄”（唐岑参《题铁门关楼》）的楼桥，更有“非阁复非船，可居兼可过”（唐韩愈《奉和虢州刘给事使君三堂新题二十一咏·方桥》）的廊桥，也有“半空横铁索，千尺跨虹霓”（清超远《铁索桥》）的铁索桥……这些桥式，其实就是根据上述原则进行综合评估和选择的结果，在文人墨客的笔下却已表现出另一番风情了。

实际上，古代造桥工匠对于桥梁建筑的结构选型是非常审慎与严谨的，远非诗词歌赋中那么浪漫与虚幻。我们在调查古桥时就常常发现这样一个有趣的现象：越是历史悠久的桥梁，其历史上所存在的形式就越多，其建造的具体位置也有可能随着时间的推移而发生变化。这也就是我们常常发现古代桥梁所在位置的上下游 100 米甚至更远的范围内有建桥遗迹的原因所在。举例来说，北宋都城东京汴河上从初期有桥墩的梁桥，到后来的魏化基倡议的无脚飞桥（笔者推测就是后来所称的“伸臂式木梁桥”），一直到《清明上河图》中呈现出编木拱结构——虹桥，这些桥梁形式的先后出现及其发展演变就很能说明问题。

（一）木拱廊桥的结构形式

在建筑技术比较发达的今天，我们在预先考虑或设计一座桥梁的时候，首先要做的一件事就是对其主要结构形式进行选择，简单地讲，就是结构选型。桥梁建设，尤其是规模较大的桥梁建设，不论是在古代还是在今天，都是关系到国计民生的大事情，因此历来都受到上上下下的一致关注。桥梁规模往往取决于将要跨越的江、河、湖、海的水平距离的多少，其形式又取决于营造的技术和投资的多寡。

在经济和技术都不是非常发达的古代，桥梁的营造比较务实。亦就是说，桥梁形式的选择总是因地制宜、因时而定。造桥材料的选择往往是就地取材，尤其是民间桥梁的建造更是如此。总而言之，古代桥梁的建造受营造技术和投资规模的影响巨大。为了节省投资，人们在已掌握建造技术的各种桥形中，总会选择投资相对较低的。

按技术进化论的理论，古代桥梁是沿着技术由低到高、结构由简趋繁的过程逐渐发展而日臻完善的。最原始的桥梁也就是技术含量最低、结构最为简单的桥形。据桥梁史学家研究，大概到公元纪元前后，在中国，桥梁的三大类型——梁桥（包括伸臂式）、拱桥和索桥都已出现。当然，前述三大类型桥梁在不同的时期、不同的地区，由于受到建造技术、建造材料或者其他因素的制约，也存在着发展上的不平衡[①]。

梁桥起源较其他桥形为早，当然其建造的技术要求相对简单。在石器乃至铜器时代，木材随地可取，因此，木质梁桥应当是最早出现的人类建造的桥梁形式。当然，梁桥本身也存在着发展演变的过程，即从简支梁桥到伸臂式梁桥，从单跨的梁桥到多跨的连续梁桥，其建造技术也在不断提高，桥梁的形式也在逐步丰富。多跨连续梁桥的建造技术，极可能是受到浮桥架设的启发而衍生出来的。古代遗存的此类桥梁之桥墩常常按照船形进行设计和建造，这是反映二者渊源的佐证。直至今日，民间桥梁的营造仍然以梁桥居多。

拱桥在我国出现相对较晚，但拱券的运用却并不晚，这是中国古代桥梁建设活动留给历史的一大谜案。最早见之于文献的中国石拱桥是晋代旅人桥，现存最早的则是位于河南省临颍、郾城两区县

①参见茅以升主编《中国古桥技术史》一书第 10 页，北京出版社 1986 年版。

交界处的小商桥（俗称隋桥）和河北省赵县的安济桥，都建于隋代。而用于墓室营造的砖石拱券技术至迟发端于战国时期，前后相距时代较为久远，尽管汉代画像石疑似拱式结构的桥梁形象多有出现，但是从战国至晋代这一时期的文献和考古实物中，并没有发现砖石拱券技术运用于桥梁建设之中，其中奥妙实在让人困惑不已。（见图 5-1-1）

中国古代拱桥的营造还有另一个谜案，那就是关于木拱桥产生的年代问题。①按先前桥梁史学家的论断，“木拱桥创于宋代，始建于山东益都，享盛名于河南开封，即宋时的汴京”。②按技术进化论的观点，木构桥梁技术应当优先于石构桥梁的技术，而根据桥梁史学家的推断和桥梁遗物的实证，前后却是互相抵牾的。要消除这一矛盾，就需要证实木拱桥真实的营造技术出自什么年代。如果我们能证实汉代画像石中常出现的拱式桥梁是木拱使然，中国古代桥梁的营造逻辑就会清晰得多，也更合情理些。可惜汉代木桥的实物早已不存，也许将来考古学者能在地底下有所发现，但目前这仍然是困扰桥梁史与建筑史学界的疑难问题。

（二）木拱廊桥建筑的平面形式

由于特殊的木拱结构原因，中国现存的木拱廊桥基本上都采用一字形平面。少数的木拱廊桥随着桥面上建筑的不同组合，在桥的中部或两端略有平面上的变化。绝大多数的木拱廊桥廊屋都是面阔 3 间，进深则在 3 间以上。一般而言，廊屋的进深多为单数，以 7、9、11、13、15、17 等间数最为常见，最长的一座多孔木拱廊桥——福建省屏南县万安桥竟多达 37 间。当然，也有极个别的木拱桥廊屋面阔只有 1 间的，比如说同属屏南县的迎风桥就是如此。

浙江省庆元县有三座木拱廊桥的建筑形制较有特色，它们分别是如龙桥、咏归桥和袅桥。如龙桥北端桥台之上是一座三重檐歇山

图 5-1-1　汉画像石上类似木拱桥

①本书第二章第三节“拱桥”部分论述中，已就此问题有所阐述，读者可参见相关内容。

②参见茅以升主编《中国古桥技术史》一书第 65 页，北京出版社 1986 年版。

屋顶的钟楼，北面和西面开门；南端桥台之上是两重檐的桥亭，南、东、西三面辟门，都是通往福建省的古道；桥廊中央起歇山式重楼，内设神龛。反映在建筑平面上就呈现出三段式的平面格局，但这三个建筑的平面在宽度上保持一致，并且在竖向上相互也有联系而呈现出一个整体。咏归桥的特点是在东端桥台上设置了两层两重檐的补天阁，阁楼内南侧设置曲梯通往二楼；廊屋中央三间的屋面设重檐歇山式屋顶；西端桥台上设桥亭，桥亭屋面并不突出于整体的廊屋，桥亭西面打开形成巨大的窗洞，窗楣下设挂落装饰，两柱之间设置座椅和美人靠，南、北面辟圆门（见图 5–1–2）。袅桥东端桥台上建有桥亭，桥亭之上是四角攒尖的重屋，东面辟门；西桥头南面设泥墙并辟门；两端桥台为卵石铺墁；廊屋的当心间在屋面上并不突出于整体廊屋，而是与廊屋浑然一体。

（三）木拱廊桥建筑的比例和尺度

各种结构类型的桥梁都有一个比较固定的建筑形式。形式美不仅仅是建筑艺术必然的追求，同时也是奇妙结构本身的一种内在精神展现。结构合理是建筑美的必要条件，但并不是充分条件。对于普通的建筑尚且如此，对于结构性能要求更高的桥梁建筑更是需要结构和形式的完美结合。

在中国古代，木拱廊桥的营造历史较为悠久，分布区域广大，其建筑形式也较为丰富。不过，在漫长的桥梁建造历史中，由于中华各民族造桥匠师都有着本民族的欣赏习惯和美学品味，因此不管何种结构形式的木桥在形体上终究是讲究比例和尺度的。

中国古代木拱廊桥建筑形式从功能上说，它首先必须满足作为交通工具的基本需求，其次它又受到结构形式和建造手段的限制，最后它还要满足建造匠师和当地百姓的美学品味。不同的结构类型和建筑形式的木桥在以上几个方面均有不同要求。中国现

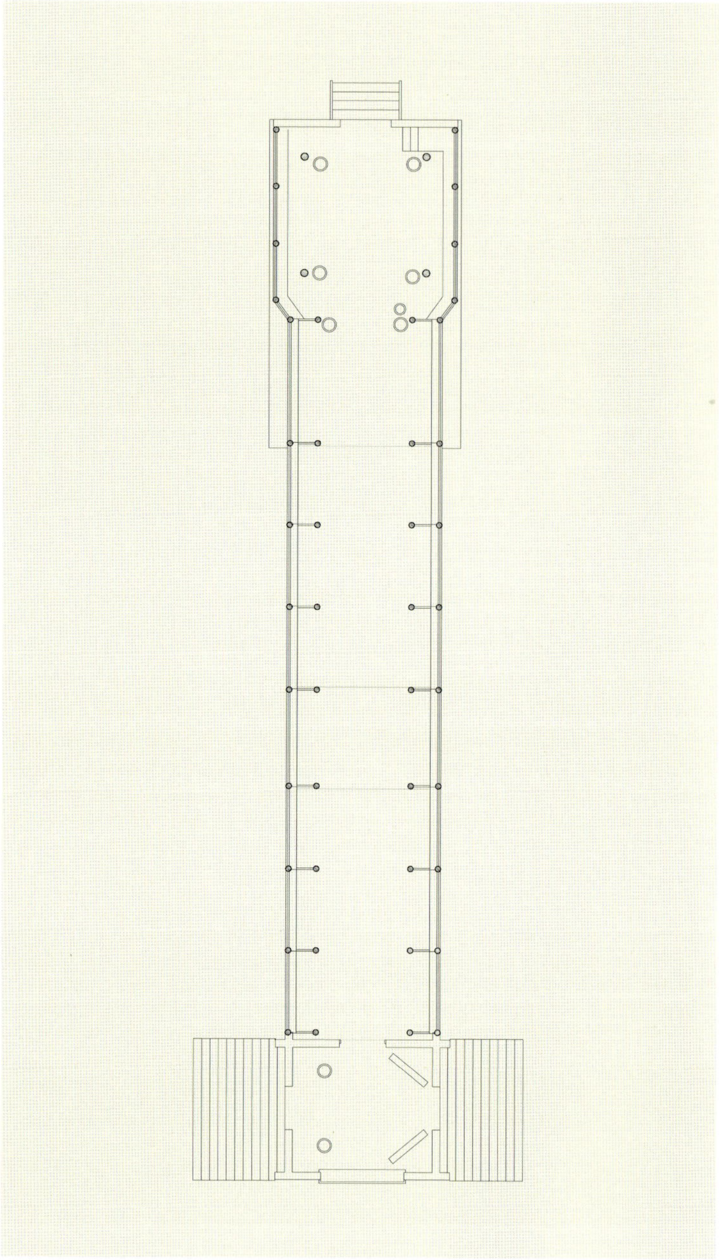

图 5–1–2　浙江庆元咏归桥平面图

存的木桥以廊桥为主，大约都是明代以来建造的，尤以清代、民国时期建造的居多。宋元及之前的木拱廊桥原物基本无存，其建造的规模及相关数据只能从古代遗存的少量文献中寻找。《遂昌县志·卷二·水利》中记载了一篇南宋人陈逵的《济川桥记》，文中对桥梁的规模、尺度甚至造价和工期都作了详细的介绍，甚为难得，兹摘录部分如下："……乃择士之廉而才者司其事，以有位望着董之。计工相地，谋易以石，中流沙濑，基下实则不崩，工人欲尽屏去交木，飞梁而虚其下，惟两石累埃与木，欲资为固。余然其言，使画成规，修二十五步，广十分之一。屋十有三间，中与两端为亭，余为庑，翼为栏。栋高十有一尺，修俭五寸；亭加一尺，修加寸半。其端两亭，高下修广适侔，傍砖协檐以庇梁木，文以藻绘，远近骇观如市。兹举也，縻钱百九十万而赢，废日十二旬有奇，不借官助，如期而成。……桥旧名'永安'，无所取义；蓝田赵君书曰'济川之梁'……"[①]

从此段文字的叙述来看，"永安"旧桥为纯木构，年久腐朽。推测新造的这座桥的结构形式可能为"八字撑架式木拱"、"木伸臂式"，也有可能就是闽浙山区比较流行的"编木拱梁"。从其规模以及文章描述来看，桥中段设置了一座石构桥墩。"计工相地，谋易以石"指的是将"永安"旧桥所用木桥墩换成石桥墩的事。从后面文字介绍的桥梁规模来看，如果桥梁中端没有桥墩，无论是石梁桥还是石拱桥在当时都很难跨越如此宽阔的河道。以下我们来根据文章介绍的数据对"济川桥"进行一下简单复原：按中国古代尺度中每步为5—6尺(宋代度量衡中，1尺为0.309—0.329米)来换算，南宋时遂昌(今属浙江省丽水市)济川桥"修二十五步，广十分之一"，换算成今日惯用的公制，即济川桥长38.63—49.35米，宽3.86—4.94米。济川桥共有廊屋13间，中央间与两端尽间屋面上出重楼，形成楼亭。廊屋的栋梁高11尺，合公制3.40—3.62米，栋梁长10.5尺，合公制3.24—3.45米。中央间亭子的栋梁高12尺、长为11.5尺，分别合公制3.71—3.95米、3.55—3.78米；两端尽间亭子的栋梁高与长一致，都按11尺计，合公制3.40—3.62米。如按13间栋梁的长度相加来复核计算廊桥总体的长度，则是两端尽间亭子长度加上10间廊屋的长度＝(3.40—3.62)×12=40.8—43.44米，再加上中央间亭子长度3.55—3.78米，总长度为44.35—47.22米。这个长度也在其描述的"修二十五步"（合38.63—49.35米）的范围内。由于前者以步为单位，计算的相对误差会大些。桥的总长度按栋梁的总延长米来计算会更精确些。因此，作者认为济川桥廊屋的总长度当在44—47米之间，桥屋的宽度当在4.4—4.7米之间。

类似济川桥规模尺度的木构廊桥在浙南一带非常普遍，从目前保存的木拱廊桥来看，其桥面的宽度与桥面廊屋的宽度基本一致，在4—6米之间，5米左右的尺寸是最为常见的。浙江廊桥专家薛一泉认为，廊屋为5米，正好合为"丈八宽"，当与鲁班尺及营造禁忌有关。请参看本书第七章第六节。廊屋的檐口高度一般在3—3.8米之间，廊屋的长度则视河床、溪面的宽度而定。如果廊屋中段或两端出重楼，其高度会根据其楼亭自身的比例来设计。对于非廊桥形式的木桥，大概多数是南方乡村还保持着的板凳桥一类。板凳桥宽一般在0.9—1.2米之间，桥长与河床、溪面的宽度一致，桥高与溪流的日常水位和洪水位相关。（见表5-1-1）

（四）廊屋——桥面之上的建筑

1. 廊屋的历史

中国古代桥梁的营造，在桥梁基本结构形式确定之后，根据投资情况、建造者们的审美趣味以及桥梁建筑的政治文化意义[②]和风水目的，接下来就要考虑其桥体结构与桥面建筑（构筑）相结合的问题（见图5-1-3）。尽管从严格意义上说，桥面以上的建筑部分

①参见清光绪版《遂昌县志·卷二·水利》，"济川桥：古名永安，在北门外一里"。转引自李香珠著《处州古道》第97至98页。原文断句有误，笔者引录时有修改。

②桥梁建设反映出统治者的意志或建设者对统治者的一种奉承，在中国古代并不鲜见。其中扬州瘦西湖中某些建筑是盐商为迎合乾隆皇帝下江南创作的就是一例。

表 5-1-1　2012 年进入国家申报世界文化遗产后备名录的闽浙木拱廊桥桥名及相关数据表

申报世界文化遗产桥名		廊屋长（米）	廊屋宽（米）	廊屋间数（间）	木拱跨数	木拱跨度（米）	桥面离水面高度（米）	建造年代	建造地点
屏南县	万安桥	98.2	4.7	37	6	9.9、12.76、13.46、14.25、13.55、14.09	8.5	始建于宋代，清乾隆八年（1743 年）重建。	长桥镇长桥村
	千乘桥	62.7	4.9	24	2	25.56、26.37	10.17	始建于宋代，清嘉庆二十五年（1820 年）重建。	棠口乡棠口村
	龙津桥	33.5	4.5	13	1	23	12	始建于清初，道光三十六年（1856 年）重建。	屏城乡后龙村
	广福桥	32	5	11	1	26	10.5	建于元元统元年（1333 年），后经多次重修。	岭下乡岭下村
	广利桥	30.5	4.5	11	1	20.6	7.3	始建于宋，明正统年间重建，清乾隆三十九年（1774 年）再次重建。	岭下乡岭下村
寿宁县	鸾峰桥	47.6	4.9	17	1	37.2	17.2	始建于明代，清嘉庆五年（1800 年）重建，1964 年修。	下党村
	杨梅州桥	42.5	4.2	17	1	35.7	—	清乾隆五十六年（1790 年），道光二十一年（1841 年）、同治八年（1869 年）修缮，民国二十八年（1939 年）重建。	坑底乡杨梅州村
	大宝桥	44.3	4.6	19	1	33.1	—	始建于明代，清光绪四年（1878 年）重建。	坑底乡小东村
政和县	后山桥	41.5	5	17	1	32	8.4	始建于明代，清嘉庆四年（1799 年）重建。	岭腰乡后山村
	洋后桥	34.79	4.74	13	1	27.33	—	清道光三十年（1850 年）重建。	外屯乡洋后村
	赤溪桥	33.5	5	13	1	24	9	始建于清乾隆五十五年（1790 年），嘉庆二十三年（1818 年）重修缮。	澄源乡下赤溪村
周宁县	三仙桥	24.74	5.35	9	1	18.35	—	始建于明成化三年（1467 年），民国六年（1917 年）重修并加至现宽度。	纯池镇禾溪村
泰顺县	北涧桥	51.7	5.37	19	1	29	11.22	始建于清康熙十三年（1674 年），嘉庆八年（1803 年）、道光二十九年（1849 年）重修。	泗溪镇下桥村
	溪东桥	41.7	4.86	15	1	25.7	10.35	始建于明隆庆四年（1570 年），清乾隆十年（1745 年）重修，道光七年（1827 年）再重修。	泗溪镇下桥村
	三条桥	32	3.96	11	1	21.26	9.55	清道光二十三年（1843 年）。	西旸镇富家垟村
	文兴桥	46.2	5	19	1	29.6	11.5	清咸丰七年（1857 年）。	筱村镇坑边村村尾
庆元县	如龙桥	28.2	6	9	1	19.5	6.8	明天启五年（1625 年）重修。	举水乡月山村
	咏归桥	38.76	5.5	12	1	21.7	8.8	始建于元大德十年（1306 年），明天顺四年（1460 年）重建，明代多次修缮，现桥于清康熙八年（1669 年）重修。	县城石龙山麓
	半路亭桥	28.8	4.9	9	1	21.2	5.2	始建于元至正年间（1335—1340 年），清嘉庆二十三年（1818 年）重建，民国六年（1917 年）再次重建。	黄田镇陈边村
景宁县	大赤坑桥	36.35	5	15	1	30	11.3	始建于清嘉庆十五年（1810 年），民国十二年（1923 年）重建。	大均乡大赤坑村
	接龙桥	38.5	4.8	17	1	30.7	18.8	始建于清咸丰十一年（1861 年），民国六年（1917 年）重建。	东坑镇章坑村
	东坑下桥	29.15	4.8	11	1	21.8	9.5	始建于清乾隆二十八年（1763 年）。	东坑镇

图 5–1–3　浙江义乌东江桥线描图

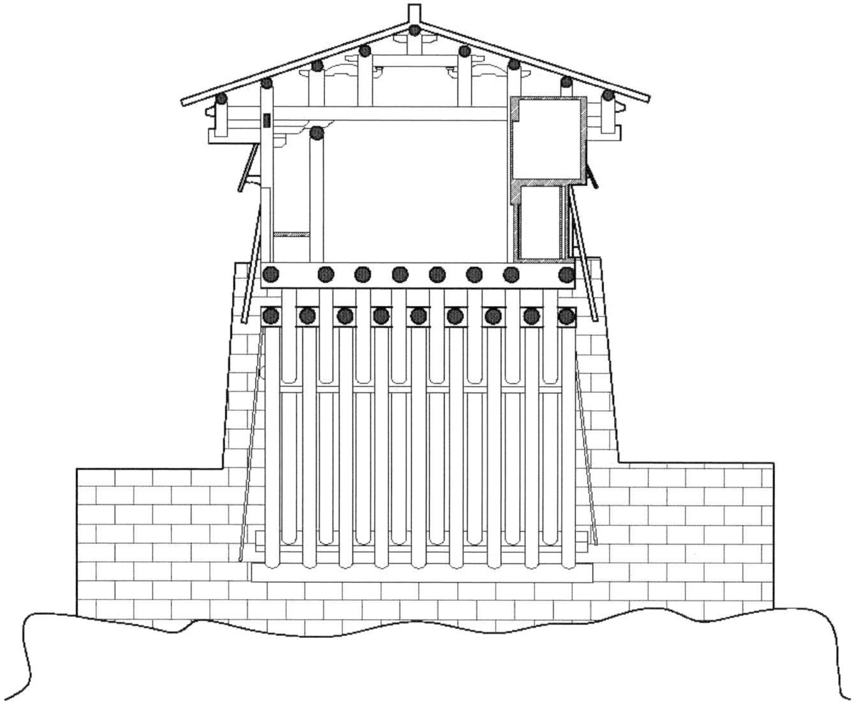

图 5-1-4　福建屏南广利桥剖面图

并不是桥梁的主体结构，但是它们的建设意义非同寻常，有的时候甚至会超越主体结构。

唐代诗人韩愈《奉和虢州刘给事使君三堂新题二十一咏 · 方桥》一诗云："非阁复非船，可居兼可过。君欲问方桥，方桥如此作。"白描般的诗句道出了廊桥这种桥上建有廊屋的特殊桥梁的建筑特征。白居易《修香山寺记》中亦有"登寺桥一所，联桥廊七间"之词句。由此看来，廊桥这种建筑形式在唐代已经非常普遍，甚至都已载入当时名家的诗文，流传甚广。

廊桥，在黔东南、桂北以及湘西地区称风雨桥，在浙南、闽北等地区又有厝桥、屋桥等称呼。但是廊桥这一桥梁专有名词的出现却非常之晚，中国古代文献中并未明确出现过"廊桥"的记载。20世纪三四十年代，中国建筑史学的奠基者刘敦桢先生在《中国之廊桥》一文中首次采用"廊桥"的称谓。

2. 木拱廊桥廊屋的构架形式

从现存的木拱廊桥来看，绝大多数木拱廊桥都是面阔三间，采用四柱九檩的穿斗结合抬梁的混合构架形式。福建省屏南县迎风桥是所有木拱廊桥廊屋中仅见的采用单间做法的，用的是二柱七檩穿斗结合抬梁的混合构架形式。无论是二柱一间还是四柱三间的廊屋，两端的将军柱一般都贯穿廊屋一直落到桥拱的起拱石或起拱地栿之上，这样的廊屋构架才算牢靠坚固，这两排柱子因此才被尊称为"将军柱"。

对于面阔三间、用四柱九檩混合构架的廊屋平面与构架并不是一成不变的，多数木拱廊桥因为建造的工匠和地域不同，经常呈现出一些差异。比如说，有木拱廊桥的廊屋构架会在设有神龛的中央三间采用减二柱的做法，这种情形是工匠考虑到祭祀空间的需求而做的人性化设计。比如说福建省屏南县的广利桥（见图 5-1-4）就是如此。还有的木拱廊桥的廊屋构架基本采用四柱九檩的混合构架，但是却在五架梁上承托的二蜀柱之间加了一根“穿”，省却了二蜀柱与明间二柱之间的那根起联系作用的劄牵，但是从效果上却加强了明间二柱与三架梁之间的联系，其构架的结构整体性更好了。不过，这样的廊屋屋顶会增高一些，因此，在遗存下来的古代木拱廊桥实例中比较少见。福建省屏南县的惠风桥（见图 5–1–5）就是采用这种做法的实例。

3. 木拱廊桥的屋顶式样

中国古代建筑的屋顶式样组合非常丰富，木拱廊桥也呈现出这个特点。不过，由于桥梁建筑平面相对普通建筑而言要单一得多，因此屋顶的式样也会略显简单一些。对于单层檐的木拱廊桥而言，最常见到的是双坡屋顶，就此一项又有悬山和硬山之分；也有等级高一等的歇山式屋顶式样；还有个别的四坡顶式样。对于组合式屋顶而言，其类型就更加复杂多样了。一般来说，组合式屋顶重点都在两端桥台和桥屋的中部，且多呈对称式布局。也有部分木拱廊桥的组合式屋顶随建筑体量的差异而呈现出非完全对称的情形，却显示出更加端庄和别致的造型魅力。比如说前文多次提到的庆元县如龙桥，两个桥台一边是二重檐的桥亭，一边是三重檐的钟楼，桥屋中央又出一个重檐的歇山式屋顶。整座木拱廊桥从长向的立面来看并不严格对称，甚至有些左右高度失衡，但是细细品味，你却能在这并不完全对称的廊桥建筑中寻找到一种两端桥台体量上的均衡、建筑形态动感上的美。这是一种比完全轴对称构图更高层次的设计意匠，也是一种超越静态平衡的审美！在浙江省庆元县类似的木拱廊桥还有两座，一座是县城内的咏归桥，另一座是城郊的袅桥，从建筑组合和屋顶组合的形式看，都是非对称的布局，同样都展示出一种均衡的美。图 5–1–6—图 5–1–22 为各式屋顶示例。

图 5–1–5　福建屏南惠风桥内景图

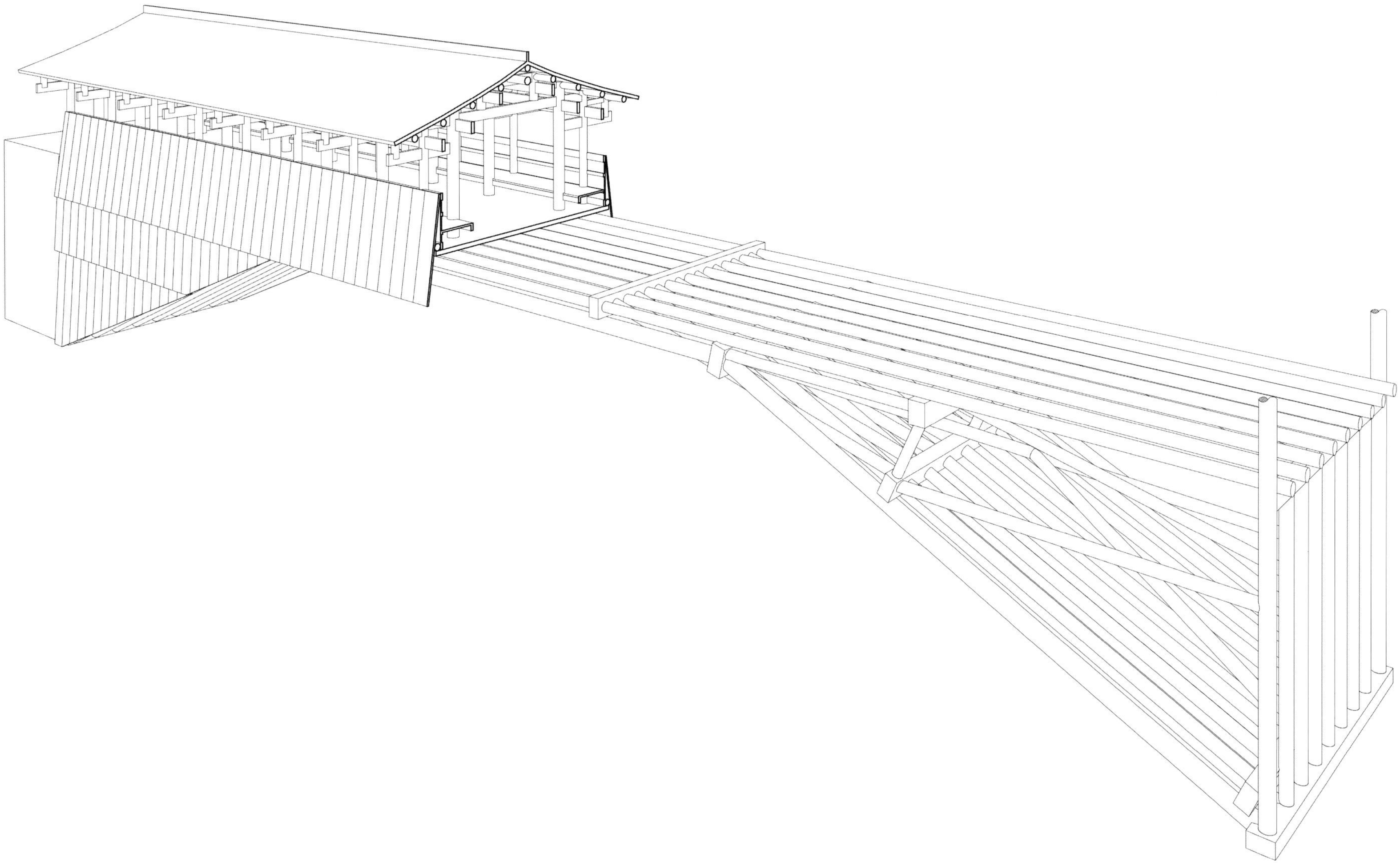

图 5–1–6　浙江景宁梅崇桥横剖透视图（悬山顶示例 1）

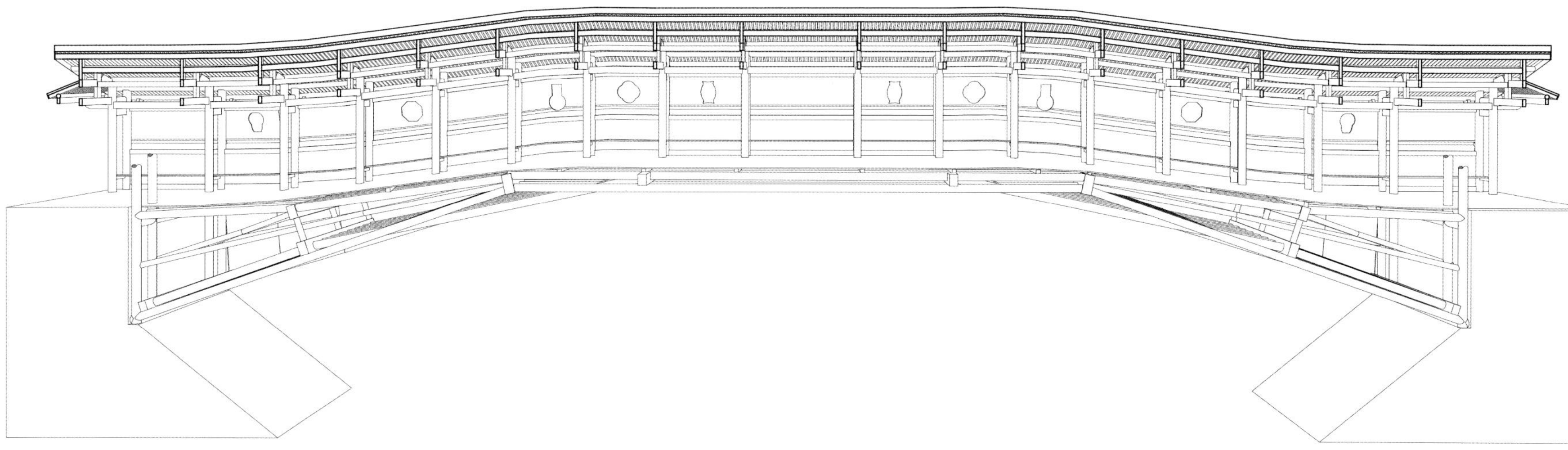

图 5–1–7 福建寿宁杨梅州桥纵剖透视图（悬山顶示例 2）

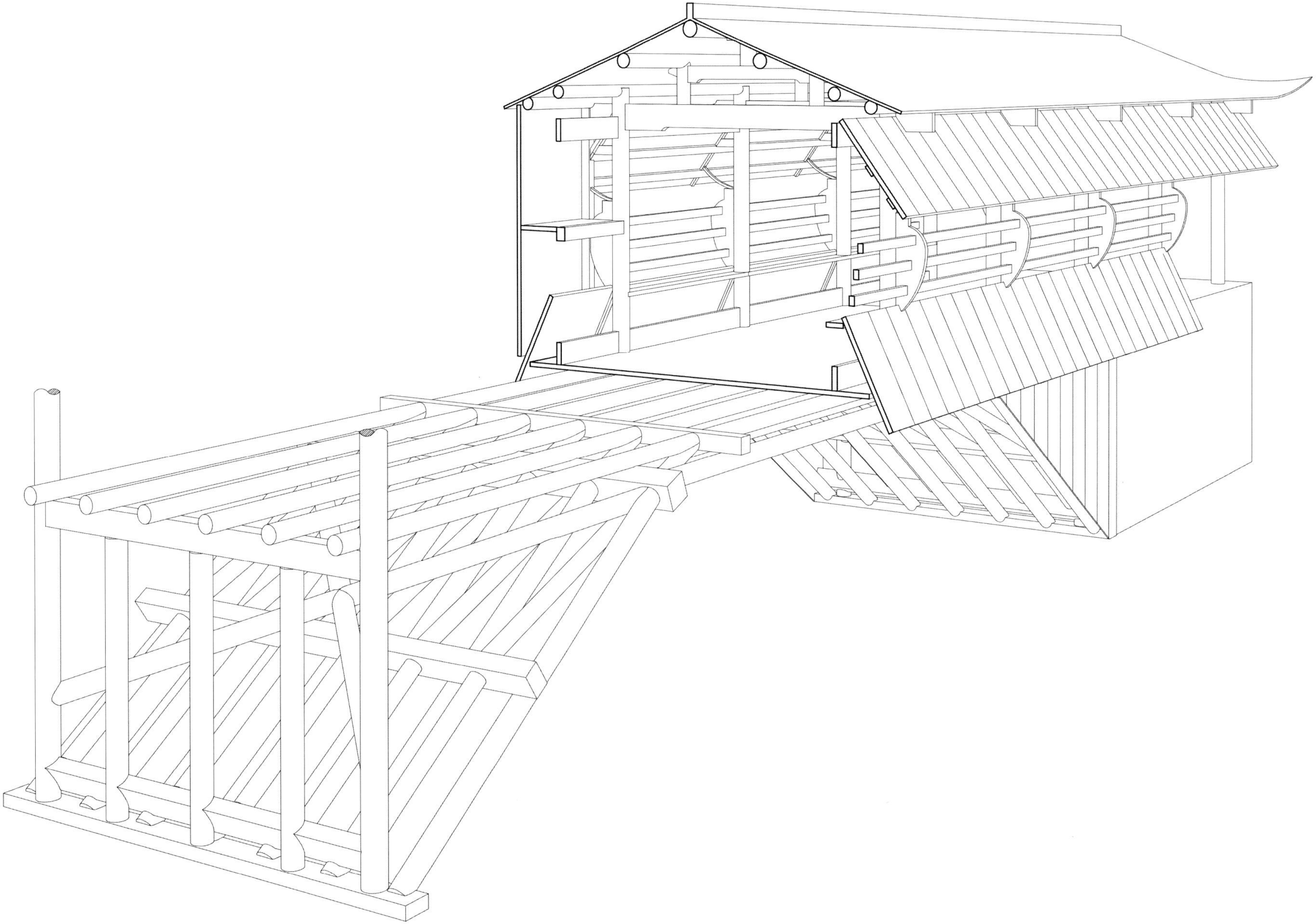

图 5-1-8　福建寿宁迎风桥横剖透视图（悬山顶示例 3）

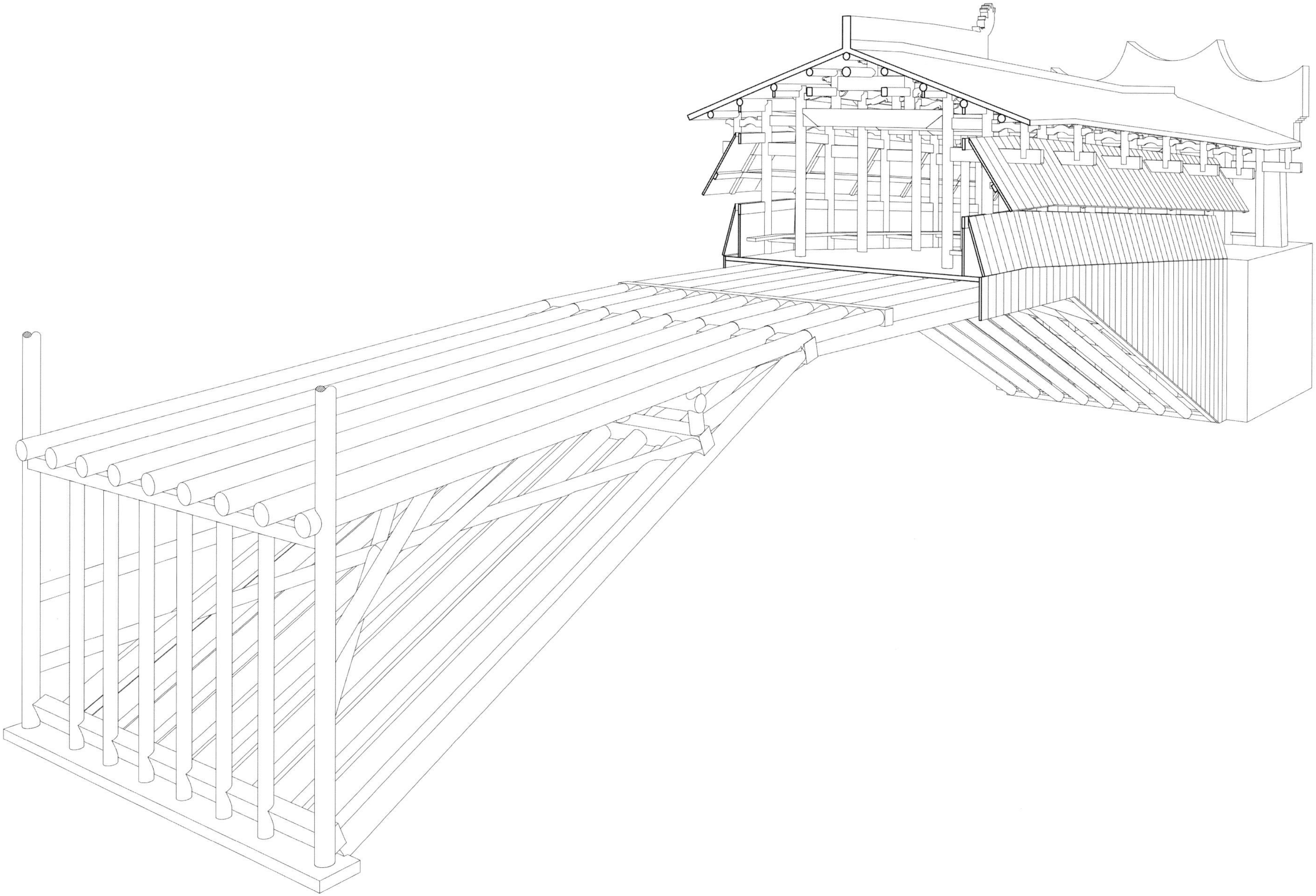

图 5-1-9　浙江庆元后坑桥横剖透视图（硬山顶示例）

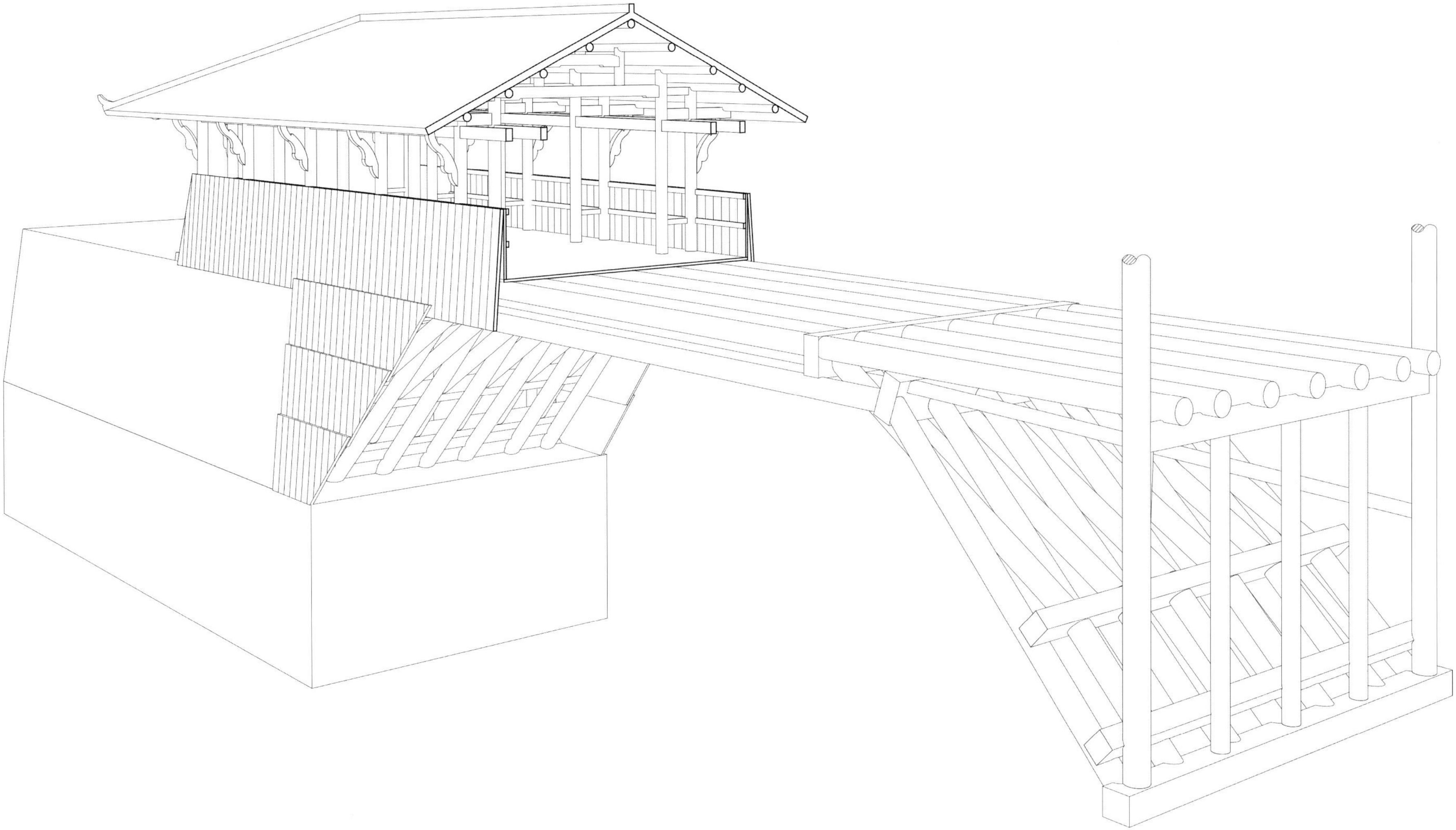

图 5-1-10　浙江龙泉合心桥横剖透视图（四坡顶示例）

图 5–1–11　浙江泰顺三条桥横剖透视图（歇山顶示例）

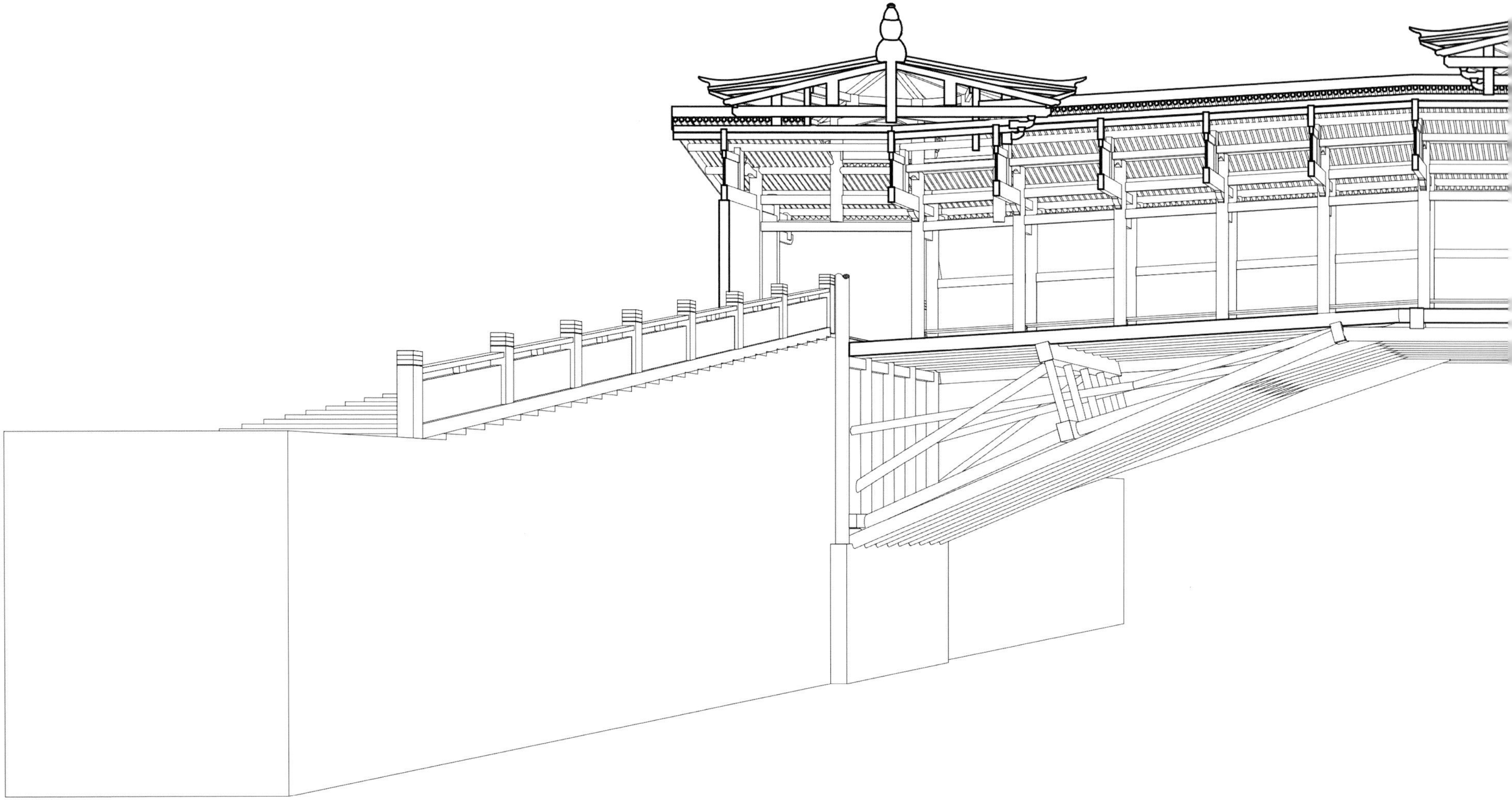

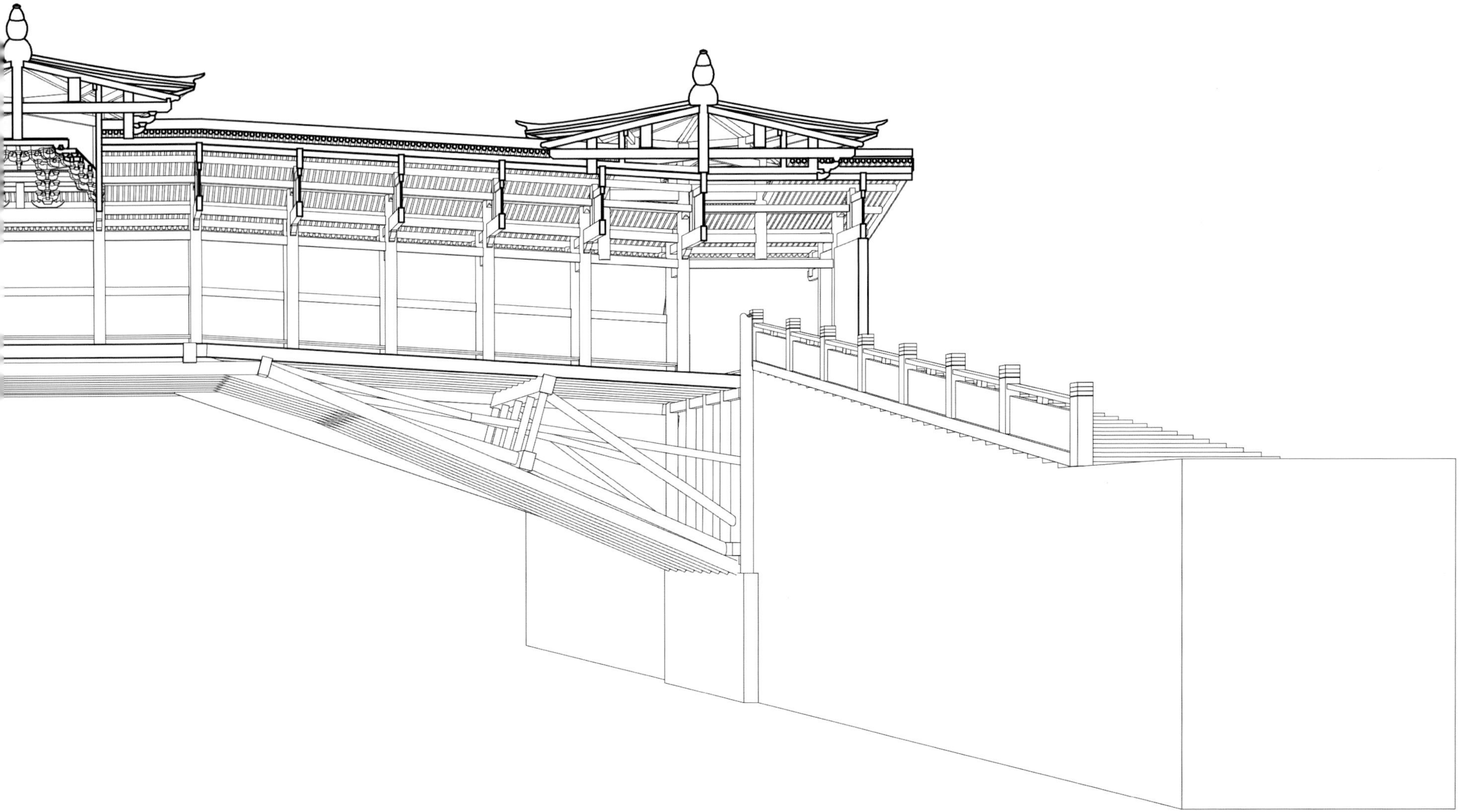

图 5-1-12　福建寿宁仙宫桥纵剖透视图（组合式屋顶示例 1）

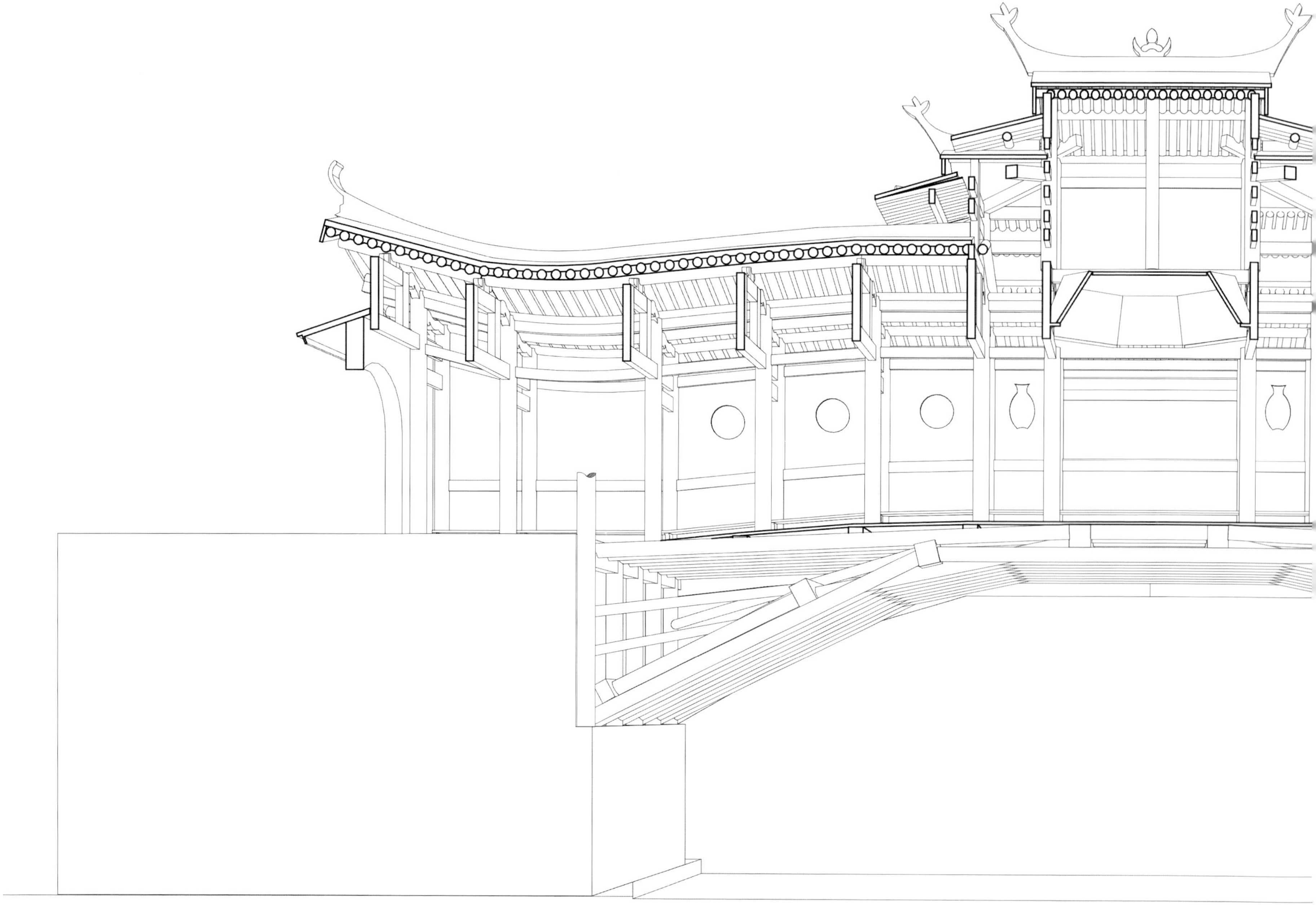

图 5-1-13　福建寿宁飞云桥纵剖透视图（组合式屋顶示例 2）

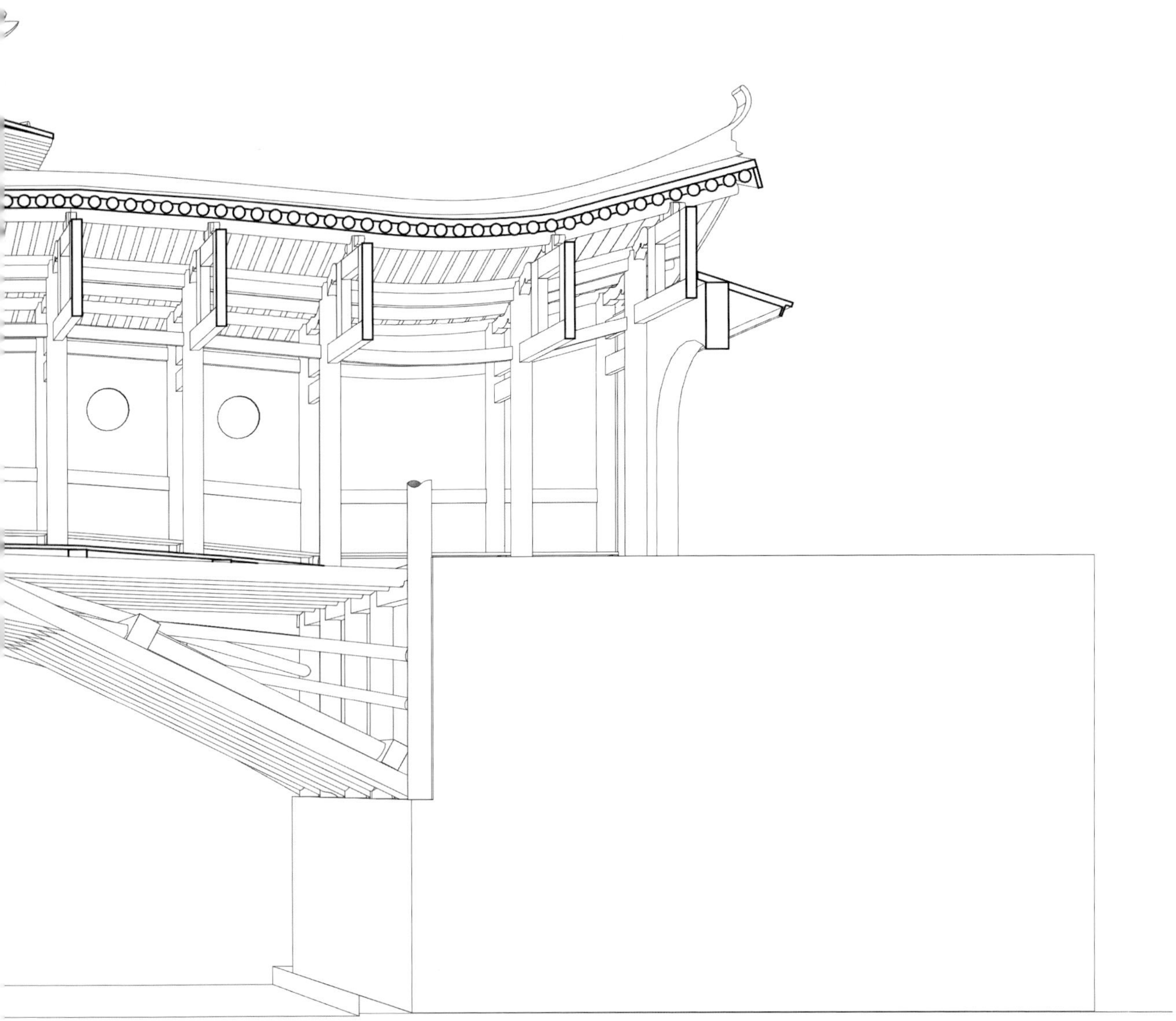

图 5-1-14 福建寿宁碑坑观音桥纵剖透视图（组合式屋顶示例 3）

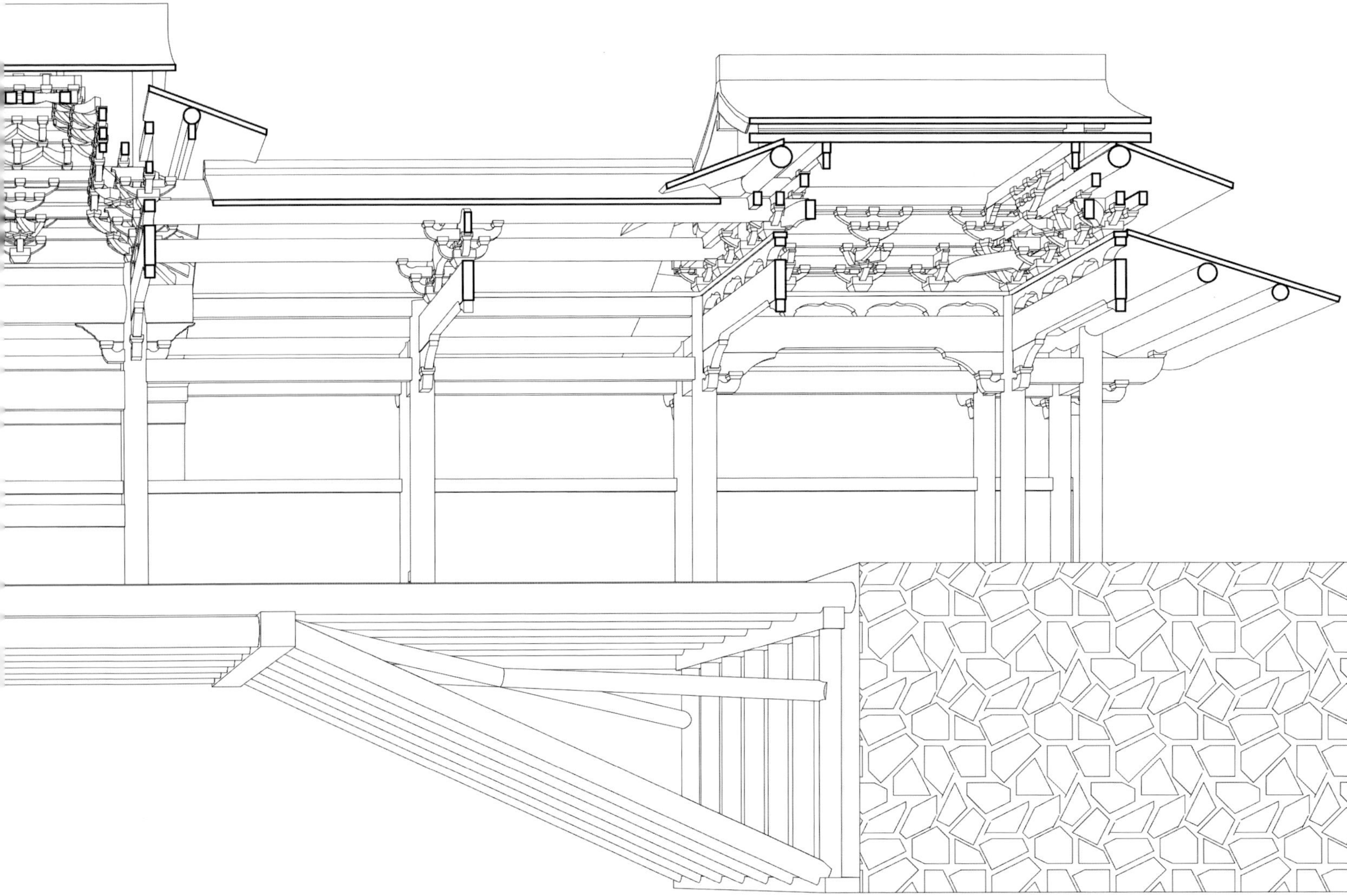

图 5-1-15　浙江庆元咏归桥三维模型图（组合式屋顶示例 4）

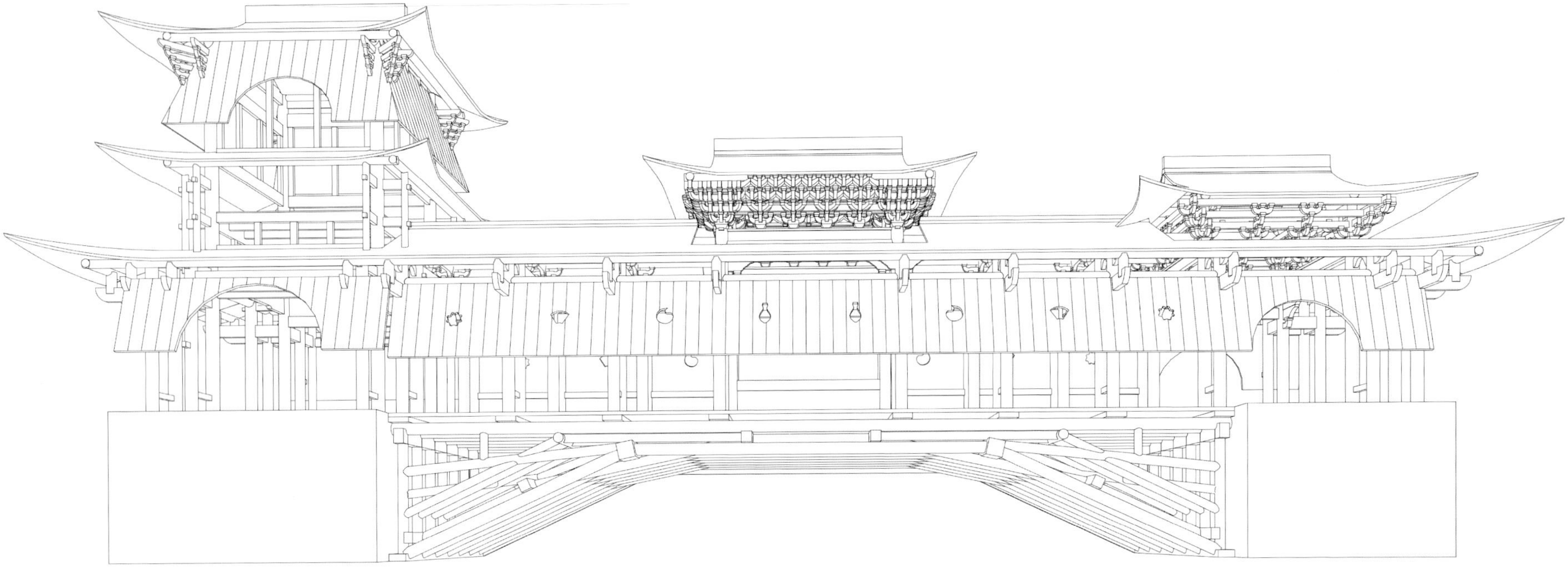

图 5-1-16 浙江庆元如龙桥三维模型图（组合式屋顶示例 5）

图 5-1-17　浙江庆元袅桥横剖透视图（组合式屋顶示例 6）

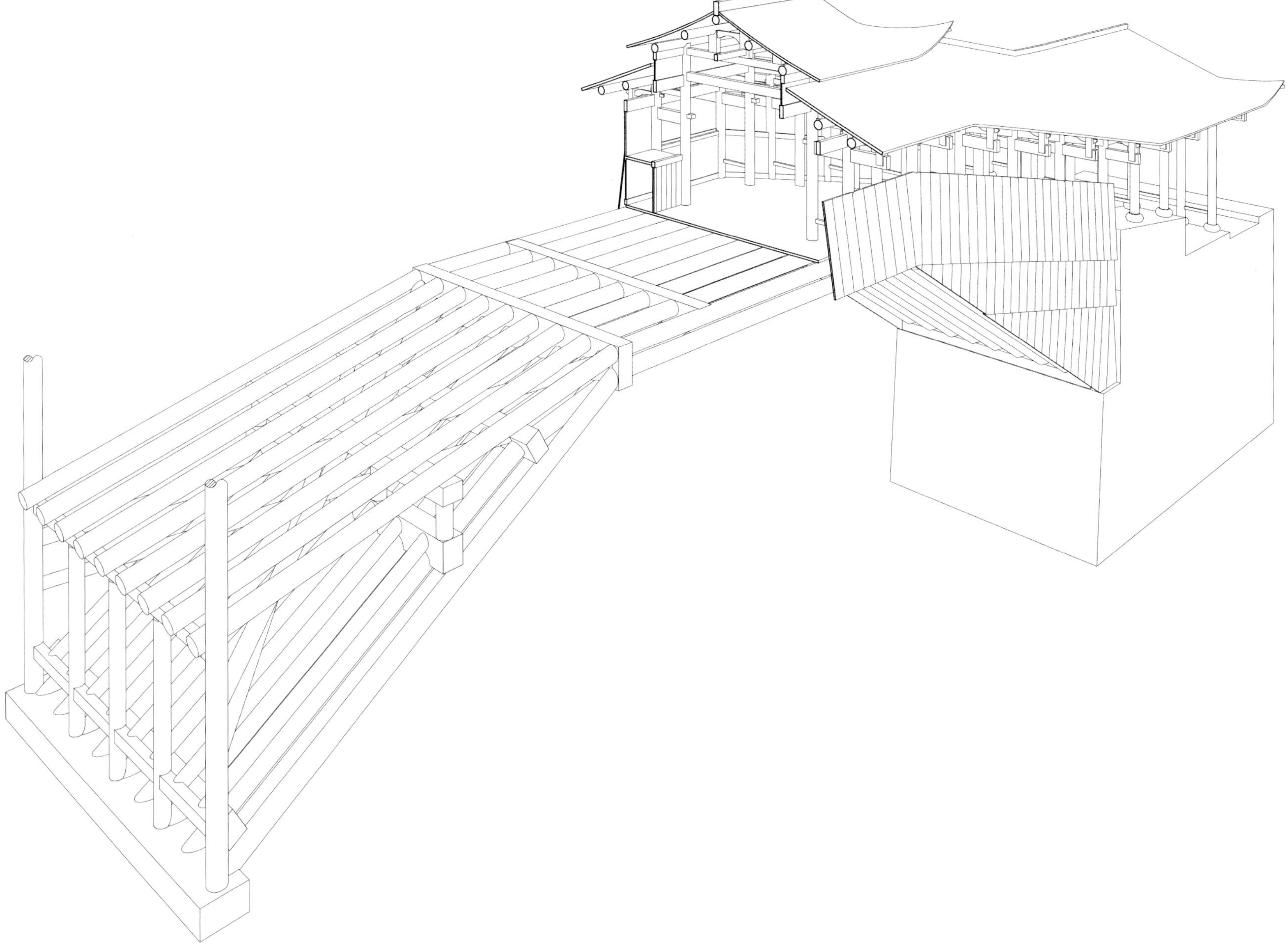

图 5–1–18　浙江泰顺北涧桥横剖透视图（组合式屋顶示例 7）

图 5-1-19　浙江庆元双门桥横剖透视图（组合式屋顶示例 8）

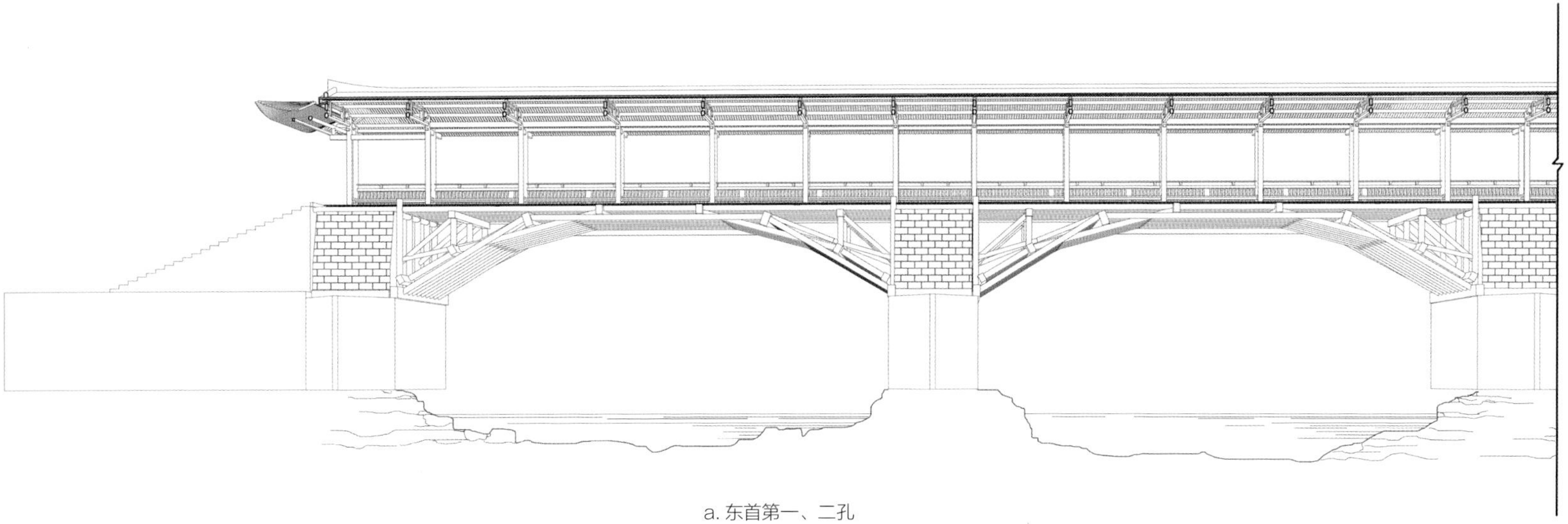

a. 东首第一、二孔

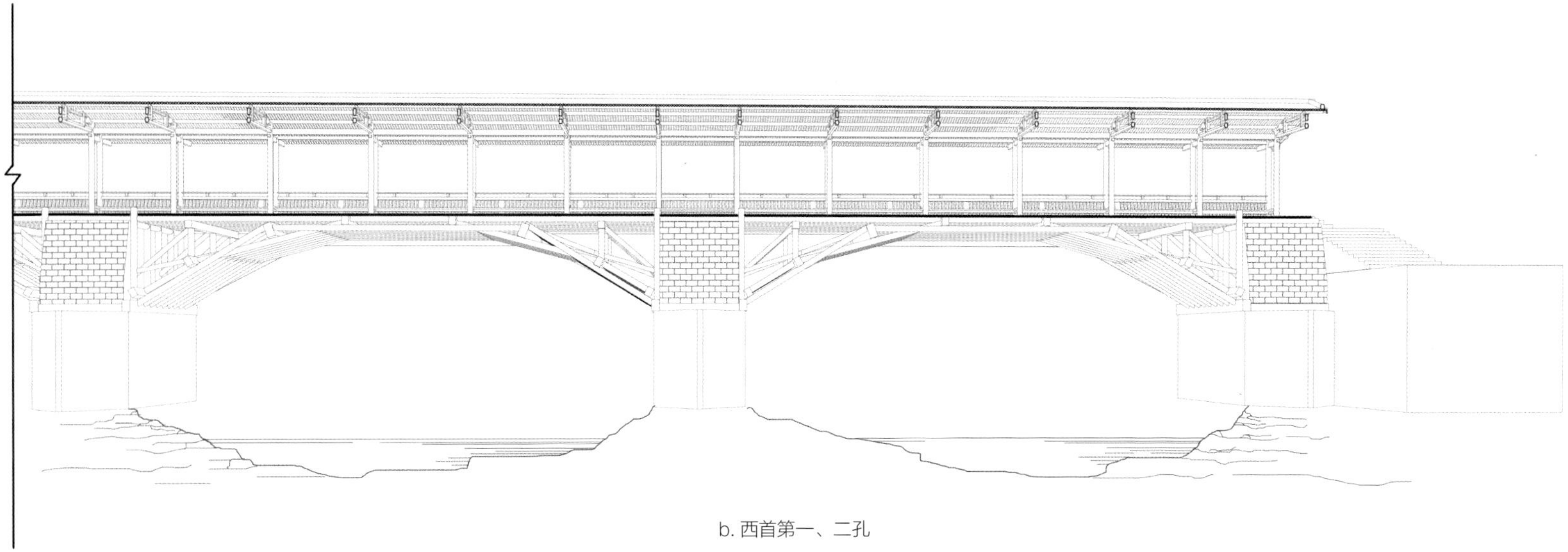

b. 西首第一、二孔

图 5-1-20　福建屏南万安桥纵剖透视图（组合式屋顶示例 9）

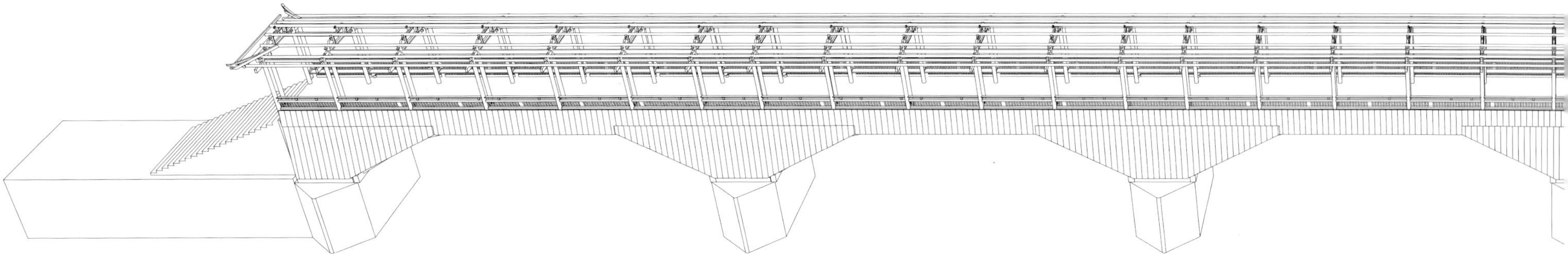

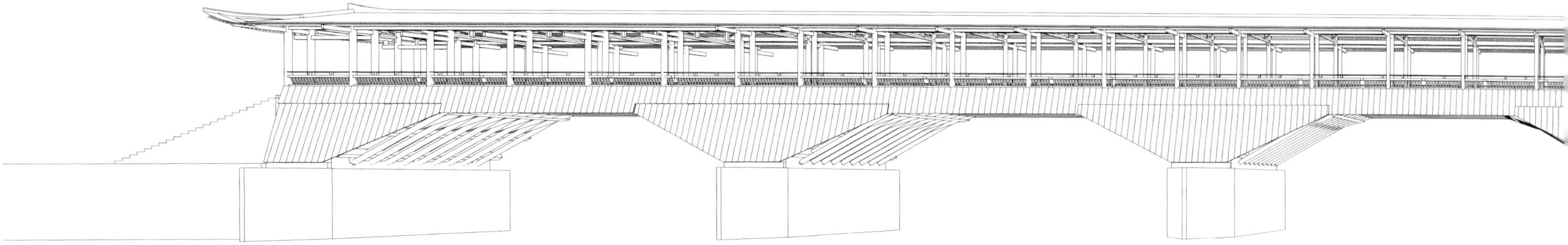

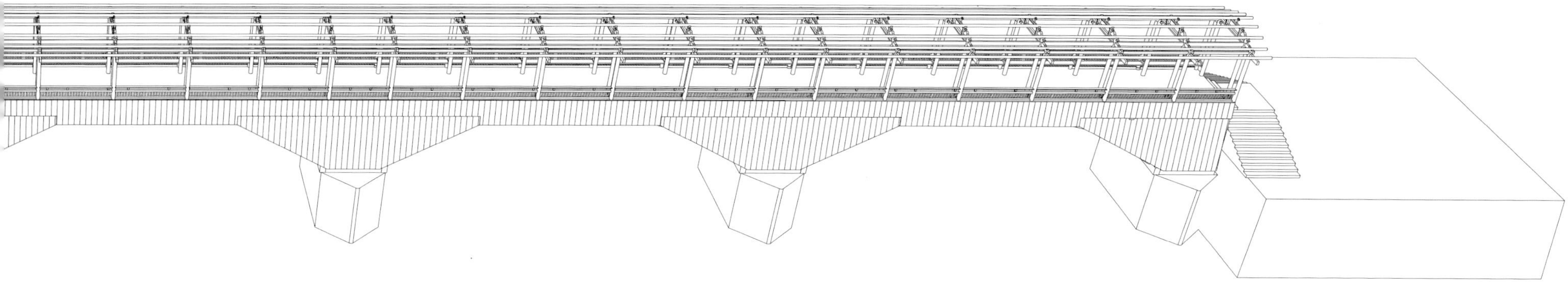

图 5—1—21　福建屏南万安桥梁架俯瞰

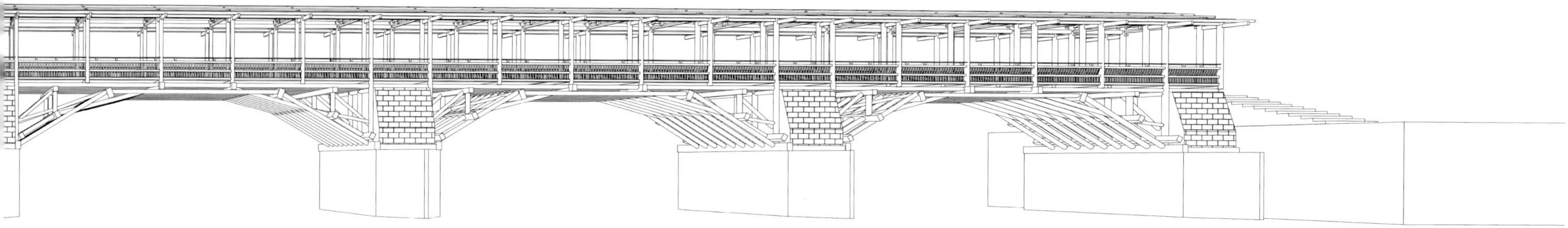

图 5—1—22　福建屏南万安桥立面与纵剖透视图

图 5—2—1　浙江庆元如龙桥内的藻井

图 5—2—2　福建福安真武桥上的垂花柱

第二节
木拱廊桥的装饰艺术

木拱廊桥本体的装饰主要集中在桥墩、桥身、护栏、桥面和桥面建筑（包括亭、阁和廊）等部位。装饰艺术大致又可以分为四类：雕塑，彩画、壁画与灰塑，桥面铺装，题记与题刻。

一、雕塑

总体来看，雕塑在桥梁上的运用大致体现在三个方面：第一，桥梁的木构架、垂花柱、悬鱼等构件以及藻井、天花之上；第二，桥梁结构（如石桥墩）和维护体系（如栏杆）之上；第三，桥梁的地面铺装（砖或石头）也会有一些雕刻装饰（见图 5—2—1、图 5—2—2）。

（一）廊屋梁架、构件上的雕塑

在木拱廊桥中，用作装饰的雕塑多在木构架上的几个特定部位和构件：抬梁架上支撑童柱的驼峰、檐柱上的斜撑（也叫牛腿）或垂花柱、歇山顶两端山墙上的悬鱼以及明间或次间之上的藻井或藻井天花等。

在闽浙山区分布着的百余座木拱廊桥中，多数木构架都是素木白颜，不施髹漆，也没有过多的木刻雕饰。但在廊桥的抬梁架上，驼峰往往成为装饰的重点。有的驼峰其轮廓被刻成元宝形——上大下小，也有的被刻成荷叶墩式——上小下大。驼峰的两面还用阴线雕刻装饰。此外，配合驼峰做雕刻装饰的是五架梁之上的一对猫牵，它常常被整体雕刻成一对屈膝弯曲的虾米形状，浙江地区常常称其为泥鳅梁（流传到日本称海老虹梁），福建一带因其弯背屈膝的模样则称为猫背梁。

穿斗架一般不用驼峰，其雕塑装饰的重点则放在了栋梁之下的三架梁及其支承的一对坐斗上。有的三架梁下不设坐斗而代之以童柱，其雕刻装饰重点又转移至栋梁之下的一组构件，庆元县大济村的双门桥则用了一组一斗三升的斗拱组合构件。无论哪种做法，也无论三架梁还是五架梁，一般都用月梁的做法，梁的两端都打磨得光滑圆润，两端近柱的下皮用丁头拱的做法，也有做成替木的，替木也都用雕刻的方法刻成火焰或别的形状。有的时候，三架梁和五架梁两面甚至梁底都用浮雕的形式装饰。

桥梁之上的廊屋正面面阔往往是三间，亦即主要通行空间之上为金柱及其支承的五架梁，金柱两侧各设一檐柱，檐柱各自往外在出挑一垂花柱，支承屋檐。也有的廊桥不仅仅用垂花柱，工匠嫌其还不牢靠，再在垂花柱之下设一雕刻成弧形的斜撑支承挑檐。垂花柱下垂的柱头是雕塑的重点，雕刻的内容大多以花篮为基础再加上各种花式的组合，其中最为精彩的当数福建省福安市坦洋村的真武桥。真武桥木拱架虽然在 1989 年换成了石拱券结构，但是木构廊屋基本上整体保留了下来。其两侧 36 根檐柱挑出的垂花柱雕饰个个不同，有各种花式，也有暗八仙，雕刻精良，让人观后印象极其深刻。

（二）桥梁结构和维护体系上的雕塑

桥梁上的雕塑装饰大致分布在桥墩、桥身、桥面以及桥面两侧的栏杆之上。雕刻的内容极为丰富，主要有神兽、轮回和吉祥纹饰三大类。其中神兽又以龙和狮最为多见，宋元时期的石桥也多以大象为装饰题材，石拱桥的龙门石上常常施以吸水兽的石刻雕像。吸水兽，刘大可先生在《中国古建筑瓦石营法》中作“戏水兽”（见图 5–2–3）[①]，是中国古代传说中的“龙生九子”之一的“虮蝮”，亦作“霸下”[②]。传说它喜好喝水吐泡，因而常常被雕饰在桥拱中央的龙门石、桥墩之上，或在泉水流出的地方。

除了在桥头设置雕塑外，还有在桥墩、桥身、桥面和桥栏等处设置雕塑或施雕刻的做法。

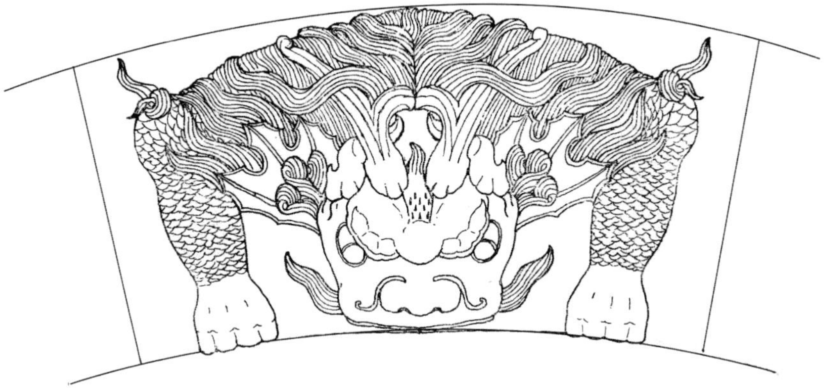

图 5–2–3 戏水兽

①参见刘大可编著《中国古建筑瓦石营法》第 332 页，中国建筑工业出版社 1993 年版。

②“龙生九子”的说法，散见于明代陆容《菽园杂记》、李东阳《怀麓堂集》、杨慎《升庵集》、李诩《戒庵老人漫笔》、徐应秋《玉芝堂谈芸》等一些文人笔记之中，但并未有统一固定的规定。按庞进先生归纳九龙子为：一赑屃（龟趺）、二鸱吻（螭吻）、三蒲牢（徒劳）、四狴犴（宪章）、五饕餮、六睚眦（蚚蜴）、七囚牢、八狻猊（金猊）、九椒图。“虮蝮”（或作“霸下”）虽不在上述九子之列，实因“九”只是一个概称，言其多，并不限于九位。参见庞进著《中国龙文化》第 125 页，重庆出版社 2007 年版。

图 5–2–4 福建武夷山余庆桥桥墩上的鸟首

1. 桥墩上的雕塑

桥墩上的雕塑大致可细分为三类：第一类是设在分水尖上的鸟头形雕饰，俗称“鸟首”（见图 5–2–4）；第二类是在桥墩之上设置虮蝮或神兽（龙、象、狮和麒麟等）；第三类是在梁式桥排柱或拱桥的券石上浮雕莲花或其他图案。

鸟首一般刻作鹰首的形象，上刻有鹰隼般的厉眼和锐利的喙。分水尖设置在桥墩迎水的一侧，其作用是在洪水来临之际，划开水流，减小洪水对桥墩的冲击力，从而保障桥梁的结构安全。分水尖也有素面不设鸟首的。设置鸟首一方面是巧匠们顺其形而为之，起装饰作用，另一方面也可能含有镇厌方面的意义。鸟首常设于南方桥梁下的石桥墩上。这是否也在暗示着南方远古民族的玄鸟崇拜呢？[①]

2. 桥身上的雕塑

北宋张择端《清明上河图》中虹桥桥身横拱木出头也附有兽首浮雕面具，虹桥为编木拱结构，此例较为特殊。石平桥以浮雕为主，装饰部位多在石梁的两侧。

3. 栏杆上的雕塑

栏杆，又称勾栏，俗称“栏板柱子”[②]，立于桥面两侧，起拦护作用。栏杆出现的历史较早，在距今约 6000 年前的浙江余姚河姆渡新石器晚期的聚落遗址中，发现有木构的直棂栏杆。按作者的桥梁与干阑式住居同源的假设理论，桥梁设置栏杆也应当出现在新石器晚期，而今天我们能见到的最早的桥梁栏杆形象则要在商周时期青铜器和汉代画像砖石上去找寻。从汉代出土的建筑明器中所反

①参见刘杰著《江南木构》第 19 至 31 页，上海交通大学出版社 2009 年版。
②参见刘大可编著《中国古建筑瓦石营法》第 339 页，中国建筑工业出版社 1993 年版。

映的栏杆来看，当时的栏杆系统比较完备，具有了望柱、寻杖、栏板等构件，而且在望柱头上出现了装饰[1]（见图 5–2–5）。

一般而言，木桥上所设木质栏杆由地栿、束腰、盆唇、蜀柱、瘿项、寻杖和斜撑等构件组成（见图 5–2–6）。

二、彩画、壁画与灰塑

（一）彩画

在中国古代社会中，彩画是在较高等级的建筑中才被使用的一种保护木结构表面兼作装饰艺术的手法，一般在宫殿、寺观、祠庙、陵墓建筑中才被使用。《礼记 · 明堂位》所载“山节藻棁……天子之庙饰也”和《论语 · 公冶长》所载“臧文仲居蔡，山节藻棁”中的“山节藻棁”，说的都是关于斗拱和短柱上的彩画。从那个时代起，彩画用色就开始有了森严的等级制度。比如《春秋谷梁传注疏》所载“礼楹，天子丹，诸侯黝垩，大夫苍，士黈”等记述，普通百姓则只有居“白屋”了。所以宋程大昌在《演繁露 · 白屋》中解释说：“古者宫室有度，官不及数，则居室皆露本材，不容僭施采画，是为白屋也已。”

桥梁无论在官家，还是在民间，都是非常重要的建筑，因此，彩画在桥梁建筑中也有较为普遍的运用。比如，在皇家园林中的廊桥、亭桥中的木构梁柱与天花藻井之上，有施彩画的做法；即使在民间偏僻乡野中的廊桥上，也有在梁架、藻井或附属建筑等装饰的重点部分进行彩画的做法。前文引《遂昌县志 · 卷二 · 水利》中记载的一篇南宋人陈逵的《济川桥记》，文中不仅对桥梁的规模、尺度甚至造价和工期都作了详细的介绍，而且提到了桥亭施有彩画：“……其端两亭，高下修广适侔，傍砖协檐以庇梁木，文以藻绘，远近骇观如市……”这说明在宋代民间桥梁建筑中彩画还是一种常

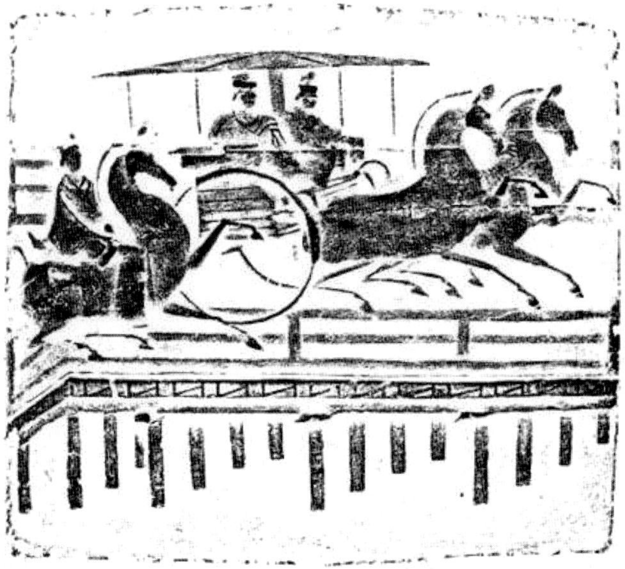

图 5–2–5　骖车过桥图

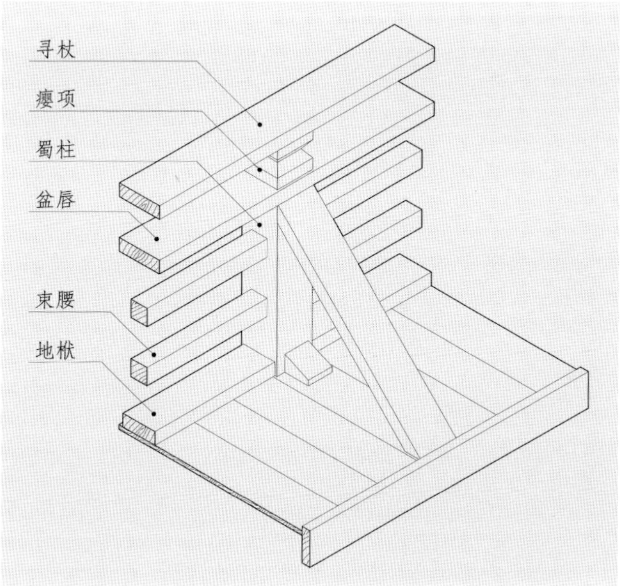

图 5–2–6　《清明上河图》中“虹桥”栏杆名称图

①《中国建筑史》编写组编《中国建筑史》第 161 至 162 页，中国建筑工业出版社 1986 年版。

用的重要装饰手段。

大多数桥梁建筑的彩绘都集中在桥上所设置的亭、阁与长廊之中。在闽浙山区遗存的众多木拱廊桥中，大多数廊屋梁架采用彻上露明造，直接暴露屋面椽子和瓦底，且不施任何髹漆；也有部分廊屋的柱梁枋都施红色髹漆；还有一部分廊屋不仅仅做斗拱藻井，还施彩画和髹漆。绝大多数存在彩画的廊屋因为时代久远，原有的彩画颜色已慢慢褪去，现在只能隐隐地看到彩绘时打的框线底子；也有部分廊桥的彩画每隔一段时期都有更新和维护，现在还能清晰地见到。当然，有的维护和更新相较过去的工艺和品位都相去甚远，不过这也表现着一个时期的工艺及审美水平。

总体而言，浙江境内的廊桥装饰朴素，简约而大方，梁架大多采用彻上露明造，即使施斗拱，也并不施髹漆和彩画。也有一小部分廊桥上因为设置了较大规模的神龛甚至庙宇，其装饰就多了起来，廊屋上设置藻井，藻井上施彩画，梁柱髹漆等。福建省内的廊亭桥但凡有条件的，都比较注重装饰，不仅仅在廊屋内部设置斗拱和藻井，梁架普遍髹漆并施彩画，并且廊屋外的桥身还附设风雨板，风雨板上做出不同几何形状的窗户造型，还施髹漆，有时侯色彩浓郁艳丽，以致装饰到了过分的情形。这当然与廊屋上普遍设置规模较大的神龛和庙宇相关，有时一座廊桥简直就是一座神庙（见图 5–2–7、图 5–2–8）。

就具体的装饰题材和主题来说，主要体现在以下五个方面：其一，部分廊屋或亭子内部的梁架上，描绘的是村落的著名景观，诸如八景、十景之类；其二，也有部分廊桥的彩画以自然花卉为主，比如梅兰竹菊或松竹梅等传统文人画题材；其三，也有部分廊桥的彩画是以动物、花鸟为题材的；其四，也有的以人物画、场景画为主，有反映宗教主题的，有反映劳动生产场面的，也有反映戏文故事和历史故事的；其五，还有的甚至先直接铺个白色的底，上面写就的是一幅书法作品，内容多是古代诗词，有精选的唐诗、宋词，

图 5–2–7　福建寿宁飞云桥中的藻井与彩画

图 5–2–8　福建寿宁仙宫桥梁架上的彩画

也有在乡文人的诗词佳作等等，不一而足。以上罗列只是说明民间廊亭桥的彩画题材，并不是一座桥梁只选择其中一种，恰恰在民间桥梁中，其规制并不严格，并没有严格的彩画制度，大多桥梁彩画风格比较芜杂，内容比较丰富，且并不一定具有很强的逻辑性，但能体现出建桥董事们的美学趣味和彩绘匠师们的灵活应用、随心所至的能力。明清遗存的廊桥，尤其是明代和清早期廊桥梁架藻井上的彩画是用矿物颜料绘就的，稍晚时期的也有用进口或国产化学油漆绘就的。

福建省宁德市寿宁县仙宫桥廊屋内的彩画非常丰富，以下略作介绍。仙宫桥，又名玉带桥，坐落在寿宁县城关——鳌阳镇的中心地段，横跨从南北方向穿过鳌阳镇中心的蟾溪之上，因其桥东曾有马仙宫而得名。此桥始建于明代，清乾隆三十二年（1767 年）重建，是一座编木拱梁桥。仙宫桥呈东西走向，桥墩用块石砌筑，桥长 27 米，宽 5.1 米，拱跨 24.5 米。桥上设有廊屋 13 间，四柱九檩抬梁式构架，共用 56 柱。廊屋中心间用如意斗拱层层出挑形成八角覆斗形藻井，主屋面为悬山顶，当心间和两端尽间升出八角攒尖顶。桥屋中神龛祀马仙。[1]桥屋的两个侧面用风雨板从上、中、下分三段遮蔽，上、下两段髹绿色漆，中段髹红色漆。朝向上游的一侧，下段风雨板上写有“鲤鱼溪”三个大字，中段写有“鸢飞鱼跃”四个大字，中心间伸出的八角攒尖顶下也写有四个大字——“玉带长环”。朝向下游的一侧，只是在中心间伸出的八角攒尖顶下写有三字桥名——“仙宫桥”。汉字多用楷书，字下全是白色打底。（见图 5-2-9、图 5-2-10）

正因为桥东头马仙宫的毁圮，才使得马仙神像入驻廊桥内。因此，廊屋内的彩画装饰主要是围绕马仙这一流行于闽浙地区的地方神祇展开的。梁架上的彩画全是民间艺术家的作品，类似苏式彩画中方心式的做法。梁的两端也留出找头、箍头，中间是方心。两端用如意云纹和菱形图案装饰，方心的内容多为卷草和花卉。民间艺

图 5-2-9　福建寿宁仙宫桥明间屋顶上的八角攒尖顶及牌匾

图 5-2-10　福建寿宁仙宫桥的藻井

①参见刘杰、林蔚虹主编《乡土寿宁》第 145 页，中华书局 2007 年版。

术家大多率性而为，更喜自由发挥，他们将廊屋上的三架梁以下、五架梁以上以及支撑三角梁的两根童柱围合的矩形空间用木板壁填实，做成一个放大了的方心，并施彩画。仙宫桥廊屋有13间，也即有14榀梁架，除去首尾两端各1榀以及当心间2榀外，还余10榀，每榀之上都有一个放大的方心，且正反两面均施彩画。彩画的内容有一幅是宣扬马仙神威的“显圣退敌”人物场景画，讲述的是清初匪寇攻占鳌阳城，黄昏时忽见空中旌旗飘舞，接着鼙鼓声阵阵传来，马仙显灵，率阴兵惊退匪寇的传说；还有一幅是“浮伞渡江”，画面说的是马仙姑未得道时，一次外出遇雨，山洪暴涨，随手将伞放入江中，以伞为舟，过渡到彼岸的传说。①此外，民间廊桥彩画也有花鸟画，以及叙述马仙宫来历的书法作品等。叙述桥梁或建筑历史的书法也可归类于题记一类，这在后面还有专述。总之，民间桥梁的彩画充满了民间艺术家们的智慧，率性而朴实、清新，充满了浓郁的乡土风格。

（二）壁画

壁画则多出现在设有廊屋的桥梁之上。中国的廊桥中普遍设有祭祀、崇拜用的神龛或庙宇。神龛的板壁则往往是施壁画的好地方。此外，廊屋的歇山山面，也普遍有施壁画的做法。这些壁画的题材主要是生产劳动、社会生活、宗教活动等场景，山水、花鸟鱼虫等传统绘画的题材也比较普遍。

福建省寿宁县小东村小东桥上保存有较为完整的清代壁画，其内容主要为山水、花鸟传统绘画的内容，有吉祥的寓意。

（三）灰塑

灰塑则用在廊屋之上的山花墙或重楼出屋面的搏脊（苏州称赶塘脊）以及廊屋屋脊等处。福建省屏南县千乘桥两端歇山山花墙上设置有按一大两小排列的五个五角星灰塑图案。浙江省泰顺县仙居桥每榀梁架对应的屋脊上都安置有类似道家器物造型的灰塑，如吻兽、鲤鱼衔草、宝瓶、火珠等，非常别致。位于泰顺县泗溪镇的北涧桥廊屋屋脊上则是两条飞龙戏珠的灰塑，龙身上嵌有瓷片作装饰，造型非常生动。泗溪镇另一座木拱廊桥东溪桥正中脊饰为一雄狮的形象，造型憨态可掬，甚为特别。类似的还有泰顺县南溪桥廊屋脊饰上的飞龙灰塑，造型很精彩，色彩也很丰富。泰顺县毓文桥廊屋上的脊饰灰塑也很有特点。福建省松溪县清代建造的石拱木廊桥——花桥，其廊屋再出重楼的脊饰用了宝塔的造型，也非常别致。（见图5-2-11—图5-2-13）

总体来讲，浙江省廊桥的屋脊脊饰类型比较多姿多彩，而福建省廊桥的彩画则更加丰富艳丽。

三、桥面铺装

桥面之于木拱廊桥，是非常重要的一个装饰元素，也是一个极其重要的构造单元。一般来讲，无论何种古代的桥梁，其桥面大抵是由普通的砖、石、土或木质的桥面板构成的。木质桥面板是桥面的结构基层，它是垂直于跨度的方向横向铺就的，如此一来，一方面可以将并列的纵向梁架通过横向的联系形成整体，增强其结构刚度；另一方面又能方便铺就，甚至可以省却铺装时必需的龙骨。

有的木桥铺上木质桥面板之后并不算完工，还得铺就其他材质的桥面铺装，诸如沙土、箬叶、砖、石之类。闽浙山区部分木拱廊桥的地面铺装就是如此。比如以浙江省庆元县后坑桥、咏归桥以及福建省政和县后山村水尾桥为典型。在庆元县按照传统工艺重建并于2011年落成的蒙淤桥桥面运用了砂石、箬叶和地砖等铺装材料（见图5-2-14）。

①参见龚迪发著《福建木拱桥调查报告》第144页，科学出版社2013年版。

图 5–2–11　浙江泰顺同乐桥廊屋脊饰

图 5–2–12　浙江泰顺
溪东桥廊屋脊饰

图 5–2–13　浙江泰顺
北涧桥的凤纹翼角

图 5–2–14　浙江庆元蒙淤桥
独特的桥面铺装工艺

总之，桥面铺装不仅仅体现出装饰的意味，还往往兼具结构或者辅助结构的功能。当然，铺装最本质的意义还是保护桥梁主体结构，起着围护与装饰的作用。

四、题记与题刻

题记与题刻包括墨书、碑记、诗词、楹联、题额等具体的内容。题记与题刻都与汉字相关，一个是用传统的软笔书写在桥梁建筑之木构件上，一个是用雕刻的方法将汉字刻画在木柱、木匾或石梁、石柱之上。显然，题刻是从题记演化而来的。从表达的方式来看，二者实际上是一回事，只是具体的艺术表现形式和载体不同而已。中国桥梁建筑上有许多题记与题刻，这是中国建筑文化中所蕴含的特殊人文精神。

（一）题记与题刻的起源

在桥上题记或题刻，中国传统营造活动中的一个不可或缺的内容。其由来已久，与建桥活动相关的记载必定是工匠和主持造桥的人所开创的先河。而与建桥活动无关的题记，目前所知最早的人当属西汉时期的文学家司马相如。据晋常璩撰《华阳国志·蜀志》所记：“城北十里有升仙桥，有送客观。司马相如初入长安，题市门曰：‘不乘赤车驷马，不过汝下也。’”此则记录表明司马相如显然是在桥上发了重誓，即不得富贵绝不还乡。《太平御览·卷七十三》引作“题桥柱”，后遂用“题柱、题桥、题桥柱”为典，形容立志求取功名与富贵。[①]这一典故在桥梁上的楹联中比比皆是。比如，福建省寿宁县杨梅州桥上就有这样一幅对联：“境类升仙，驰骤应多题柱客；地符圯上，往来讵鲜授书人。”寿宁县另一座木拱廊桥——长濑溪桥上也有一副对联：“过客岂无题柱客，游人应有授书人。”

（二）常见的几种题记与题刻形式

1. 墨书

所谓墨书，就是用墨书写在桥梁建筑之上的文字信息，多用毛笔书写在梁、枋和檩条（宋代称榑，清代称桁）之上。古代桥梁上的墨书能得到保存并遗留至今的，大多只是廊亭桥一类。随着时间推移，古代墨书的痕迹会越来越淡，如果后世维修时不再重新描写，其真迹在自然界中不加干涉的条件下很难长久保存，所以一般都会重描或重书。木拱廊桥廊屋上的墨书内容非常丰富，大致可分为以下几类：[②]

（1）书写桥的建造时间及桥名。这类墨书一般题写在桥当心间神龛前的脊枋下皮。比如福建省政和县下板桥内墨书：“大清道光七年孟冬月初四吉旦辛卯时重新建立”；浙江省景宁县东坑镇白鹤桥内脊枋上墨书：“大清光绪十四年岁次戊子十一月壬戌日丙午良辰建造”；景宁县东坑镇接龙桥内脊枋上墨书：“中华民国六年岁次丁巳王正月初六酉时建造”（见图 5–2–15）。

（2）地方官员倡修并捐俸建造。当地官员，一般是本县知县、教谕、督捕厅、汛塘、驻防等倡导修桥并捐出俸银。此类墨书一般写在桥当心间梁架的上金桁条（宋代称平榑）的下皮。比如寿宁县小东上桥内有“乡进士文林郎知寿宁县事滇南肖颖捐俸重新鼎建造”的墨书，景宁县东坑镇接龙桥内有“景宁县知事秦琪助英洋拾元”的墨书。

（3）建桥发起人留名。建桥的发起人，古代称主事、首事或董事，也有称总理的；建桥主要参与者，古代称协理或协理董事。墨书留下这两类人物大名，既为褒扬他们的丰功伟绩，令其流芳百世，也为督促其他人向他们学习致敬。如寿宁县杨梅州桥内就留有“寿邑西隅坑底总董事叶蔚槐、吴振新，协理董事徐秉璋、施骏猷”的墨书。

①参见吴国良编著《吴江古桥》第 73 页，古吴轩出版社 2002 年版。

②参见龚迪发著《福建木拱桥调查报告》第 118 至 120 页，科学出版社 2013 年版。

(4) 建桥筹款人留名。主持建桥且负责筹备款项的人，古代称缘首、总缘，协助缘首的人称协缘、附缘、副缘等。如福建省闽侯县龙津桥留有“总缘首流源方茂□、副缘首绅带陈绍降、副缘首后洋郑高贤、副缘庠石进陈亦芴……”的墨书。

(5) 建桥工匠留名。建桥工匠包括木匠、锯匠、石匠等类别。大木匠师在古代被称为主墨、绳墨或者都绳墨，其副手被称为副墨、副绳墨、副绳等。如福建省屏南县千乘桥留有“建桥主绳宁邑张成德、张成来，副绳宁邑张茂江、东盘黄荣成，副绳宁邑何开发、何奶兴”的墨书。有的桥梁还将锯匠和搬运工的名字都写下来，如屏南县的金造桥就留有“锯柴司张广波、韦顺□，石匠邱大店、邱允请，放运木料司韦万炊、韦作弟、张观秋、黄云前”的墨书。在古代建筑营造中，工匠得以留名主要是出于两个原因：一是对工匠们劳动成果的尊重；二是让留名成为督促工匠们不敢懈怠的一种方式。如果工程质量好，“留名”就是光荣榜和流芳碑；反之，它将是耻辱榜和审判台。（见图 5−2−16、图 5−2−17）

(6) 阴阳、书梁、克择、绘画先生留名。如福建省政和县洋后厝桥留有“克择杨绍溥、许增章、张之韬、杨沛然，画梁杨鸣凤、杨沛然、杨檀奇，阴阳周法扬、张建勋，书士杨先春、杨廷策、杨凌霈、杨族旆书香绵远奕世流芳”的墨书。

(7) 书写佛教用语和吉祥语。佛教用语一般独立书写。吉祥语可以单独书写，也常附在建造者、工匠、捐献者等名字后，以图吉祥如意。如福建省政和洋后厝桥的梁架上就有“大乘般若金刚经”的墨书（见图 5−2−18）。

一般来讲，墨书有两种书写方式：一种是用毛笔直接书写在素木造的梁、枋和檩条上；还有一种是用白粉打底，再用毛笔书就。后者如浙江省景宁县莲川大地桥上的墨书，就用了白粉打底。

墨书多见于廊桥内，数量多者如寿宁县张坑桥，其上墨书竟达 140 余条、9000 多字。其内容有标注桥梁建造时间的，如“时龙飞

图 5−2−15 浙江景宁接龙桥檩条上的墨书

图 5−2−16 浙江泰顺薛宅桥梁架上的墨书（绳墨）

图 5−2−17 浙江泰顺薛宅桥梁架上的墨书（副墨）

图 5−2−18 福建政和洋后厝桥的墨书

道光八年戊子岁次十一月廿九丑时重修建造”；有注明地方官支持的，如“署寿宁县正堂加十级周立宰捐俸银叁拾两禄位高升”、“署寿宁县儒学正堂加五级□□□捐俸贰拾两禄位高升”；有为缘首留名的，如“缘首张思标、吴□□，副缘□□□、李公朴惟愿清吉平安”、“缘首王挺洪、周碧龙，副缘王顺风”；也有替造桥匠师、克择、阴阳等留名的，如“木匠张成德、张成来，石匠叶盛孙、李公雄手艺精通”、“克择李开□名扬四海”；其余都是各方信士、民众的捐助钱物数量及留名。据统计，除去极少数字迹模糊不清者，大约有 916 户（人）共捐银 1407 两 15 文（按当时比价，800 文值银 1 两），33 人捐谷 1584 斗，1 人捐瓦 6000 片，15 人捐苗木 11 根，还有陈合利店捐钱 2000 文。①

2. 石刻与碑记

在古代教化中，无论于政府还是于民间社会，修桥、铺路等交通工程都是头等民生大事。如果有人牵头造桥，那就是善莫大焉。实际上也是如此，尤其是民间桥梁的营造，往往都是地方有影响力者，或出谋，或出力，或出钱，或组织，或参与造桥。山区造桥尤其不易，这些事迹将在建桥完成以后书写下来，以题记或文章的形式留传万代，以喻后人。但书写在木柱梁枋上恐不长久，后来发明了勒石、题刻纪念。这样做不仅可以让这些善人们的善举流芳百世，同时也可以教化他人和后人。这种立于桥头的石碑因此也称被为“流芳碑”。当然，也有部分碑刻内容只是介绍桥梁的历史以及历代修缮的情况。

我们今天能见到的较早时期有关桥梁石刻文字的当属唐宋的石刻。那个时代，只要是捐舍物件的，一般都会刻下捐赠者的名字或其捐赠的原因。闽浙山区的古代桥梁中，有不少是宋代的遗存。在廊桥中最古老的一块石刻发现于屏南县万安桥的一个桥墩上，那是一块宋代的遗物。其上刻：“弟子江稹，舍钱一拾三贯又谷三十四石，结石墩一造，为考妣二亲承此良因，又为合家男女及自身各乞保平安。元祐五年庚午九月谨题。”②元祐五年即公元 1090 年，距今 927 年。

福建省闽侯县龙津桥畔也存有一块南宋绍定元年（1228 年）石刻，其上书：“古田县长官陈天□舍财结东开造头，祈保合家平安者。绍定元年立。”③但是，此石刻所述内容似与现存之木拱廊桥无关。据桥内所存清道光二十二年（1842）“龙津桥”碑记载：“夫以建造浮桥，原以因济渡之思，整修陆路亦以计行迈之艰。事固贵以并紊功，□难以独任。如今龙津之有桥，而亦有路者，始则创自□崇祯之四年，继则修诸……”④由此可知现存龙津桥始建于明崇祯四年（1631 年）。由于南宋石刻漫漶，记载语焉不详，我们不知古田县长官陈某到底舍财做了什么，也许是捐钱帮助建造龙津桥之前的吊索桥⑤或者是浮桥、渡口之类的交通设施。

建桥的碑记（或称碑刻）则较为常见，只要是稍有历史的桥梁其桥堍上自然会陈列着碑刻。石碑上的文字大都为阴刻，以楷书为主。有的石碑的碑首文字会用其他字体，诸如篆书、隶书等。桥头碑刻较多的一般是历史较为悠久的桥梁。如浙江省泰顺县仕阳碇步的一头岸边就排列着 10 余通碑刻。每通碑刻都记载着碇步的生生死死以及生死之间的动人故事。

除了石刻和碑刻外，有些古老的桥梁上还有刻字的瓦片遗存。当然，这些刻字的瓦片当初并不是作为装饰艺术的形式而存在的，大多仅作为一个记事的载体而已。时过境迁，这些近千年的文字遗存，不仅可以作为珍贵的历史文献资料，也可对其文字和书法进行深究。泰顺县三条桥是一座木拱廊桥，重建于清道光二十三年（1843 年）。但是，三条桥营建之初并非木拱桥。据清光绪泰顺《分疆录》记载：“三条桥在七都。此桥最古，长数十丈，上架屋如虹，俯瞰溪水。旧渐就圮。道光间里人苏某独力重建，拆

①参见龚迪发著《福建木拱桥调查报告》第 315 至 325 页，科学出版社 2013 年版。
②参见刘杰、周芬芳主编《乡土屏南》第 200 页，中华书局 2009 年版。
③引自龚迪发著《福建木拱桥调查报告》（科学出版社 2013 年版）第 121 页。但此石刻文字在闽侯县政协所编的《闽侯古代桥梁》（福建美术出版社 2008 年版）一书第 235 页中却作如下记录：“古田县□□官陈□□舍财结东□道□□绍定元年立。”
④引自龚迪发著《福建木拱桥调查报告》第 123 页，科学出版社 2013 年版。
⑤宁德市文化与出版局编著《宁德市虹梁式木构廊屋桥考古调查与研究》（科学出版社 2006 年版）一书第 132 页中记：“龙津桥 位于闽侯县延坪乡流源村东南约 500 米。始建于宋代，时为吊索桥……”从清代的碑文看，明崇祯年建木拱桥之前当是浮桥。但从龙津桥所在环境来看，索桥的可能性也存在。

旧瓦有贞观年号。”[①]这片旧瓦上的年号就是烧制时刻上去的。当然，文献记载的唐代旧瓦没有能保存下来。但是在 1982 年，泰顺县博物馆派人专门调查，又在此桥廊屋的屋面上发现了一块刻有南宋纪年的旧瓦，其上阴刻“丁巳绍兴七年九月十二日开工作瓦瓦□其年米谷直价每斛五文”。[②]南宋绍兴七年为公元 1137 年，距今已有 880 年。由此推断，在清道光年间（1821—1850 年）维修时发现唐代旧瓦亦有可能。

3. 楹联与题额

楹联，也称对联，是中华民族独有的传统文学艺术，它是从我国特有的骈文、律诗的对仗形式中演化出来的。在中国大多数传统桥梁中，楹联是一种普遍存在的文化形式，也是中国传统建筑文化的一部分。在木拱廊桥的廊屋中，楹联就更为普及了。有的廊桥里，几乎每一对柱子都有相应的楹联悬挂或镌刻着（见图 5–2–19）。

图 5–2–19　福建寿宁仙宫桥上的楹联

4. 诗词

诗词则散见于地方志或地方文士诗集或诗文集中，也有抄录在族谱里的。有的诗词直接题记在廊屋内的木板或白粉墙上。比如浙江省泰顺县三条桥廊屋内就有一首墨书的词——《点绛唇》（见图 5–2–20），写得非常幽怨动人：“常忆五月，与君依依解笑趣。山清水碧，人面何处去。人自多情，吟吟水边立。千万缕，溪水难寄，任是东流去。”词后还有被抹去的题名。从墨迹的陈旧程度看，距今并不遥远。虽说书法欠佳，但是词的内容却很能打动人。

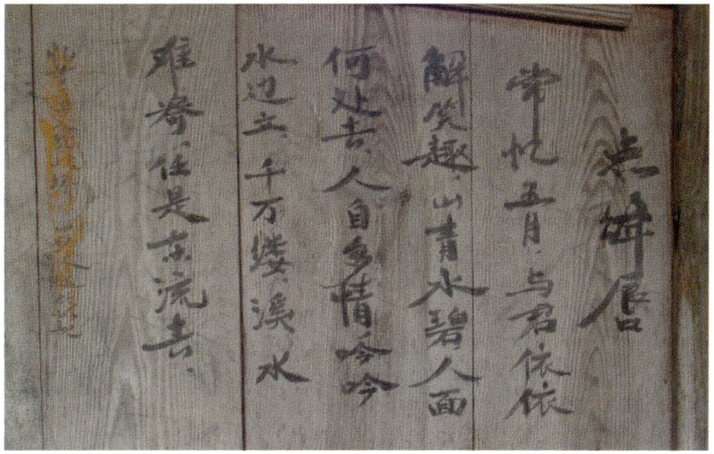

图 5–2–20　浙江泰顺三条桥上的题词《点绛唇》

①②引自刘杰、沈为平著《泰顺廊桥》第 110 页，上海人民美术出版社 2005 年版。

图 5—3—1　汉画像砖石上的桥梁图案

第三节
桥梁附属构筑艺术

中国古代桥梁在长期的发展过程中，受到中华文明（包括儒、释、道主流文明以及各民族、各地区的民间习俗和地方文化）的影响，逐步形成了一些约定俗成的桥梁建筑形制和习俗。比如新桥梁落成，一般都会撰写桥志，或者立桥碑，其上会记录营造桥梁的详细原由、筹备与建桥过程以及造桥资金的募集情况等。历史悠久的桥梁，历朝历代都会得到不同程度的修复、修缮，甚至原址重建，于是桥旁所立的桥碑可能会有许多通，并排在一起，洋洋大观。此外，重要的桥梁在桥首立华表、牌坊（门屋）、傍守狮象和塔幢等附属建筑或构筑物的做法（见图 5—3—1），也是中国古代桥梁建筑艺术中非常重要的一个组成部分。

一、桥首对立木柱与华表

（一）桥首对立木柱与华表的起源

我国很早以前就有在桥头两端立标柱（或称华表）的习俗。这在宋以前的诗词文献中较为常见，在汉画像砖石、宋画里更能见到其具体的形象。

北魏郦道元《水经注 · 卷十六 · 穀水》中记“皋门桥”：“晋惠帝造石梁于水上，按桥西门之南颊文称，晋元康二年十一月二十日，改治石巷水门，除竖枋，更为函枋，立作覆枋，屋前后辟级续石障，使南北入岸，筑治漱处，破石以为杀矣，到三年三月十五日毕讫，并纪列门广、长、深浅于左右，巷东西长七尺，南北龙尾广十二丈，巷渎口高三丈，谓之皋门桥。……《东观汉记》曰：郅恽为上东门候，光武尝出，夜还，诏开门欲入，恽不内，上令从门间识面，恽曰火明辽远，遂拒不开，由是上益重之。亦袁本初挂节处也。桥首建两石柱，桥之《右柱铭》云：阳嘉四年乙酉壬申，诏书以城下漕渠，东通河、济，南引江、淮方贡委输，所由而至，使中谒者魏郡清渊马宪监作石桥梁柱，敦敕工匠尽要妙之巧，攒立重石，累高周距，桥工路博，流通万里云云。”从中可以看出，这一对桥首石柱既有装饰意义，也有文告作用。这与华表的意义和作用是有差别的。

唐代诗人白居易有诗《和李相公留守题漕上新桥六韵》云：“选石铺新路，安桥压古堤。似从银汉下，落傍玉川西。影定栏杆倒，标高华表齐。烟开虹半见，月冷鹤双栖。”刘禹锡在《步虚词》中也有“华表千年一鹤归，凝丹为顶雪为衣”的诗句。北魏杨炫之《洛阳伽蓝记·卷三：城南》亦有记：“宣阳门外四里，至洛水上作浮桥。所谓永桥也。……南北岸有华表，举高二十丈，华表上作凤凰似欲冲天势。”

其实，标柱（或称华表）的历史恐怕更早。至迟在汉代，木构楼观就有在屋顶上设置标柱的做法(见图5–3–2)。《文选·卷二·西京赋》曰：“营宇之制，事兼未央。圜阙竦以造天，若双碣之相望。凤骞翥于甍标，咸溯风而欲翔。”李善注：“谓作铁凤凰，令张两翼，举头敷尾，以函屋上，当栋中央，下有转枢，常向风，如将飞者焉。”无论圜阙的阙身是圆是方，按张衡赋文中所述，其脊上应立标，标上再设置铁凤凰。此外，《汉书·卷九十·尹赏传》颜师古注引如淳曰：“旧亭传于四角面百步筑土四方，上有屋，屋上有柱出，高丈余，有大板惯柱四出，名曰恒表。”师古曰：“（恒表）即华表也。”中国古代早期文献中，华表也可简称为“表”或“标”。这在《吕氏春秋·似顺论·慎小》中有涉及，高诱注：“表，柱也。”《管子·君臣上》尹知章注：“表谓以木为标，有所告示也。”《宋书·五行志》记载：“大明七年，风吹初宁陵左标折。”同样的事情在《建康实录·卷一三》则谓：“大明七年夏四月，大风折初宁陵华表。”由此可见，在古代表、标、华表等诸名称互通[①]。

唐代许嵩著的《建康实录·卷七》中记载了建康城（今南京）南的“朱雀桥”。据河南大学土木系李合群先生在《中国古代桥梁文献精选》中记，朱雀桥横跨于秦淮河上，在孙吴时期称作南津大桥或南津航桥，东晋、南朝时始冠现名。初为浮桥，故称“朱雀浮航”，后才改木桥。晋武帝时期，谢安在木桥上起重楼，楼顶置铜雀。另据《南齐书·五行志》记“建元元年（公元479年），朱爵航华表柱生枝叶”可知，朱雀桥两端始设有华表。另在唐人游芳撰《任城县桥亭记》中记载的阳门桥桥首也设有一对华表。文曰：“阳门桥者，跨泗之别流，当鲁之要术。初随时以既济，因大驾而改功。观其壅川为池，因地设险，削金堰于驰道，甃石门以飞桥。夹以朱栏，揭以华表，炳若星汉，拖如虹霓。”

宋代著名宫廷画师张择端的另一杰作——《金明池夺标图》[②]，亦称《金明池争标图》或《龙舟图》（现藏天津博物馆），就是取材宋真宗在原本练习水军的金明池中进行“水戏”——夺取“锦标”的故事而展开的。所谓“夺标”，其实简单地讲就是赛舟竞渡。人

图5–3–2　汉画像石上所见之标

①参见孙机著《中国圣火——中国古文物与东西交流中的若干问题》一书第278至294页《中国早期高层佛塔造型之渊源》，辽宁教育出版社1996年版。

②古建筑学家、书画鉴定家傅熹年先生对此画作的作者存疑。他认为：《金明池争标图》以极细密的笔法画北宋汴梁金明池全景，建筑沿池四周布置，高低错落，很好地表现出总体布局特点和空间环境。所画殿阁不盈方寸，人物甚至小于蚁，却能很好地表现出形体特点和统一的时代建筑风格以及斗拱、栏杆、装修、砖石雕刻、瓦件等细部，竞技的水卒和观众也表现出不同的动态。虽然为求尽量利用画幅，远处池形未能按透视关系缩小变窄，全图作视在透视上略显不协调外，单体建筑的透视关系处理得还是较为稳妥。此图堪称传世南宋建筑画中最为精能之作。这二图（包括《汉宫图》）中画树木明显受马远“拖枝”画法的影响，不是赵伯驹、张择端之作，应出于宁宗至理宗前期画院画家之手。

们在水面的终点插上一根长杆，杆上缠锦挂彩，故而称“锦标”，竞渡的船只以首先夺取标者为胜，因此又称“争标”（见图5–3–3）。“争标”这一形式早在宋代以前就曾有过，到唐代其程序和规则就已十分严整了[①]。“夺标”、“锦标赛”这些说法一直沿用至今。这种“标”柱，其形式与《金明池夺标图》中骆驼虹桥两端桥头上分立的四根华表无二，只是桥头华表上设置了平行十字架，也就是文献中所谓的“大板惯柱四出”，其上与《清明上河图》中虹桥两端的华表一样，各立有一鸟形物——铁凤凰或仙鹤。

桥头两端都立木柱，在和林格尔东汉墓壁画及东汉石刻上都有所表现，以后遂发展为华表。杨炫之文中提及永桥两岸华表上所立的木制凤凰，实则为后来文献所叙述的仙鹤。

为何会在桥头所立华表之上又设置木制凤凰或仙鹤呢？除了装饰作用外就没有任何实际功能吗？

我们先来看看一个神话传说。据陶渊明《搜神后记·卷一》记载：

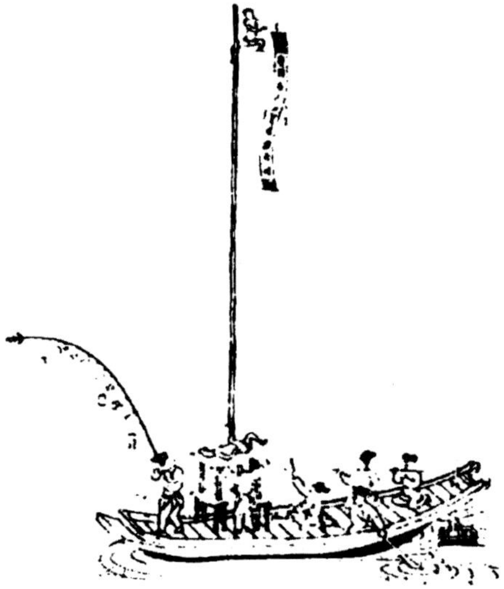

图5–3–3　百戏人上竿图

“丁令威，本辽东人，学道于灵虚山。后化鹤归辽，集城门华表柱。时有少年举弓欲射之，鹤乃飞，徘徊空中而言曰：‘有鸟有鸟丁令威，去家千年今始归。城郭如故人民非，何不学仙冢垒垒。’遂高上冲天。”这个故事流露出的是劝人学仙的道家思想，并无实际意义。如果说华表上所立的铁凤凰是固定的，装饰的意义就显得更多一些，陶渊明的故事也许就能对此有所解释。其实，大多数华表上所立凤凰都是可以随风而转的。

这种随着风向而转动的凤凰或仙鹤又有什么功用呢？为何偏偏要立在桥头的华表上？

研究《清明上河图》的学者们也注意到这个问题，他们对此有两种解释：其一，有的人认为华表上所立的鸟形物是装饰品；其二，有的人认为这是古代的一个风向标。

中国古代观测风向有测风器，最早用鸡毛五两或八两结在高竿上，作为观测风向之器具，故称为“五两”。古代文献中对此也有记载。比如晋代郭璞《江赋》中说：“觇五两之动静。”注曰：“兵书云：凡候风法，以鸡羽重八两，建五丈旗，取羽系其巅，立军营中”。再有，许慎《淮南子》注曰：“綄，候风也，楚人谓之五两也。”唐代诗人王维也有诗云：“何处寄相思，南风吹五两。”在宋代海船上也有运用“五两”进行测风的实例，据徐兢《宣和奉使高丽图经·卷三十四·客舟》中就有“立竿以鸟羽候风所向，谓之五两”的记载。由此可见，从先秦至宋代，用鸟羽（含鸡毛）做成“五两”来测风向是一贯的做法。[②]

因此，《清明上河图》中虹桥两端华表上所立之鸟，极有可能是鸟羽做成的（当然也有可能就是轻质木制品或铁制品，否则何故称铁凤凰？），恐怕在此不仅仅作为装饰品，更应当是测风向的器具。我们仔细观测画中的鸟头，发现鸟头都朝向一个方向，并且鸟脚下有一小盘，与文献中所说的铁凤凰“当栋中央，下有转枢，常向风，如将飞者焉”的描述极为相似，因此，它很可能是转动用的。鸟随

①参见尹永文著《宋代市民生活》一书《争标、弄潮》一节，第41至45页中国社会出版社1999年版。
②参见周宝珠著《《清明上河图》与清明上河学》一书第72页，河南大学出版社1997年版。

风转，帮助桥下驾船人辨识风向，以利借风行船。如此，汴河上的虹桥、金明池中的骆驼虹桥，以至所有桥梁两端华表上设置的铁凤凰或仙鹤除了华丽的装饰作用外，就更有实际的意义了。

当然，桥头华表上的铁凤凰既可以为船家测风，也可以为陆路行人指引风向。如果其并不随风转动，而只是固定在华表上的雕塑，那它原始的测风功能就失去了，相反艺术装饰的意味就更浓郁些。

（二）桥首对立木柱与华表的艺术特征

桥首木柱就是后世华表的雏形，其形制稍显简单。最早的形象在汉画像石中。唐宋时期，桥头树立华表的制度已日趋完善，我们也可从唐代诗文以及宋代建筑画（南宋起始称“界画”）中很方便地查找和清楚地看到。

北宋天才画家王希孟在其代表作《千里江山图》中的核心部位画了一座长桥，桥身以 3 根柱子并列上施横梁组成 1 榀构架，全桥有 33 组构架，共 32 跨。跨间架木梁，铺木板，连成桥面，两侧设木栏杆。桥面自两端向中央逐渐升高，中间建桥亭一座。根据建筑史学家、书画鉴定家傅熹年先生的白描重绘，可以很清楚地见到桥的两端各立有一对木制华表（见图 5–3–4）。

张择端绘《清明上河图》上木拱桥两侧均有木制华表，宋代无名氏所作的《长桥卧波图》上同样也设有木制华表。元代画家王振鹏所绘《龙舟图》上，金明池上那座木质骆驼虹桥已经改成了石拱桥，但桥首两端依然设有木制华表，华表与前述各画作中基本一致，标首上立有仙鹤一只。明代及之后的画家所作《清明上河图》中木制华表就再没有出现过了，如仇英本、清院本以及沈源本等版本的《清明上河图》。

图 5–3–4　北宋王希孟《千里江山图》中的长桥桥头华表

图 5–3–5　北宋《清明上河图》中虹桥桥首华表

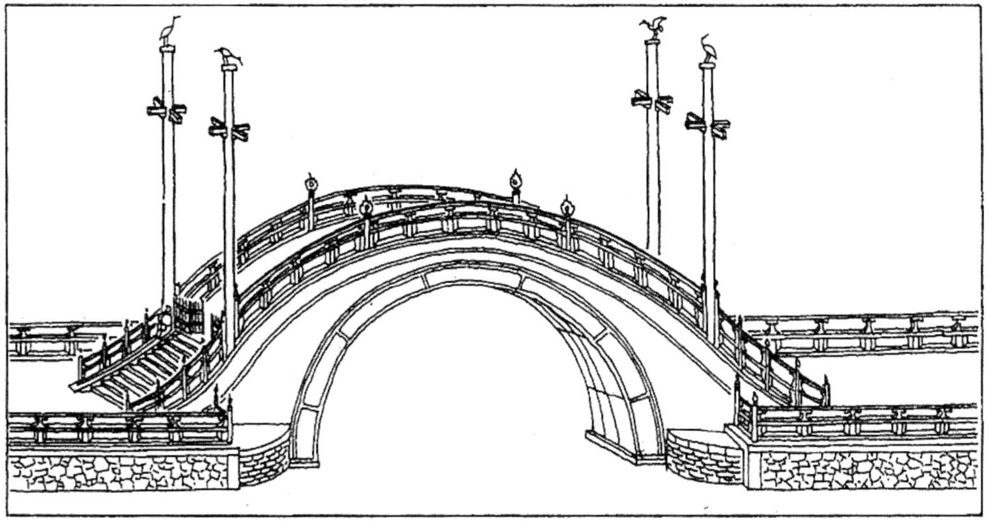

图 5–3–6　元代《龙舟图》中拱桥桥首华表

从以上宋元时期古画中的“华表”形象来看，宋《清明上河图》和元《龙舟图》表达最为清楚（见图 5–3–5、图 5–3–6）。

宋式木制华表大概由三个部分构成：一是华表木杆，二是标首所立仙鹤，三是接近标首的纵横贯穿于表木的十字木架。根据其绘制比例，站立着的仙鹤高度大概接近华表通高的 7.7%；十字架在华表的位置大概是距标首十分之三处。如果以画面中行人身高 1.7 米为尺度，那么木制华表通高大约 6.5 米，下粗上细，其直径大的部分大概 10 厘米，直径小的大概 6 厘米。仙鹤双足站立在直径约 18 厘米、厚约 4 厘米的圆盘上，距离地面大约 6 米，其身高昂首者约 52 厘米、俯身者约 40 厘米。表首所谓“大板惯柱四出”的水平十字架距表顶约 1.2 米，距地面约 5.3 米。组成十字架的两块木枋长约 85 厘米，宽 6 厘米，厚约 12 厘米。

宋画中古桥很多，但是桥身或桥头设立华表的并不多。推究其原因，可能与华表的礼仪制度和实际功能有关。从建筑礼仪制度来看，重要的桥梁才有可能被批准建设木制华表。因此，我们在宋画中的东京汴梁城汴河上的虹桥，北宋皇家苑囿中的金明池骆驼虹桥以及县府建造的利往桥（垂虹桥）的两端见到了成对设置的华表。从实际功能来看，古人大概只在重要航道上的桥梁两端才设置华表。正如前文所述，华表的顶端站立着一只仙鹤，鹤首一俯一昂，且仙鹤会随风向而动。实际上，这只仙鹤就是今天的风向标、前文所述的“铁凤凰”。风向标对于重要航道上往来帆船的航行有指示和提醒的作用。而仙鹤的形态为何设置成一俯一昂的状态呢？我认为还是因功能的需要而为之。仙鹤的形状是平面化的，其鹤首才是风向的真正指示点，鹤首上的喙起指针的作用。河道上桥梁所起的实际上是立体交通的作用，不仅仅要让陆路通行的人可以看到仙鹤所指的风向，更要考虑航道上行驶的船家的视线。河道的视点较低，仙鹤探身俯瞰，其鹤喙所指方向更易被船家识别。再者，无论航船从桥的哪一侧驶近，船家正面所见的两只华表上的仙鹤姿势都是一俯一昂的，两只鹤首所指方向可做有差别的印证，以防止光线或其他原因造成的方向难以判断的窘境，而达到航船安全过桥以及行驶的目的。

北宋汴河和吴江的古松江都是当时非常重要的航道。金明池虽然不是河流航道，只是皇家苑囿中的大型水池，但是由于此水池要表演龙舟竞渡甚至训练水军作战，故风向的判定也是非常重要的。综此二点，上述三座桥梁就不得不设置华表了。

二、桥首立牌楼或门屋

（一）桥首牌楼或门屋的起源

牌坊和牌楼严格来讲是有差别的，一般来说，带有屋面做法的可称作牌楼，否则只能称为牌坊。关于牌楼的起源，学术界没有明确的意见。有的说源自汉唐时期里坊制的坊门，有的说来自汉代的衡门，甚至有人说与北宋《营造法式》中记录的乌头门有关……总之，众说纷纭。英国科技史学家李约瑟认为牌楼源自印度的桑奇大塔四边的栏楯，他在《中国科学技术史》第四卷《物理学及相关技术》第三分册《土木工程与航海技术》中说：“印度人给中国建筑形式的另一种赠品是凯旋门，即‘牌楼’，它是个独立的用木料或石料做成的门，上有过梁，作为纪念或胜利的标志，树立在坟墓、寺庙或宫殿的入口处，也有竖立在道路或村镇山道上的。牌楼的名称含有高挂着的指示的意思，通常上面有题词……”[①]

同样，桥头设置牌楼或门屋的制度始于何时，目前学术界尚无明确的说法。在唐代萧珙所撰的《河东节度高壁镇新建通济桥记》中有这样的记载：“是桥（通济桥）长一百尺，阔一丈五尺，下去水四十尺，创置门屋，立锁钥，安华表柱，俾阍者严掌辖，署其名曰通济。……由是自华亭斗虹梁，飞鹊脚，架云栈，回朱槛，化虫带虫东于洪波，腾华鹤于朱户，炳焕方面，盖以壮皇家天外北门之咽扼耳。”通济桥在山西隰县南 15 公里蒲水（蒲水是汾水的支流）上，唐咸通九年（868 年）由咸通寺主持普安主事，政府和民间合力兴建。[②]由是观之，我国至迟在唐咸通九年以前就有在桥头设置门屋的传统。我们从萧文中还得知，此门屋是可用“锁钥”启闭的，还设有“阍者严掌辖”（看门人严加管理），如果以此为政府军事或税务部门的关卡是完全可行的。

六朝时期的建康（今南京）桥梁建设颇多，以朱雀桥最负盛名。朱雀桥横跨在秦淮河上，孙吴时称南津大桥或南津航桥，东晋、南朝时因其地处宫城之南且与朱雀门相对而称朱雀桥。朱雀桥最初为浮桥，后改建为木桥。晋武帝时，谢安在桥上建重楼，楼顶上置铜雀，与桥名相呼应，蔚为壮观。据南宋《景定建康志·卷一六——疆域志·桥梁》记马野亭诗云：“要识当时朱雀桥，秦淮岸口架浮梁。既为铜雀施重屋，又作璇题揭上方。波底净涵楼阁影，桥间望断水云乡。不知此处今何在，须有遗基在两旁。”由是观之，朱雀桥上设有重层楼阁。文献没有说清此楼阁是在朱雀桥的中央还是两端。有一点需注意，此楼阁设有关防之类的设施，可以在此向往来行人收取桥税，并且这是有关征收桥税方面见诸文献最早的一座桥梁。[③]

如果朱雀桥的重楼建在桥梁的两端，那么，这将比上一案例时间还要早。桥头设置牌楼或言门屋的制度或可能始于汉代或之前的“斗楼”。据《后汉书·岑彭传》对“关江浮桥”的记载：“……横江水起浮桥、斗楼，立攒柱绝水道，结营山上，以据汉兵。彭数攻之，不利，于是装直进楼船、冒突露桡数千艘。”这段文字讲述的是东汉初年，公孙述在长江建江关浮桥，是为阻止汉军入蜀而于建武年间建造的，它还将斗楼、木栅用于军事防御，这也是浮桥锁江的较早案例。“斗楼”是一种供瞭望敌情用的活动建筑，模仿城墙上的敌楼形制。汉画像石中桥梁一端也有建楼的例子，这或许就

①引自李约瑟原著、汪受琪等翻译《中国科学技术史》第四卷《物理学及相关技术》第三分册《土木工程与航海技术》第 167 页，科学出版社、上海古籍出版社 2008 年版。
②参见李合群主编《中国古代桥梁文献精选》一书第 69 至 70 页，华中科技大学出版社 2008 年版。
③参见李合群主编《中国古代桥梁文献精选》一书第 26 至 27 页说明，华中科技大学出版社 2008 年版。

是“斗楼”的形象。

徐州博物馆藏江苏睢宁朱集出土的一块东汉桥梁画像中，存在着另一种桥面构筑物。《中国美术全集·绘画编·画像石画像砖》记：“（画像）石为半圆形，上刻一桥，为两坡式。桥身耸起，上竖桥表。桥上车马通行。下刻渔人捕鱼……”[①]作者将此构筑物解释为桥表，但它的造型显然与前文所述的华表迥异。这是从桥梁两侧栏杆望柱位置向上升起来的仿若撑着华盖的独柱造型。这两根柱子恰恰在桥梁由斜坡桥身往平段桥身转折的那根望柱上。由于画像是侧面的正投影像，无法判定其是否与桥梁另一侧的柱子之间有横枋相连。若有，则其为简单的衡门形象，已具备了牌坊门最基本的造型要素，那么这幅画像所描绘的桥梁就是桥身上设衡门的较早案例；若没有，则可能就是前文所述的桥上对立的木柱即华表的前身。

（二）桥首牌楼或门屋的艺术特征

早期的桥首牌楼或门屋建筑形制缺少图像或具体文献资料遗存，其艺术特征很难表述。从遗存的明清界画（建筑画）和建筑实例来看，桥首牌楼或门屋的设置确实为桥梁整体形象的提升增色不少，让普通桥梁扁平的外观增添了竖向的造型元素，在构图上形成了水平线条和垂直线条的对比，让桥梁充满了建筑艺术感。

唐宋以来的山水画和界画中，都难觅牌楼的先例。在北宋张择端《清明上河图》中，虹桥附近的商铺前有一座用木头绑扎的彩楼，有些类似后世牌楼的形式和功能。由此推测桥首设置牌楼制度在宋代可能并未成形。《营造法式》中未收录牌楼图案，却录有其原型之一——乌头门的形制。

图 5–3–7　明代《出警入跸图》中北京城西直门石拱桥前的木牌楼

①参见常任侠主编《中国美术全集·绘画编·画像石画像砖》，图版说明第23页，上海人民美术出版社1988年版。

从明代《出警入跸图》中北京城西直门石拱桥前的木牌楼（见图5—3—7）来看，明代重要桥梁前设立牌楼已成规制，并且牌楼的形制已经发育成熟。《出警入跸图》中西直桥前矗立的是一座三间四柱冲天式木牌楼，每根立柱都髹红漆，左右设夹杆石，前后都设有斜撑。牌楼屋顶都是双坡顶，上铺灰色筒瓦，中央高，两边低。中央间枋心正面书“西直桥”三个楷书大字，两次间枋心施彩画装饰。四柱出头伸出屋顶并安装有青铜套首，套首上还设有一坐兽，似为朝天犼原型。

木拱廊桥廊屋两端立木牌楼的案例有浙江省丽水市庆元县大济村的双门桥（见图5—3—8）和福建省南平市延平区的八字桥（见图5—3—9）。我2000年在庆元县调查时，发现大济村的双门桥在丽水地区始建年代最早（虽曾于1992年底重建，但桥式和梁架基本无变化）。其廊屋明间梁下，有墨书“大宋天圣三年甲子（1025年）吴毂、吴毂兄弟二公仝建双门桥”字样。据清光绪三年（1877年）编修的《庆元县志·建置》（政协庆元县委文史资料研究委员会1985年编，注释本）中记载：“双门桥，吴毂、吴毂兄弟联登，竖双门于桥侧，故名。”如果双门桥的编木拱梁桥桥式果真是北宋天圣三年（1025年）建成的话，双门桥将是中国保存最早的木拱廊桥，并且因为吴氏兄弟“科甲连登”而具有重大纪念意义的木牌楼与木拱桥的结合也是最早的案例。双门桥两端所立的是一座三间四柱三楼形式的木牌楼，牌楼屋面是中间高、两边低的传统形式。牌楼的立柱是利用廊桥侧面尽间的一排四根柱，牌楼正中一楼的屋面屋脊与廊屋的正脊平齐。

福建省南平市延平区的八字桥也是一座廊屋两端立有木牌楼的双八字撑架式木拱廊桥。八字桥始建于后唐天成年间（926—930年），最近一次复建是民国二十一年（1932年）。它位于南平市延平区峡阳镇梅照村，桥长34.8米，宽6米，拱跨19.3米，廊屋两端建有极具闽北特色的木牌楼。八字桥两端所立的是一座三间四柱三楼形

图5—3—8　浙江庆元双门桥的牌楼式桥门

图5—3—9　福建南平八字桥的牌楼式桥门

式的木牌楼，牌楼屋面是中间高、两边低的传统形式。牌楼的立柱是利用廊桥侧面尽间的一排四根柱，牌楼正中一楼的屋面高出廊屋的正脊，两侧次间与廊屋屋面平齐。牌楼三间的阑额与屋面之间是层层叠叠的如意形装饰功能的斗拱，明间的正中间与阑额之上竖有木额，上面竖题“八字桥”三个大字。牌楼的造型极具装饰艺术和纪念意义。可惜的是，八字桥毁于 2010 年 6 月的特大洪水。

福建省的某些木拱廊桥的两端正面，也有用青砖砌成的模仿三间木牌楼形式的牌坊，如武夷山市的余庆桥（见图 5–3–10）就是如此。此外，闽清县省璜镇梅溪上的合龙桥也采用类似的办法在廊屋两端各建有一座青砖砌成的一间式牌坊。

图 5–3–10　福建武夷山余庆桥的桥门

三、桥上立塔幢、佛经柱和惜字炉

（一）桥上塔幢、佛经柱

桥首置塔幢的做法在隋及以前的桥梁中罕见，这说明早期桥梁并不常在桥首设置塔幢等佛教构筑物。这一点可从隋代遗存的赵州桥以及文献中得到印证。这与佛教传入时间并不太久，影响还不太大，尤其是经历了灭法活动有关。

唐朝已有了桥首设置佛教经幢的记录。唐会昌年间（841—846 年），余球所作《五大夫市新桥记》一文中有如下记载：

“……时大云寺僧常雅公，本吴郡富春孙氏，因宦徙居金华焉。上人少小聪慧，知释教之可归，丱岁从缁，心若冰镜，戒全鹅珠，穷阿难之妙音，洞迦叶之微旨。既见我皇帝乾元启运，布德维新，遂乃发心慕缘，造兹桥二所。其桥上临星斗，下跨洪流，资万世之妙因，旌千秋之胜善。时有前溧水尉彭城刘公皋，发心造斯胜幢，其议□卓立南岸，用彰永福。太子岳牧县宰父□师僧，十室长幼，资其冥福，使亿劫著善，为行旅揭厉，逃炎送饯，赏玩怡神者哉！时廉使李公仁风远扇，卧牧百城；邑大夫王公术过烹鲜，轸嵇琴于棠树。□丞公簿尉诸公，有仇香之异能，同梅真之惠化。并州县职吏，及市内尊幼，四村檀越，并八龙兄弟，三虎子孙，共植胜因，同崇广福。会昌三年岁在渊献月属无射二十有九日建。

□唐会昌三年建此幢，至五年八月奉敕毁寺，其幢随例亦毁。至大中即位元年，佛法重兴，至四年庚午岁秋七月九日，前宣州溧水尉刘皋，与当阛阓信士等，同慕缘而再建立于五夫桥南，□丹雘周圆，伏虑代□□□，后人不晓，遂克金石……”[①]

文献中所述的五夫桥在绍兴东南 35 公里旧大云寺前，又名大云桥、大夫桥，由大云寺僧建造。其桥南首竖立经幢一座，由“前溧水尉彭城刘公皋”发心建造，第一次建成于唐会昌三年（843 年），

①参见李合群主编《中国古代桥梁文献精选》一书第 66 至 67 页，华中科技大学出版社 2008 年版。

不幸于两年后的会昌法案中毁去。唐大中四年（850 年），又是刘皋和“当阛阓信士等”戮力再建经幢于五夫桥的南首，并将其髹上红漆。刘皋等人唯恐后人不知道其历史，还刻文字于石上，以期流传后世。

宋代以来建造的桥梁设置塔幢等佛教构筑物就渐渐多了起来。这可从江苏、浙江以及福建等省遗存的宋元以来的桥梁中得到印证。佛经柱很可能就是佛塔、经幢等佛教构筑物的简化，多数佛经柱在普通的四方、六棱或八棱四柱上镌刻经文即成，柱首或有雕刻装饰，或设攒尖式屋顶形柱帽。佛经柱的出现代替了造型复杂的佛塔和经幢，使得建造成本低了许多，因此，这类佛教构筑物在乡村里的民间桥梁中出现较多（见图 5–3–11）。

宋元以后的桥梁附设塔幢更多的是因为风水术的缘故。清乾隆版《福清县志 · 卷十二》中收录了明代叶向高撰《新建龙首桥塔记》[①]短文一篇，文中有如下记载：

“邑故有龙首桥，与南门相直，形家（堪舆、风水师之属——作者注）以为有病。先少师公常欲移之，而力不能。其后父老诸生咸言其不便，相与请于邑令凌侯。醵金鸠工，移桥于东南，建塔江浒，构梵宇其间，与桥相属。于是水口完密，风气益固。塔计高十三丈五尺，为级者七，精工雄丽，为宇内浮屠所仅见。卜基之日，五色云自太保山来，覆其上，烂漫辉映。万众欢腾，得未曾有。”

文中记载的福清龙首桥，亦称名利桥，位于福清市瑞云塔西面，横跨龙江两岸。它是龙江上游的第一座大桥，因此而得名。原为木桥，北宋天圣五年（1027 年）改为石桥。明万历初，福清县令许梦熊主持修葺。因桥直对县城南门，也对着县衙，县令接受了风水师的建议，将龙首桥移建于小孤山，即今桥址，并于桥边建瑞云塔。叶向高（1559—1627 年），字进卿，福清人。明万历十一年（1583 年）进士，官至礼部尚书兼东阁大学士，万历三十五年（1607 年）任首辅，前后掌朝 13 年。天启四年（1624 年）辞官回乡。[①]

图 5–3–11　福建政和洋后桥、庙、塔

①参见曾江主编《福建历代桥梁文献汇编》一书第 17 页，福建美术出版社 2013 年版。

图 5-3-12　福建屏南千乘桥与石塔旧照

图 5-3-13　福建福安登烛桥桥头的惜字炉

图 5-3-14　福建寿宁碑坑桥内的惜字炉

福建省宁德市屏南县千乘桥畔就曾经立有一座三层的石塔（见图 5-3-12）。

（二）桥首设惜字炉

敬惜字纸的风俗始于宋代，中原文化从北往南的传播过程使得国家的中心逐渐南移，儒家文明重心的南移使得惜字炉在南方各地保存较为普遍。惜字炉，也称“字纸炉”、“敬字亭”、“惜字塔”、“焚字炉”，在四川、湖北等地区甚至就称“字库塔”。在大多数地区，惜字炉（或称字库塔）通常被建造在场镇街口、书院寺庙之内、道路桥梁旁边，还有些大户人家则建在自家院里，南方地区也常常设在村镇的中心或宗祠之内。但在福建一带的桥梁中，尤其是在廊桥的桥首，惜字炉是极其常见的，几成定例。有些惜字炉的造型与佛塔的形式极其类似，其炉身通常用石、砖等材料构筑而成。

福建省福安市的登烛桥桥首建有一座规模较大的惜字炉（见图 5-3-13）。周宁县杉洋村水尾桥桥首设有一座石质的惜字炉。寿宁县碑坑桥廊屋内也设置了一座惜字炉（见图 5-3-14），炉体的正面还做了人物题材的绘画装饰。“敬纸惜字”是传统社会中儒家文化的谆谆教导，也是对世人行为处事的一种规范要求。在福建北部和东部地区的乡间，这是非常普遍的一种文化现象，推测与宋代理学大师朱熹曾在这一带频繁活动及其影响有关。

CHAPTER 6

第六章

木拱廊桥的营造机制与匠师

Construction
and
Craftsmen

浙江泰顺文兴桥

从现存闽浙地区木拱廊桥的历史资料来看，木拱廊桥的营造主要由两个核心要素在发挥作用：其一，就是木拱廊桥的营造机制；其二，就是通过这一营造机制遴选出的造桥匠师。前者即营造机制在民间的木拱桥营造事件中，多数由造桥所在地方的重要宗族或家族中重要士绅参与形成；后者即造桥匠师主要由分布在福建省周宁、屏南、寿宁等县的木拱桥营造世家领衔担纲。无论是在福建省还是在浙江省，都有些非常聪明的平素以建造住宅、祠堂和庙宇的大木匠师们，也会时常经不住建造木拱廊桥丰厚报酬的诱惑铤而走险，加入到廊桥营造队伍中来。客观地讲，少数匠师确实取得了成功，但多数则未能逃出工程事故的窘境。

一座木拱廊桥的建造涉及石构桥堍（或称桥台）、编木拱架（或编木拱梁架）以及桥面木构廊屋三个主要组成部分，因此其营造匠师团队必然由多个工种的匠人组合而成。不过，木拱廊桥的营造核心还是编木拱或编木拱梁的构架技术，所以营造匠师团队的核心必然由掌握了编木拱架或编木拱梁架技术的匠人担当。以福建省寿宁县 1967 年建造的杨溪头桥为例，它是由“寿宁县西门坑底东山楼村木匠郑惠福”和“浙江庆元坝头村石匠吴祥生”合力建造的，郑惠福就是整座木拱廊桥营造匠师团队的核心匠人。具体地讲，单就造桥的木匠师傅来说，又有非常明晰的分工。以浙江省泰顺县三魁镇的薛宅桥为例，清咸丰七年（1857 年）的那次建造就是由寿宁匠师徐元良担纲的，他是整个造桥工程的技术总负责人，被称为“绳墨”，也叫“主墨”，其子徐斌桂和陈泽应、郑福寿、郑起鉴以及当地木匠薛思年为“副墨”。这些木匠之中，徐元良和其子徐斌桂当时负责建造编木拱梁架这一核心部分，其余副墨负责建造桥面之上的木构廊屋。本章主要介绍掌握了编木拱架或编木拱梁架技术的匠师。

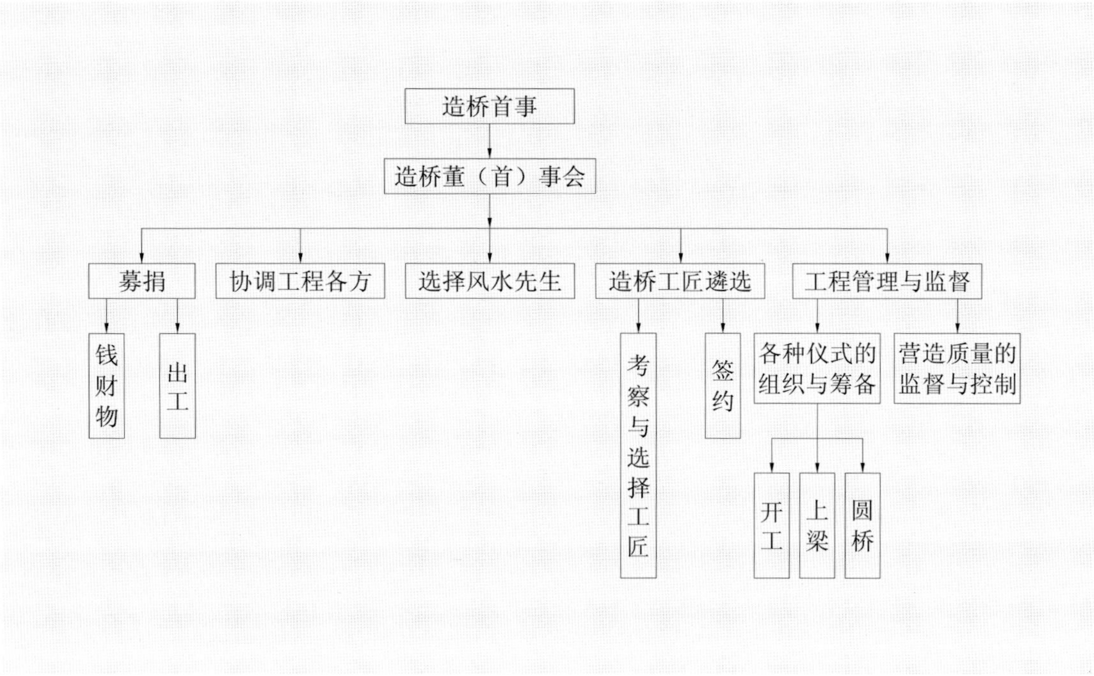

图 6–1–1　古代中国木拱廊桥的营运机制和相应组织关系

①据茅以升主编《中国古桥技术史》一书记载，浙江省泰顺县三滩桥的跨度为 41 米。最近由曾家快建造的泰顺察溪木拱廊桥两将军柱的之间距离为 44.3 米，此数据由曾家快提供。

第一节
木拱廊桥的营造机制和组织

中国传统社会中，重大的营造活动都必有一个营运机制和相应组织运作管理，木拱廊桥的建造也不例外（见图 6–1–1）。简单地说，木拱廊桥的营造机构大概由以下四个方面构成：第一，造桥的董事会；第二，造桥的风水师团队；第三，造桥的工匠团队；第四，造桥的业主团队。营造机制中最重要、最核心的机构便是造桥董事会（也称首事会），董事会最首要的任务是造桥首事的推选，首事就是董事会（首事会）中最重要的一位董事（首事）成员。官府修桥自然由官府中人出任首事，私建的桥梁一般由组织建造桥梁的宗族或家族中德高望重又有旺盛精力和才干的人出任。

董事会（首事会）成立和首事推选成功以后，便是组织营造活动的筹备工作。在古代中国，建造一座木拱廊桥是一项非常重大的事件。一般而言，木拱廊桥是具有一定规模的木构桥梁，这里所言的"规模"具有以下几层含义：其一，绝大多数木拱桥的跨度比较大，从中国各地现存的木拱桥来看，其跨度基本都在 20 米以上，最大的甚至超过了石拱桥——赵州桥 37 米的跨度，达到了 40 余米[①]；其二，木拱廊桥往往会成为聚落（村落和城镇）中的风水桥，是一个或数个家族乃至地居民们的精神寄托，自然受到大众的高度重视；其三，无论古代还是今天，木拱廊桥的造价都不菲。因此，木拱廊桥的建造对组织者和业主们来说都是需要非常谨慎和重视的。

在接下来的董事会组织工作中，就是建造资金的募集、木拱廊桥的选址、造桥匠师的选择等。不菲的造价，使得造桥资金的募集是一件非常艰辛的工作。地方史料表明，许多造桥首事就是因为募集资金而倾家荡产。廊桥的选址工作必须是在董事们委托的风水师主持下综合各方意见完成的。造桥匠师的选择也是董事会非常重要的一项工作。在木拱廊桥营造的历史上，流传着无数桥梁所托非人、最终功亏一篑的故事。董事会与受委托的造桥匠师将签署正式的建桥合同书，这在闽浙交界山区一带被称作“桥批”或“桥约”、“请约”。

以上工作完成以后，造桥董事会的主要工作就是监督造桥的各个阶段，并配合各阶段组织相应的仪式和活动，诸如开工、上梁、圆桥等等。

修桥铺路从来都是造福一方的善举，更是公益性的大事件，极易受到官方和民众的支持。中国古代木拱廊桥虽有官府出钱组织修建的，更多的却是宗族或家族合力修建的，从建造的数量来看，私建的木拱廊桥占绝大多数。

在闽浙山区，木拱廊桥建造完成以后，董事会的“造桥”任务就顺利完成了，但并不意味着其职责就此结束。事实上，在多数地区的多数木拱廊桥营造活动中，造桥董事会从此后就形成了某个流域或地域的社会经济和生活联盟。这个联盟可以是一个宗族的，也可以是跨宗族的松散社会组织。多数造桥董事会拥有造桥基金的稳定来源，诸如“桥田”[①]、“桥山”[②]的收入以及民间捐赠等。造桥董事会将会主持廊桥的日常管理以及定期组织专业工匠队伍对廊桥进行维修或者重建，也会在每年的固定节日组织联盟内部的联欢或者各种文娱活动，来加强联盟内部乃至联盟之间的联系。

第二节 发现木拱廊桥营造匠师

2001年的春天，中央电视台科学教育频道编导毕洪先生因我在2000年第7期《地理知识》（现改名为《中国国家地理》）杂志上发表的一篇长文——《泰顺廊桥》受到启发，决定邀请我参与拍摄以探求闽浙山区木拱桥来历的电视专题片——《虹桥寻踪》。我把泰顺、寿宁文化部门和交通部门的专家一个个都介绍给了他，因为在正式拍摄前，他要先到闽浙山区摸摸情况。一个月后，毕洪来了电话，言其已从闽浙山区考察归来，不仅见到了文章中所写到的几座桥，也见到了我介绍给他的当地朋友，很有收获。他说，凭着这次考察的真实感受，回到北京首先要做的就是赶快写出电视专题片脚本的第一稿，稿成后会征求各方意见，到时也会寄一份给我。没过多久，初稿是寄来了，但是在台里并没有通过，原因是脚本里缺少鲜活的人物故事。我也劝他乘机深入到实地再做一次考察，做细致点的采访，最好能挖掘到一些工匠的事儿。我还告诉他哪些桥上留有工匠们的具体信息。做电视与做学术研究有一点不同，前者希望除了能拍到优美壮丽的自然风光外，一定还得有鲜活的人物活动，不然几十分钟的节目时间就很难将观众紧紧地吸引住。

大概到了2001年的六七月份，毕洪又打来电话。在电话的那头，他很高兴地讲起他是如何根据泰顺三魁镇薛宅桥栋梁上的题刻，通过福建省寿宁县博物馆馆长龚迪发先生的帮助，找到福建省寿宁县坑底乡小东村的造桥匠师郑多金师傅的事。他说，郑师傅很可能就是营造薛宅桥的绳墨（也称“主墨”）徐元良的传人，并且他也建造过类似的木拱廊桥。我听到这儿也兴奋了起来，以前往往只针对桥梁或建筑的本身进行考察研究，对工匠的采访和

① “桥田”是指闽浙山区木构廊桥，尤其是木拱廊桥所在地的村落或附近百姓自发组织的廊桥董事会名下的田，其产出收入由董事会支配，主要用于廊桥的维修和开展相关娱乐活动。

② “桥山”是指闽浙山区木构廊桥，尤其是木拱廊桥所在地的村落或附近百姓自发组织的廊桥董事会名下的山林，主要为桥梁维修储积木材。参见拙著《泰顺廊桥》第128页，上海人民美术出版社2005年版。

图 6–2–1　浙江泰顺薛宅桥

研究还一直没有提上日程。这次，为了拍摄电视纪录片，居然发掘到了造桥工匠的信息，这对我们来讲不啻“踏破铁鞋无觅处，得来全不费功夫”。

薛宅桥（见图 6–2–1）位于泰顺县三魁镇的锦溪上。锦溪的两岸分别住着薛氏和张氏两族人。围绕建造木拱廊桥，薛、张二姓进行了旷日持久的对抗，最后直至官府两度干涉才有了结果。正是因为有了张氏合族的坚决抵制，这才引出了福建省寿宁县的造桥名匠——徐元良赴三魁营岗店建造木拱廊桥的事。这段极具传奇色彩的故事在《薛氏宗谱》中有详细记录。

据《薛氏宗谱》中《重建锦溪桥记略》一文记载，初建于明正德七年（1512 年）的锦溪桥，“东跨营岗山麓，西接水尾松林”，万历七年（1579 年）后遭水患被毁，一时两岸过往受阻，交通极为不便。由于建造木拱廊桥耗资巨大，薛氏族人仅仅在宗祠前复建了一座小桥。过了不久，这座小桥又被洪水冲毁。薛氏族人下定决心，在锦溪桥旧址建造一座蜈蚣桥（泰顺当地对木拱廊桥的俗称）。但是锦溪桥旧址东岸河畔已属龟岩（张宅村）张氏之地。据称，张宅故地从风水上来说是龟蛇之地，此二物是极惧蜈蚣的，所以张氏族人听说薛氏要建蜈蚣桥，自然不会心甘情愿。故宗谱里说龟岩（张宅村）张氏“挟青囊之说，横加坚阻”。薛氏不得已，只好将桥建在一个叫“小坑”的地方。但是此处风强水急，材料难固，建桥于此终究不能长久。

后又经历了 200 多年，薛氏费尽周折，辗转从林姓手中购回锦溪桥旧址，“复旧之心益坚”。清咸丰六年（1856 年），薛氏家族准备再建蜈蚣桥，并得到了当地大户邱光清、苏佩铭、张永操等人的支持，出资捐助。正当八月十五日木拱廊桥开工时，龟岩左垟张展成、右垟张维、上垟张翼程等人复执青囊之说再三阻拦。缘首之一的张永操为三魁武垟人，与龟岩张氏同宗，他苦口劝说，建蜈蚣桥根本不会影响到龟岩张氏之风水，青囊之说纯属无中生有。可惜他的劝说最终无济于事。但薛氏造桥终属行善积德的义举，于是很快得到了锦溪两岸许多家族的支持，“武垟上村及邻近各处工来佽助者日以百计，殊非官封所能封矣。张乃聚族声称来抄，我亦聚族约号防守。守者鸣锣，合族母催其子，妻耸其夫。百人刻集，日夜防卫，几如戒严”。于是薛氏强行开工，并且加班加点、日夜赶工。8 月 29 日辰时，桥梁拱架落成。不幸的是，就在工匠拆除拱架的撑护支架时，桥拱突然散落，化作“长龙卧波”。当时桥上 50 余人随桥倾下，“幸只伤一人左臁，后亦无恙”。新造的木拱廊桥坍塌，算是出了严重的工程事故，大家当然归罪于主持建造的工匠吴光谦，认为“其罪在拙匠吴光谦规矩失度”。但是，为首人细细想来，觉得不能全怪罪于吴光谦，“实亦被张阻速成之故”。于是“归咎于张，而脱吴罪”。

木拱廊桥桥架的塌落，并未熄灭薛氏一族造桥的决心。“一时咎张之心愈愤，而捐建之心愈坚。合族会捐桥木，或一家一支，或二三四家（一支），或八九十家（一支）不等”。全族齐心协力凑足木料后，另请工匠再次准备建桥。这次所延聘的绳墨正是邻县——福建省寿宁县小东村的造桥名师徐元良，副墨为陈泽应、郑福寿、郑起鉴、薛思年。郑福寿、郑起鉴来自小东村，薛思年则是薛氏家族的木匠。而陈泽应何许人，目前暂时无法考证。

这时县里又出了一件大事，那就是新县令杨炳春的到任。新县令认为“建造桥梁以济行旅最为善举”，大力支持薛氏建桥。此外，县令还亲身踏勘，一路博询，认为如果建在大溪处，则“上面当风易坏，下面水势湍急，下桩不固”；如果建在小溪下，“则上面易于存风，下面水亦平稳，于此建桥，自可经久，且众议皆然”。清咸丰六年（1856 年）十一月二十一日，新县令下了一道命令，要求“即日兴工，毋缓毋怠”，如再有强横出头妄阻者必严惩不贷。十几天后的十二月初九，拱架初成，第二年四月廊屋上梁，至五月薛宅桥终于全面告竣。[①]

薛宅桥在邻邑福建省寿宁县造桥名匠——徐元良的主持下，经过近半年的建造，终于顺利落成。此桥位于泰顺县三魁镇营岗店，因此也被称为“营岗店桥”，1988 年被泰顺县政府公布为县级文物保护单位，2006 年被国家文物局公布为全国重点文物保护单位。桥拱的净跨 29 米，全桥长 51 米，宽 5.2 米，高 10.5 米。此桥联系的两岸就是营岗店的老街，老街是沿水岸而建的，锦溪溪水的水面离岸并不高，为了确保木拱桥在洪水来袭时的安全，工程主持人徐元良决定抬高木拱桥的两个岸基，于是薛宅桥就形成了今天的样子：中部平而两端坡道较陡，坡度大约 30 度。桥的两端接以长长的大石阶，行走较为不便。可是，老街的中央有这么一座高高拱起的风雨廊桥，自然成了三魁镇的标志。

薛宅桥自清咸丰七年（1857 年）建成后，1986 年再经重修，至今风采依旧。2016 年中秋节被台风“莫兰蒂”引发的山洪冲毁。事发当日，有关部门即组织人力沿河沿湖搜寻垮塌桥梁的木构件，截至目前，已寻获 70%—80% 的原桥构件。但是不幸的是，这些木构件已有部分遭受破坏。2016 年 9 月 21 日起，浙江省古建院在国家文物局和浙江省文物局指导下启动了修复工作，经过 3 个多月的时间，构件整理、勘测、方案设计等前期工作已经完成。2017 年 1 月 5 日，薛宅桥、文兴桥和文重桥修缮工程设计方案通过会审，接着进入修复工程的施工阶段。我期待着这座不仅仅承载着薛氏家族决心和力量，也记载着活跃于闽浙交界山区的徐、郑木拱廊桥营造世家信息的桥梁早日成功修复，再现雄姿。

①详见三魁《薛氏宗谱》中《重建锦溪桥记略》一文。

第三节
闽浙木拱廊桥营造世家

中国现存的木拱廊桥中，数闽浙山区的保存最多。我 10 多年前就在学术界率先呼吁重视营造匠师以及传统营造技艺的研究，经过文化部和各地有关部门的共同努力，这项工作 10 余年来取得了较大的成绩。2009 年我国以闽浙两省为申报主体，以“木拱廊桥建造技艺”为名成功申报并进入了世界非物质文化遗产名录。从现在掌握的材料来看，闽浙木拱廊桥的建造世家主要分布在福建省周宁县、寿宁县和屏南县等地。普通的造桥工匠则散落在闽浙山区各市县。当然，其他省的木拱桥建造匠师也有零星的资料记录，可惜没有完整和系统的资料。这一缺憾还需学术界做进一步的努力，力争早日弥补。

一、周宁县秀坑村张氏造桥世家

秀坑村今属福建省宁德市周宁县礼门乡后垅村的一个自然村，居民 300 余人，多为张姓。后垅行政村下辖秀坑、洋坪、新厝亭、南山头 4 个自然村，位于周宁、屏南和蕉城三区县交界的鸡角山山坳处，历史上称作“下荐”、“萼荐”。“下荐”原属“东洋里”，在周宁立县前属宁德县管辖，因此，今天所见的木拱廊桥“桥约”中对秀坑张氏的完整表述为“宁德东洋下荐秀坑张氏”，简称“下荐张某某师傅”为多。[①]

据周宁张氏族谱记载，张氏先祖张圭公从河南迁来福建，历 28 世。嗣后张盈一公的长子张德茂由屏南寿山亥窑村迁徙至秀坑村，又历 15 世。秀坑村张新祐等人于清乾隆三十二年（1767 年）首建寿宁县鳌阳镇仙宫桥之后，又陆续建造了景宁梅崇桥、周宁石竹坑桥、庆元兰溪桥等多座木拱廊桥，足迹遍布闽东北和浙西南。清乾隆中后期，张新祐收徒 10 余位，包括子侄等，其中有张茂成、张成功、张成德、张成来、张成观、李正满、吴天良等。从清乾隆四十五年至道光三十年（1780—1850 年）的 70 年间，张氏造桥世家得到了长足的发展。以张新祐次子张成德、四子张成来为代表的下荐秀坑建桥世家群体发展到 20 多位主墨师傅。他们出闽东、闯浙江，活跃在闽浙两省数个州府的 10 余个县，承担了数十座木拱廊桥的建造和搬迁工程。之后，秀坑张氏一族的成、茂两辈更是人才济济，成济、新会、成君、茂江、茂巢、茂秀、茂春等都是名满闽浙两省的主墨匠。他们在清嘉庆至光绪（1796—1908 年）的百余年间，共营造了千乘桥、何姑桥、刀峭桥、双凤桥、昌梓桥、下坂桥、洋顺桥、渡龙桥、东溪头桥、汤寿桥、杨梅州桥、角门岭桥、星溪桥、庆澜桥、双龙桥、禾坝洲桥、落岭桥、后山桥、三石桥、泗州桥等 20 多座木拱廊桥，占同时期闽浙两省所建木拱廊桥总数的一半以上。秀坑张氏木拱廊桥营造世家的强大实力和影响力由此可见一斑。（见图 6—3—1、表 6—3—1）

从张新祐建造寿宁县仙宫桥起，至 2016 年张昌智赴德国建造木拱廊桥的 250 年间，张氏从新字辈至昌字辈的 8 代造桥匠师世代相承，其造桥事业从未间断。据统计，秀坑张氏一系先后新建、迁建木拱廊桥共计 57 座，至今尚存 21 座。[②]

秀坑张氏建造木拱廊桥技术精湛，是闽浙两省最有实力和影响力的一支木拱廊桥营造工匠群体。他们是闽浙两省唯一以木拱廊桥技艺为生而不兼营其他木作技艺的工匠世系。据统计，张氏一系所建造的净跨超过 30 米以上的木拱廊桥就不下 7 座：浙江景宁梅崇

①参见周芬芳、陆则起、苏旭东等著的《中国木拱桥传统营造技艺》第 193 页，浙江人民出版社 2011 年版。

②根据原寿宁县博物馆龚迪发调查，张氏家族 250 年间在闽浙两省共新建、迁建木拱廊桥 56 座，现存 20 座，加上张昌智等人于 2016 年赴德建造的 1 座，共计 57 座，现存 21 座。而周芬芳、陆则起、苏旭东等著的《中国木拱桥传统营造技艺》（浙江人民出版社 2011 年版）一书中所记数据为：共新建、迁建木拱廊桥 46 座，现存 15 座。

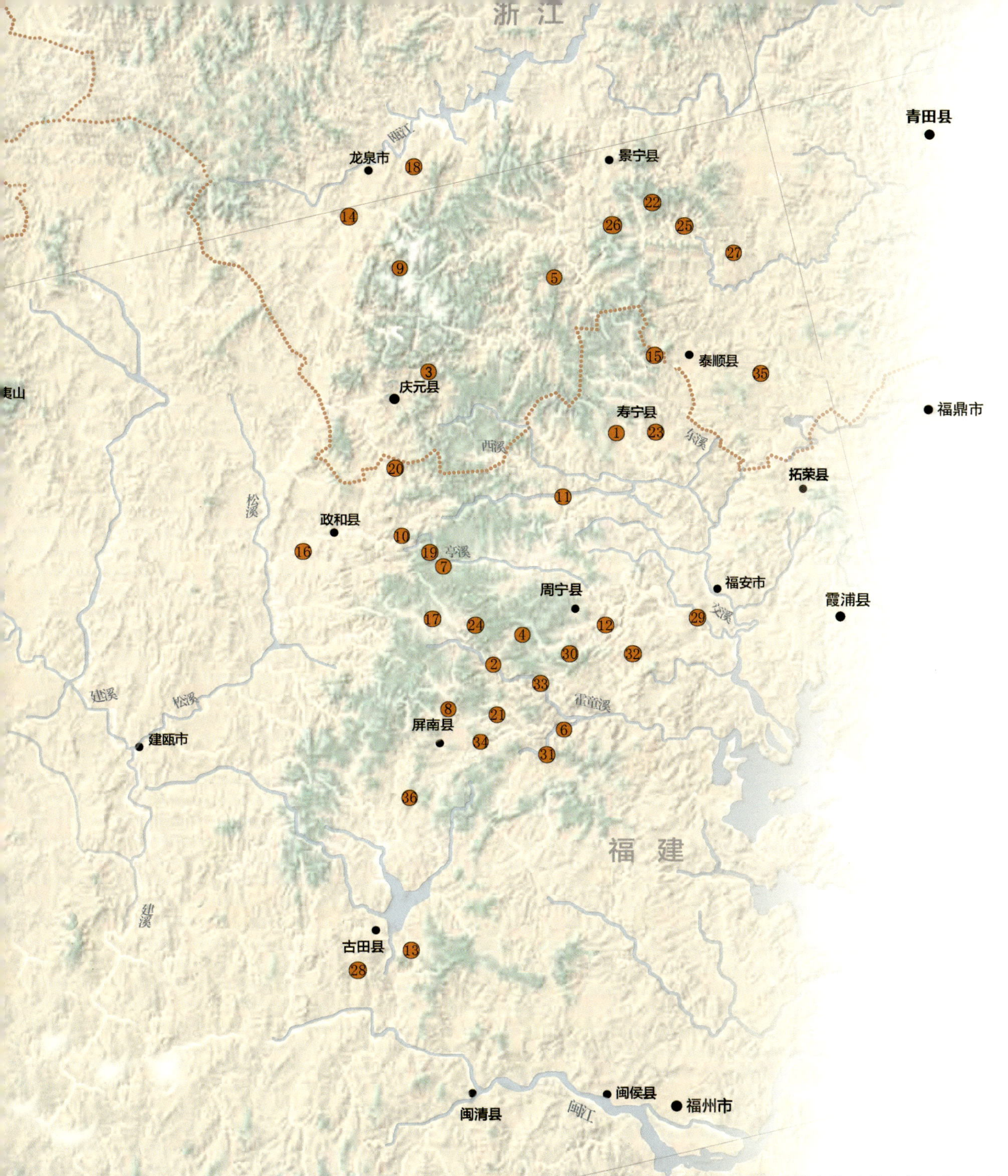

图 6–3–1　福建周宁秀坑张氏世家修建的木拱廊桥分布图

表 6-3-1 周宁县秀坑村张氏世家修建营造的木拱廊桥统计表[①]

时间	名称	所在地	工匠
清乾隆三十二年（1767 年）	仙宫桥	福建寿宁	张新佑
清乾隆四十四年（1779 年）	石竹坑桥	福建周宁	张新佑、张茂成
清乾隆五十九年（1794 年）	兰溪桥	浙江庆元	张新佑
清嘉庆五年（1800 年）	水尾桥	福建周宁	张茂成
清嘉庆七年（1802 年）	梅崇桥	浙江景宁	张新佑、张成观
清嘉庆十八年（1813 年）	何姑桥	福建周宁	张成济
清嘉庆二十一年（1816 年）	刀峭桥	福建屏南	张茂成、张成君
清嘉庆二十四年（1819 年）	双凤桥	不详	张成济、张新会
清嘉庆二十四年（1819 年）	昌梓桥	福建政和	张成济、张新会
清嘉庆二十五年（1820 年）	渡龙桥	浙江庆元	张成君
清嘉庆二十五年（1820 年）	千乘桥	福建屏南	张成德、张成来
清嘉庆年间（1796—1820 年）	东溪头桥	浙江泰顺	张成君
清道光七年（1827 年）	下坂桥	福建政和	张成济
清道光八年（1828 年）	张坑桥	福建寿宁	张成德
清道光十六年（1836 年）	登龙桥	福建周宁	张成德
清道光十七年（1837 年）	汤寿桥	福建古田	张成济、张成君
清道光十七年（1837 年）	渡龙桥	浙江龙泉	张成君
清道光二十年（1840 年）	羊顺桥	浙江龙泉	张成君
清道光二十一年（1841 年）	杨梅州桥	福建寿宁	张成君
清同治元年（1862 年）	星溪桥	福建政和	张茂巢、张茂秀
清同治二年（1863 年）	禾坝洲桥	福建建阳	张茂秀
清同治三年（1864 年）	双龙桥	福建屏南	张成来、张茂秀
清同治四年（1865 年）	双广桥	浙江龙泉	张茂巢、张茂秀
清同治七年（1868 年）	角门岭桥	浙江庆元	张成君
清同治九年（1870 年）	庆澜桥	福建政和	张茂巢

①本表参考龚迪发著《福建木拱桥调查报告》第 15 页表 1-1 “周宁县秀坑村张氏造桥世家所造桥一览表”及周芬芳、陆则起、苏旭东著《中国木拱桥传统营造技艺》第 195 页表 2“周宁县秀坑张氏建桥世家传承谱系”。

续表

时间	名称	所在地	工匠
清光绪九年（1883 年）	落岭桥	福建政和	张茂秀
清光绪十年（1884 年）	后山桥	福建政和	张茂秀、张茂春
清光绪十四年（1888 年）	三石桥	福建屏南	张茂秀、张茂春
清光绪十五年（1889 年）	泗州桥	福建寿宁	张茂秀、张茂钰、张学泗
清光绪二十年（1894 年）	百祥桥	福建屏南	张茂秀、张茂钰、张茂春
清光绪三十一年（1905 年）	水尾桥	浙江景宁	张茂春、张学咏、张学评
清光绪三十一年（1905 年）	澳口桥	浙江景宁	张茂春
清宣统三年（1911 年）	楼下桥	福建周宁	张学昶
民国五年（1916 年）	接龙桥	浙江景宁	张学昶、张学敞
民国十二年（1923 年）	塔头桥	浙江景宁	张学昶
民国十二年（1923 年）	石梘坑桥	浙江景宁	张学昶
民国十八年（1929 年）	何姑桥	福建周宁	张成济
民国二十四年（1935 年）	公心桥	福建古田	张学昶
民国二十五年（1936 年）	水尾桥	福建福安	张学昶、张明煜
民国二十六年（1937 年）	杨梅州桥（重建）	福建寿宁	张学昶
民国二十七年（1938 年）	永安桥	福建福安	张学昶、张明煜
民国二十九年（1940 年）	至德桥	福建周宁	张学昶
民国三十年（1941 年）	惠风桥	福建屏南	张学昶、张明煜、张必珍
1950 年	回龙桥	福建周宁	张明煜
1964 年	何姑桥	福建周宁	张必珍、张明煜
1968 年	川中桥	福建周宁	张必珍、张明煜、张昌智、张昌居、张昌泰
1972 年	濂坑桥	福建宁德蕉城	张必珍、张昌云、张昌泰
1973 年	鱼仓桥	福建宁德蕉城	张昌云
2002 年	百祥桥	福建屏南	张昌云、张昌泰、张昌智
2005 年	后垅桥	福建周宁	张昌云
2006 年	清晏桥	福建屏南	张昌云
2015 年	廊桥	德国巴伐利亚州雷根斯堡	张昌智

桥、庆元兰溪桥，福建屏南百祥桥、屏南千乘桥、周宁登龙桥、古田公心桥和寿宁张坑桥等。张氏造桥世家8代工匠群体中，又以从张新祐算起第三代张茂秀最为杰出。从清咸丰二年（1852年）至光绪二十年（1894年）的42年中，他共主持建造了木拱廊桥15座，至今保存下来的有浙江省庆元县的后山桥。[①]

二、寿宁县小东、东山楼村徐、郑氏造桥世家[②]

小东村是福建省寿宁县坑底乡的一个行政村。小东村的造桥工匠徐兆裕于清嘉庆六年（1801年）建造小东上桥，传至第五代徐泽长。徐泽长又将木拱廊桥建造技术传至邻村东山楼村的表弟郑惠福，郑惠福再传至郑多金，小东、东山楼村徐、郑世家一共传承7代，历时200余年。[③]在闽浙交界山区现存的木拱廊桥中，根据桥上栋梁题刻还能追查到工匠下落的并不太多，年代也并不久远。而以徐元良为首的徐、郑造桥世家的发现，可以说是调查闽浙木拱廊桥营造工匠的重要突破，也是了解清末、民国直至新中国成立初期的闽浙山区木拱廊桥营造详细情况的重要线索。至此，对木拱廊桥的考察和研究可以从不能开口说话的文物建筑、家谱文献转到活生生的工匠群体。（见图6–3–2—图6–3–5、表6–3–2）

徐兆裕、徐元良、郑惠福一系之造桥工匠个人档案如下：

徐兆裕（生卒无考），福建省寿宁县坑底乡小东村人氏，师承何人待考证。

清嘉庆六年（1801年），主持建造福建寿宁小东上桥，绳墨。

徐元良（生卒无考），福建省寿宁县坑底乡小东村人氏，师承何人待考证。

清咸丰七年（1857年），主持建造浙江泰顺薛宅桥，绳墨。

徐斌桂（1828—？），徐元良长子，师徒关系。

清咸丰七年（1857年），协助徐元良建造浙江泰顺薛宅桥，现存，为副墨之首（副墨另有陈泽应、郑福寿、郑起鉴、薛思年四人）。

清光绪四年（1878年），建福建寿宁小东下桥，现存，绳墨。

清光绪十四年（1888年），建浙江景宁白鹤桥，现存。

徐世仁（1857—？），徐斌桂长子，师徒关系。

清光绪十四年（1888年），建浙江景宁白鹤桥，现存。

徐世礼（1863－？），徐斌桂三子，师徒关系。

清光绪十四年（1888年），建浙江景宁白鹤桥，现存。

徐世智（1869—？），徐斌桂四子，师徒关系。

清光绪十四年（1888年），建浙江景宁白鹤桥，现存。

民国十二年（1923年），建浙江景宁大赤坑桥，现存，主墨。

徐泽长（1892—1951年），又名择祥，徐世智长子，师徒关系。

民国二十七年（1938年），建福建寿宁飞云桥，现存。

民国二十八年（1939年），建福建寿宁单桥，现存，木匠。

1950年，建福建寿宁刘坪桥，1999年拆。

郑惠福（1895—1978年），福建省寿宁县坑底乡东山楼村人氏，为徐泽长外甥，师从徐泽长。

民国十二年（1923年），建浙江景宁大赤坑桥，现存，木匠。

民国二十八年（1939年），建福建寿宁杨梅州桥，现存。

民国时期，建浙江庆元南阳桥，已毁。

1948年，建浙江泰顺县三滩桥，1950年毁于洪水。

1950年，建福建寿宁县刘坪桥，1999年拆。

1952年，建福建寿宁弄桥，1981年拆除，改公路桥。

1953年，建浙江泰顺仕阳双神桥，已毁。

1954年，建福建红军桥，寿宁与泰顺交界的山溪之上，现存。

1955年，建福建寿宁前洋桥，已毁。

1956年，建浙江文成岭脚桥。

1960年，建福建寿宁布罗林桥，1998年毁于龙卷风。

1963年，建浙江泰顺富家垟桥。

①参考龚迪发著《福建木拱桥调查报告》第2至3页，科学出版社2013年版。
②本部分文字摘自刘杰、沈为平著《泰顺廊桥》第128至132页，引用时作了部分修改，上海人民美术出版社2005年版。
③参考龚迪发著《福建木拱桥调查报告》第3至4页，科学出版社2013年版。

1963 年，建福建福安棠溪桥，木匠，现存。

1964 年，修缮福建寿宁鸾峰桥，现存。

1964 年，修缮福建寿宁九岭溪桥，已毁。

1966 年，建福建寿宁普济桥，现存。

1967 年，建福建寿宁杨溪头桥，木匠，现存。

郑多金（1929—　），郑惠福长子，师徒关系，至今健在。

1948 年，建浙江泰顺三滩桥，1950 年毁于洪水。

1950 年，建福建寿宁刘坪桥，1999 年拆。

1952 年，建福建寿宁弄桥，1981 年拆除，改公路桥。

1953 年，建浙江泰顺仕阳双神桥，已毁。

1954 年，建红军桥，寿宁与泰顺交界的山溪之上，现存。

1955 年，建福建寿宁前洋桥，已毁。

1956 年，建浙江文成岭脚桥。

1960 年，建福建寿宁布罗林桥，1998 年毁于龙卷风。

1963 年，建浙江泰顺富家垟桥。

1963 年，建福建福安棠溪桥，木匠，现存。

1964 年，修缮福建寿宁鸾峰桥，现存。

1964 年，修缮福建寿宁九岭溪桥，已毁。

1966 年，建福建寿宁普济桥，现存。

1967 年，建福建寿宁杨溪头桥，现存。

2001 年，为中央电视台拍摄《虹桥寻踪》建木拱桥架。

2005 年，建福建顺昌华阳桥。

2007 年，迁建福建寿宁张坑桥、长濑溪桥。

2007 年，修复福建闽侯远济桥。

郑多雄（1953—　），郑惠福三子。郑多金徒弟，至今健在。作为郑多金师傅助手，担任副墨参与了以下工程的建设和维修工作：

2001 年，为中央电视台拍摄《虹桥寻踪》建木拱桥架。

2005 年，建福建顺昌县华阳桥。

图 6–3–2　木拱廊桥上题的徐斌桂木匠的墨书

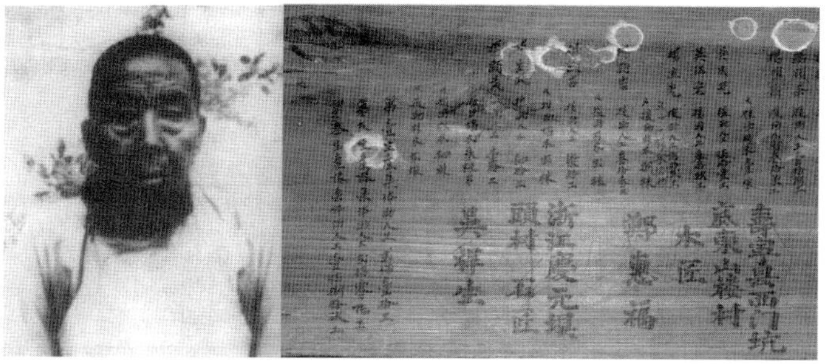

图 6–3–3 寿宁廊桥营造工匠郑惠福

图 6–3–4　寿宁廊桥营造工匠郑多雄、郑多金、郑多希（由左至右）

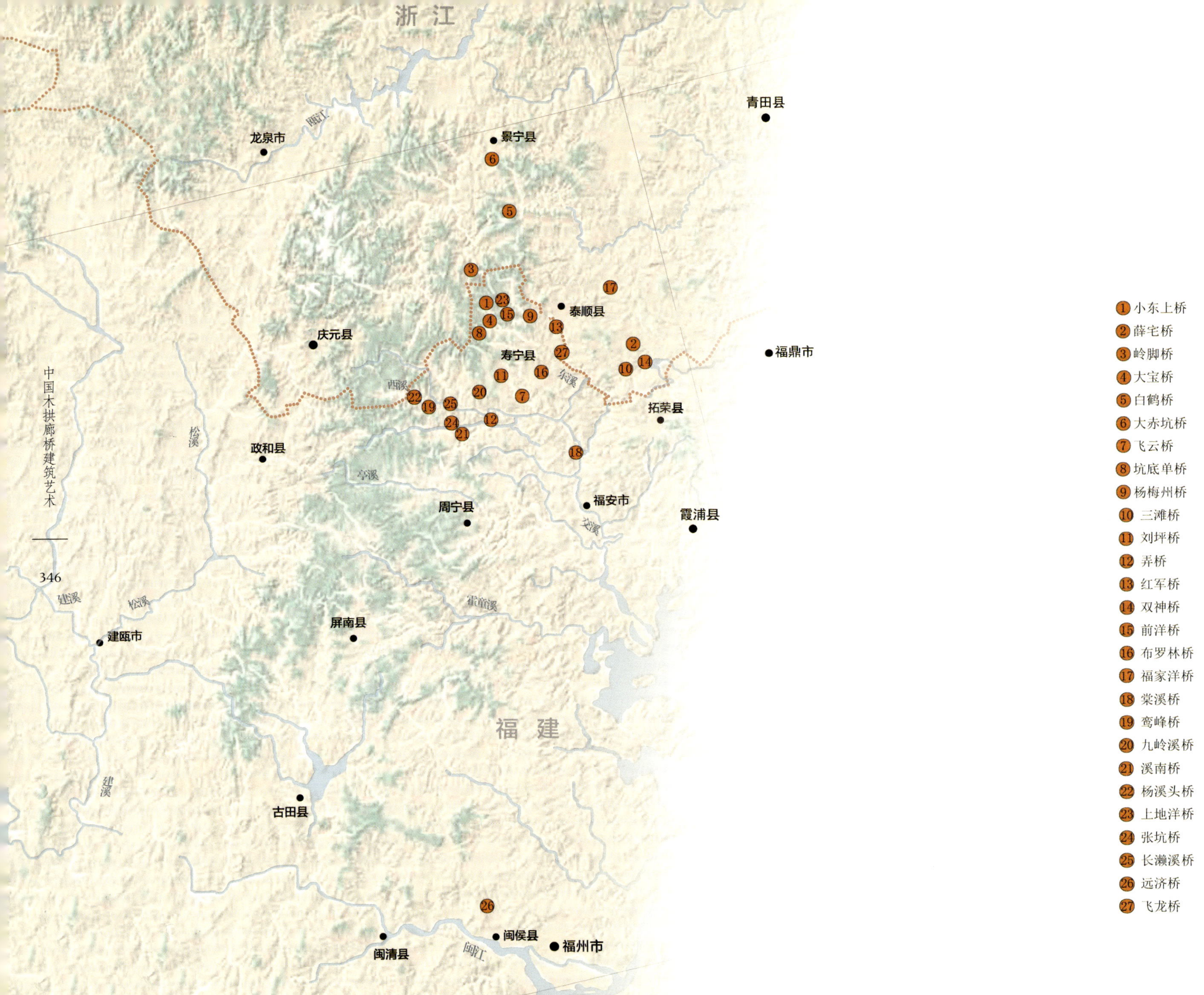

图 6-3-5　福建寿宁小东徐、郑世家修建的木拱廊桥分布图

2007 年，迁建福建寿宁张坑桥、长濑溪桥。

2007 年，修复福建闽侯远济桥。

另有：

郑福寿，清咸丰七年（1857 年），建浙江泰顺薛宅桥，现存，副墨。

郑岩福（1919—1999 年），徐泽长外甥，师徒关系。

民国二十八年（1939 年），建福建寿宁单桥，现存，木匠。

民国三十七年（1948 年），建浙江泰顺三滩桥，1950 年毁于洪水。

1950 年，建造寿宁刘坪桥，1999 年拆。

郑多希（1943—　），郑岩福子，师徒关系，至今健在。

1967 年，参建福建寿宁杨溪头桥，现存。

从上述资料中不难发现，徐、郑世家从徐兆裕一代算起已传了 8 代共 206 年，培育出桥梁工匠 10 余人，所造和维修的木拱桥不下 20 余座，地域横跨福建省寿宁县、福安市及浙江省泰顺县、庆元县、景宁县、文成县等 6 个县市。当然，上述信息肯定不是完全的统计。再者，徐、郑世家所造桥梁的名称、数量以及地点大多是郑多金、郑多希两兄弟根据回忆讲述的，除作者经过实地考察得到印证之外，其余或语焉不详或不能证实的都不予记录。实际上，徐、郑氏家族数代工匠所营造的木拱廊桥要远远超出上述数目。尤为可贵的是，他们建造了闽浙山区现存单孔跨度较大的几座木拱廊桥，比如浙江省泰顺县薛宅桥，景宁县白鹤桥，大赤坑桥；福建省福安市棠溪桥，寿宁县红军桥、鸾峰桥、杨溪头桥，其中，鸾峰桥和杨溪头桥的单孔跨度都达到了 37.6 米，在曾家快 2016 年前建成泰顺察溪桥之前是这一地区现存单孔跨度最大的木拱廊桥，很值得我们注意。郑惠福、郑多金父子两人在闽浙山区共建造木拱廊桥 18 座，现在尚存 8 座，也是难能可贵的。可以毫不夸张地说，从晚清至 20 世纪 60 年代，寿宁徐、郑造桥世家俨然成为闽浙山区木拱廊桥营造活动中一支非常重要的家族力量，他们的建桥技术及团队合作特点都是值得很好研究和总结的。

表 6–3–2　寿宁县小东、东山楼村徐、郑世家所造的木拱廊桥统计表

时间	名称	所在地	工匠
清嘉庆六年（1801 年）	小东上桥	福建寿宁	徐兆裕
清咸丰七年（1857 年）	薛宅桥	浙江泰顺	徐元良
清同治九年（1870 年）	岭脚桥	浙江景宁	徐斌桂
清光绪四年（1878 年）	大宝桥	福建寿宁	徐斌桂
清光绪十四年（1888 年）	白鹤桥	浙江景宁	徐世智、徐世仁、徐世礼
民国十二年（1923 年）	大赤坑桥	浙江景宁	徐世智
民国二十七年（1938 年）	飞云桥	福建寿宁	徐泽长
民国二十八年（1939 年）	单桥	福建寿宁	徐泽长
民国二十八年（1939 年）	杨梅州桥	福建寿宁	郑惠福
1949 年	三滩桥	浙江泰顺	郑惠福、郑多金
1950 年	刘坪桥	福建寿宁	徐泽长、郑惠福
1952 年	弄桥	福建寿宁	郑惠福、郑多金
1954 年	红军桥	福建寿宁	郑惠福、郑多金
1955 年	双神桥	浙江泰顺	郑惠福、郑多金
1955 年	前洋桥	福建寿宁	郑惠福、郑多金
1960 年	布罗林桥	福建寿宁	郑惠福、郑多金
1963 年	富家垟桥	浙江泰顺	郑惠福、郑多金
1963 年	棠溪桥	福建福安	郑惠福、郑多金
1964 年	九岭溪桥	福建寿宁	郑惠福、郑多金
1965 年	鸾峰桥	福建寿宁	郑惠福、郑多金
1966 年	普济桥	福建寿宁	郑惠福、郑多金
1967 年	杨溪头桥	福建寿宁	郑惠福
不详	上地洋桥	福建寿宁	郑惠福、郑多金
2001 年	木拱桥		郑多金、郑多雄
2004 年	九龙桥	福建顺昌	郑多金、郑多雄
2005 年	张坑桥	福建寿宁	郑多金、郑多雄
2006 年	长濑溪桥	福建寿宁	郑多金、郑多雄
2007 年	远济桥	福建闽侯	郑多金、郑多雄
2011 年	飞龙桥	福建寿宁	郑多金、郑多雄
2016 年	余庆桥	福建武夷山	郑多雄、吴大根、郑晖民

注：本表参考龚迪发著《福建木拱桥调查报告》第 21 页表 1-2“寿宁县小东、东山楼村徐、郑氏造桥世家所造桥一览表”及周芬芳、陆则起、苏旭东著《中国木拱桥传统营造技艺》第 195 页表 3“寿宁县小东徐郑建桥世家传承谱系”。

表 6-3-3　屏南县长桥村黄氏家族所造的木拱廊桥统计表

时间	名称	所在地	工匠
清光绪三十年（1904 年）	仙恩桥	福建建瓯	黄金书
民国六年（1917 年）	接龙桥	福建建瓯	黄金书、黄生富
民国六年（1917 年）	松岗尾桥	福建建瓯	黄金书、黄生富
民国六年（1917 年）	夏村桥	福建建瓯	黄生富、黄象颜
民国六年（1917 年）	赤梅村桥	福建南平	黄生富、黄象颜
民国六年（1917 年）	增丈桥	福建南平	黄生富、黄象颜
民国二十一年（1932 年）	万安桥	福建屏南	黄生富、黄象颜
1954 年	万安桥	福建屏南	黄象颜、黄春财
1956 年	上乾村桥	福建屏南	黄春财、郑代涛
1969 年	唐宦桥	福建古田	黄象颜、黄春财
2005 年	金造桥	福建屏南	黄春财、黄闽屏
2005 年	双龙桥	福建屏南	黄春财、黄闽屏、黄闽辉
2008 年	卓洋桥	福建古田	黄春财、黄闽屏、黄闽辉
2008 年	十锦桥	福建屏南	黄春财、黄闽屏、黄闽辉
2010 年	登云桥	福建寿宁	黄春财、黄闽屏、黄闽辉
2010 年	百祥桥	福建屏南	黄春财、黄闽屏、黄闽辉
2013 年	鸾江桥	福建宁德蕉城	黄春财、黄闽屏、黄闽辉

注：本表参考龚迪发著《福建木拱桥调查报告》第 15 页表 1- 3“屏南县长桥村黄氏造桥世家所造桥一览表”及周芬芳、陆则起、苏旭东著《中国木拱桥传统营造技艺》第 195 页表 1“屏南长桥黄氏家族世系表”。

三、屏南县长桥村黄氏造桥世家

福建省屏南县长桥镇长桥村有一黄姓木拱廊桥建造世家，自清光绪年间（1875—1908 年）黄金书师承长桥镇新乡村著名桥匠卓茂龙以来已历 5 代，至今仍有传人。150 余年来，黄氏一脉造桥匠师主要活跃在福建省屏南、古田、建瓯、南平等县市，共计新建、迁建木拱廊桥 20 多座，现存 8 座，其中万安桥于 2006 年被公布为全国重点文物保护单位。（见表 6-3-3、图 6-3-6）黄氏造桥世家第三代（从黄金书算起）传人黄春财被公布为福建省第二批非物质文化遗产项目代表性传承人、文化部第三批非物质文化遗产项目代表性传承人。黄氏世家是我国闽浙木拱廊桥传统营造技艺的重要传承世系之一。其谱系如下：

卓茂龙，又称茂龙仙（生卒年不详），一生建造廊桥 10 余座，清道光年间（1821—1850 年）复建屏南万安桥，为屏南县清代中后期著名造桥工匠。

黄金书（生于清咸丰年间，卒于 1933 年），师从长桥镇新乡村卓茂龙。民国时期造建瓯仙恩桥、接龙桥、松岗尾桥。

黄生富（1900—1974 年），黄金书长子，1932 年修建屏南万安桥，为主墨。民国时期随其父黄金书参与建造建瓯夏村桥，为副墨。1917 年造南平赤梅村桥、增丈桥，皆为主墨。1932 年修复屏南万安桥，为主墨。

黄象颜（1909—1984 年），黄金书次子，1917 年造建瓯夏村桥，为主墨。1917 年造南平赤梅村桥、增丈桥，皆为主墨。1932 年、1954 年两度修复屏南万安桥，为主墨。1969 年，造古田唐宦村桥，为主墨。

黄春财（1936—　），黄象颜长子，现为屏南著名建桥师傅。（见图 6-3-7、图 6-3-8）1952 年，洪水冲毁屏南万安桥西北向 2 个拱架共计 12 间廊屋，1954 年黄春财与其大伯、父亲重建这 2 个拱架。

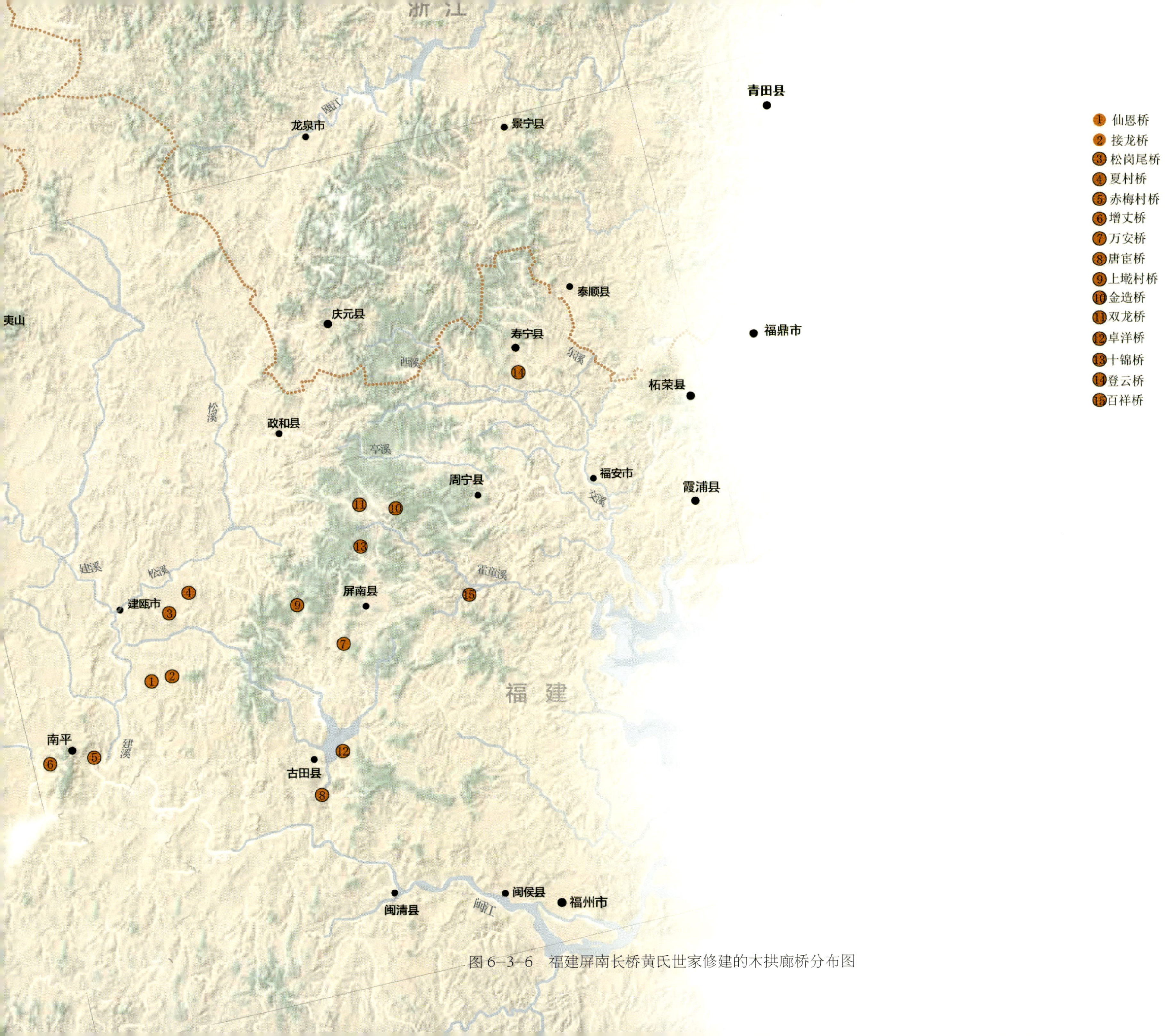

图 6–3–6　福建屏南长桥黄氏世家修建的木拱廊桥分布图

图 6-3-7　福建屏南建桥工匠黄春财

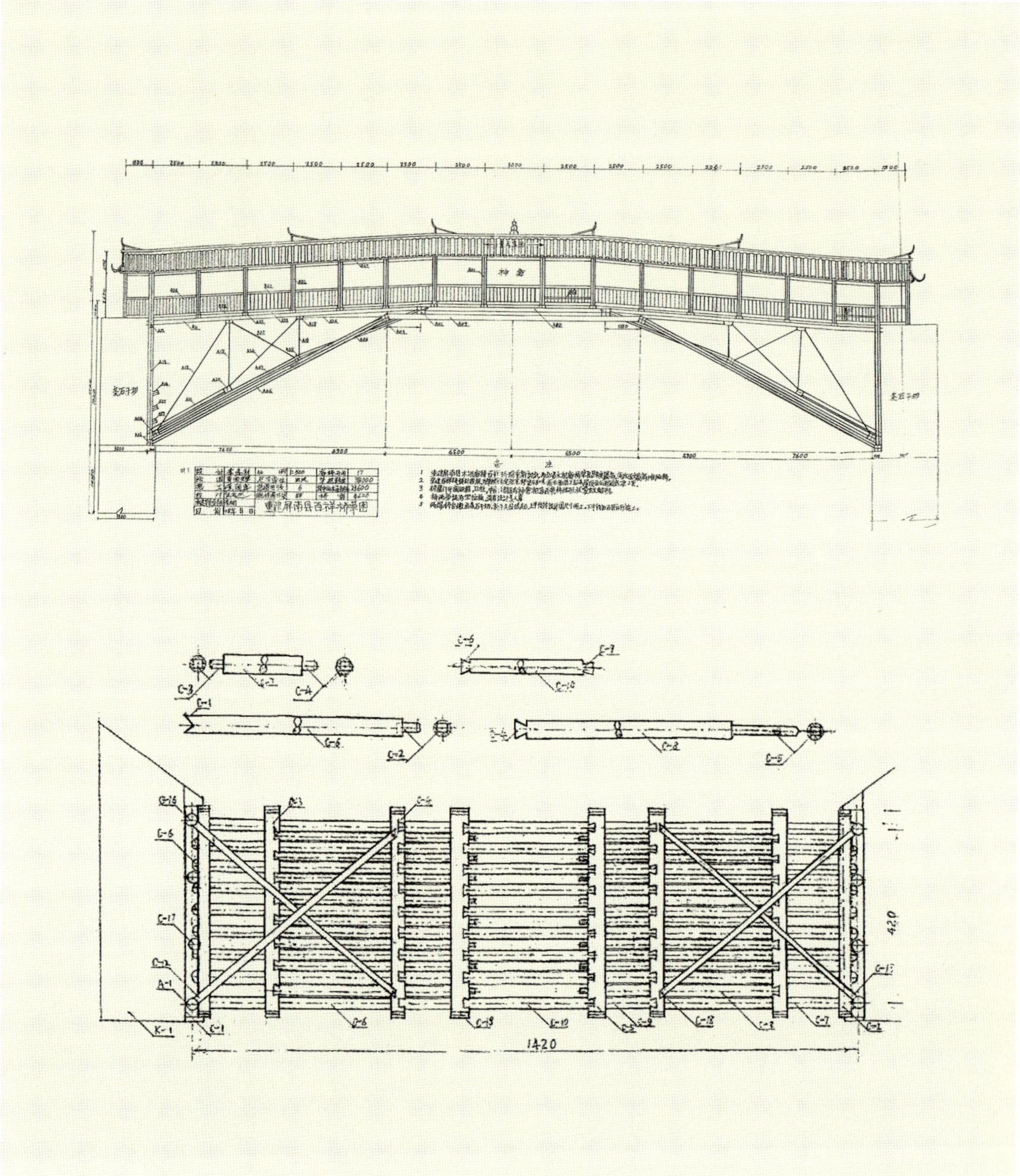

图 6-3-8　黄春财手绘廊桥设计图

a. 选桥址

b. 造桥台

c. 测水平

d. 上三节苗

e. 上五节苗

f. 立将军柱

g. 上剪刀苗

h. 立马腿

i. 架桥屋

j. 上主梁

图 6–3–9 黄春财主墨营造十锦桥过程

1956 年，造屏南上乾村桥，为主绳。2005 年，主持迁建屏南金造桥。2006 年，主持建造长 66 米、二墩三孔的屏南双龙桥。2008 年，主持建造十锦桥（见图 6–3–9）。2009 年，重建百祥桥。

黄闽屏（1963— ），黄春财大儿子。

黄闽辉（1984— ），黄春财小儿子。

两人均继承父业，2005 年参与迁建造金造桥。2006 年建造双龙桥，为副绳。2008 年参与建造十锦桥，为副绳。

从黄金书到黄闽屏、黄闽辉共传承 4 代，历百余年。黄氏一系共建造和修复了建瓯仙恩桥、接龙桥、松岗尾桥，古田唐宦桥，屏南万安桥、上乾村桥、金造桥、双龙桥、双虹桥、十锦桥等。2007 年，黄春财还在屏南县长桥镇成立了“黄氏家族木拱桥技艺传习所”和“木拱廊桥建筑工程队”。[1]

四、屏南县忠洋村韦氏造桥世家

福建省屏南县代溪镇忠洋村也有一木拱廊桥建造世家，自第一代造桥匠师韦学星始，至今已历 60 余年，前后共传承 3 代。韦氏家族并不是单纯地从事廊桥营造，其经营范围是所有大木作建造，因此，从此意义上讲，韦氏世家并不是木拱廊桥的专门营造匠师。

韦学星本是自学成才的大木匠师，后来有幸随古田县鹤塘镇路上村的木拱桥匠师黄玉云学习建造木拱廊桥。1948 年，韦学星带领他的弟子建造了生平第一座木拱廊桥——屏南金造桥。其时，尽管黄玉云年事已高，仍被韦学星延请到现场指导。因此，金造桥廊屋内的梁书留下了主墨四人的名字：黄玉云、韦学星、韦万会、韦春霜。韦氏一系建造的木拱廊桥只限于屏南县当地，比较著名的有金造桥、龟潭桥、溪里桥和樟口桥等。具体建造工匠情况如下：

韦学星（1885—1955 年），师承黄玉云，1948 年建造屏南金造桥，为主墨。

韦万会（1913—1971 年），师承韦学星，1948 年建造屏南金造桥，1955 年建造樟口桥，1970 年建造溪里桥，皆为主墨。

韦春霜（1919—2008 年），师承韦学星，1948 年建造屏南金造桥，1968 年建造龟潭桥，皆为主墨。

韦泽衍（1923— ），韦学星之子，师承韦学星，1948 年建造屏南金造桥，为副墨。

韦忠承（1920—1992 年），师承韦万会、韦春霜，1948 年建造屏南金造桥，为副墨。

韦孝款（1923—1980 年），师承韦万会、韦春霜，1948 年建造屏南金造桥，为副墨。

韦顺托（1928— ），师承韦万会、韦春霜，1948 年建造屏南金造桥，1968 年建造龟潭桥，皆为木匠。

韦忠柘（1933— ），师承韦万会、韦春霜，1970 年建造屏南溪里桥，为副墨。

韦忠枝（1945— ），师承韦春霜，1968 年建造屏南龟潭桥，1970 年建造溪里桥，皆为副墨。

韦顺岭（1949— ），韦万会之子、师承韦万会，1968 年建造屏南龟潭桥，为副墨，1970 年建造溪里桥，为木匠。[2]

五、闽浙地区的其他木拱廊桥建造工匠

除了上述几个木构廊桥营造世家外，闽浙各地还散布着为数不少的建桥主墨、副墨或木匠。这些工匠虽然没有形成建造世家，但有的形成了以某一地域为中心的建造群体；有的非常聪明，善于琢磨，自学成才，虽无师傅亲传，但通过对不少木拱廊桥的观摩和研究，也能独自尝试着建造木拱廊桥。当然，更多的是有师承，但并没有形成世家，也没有形成以某一地域为中心的群体，只是造桥工匠中的一员。

①参考周芬芳、陆则起、苏旭东著《中国木拱桥传统营造技艺》第 184 至 192 页，浙江人民出版社 2011 年版。
②参考周芬芳、陆则起、苏旭东著《中国木拱桥传统营造技艺》第 208 至 209 页，浙江人民出版社 2011 年版。

（一）周宁县下荐造桥群体

前文已述，福建省周宁县秀坑村有张氏木拱廊桥建造世家。与秀坑村相邻的后垅、梅度、洋坪三村，在地理上，共同处在周宁县、屏南县、蕉城区交界处的鸡角山山坳里，此地被当地人俗称为“下荐”。四个村子相互间有通婚，除秀坑村外其他三村也都有建造廊桥的工匠。据调查，后垅、梅度、洋坪三村廊桥建造工匠的技术均是从秀坑村张氏处所学而来的。因此，闽浙地区将这一特定区域的木拱廊桥建造师傅统称为“下荐师傅”，有的桥约里也写成“萼荐师傅”。[1]

（二）寿宁县小东村造桥群体

前文已述，福建省寿宁县小东村有徐、郑木拱廊桥建造世家。由于徐家与郑家有姻亲关系，因此木拱廊桥的建造技艺逐渐从徐氏一系转移到郑氏一系。事实上，在小东村及其附近的东山楼村、林山村、楼基坪村、地头村、半岭洋村、后坑村等地都有不少木匠参与了徐、郑世家的造桥活动。比如半岭洋村吴元明被郑惠福招为女婿后，就参与建造了6座廊桥。[1]

（三）其他造桥工匠

除了上述几个造桥世系和造桥群体之外，在福建省的福州、南平、宁德等市以及浙江省的泰顺县、庆元县也有建桥的工匠活跃在历史的舞台上。

根据龚迪发先生所作调查，福州一地有闽侯县的方宗传（1930— ）、黄连妹（生卒年不详）建造了闽侯塘里桥、蕉溪桥，陈齐老、陈水水建造了塘里桥，方宗佃建造了蕉溪桥；罗源县的周连寿（生卒年不详）曾于清道光二十五年（1845年）为主墨建造了闽侯三溪桥。南平一地有卢木生（又名卢进荣，1932— ）曾参与延平区八字桥以及月圆桥的修缮工作；政和县杨显华（1937— ）曾于1962年为主墨建造龙滩桥，吴守木（生卒年不详）曾于2007年修缮洋后厝桥，刘庭万（又名刘庭繁，生卒年不详）曾于2001年修缮后山厝桥。顺昌县徐云双（1965— ）曾于2011年造顺昌合掌岩木拱桥。

宁德地区的木拱桥造桥工匠数量则更多，主要分布在周宁、寿宁和屏南三县。福安、古田以及蕉城等县区市也有造桥工匠。周宁县除了上文已介绍过的秀坑村张氏一系以及下荐造桥群体之外，纯池镇禾溪村、纯池村和礼门乡梅度村分别出过不少造桥工匠。比如清道光年间（1821—1850年）禾溪村就有林仕柄、林廷怀、陈联进、陈景生、林廷寿等工匠，他们都是建造政和交龙桥的副墨。许顺全和许朝权分别参与了周宁县纯池镇禾溪村三仙桥和周宁县纯池镇桃坑村七仙桥的建造工作。在礼门乡梅度村，从清光绪年间（1875—1908年）以来有何常山、何艳帮、何开灏、何常献、何开城、何常荣等曾为木拱廊桥的桥下拱架副墨；在礼门乡洋坪村，从清光绪年间以来有何常益、彭治统、彭伏党等曾从事过木拱廊桥的桥下拱架副墨；在礼门乡后垅村，从清道光年间以来有何圣泉、何圣前、何前□、何圣洪、何志昂、何天佗、何常云等曾为主墨、主拱木匠以及木匠等。

寿宁县除了坑底乡小东村徐、郑世家及其关联的工匠外，楼基坪村有胡以文、胡灵发在清光绪年间活动，为建造寿宁县大宝桥的副墨；地头村有魏正汉为清光绪年间建造寿宁县大宝桥的副墨，魏正有、魏正木于清光绪十四年（1888年）参与建造了浙江省景宁县白鹤桥；半岭洋村，吴茂盛、吴元龙于民国二十八年（1939年）参与建造了寿宁县坑底乡单桥；林山村，吴大清在民国二十八年（1939年）建造寿宁县坑底乡杨梅州桥，为绳墨，叶若康在民国

①参考龚迪发著《福建木拱桥调查报告》第2至7页，科学出版社2013年版。

二十八年（1939 年）建造了寿宁县坑底乡单桥；后坑村，民国时期有徐长根、何廷发、叶秀苗参与了单桥的建造。大安乡伏际村，吴允灿 1967 年参与建造了杨溪头桥。平溪乡有蔡光龙，芹洋乡有吴国才，南阳镇有龚若岩、龚阿生、龚生清、龚三弟、陈应生、龚明会、张启福等副绳墨或木匠。犀溪镇有缪裕万参与寿宁县犀溪红军桥的建造。大安乡有项高尧参与浙江省庆元县甫田桥的建造。

屏南县除了长桥镇黄氏家族和代溪镇韦氏家族造桥工匠外，屏城乡有郑带涛、吴观赠、郑传春等工匠，寿山乡有黄荣成、倪大火、张明生等副绳墨，棠口乡有张世倬，熙岭乡有林振回等为副绳墨。

宁德市的蕉城区有绳墨肖朱峰，曾于清道光十一年（1831 年）建造了芹洋乡尤溪里仁桥。福安市潭头镇有郑盛金，曾于 1963 年建造了福安市潭头镇棠溪桥，1966 年建造了寿宁县南阳镇溪南桥。古田县鹤塘镇有黄玉云，曾于民国三十七年（1948 年）年建造了屏南金造桥，余添春、余根干分别参与建造了闽侯县泰山桥和屏南县茶溪桥。平湖镇有清宣统年间（1909—1911 年）造桥匠师陈乃避、陈乃财，民国造桥匠师李庆余、李庆能等。新城镇有丁秋香，曾于民国十四年（1925 年）建造了古田县大桥镇百花桥。[1]

浙江省的泰顺县和庆元县也有造桥工匠，如泰顺县的董直机（1924— ），曾于民国三十七年（1948 年）主持建造了泰顺石拱木廊桥泰福桥，2004 年主持建造了泰顺同乐桥（见图 6–3–10、图 6–3–11）。泰顺县另外一位造桥匠师是曾家快（1974— ），先后于 2003 年至 2015 年间建造了泰顺南溪桥、福潦桥、埠下桥、西旸桥、潆秀桥、南院桥、雅阳百福岩桥、罗阳察溪桥、仕阳隐秀桥以及衢州黄土岭香溪桥等 10 座木拱桥（见图 6–3–12、图 6–3–13）。其中仕阳隐秀桥和罗阳察溪桥拱跨都超过了 30 米，分别是 32 米和 44.3 米（从两桥堍将军柱起算）。庆元县桥匠吴复勇（1955— ）曾先后参与了咏归桥、如龙桥、来凤桥的维修工作， 2006 年主持建造了庆元县两墩三孔的木拱廊桥——蒙洲桥，2008 年设计建造了慈照桥，2009 年设计建造了文昌桥。胡淼（1967— ）也是庆元县的木拱桥营造技艺传承人，他与父亲一道参与了修复兰溪桥的迁建工程，后又独立主持了家乡竹坪村蜈蚣桥的重建和袅桥的维修工程（见图 6–3–14）。[2]

①参考龚迪发著《福建木拱桥调查报告》第 2 至 7 页，科学出版社 2013 年版。
②参考季海波、陈伟红主编，薛一泉、叶树生著《木拱桥传统营造技艺》第 177 至 185 页，浙江摄影出版社 2014 年版。

图 6-3-10　泰顺董直机师傅在建造泰顺同乐桥过程中

图 6-3-11　泰顺造桥工匠董直机（中）与杨鸿勋先生（右）

图 6–3–12　建造中的浙江泰顺滚秀桥（图中人物为主墨曾家快师傅）

图 6–3–13　美国俄亥俄地理学会前会长珍妮（中）考察泰顺时在滚秀桥建造现场与造桥师傅曾家快（左）交流

图 6–3–14
主墨胡淼在浙江庆元竹坪桥重建工程中祭梁

在传统的中国社会里，几乎所有的建筑工程活动都会始终伴随着一些重要的民间信仰仪式与民俗活动，作为重要的土木工程之一的造桥也不例外。建桥礼仪只是中国传统建筑礼仪中的一个重要组成部分。架桥铺路，自古以来就是中国传统社会里的重要公共事业活动，其牵涉面广，投资巨大，对乡民们的生活影响极其深远。传统的风水学说，总会对造桥铺路作出“吉凶”的解释，其中虽然不乏牵强附会，但作为在过去相当漫长的历史中占据了规划建设重要理论地位的风水术客观上对传统的营造活动起到了指导和决定性的作用。

建桥礼仪的产生与存在，至少部分地因为它伴随着自然空间境界的打破和全新文化或人为空间境界的生成。比如，在德国，人们认为河里住着神或精灵，而架桥就会冒犯河流自然形成的境界。因此必须通过各种供品安慰河里的神或精灵。其实，中国古代也有类似记载，《西门豹治邺》中就有祭河伯之事。“隋人建石桥，凡二百八十祀”，这是在河北赵州桥下河床发现的八角石柱上所刻刘超然《新修石桥记》里的说法。中国古代建桥活动中祭祀活动之频繁，可见一斑。

闽浙山区已有上千年的建桥历史，木拱廊桥营造的历史也至少有500年。造桥工匠们在长期的劳动中，形成了各式各样的造桥习俗。由于政治、经济和文化等方面的原因，木拱廊桥建造从1949年后逐渐减少，到了1980年以后基本就没有人再按传统的方式建造木拱廊桥了，直到最近10余年又恢复了建造木拱廊桥的传统。现尚健在的造桥工匠越来越少，主墨工匠更是屈指可数，几百年来形成的造桥习俗已逐渐鲜为人知。这些习俗既有合理的因子，也有迷信和蒙昧的成分，但它是在漫长的劳作岁月中逐渐形成和积淀下来的，对我们了解中国传统的造桥文化，仍有很高的历史价值和学术价值。

木拱廊桥的营造过程中有较多的礼仪，这是因造桥而产生的。造桥过程顺利结束以后，也就是新桥使用的开始。一座新桥从投入使用到最后被废弃，是一个漫长的过程，这个过程往往延续几十年乃至几百年。在桥的使用中，为桥或乡民们自己祈福的礼仪在桥屋里进行是非常普遍而隆重的。这些礼仪相对建桥礼仪而言，更加自由和多样，形式也不如建桥礼仪固定。这一类礼仪的产生、发展同样也非常有意义，我将在第八章第三节中予以讨论。

我们在对以寿宁县、泰顺县为主的闽浙山区现存木拱廊桥的详细考察和研究基础上，通过对老桥匠们的调查、访问，以及对木拱桥建造、维修现场的观摩和体验，将木拱桥营造过程中的传统礼仪归纳总结如下：

第一节

建桥首事与立约“桥批”

中国传统的乡土社会中，修桥铺路从来都是造福一方的善举，更是公益性的工程活动，极易受到官方和民间的支持。闽浙廊桥虽有官府出钱并组织修建的，诸如泰顺县城南门的登云桥和罗阳镇仙稔社区的仙居桥；更多的廊桥却是宗族或家族合力修建的，比如三魁镇的薛宅桥、西旸镇的三条桥、筱村镇的文兴桥以及三魁镇戬州社区的永庆桥和南阳桥等。从建造的数量来看，私建的廊桥在泰顺县占多数。

由家族或宗族组织建造廊桥，在募集到足够或相当的资金后，便要“求大木，择工师”。募集资金和寻求造桥“工师”都是责任重大而异常艰难的事情，需要杰出的人才，这就有了“建桥首事”一职的产生。一般来说，建造廊桥的首事会有好几位，但其中只有一位是主要首事。官府修桥自然由官府中人出任首事，私建的廊桥一般由组织建造廊桥的宗族或家族中德高望重又有旺盛精力的人出任，因为主事造桥是一件需要付出太多智慧和太多精力的苦差事。在筱村镇流传着这样一个关于造桥首事的凄惨故事[①]：

泰顺县筱村镇文兴桥的建造首事之一——王光奕，为了建造文兴桥，变卖了 18 亩（1 亩 ≈ 666.67 平方米）良田与全部家产。木拱廊桥落成后，完成了历史重任的王光奕已经身无分文，最后靠乞讨度日。王家山村的同宗族人得知他的情况后，立即凑足了 3 担白米送给他。可惜的是，王光奕在建造文兴桥期间废寝忘食以至积劳成疾，还没等吃完族人所送的白米就悄然过世了。

虽然造桥首事的工作比较艰辛和困难，但正因为此，造桥的事业在绝大多数情形下总会得到众人的拥戴。造桥活动是善举，不仅自己族人，邻近村落的乡民也乐于捐助，族人们更是有钱出钱，有力出力，

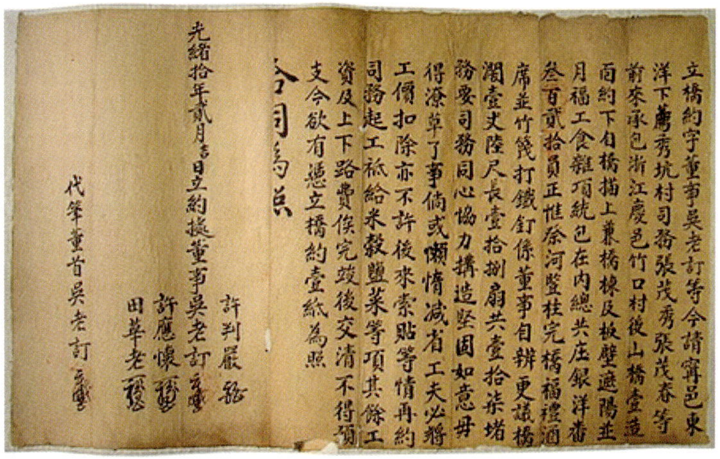

立橋約字董事吳老訂等今請寧邑東
洋下蔣秀坑村司務張茂秀張茂春等
前來承包浙江慶邑竹口村後山橋壹座
面約下自橋擋上兼橋椽及板壁遮陽並
月福工食雜項統包在內總共庄銀洋番
叁百貳拾員正惟除河豎柱完橋福禮酒
席並竹篾打鐵釘係董事自辦更議橋
濶壹丈陸尺長壹拾捌扇共壹拾柒堵
務要司務同心協力構造堅固如意毋
得潦草了事倘或懶惰減省工夫必將
工價扣除亦不許後來索貼等情再約
司務起工祗給米穀鹽菜等項其餘工
資及上下路費俟完竣後交清不得預
支今欲有憑立橋約壹紙為照
合同為照
光緒拾年貳月吉日立約據董事吳老訂
許判嚴
許應懷
田華老
代筆董首吳老訂

图 7-1-1　浙江庆元后坑桥桥约

①参见薛一泉著《解读廊桥》一书第 15 页，中国民族摄影艺术出版社 2005 年版。

也有的到自家山上伐木捐赠，“或一家一支，或二三家（一支），或八九十家（一支）不等”（见三魁镇《薛氏宗谱》中的《重修锦溪桥记略》）。

“建桥首事”选出后，建造木拱廊桥的工作就可以正式开始了，第一步就是“择工师”。“择工师”并不仅仅是选择造桥工匠，还要编制预算，并且这些内容都将写进特定的条约。这种条约有些类似当今的建造合同书，而签订这种合同就叫立约。在闽浙山区，建桥董事、缘首等与造桥工匠签订的建桥合同书，称为“桥批”、“桥约”、“请约”，到晚些时代就有直称合同的了。（见图 7-1-1）

桥批一般采用毛边纸或宣纸，用毛笔竖式书写。[①]书写的内容主要是董事、缘首为建造或重修某地某桥，今在某某邑某某村请得木匠某某某造桥之类。其具体内容主要有以下几个方面：一是建桥方提出所建桥的长度、高度、宽度，桥面上立几根柱子，桥内是否架设板凳和设置神龛等；二是若为拆旧桥重建，则提出要拆换何处桥苗（作拱骨用的梁木）、桥面板、枋檩木若干等；三是两端桥台的高度、宽度、厚度及砌法、用石规格尺寸；四是材料的供给，如桥苗（作拱骨用的梁木）自何处运来，毛竹搭架木料、篾绳、铁钉，有的连工匠用的墨斗是自备还是由建桥方供给也写得清清楚楚；五是除木匠外，建桥台的石匠、盖桥屋的泥水匠等是由建桥方还是由承建方来负责；六是总造价多少，如何兑付；七是每月初一、十五以及敬神礼仪的开支，上梁的花红（给主墨工匠的红包）开支数额；八是违约的罚款情况等。而后书写签约时间、签约人姓名（盖章或画押）、见证人、代笔者。在时间后还要慎重书上骑缝字（多为吉祥词），最后常在左上角书上“□□大吉”等字。若要添补遗漏约定，还要再由书写人签字画押，以示慎重。

桥约签订之后，即可择日起工。择日也需要严格的程序和特定的仪式，对整个造桥工程进行详细的日程安排，这些时间得由专门的择日先生根据传统历书上的黄道吉日排定。

第二节
择日先生与择日起工

筹建木拱廊桥的董事（首事）正式聘请了造桥工匠之后，就要开始正式谋划桥梁的建造事宜了。在泰顺、寿宁、周宁、屏南等县，建造廊桥首先要做的就是确定桥堍的具体位置。桥堍的具体位置、桥身的朝向对于桥梁建成后之安全非常关键，建造木拱廊桥尤其如此。要选址造桥，得请地理先生（即风水师）出马。

地理先生在测定了两端桥台的坐向方位后，就得再请择日先生选定架马上梁等黄道吉日。择日吉课[②]要送给造桥工匠鉴定是否可用。仍以现存的福建省文物资料为例，清同治四年（1865 年）龙岩市竹森后村要建造双广桥，延请张茂秀（周宁县礼门乡秀坑村人，大概生活在 1850—1920 年之间）、张茂巢二位工匠主其事，当时送给造桥匠师鉴定的择日吉课保存了下来（见图 7-2-1），其内容如下：

“一择六月廿四辛亥日宜午时木匠起工架马大吉；

一择七月十二日戊辰宜辰时定磉大吉；

一择七月二十日丙子日宜卯时拆旧桥大吉；

一择十月初十乙未日宜卯时搭桥架或铺下层桥板；

一择十月十五庚子日宜辰时平桥板大吉；

一择十月二十一丙午日宜卯时聘架，未时入山迎梁；

一择十月廿二丁未日宜辰时竖柱，未时上梁大吉。”

在泰顺县泗溪镇也流传着建桥首事林正绪和择日先生的故事：

位于泗溪镇的溪东桥和北涧桥是泰顺县境内形态最漂亮的两座木拱廊桥，因为两桥相距不远，其下溪水相连，故当地人又分别称它们为上桥和下桥，也称姊妹桥。林正绪是溪东桥的建造首事，溪东桥正式竣工后，按当地习俗要举行“圆桥”仪式。在选出良

①在传统时代为泰顺县建造木拱廊桥的工匠大多来自福建省的闽东地区，现存的桥批大多数也是从福建省东北部山区征集而来的，现收藏于寿宁县博物馆内。
②择日吉课，是择日先生为建造木拱廊桥所选定的建桥重要环节的日程安排，或称黄道吉日的文书。

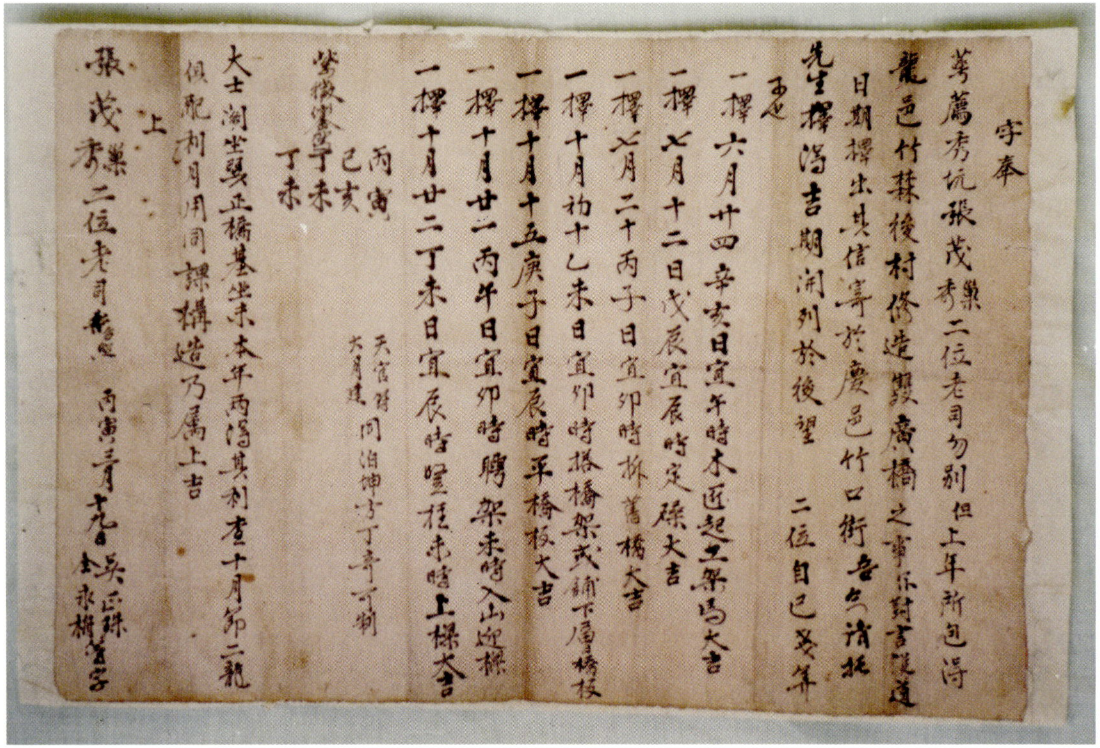
宇奉
薦萬秀坑張茂秀二位老司勿别 但上年所包得
龍邑竹林後村修造興廣橋之事
日期擇出其信寄於慶邑竹口街
先生擇得吉期開列於後望 二位自己爲算
一擇六月廿四辛亥日宜午時木匠起工架馬大吉
一擇七月十二日戊辰宜辰時定磉大吉
一擇七月二十丙子日宜卯時拆舊橋大吉
一擇十月初十乙未日宜卯時搭橋架式鋪下層橋板
一擇十月十五庚子日宜辰時平橋板大吉
一擇十月廿一丙午日宜卯時
一擇十月廿二丁未日宜辰時豎柱未時上樑大吉
丙寅
己亥
丁未
大士閣坐巽正橋基坐未本年兩得其利查十月節二龍
俱配利月用同課構造乃屬上吉
上
張茂秀二位老司

图 7-2-1 习俗——择日

辰吉日后，择日先生却对林正绪说："择此良辰吉日，日子上佳，唯此日会损一方，不损首事，亦损师傅，二者何从，汝自定夺。"林正绪为了尽快让桥梁通行，当即决定按既定良辰吉日开始圆桥，为了不损师傅，毅然决定阖家迁离泗溪。[①]首事的顾大局舍小家的无私精神，以及择日先生的"金口"在这则故事中都表现得淋漓尽致。

择日吉课一般还书有"大士阁坐巽正桥基坐未本年两得其利查十月节二龙俱配利月用同课构造乃属上吉"等语，也有较为简单的，如"择十月初六乙未日卯时架马及起工修造吉，十八丁未日卯时换柱升梁钉椽并吉"。有的桥还把地理先生、择日先生姓名书于桥内梁上。

择日吉课虽说带有迷信的色彩，但是它客观上对整个造桥工程的日程和施工内容安排，对控制整个工程的工期等都起到了至关重要的作用。

①参见刘淑婷、薛一泉著《温州泰顺乡土建筑》一书第 97 至 98 页，浙江摄影出版社 2009 年版。

第三节

风水先生与桥堍选址

风水先生，也就是前文说到的地理先生，人们对他们的评价总是褒贬不一，从古到今向来如此。堪舆风水之说一旦附加太多的迷信色彩，连古代的有识之士也曾不屑。据清光绪版《永嘉县志》记载，明代温州知府文林、何文渊等人和地方上比较有学识的乡绅，曾经对巫风淫祠、卜巫堪舆等作过批判且明令禁止，把这些迷信的风行看作人心浇漓的一种现象。不过，清代泰顺人董永孚在《重修登云桥记》一文中记录了一段关于风水的话，也颇耐人寻味："桥梁之设，原以利行人也。形家（即堪舆风水师的一种——作者注）以水口紧关为利，似不可信，而有可信者。邑城南里许，两山分峙，瀑布悬崖。故明万历丁巳，乡士大夫建桥于其间，不过资利涉耳。硪而棣萼联鹿，后先继美，邑人利之，似非形家臆说也。"

地理先生凭借手中的罗盘，口中念念有词，手中指指点点，却将偌大的廊桥之桥堍以及桥梁的走向和方位都一一确定下来。位于泰顺县龟湖镇的城水桥（撑架式木拱桥）廊屋大梁上就留有风水先生王石玉的名字。据说，在建城水桥之前，已经多次在此处建桥，可惜均毁于洪水。桥毁期间，乡民们一边用巨木搭起临时梁桥，权宜两岸交通；一边延请县内知名的龟湖风水名师王石玉到实地勘察选址。王石玉从风向、水害等方面考虑，最终确定了桥址。经王石玉选址建成的城水桥一致安全地使用到了今天。①

当然，确定廊桥建造的地点并不一定非要地理先生来确定不可，只要拥有比较丰富的水文、地质以及工程经验的人都可担当。比如，泰顺县三魁镇薛宅桥的重建就是由新上任的县令杨炳春确定的。据《薛氏宗谱》中的《重修锦溪桥记略》记载，他亲身履勘，一路博询，认为如果建在大溪处，则"上面当风易坏，下面水势湍急，下桩不固"。如果建在小溪下，"则上面易于存风，下面水亦平稳，于此建桥，自可经久，且众议皆然"。

①参见薛一泉撰《泰顺廊桥》一文，载于泰顺廊桥网（现改为"中国廊桥网"）。

图 7-4-1　南山伐梁

图 7-4-2　露天制梁

图 7-4-3　习俗——喜梁

图 7-4-4　杀猪祭河

图 7-4-5　习俗——供品

第四节 挑选栋梁、祭河动工和上梁仪式

一、挑选栋梁

在中国传统的房屋结构中，称正房正中屋脊下的一根檩木（宋代称桁木）为栋梁。木拱廊桥廊屋中相同位置的檩木也被称为“栋梁”，福建省的宁德地区则称之为“喜梁”。因为栋梁在屋架结构中所处位置最高，故地位也最高，所受的待遇也最高。

建造木拱廊桥要用到很多的木材，除栋梁外，其他材料可由乡民捐助得来，只要树种、规格和强度符合要求即可，其他则不太讲究。栋梁就不一样了，其用材以及选材要严苛得多，并且还有一个专门挑选栋梁的仪式，必须是建桥首事亲自组织人员到山林中去选择栋梁之材。能被选为栋梁之材的树木必须满足下列条件：必须长在“洁净”之处，所谓“洁净”之处是指这颗树的周围没有坟墓、茅厕，树木的上方没有道路；必须是高大挺拔的杉树，在福建省的宁德地区则要选择三株或两株同根、枝叶茂盛之杉树，俗称“双胞柴”。在浙江省泰顺县，被选为栋梁之树木要维持原貌，不能去皮（通常伐树后，都会剥下树皮再扛下山），被砍倒后不能着地，须用木马支撑着，等待村里的有功名或是有身份的人来象征性地抬一抬，做起抬仪式，然后再由丁壮汉子抬下山。谁家山林里有树木被挑中做栋梁，主人不但不懊恼，反而会高兴，更会多捐些木材。理由很简单：因为自家山林里出了栋梁之材，就意味着家族中的子弟成为栋梁之材已为时不远了，能不开心吗？[①]（见图 7-4-1、图 7-4-2）

在福建省宁德地区，伐木时要择吉日，须备“山礼”一担，“山礼”有公鸡一只、猪肉一块、素菜五碗、茶酒，并选择乡村中父母双全、三代同堂的“好命仔”四人去砍伐（四人意为东西南北四方）。

①参见薛一泉撰《泰顺廊桥》一文，载于泰顺廊桥网（现改为“中国廊桥网”）。

砍伐前要在山上祭山神，将一担“山礼”的物品摆在要伐杉木旁边，并点烛焚香。所伐杉木要选择向山上方向放下（意为向上，避免“倒下”，不吉利），还要在杉木将倒下的地方垫些树叶之类的东西（意为喜梁杉木不受玷污）。砍伐时，木匠师傅要喝彩，其他人随着喝彩：

“右边发斧千年发（好啊！），

左边发斧世代兴（好啊！），

发天长地久（好啊！），

村村兴发、户户荣昌（好啊！），

财丁两旺、富贵双全（好啊！）。”

取杉木树尾木杈五至七盘，俗称“树绦”悬挂于喜梁当中（寓有头有尾，兴旺发达之意），并给喜梁披上红布，沿路鸣炮抬回，用三脚木撑将喜梁置于桥址旁边空地，绝对不能将之直接置于地上，以免被玷污。喜梁树皮削好，不能乱丢。可将树皮置于高处晒干放入锅中烧成灰作香炉灰用，也可倒入溪中让水流带走。作为喜梁的一根杉木，取好喜梁后，所剩之材要作为桥中神龛前边的左右两根柱子。（见图 7-4-3）

喜梁的成功置办，表示造桥准备工作的顺利开始。

二、祭河动工

农历秋分后的枯水期，河水流量不大，雨水也不多，是适合造桥的日子。这一时期一般会被选择作为造桥动工的时间。造桥工程开工之初，是必须先进行祭河仪式的。仪式很复杂，但也比较固定：抬一头猪到溪边宰杀，然后将未死之猪放入溪中，让猪血喷洒在溪水里，染红溪水，溪水越红越好。（见图 7-4-4）而后摆好猪头、公鸡、香烛、茶酒、果点、斋菜祭奠河神。（见图 7-4-5）此后凡遇农历初一、十五要小祭，平时每日要焚香。建造桥梁的福礼酒席一般为四次。（见图 7-4-6）

清咸丰三年（1853 年），福建省屏南县缘首张朝高等建造大峭桥，在造桥合同中约定“唯祭河、竖柱、上梁、完桥四次福礼。酒席并竹篾打铁系高（指缘首张朝高）办”。造桥还有月福的礼仪。清道光十七年（1837 年）造古田汤寿桥时，签订的造桥合同中有“外

图 7-4-6　习俗——神橱

约月福三次给钱壹拾千文又付君（指造桥工匠张成君）前去自备”，这月福三次包括每月农历的初一、十五两日，还有一次具体日子不祥。

祭河仪式一结束，也就意味着整个造桥的准备工作业已完成，接下去就是正式造桥工程的开始。

三、上梁仪式

在中国传统的营造活动中，无论是房屋还是桥梁，在安装最后一根栋梁时总有一个非常隆重的上梁仪式。举办这个仪式既是为了庆贺房屋和桥梁大木构架的完成，又是为了预祝整个建筑工程的顺利圆满，乃至期望将来使用过程的完美以及给主事者、使用者带来好运和福气。在浙江省木拱廊桥的营造过程中，因为有相当多的木拱廊桥直接委托福建省的木匠师傅建造，比如，庆元县、泰顺县在旧时就常常邀请寿宁桥匠参与建造木拱廊桥。庆元、寿宁二县与泰顺县虽仅一山之隔，在营造活动中闽浙两省的工匠也经常交流往来甚至合作共事，但其营造习俗不尽相同，因此上梁仪式的程序也不完全一样，其形式更是多样。（见图 7–4–7）

图 7–4–7　上苗梁仪式

1. 上梁喝彩

木拱廊桥是浙江省最为特殊的一类廊桥，从现存的廊桥来看，它的营造，尤其是主要的木拱构架部分是由相邻的福建省周宁县、寿宁县的木匠师傅主持的。福建师傅在木拱桥桥拱最后一根梁木合龙时有一个喝彩的仪式。

在通常的木拱桥建造过程中，第一步是立水柱架，其作用是用来架好第一系统的三排拱骨，亦即闽浙地区工匠常说的三节苗。第二步就是架好第一系统，即三节苗。在架设三节苗的过程中，安放平苗（亦即中间水平的拱骨）中间一根大梁时要举行祭梁仪式。2001 年 11 月，中央电视台为拍摄《虹桥寻踪》，请寿宁造桥工匠郑多金建造木拱桥，郑师傅在上梁仪式前，还到溪边的社主（俗称大王）处祭拜。在溪中摆一供桌，供品有香烛、茶酒、果点、斋菜，以及木匠造桥工具墨斗、斧头、凿子等。

祭梁由主墨木匠主持。点烛焚香上茶酒后，主墨木匠念：

“一逢一、二逢一、三逢一，
吉日良辰天地开，阴阳相配大利此方。
谨请天皇銮驾到，谨请玉皇銮驾到，
太阳星君到，天智正马到，
传送正禄到，太阴星君到，
天乙星君到，鲁班师傅到，
贵人星君利，大吉星君到。
日子已定，时辰已到，鸣炮开发送上梁。”

然后边放鞭炮，边由主墨木匠喝梁（喝彩）。造桥木匠转动天门车（旧时造桥用于调动木料的工具，其工作原理类似今天工程上利用卷扬机牵动钢绳吊动重物之起重机械）抽紧天门车缆绳，大梁徐徐上升。（见图 7–4–8）主墨木匠喝梁，众人同声喝彩：

“一来长命富贵（好啊！），

二来金玉满堂（好啊！），

三来三元及第（好啊！），

四来四季长春（好啊！），

五来五福长寿（好啊！），

六来积谷万仓（好啊！），

七来荣华富贵（好啊！），

八来承相同科（好啊！），

九来大发人丁千万口（好啊！），

十来十金大发永无疆（好啊！）。

梁上金鸡来报晓，梁下玉鸡满千仓。华盖千秋火，富贵万年长（好啊！）。”

图 7–4–8　天门车运送木构件

也有另一种喝梁（喝彩）：

“一敬梁头一盏酒，财丁两旺家家有（好啊！），

二敬梁尾一杯茶，家家户户闹喳喳（好啊！），

三敬梁中一盏酒，荣华富贵满堂红（好啊！），

四敬各位缘首、董事年年生贵子，户户中状元（好啊！）。”

在拱架上将三节苗平苗打入大牛头（闽浙山区的造桥工匠习惯将木拱桥两套结构系统中与纵向拱骨相垂直的横向拱骨称为牛头）的榫头时喝彩：

“拜鲁班仙师下凡来，保佑弟子上金榜。

一要财丁两旺（好啊！），

二要金玉满堂（好啊！），

三要三元及第（好啊！），

四要四季吉祥（好啊！），

五要五福六寿（好啊！），

六要六国承相（好啊！），

七要七财八宝（好啊！），

八要八仙聚会（好啊！），

九要九子登科（好啊！），

十要十全大发（好啊！）。”

这些喝彩的语言形式虽然多样，但其核心内容无非就是祈求各方神灵保佑造桥工程的顺利进行以及参与造桥人家的幸福吉祥。

2. 抛梁与取币赏众

闽浙山区在建造木拱廊桥时，上梁的高潮是抬梁上柱架的时候。本节以浙江省泰顺县境内同乐桥的营造为例来谈谈颇为特别的抛梁仪式。

年逾八旬的董直机是泰顺县尚健在的为数不多的造桥工匠之

一，就是他当时以主墨师傅的身份主持建造了泰福桥。上梁时，他带动副墨喊着诸如“国泰民安”、“五谷丰登”之类的吉详语，同时还指挥大家将栋梁两端的梁头安放到准确的卯口位置。在上梁结束后，随即进行抛梁仪式。主墨师傅站在梁木上，一边念着吉祥语，一边将挂在栋梁上的七宝袋抛到铺在地上的布单上。传说抛梁习俗起源于姜太公，诸神都是姜太公所封，人们认为诸神地位都在姜太公之下，所以他的神位应在最高的梁木——栋梁上。这也是许多人家上梁时都写一张“姜太公在此”的红条幅贴在梁上，并通过抛梁方式用七宝袋内之物敬奉姜太公，祈求得到他的护佑。正式抛梁后，建桥首事须将七宝袋在家里存放七天七夜，然后再将这些敬奉过神灵的七宝袋内的灵物——银、铜、铁、油酥、花生、枣、米等分给村内的各户人家。七宝袋内的物品各有吉祥的寓意。

在福建省寿宁县，抛梁仪式则演变成取币赏众的仪式。

上梁时，主墨师傅须在梁中悬挂一小红布袋的铜币（约1公斤）。上梁仪式结束后，主墨的木匠师傅就会挑选一个灵活且不惧危险的木匠，上梁取回铜币。取币的木匠，手提榔锤（竹柄石锤，用4片竹柄长米许，锤扁鼓形，木匠用来敲紧梁木的工具）走上三节苗梁头，说些吉利的话，并走到栋梁中间将装铜币的布袋取下。此时桥下众人鼓掌称好，取币的木匠还要走到另一端梁头再说些吉利的话。之后，木匠取回装铜币的布袋交给主墨师傅，由他将袋中的铜币赏给诸位造桥师傅以及助工者。（见图7–4–9）

图 7–4–9　习俗——木匠授绶红带

图 7–5–1　浙江泰顺秀涧上村潆秀桥圆桥仪式中的舞龙

第五节

圆桥与踏桥开走

建桥前有奠基破土仪式，桥成后则必定有踏桥、踩桥、圆桥、初渡等仪式。在中国的广东省、陕西省和四川省等地流行踩桥典礼，而在浙江和福建二省的传统木拱桥梁营造中，则通行圆桥仪式（见图 7–5–1、图 7–5–2），可以说它是踩桥典礼的另一种地方类型。

在当地乡民看来，举行圆桥仪式，为的是讨个好彩头，希望桥梁永恒长久。对于营造桥梁的工匠们来说，只有经过圆桥仪式之后，桥梁才算是完全和真正的竣工。在闽浙山区，新桥建成之后，还有摆一次“圆桥酒”的风俗。显然，圆桥仪式与婚俗中的圆房，具有类似的象征意义。在圆桥仪式中，桥梁被视为生灵之物，它的生命可以因仪式而延续永久。[①]

在福建省的宁德地区，盛行的是踏桥开走仪式。何谓踏桥开走？其实很简单，桥梁建成后的第一次行走，就叫作踏桥开走。开走有两种情况，视行走人多寡而定。一是行走人少，待桥面板全部铺好开走；二是行走人多，上好桥苗板，仅钉上五六块板就开走。踏桥开走前，桥董事、缘首选择乡村中三代同堂、夫妻双全、有一定名望且较殷实之家的二位男性长者（当地俗称“好命人”），好命人当众题缘若干后开走，开走之人可随意讲些吉利话，如：风调雨顺、五谷丰登、户户平安、村村兴旺、董事缘首添丁发财、造桥师傅名扬四海等等。

福建省周宁县楼下桥内梁上墨书：“本境信士陈其榜室黄氏男龙钧媳魏氏捐银壹佰两□□唯愿一树千枝者。”周宁县登龙桥内梁上墨书：“水南境监生黄起洪室刘氏男监生道集媳叶氏孙庠生高捷媳叶氏曾孙监生祀昌媳周氏元（玄）孙旺漳媳刘氏旺粮媳刘氏旺畴媳刘氏喜捐银贰佰伍拾两。”还书有另外一个捐银者：“端源境监生叶际云室周氏李氏男监生逢清媳肖氏庠生永清媳周氏秀清室郑氏灿清媳刘氏全清室周氏孙正莹媳吴氏正钰媳肖氏正铿媳李氏正煌正堂正柜乐捐壹佰贰拾两正。”像这些捐献款目较大，且三代或四代、五代同堂者，就是所谓的“好命人”，是踏桥开走的最佳人选。

图 7–5–2　圆桥谢众

①参见周星著《境界与象征：桥和民俗》第 220 页，上海文艺出版社 1998 年版。

第六节
木拱廊桥建造的其他习俗与禁忌

在中国木拱廊桥的营造活动中，包含着非常丰富的民俗文化。除却上述提到的民俗活动外，还有如祭木工神、祭河神、祭梁神和流传在浙江泰顺一带民间的造桥禁忌等。

据说，在泰顺建造木拱廊桥过程中，合龙木拱架这一工序有一个专门的名称叫“接龙”。在接龙之前就需要祭祀。此祭祀包括祭木工神和祭河神。祭木工神通常祭的是鲁班，工匠们希望他能保佑桥梁顺利接龙。祭河神则是工匠们祈求河神保佑廊桥平安，免遭水患。

建造廊桥的廊屋也有很多讲究。比如安神龛要择吉，神龛必须对准来水的方向，才能镇住洪水；廊屋两头的石阶步数要符合吉数；屋檐上的悬鱼要雕刻“鱼”的形象或“壬”、“癸”、“水”等字，卷草做成后要洒水等。

做神龛时要择吉，据说是只有吉日做的神龛，神灵才会归位入座，否则，即使塑了神像供奉在神龛内，也不会显灵。建造廊桥与建造私宅对石阶步数的要求不同，私宅是按照生、老、病、苦、死五字来对应决定步数。廊桥属于公共建筑的一类，两头的石阶则按道、远、之、时、路、摇（遥）、通、达八字来演算。这个“法则”完整的内容应为：“道远之时路遥通达，何时返乡？”据说，当着众人的面工匠都要将整句话念出来，但心里却只是暗念前八个字，之所以要如此，目的是不让外人知道他们的独家“法则”。其中“遥”字公开念是“遥”，实际上是“摇”字，代表不稳定，属凶字。除“摇”字之外，不吉之字还有“路”字。八字之中，有“走之”偏旁的都被视为吉字，即“道、远、通、达”四字。“之”字属中，不凶亦不吉。根据这些吉凶文字来定台阶步数，如可以做成七、八、九、十步，分别与“通、达、道、远”相应，绝不能做成四、五、六步，因为与这些步数对应的分别是犯凶的“时、路、摇”三字。廊屋的宽度和高度（廊屋当心间栋柱的高度）的尺寸也要按这吉凶八字来推算，如廊屋一般做成“丈八宽”（“丈八”是“鲁班尺”的尺寸，即5米），这个尺寸中带个“八”，与“达”相对应，常被视为吉利的尺度。[①]

这些造桥工匠对于尺寸的习惯和禁忌，有些类似江浙一带木匠师傅常用的鲁班尺上的内容。普通的鲁班尺长约44.8厘米，尺面平均分成8等份，每等份长约5.6厘米。鲁班尺的两面都被均分成了8格，每格对应3个字，各有吉凶。一面刻着“贵人星”、“天灾星”、“天祸星”、“天财星”、“官禄星”、“孤独星”、“天贼星”和“宰相星”等，另一面也对应刻着“财木星”、“病土星”、“离土星”、“义水星”、“官金星”、“劫火星”、“害火星”和“吉金星”等。用此尺来量取建筑物相关部件的尺寸，并根据尺面上对应的吉凶来最终确定相关建筑物及其部件的长、宽等尺度。

廊桥屋面的山花大多做有悬鱼，屋脊则做成卷草或空花草龙，都是廊桥屋面最重要的装饰物。悬鱼的基本形式为直线和孤线两种，一般都雕刻成“鱼”的形象，也有的直接刻“壬”、“癸”、“水”等字。悬鱼的实用功能是防止悬挑的檩条端头受潮。在乡民们的意愿中，这块小小的木牌还担当着镇火的重任。从这个意义上讲，它又是一个厌胜物。因为木构建筑极易遭火灾，而鱼为水中之物，“壬”、“癸”两字在五行方位中亦代表水，当地的乡民认为雕刻与水有关的图案或文字，可以起到镇火的作用。屋檐脊饰做卷草或空花草龙则有两种说法：一是认为无论卷草还是空花草龙，都是水中之物，所以可以克火；二是南方瓯越之民有对龙的图腾崇拜。

①据薛一泉介绍，他曾向泰顺造桥匠师董直机请教有关木构营造的禁忌问题，以上内容为老师傅亲口所述。这些尺寸上的禁忌和规矩，不唯用于木拱廊桥的建造，也适于普通建筑的营造。

木构廊桥在历史上曾经遍布中国的各个地区，无论乡村还是城市；到今天还保存有一定廊桥数量和传统营造活动的地方则减少了许多。根据作者调查，西南地区的云南省是木构廊桥保存数量最多的地区，其保留下来的木桥结构形式也是非常丰富的；同属西南地区的渝东南、鄂西南交界山区的土家族和苗族聚居地也有一定数量的木构廊桥；与渝东南接壤的湘西地区，湖南省的安化县、新宁县茶马古道沿线各地，也是传统木构廊桥营造的区域；贵州、湖南和广西交界的侗族、苗族聚居区，也是木构廊桥保存较多的区域，它们与侗苗村寨组合在一起，为千姿百态的少数民族村寨增添了一抹亮色；广西东部的瑶族聚居区也遗存有不少木构廊桥；闽浙交界的山区是中国东南沿海地区木构廊桥保存最为丰富的一个区域，其中最富有特色的就是保存有编木拱桥和编木拱梁桥的传统营造技术，并且，在此地区持有这一技术的工匠和工匠世家仍然还在坚持着这项活动。

本节立足闽浙两省木拱廊桥分布区域，对桥与村民之间的生活关系作一叙述。

闽浙两省交界地区主要是武夷山脉形成的丘陵地区，主要有仙霞岭、洞宫山、括苍山等山脉，呈西南至东北走向分布，而木拱廊桥分布的核心又在西南至东北走向的鹫峰山脉和东西走向的洞宫山脉相切割造成的山岭密集的中山地貌之中。仙霞岭是瓯江水系与钱塘江水系的分水岭，洞宫山是瓯江水系与闽江、飞云江水系和长溪（福安江）水系的分水岭，括苍山是瓯江水系与灵江水系的分水岭。各河流两岸地形陡峻，江溪源短流急，河床切割较深，水位起落较大，属山溪性河流。以闽浙木拱桥传统营造历史最为悠久的张氏世居的福建省周宁县礼门乡秀坑村为圆心，半径为100公里画一个圆圈的话，闽浙山区绝大多数的木拱廊桥都被纳入此范围内。这个圆圈包含了浙江省温州市的泰顺县，丽水市的景宁县、龙泉市、庆元县，福建省南平市的松溪县、政和县、武夷山市和建瓯市，宁德市的寿宁县、柘荣县、福鼎市、福安市、屏南县、周宁县、古田县、霞浦县和蕉城区，福州市的闽侯县、福清市、晋安区等县区市。再进一步分析，福建省的周宁县、屏南县、寿宁县、政和县、福安市，浙江省的庆元县、景宁县和泰顺县则是这个木拱廊桥分布地带的核心，这个区域遗存下来的木拱廊桥数量当超过整个闽浙地区保有量的半数以上。

其实，无论是闽浙木拱廊桥核心地带，还是木拱廊桥的100公里范围圈，其地域基本上都处于瓯江、福安江（即“长溪”）和闽江三江（在其上游和支流）穿行的群山峻岭中。闽浙山区特殊的地理环境中，江河、道路与桥梁构成了当地主要的水陆交通系统，依山建筑的乡土建筑也别具特色。古代道路、桥梁以及形形色色的乡土建筑是当地历史文化与地方经济的产物。大多数的古道、古桥和古建筑在当今中国已经不复存在，但是在现代交通相对闭塞的闽浙山区，仍然保存有相当多的数量。以浙江省的泰顺县为例，古代泰顺的交通以陆路为主，水路只在百丈一带与飞云江水系（处在瓯江与福安江两流域之间的一条较小的水系）相通，比较重要的古道有县治罗阳通往温州的“温州大道”，沟通闽浙两省的“桐山大路”。这两条道路相当于清代的道路网系统“官马大道”、“大路”、“小路”三等级中的“小路”，即自大路或各地重要城市通往各市镇的道路[①]。同为浙江省的庆元县，它虽处在浙西南偏僻一隅，却是浙江西南的门户，自古“官道”在境内穿行，比如北上处州（今丽水——编辑注）、杭州，南通福建的政和、建宁，东出福建寿宁和浙江温州，为连接闽东北浙西南的“咽喉”所在。[②]此外，浙江省的景宁县，福建省的政和县、福安市、寿宁县、周宁县、古田县和福州市的闽侯县等地都是古代移民和古道系统较为发达的地区。其中有一点是非常清楚的，木拱廊桥一定是这个区域的官府和村民们为政务和生活所需而耗资巨大建造的，因而古人建造的廊桥基本上都在大大小小的古道系统之中。换句话说，正是这些道路系统中的木拱廊桥把古代官府、村民以及工匠们串联在一起。些遗存下来的木拱廊桥可以从某个角度反映出古代村民们的生活面貌。

①参见薛一泉在泰顺廊桥网上发表的《泰顺廊桥》一文。
②参见薛一泉、叶树生著《木拱桥传统营造技艺》一书第24页，浙江摄影出版社2014年版。

第一节
木拱廊桥与村落、市镇

闽浙两省山区里蕴藏着无数的村落与市镇，这些聚落绝大多数都与廊桥相关。其中，部分村落直接就与木拱廊桥为邻。当然这些木拱廊桥的存在是具有多重功能的，除了其本身的交通功能外，有的还作为聚落的风水桥，有的还是求神问卦的庄严场所，有的是村民们农闲时的娱乐场所等等。

一、 泰顺县泗溪“姊妹桥”与老街

由于闽浙两省山区复杂的地形地势限制，其传统聚落形式普遍都表现得较为单一，除了少数地方有成规模的村落、市镇外，大多数山区基本上都是一村数宅，甚至一村一宅，宅与宅之间相距甚远，这就是历史学界所说的“散村”形态。在有的情况下，即使是同宗之宅，聚于一个山坳、一块平地，但也绝无房舍相通，大都处在相望而不能相连的状况。在这种较为孤立的聚落形态下，乡民们的交往似乎成了问题。尤其是异族之间的交往，在封闭的乡土社会中显得更加稀少。然而，问题在特殊的环境下总会得到更加独特的解决。试想，在自给自足的乡土社会中，在一个多山多谷、多风多雨、多溪多涧的地方，大家都不住一块，一出门就有交通不便的问题。要是在几条山溪交汇的地方，一座巨大的廊桥如长虹卧波般横在宽阔的溪面上，有的乡民在其间坐听风雨，也有的在其间买一盒火柴，点燃一支香烟……这是多么的惬意呀！在路过之间，便完成了物品的交换，也进行了不用上门的交谈，增进了情谊，互通了信息。这是一个多么浪漫而又实际的设想。

浙江省泰顺县泗溪镇的溪东桥（见图 8-1-1）和北涧桥就是这样的两座木拱廊桥。二桥的结构形式与造型都基本相同，相距也不远，当地人都称之为“姊妹桥”。

溪东桥实际上应为东溪桥，因其横跨东溪而得名。溪水过桥后转弯从桥南侧流过，溪水清澈。桥的另一侧为青山，远景山势挺拔。此处有两座较高的山，一曰狮子山，一曰将军山。根据当地人讲，此桥及周围环境处于“将军逗狮”的风水模式。在远山的衬托下，桥更显秀美、轻灵。在桥中央的藻井上，记有“清乾隆十年（1745年）建造”的字样，从桥入口处 3 块石碑的碑文上可以看出，在清道光二十九年（1849 年），此桥由民众捐资进行了重修。据当地人说，此桥比北涧桥略晚几年修造，分别在溪流的上游和下游，因此，一曰“上桥”，一曰“下桥”。溪东桥为上桥，北涧桥为下桥。

图 8-1-1　浙江泰顺溪东桥

北涧桥与溪东桥被当地人称为“姊妹桥”，实际应为师徒桥。两桥结构形式基本相同。北涧桥是师傅桥，溪东桥是徒弟桥。但因这两座桥均经数次大的修造，很难判断这对师徒各为哪一次修造的主墨。据桥头的碑文及桥上一些题字来看，北涧桥建于清康熙十三年（1674年），重修于清道光二十七年（1847年）；溪东桥建于清乾隆十年（1745年），重修于清道光二十九年（1849年），后又历经多次修缮，现保存基本完好。两座桥均立有石碑记叙修桥时的捐资情况。当时北涧桥是当地唯一横跨溪水的木桥（见图8–1–2），因此，桥头两岸逐渐形成繁荣一时的村镇，沿桥头还形成了一条小小的店铺街，底层是一溜溜的店铺，二层供主人居住。桥与建筑的结合，是北涧桥最大的特点。北涧桥旁的商业街现存店铺是50多年前重建的。据当地乡民回忆，以前店铺还要多，但因火灾而毁于一旦。北涧桥老街上的店铺有药材店、南货店、布店等，现在我们仍然可以看到门楣上贴有“林仁和号”的店铺，是当时的南货店。10多年前还住在老店铺中的老人林英，曾在桥头店铺中开过茶铺。在她之前，是一个下桥村人在茶铺中为路人烧茶济渴，那人过世后，又有南山人来掌管茶铺，这些都是“土改”以前的事，那时下桥村还有堂众田，路人喝茶都是免费的，在茶铺中烧茶的人就靠堂众田的田租过日子。到林英开茶铺时，已是“土改”后。村里的堂众田已被分到各户，便由下桥村出资雇她烧茶。“过路人很多，一天要烧好几大锅茶水呢。”说起当时北涧桥头的热闹，林英好像又回到了从前的时光。北涧桥西边半圮的木楼里，81岁的阿婆坐在窗前，阿婆叫翁春娥，娘家在筱村，18岁嫁入泗溪汤家。泗溪是泰顺重镇，历来经济发达。公公汤一清头脑活络，看中了北涧桥边的旺铺，一口气买下3间。泰顺的廊桥，如建在荒僻山野，是来往路人歇脚、避雨之所；如建在村中、镇上，往往成为该地交流中心，紧挨廊桥而盖的木楼房，便是当地的黄金店铺了。每天天刚发亮，汤家的大门板一字儿铺开，开始了一天的买卖，有红糖、生姜等等，基本是南北干货。媳妇翁春娥当柜而坐，花朵般地惹人眼热。“生意好好啊。”至今回忆起来，阿婆仍是一脸的甜蜜，“来来往往的人都打这儿过，桥两边开满了店。”过大年时，镇上请来木偶戏班，便在廊桥上开唱。阿婆独上高楼，躲在3层的小阁楼里，撩开窗边老树的烦人枝叶，桥上、台上便一览无遗了。[①]

北涧桥及其周围环境尤其幽美。两条溪水在桥边汇合到一起，溪水清澈见底，溪水上还有一条用石梁搭起的小石桥，接以碇步。每当溪水上涨之时，整座小石桥就会淹没于水下。后来村里拆掉了石桥，建起了一齿碇步。沿着溪岸，一条小路将行人引向桥头和村子。两株古树立于桥头（也是村头）。较粗的一株直径有2米多，是一棵樟树；另一棵直径也在1米左右，是棵乌桕树。粗略估计，这两株树至少有600年树龄了。两株大树起到了加固桥基的作用，其虬根牢牢抓住桥基周围的土石，保其经受了数百年风雨的侵蚀而无大碍。由远处沿小路向北涧桥走来，两株大树茂密的树冠就像老翁的须发轻轻抚掩着古桥及周围古朴的民居，若隐若现。桥头的一条石板小街是整个村子的中心。一边是廊桥，一边是民居。廊桥山花的飞檐与民居的屋檐互相交错在小街之上，可以让人躲蔽日晒雨淋。桥头及屋檐下很适宜地设置了一些石凳木椅，让人们可以随意找到休息的地方。村民无事时便在桥头休憩，谈天说地，甚至买卖交易。真是功能与人情味完美地结合到建筑空间中。这正是现代建筑所欠缺的，也许能给现在的建筑师们一些启示。

北涧桥在修建之时，就可能考虑到了与邻近建筑的结合。这一点可以从桥与建筑的连接看出来：桥柱上预留了榫头与建筑相连。桥的造型如民风一般古朴，沿着结构的走势呈三折的拱形。桥面上四列方柱，上覆屋檐。两端山花为歇山。桥的中间起重屋，也是歇山顶。斜脊起翘很高，因此显得十分轻盈。《诗经》中的“如跂斯翼，如翚斯飞”，用在这里是再恰当不过了。结构部分用油红漆木质风雨板封住，以免风雨侵蚀。整个桥体结构合理，比例匀称，灰瓦红身，

①参见张琴著《乡土温州》，浙江古籍出版社2003年版。

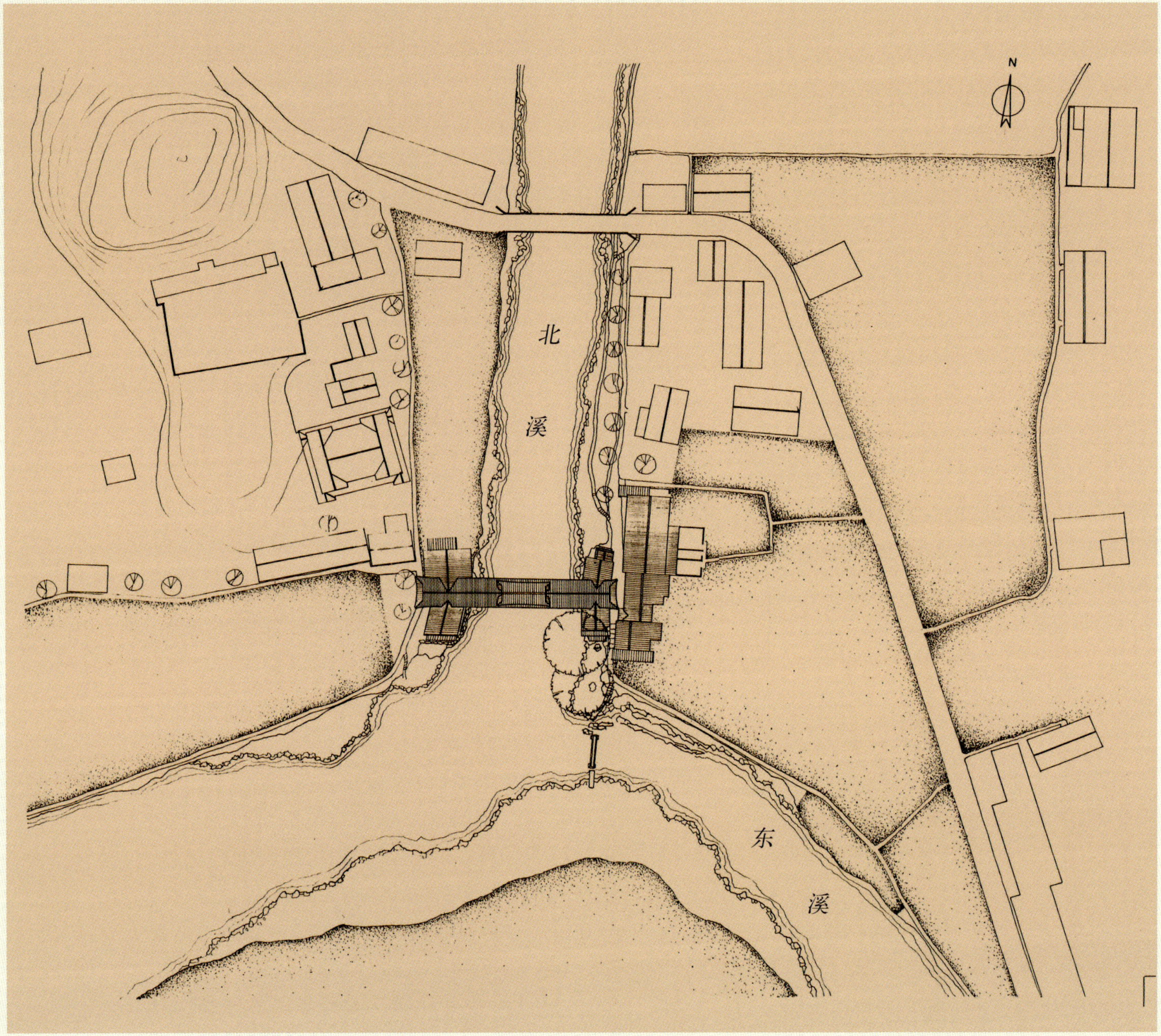

图 8-1-2　浙江省泰顺县泗溪镇北涧桥总平面图

与青山碧水相掩映，是一幅美妙绝伦的风景画。

北涧桥不论桥梁结构，还是桥与建筑的结合、人文景观与自然景观的结合，都是一个典范，充分体现了中国传统建筑的空间观念与环境观念是如何紧密结合的。

二、庆元县如龙桥、白云桥与月山村

月山村距浙江省庆元县城 57 公里，人口约 1600 人，海拔在 800 米以上。月山村又名金乡、东庄、举溪和举水，因其后山竹林形如半月，村前溪水弯曲似晓月，村庄坐落其间，故得名月山（见图 8–1–3）。这里是传统社会中闽浙两省之通衢，有古道连通福建省的寿宁县、福安市、政和县，以及本省的泰顺、平阳等县。

环绕月山村而过的举溪往南流，经过福建省寿宁县的碑坑村，最后注入福安江，也就是我在《乡土福安》[①]一书中所说的“长溪”。碑坑村世居沈、吴两姓。沈氏于南宋绍兴元年（1131 年）由浙江省云和县迁入，吴氏始祖就源自庆元县月山村，于元至元十三年（1276 年）入碑坑村做沈家女婿。源自月山村的吴氏以碑坑村为中继站，其后裔繁衍到寿宁全境，以及福建省的松溪、政和、建瓯、建阳、浦城和武夷山等地，丁口数千人。[②]

“来凤如龙号两桥，重关交锁束溪腰。月山银汉垂清影，举水金波落绛绡。道济自能为普渡，乘舆何用频相招？殷殷寄语褰裳客，从此江干被泽遥。”这是载于月山《吴氏族谱》中描述“举溪八景”之一——如龙桥和来凤桥的七言律诗。月山村现存 5 座廊桥，如龙桥和白云桥是其中的 2 座木拱廊桥。如龙桥不仅是月山村保存的最古老的木拱廊桥，也是全国遗存的木拱廊桥中有确切记年的最长者。目前我们没法得知如龙桥确切的始建年代，但廊屋当心间随脊枋上存有的 25 个墨书正楷大字——“明天启五年（1625 年）岁在乙丑四月十二日乙丑谷良旦吴门重新修造”表明了其重建的时间。

图 8–1–3　举溪古貌全图

①参见刘杰、陈昌东主编《乡土福安》，中华书局 2016 年版。
②参见刘杰、林蔚虹主编《乡土寿宁》，中华书局 2007 年版。

图 8–1–4　浙江庆元如龙桥

图 8–1–5　浙江庆元来凤桥

图 8–1–6　浙江庆元步蟾桥

如龙桥（见图 8–1–4）建筑风格是典型的明代式样，其下部结构是三节苗加五节苗的编木拱梁式木拱，也就是流行于闽浙山区的标准木拱廊桥结构。整座廊桥的设计既考虑了功能的完备，又兼顾了造型的美感，是我国现存木拱廊桥中最为端庄、优雅的典型范例。桥全长 28.2 米，面宽 6 米，木拱净跨 19.5 米，拱高 6.8 米。桥拱由数十根粗大圆木纵横组合、穿插别压编织而成。桥面以木板铺装，廊屋面阔 3 间、进深共 9 间。桥面廊屋明间是供人畜行走的通道，两次间设有木凳供行人小憩。廊屋的造型非常特别，集楼、亭与桥为一体。桥的北端为三重檐、歇山造型的钟楼，与桥畔的马仙宫相互辉映；南端设重檐桥亭 1 座，其三面辟门，穿亭而过的就是通往福建省的古道。9 间廊屋的当心间朝向水流的方向设有神龛，祀奉平水王大禹。神龛上额悬挂一木匾，上书“如龙桥”三个遒劲大字，据传为明代村子里著名乡绅吴懋修的儿子——七龄神童吴之球所书。当心间顶部施有藻井，如意斗拱层层叠涩出挑，好似一朵朵盛开的莲花。廊屋的两个长边都披上了三层风雨板，分别设于桥拱、桥栏和额枋的部位，最上一层的风雨板设在额枋与桥栏之间，其上开挖了许多圆形、扇形和宝瓶形的通光小窗。行人从这些通光口往外眺望，村落的风景就被定格在这些不同形状的窗框里了，这是中国传统园林中常常运用的“框景”手法。因此，木拱廊桥在聚落水口环境中除了有“藏风聚气”的风水功用外，最重要的还是村民们休闲逸志的景观和园林之所。

在如龙桥的上游不远处还有一座石拱木廊桥，相传它本来与如龙桥是同样的木拱构造，不幸被焚毁后，于清道光年间（1821—1850 年）重建，便成为今日的石拱桥模样，它就是来凤桥（见图 8–1–5）。奠定月山村传统营造格局的明代乡绅吴懋修在《举溪记》里记载：“由下溯上又见一桥，若飞若舞……以其从州县来，故名来凤。”来凤桥跨越举溪，呈东南至西北走向连接着村子通向州县的古道。桥长 30 米，面阔 5.5 米，石拱净跨 16.7 米，拱高 6.1 米，上覆廊屋 11 间。桥身高出地面五六米，村子里的人称其为“上桥”。

在如龙桥的下游还有一座石拱廊桥——步蟾桥（见图 8–1–6），如龙桥至步蟾桥之间属于月山村的水口，也是其村落景观园林所在。步蟾桥的名称富有寓意，因月山村村形颇似月亮，旧时谓月宫为蟾宫，古代文人科举成功则谓之蟾宫折桂。当初村落的规划者如此煞费苦心，当然是希望月山村子弟多多金榜题名。不知是巧合，还是规划建设者们的刻意为之，距桥上游不远处有一形如蟾蜍的奇石，扼守着村落水口。步蟾桥始建于明永乐年间（1403—1424 年），民国六年（1917 年）重修，桥身呈南北走向，全长 51.6 米，面阔 5.2 米，净跨 17.8 米，拱高 9.7 米，有廊屋 18 间。步蟾桥如同一扇大门，锁月山村水口于举溪南端，其形势恰如桥上楹联所谓：“石狮负石桥石兴石镇定举溪南门锁钥，玉兔浮玉宇玉和玉印成半月东道垂轮。”月山村水口的形胜不唯有步蟾桥关锁举溪南门，石拱廊桥东侧的山岗上还有一座明代的古塔——文明塔，桥与塔横竖对比的构图，互相映衬，再加上桥畔的参天古树，共同营造了月山村的优雅环境，使之成为村落水口一道美丽的风景。[①]

村落中部还有一条溪水，是举溪的支流，名叫云泉涧。在银屏峰下、云泉涧上还有一座小巧玲珑的木拱廊桥——白云桥。白云桥长 8.34 米，宽 3.72 米，高 3.5 米，净跨 5.75 米，为八字撑架式木拱廊桥，桥身呈南北走向。两端桥台建在溪涧两岸的崖壁上，由块石叠砌。桥的结构由并列的 8 根圆木构成平梁，两端桥台各斜向往平梁下伸出 4 根 1 组的斜撑，平梁下亦设 3 根 1 组的拱骨稳定八字撑架，与最上层的 8 根圆木共同构成八字形撑架拱结构。桥面的荷载通过 8 根圆木传递给八字撑架，再由八字撑架传递到桥台两端。廊屋为重檐歇山顶，桥身两侧自檐口至木拱架外壁鳞叠 4 层风雨板，在上层风雨板处每间各开启桃形、瓶形花窗，甚为别致。白云桥建于清光绪二十年（1894 年），依山就势而建，桥屋中部设有神龛祀奉观世音菩萨，为村民日常生活中最为常往的场所，终年香火不绝。廊屋面阔 3 间、进深 3 间，明间为人行通道，两次间设美人靠。桥廊内地面中间用青砖曲折纹铺墁，两边用小鹅卵石几何纹铺墁。廊屋梁架为四柱九檩，中心间顶部设八角天花藻井。屋面用方椽、小青瓦。[②]

三、寿宁县小东上桥、下桥与小东村[③]

小东村在福建省寿宁县东北部，距县城鳌阳镇 27 公里，又名“玉壶”。相传先民最早迁居时，建宅于壶形的山谷小坑内侧，故名。村落就位于玉壶腹内的东面壶壁，小东寺则安之于壶的西面提耳处，小东下桥横亘于壶底，小东上桥坐落在壶的东面把手上。小东村海拔 789 米。全村 110 户，550 多人。村落由廊桥、千年古刹和清代以来的民居群落构成，一条小溪沿村旁由北向南而流，是省级风景名胜区杨梅州生态长廊主要景点之一，山系从洞宫山脉东面闽东最高峰海拔 1649 米的山羊尖蜿蜒而来，延伸至村后隆起结成海拔 1346 米的铁岗头，植被茂盛，为羚羊、黄麂等珍稀动物的栖息地。

村子毗邻浙江省庆元、景宁、泰顺三县，因此又有“闽浙咽喉”之称。由于特殊的地形，在清代系军事防御重地，为寿宁县 22 个塘汛之一。[④]古时寿宁出县城西门前往浙江景宁、庆元、泰顺等县境的北路，就在此村分三道，过青草隘至景宁，过黄阳隘至泰顺，过当归洋至庆元。

“村前溪流千回水，庄后雾绕万重山”。由于地理位置的偏僻和环境的优美，从中原南徙的先期移民几度辗转，先后落户于此。让今天的小东村成为了多姓氏聚居的汉民村落，主要姓氏有吴、徐、杨、叶、吕、陈、刘等。吴氏始祖于清雍正七年（1729 年）从浙江省庆元县坝头村迁入小东村。徐氏始祖从河南开封经浙江景宁转徙葛家地迁入小东村。叶氏由寿宁的杨梅村（现寿宁城关）迁入。陈

①参见中共庆元县委宣传部编《中国廊桥之都——庆元》第 38 至 43 页，西泠印社出版社 2007 年版。

②参见丽水市政协文史资料委员会编《处州廊桥》第 111 页，中国民族摄影艺术出版社 2006 年版。

③此部分内容参考刘杰、林蔚虹主编《乡土寿宁》第 20 至 21 页，中华书局 2007 年版。

④见《汉语大字典》（缩印本）第 199 页：“塘：明、清驻军警备的较小辖地，比‘汛地’小。《六部成语 · 兵部 · 塘兵》注：‘比汛狭小曰塘，比塘狭小曰铺。’”汉语大字典编辑委员会编，四川辞书出版社、湖北辞书出版社联合出版，1993 年。

氏原籍德化县。杨姓祖籍本县温洋，迁徙始祖长惠公自幼以牧牛度活，后受知县的照顾到衙门当差。后来知县卸任归乡，见长惠公离乡背井郁郁不乐，遂令他到小东守塘。就这样杨氏别温洋而迁入了小东村。杨氏怀着感激之情，把这段经历记进家谱，传承后裔，永志不忘。

小东村现有民居近 120 座，穿村公路两旁是清一色的现代砖混建筑。清代民居共 40 来座，留存于东侧山坡旁穿村古道边。先民在村头的小东上桥处沿古道边开千米水渠引水入村，村内地面缓缓南斜，故入村碧水流经座座古民居门前，又从村南泄出灌溉农田。形成门前流水潺潺，水与古村相依的清新景象。古民居均为土木结构的双层悬山顶青瓦楼房，外围墙体都是夯土墙，用传统的版筑方法筑成，屋内厅堂两旁设对称楼梯，多为 3 开间。也有几座民居 5—7 开间，小天井、大进深，主屋前后有厢，前厢房筑于天井两侧，后厢房实是主屋的延伸，中轴线贯穿整体，布局左右对称，厨房皆置于后厢。另有一座规模不大的杨氏宗祠，外貌与民房无多大差异，祠堂内供奉着杨氏祖先的灵牌。

小东村的厚重在于对闽浙廊桥文化的传承，木拱廊桥营造工匠世家徐氏就生活在这个村子里。

据郑氏族人回忆，小东村木拱桥造桥工匠徐元良从清咸丰七年（1857 年）建造浙江省泰顺县三魁镇薛宅桥起，传至第四代为其曾孙徐泽长。徐泽长木拱桥营造技艺不凡，在闽浙两省各县承建了不少木拱廊桥，也带了很多学徒，其中唯有隔邻的东山楼村人、表弟郑惠福可独当一面。晚年的徐泽长孤单一人，难以承揽活计，生活日渐窘迫。而此时期郑惠福却独自承建了浙江省泰顺县三滩桥，生活相对宽裕，他遵循“一日为师，终生为父”的古训，对师傅徐泽长一直尊重和照顾。后来，郑惠福再建寿宁县楼坪廊桥时因工艺复杂，就请师傅亲自出马，现场指导。由于郑惠福言出行随而深深感动了徐泽长，徐泽长就把营造木拱廊桥的蓝图详细画在膳厅地板上，手把手地传授给郑惠福，直至郑惠福弄通弄懂，更将底梁“起水”秘诀授予他，临终前夕又将压在枕下的一个小木箱托付给他，内存《鲁班经》两本、建桥合约及造桥诀窍等。从此，郑惠福就正式成为徐、郑世家第五代传人。郑惠福亲手建造的民居有 86 栋、木拱廊桥有 11 座。不论建屋造桥，因其绳墨准确、架构规矩、手艺精湛而名闻遐迩，足迹遍布闽东浙南各乡村。其长子郑多金年轻时就随其父参建民房和廊桥，得到了父亲的真传，于 1967 年独自主持建造了本县下党乡杨溪头桥。

小东村外围的溪流上一头一尾各建有一座木拱廊桥，位于上游的叫作“小东上桥”（简称“上桥”，见图 8-1-7），位于下游的叫作“小东下桥”（简称“下桥”，见图 8-1-8）。上桥是清嘉庆六年（1801 年）建造的，桥内梁上书造桥工匠“都绳墨徐兆裕”，其为徐元良的授业师傅。1949 年后，上桥曾多次修缮。上桥全长 21.4 米，宽 4.6 米，拱跨 16.4 米。桥身呈东西走向，两边桥台用大鹅卵石砌筑而成。桥上设有廊屋 8 间，共用 36 柱，屋顶为青瓦悬山顶。建桥募缘首事为李周杰、叶其武、叶发葵、叶其萱、李周俊、吴孔祝、魏元松、魏享林、魏享桂、王国金，克择（风水师）为夏万春。桥屋中央设有神龛祀奉观音。

小东下桥是东南至西北走向，又名大宝桥，位于村子水尾。桥长 44.55 米，宽 4.92 米，拱跨 32.37 米。桥上廊屋面阔 3 间，为四柱九檩抬梁、穿斗混合式梁架；进深 19 间，用了 80 根立柱。由于桥面起拱较高，桥身呈虾蛄状弯曲静卧于溪流上。桥上中部设有神龛祀奉临水夫人。两端桥台用块石砌筑，东南向桥台用长条石砌成船形墩，西北朝村庄方向的桥台砌成鸭嘴状用于分洪溢水。廊屋上覆悬山顶加两坡，鹊尾脊，两端桥头檐下至梁上部分施粉墙彩绘，桥中神龛祀着临水夫人彩绘泥塑，桥上有两处用木板铺成的条凳，供行人坐卧歇息。桥屋内梁架上墨书保存完好，除了建桥首事和工匠外，还记载着乐善好施者们的姓名，比如其中有一条：“坑底玉

图 8-1-7　福建寿宁小东上桥

图 8-1-8　福建寿宁小东下桥

壶监生吴步荣，男监生德基，孙发达、发贵乐捐铜钱叁佰贰拾伍仟文正。祈求先亲得庆、后裔兴隆。”桥身两旁按多地的习俗，依然设置三层风雨板，最上一层风雨板上开设了各种形状的小窗。桥头不远处还有 10 余棵古树，风雨无悔地守侯着这座古桥，远望村子水口的木拱廊桥与桥畔古树宛如一幅优美的风景画。

小东下桥的桥面起拱较高，桥中央与两端桥面上下高差竟达 2.1 米，远远超过了正常人的视线，因此站在廊桥一端的行人看不见另一端的景物的。两端桥屋的歇山屋顶的山面用白粉刷墙，且施有彩绘，脊檩当头施悬鱼，廊屋的建造比较考究。[①]

四、屏南县万安桥与长桥村[②]

长桥村位于福建省屏南县南部的长桥镇，南与古田县平湖镇唐官村相邻，东与本县甘棠乡前院村隔山为界。海拔 460 米，气候温暖，是屏南县的粮仓，又是屏南、周宁、政和通往古田、福州等地的交通枢纽。历史上长桥、王厝、四保本为一个行政村，后因管辖范围太大，于 1956 年析为长桥、长新、新桥三个行政村。长桥村现有人口 2018 人（2017 年统计），居住着包、黄、林、陈等姓氏，以包姓为主，达 1500 人。长新村现有人口 900 多人，居住着王、胡、陈等姓氏。新桥村现有人口 780 多人，以林、魏姓为主。

长桥，古称龙江，因村中有溪流——龙江穿村而过，溪上建有百米廊桥而得名。龙江发源于鹫峰山主脉的辰溪，溪水流经岭下、路下、屏城、长桥等乡镇，至长桥村东北分为二支。一支沿溪中岛——卧龙岛两边而下，至岛南端又汇为一水，号称龙江，古时亦称东溪。明代黄仲昭《八闽通志》记载：“东溪，流至万安桥下。”东溪之水，自万安桥下浩浩荡荡经古田溪而达闽江，是屏南县第二大溪，全长 34 公里，是明清以来的水上运输要道。

走进村里，首先映入眼中的是那座闻名遐迩的木拱廊桥——万安桥（见图 8–1–9），它是长桥村悠久历史的见证。万安桥坐落于卧龙岛南端，原名龙江公济桥，又称长桥，长桥村名即由此而来。今日所见的长桥为五墩六跨编木拱梁结构廊桥，东西走向，桥长 98.2 米，宽 4.7 米，廊屋 37 间，单檐悬山顶，是全国现存最长的古代木拱廊桥。沿村边溪堤走到旧街头，登上 36 级石阶，直达万安桥西桥头，石阶边原砌有石栏杆，今已不存。据《屏南县志》（清光绪三十四年版，1987 年屏南县方志委校订重印）记载：“长桥《玉田志略》称：两溪相接，亘如长虹，俗云仙人所建。古志，一名龙江公济桥，宋时建，垒石为墩五，构亭于上，戊子被盗焚毁，仅存一板。乾隆七年重建。”后来人们又在长桥正中桥墩发现了一块宋代石刻，其上刻有：“弟子江稹，舍钱一拾三贯又谷三十四石，结石墩一造，为考妣二亲承此良因，又为合家男女及自身各乞保平安。元祐五年庚午九月谨题。”此题刻佐证了《屏南县志》中记载的事实。由此可见，万安桥至迟建于北宋元祐五年（1090 年）。但是，北宋一来的长桥到底是何种结构形式和建筑造型呢？从宋代以后保存下来的书画作品里反映的桥梁形象（见图 5–3–4、图 8–1–10、图 8–1–11）来看，基本都是伸臂式或者最简单的柱梁式连续简支梁桥。那么万安桥是哪一次维修时改建成为今天所见的木拱廊桥的呢？

2017 年 1 月，我应屏南县所邀，因县政府赠送意大利基里亚文市木拱桥一事赴屏南县进行技术讨论时，由屏南县文体局苏旭东局长推荐，在“屏南微生活”的微信公众号里看到名为《126 年前的屏南万安桥照片？尘封百年，共同探秘！》的文章。文章里引用了一张大约拍摄于 1890 年的屏南县长桥照片（见图 8–1–12）。这张照片来自于班尼斯特家族 (Banister family)，现藏于英国布里斯托大学。比较蹊跷的是，126 年前的长桥并不是今日所见的木拱廊桥，而是双向伸臂的平梁廊桥，也就是前文所说宋画里常见的长桥形制之一。毫无疑问的是，1890 年前后的长桥必定不是木拱桥

①此部分数据参考龚迪发著《福建木拱桥调查报告》第 200 页，科学出版社 2013 年版。
②此部分内容参考刘杰、周芬芳主编《乡土屏南》第 59 至 64 页，中华书局 2009 年版。

图 8–1–9　福建屏南万安桥

结构。严格对照老照片和现在的长桥，新旧两座廊桥的建造地点可能也有细微的变化。从英国布里斯托大学的中国历史照片档案记录来看，尽管他们把长桥误为棠口，但是从廊桥周边的屋舍、河流、沙洲等地物地貌环境来看，可以肯定地说，这座长桥所在的位置必是长桥村无疑。

我们再来梳理一下屏南县长桥历经的几次修造历史。前文引用清光绪版《屏南县志》所记，说长桥始建于宋的这个事实已被后来发现的桥墩上的宋代石刻中的文字所证实；之后，《屏南县志》所引文字又说“戊子盗毁，仅存一板”。文中没有明确此“戊子”年为哪个朝代，据《屏南古代桥梁》一书所记，此“戊子”年为明末。如此算来，它最有可能是清顺治五年（1648 年）。经此一难后，大约在清乾隆七年（1742 年）、道光二十五年（1845 年）、民国二十一年（1932 年）经历了 3 次重建。1952 年长桥西端被大水冲毁了 2 个拱架 12 间廊屋，1954 年再度重建，这次重建不但留下了建桥主绳黄生富、黄象颜的名字，还留下了曲尺尾村邱冗清、前溪村林庆祥等石匠的信息。据以上信息推测，屏南长桥由平梁廊桥改为木拱廊桥的时间大致是民国二十一年（1932 年）。可惜的是，我

图 8-1-10　宋画《江山秋色图》中的栈道与廊桥

图 8-1-11　元代李容瑾绘《汉苑图》中的廊桥形象

图 8-1-12　清末福建屏南长桥

们无法得知 1932 年将长桥由平梁廊桥改造成木拱廊桥的工匠是谁。是长桥黄氏，还是周宁的张氏、寿宁的郑氏？尚待学界进一步研究。

回头再来看看宋代江稹捐助建造长桥的事。江稹不但捐出 13 贯钱，还捐了 34 石谷子，宋代一石合现在 80 公斤，34 石谷子就是 2720 公斤。古代人以捐建路桥为善举，这座百米廊桥，原来建有六墩，后因桥墩崩塌重修时与第六墩相连接。若论造价，仅墩、墩需干谷 21760 公斤，钱 104 贯，加上桥梁、廊屋、瓦片、木构栏杆、槛下板凳，实在是一笔惊人的巨资，这笔巨资均来自长桥与周边村民的捐助。虽然没能在长桥村遗下的族谱中发现"江稹"的名字，但在翻阅屏南《江氏族谱》时，我们发现江姓在宋代就已奠基长桥村，迁闽始祖江日升于唐光启元年（885 年）自河南固始跟从王审知兄弟入闽，后裔江源与兄江清于南宋时期迁到龙江境居住，后迁龙江桥头后宅坪开基。江源生一男一女，男江枢，生于南宋淳熙十四年（1187 年）正月十三日，初授江西金溪知县，后升太平州知州。太平州治所在安徽当涂，治下钱都管拥众万余，据繁昌造反，江枢带兵剿定，升江西监察御史。后以平定王志昌叛乱擢御史中丞。南宋淳祐三年（1243 年）因病还乡，乃建书院设绎讲学。逝世后葬在长桥村西南边的西林院路前。

江枢有一胞妹，就是闻名八闽的江夫人——江姑。《玉田志略》载："龙江之里有江姑，江氏之处女也。"传说后来江枢征剿叛乱，江姑均能显灵相助，宋光宗、理宗多次敕封江姑为"九天巡按江氏夫人"，在长桥石龙岗建庙赐额，香火鼎盛，后传到福州府十县及台湾省，各地均有建庙，信徒甚众。

1952 年重建长桥的主绳黄生富、黄象颜的后裔依然生活在长桥村里，并且他们还是运用传统工艺建造木拱廊桥的工匠。黄春财现年近八旬，长桥村人，他幼年在祖父黄金书、父亲黄象颜身边受到耳濡目染、手传口授，15 岁起就跟随父亲到建瓯、古田、宁德、顺昌一带造桥。几十年的建桥生涯，使他成为当今国内传统木拱桥营造领域集设计、绘图、建造于一身的建桥名匠。

沿万安桥溪边而上，就到了卧龙岛，由于数百年洪水的冲刷，眼前的卧龙岛只是一片沙石，只留下一株古松和一坂青草，再也看不见、听不到当年沧洲书院的院舍与那朗朗的书声。卧龙岛属长桥内八景之一，古人诗云："目极中流岛，依稀似卧龙。潮平浑露甲，涨满着潜踪。石作峥嵘角，波为鼓吹容。愿为雷信发，振奋济时雍。"

包姓是目前长桥村最大的姓氏，有1500人，迁居海外的达2000多人。始祖包彦在明洪武九年（1376年）自凤溪村析居于此，已经641年。包彦到长桥后看中这一片沃土，那宽逾百米且清澈见底的龙江，那"桥接溪渠畔，遥瞻似彩虹"的龙江公济桥，那松阴蓊蔚、书声朗朗的卧龙岛，还有那桃花夹岸、比为武陵源的凝春涧，给包彦带来了新家的感觉。他选择被称为龙舌石的地方盖了一座房子，定居下来，此后子孙繁衍，人才荟萃，成为屏南望族。历史上，村中最著名且富于传奇色彩的人物是包文礼。

包文礼，字约生，生于明万历四十五年（1617年），为人任侠好急难，筑室龙升峰上，曰退藏轩。《屏南县志》载："甲寅（清康熙十三年，1674年）寇攻寨，势如危卵，礼乞师于刘将，将不允，负墙面哭，（刘）感其诚，遂出军解围。"后来耿精忠反，闻包文礼名，召不应，遣兵执之，不从。三年后，耿精忠兵败始得释。仍退隐龙升峰，著书讲学，有"抛却城居入翠微，翠微日日染荷衣。退藏此处真堪隐，不向尘寰问是非"的表白。他的故居在村中稍靠溪边处，坐西朝东，是座土木结构的三进大厝，大门上镶着砖雕户对，户对下边是精雕的鹿、鹤、龙、凤图案。房屋虽破败，但从宽敞的厅堂、硕大的柱子、精致的石础可见当年的规模。

清同治五年（1866年），英国人克力比牧师受英差会安立间的派遣，到长桥设点传教，开了基督教在屏南传教的先河。后于清光绪年间（1875—1908年）在村西南建土木结构教堂（真福堂）一座，建筑面积350多平方米，后毁于火患，现砖混结构的教堂是1998年重建的。

万安桥东面村子叫过溪，即现在的长新村，以王、胡姓为主。王姓始祖王野，原籍江西抚州府临川县王半街，于明洪武年间（1368—1398年）从军入闽，后被任命管理古田县22都长桥等村军田。此后子孙繁衍，为长新望族。现村中尚保留有上厝亭和下厝亭两个亭。上厝亭曾悬挂的"武魁"、"亚魁"两块巨匾，毁于"文革"。亭左后边是王家祠堂，祠堂前有一个方池，用河卵石砌成，池中种莲，养鱼于内，是村民休闲的好场所。

沿王家祠堂而下，200米处就是长桥内八景之一的"演武台"，又称"圣王殿"，殿宽12米，深21米，始建于宋代，重建于清初。内建戏台，构造精美，台沿木雕，尚留下12个捐款人的姓名。

长桥村文化积淀深厚，有史以来沿袭着每年农历八月十五日盘诗对歌的风俗。中秋月圆之夜，村民们都聚集在卧龙岛两岸盘诗对歌，你来我往，直到深夜。盘歌之后是射箭，人们预先在岸边用稻草扎个草人，盘歌完，在稻草人身上插满点燃的香线，然后用竹箭射对方的草人，看哪一方射中的多，这是屏南特有的民间习俗。

长桥古村，山清水秀，风景优美，明清以来文人将其归纳为长桥内八景和长桥外八景，均咏诗记胜。内八景为"灵应泉"、"神岩洞"、"彩虹桥"、"卧龙岛"、"七星洋"、"双镜水"、"演武台"、"倚山阁"，均在村内。外八景为"西林桥"、"南山寺"、"虎婆岩"、"凤头石"、"积雪峰"、"飞泉漈"、"三望亭"、"千尺岭"，均在村外。这内外十六景，使长桥成为历代文人骚客流连忘返的桃花源，成为倦旅游子梦醒的归宿。

第二节

木拱廊桥与古道

前文已述，木拱廊桥在中国传统社会中的存在有多种作用和社会功能，包括交通、景观、风水、祭祀以及社交、物品的交易等。总的说来，最重要的还是跨越沟壑、山川的交通功能。那么，一旦谈到交通，木拱廊桥就与古代的道路系统密不可分了。进一步讲，在中国古代（尤其是宋元以前）各地（包括山区、平原和水乡）跨越江河溪涧的桥梁中，木构桥梁往往唱的是主角。宋元之后，随着经济水平和科技水平的提升，在江南一带普遍出现了桥梁结构中的木石之易，亦即木结构的桥梁体系逐步被石拱或石梁结构的桥梁体系替代。但是，在森林资源丰富的山区，在木结构建筑营造传统保持着的西南、东南等地，尤其是侗、苗、瑶、畲、土家族等少数民族聚居区，木拱廊桥还是这些地区村寨和道路交通系统上的重要角色。在木拱廊桥保存最集中的云南和闽浙山区，许多古代建造的桥梁至今依然是步行交通系统中最重要的水陆交叉节点。

一、浙江省的木拱廊桥与古道

浙江省的木拱廊桥主要分布在丽水和温州两市。这两个地级市恰恰都在瓯江流域，丽水在瓯江的上游，古称处州；温州在瓯江的下游。丽水市的庆元县、景宁畲族自治县、龙泉市和青田县是古代遗存的各式木拱廊桥最为集中和丰富的县市；温州则主要集中保存于泰顺一县。

（一）泰顺县木拱廊桥与古道

泰顺地处浙江省温州市南部，东邻苍南，南接福鼎、柘荣，西毗寿宁、福安，北界景宁、文成。境内地势从西北向东南倾斜，属浙南高山地带，有洞宫山和南雁荡山从境内穿过，层峦叠嶂，沟壑纵横。海拔超过千米的高峰有 179 座。溪涧有百丈溪、仕阳溪、寿泰溪、彭溪等，分别属于飞云江水系、长溪水系和沙呈港水系。[1]

泰顺现存古道分为两类：一类是县际道路，俗称官马大道，是平整块石铺砌的从县城罗阳通往邻县县城的大路；另一类是县境内连接各乡村的道路，除部分村际道路为泥土小径外，其余都是块石铺装的宽约 1 米的大路。至 1991 年《泰顺县交通志》编撰时，泰顺县还保存着 6 条县际道路和 11 条乡村道路。

泰顺的 6 条县际道路分别是：

泰顺至温州大路：它是明清两朝的官方驿道，通往温州府城。从罗阳出东门偏北行，沿途每隔 5 公里设一铺舍，按顺序有县前铺、赤坑铺、上稔铺、陈岱铺、洪口铺、周坑铺、莒江铺（方村铺）、

[1] 参见泰顺县交通局编《泰顺县交通志》第 1 页，海洋出版社 1991 年版。

新塘铺、白水漈铺（下革铺）、方岙铺，共10铺。过第10铺后，进入瑞安（今属文成）县境，直至温州府城，全程185公里。

泰顺至桐山大路：出县城东门南行，经下察溪、上洪、洪岭头、大安、三魁、碇步头、墩头、吴家墩、排岭，进入福鼎境内的南溪、枯岭、陈奇岭等村庄到桐山，全程80公里。

泰顺至景宁大路：出县城北门，经三滩、洋坑头、司前、潭边（今台边）、水窟、上地、鸡方冈、上燕，至景宁东坑50公里，由东坑至景宁县城30公里，合计80公里。

泰顺至平阳大路：自县城东南行，经交垟、下察溪、上洪、洪岭头、大安、戬州、积库、洪坳、莲头、五里牌、彭坑（今彭溪）、富垟、月湖垟等村庄至灵溪，计105公里，再由灵溪至平阳县城南门30公里，全程135公里。

泰顺至寿宁大路：福建省寿宁县是离泰顺县城最近的邻县。出南门5公里，过东溪头，进入寿宁地界，经武溪、犀溪、仙峰、垟边等村庄至寿宁县城，全程40公里。

泰顺至福安大路：自县城出南门，经东溪头、武溪、犀溪、仙峰、垟边、南阳、斜滩、武曲、社口、湖塘坂至福安，全程75公里。

泰顺的11条乡村道路分别是：

罗阳至百丈口大路：从县城北行，经沙底、三滩、百丈坑、垟坑头、叶山寮、恭坑、半路、南峰、朱岭头等村庄至百丈口，计30公里。

库岭：是南浦乡（现新浦社区）至翁山乡（现翁山社区）的一条山岭，长7.5公里。

牛头颈隘：龟湖至交溪的一条山梁。

罗阳至洪口、莒江大路：出县城东门，经石亭、仙居、下稔、拳头岭头至洪口，20公里，再经周坑亭至莒江，10公里。

罗阳至筱村大路：一路经交垟、下察溪、杨家岭、下洪、卢坑岭至东垟，另一路经仙居、下稔、拳头岭、洪口、王家山到望楼亭，两路路程都为30公里。

罗阳至泗溪大路：出县城东门，经交垟、下察溪、杨家岭、上洪、下洪、夏家山、十字路、下村垟、泗溪头、下桥等村庄至白粉墙，全程45公里。

罗阳至彭溪大路：先沿泗溪大路自罗阳至泗溪白粉墙，再经南溪、东安、莲头、玉塔、五里牌至彭溪，共计65公里（自彭溪东行可达苍南县城桥墩门）。

罗阳至三魁大路：出县城南门，经风树梢、川山垟、豆腐岭、江渡、上察溪、南院、半路垟、老鹰岩、竹底、西坑、峡屿至三魁，全程30公里。

罗阳至洲边大路：出县城南门经赤坑仔、可陶垟、棠坪、竹坪至洲边，合计25公里，另经交垟、江渡、上察溪、南院、毛垟、上舟垟、下舟垟至洲边，则为30公里。

罗阳至雅阳大路：先沿三魁大路自罗阳至三魁，再经刘宅、碇步头、秀溪、墩头、普上垟至官口垄，全程50公里。

罗阳至仕阳大路：分两路，一路出县城南门，经风树梢、川山垟、江渡、上察溪、南院、竹底、西坑、叶瑞旸、严山至仕阳；另一路则是出县城东门，过三魁，经刘宅、雪溪至仕阳，行程都是45公里。[①]

泰顺历史上的古道，很大一部分都连着各式廊桥，当然包括木拱廊桥。比如登云桥，因其位于县城罗阳镇南门，因此又叫“镇南桥”，是泰顺西南区进城及县城通往寿宁的重要桥梁；东门桥，是县际道路出东门必经之木平梁廊桥；刘宅桥地处要冲，在未有泰鼎公路前，是泰顺往来福建福鼎必经之津梁；戬州的永庆桥是县际道路中泰顺至平阳大路上的重要桥梁；筱村镇东垟村的文重桥也是县内古道系统中罗阳至筱村大路的桥梁；泗溪镇岩头村的南阳桥（亦称玉岩桥）、南溪桥，三魁镇下武洋村的三柱桥，筱村镇桥头溪村的包坑桥和和平村的北洋桥，柳峰乡墩头溪上的墩头桥，仕阳镇龙垟村的龙垟桥

①以上部分内容引自《泰顺县交通志》（海洋出版社1991年版）第5至9页，但涉及寿宁、福安等地的地名做了订正。

等等，也都是旧时县内道路系统中的重要廊桥。

登云桥、永庆桥、南阳桥和文重桥四座木桥都是伸臂式木廊桥，其余都是普通的梁式或梁柱式木平廊桥。泰顺历史上曾经存在的木拱廊桥绝大多数都是这些古道系统上的重要津梁。比如说县内古道系统中就有内联四邻诸乡、北通文成的潆下桥（亦称福庆桥），其廊屋中部还建起了非常壮观的3层楼阁，惜于1990年毁于洪水；还有叶树阳桥曾经是历史遗存下来的已知最早的一座木拱廊桥，建于明景泰五年（1454年），直到1965年修建公路时才被拆除[①]；连接章成、仕阳、垟溪和大安等地的双神桥虽然民国二十六年(1937年)才建成，1955年重修过，但还是于1989年因建造双神水电站被拆除。此外，泰顺至景宁县际大路以及县内罗阳至百丈口大路上的三滩桥是一座规模宏大的木拱廊桥，1950年毁于山洪。据茅以升主编《中国古桥技术史》一书所记，三滩桥拱跨42米[②]，是已知的1949年遗存下来的跨度最大的木拱廊桥。

泰顺遗存下来的6座古代编木拱梁式木拱廊桥——筱村文兴桥、仙稔仙居桥、洲岭三条桥、三魁薛宅桥和泗溪的上桥（溪东桥）和下桥（北涧桥），都在上述古道系统中。罗阳镇下洪社区的南庆桥、仕阳镇后章岗村的城水桥（亦称神水桥）以及泗溪镇池源村的池源桥，都是木撑架拱式木拱廊桥，它们也都在上述旧时县际、县内道路系统中发挥着重要的交通作用。

1. 文兴桥

文兴桥（见图8–2–1），又称兴文桥，在筱村镇坑边村水尾。它是筱村一带往北通洪口、莒江，向南去夏卢、三魁和泗溪古道上的重要津梁。文兴桥横跨玉溪，始建于清咸丰七年（1857年），民国十九年（1930年）重修，1990年、2010年又分别经历了两度修缮。不知从何时起，文兴桥的桥拱发生了变形，本来是略呈“八”字形对称的弧形桥拱，变成了西高东低的畸形桥拱。不曾料到的是，拥有畸形桥拱的文兴桥近年来反而名声大振，成为了闽浙木拱廊桥聚集区的一座颇富特色的廊桥。2010年的修缮也是按照其现状进行设计施工的，修缮后的文兴桥继续保持着其畸形的身躯，蹲踞在玉溪之上。

文兴桥是编木拱梁式木拱廊桥，全长约46.2米，总宽约5米，净跨约29米，桥面距正常水位高约11.5米。桥上廊屋面阔3间、进深19间，用四柱九檩抬梁、穿斗混合式木构架，单檐歇山顶。中央3间起重楼，用单檐歇山顶。廊屋中央照例设置神龛，供奉真武大帝、赵公元帅和华光大帝。文兴桥除了是南来北往的交通要道，山里的乡民外出或劳作时都要经过它，廊屋里还有供人休息的长凳和求好运气的签筒。

据传，文兴桥当年由24个股东合伙建造。每个股东出舍水田作为固定资产以收受田租，除有机会分红外，亦作为轮流守桥者的工资，这个制度一直延续了很久。直至今天，文兴桥西侧石碑后的土房仍住有一位守桥人，成为闽浙地区罕见的景象。另据浙江廊桥研究专家薛一泉调查，当年建桥首事王光奕为了建造文兴桥散尽了家产和良田，最后甚至到了以乞讨过活的地步，但依然坚持建造文兴桥。

不幸的是，2016年中秋节文兴桥遭台风“莫兰蒂”引发的山洪冲毁。桥毁的当日，浙江省有关部门即指示泰顺县文物部门和相关村落人员组织打捞、收集文兴桥被水冲散的木构件，并开始修复工程的准备工作。到目前为止，相关的修复工作正在浙江省文物局的组织下有序推进。此项修复工程由浙江省古建院做修复设计，主体的木拱架及廊屋木构架由泰顺本地木拱廊桥营造匠师曾家快主墨。

2. 仙居桥

仙居桥（见图8–2–2）虽坐落在泰顺县仙居村的水尾，但它

①参见刘杰著《乡土中国——泰顺》第42页，生活·读书·新知三联书店2001年版。

②参见茅以升主编《中国古桥技术史》第106页，北京出版社1986年版。

图 8–2–1　浙江泰顺文兴桥

图 8–2–2　浙江泰顺仙居桥

是古代泰顺县与温州府治之间的“温州大道”上的一座雄伟壮观的木拱廊桥，并且它是由官府出资建造、至今保存下来的为数不多的一座。“温州大道”泰顺县治罗阳至仙居村的一段，沿途还遗存了许多路亭和桥梁。仙居村清代文人张天树曾作了一首瑰丽的长诗描绘古道景物，诗云：“罗山日暖春花吐，迎春门接仙源路。三阳过处是石亭，杨柳湾深锁烟雾。高低岭尽见清溪，长空一道飞虹度……”“三阳过处是石亭”，在今天县城罗阳镇东北3公里的菖蒲垄，始建于明正德十年（1515年）的三间石亭——罗阳石亭，已经伫立在山间古道上沐浴了500多年的风风雨雨。除椽瓦之外，罗阳石亭全部构件都采用石料构筑而成，是泰顺县最古老的路亭，也是泰顺县最著名的石亭之一。罗阳石亭是由温州府泰顺典使解真、儒学训导喻秉衡出资建造，后来又由仙居岭下绅士张宣捐资重修。石亭旁有一口古井，井内是泰顺县境内水质最佳的冽泉。炎夏时节，从温州方向长途跋涉至此的行旅一族，选择石亭小憩，顺便取水解渴，当喝下第一口沁人心脾的甘泉时，实在是最美不过的享受了！虽然行程的终点罗阳镇就在不远处，但是路人并不能松懈，因为石亭在半山腰处，当路人向上眺望罗阳镇时，清代邑人董正扬的告诫就会立刻跳出来：“迢迢罗阳，如在天上。”古代泰顺县交通状况之恶劣可见一斑！

过了石亭沿着逶迤陡峻的石阶山道往下行，经岭下村往仙居方向行走，在山谷处可遇架设在山涧上的石板桥，桥体结构模仿木构伸臂式梁桥，为县内罕见。桥面板并非直接铺设在桥墩之上，桥面板与桥墩之间运用了伸臂的梁层层出挑，借以减少桥面板的实际跨度，的确是别具匠心。过了石桥，步行不久，“高低岭尽见清溪，长空一道飞虹度”，这就到了闻名遐迩的仙居桥。建在“温州大道”上的仙居桥“外达温州，洵为要津”。如果桥梁毁坏，则“临流病涉，行者苦之”。从明景泰年间（1450—1457年）始建至清康熙年间（1662—1722年），仙居桥历经了4次修建，说明了它在泰顺对外交通中无可替代的重要地位。[①]

3. 三滩桥

茅以升主编《中国古桥技术史》一书第106页第三自然段末有如下记载：“浙江省泰顺最大的三滩桥，拱跨42米，1950年被大水冲垮。”这部权威的桥梁史著作所提及的三滩桥，其具体情况到底是什么样的呢？

2005年至2007年连续3年的暑期，哈佛大学东亚系包弼德、复旦大学历史地理所吴松弟和上海交通大学建筑系刘杰共同组织的泰顺历史文化的考察研究在美国 Earthwatch Foundation（守望地球基金会）的资助下顺利结束。这次联合考察研究，是跨越了历史学、历史地理学和建筑史学三大学科的综合研究。我们欣喜地发现了记载于《中国古桥技术史》中的著名的三滩桥的真实名字——太平廊桥。在我们的最终考察研究成果——《走入中国的传统农村：浙江泰顺历史文化的国际考察与研究》一书中，对此桥建造的情况以及所在村落——三滩村有较为详细的叙述[②]：

三滩村在仙居村的西面2.5公里，同属于仙稔乡。原名散滩，由于岭北溪、百丈坑溪和横坑溪三条小溪在此汇合，水流浅急多石，因此改称“三滩”。在明崇祯版《泰顺县志》中有记载，三滩是一个建立较早的村庄。从泰顺县城通往碑排、司前、里光等东北各乡以及通往景宁的“泰顺至景宁大路”，都要经过三滩村。另据《散滩丁步并百步岭砌路石碑志》，清乾隆十四年（1749年）二月前完成了一次较大规模的重修，修建了供行人过河的三滩碇步，并整修了百步岭。

据村里老人回忆，清乾隆年间（1736—1795年）在三滩和罗阳的百步岭、毛垟坪都建有茶亭，供行人茶歇。不过，由于泰顺最重要的对外大路泰顺到温州的大路经过仙居而非三滩，在清中叶以前三滩

①参考薛一泉先生在泰顺廊桥网上《泰顺廊桥》一文。
②以下内容参考吴松弟、刘杰主编《走入中国的传统农村：浙江泰顺历史文化的国际考察与研究》第134至135页，齐鲁书社2009年版。

的交通地位和村庄规模都远不及仙居村。清朝中叶，可能源于气候的变暖，飞云江水系水面上涨，遂导致航运自中游向上游扩展。航船最远可以到达百丈口，自县城和泰顺北部其他地方前往温州的客人和货物，可以经陆路到达百丈口，再转航船直下瑞安和温州。百丈口航运的兴起，减少了泰顺赴温州的陆路旅程，航船的便捷和载重量之大更非肩挑步行可比，由此导致了泰顺至温州大路的改道。此后，从县城罗阳出发前往府城温州，大致都走三滩、洋坑头到百丈口，再转水路。泰顺赴景宁的大路和赴温州的大路都经过三滩，于是三滩便成为泰顺赴北部和东部的交通要冲。据说当时每日大约有 800 至 1000 人经过三滩，这种情形一直延续到 1959 年公路修通之前。

岭北溪、百丈坑溪和横坑溪三条溪流在三滩汇聚，行人以前都靠碇步渡河。清中叶以后由于经过三滩的客货数量激增，再加上山里下雨形成的山洪经常淹没甚至冲毁碇步，因此迫切需要建造桥梁以替代原始的碇步。在清道光二十四年（1844 年）之后的几年内，泰顺县训导何浚捐钱 100 贯，与乡绅周异操协力，在三滩溪上建起了一座桥梁，是为“何公桥”。此后三滩桥几次被洪水冲坏，人们又几次重造。虽说山区木桥屡毁屡建的故事史不绝书，但是，罗阳镇大岗背村人赖嗣燕三建三滩桥的事迹亦是非常令人感动的。

1933 年春天，赖嗣燕兄弟有感于过河的艰难，不顾家庭贫困，坚持数年造桥，在乡人们的帮助下，终于在 1938 年造好三滩大桥，是为“太平廊桥”。1948 年廊桥被洪水冲毁，赖氏兄弟毫不气馁，在各方力量的帮助下，再度建成廊桥。不幸的是，1950 年因狂风暴雨的袭击，廊桥再度被山洪冲毁。1953 年赖嗣燕决定再次破家造桥，在当时县政府的支持下，第三座三滩桥终于于 1959 年建成。《中国古桥技术史》一书中所说的三滩桥，应当是赖嗣燕兄弟第二次建造的太平木拱廊桥。据有关学者考证，在 1938 年落成的木拱廊桥上，赖嗣燕还专门辟 24 间廊屋作为商业门面，用来做糖果、酒茶、点心等生意。可惜的是，公路修成后，客货都通过汽车直接路过，不在三滩村停留，村中的客栈、饭店生意开始萧条。

其兴亦交通，其败亦交通，这就是三滩村的宿命！其生亦溪水，其亡亦溪水，这也是三滩桥的写照！

泰顺山乡古道上的木拱廊桥，至今仍在发挥着交通的功能。

（二）庆元县木拱廊桥与古道

浙江省庆元县地处闽浙交界之地，境内崇山峻岭，溪小流急，舟楫不通。旧时的交通系统中，仅有 1 条从县城到龙泉小梅的驿道以及通往同省龙泉、景宁和邻省寿宁、松溪、政和、浦城的 6 条县际行道。重要地段，官府常设关隘驻兵防守，乡村间多是崎岖小道。[①]

据 1993 年《庆元县交通志》记，庆元县城至龙泉小梅驿道原设 35 公里，后改道加长至 45 公里。书中引清康熙版《庆元县志》资料说，元末明初已设有 7 处驿铺（即“铺舍”）：总铺、全村铺、水南铺、黄荆铺、梓亭铺、大泽铺、枫桥铺。驿道自县城始，经五都、八都、竹口至黄田的曹岭，再经小梅、龙泉而至处州府。沿线设有咏归桥、后坑桥、龙庆桥等重要津梁。

6 条县际行道分别是：

庆元至松溪：从县城始，经八都、马蹄岙、蜈蚣岭入松溪县境，长 20 公里。此路是山货出口和粮食进口的重要通道。

庆元至政和：从县城始，经五都、淤上、莆潭、安溪，翻越岭腰入政和，境内路程 25 公里。在古时，安溪是入闽的要冲，清代有兵员驻守。据清光绪版《庆元县志》记载：“安溪汛兵七名。”途中有蓬桥、安溪桥。

庆元至寿宁：从县城始，经应岭、五大堡、岭头、石磨下、梅树岭、竹坪、江根进入寿宁，全程 75 公里；或从岭头经八炉入寿宁，境内路程 45 公里。此线还可以经寿宁出西溪而至本省的泰顺，或

①参见庆元县交通局编《庆元县交通志》第 21 页，海洋出版社 1993 年版。

由寿宁经斜滩抵达福安。这是庆元东部地区的重要交通线，在抗日战争时期，食盐均从此道进口，然后转运江西等地，也称庆元的盐道。途中有石壁隘、蒙淤桥、回龙桥、竹坪桥。

庆元至龙泉：从县城始，经和山、上庄、深鸟、双港潭、曹岭入龙泉境，全程45公里。水路从曹岭码头可顺瓯江行船至温州。

庆元至景宁：从县城始，经喜鹊岙、梧桐洋、青草入景宁，全程50公里。此道沿途村落稀疏，行人较少，货物运输不多，途中有喜鹊隘、兰溪桥、青草石拱桥。

庆元至浦城：从县城始，经柏渡口、洋垄、汤源、黄杜源（现属龙泉）入浦城，全程55公里。抗日战争时期，江西广丰一带的食盐，要从庆元转运出口，该线一度成为重要转运路线。[①]

从地理位置上看，庆元虽地处浙西南一隅，却是古代闽浙交通之“咽喉”所在。它可以北上处州、杭州二府，南通福建省的政和县、建宁府，东出福建省寿宁县和浙江省的泰顺县、温州府。从唐朝以来，中原的官宦、商贾和民众为了躲避战乱大量迁入处州府，庆元这个山水秀丽的僻静之乡自然成为他们心中向往的宝地。南宋朝廷于庆元三年（1197年）析龙泉县松源乡及延庆乡之半（今龙泉市小梅、查田、茶丰、青溪、四源及庆元县三济、黄真、黄田等地）正式置庆元县，且以宁宗年号“庆元”命名。此后，从中原一带南来的、从福建一带北往的移民更是将庆元当成了远离烽火、世逸而居的世外桃源。据民间宗谱记载，庆元吴、叶、姚、杨等几大姓氏，都在唐宋时期迁徙而来。[②]他们的融入，给庆元这片热土带来了中原和异乡的文明，促进了庆元本土文化的进一步发展。

庆元县广大的地域都属崇山峻岭、旷谷幽回的中山地貌，其境内百山祖是闽浙两省的闽江、瓯江和长溪（福安江）三江之源，可是，这些江河的源流多是落差极大的山溪涧流，境内的交通不能都凭借水路，多数情形下只能倚重陆路。正是在这样一个溪流纵横、群山穿行的地域环境下，木拱廊桥才得以保存下来。据相关资料显示，庆元县至今还保存着编木拱梁式木拱廊桥13座，撑架式木拱廊桥2座。[③]

1. 咏归桥[④]

咏归桥（见图8–2–3）又名兴贤桥、杨公桥，位于庆元县城北门（即旧时“云龙门”）外。元大德十年（1306年）建成时称“兴贤桥”，旋即改名“咏归桥”。元至顺年间（1330—1333年）桥毁，至正九年（1349年）由县尹孔旸重建。明天顺年间（1457—1464年）桥坏，知县张宜重建，桥中央建构了一座大观亭。新桥竣工后，知县张宜还特地请人写了一篇《咏归桥记》[⑤]，记曰：

“庆元僻处万山之中，一水环注，界乎县治之北，学宫之南，凡游宦之车马，市民之携挈，行旅之担荷，越是溪者惟筏竹代渡而已。至于春夏涨浮，奔流跳浪，争趋疾渡者，有蹴踏倾复之患；黉宫师儒，往来昕夕，其虑尤切。天顺庚辰秋，钦差中贵臣罗公常谒学宫，视其溪阻，谓众曰：‘水有桥梁，民不患涉，亦王政之一端。况学宫间阻，而劳师儒往来涉渡乎！’遂损资抡材，鸠工伐石，邑之民士欢趋乐助。经始于是年八月，落成于十二月，长跨若干步，横架四十一间，高结檐牙，以蔽风雨，所用缗帛以千计。倚势吞波，鲸飞虹卧，凡车马之行，携挈之便，担荷之安，无有蹴踏倾覆之患者皆公赐也。师儒来游来歌，恍若风乎舞雩之咏，因题其桥曰‘咏归’。庆元知县张宣等来请曰：‘昔汴州作东西水门，而昌黎有记，柳州作东亭，而宗元有文，今按节斯土，桥梁既成，颂公之德非文何以传后乎？’予塞其请而记之，使百世之下，因其文而推其德，莫不知公之所以利济斯人者，千百世而未艾也。天顺四年冬十一月庚子。”

明嘉靖二十七年（1548年）咏归桥毁，知县朱芾重建，没过多久又被洪水摧毁。明万历三年（1575年）知县沈维龙再建，过了13年，也就是万历十六年（1588年）四月又毁于水。明崇祯十五年（1642年）

①以上部分内容参考庆元县交通局编《庆元县交通志》（海洋出版社1993年版），并对应刘杰、胡刚主编《乡土庆元》（浙江古籍出版社2011年版）做了订正。

②参见薛一泉、叶树生著《木拱桥传统营造技艺》一书第24页，浙江摄影出版社2014年版。

③参考刘杰、胡刚主编《乡土庆元》（浙江古籍出版社2011年版），中共庆元县委宣传部编《中国廊桥之都——庆元》（西泠印社出版社2007年版）以及丽水市政协文史资料委员会编《处州廊桥》（中国民族摄影艺术出版社2006年版）。

④此部分内容参考庆元县交通局编《庆元县交通志》（海洋出版社1993年第1版）第88至89页以及刘杰、胡刚主编《乡土庆元》第260至261页（浙江省古籍出版社2011年版）。

⑤引自政协庆元县委文史资料研究委员会整理的清光绪三年（1877年）编修的《庆元县志》下册第344至345页，内部资料，1985年注释本。

图 8–2–3　浙江庆元咏归桥

知县杨芝瑞再建咏归桥，同时邑人也纷纷解囊相助。此次重建的咏归桥规模扩大了一倍，形成了两座木拱廊桥头尾相衔的格局，双虹连接处的小岛——小蓬莱上还增建了因应风水之需的“补天阁”。新建成的双桥被称为“杨公桥”。为了这座杨公桥，庆元知县殚精竭虑，尽全力而为之，其中补天阁的设置估计是他和他的智囊团应对廊桥屡次被毁的措施之一，[①]因为他认为以前的桥梁屡建屡毁是因为建造者考虑不周全或未尽全力才造成的。因此，廊桥落成后杨芝瑞还特地亲自撰写了一篇《复建咏归桥记》[②]来表达他的心情，记曰：

“寓内多故，守土者力竭催科，即重务犹莫为之，应若夫褰裳之患，惟问诸水滨而已。旷览山川，追维往迹，则如咏归桥是也。予莅庆两载，诸凡建隘修城，借民财、烦民力，以仰副功令，免予罪愆者，虽昕昕夕经营，予劳也乎哉？民劳也。方幸黾勉告竣，差得吾民优游共适，而阖邑复有建桥之举，先是桥之兴废不一，初创于元大德，再造于明天顺，三造于嘉靖，四造于万历，屡造屡圮，人皆曰：‘波臣为祟！’予曰：‘非也。人谋未臧，乃欲分咎波臣，狂矣！’自今伊始于万斯年，维持巩固，往来行人不赋‘匏叶’而赋‘周行’。则今所谓经营昕夕者民乐也乎哉。予乐也，苟利于民，何惜劳瘁，凡我好义同心者，请勿作桥观。是即君子谷贻孙子之颂也。求宁观成，敢计日以俟。”

台州进士陈函辉在《杨公桥记》[③]一文中披露了当时的杨公桥建设时间和规模：“经始于癸未岁孟夏，以是年秋仲告成。中竖一巍阁（即补天阁——作者注），东北分建两桥，架屋计十九间，其长计二十四丈，广计二丈一尺。栋宇庄严，丹彩宏丽，势若长虹，横挂于绝壁危渊之间。盖自是而舆马可通，商旅可行，褰裳蹴蹋之患息矣！而诸山拱揖，百派汇聚，与桥相望不绝，甚盛举也。庆之士民欢呼载道，咸谓斯桥也，其湮灭于洪波荆棘中者已数十年，而公乃披蓁莽，精区画，鞭海石，一旦而鼎新之，其规模视昔尤巨丽焉。”

可惜的是，老天爷并没有给杨知县多少面子，他的努力很快就部分被洪水化为乌有。清顺治五年（1648 年），时隔不到 6 年时光，左桥即被大水冲毁，时任知县郑国位再度重建。康熙八年（1669 年），左桥由余世球重修，但是补天阁和右桥年久失修，以致大部分倒塌，仅剩下“颓楹半截”。乾隆十五年（1750 年）知县邓观将倒塌了的右桥移到了北门，是为“北门桥”。民国十三年（1924 年），再次复建，这已是历史上的第 6 次重建，恢复了明末杨公桥“双虹架于左右”的格局，建成后又复称“咏归桥”。

民国时期复建的咏归桥全长 70 丈，宽 3 丈，桥面共设廊屋 49 间，为编木拱梁式木拱廊桥，亦如杨公桥时期格局，分左右两桥于小蓬莱岛之东西两侧，岛上依然恢复建造了“补天阁”。后来右桥再次毁于水患，1968 年庆元大桥建成后，主要交通改道，右桥就几乎永远失去了被再度修复的机会。于是，才形成了今日所见的咏归桥的情形：只剩下了民国时期复修的左桥和补天阁。1983 年再历维修。

咏归桥横跨松源溪，东西走向，全长 38.76 米，净跨 21.7 米，矢高 8.8 米，面阔 5.5 米，桥面上设有廊屋 9 间，加上桥东端的 3 间补天阁，一共 12 间。桥下有状似石龟的大岩石和石龙潭，桥西靠着被称为“球山”的山丘，桥东补天阁是一座重檐的二层楼阁，三面环水，并与蒙洲公园相接，环境优美。因桥居闹市，每日从桥上来往的人很多。

咏归桥是闽浙一带有文献记载的较早时期的编木拱梁式木拱廊桥，从历史文献中可以判断，至迟于明代此桥就已经运用了成熟的编木拱梁结构。并且，比较重要的一个历史事实是，它在宋元时期就是庆元县城通往处州府城的官方驿道的必经之路。当然，它也是关系到庆元县城松源街道风水形胜的水口关。清光绪三年（1877 年）编修的《庆元县志》记载：“杨公桥：云龙门外，为众水之汇，形胜关于一邑。”正因为如此，才会出现咏归桥在历史上屡毁屡建、屡建屡毁的情形，并且往往得到官府的资助或直接由知县主持建造。

①参见本书第四章第三节《城镇、村落水口景观中的木拱廊桥》之第二小节《城镇水口园林与景观建设》部分内容。
②引自政协庆元县委文史资料研究委员会整理的清光绪三年（1877 年）编修的《庆元县志》下册第 358 页，内部资料，1985 年注释本。
③引自政协庆元县委文史资料研究委员会整理的清光绪三年（1877 年）编修的《庆元县志》下册第 360 页，内部资料，1985 年注释本。

这座木拱廊桥的历史背景非常特殊，在中国历史上遗存下来的同类桥式之中也属罕见。

2. 袅桥[1]

袅桥位于松源街道西门村星光路，始建于明万历三十二年（1604 年），清乾隆三十四年（1769 年）重修，2009 年经历落架大修。袅桥横跨竹坑溪，东西走向，桥身由木拱架和廊屋两部分组成，外观呈八字形。廊桥长 28.63 米，面阔 3.6 米，净跨 14.5 米，拱高 4.1 米，桥面之上设有廊屋 11 间，拱架由数十根粗大圆木纵横穿插、铆接组合，形成架设廊屋的拱架平面，其上横铺面板，建造廊屋。廊屋面阔 3 间，明间为通道，两次间设长木板凳。拱坡桥面，拱架桥面部分铺设木板，地面引桥卵石铺墁。次间檐柱设木板封钉栏杆，桥身外壁鳞叠封钉蓑板（亦称风雨板，木拱架部分为 3 层，地面引桥部分为 2 层），上层蓑板开启圆方形小窗。廊屋中央间北侧设神龛，供奉观音及金童玉女。廊屋面阔 3 间，用四柱九檩抬梁、穿斗混合式木构架。西桥头廊屋南面设泥墙辟门；东桥头廊屋建有桥亭，其东辟门，桥亭屋面伸出在廊屋之上，形成重檐攒尖顶，内部施鹅颈椽卷棚八角藻井。屋面依次施望板、方椽、小青瓦。相传从前此处是一座庙宇，有一位福建货郎在庙宇避雨，看到庙堂柱子上有一行字："内七里，外七里，真金就在七里内"。他往庙堂四周一望，见神龛前摆着一尊方方正正漆得雪亮的香炉。脑海中灵机一动，莫非是"内漆里，外漆里，真金就在漆里内"？于是他拿出铜钱将香炉内外的漆刮去，果然惊奇地发现这香炉是用金子铸成的。货郎发财了，第二年就到庆元得金的地方建了一座木拱廊桥。因此地云雾缭绕，在青山绿水中袅绕升腾，故取名"袅桥"。

现今每年五月初六，许多善男信女要在四座廊桥进行隆重的祭祀仪式，求清吉平安，祭祀时点香过桥，并在桥下溪边供品祭祀，祀完之后将粽子、馒头抛入水中，这种仪式当地称为"走桥"。袅桥是群众进行祭祀活动的四座廊桥之一。

清光绪三年（1877 年）编修的《庆元县志》上册记载："袅桥：县西二里。"《庆元县交通志》载："袅桥：在县城西北 5 华里。初建于明万历年间，为屋盖式伸臂木拱桥（此名不确，应为编木拱梁式木拱桥），长 23 米，宽 5.6 米。过去是通往星光、安溪的要道，自庆元至星光公路修通后，已失去作用。"

3. 半路亭桥[2]

这里先介绍一下庆元县黄田镇的半路亭桥（见图 8-2-4），从桥的名字就可以看出这是一座处于道路上的桥梁。此桥坐落在陈边村和中济村两村之间的古道上，是过往村民或行脚百姓们往返期间的歇息之处，因此被当地人称为"半路亭桥"。半路亭桥又名查洋桥、云岩桥，始建于元至正年间（1335—1340 年），清嘉庆二十三年（1818 年）重建。现桥为民国六年（1917 年）重修。桥为东西走向，全长 28.8 米，面阔 4.9 米，净跨 21.2 米，矢高 5.2 米，桥面设廊屋 9 间。桥身由木拱架和廊屋两部分组成。木拱架第一系统，即闽浙桥匠所谓的三节苗由 9 组并列的杉木圆材构成；第二系统，即闽浙桥匠所谓的五节苗由 8 组并列的杉木圆材构成。木拱架整体外观呈八字形。桥面上廊屋面阔 3 间，明间为通道，两次间设长木凳、栏杆，中心间南面设神龛，祀观音。廊屋结构为四柱九檩抬梁和穿斗混合构架，上覆悬山顶，在檐下再出一道披檐，形成重檐的样子；廊屋中央 3 间为重檐歇山顶，内施望板。屋面施方椽、小青瓦合铺。五架梁、三架梁都为月梁形制，梁头雕龙须纹。挑檐枋、牛腿等部件雕花卉图案。桥身两侧栏杆至木拱架外壁各鳞叠封钉一层风雨板，桥廊中部 3 间下重檐下又封钉

①此部分内容参考刘杰、胡刚主编《乡土庆元》第 265 页，浙江古籍出版社 2011 年版。

②参见刘杰、胡刚主编《乡土庆元》，浙江古籍出版社 2011 年版。其中木拱廊桥中墨书引文参考龚迪发著《福建木拱桥调查报告》，科学出版社 2013 年版。

一层风雨板，并在中心间北面风雨板处开启扇形小窗。两桥头筑墙垣，辟长方门作通道。半路亭桥是一座建筑造型优美、主要功能为交通的木拱廊桥。

庆元县往西通往福建省松溪县的一条省际古道，即从县城松源街道经五都、八都、菊水、马蹄岙、蜈蚣岭入松溪县境，全程20公里，是庆元县粮食和山货进出口的重要通道。在竹口，还有水道可通福建。由竹口、新窑沿竹口溪放排可进入福建松溪境，途中有荆兰隘；自新窑放排经松溪、闽江可至福建。直至今日，从龙泉来庆元的省道也经过竹口而至县城松源街道。

4．后坑桥[①]

就在这条省道快至竹口镇的枫堂村以北2公里处，在竹口溪上有一座木拱廊桥，它就是后坑桥（见图8-2-5），又名普渡桥。后坑桥始建于明代，清康熙十年（1671年）知县程维伊重建。从梁枋上墨书和题记来看，还有几次重修：清乾隆三十六年（1771年），里人重修；清道光五年（1825年），监生吴恒宪独修；清同治六年（1867年），信女田门练氏独修；清光绪十一年（1885年）再度重建。桥全长36.2米，面阔5.45米，净跨28.5米，拱高6.05米。桥拱由数十根粗大圆木纵横穿插、铆接组合，形成架设廊屋的编木拱梁结构。桥面上设廊屋15间，廊屋面阔3间，用四柱九檩抬梁、穿斗混合木构架。东桥台间南面辟门，与龙庆公路相接；西桥台间南北两面辟门，连接古代驿道；西桥头建桥亭一进两间。桥屋两侧鳞叠铺钉蓑板以挡风雨，分上、中、下三层，在上层开启几何形小窗，以供采光及眺望。屋面通施方椽、望板、小青瓦合铺。廊屋两次间设长板凳，铺方砖，并间有花边；明间为人行道，铺小青砖。桥上梁枋间墨书信息保存较好。清乾隆三十六年（1771年）贡生吴得训曾作《普渡桥志感》，诗云："竹溪溪水落长空，路辟榛芜辐辏同。绵亘何年鞭海石，依稀半碧架晴虹。柳阴不用方舟渡，桥畔偏令舆马通。王政于今侔夏令，千秋犹自忆程公。"

图8-2-4　浙江庆元半路亭桥

图8-2-5　浙江庆元后坑桥

①参见刘杰、胡刚主编《乡土庆元》，浙江古籍出版社2011年版。其中木拱廊桥中墨书引文参考龚迪发著《福建木拱桥调查报告》，科学出版社2013年版。

1987年后坑桥木拱架拱骨遭贼盗严重破坏，文物部门采用镀锌水管和角钢抢险加固，2001年修缮。修缮前，桥损坏十分严重，桥面青砖和桥两侧风雨板遭人为毁坏，所剩无几。屋面1/4的瓦片残碎脱落，约有1/8的方椽和望板上面没有瓦片，整个屋面完全失去防雨功能，下雨天雨水直接流到方椽、檩条、木柱、木拱架构件上。东端桥台第一间桥屋和梁架倒塌，加固的镀锌水管和角钢等部件的电焊接头多处松动、脱落，角钢锈烂。木拱架内部有2根松树质地的接点横枋木（闽浙山区俗称“牛头”）腐朽霉变，不能继用。在有关学者和当地文物部门的呼吁下，2001年启动后坑桥维修项目，只保存桥西1间廊屋不拆，其余部分采用落架大修方案。在维修过程中，主事者们尽可能沿用拱桥原有的构件，除了2根严重腐朽不能沿用的牛头和被盗无存的拱骨以及13根木柱、2根将军柱需替换外，其余构件一律坚持修旧如旧的原则进行修缮。该期修缮工程总共耗费资金22.15万元，其中浙江省文物局拨款15万元，庆元县政府拨款5万元，竹口镇政府发动民众和有关单位捐款2.15万元。2005年5月15日，以2001年后坑桥修缮为模本申请的后坑木拱桥保护项目经由北京大学阙维民教授团队申报，最终荣获“联合国教科文组织亚太地区文化遗产保护卓越奖”。

联合国官员在颁奖典礼现场宣读了该奖项评委们的评语：

“独特的后坑桥的重修，在维护意义深远的木工历史建筑方面，以其杰出的技艺为该领域树立了典范。它是浙江省和福建省存留下来屈指可数的木拱廊桥之一。通过对各地相关桥梁的比较研究，此项目呈现了人们对以该桥梁为代表的中国17世纪成熟的建筑传统的理解。它的重修反映了当地民众对于历史工程原理及天然材质建筑艺术的尊重。该项目使得廊桥成为美丽的乡村文化景观不可或缺的一部分。当地政府的创新性维护也保证了该桥能继续成为周边乡村公共集聚的场所，因此，与此桥息息相关的根深蒂固的当地社会文化传统得以长期保持下去。”[①]

5. 蒙淤桥[②]

蒙淤桥位于庆元县五大堡乡蒙淤村水尾，既是庆元至寿宁大路上的必经桥梁，也是蒙淤村的水口桥。蒙淤桥始建于元至元年间（1264—1294年），后毁。明嘉靖五年（1526年）邑人叶亨重建，后被洪水冲毁。清嘉庆十四年（1809年）邑人吴昌兴再度倡议复建。清光绪进士、庆元知县何文耀曾对此桥题诗一首，云：“蒙淤砥柱挽狂澜，杰阁层檐得大观。百尺桥飞虹掩映，双溪环抱水团圆。僧居古寺钟声静，人倚危栏月色寒。我欲乘风兼破浪，凌空长啸白云端。”张恪忠亦有《蒙淤桥》诗一首，云：“峰峦环抱锁溪声，百丈流虹饮涧横。我欲招寻题柱客，长门恰喜倩长卿。”

蒙淤桥不仅是庆元县东部乡村交通往来的重要津梁，也是沟通景宁、泰顺和福建寿宁等地大路上著名的木拱廊桥。1995年3月10日，一名流浪者夜宿桥内，生火取暖不慎焚毁了整座廊桥的木构架体系，仅余下两端桥堍之上的石砌桥台和桥台之上的两道山墙。2010年5月，蒙淤村村民自发组织成了“蒙淤桥重建协会”，这是一个类似传统社会时期的桥梁建造董事会的组织。协会的组织者发起倡议书，募捐、备料，以及联络县里有关部门，积极推动蒙淤桥的重建工作。协会基本按照传统木拱廊桥营造的程序进行，他们根据协会章程遴选了本县工匠胡淼作为蒙淤桥重建的主墨师傅，聘请原文博馆吴其林馆长作为技术顾问，并于同年6月工程动工。经过一年的紧张施工，2011年6月，蒙淤桥修复工程基本竣工。重建协会还按照传统的方式于11月1日举行了盛大的开桥通济、圆桥谢众仪式。

原有的蒙淤桥横跨于松源溪的支流上，是一座跨度较大的编木拱梁式木拱廊桥，重建后的廊桥几乎完全与原桥保持一致。廊

①此评语由庆元县原宣传部副部长赵剑芳女士提供。

②参考赵剑芳、姚家飞撰《庆元蒙淤桥重建实录——木拱桥传统营造技艺生产性保护范例研究》一文，载于2011年《第四届中国廊桥学术（庆元）研讨会论文集》第98至121页。

图 8–2–6　浙江庆元蒙淤桥

桥呈东西走向，全长35米，宽4.5米，净跨28.42米，木拱矢高8米，桥面上设有廊屋进深13间，面阔3间。廊屋明间为人行通道，两次间设有供行人休息用的长凳。廊屋中心间起重楼，为歇山式屋顶，两端设山墙封檐，廊屋屋面呈硬山式。桥东首设有八字形山墙，三面围合，中间设有一拱门，门额上新题“利涉大川”四个大字；西首山墙紧靠山崖。

蒙淤桥的木拱结构，由9根第一系统（即闽浙一带所称的“三节苗”，材质为杉木）和8根第二系统（即闽浙一带所称的“五节苗”，材质为杉木）通过10根横向拱骨（即闽浙一带所称的“牛头”，连接三节苗的横拱骨被称为“大牛头”，连接五节苗的横拱骨被称为“小牛头”，材质一般为松木）纵横穿插、编织而成，外观略呈八字形。两岸用条石砌筑的桥台外壁，直竖一排圆木，上下用一根横枋木冠固，构成垂直端竖排架。为了稳固拱架，避免轴向侧移，在第一系统和第二系统的横拱骨和端竖排架之间，安插两层交叉木撑（学名叫作“剪刀撑”，当地称为“剪刀苗”）。

蒙淤桥桥面的做法极富特色，与后坑桥、咏归桥一起，是庆元县木拱廊桥桥面做法的典型代表。在两个系统构成的木拱桥架之上会架设桥板苗，之上再横向铺设桥面板；在桥面板上铺一层箬叶，箬叶之上铺木炭，木炭之上再铺一层箬叶，然后，再在箬叶上铺砂子，之上铺砌桥面石。箬叶自身带有一种芳香，对生物危害有一定预防作用。后坑桥桥面铺砌的是方砖。

二、福建省的木拱廊桥与古道

（一）福安市木拱廊桥与古道[①]

福安地处长溪流域的核心区域，境内层峦叠障，属丘陵地带，陆路与水路交通构成了辖区内主要的交通系统。秦汉时福建对外交通有“浙江慈溪、江西余干入闽”的记载，福安文字记载最早的古官道是福州经闽东到达温州的省际古官道，在福安境内南部沿海穿过。受地理条件的制约，当时境内古官道皆随地势盘山过岭。福安建县后，官道渐多，一般路宽4尺（1尺≈0.33米），亦有五六尺者，路面一般用块石铺设；2.5公里或5公里建有路亭，供行人休息。福安建县前经福安的省际古官道起自福州，北抵温州，从宁德白鹤岭经县南宁川驿后，渡过深浦渡，步行山路5公里，至今日福安下白石镇双岩，而后再走山路2.5公里抵达今下白石镇，再经湾坞、梅洋、下邳、溪尾、坂村等沿海乡村，通霞浦盐田，境内全长35公里，路宽约6尺，路面铺块石。唐宋时称驿道，清末邮路改经福安县城接柘荣。宋泉州知州、浙江乐清人王十朋途经双岩岭上之双岩寺时，曾题诗道：“崎岖九岭更双岩，遥望闽山未见三。来访神钟隐见处，翠微深锁古精蓝。”

据1991年定稿的《福安交通志》记载，县际的陆路系统则有福安县城关通往宁德、霞浦、柘荣、周宁、寿宁以及甘棠镇通往霞浦的古道。简单叙述如下：

福安至宁德大路：出城南，过溪口桥、江家渡，经白沙、同台、浦后、狮子头，搭渡船至赛岐（罗江），弃舟就步，由大留、上塘入宁德闽坑，境内全长约70公里；或在赛岐继续舟行至甘棠，经上塘入闽坑；或由甘棠舟行至下白石，走福温路入宁德八都。路宽4至6尺，块石铺砌路面。清末邮路改经福安县城后就走此道。

福安至霞浦大路：出城南，过溪口桥、江家渡，经白沙、水田（过渡）、溪柄、松罗、柳溪，入霞浦盐田，境内全长约65公里，路宽4至6尺，块石铺砌路面。

福安至柘荣大路：出城东，经占洋、马上、仙岭、千诗亭，入柘荣浦洋，境内全长25公里，路宽4至6尺，块石铺砌路面。清末邮路改福温道经福安县城后，此路交通逐渐繁忙。

福安至寿宁大路：出城北，过富春渡，经坂中、长汀、沙溪、社口，

①此部分内容参考刘杰、陈昌东主编《乡土福安》一书，中华书局2016年版。其中木拱廊桥中墨书引文参考龚迪发著《福建木拱桥调查报告》，科学出版社2013年版。

入寿宁武曲，境内全长 25 公里，路宽 4 至 6 尺，块石铺砌路面。古代士子进京应试大都走此道。

福安至周宁大路：出城西，过阳头渡，经铜岩、上沃、龙首桥、穆阳、苏堤、渡头、牛岭尾，入周宁柯坪，上至建宁府。境内全长 30 公里，路宽 4 至 6 尺，块石铺砌路面。

县内的陆路系统基本是由境内乡村之间的大路和山路构成的，主要有赛岐（旧称细村）至穆阳、赛岐至楼下、溪柄至溪尾、城关至坦洋、财洪到范坑、上白石至泰蓬（太逢）、穆阳至坦洋（阳）、赛岐至湾坞、黄崎（下白石）至北坑、甘棠（官塘）至溪填等古道。

在这些水路与陆路交叉的节点上，多是木拱廊桥或其他形式桥梁雄踞的地方。古代遗存至今的福安廊桥有 10 余座，其中木拱廊桥有 6 座。其中，属于八字撑架式木拱廊桥的 1 座，即金山水尾桥；属于编木拱梁式木拱廊桥的共 5 座，分别是洋坑桥、积谷桥、玉亭桥、柘头桥和登烛桥。

1. 棠溪桥、洋坑桥与闽浙省际官道

棠溪桥（见图 8–2–7）又名登烛桥，坐落于潭头镇棠溪村以北 1 公里处的河面上，清宣统元年（1909 年）建造，1963 年 11 月福安县人民政府拨款维修。据龚迪发在《福建木拱桥调查报告》一书中介绍，“登烛桥”实为“灯烛桥”的讹传，其本名应为“棠溪桥”。“灯烛桥”是周边村民对棠溪桥的俗称，起因是早年此桥周边盛产茶叶，每年茶叶采摘季节茶商们便在此摆摊设点，收购当地的茶青。由于茶青收购大多时候要连夜进行，因此商贩们便在廊屋内挂油灯、点蜡烛，久而久之，棠溪桥便被传为“灯烛桥”了。

棠溪桥横跨于东溪支流武陵溪上，连接城关韩阳经潭头、上白石往浙江泰顺的省际官道。桥身呈东西走向，过去是棠溪东北面村落的乡民往来于棠溪、潭头二镇，以及到福安县城的重要津梁。棠溪桥与邻近的柘头村村口的柘头桥是平行的，都起着连接东部与西部地区的作用，它西通周宁，东达柘荣，桥正好处于两县界的中间位置。棠溪桥为单孔木拱廊桥，长 40.6 米，宽 5 米，木拱净跨 36 米，占地面积为 280 平方米，是福安市域内跨度最大的一座木拱廊桥，单孔跨度在闽东地区也可以名列前茅。

2004 年，由福安社口镇坦洋村原建桥缘首的后裔等筹款修缮。

廊桥两端各用 17 根圆木穿插别压、交架成拱，桥面铺有木板，两侧设木凳。桥上设廊屋 17 间，共用 72 柱，离水面高 12 米，廊屋高约 5 米。廊屋为四柱九檩混合式木结构，上覆小青瓦悬山式屋顶，两端出披檐。廊屋当心间梁上有“时龙飞宣统元年岁在已酉桂月初一午时”的墨书题记。此外，还有“人民政府补助棠溪桥资金伍仟元宝币”、桥匠“寿邑东山楼村木匠郑惠福、多金”等维修信息。廊屋两侧间前后金枋上均题有七言墨书，写得很有韵味，意境深远。其中有：“舟子无庸呼客渡，牛郎从此到天津；蓝田种玉仙婚就，黄石授书帝业成。”“凌空奚事鹊填成，小住乍看鱼极乐。”

廊屋在让过往行人遮风避雨，坐在桥凳上歇息、乘凉时还可欣赏书香雅趣，感受高雅之鲜。廊屋当心间面对上游方向设置神龛，供奉观世音菩萨。桥两头均设有葫芦形“元宝炉”，供信众焚烧类似元宝的纸质供品和香烛。每年农历五月初五端午节，信众遵循传统风俗到这里“念经走桥”（见图 8–2–8），扔粽子过节，场面极为热闹。

在福安通往浙江的省际官道上还有一座木拱廊桥——洋坑桥（见图 8–2–9），它连接福安城关韩阳、潭头、棠溪、上白石、范坑、上坪通往浙江泰顺。洋坑桥坐落在范坑乡上坪村以西约 1 公里，与马岗村隔溪相望的峡谷上，是福安境内位置最靠北的一座廊桥。宋代以来，上坪村由于盛产银矿，明代在此设置上坪营，嘉靖十五年（1536 年）改设福宁卫，是一个地处偏僻却经济繁荣、人气旺盛

图 8-2-7　福建福安棠溪桥

的古村落。

洋坑桥头至今矗立着两通石碑。一通是清乾隆五十六年（1791年）刻制的，另一通是同治七年（1868年）刻制的。均记载了洋坑桥捐款情况，其中同治碑记载了缘首为郑汉书、郑建顺、郑国叶等信息。从乾隆碑记上可以看出，此时洋坑桥不叫“洋坑桥”，而叫“铅坑桥”。至同治七年（1868年），“洋坑桥”方改今名。

洋坑桥始建于清乾隆五十六年（1791年），同治七年（1868年）重修，民国二十七年（1938年）再度重建，横跨东溪支流洋坑溪，南北走向，为单孔木拱廊桥。桥全长24米，宽4.8米，拱跨16.37米，占地面积约116平方米。廊屋9开间，用40柱，穿斗抬梁混合木构架，悬山式屋顶。桥面两侧设置栏板外批鱼鳞状桥裙板，栏板内侧檐柱间加设坐凳，供来往路人歇坐休息。明间设神龛，高2.6米，宽3.2米，深0.9米，供奉观世音菩萨。

古道从南面的马岗村下岭穿过洋坑桥，通往上游油坑、油岭，再过蛇头、吉坑村，再上去就是浙江省的泰顺县。一路地势险峻，风景优美，其中还有五级瀑布。这里民间流传着一句著名的口头禅：“金銮殿事，要问蛇头、吉坑人。”意思是蛇头、吉坑人熟知皇帝殿里的事。因为南来北往的客人经过吉坑村，都要在此地歇息，不免开聊闲扯，谈天说地，吉坑村成了传播京城消息的信息源。现在，现代公路交通发展迅速，昔日官路几乎荒废，早已没有多少人行走，致使该桥来往人数骤减，桥体缺乏管理、维修，面临毁损。为保护该桥，2012年福安市政府拨出专款抢险维修，现保存良好。

2. 积谷桥与福安至闽北古道

积谷桥（见图8-2-10）位于福安穆阳溪上游，横跨于康厝乡石尖村以西约1.5公里外的山涧上，是古代福安通往周宁县城

图8-2-8 传统风俗“念经过桥”

图8-2-9 福建福安洋坑桥

图 8-2-10　福建福安积谷桥

关狮城镇、往闽北必经官道上的一座桥梁。桥始建于明崇祯年间（1628—1644 年），清康熙四十六年(1707 年)由周振模、苏永昌、吴允俊、苏维吟、苏维满等倡建重修，乾隆五十六年(1791 年)再经林兴长、苏瑞进、吴亦秀等缘首重建，同治十年(1871 年)以缪国冶、缪壬苍、缪敬中等人为缘首重修。20 世纪 70 年代，由岭尾村苏木成为缘首组织附近村民再度修缮。2013 年，福安市政府拨专款，加之周边群众捐资又作维修。

积谷桥，又称“石尖桥”与“暗桥”。关于其名称的来历，据附近村落上年纪的村民说，周宁一财主来这边收田租，每年根据租收情况留下一部分作为修桥之用，久而久之，所修桥梁就被称为积谷桥。“暗桥”是说以前桥两侧风雨板钉得很密，桥内漆黑一片，以致附近群众皆称“暗桥”。又因为石尖村就在桥南面几公里路处，经过这里的行旅路人根据村名而改称为石尖桥。

积谷桥为单孔木拱廊桥，东西走向，桥西面通往牛岭尾村后，一路往象地，另一路为主道，通往周宁与闽北。两边桥堍用条石叠砌，特别是西面桥堍伸出 3 米左右，叠砌于河床边岩石上。东面桥堍外层用条石叠砌，大部分用块石垒砌，桥堍两边皆保存伸臂石构，在桥堍中间采用 2 层条石（每层 6 条条石）平铺逐层叠涉出挑，挑出部分向上卷杀。西面出挑伸臂石保存完好，探伸出桥堍 1 米左右，东面可能是坍塌后在维修过程中没有恢复，现仅保存一层还有缺损的伸臂石。伸臂石砌于何年？明代还是清初？石尖桥是否伸臂石梁桥？现已成谜！目前保存的木拱廊桥桥长 18.3 米，拱跨 12.75 米，桥面宽 4.4 米，离水面 6 米，面积为 121 平方米。桥上设有廊屋 7 间，为四柱九檩混合式木构架，悬山屋顶，南北两端檐下另加披檐。桥面横铺木板，两侧施栏板，檐下另加风雨板。桥中间朝上游方向设置神龛，供奉观世音菩萨。廊屋梁架上保存着多条墨书题记，记载着廊桥建造年份、修缮时间、桥坐向、主副绳墨名字、捐钱建造人姓名和吉祥法语等。其中有一条信息涉及历史上某次建造的工匠，“主绳肖□奕，副绳连正成，场司肖□笑、连正上”，“锯匠黄永发、许殿出，石匠苏廷振、苏廷钜”。该桥是福安目前保留下来的一座有纪年且年代最久的木拱廊桥。

（二）寿宁县木拱廊桥与古道[①]

寿宁县东、北、西部与浙江省的泰顺、景宁、庆元县相邻，西南、南、东南部分别与福建省的政和、周宁县和福安市接壤，地控闽浙咽喉，为两省六县市之门户。明嘉靖五年（1526 年）知县钱亮在《科贡题名记》中赞叹：“寿宁之山，崔巍嵂峻极于天，而其川也，奔腾澎湃趋于海，此固非常之山川也。”境内山高岭长，溪流纵横，未有公路以前，行旅艰难。县民逢山辟小路，遇水搭便桥，历经改线、加固、铺石，渐成古道。明清时期，就有“正道”和“偏道”2 条，并设置铺递文书。清末至民国，形成了以县城为中心的县际古道 5 条，县内乡村古道 4 条。县际古道按旧城门走向，分为东路、南路、西路、东南路和西南路 5 条古道。

据寿宁县交通局 1990 年编印的《寿宁交通志》中记载，5 条县际古道的情况大致如下：

东路古道：出东门（即日升门）经杨梅桥、清渡、大门、洋边往南阳镇，向北绕过官洋、花岭、仙峰、翁坑、西浦、犀溪、库坑、路口桥、际坑、碑坑（即武溪），至双港溪过渡，通达浙江省泰顺县城，路长 45 公里，县境内 35 公里，此道就必经杨梅村木拱廊桥（也称登云桥）。

南路古道：出南门过五里亭，向西越过高山岭，经小托、日洋铺、九岭、芹洋、尤溪、平溪、溪底、南溪，穿过石门隘，通抵政和县城，全线长 100 公里，县境内 63 公里，这是明代的正道。尽管是“正道”，但是路况极差。据《寿宁待志》记载，冯梦龙在寿宁做县令

①此部分内容参考刘杰、林蔚虹主编《乡土寿宁》一书，中华书局 2007 年版。其中木拱廊桥中墨书引文参考龚迪发著《福建木拱桥调查报告》，科学出版社 2013 年版。

时，每赴建宁府（府治建安、瓯宁，今福建省建瓯市。下辖：建安、瓯宁、建阳、崇安、浦城、政和、松溪七县）述职都要“预先行牌传谕，令诛茅辟径”，即使如此，“一遭天雨，寸步登天，亦付之无可奈何矣”。

西路古道：出西门经后墩的飞云桥，折北经过六六溪，越下马岭，经前西溪、伏际、西宅而抵坑底，全线长20公里。坑底乡是寿宁县与浙江省景宁、庆元、泰顺三县的交界地，为闽浙通途的要冲。坑底共有三条支路通往上述三县：其一，坑底往景宁，从坑底往北经林山、浩溪、上村，过青草隘往景宁县城，全线85公里；其二，坑底往泰顺，从坑底向东经东山楼、小东、地头、司前、新亭、王沙坑、铜坑亭，过黄阳隘至泰顺县城，全线30公里；其三，坑底向西经归洋，通往庆元县的江根乡，长10公里，至庆元县城65公里。闽浙两省的住民，从此路来往频繁。

东南路古道：出南门过五里亭，向南经际头仔、三望洋、青竹岭、岱旸、下车岭，过山田、斜滩、元潭至武曲，全线长35公里，通往福安城区60公里，这是明代的“偏道”。清雍正十二年（1734年），寿宁划归福宁府（府治在霞浦，领宁德、福安、寿宁、福鼎、霞浦五县）管辖后，行人增多，“偏道”变成了“正道”。

西南路古道：出南门经五里亭，向西越高山岭，经小托、后洋、檀香岭、坪坑、发岭坡、际头、托溪，再沿溪北上至溪坪，进双港长30公里，过浪荡亭，通抵浙江省庆元县城，全线长75公里。

同样根据寿宁县交通局1990年编印的《寿宁交通志》书中记载，县内4条乡村古道的情况大致如下：

县城至凤阳古道：出县城南门，经际头仔、三望洋、清源、越乌石岭至村尾，过大溪头、芦时岔、下老、王溪、下党、基德，经“百岁亭”到福厚，抵凤阳，全线45公里。

县城至斜滩古道：是连接南阳、平溪、凤阳三乡的通道。斜滩是昔日寿宁水运物资的集散地，除东南路古道（县际古道）从这里过境外，还有三条连接邻乡的支路：其一，斜滩至南阳，全线长15公里，再往犀溪可抵泰顺县城；其二，斜滩至平溪，全线30公里，再经70公里山路可通政和县城；其三，斜滩经渡船头、泗坑、北山、福厚抵凤阳，全线20公里，再经42.5公里可至周宁县城。

县城至犀溪古道：出东门，经坑底桥、弹子岭、黄岐、亭溪、村头、山边、泮洋至犀溪，全线长25公里。出县境17.5公里可直抵泰顺县城。

县城至龙溪古道：出西门，过大安，折北经官田场、小东、浩溪、越磨石岭，经地洋，抵龙溪，全线长35公里。出县境30公里可通浙江省景宁县城。

据缪长钻著《廊桥遗韵——品读寿宁廊桥》一书统计，截至1949年，寿宁县尚存46座编木拱梁式木拱廊桥和十数座撑架式木拱廊桥，分布在上述5条县际古道和4条乡村古道系统上。截至2008年，尚存有19座编木拱梁廊桥，分布在后溪、犀溪、蟾溪和长溪（福安江）上。后溪之上有单桥、小东上桥、大宝桥、杨梅州桥和红军桥，犀溪之上有福寿桥和寿春桥，蟾溪之上有飞云桥、升平桥、仙宫桥、登云桥、普济桥和回澜桥，长溪之上有杨溪头桥、鸾峰桥、张坑桥、长濑溪桥、里仁桥和文明桥。此外，寿宁县还遗存有9座撑架式木拱廊桥，分别是外洋墩桥、碑坑桥（亦称观音桥）、升仙桥、观音桥（亦称大石桥、影花桥）、上村桥、葫芦门桥（亦称宫桥）、下村桥、奶殿桥和山埂桥（刚历火患，仅余“人字”撑木拱架）。

1. 杨梅州桥与县际古道——东路古道

杨梅州桥（见图8-2-11）在寿宁县坑底乡杨梅州村东北1公里处，在当初建造桥约中被称为“飞云桥”。它始建于清乾隆五十六年（1791年），道光二十一年（1841年）和同治八年（1869

年）曾经修缮，现桥为1939年重建。1949年后，杨梅州桥经过多次修缮。桥长39.91米，宽4.54米，拱跨33.8米，桥身呈东西走向，两端桥台用块石砌筑。桥面上廊屋设17间，用72柱，上覆悬山式屋顶。廊屋内梁架上墨书捐款人、工匠等信息。廊屋面阔3间，用4柱，明间为行人通道。柱上楹联遗存较多，几乎每榀柱架上都有。此桥通往浙江省泰顺县，且距泰顺仅10余公里，所以，楹联中多处嵌入"寿（宁）泰（顺）"二字，如："山河并寿，天地交泰"、"三阳开泰，同登仁寿"、"同登绥泰，共履康宁"等。更有优美联句，如"两岸高巍诚险峻，一桥中渡化平夷"，"一水中流现明镜，两岸对峙绚彩虹"等。杨梅州桥不仅仅是寿宁西北部通往泰顺的古道，也是浙江省庆元县和景宁县通往泰顺县的重要通道，因此，至今行人不断。

现存的清道光二十一年（1841年）、民国二十八年（1939年）的两份桥约与桥内墨书内容相印证。东向桥台有一根用作塞紧金刚墙与木排架的旧木料，上书"监生吴步荣乐捐钱拾陆仟文正……"据初步统计，重修杨梅州桥共收到捐款2957元，其中洋币（银圆）2357元，国币600元。捐款除坑底本乡村民外，多为浙江省庆元、泰顺、景宁三县百姓。各县商铺店号捐款也较为踊跃，如泰顺县城的"李顺和号"、"刘允昌号"、"吴同顺号"等。捐款都在4元以上，其中最多者为200元，估计还有一些捐款数额小于4元而未将姓名墨书在梁架上的民众。据原寿宁县博物馆龚迪发馆长估计，当时收到捐款金额约有3360元之多。据说，杨梅州桥竣工后经费尚有结余，董事们将这笔尾款又用于维修大宝桥、小东上桥和单桥等3座木拱廊桥。

杨梅州桥与泰顺三条桥、周宁后垅桥的保存环境类似，都在极其优美的自然环境下发挥其交通功能，因此被称为中国最美的木拱廊桥之一。它不仅是寿宁东路古道上的重要津梁，也是自然环境下保存状态最好的桥梁之一。桥下溪水清澈见底，其颜色随着天光云影的变化而变化；两端驳岸上，素木蛮石架起的飞虹凌空，自然弯曲的木材微微起翘，小青瓦覆盖的廊屋屋面，与青山绿水相辉映，就是一幅绝美的风景画！

2. 鸾峰桥与县内乡村古道

鸾峰桥（见图8-2-12）位于下党村南，又名下党水尾桥。始建于明代，据清康熙三十二年版《建宁府志》载："鸾峰桥在下党，王祖明等建。"现在的桥身为清嘉庆五年（1800年）正月建成。下党《王氏家乘》记："嘉庆五年元月中盛公竭力情深为首建立水尾桥。"1964年，以董事王光桂、王光峰、王运厚为首酝酿维修此桥，终于1965年延请本邑造桥名匠郑惠福、郑多金父子为主绳完成修复工作。

鸾峰桥有长、高、险、美四个特点，桥身呈南北走向。桥长44.46米，桥面宽4.76米，木拱净跨37.08米，为全国目前所知现存单拱跨径最大的古代木拱桥。廊桥所处地形十分险峻，北面桥台利用自然悬崖凿成，南面桥台用块石砌筑而成。桥面板距水面高达17.2米，又被称为闽浙险桥之一。桥前溪面上横陈着从两岸山坡上跌落的巨大岩石，环境奇异而充满自然情趣。桥上廊屋为四柱九檩混合式木构架形式。廊屋17间，共用72柱，上覆小青瓦悬山式屋顶。桥廊两端出一层风雨板。廊屋面阔3间，明间为行走通道，两次间设有供行人休息小坐的木条凳。廊屋中部设神龛，主祀观音。桥身两侧覆盖了三层鱼鳞式桥裙板。

据龚迪发在《福建木拱桥调查报告》一书中记录，桥屋内的墨书题记大致可分为三个阶段：第一阶段是清嘉庆五年（1800年）题记的，如"□里村信士陈淑□、陈敏登助竹三十根、助钱六千二百文……陈提洵助竹十根"、"书梁信士刘人□、王林镛伏祈金玉满堂寿福无疆者"。第二阶段是清光绪年间（1875—1908年）题记的，

图 8-2-11　福建寿宁杨梅州桥

图 8-2-12　福建寿宁鸾峰桥

如“宁邑选择耆老孙延绰惟愿名通万里寿享千秋事”、“本县溪底择日魏岩妹名扬千里”。第三阶段是1965年维修时题记的，除记录郑惠福、郑多金等工匠信息外，还有木匠制作廊屋木构架时留下的构件名称墨书，如“西后步柱”、“西前步柱”；此外，还有那个时代特有的政治符号——毛主席语录：“我们应该谦虚谨慎，戒骄戒躁，全心全意为人民服务。”

由于鸾峰桥跨度较大，所处地形险峻，因此建造和维修的难度也极大。龚迪发采访郑多金后在其著中披露了1965年维修此桥时所遇到的一个险情。当时，木拱桥北端桥台是以自然的崖壁为之，南端桥台则是由块石砌筑而成的（为何不依然用南端的自然岩石为桥基呢？作者认为主持修复此桥的工匠对跨度超过40米还是没有把握，故而砌筑了南端桥台，以此缩小了木拱的净跨）。建造编木拱梁廊桥的木拱，按传统的营造方法必须架设水架柱，运用天门车吊装组合木拱的第一系统——三节苗的平苗。正当吊装平苗时，由于多次起吊，且溪深拱木又大，桥台上部受压部位向溪中心倾斜，稍有偏心。如此一来，原来制作的木拱架及其上的楼板苗等构件都向北侧偏移，当时没有大型机械设备，无法对木拱架实施矫正。后来，桥匠郑氏父子不得已加长了南端的桥板苗和桥面板，算是一个补救措施。因此，鸾峰桥南端的桥面板再向南延伸了半间。

鸾峰桥与浙江省庆元县如龙桥同处于长溪（福安江）的支流西溪之上，只不过如龙桥在北，跨越的溪水在庆元称为“举水”、“举溪”；鸾峰桥在南，跨越的溪水在当地称为“西溪”。两桥一南一北，一龙一鸾，一处端庄典雅，一处险峻壮观，相映成趣。鸾峰桥南向桥头有大王庙，过庙后古道翻越山岭可通往平溪，至闽北政和县。桥头一侧的山岭上有一座文昌阁，又称文昌宫，建于清道光年间（1821—1850年），坐南朝北，土木结构，共3层，高12.2米，边长2.5米，屋顶用小青瓦，为八角攒尖葫芦顶形式。阁内塑有单脚着地、手持朱笔的文昌帝君像。

三、云南省的木拱廊桥与古道

（一）古代西南丝绸之路上的木拱廊桥

中国西南的云南省西部和西南部也是木拱廊桥之乡，在保山市的腾冲市，大理白族自治州的云龙县、巍山彝族回族自治县、洱源县、宾川县、鹤庆县，普洱市（即2007年前的思茅市）的镇沅彝族哈尼族拉祜族自治县等地区，保存着明清以来建造的各式木拱廊桥。这些桥梁主要是在斜伸臂梁式木廊桥加上各式斜撑而形成的组合撑架式木拱廊桥。

滇西地区的怒江傈僳族自治州、保山市为横断山脉纵谷区，高山深谷相间，相对高差较大，地势险峻。滇西北是云南主要山脉的策源地，高黎贡山为缅甸伊洛瓦底江的上游恩梅开江与缅甸萨尔温江的上游怒江的分水岭，怒山为怒江与老挝湄公河的上游澜沧江的分水岭，云岭自德钦至大理为澜沧江与长江上游金沙江的分水岭，各江自北往南强烈下切，形成了雄伟壮观的山种骈列、高山峡谷相间的地貌形态，也形成了极其独特的怒江、澜沧江和金沙江三江并流的自然奇观。

云南省的木拱廊桥就是分布在滇西和滇西南怒江（注入缅甸后称“萨尔温江”）、澜沧江、金沙江流域以及在缅甸与前三江并行的伊洛瓦底江的支流河道之上，诸如腾冲的龙川江、云龙的沘江和检槽河等流域，它们曾经在昔日的西南丝绸之路古道上发挥着重要的交通联系作用，如今继续在供人们使用[①]。西南丝绸之路（亦称南方丝绸之路）是中国古代通往西方世界的四条商贸与文化交流的通道之一。[②]据相关研究，西南丝绸之路在中国境内由三大干线组成，主线全长6000多公里。第一条干线是由西安经成都再至南亚、东南亚的崎岖山道，即陕康藏茶马古道——蹬古道，通向南亚、东南亚、中亚、欧洲国家，这是西南丝绸之路的主线；另一条干线是

①参见杨大禹撰《滇西南廊桥的建筑技艺特色分析》一文，载于《第一届中国廊桥国际学术研讨会论文集》第45至51页。

②中国古代的丝绸之路主要有四条。一是从西安到成都再到南亚、东南亚的山道崎岖的“西南丝绸之路”，主线是陕康藏茶马古道——蹬古道，通向南亚、东南亚、中亚、欧洲国家；二是西汉张骞开通西域的官方通道——“西北丝绸之路”，由长安经中亚国家、阿富汗、伊朗、伊拉克、叙利亚等而达地中海，以罗马为终点，全长6000多公里，这条路被认为是连接亚欧大陆的古代东西方文明的交汇之路；三是往北向蒙古高原，再西行天山北麓进入中亚的“草原丝绸之路”；四是从广州、泉州、杭州、扬州等沿海城市出发，从南洋到阿拉伯海，甚至远达非洲东海岸的“海上丝绸之路”等。

③参见杨大禹、李正著《历史和顺》第2页，云南大学出版社2006年版。

从成都南出发，经宜宾、曲靖、昆明、楚雄而至大理，这就是历史上中印陆路交通——“蜀身毒道”的重要一段；[③]第三条是上述两条路线在大理汇合后再往西行，经漾濞、永平、保山、腾冲出缅甸，保山至缅甸段也称为“永昌道”。长安、成都分别是两条西南丝绸之路的起点，腾冲是国内西南丝绸之路的最后驿站。此外，普洱地区是茶马古道的起点之一，在者干河上存有不少当地的小型撑架式木拱廊桥，它们正处在过去马帮运输茶叶的交通线上，沿线是汉族、彝族、哈尼族、拉祜族杂居之处，当地称这些木拱廊桥为“瓦桥”。

“腾冲”之名最早出现于《旧唐书》、《新唐书》，亦作“藤冲”、“藤充”，腾冲属于隋唐腾越国的核心地带；宋时，大理国设立腾冲府；元时，有藤越州、腾越县、腾越府（腾冲府）；明时，腾冲军民指挥使司管辖到西双版纳、老挝；清时，设腾越卫、腾越州、腾越厅；民国以后设腾冲县。流经腾冲的龙川江就发源于高黎贡山的西麓，往南流经腾冲市、龙陵县，绕过潞西市（现为芒市）等10多个乡镇以后折向西南方向，在潞西市西南部与芒市河汇合后称为瑞丽江。龙川江属伊洛瓦底江水系，是其东岸的一级支流，水量丰沛。就在龙川江及其流域之上，建有以通济桥、野猪箐桥、水坪龙江桥、永顺桥和水箐大桥等为代表的各式撑架式木拱廊桥。

云龙县亦位于滇西，地处横断山南端澜沧江纵谷区。怒山山脉、云岭支脉和澜沧江及其支流沘江由北向南纵贯云龙县的西部和中部，介于大理白族自治州、保山市、怒江傈僳族自治州之间。云龙县上古时期属哀牢国，汉代属益州郡新设置的比苏县；大理国时期属胜乡郡，称“云龙赕”；元末设置云龙甸军民总管府并防送千户所；明洪武十七年（1384年）改为云龙州，属大理府，万历四十八年（1620年），云龙州“改土归流”；清属大理府；民国二年（1913年），改州为县，属腾越道。历史地看，云龙县与西南丝绸之路的关系密切，它是西南丝绸之路上腾冲和大理两个重镇之间必经的区域。此外，古代云龙盐业和银铜矿的兴盛也是促成其经济发达的一个重要因素。据相关研究，云龙县是滇盐开发最早的地区之一，共设八井，开凿始于汉、唐，明、清时期已成为云南四大盐产地之一。云龙食盐销售向北到西藏，向西南经丝绸之路到保山、腾冲直至缅甸、印度等地。[①]或许，正是云龙县生产制造的这些食盐和银铜器源源不断的输入，促进了西南丝绸之路上的商品流通。

澜沧江、沘江及其流域中的木拱廊桥，如顺荡井的彩凤桥、大包罗村的通京桥等就是典型代表，其结构形式亦如同龙川江上的木拱廊桥，都是组合撑架式木拱廊桥。

无论是龙川江、澜沧江还是沘江之上的木拱廊桥，不仅联系着四里八乡，也是沟通古代中国与南亚、东南亚、中亚和欧洲的重要商道上的津梁。

（二）“二战”时期滇缅交通路线上的木拱廊桥

大理南面的巍山彝族回族自治县、云龙县和腾冲市等地都出现了不少非常特别的组合撑架式木拱廊桥。之所以称它们是组合撑架式木拱廊桥，是因为这些廊桥的基本结构体系就是在非常标准的水平伸臂式或斜伸臂式木桥基础上，从河岸的两端各自再加一组或两组、三组木撑架。多数时候木撑架都在伸臂式梁的下部支承，有时候会有一组撑架穿破桥面板，在廊屋内接近屋顶的地方再通过一根横木连接，形成类似“Π”的造型，只不过“Π”是两条腿上小下大的等腰梯形。不仅如此，这一组贯穿桥面的撑架，还会在上部横木的中点与桥的横梁中点之间加上一根类似现代桁架梁结构的实木腹杆，形成一种类似“空腹桁架”的体系。连接中间腹杆与上下横梁的节点，有的廊桥运用近现代以来最常见的金属螺杆连接方式，早期也有运用传统木结构的榫卯连接方式的。有的廊桥，除了运用上述两种结构组合外，还会加上铁链，类似现代钢结构之间的张拉

①参见张亚军撰《桥乡话桥》一文，载于《第二届中国廊桥国际学术研讨会暨宁德·寿宁廊桥论坛论文集》第128页。

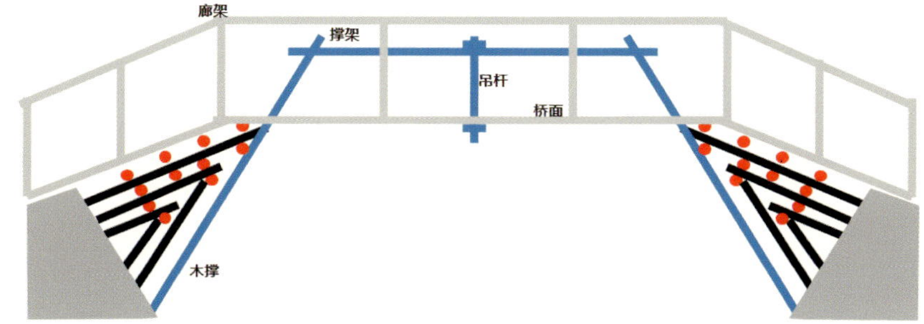

a. 贯穿型上部撑架（有吊杆）

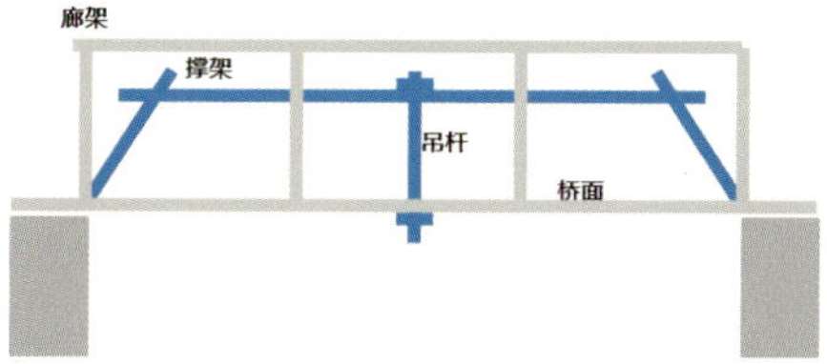

c. 非贯穿型上部撑架（有吊杆）

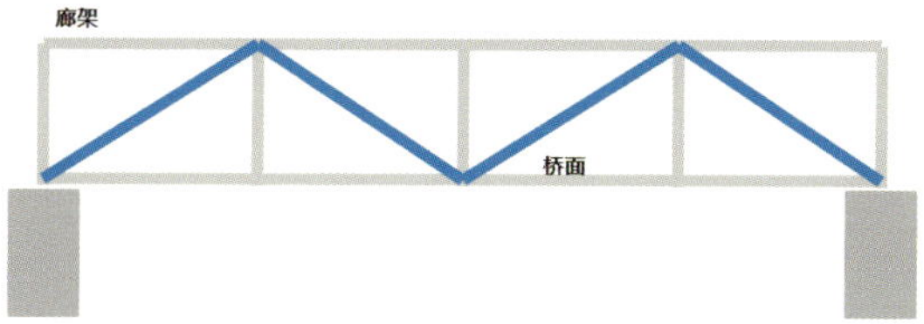

d. 非贯穿型上部撑架（无吊杆）

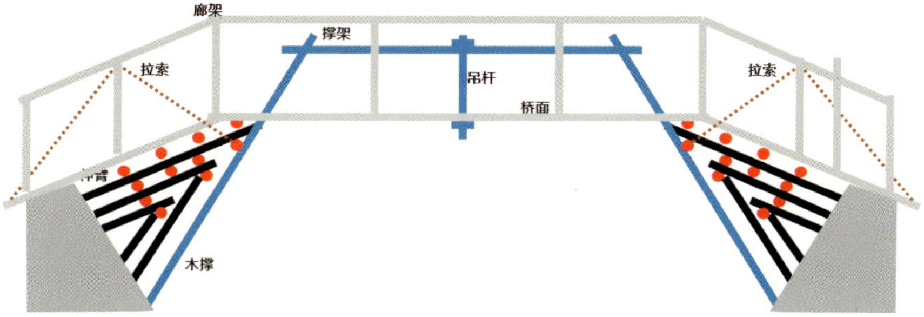

b. 附加拉索系统的贯穿型上部撑架(有吊杆)

e. 非贯穿型下部撑架

图 8-2-13　贾非先生概括的云南廊桥的几种结构类型简图

索。总之，滇西众多的木拱廊桥运用的是两重或三重结构体系的叠加，这些木桥本来是结构单一的简支梁桥，或者是水平伸臂式梁桥，亦或者是斜伸臂式梁桥，但植入第二个系统以后，其结构的受力情况就类似木拱了，因此，我们主张用组合撑架式木构廊桥对它们命名。作者朋友——上海的廊桥研究专家贾非先生，针对上述的几种情形作出了相应的命名（见图 8–2–13）：第一类为“贯穿型上部撑架（有吊杆）”木廊桥，如云龙县通京桥、永镇桥、彩凤桥和凤庆县彩凤桥；第二类为“附加拉索系统的贯穿型上部撑架（有吊杆）”木廊桥，如腾冲市野猪箐桥、后坝新桥和通济桥；第三类为“非贯穿型上部撑架（有吊杆）”木廊桥，如巍山县巡检桥、洱源县茄叶桥和宾川县将头桥；第四类为“非贯穿型上部撑架（无吊杆）”木廊桥，如永胜县马过河古栈桥和洱源文俄双瓦桥。

用今天的眼光来审视这些组合型的木拱桥，尤其是仔细观察这些附加的撑架系统与桥梁本体之间连接的节点构造，比较容易推测

图 8–2–14 福建省浦城县临江镇镇安桥

出这些廊桥在历史上极有可能受过至少一次加固修缮，才得以从梁桥逐渐转化成拱桥。附加在这些木桥结构上的加固措施，显然源于西方现代结构学技术的背景，其结果是极大地增强了木桥承受荷载的能力，使得更重的货物或者更多的人可以同时在桥面上停留或者运动通过。

当第一眼看到这些组合结构桥梁的照片时，我不禁问贾非也包括我自己：滇西地区的民间木构桥梁何以得到如此大规模的、源于西方结构技术的补强性修缮？纵观全国遗存下来的木构廊桥分布区域，这种现象是非常罕见的。先前，我们亦了解到在湖南、福建一带遗存下来的水平木伸臂梁式廊桥在近代也有用木斜撑系统结合附加水平梁下设吊杆相组合的加固情况。比如说湖南省醴陵市的渌江桥、福建省浦城县临江镇镇安桥（见图 8–2–14）等都是类似情形，但是运用铁链在木构桥梁底部兜底和上部梁架之间充当张拉索加固的做法则仅属滇西地区。

仔细考察滇西地区遗存的多数组合撑架结构的木拱廊桥，还可以推测出另一个结论，就是这些加强措施的植入时间大致在最近的 100 年以内。于是，我作出了一个更加大胆的推测：滇西地区的木构廊桥，尤其是处在古老的西南丝绸之路——中缅古道或其路线附近的桥梁，很有可能与“二战”时期修筑中缅公路或中缅公路中断以后的交通运输活动有关。并且，从加固的手法和运用的技术背景来看，这些加固措施应当出于受过西方科学教育的现代工程师之手，组织这些加固活动的也极有可能是官方或者跨国集团。

为什么这么说呢？在回答这个问题前，还是先让我们来回顾一下 80 年前中缅交界的滇西发生了什么！

毗邻滇西的缅甸是中南半岛上具有重要战略意义的国家。“二战”期间，缅甸与印度均为英国殖民地，驻扎着盟军英国的部队，它们是当时中国国民政府认为可以依靠的邻国。滇缅公路修建始于 1938 年，与缅甸的中央铁路相接，直通缅甸仰光港。修建滇缅公

路的起因原本是为抢运国民政府在国外购买的和国际援助的战略物资，1940 年 8 月日军占领越南河内，滇越铁路中断之后，滇缅公路竣工不久就成为了中国南部与外部世界联系的唯一运输通道，也是盟军物资进入南部中国的唯一通道，它的存在对于支持国内抗日战场的作用，被称之为生命线也不为过。

1941 年 12 月 7 日，日本海空军偷袭珍珠港，太平洋战争爆发。之后，日军在短时间内席卷东南亚，矛头直指缅甸。为了保卫英国在缅利益，保护滇缅公路这条中国对外的运输大通道，1941 年 12 月，中英双方结成军事同盟。由于英军方面的顾虑和迟疑，导致中国军队并没有及时进入缅甸布防，虽然当时的局势已经非常清楚，日军随时可能出兵侵占缅甸。1942 年 1 月初，日本展开了对缅甸的进攻，英缅军队一触即溃。3 月，中国军队才受邀入缅对日作战。战场情形瞬息万变，加上准备充分的日军战斗意志顽强，英缅军斗志涣散，中国军队加入的保卫缅甸作战很快变成了掩护英缅军撤退的行动。1942 年 4 月 29 日，中国入缅军队一部分退往印度，另一部分撤回国内，缅甸遂告失陷。

1942 年 5 月 10 日，滇西重镇腾冲被日军占领。缅甸与腾冲的失守给盟军作战带来极为不利的影响，使中国方面彻底丧失了滇缅公路这一南方地区唯一的陆上交通线，之后不得不开辟从印度阿萨姆邦汀江到昆明的挑战人类飞行极限的驼峰航线（飞越喜马拉雅山）。

在这样一个面临国破家亡的残酷战争背景下，我们就不难理解为什么这些完全不顾中国儒家文化规范的桥梁建筑加固技术及其具体措施能够得以大规模、多地区的顺利实施，它们在中规中矩的木构建筑系统中加入了许多斜向和打破廊屋内和谐空间的构件，尽管它们可以让桥梁的承载能力得到大大提升。

第三节
木拱廊桥上的礼乐

中国不同地域的木拱廊桥有着不尽相同的建筑形态，尽管相互之间可能存在历史渊源，其营造技术或有传承与递进关系，但总体来看，建筑形态与结构技术受当地主流文化的影响是最为明显的。比如说，西南地区的木拱廊桥，绝大多数分布在少数民族聚居区域，其结构形式多为八字撑架式或组合撑架式。其中，云南一地的木拱廊桥基本就分布在大理白族地区，以云龙县最具特色；其次是普洱彝族、哈尼族、拉祜族、汉族地区；再次才是腾冲汉族地区。重庆、湖北一带的撑架式木拱廊桥基本上分布在土家族聚居区，如黔江、酉阳、利川一带的武陵山区。贵州省的德江县也有土家族建造的撑架式木拱廊桥，不过在当地被称为“风雨楼桥”（见图 8–3–1）。

西北甘肃省遗存的木拱廊桥虽多在以汉族为主的地区分布，但

图 8–3–1　贵州省德江县土家族风雨楼桥

建造历史相对较短。总之，中国西部地区的木拱廊桥尽管有作为风水桥的功能，但基本上突出交通功能。因此，绝大多数廊桥之上不设神龛和祭祀场所。

闽浙两省交界山区遗存的廊桥情况与上述地区不同，大多数廊桥都设有神龛（见图 8–3–2、图 8–3–3）和祭祀场所，有的甚至专门开辟二楼作为神坛和祭祀专用场所，简直就是一座神殿或佛殿。[①]闽浙地区的木拱廊桥更是如此，几乎所有的廊屋内都设置了神龛，廊屋的中央间或者中央间及两次间都有设置神龛和神坛的。对比分析东南地区和西南地区遗存的木拱廊桥，为何出现此项差异呢？笔者也曾试图回答这一问题，不过到今天为止还没有找到近似完美的答案。但是有一个普遍的现象值得注意，闽浙木拱廊桥（也包括其他结构形式的廊桥）廊屋内的神龛在设置时必须朝着溪水或江水流来的方向。除去水尾木拱廊桥的风水作用外，神龛、神坛的设置与镇水的目的必然有关联。联想到闽浙一带夏秋季节多有台风的特点，每次台风带来的暴风雨形成的山洪往往成为江河溪流之上各种桥梁的梦魇。就在 2016 年的中秋节当日，泰顺一地因台风带来的山洪冲毁了三座全国重点文物保护单位的廊桥，其中就包括文兴桥和薛宅桥两座木拱廊桥，成为廊桥爱好者们的桥殇之日。尽管设置祭祀场所的初衷是为了保护桥梁自身的安全，久而久之，闽浙一带泛灵崇拜的传统也许就将这种崇拜延伸到保佑乡民们生活的范畴，于是廊屋内的祭祀和崇拜就逐渐形成了今日的局面。

木拱廊桥的廊屋空间，在精神层面上不仅仅具有祭祀和崇拜的功能，在特定的情形下它也有娱乐大众、宣扬教化的功能。

图 8–3–2　福建寿宁福寿桥内的神龛

图 8–3–3　浙江庆元双门桥内的神龛

一、廊屋中的祭祀与祈求

传统社会营造的闽浙木拱廊桥的廊屋内都设置有神龛和供桌，神龛内供养着各种各样的神祇，供乡民们祭祀和祈求，这也是闽浙

① 浙江省泰顺县三魁镇刘宅村水尾的刘宅桥是一座两层的廊桥，据泰顺作家陈圣格《行走泰顺》一书第 43 页记载，二层廊屋是泰顺一地流行的“秋七迎福康乐之会”的场所，其神坛上置有十几尊神佛塑像。

乡村特有的宗教场所。桥与神庙的紧密结合是闽浙山区木拱廊桥的一大特色。

1. 供奉神祇的位置和规模

木拱廊桥中神龛所处的位置占据着廊屋内空间的绝对中心，其空间的大小则视廊桥规模而定。一般而言，在廊屋中央间设置一个神龛的桥梁居多，比如福建省寿宁县的升平桥、大宝桥、杨溪头桥，泰顺县的文兴桥、三条桥等。规模稍大或比较重要一些的木拱廊桥也有在桥屋中部开设三间神龛的，比如寿宁县的飞云桥，泰顺县的溪东桥（也称东溪桥）就是如此，寿宁县的观音桥是一座八字撑架式木拱廊桥，其上设有四个神龛。有的廊桥除了在廊屋内设神龛外，还在桥头再设神龛，如寿宁县的福寿桥、寿春桥，泰顺县的三条桥等。还有一些木拱廊桥的桥址就选在村落的水尾，出于“关锁水口”的目的，水尾除了建设木拱廊桥，往往还建有庙宇或文昌阁之类的宗教建筑，比如屏南县棠口镇的千乘桥东侧建有三层的八角亭，三楼奉祀“文昌帝君”，也称“奎光阁”（见图 8-3-4）；同属屏南县的长桥镇万安桥东桥头建有圣王庙；周宁县纯池镇禾溪村水尾三仙桥一端的桥头建有奶娘宫。再如浙江省庆元县的如龙桥北桥头西侧建有马仙宫。

2. 祭祀与祈祷的对象

在自然经济的农业社会里，因科技的落后而导致一切都物质化和生活化。对于乡民而言，最能理解，也最需要的是实实在在的东西，哪怕是精神上的寄托也希望更明确些，对神灵的崇拜也要求具体一点。因此，他们的心态是适用主义的，当现实生活发生困难，有了欠缺的时候，就祈求强有力的帮助。很自然地，乡民们除了崇祀救苦救难的观世音菩萨以外，更急于供奉一些有求必应的、传说中掌管现实生活各个方面的杂神和半神，一切按实际需要向这些神灵磕头烧香。这些神灵有全国范围共祭的，而更多的却是地方性的，有的甚至只属于一个很小的范畴，例如一个宗族或者一个村落。

乡民们祭祀的目的并不仅仅在于护佑廊桥，他们更关心自己的生活及前程，因此廊屋内设置神佛的目的还在于祈祷。因此，廊屋中祭祀与祈祷的神祇很广泛，有佛、道、儒三教中的人物，佛教中的如观世音菩萨等，道教中的诸神最多，尤其是地方上的杂神。虽说祭祀对象的选择总体上是比较谨慎的，但从现实中来看各地也带有一定的随意性。在闽浙两省木拱廊桥中，奉祀观世音菩萨的最多，奉祀道教真武大帝、玄天大帝、五显灵官大帝等神的也有不少，奉祀土地公婆以及能给读书人带来好运气的文昌帝君以及帮人发家的财神爷赵公明等神的亦不乏。除此之外就是闽浙一带的地方神灵，如临水夫人、马夫人、忠烈王、黄三公、虎马将军、菇神吴三公等。在屏南县由于齐天大圣的信仰广泛，因此在木拱廊桥的廊屋中也有将齐天大圣和五显灵官大帝合祀的。临水夫人就是陈十四娘娘，也就是闽浙两省民众普遍信仰的陈靖姑。表 8-3-1 为福建省木拱廊桥祭祀对象。

福建省寿宁县清源飞扬桥廊屋内设十个神龛，主祀观音，配祀文昌大帝、真武大帝、临水夫人等。闽浙两省的木拱廊桥中祭祀观音菩萨多些，其次是临水夫人。黄三公是福建寿宁地方神祇，据清康熙二十五年版《寿宁县志》记载：“黄槐，坊三图人。宋政和间，举进士第、授徽州尹。世乱挂冠，学修炼术，隐居敛迹，垂钓鹤溪。行满飞升，乡人立祠，水旱疫疾，祷之必应。九月九日众迎尸杂沓，歌舞其地，近我邑者，亦尸祝之。”虎马将军在寿宁是保护妇女生育平安的神灵，也有写作“护产将军”的，还有写作“驸马将军”的。关于此神，当地民间还有一个传说，虎

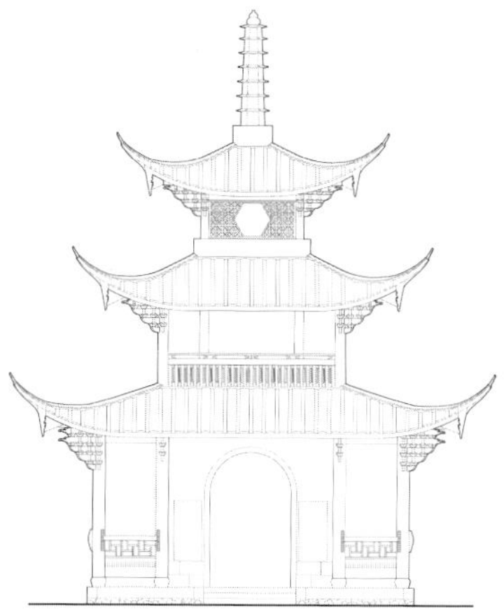

图 8-3-4
千乘桥东侧奎光阁测绘图

表 8-3-1　福建省木拱廊桥祭祀对象

<table>
<tr><th>祀神</th><th>情况</th><th>桥名</th></tr>
<tr><td>观音</td><td>主祀</td><td>屏南：万安桥、广福桥、金造桥、溪里桥、龙井桥、清晏桥、惠风桥
寿宁：碑坑观音桥、上洋桥、寿春桥、鸾峰桥、升平桥、田洋桥、外垟垱桥、大石观音桥、长平桥、长濑溪桥、里仁桥、文明桥、小东上桥、福寿桥
周宁：七仙桥、后垅桥、楼下桥、登龙桥、竹岭桥
福安：棠溪桥、洋坑桥、玉亭桥
政和：洋后桥、下坂桥、龙潭桥、赤溪桥、大梨溪桥、后山桥
建瓯：接龙桥
闽侯：三溪桥
古田：徐州桥</td></tr>
<tr><td rowspan="2">陈靖姑</td><td>主祀</td><td>寿宁：杨溪头桥、飞云桥、登云桥、大宝桥、单桥、回澜桥、普济桥</td></tr>
<tr><td>配祀</td><td>寿宁：福寿桥、寿春桥</td></tr>
<tr><td rowspan="2">真武</td><td>主祀</td><td>闽侯：塘里桥、泰山桥、蕉溪桥、坑坪桥、龙津桥
屏南：百祥桥、樟口桥、广利桥
建瓯：仙恩桥、德胜桥
周宁：长峰桥</td></tr>
<tr><td>配祀</td><td>周宁：后垅桥、楼下桥
福鼎：长峰桥</td></tr>
<tr><td rowspan="2">五显</td><td>主祀</td><td>屏南：千乘桥、龙津桥</td></tr>
<tr><td>配祀</td><td>寿宁：寿春桥
周宁：后垅桥
屏南：广福桥</td></tr>
<tr><td>马仙</td><td>主祀</td><td>寿宁：仙宫桥</td></tr>
<tr><td>黄山公</td><td>配祀</td><td>寿宁：飞云桥、福寿桥、寿春桥、回澜桥</td></tr>
<tr><td>泗水文佛</td><td>主祀</td><td>霞浦：临清桥
福鼎：老人桥
柘荣：东源桥</td></tr>
<tr><td>桥祀不清</td><td></td><td>古田：兰溪桥、公心桥、树荫桥、亭下桥
福安：积谷桥
柘荣：富溪桥
政和：落岭桥
建瓯：后建桥</td></tr>
</table>

注：参考龚迪发《福建木拱桥调查报告》一书制。

将军名周虎，马将军叫马孔，福建人。两人转三世皆因其妻生育而亡，遂拔剑自刎，随妻而去因而幻化成神。实际上，虎马将军是作为临水夫人的配祀神。但在寿宁县等地也有专祀虎、马二神，并称为虎马将军。寿宁一带民间盛传，妇女生育若遇危急，燃三柱香向苍天呼虎马将军救急，可解难产。平安产后，备茶酒、公鸡等到虎马将军前答谢。寿宁县观音桥内虎马将军神龛边对联曰："护产将军显威灵，大石境内保妇婴。"寿宁的东邻、同属福建省的周宁县，奶娘宫与虎马将军庙的功能有些类似。在周宁县纯池镇禾溪村有一座三仙桥，桥上所祀为"杨、柳、倪"三仙。同属纯池镇的桃坑村有一座七仙桥，桥屋内所祀却非七仙而是观世音菩萨。观音的崇拜不仅仅在周宁县木拱廊桥中较为普遍，在整个福建省的木拱廊桥中都很流行。比如说周宁县纯池镇前溪村的外店桥、泗桥乡竹岭村的竹岭桥、七步镇八蒲村的登龙桥等；扩展到整个福建省，比如说南平市政和县岭腰乡后山厝桥、澄源乡赤溪桥和交龙桥、杨源乡龙滩桥和落岭桥，寿宁县鳌阳镇升平桥、坑底乡小东上桥、芹洋乡里仁桥和文明桥、下党乡鸾峰桥、犀溪镇福寿桥和寿春桥，屏南县寿山乡龙井桥、棠口乡金造桥、代溪镇惠风桥、熙岭乡清宴桥和溪里桥，福安市潭头镇棠溪桥、范坑乡洋坑桥。此外，道教神祇系统的真武大帝也是闽地木拱廊桥中的主祀对象，比如说闽侯县廷坪乡的龙津桥和泰山桥、建瓯市迪口镇郑魏村的仙恩桥和德胜桥、周宁县玛坑乡长峰村的长峰桥、福安市社口镇坦洋村的真武桥（此桥 1988 年被拆除木拱改建为石拱木廊桥）等就是如此。

闽浙廊桥中除了单纯的祭祀外，合祀也是较为普遍的。比如说政和县外屯乡外屯村洋后厝桥的主祀对象有两尊，一是观音，二是真武大帝；屏南县棠口乡棠口村千乘桥就合祀五显灵官大帝和齐天大圣；周宁县礼门乡后垅村的后垅桥就合祀观音、真武大帝、五显灵官大帝；福鼎市管阳镇西阳村的老人桥就合祀泗州佛和邱阜老人等。

闽浙一带有不少木拱廊桥因奉祀的神明而得名。比如福建省寿宁县凤阳镇的观音桥、鳌阳镇的仙宫桥，福安市社口镇的真武桥，周宁县纯池镇的三仙桥；浙江省松阳县裕溪乡凤弄源村的八仙桥。观音崇拜在闽浙两省非常盛行，以观音为桥名的廊桥在两省也比比皆是。除了福建省寿宁县的那座外，在浙江省丽水市莲都区雅溪镇上黄村也有一座观音桥，那是一座八字撑架式木拱廊桥。此外，同在浙江省丽水市的龙泉市安仁镇盛源村、松阳县安民乡台坑村各有一座木平廊桥，也都称观音桥。

奉祀马仙的木拱廊桥并不多，最有名的是寿宁县仙宫桥。明末通俗小说家冯梦龙曾任寿宁知县，在其《寿宁待志》一书中对“马仙”有过记载：“马仙者，建安将相里人，俗名马五娘。适人一年而夫亡，誓不嫁。家贫姑老，纺织以养，出入常跣足。一日，欲渡溪，值暴涨，乃仰伞水面，乘之以济，见者异焉。每谓人曰：‘我非世人，俟姑天年，即当去矣。’值天旱，乡人舆迎，祈雨立应。姑死毕葬，白日飞升。今建中名山，所在有香火，而寿宁尤盛，凡水旱无不祷焉。六月十六日为马仙诞辰，县官设祭。”

浙江省庆元县木拱廊桥中奉祀的神祇也很有地方特色。大济村的甫田桥和双门桥供奉的是社主，黄水长桥供奉的是观音和土地爷，甚至还有供奉菇神吴三公的。笔者曾在《库村》一书中介绍过吴三公。吴三公，本名吴昱，是庆元县南宋时期创制香菇人工栽培技术的第一人，因其排行老三，故被后世菇民尊称为吴三公。据庆元《吴氏宗谱》记载：“吴三公于宋高宗建炎四年（1130年）三月十七日出生在龙泉、庆元、景宁交界的龙岩村，其世祖吴子瑛曾登第任绍兴通判，其父为一文人，世居龙岩，至德修仁，至吴三公时，已为平民。”吴三公为人忠厚仁德，一生勤劳俭朴，善于开动脑筋，且擅长堪舆地理。他为了充分利用山区森林资源，自龙岩到西洋地区搭棚制菇，创制出一套人工栽培香菇技术——古老的砍花法和惊蕈术，为贫穷的山区菇民开辟出一条良好的生存途径，深受人民爱戴和尊敬。古代菇民感念他的功德，于南宋咸淳元年（1265年）在后广盖竹村兴建起“灵显庙”祀奉吴三公为“菇神”。①

在闽东的福鼎、柘荣和霞浦等县市的几座木拱廊桥中还奉祀着一位很特别的佛教人物——泗州佛。据有关资料显示，泗州佛，实为僧伽大师（628—709年），自西域来唐朝传经，唐高宗龙朔初年（661年前后），由西凉（今甘肃西部）到楚州（今江苏省淮安市）弘法，在泗州临淮县建普光王寺。唐景龙三年（709年）去世，归葬临淮。后人在泗州为之建造泗州大仝圣宝塔，下藏真身，中塑僧伽像。北宋景德三年（1006年），常州太平兴国寺僧善聪、伏睹及江阴悟空寺僧应云等因参与泗州大圣宝塔募缘，放得众舍利，特制石函银瓶盛贮安藏于塔下，永充供养。泗州大圣德行超卓，生前被尊为“观音菩萨”化身，自后一段时日，凡观音佛像均以其形象为模本。②

3. 祭祀的时节与祈祷的时间

由于闽浙木拱桥分布在两省五个地级市近十个县域内，分布区域比较宽泛，再加之桥内神龛祭祀的对象也不一致，所以祭祀的时间和节令自然有所不同。总体上讲，全年有几个祭祀的重要时节：一是春节前后的黄道吉日，以正月居多；二是清明期间；三是农历七月十五的中元节；四是重阳节。当然，每月的农历初一、十五也是笃信佛教乡民祭祀的日子。还有的乡民按农历通书上的指点，选择可祭祀的日子进行祭祀活动。

祈求神佛并不一定需要特别的时节。每当乡民们心中有事犹豫不决时，都可以到邻近廊桥内对所崇拜的偶像祈求。这种祈求既可以是国泰民安，也可以是风调雨顺，最多的还是关于乡民们自身的

①参见刘杰著《库村》一书第53至54页，河北教育出版社2003年版。
②引自百度百科中“泗州佛”词条。

生活与境遇。当家庭生活发生了困难，婆媳之间产生了矛盾，甚至明天是否便于出行等琐事，都是闽浙交界山区老百姓会向廊屋内神祇们祈求的事。我 10 多年前在寿宁县的木拱廊桥内，就亲眼看见一位年近八旬的老大娘还在使用非常原始、简朴的工具——一对当中剖开的竹根进行占卜问卦。

二、木拱廊桥上的仪式

除了祭祀与祈祷之外，木拱廊桥作为周边乡民们的一个非常重要的生活场景已经融入到他们世世代代的生命之中，并逐渐演化成乡民们固定的节日和重要仪式的举行地。这些仪式或民俗活动部分是乡民们自发形成的（见图 8–3–5），也有的是木拱廊桥董事会组织进行的。在这里，我们以浙江省庆元县夏秋之际的“迎神节”和端午“走桥”仪式，泰顺县的“桥祭”活动，以及福建省周宁县端午“走桥”仪式为例来予以叙述和说明。

1. 庆元县“迎神节”和端午“走桥”

在浙江省庆元县的乡间，每年夏秋之际要举行一次“迎神节”活动（见图 8–3–6），这个节日因村而异，活动的内容却是一致的，就是将廊桥上的神佛迎到村庄去进行祭拜。据说，在庆元民间，“迎神节”是仅次于春节的重要节日，在有的乡村其所受重视程度甚至超过春节。[1]

流传于庆元的传统民俗活动中，还有一种与廊桥密切相关，那就是端午“走桥”。每年的农历五月初六，也就是端午节的次日拂晓，来自庆元全县及周边地区的妇女们，头戴鲜花，身着特色的传统服饰，带着粽子、水果、茶点、香、烛、黄纸、鞭炮等祭品，来到庆元县城关的咏归桥、西门村的袅桥和大济村的双门桥，参加一年一

图 8–3–5　福建屏南千乘桥内虔诚的信徒

图 8–3–6　三堆村每年一度的迎神节庙会

①参见薛一泉、叶树生著《木拱桥传统营造技艺》一书第 88 页，浙江摄影出版社 2014 年版。

度的“走桥”仪式。这三座桥梁都是庆元县历史最悠久的木拱廊桥，其中双门桥始建于北宋天圣二年（1024 年），咏归桥始建于元大德十年（1306 年），袅桥始建于在明万历三十二年（1604 年）。

按照传统仪式，“走桥”人要先将祭品整齐地供奉在神龛前的供桌上，然后焚香祭拜。祭拜时，“走桥”人须手持 10 双（即 20 根）线香，肩上挂 10 余个粽子，口中唱着山歌，同时跳着传统的祭祀舞蹈，以载歌载舞的形式从桥头走至桥尾，再从桥尾走至桥头，一共须走 10 个来回。每走 2 个来回，“走桥”人就须在桥头、桥中和桥尾 3 处往河里各投 1 个粽子。之后，再到桥下的河滩上找寻一块表面平坦的大石头，在上面摆好茶点、水果、香烛、黄纸和粽子等祭品，接着就是焚香、烧纸、唱祷和祭拜，而后把所有祭品抛进河里。完成这些活动之后，“走桥”人须再度回到桥上行祭拜之礼，把自己带来的所有香烛、黄纸焚烧，燃放鞭炮。仪式结束后，“走桥”人要包好桥上供奉的祭品，带回给家人分吃，如此方能保佑子孙兴旺、福禄无边。

薛一泉、叶树生所著《木拱桥传统营造技艺》一书中说，庆元县端午“走桥”活动源自对战国时期爱国诗人屈原的怀念。由于庆元一地农历五月初是多雨的季节，祭祀屈原的活动不得不常常从河边转移到廊桥内进行，久而久之，便形成了端午“走桥”的仪式。

事实上，“走桥”这一传统民俗在我国许多地方至今都还保存着。周星在《境界与象征：桥和民俗》一书中说：“（走桥渡厄）在中国汉族的岁时节日里，占有非常重要的位置，比如，在上元或元宵节前后的晚上，人们为避灾求福，出游走桥的风俗，实具有全国性的规模，很为普及。”周星在其著作中认为，“走桥”这一民俗活动甚至起源于唐朝，至迟在明代已有“元夕北京走桥之俗”，在有的地方又被称为“渡厄”、“走百病”、“过三桥”、“游百病”、“走平安路”、“游桥”、“游安”、“走桥渡厄”等。这种仪式的名称因地域不同而相异，但内容与目的实质上一致，就是“祛病与渡厄”。在江南水乡，“走桥”一般要求走三座不同的桥，据说，如若偷懒重复渡过同一座桥，那便不会有祛病的功效了。在上海旧时，正月十五元宵之夜的“走三桥”，是以妇孺为主的，她们用彩纸扎灯，结伴同游，必历三桥，以祛疾病。当时流行的民谣就有“正月十五闹元宵，锣鼓龙灯走三桥”的说词。旧时的福州也有妇女们乘上肩舆在上元之夜“走三桥”或“转三桥”的民俗。

由此推测，庆元县端午“走桥”很有可能是将中国端午节纪念屈原的民俗与“走桥渡厄”的桥俗结合在了一起，形成了非常独特的新的桥俗，当然这也是由此衍生出来的、发生在木拱廊桥中的重要习俗与仪式。

2. 周宁县端午“走桥”

福建省周宁县与浙江省庆元县类似地保存着“走桥”的习俗和仪式（见图 8-3-7）。周宁县有营造编木拱梁廊桥最有影响力的秀

图 8-3-7　浙江庆元端午走桥

坑张氏家族。数百年来，张氏一族在闽浙两省数县市建造了数十座木拱廊桥，这项传承了几代人的营造技术至今还在延续着。在这样一个对木拱廊桥有着特殊渊源的山区县邑，当地百姓对廊桥也抱有特殊的感情。

周宁端午“走桥”仪式包含着多项民俗和信仰活动，如上香烧纸、祭祀桥神与桥头庙神灵、走桥、祈祷、念经、投粽祭屈、亲属招待等（见图 8–3–8）。在周宁民间流传着“一年走一座桥，一生走七座桥”的说法。大多数人走四座，即“父母桥、金桥、银桥、奈何桥”；至少也要走三座，即“金桥、银桥、奈何桥”。奉祀桥神或桥头庙神灵的供品则有：元宝纸钱、香烛、鞭炮；有摆桥供的人还需要准备一些斋菜，如木耳、香菇、笋干、黄花菜、豆干等 5 盘，或用馒头、米糍代替。现在就更简单了，索性摆上一盘水果即可。至关重要的是，还需要有祭祀屈原的粽子 2 个，用彩色丝带将它们系在一起，并贯穿 6 枚钱币。这些物品备齐之后，走桥人还需要准备“走桥”时念经的经本及念经袋，换上干净的服饰，带上祈祷文。[①]一般而言，参与端午“走桥”活动的大多数是老年人。

据中国人民政治协商会议周宁县委员会编的《周宁民俗》一书，端午“走桥”大致要经历如下四道程序：

一、摆供品祭祀神明。端午节那天，人们会起一个大早，大约凌晨 5 时就会有人来到木拱廊桥上。他们将带来的供品按仪式要求在廊屋内的神龛前供桌上摆放整齐，并上香祭拜、燃烛、焚烧元宝纸钱。大多数信众胸前挂的都是佛教的念经袋。廊桥上护桥又度人的观音理所当然地成为了人们主祀的神灵。从其法术的能力来看，观音除能镇水护桥外，还能满足山区百姓们求子、祛病、祈福、消灾等需求。这也从一个侧面揭示出观音信仰在南方山区之所以能够广泛存在的根本原因。

二、走桥、祈祷、念经。祭拜完各方神祇，时间通常会接近上午 11 时。然后，大家开始依次走桥、祈祷和念经。有的时候，这三项内容又没有必然的顺序，根据当时的现场情况，走桥人可以自行决定其顺序。人们在祈祷时会出声或默念自己的心愿，可以是现实生活中的愿望，也可以是对死后灵魂顺利过桥的祈求。在福建乡间，普遍的观念是人死后灵魂都要过阴间的奈何桥。一般说来，走桥的目的主要是为了死后能顺利通过阴间的金桥、银桥以及奈何桥。

三、投粽祭祀屈原。接近午时，参加走桥活动的人们便开始当日的第三项活动——投粽祭祀屈原。投粽的地点是在木拱廊桥朝向上游的开窗处，准备好的 2 个粽子已用丝带捆扎好，丝带上还贯穿着 6 枚钱币。投粽前一边将提着粽子的手伸出廊桥窗外，悬粽子于河流上方，一边念着：“一个粽子一个装，一个粽子落溪中，一头粽，一头钱，给你扔粽保家运，祝我子孙男女荣华富贵福寿长！”念毕即将粽子投入桥下溪水之中。

四、招待外村信众。前三项仪式结束即到午餐时间，木拱廊桥所在或所近村落的热心村民（大多是来参加走桥活动的外村信众的亲戚），会将米饭和丰盛的素菜送到廊桥附近，无偿提供给外村信众。同时，还会摆上清茶和茶点。招待的对象并不区分亲戚、朋友或陌生人，都一视同仁。因此，“走桥”活动也是一条纽带，将本村和周边各村的村民百姓紧紧地维系在一起，同舟共济。所以，当一座用于“走桥”活动的木拱廊桥被毁之后，就会出现不仅本村村民出钱出力，而且四乡八村之民众也会出钱出力的情形。

3. 泰顺县七夕“桥祭”

在浙江省泰顺县的南溪桥中还保存着“桥祭”的习俗。南溪桥虽然只是一座木平廊桥，但其每年农历七月初七的“桥祭”还是很有特色的。祭桥的文书叫作“七夕文疏”，常年主持祭桥的觋师还保存着手抄本的文疏，其中写到：（1）上祖创立宫庙，庄塑真仙佛像一堂，递岁祀奉香灯。（2）集福七夕，庆旦清福，净供一筵，

①参见中国人民政治协商会议周宁县委员会编《周宁民俗》第 120 页，2012 年 2 月，内部资料。

图 8–3–8　福建周宁登龙桥内端午走桥

处备香灯茶果。（3）宣封懿政马氏嘉祐真人圣前，恭望真仙列慈下临。（4）众等所种田园早禾苗六种在洋，正当茂盛，衔花吐穗，结实之际赖圣驱除蝗虫、鼠疫无惹害，山猪麂鹿逐远遣，地鸟野兽永无迹。禾苗清秀雨均，田园六种全收熟，五谷丰登茂盛降瘟疫，豺狼虎豹远他乡，童子老迈男康女泰，风调雨顺国泰民安，福无疆。六畜多兴旺，合村宅舍得太平，诸般等事大吉祥。[①]

祭桥实际上是乡民们借“桥”发挥，以桥为出发点，实际上祭出的是自己对生活的希望。在过去漫长的乡土时代中，闽浙两省木拱廊桥是否也存在类似的“桥祭”呢？尚待我们进一步调查与研究。

三、木拱廊桥上的文娱活动

在传统社会中，文娱活动相对今日丰富多彩的文化生活而言有些贫乏，但是在木拱廊桥分布地区，当地的文娱活动又因为廊桥的存在而变得多样起来。木拱廊桥除了举行祭祀与祈祷、桥祭和走桥等活动之外，各种文娱节目也都选择在桥上表演，以供附近村民欣赏与娱乐（见图 8—3—9、图 8—3—10）。

据薛一泉、叶树生著《木拱桥传统营造技艺》一书记载，庆元廊桥上的文娱活动形式多样，内容丰富多彩，其中有“舞灯”、“迎灯”、“元宵灯会”、“戏曲”等。在庆元的乡村，正月里有在风水桥上舞灯的习俗。庆元各村的风水桥基本都是廊桥，廊桥中又有相当大一部分是木拱廊桥。因为在传统风水理论中，木拱廊桥关锁水口、藏风聚气的效果最好。庆元的春节舞灯，分为“唱灯”、“龙灯”、“鱼灯”、“狮子灯”等类型。正月初五至正月十五元宵节，这段时间是庆元民间的“灯期”，每个村子都会组织一两支队伍，在本村或到邻村演出。无论是本村的灯队还是邻村的，舞灯都必去村子水口的风水桥，并且，村子里的男女老少都一定会在桥上“迎灯”。

正月十五元宵节，各地的元宵灯会都会如期举行。木拱廊桥附近的村庄总会组织廊桥灯会。每当元宵节的夜幕降临，家家户户都要把准备好的灯笼、马灯挂在廊桥上，让乡民们观灯、赏灯、评灯。村子里的灯队也会将最后的、最精彩的演出在木拱廊桥上隆重举行，这是元宵节的高潮。家家户户剩余的爆竹、花炮，也都要拿到廊桥附近的空地尽数燃放。这是村民们的节日狂欢，也是春节假期最后的尾声。狂欢之余的灯队将在廊桥上停锣息鼓，等来年结队再舞。村民们也须在子时之前，把自己的灯笼迎回家，任其烛尽灯灭，表示“年”已过完，平常的日子又将开始。[②]

同样也是在闽浙两省交界的庆元县、寿宁县和泰顺县一带，春节前后还有请戏班在木拱廊桥演出的习俗（见图 8—3—11）。在庆元县，这种演出有时会延续十天半个月。由于出钱邀戏的主人不同，庆元当地人对看的戏也就有了不同的称谓。比如说，有“桥田”、“桥山”的廊桥，由廊桥董事会出钱的场次，叫“桥戏”；由全村人集资请演的戏场，叫“大众戏”；由村里的财主、大户人家出钱的场次，叫“请戏”。平时村子里大户人家办喜事时，也会请戏班在廊桥上演出。老人做寿请演的戏场称为“寿戏”，男婚女嫁请演的戏场则称为“喜戏”，添丁增口请演的戏场则称为“添丁戏”等。

具体而言，以上三县虽然彼此相邻，地形犬牙交错，经济与文化生活联系非常紧密。但是，各县之间在戏曲上依然有着显著的差别。比如浙江省庆元县有一个非常特别的戏种叫作“菇民戏”（亦称“二都戏”），据说就是在廊桥的演出中萌芽、形成、发展，后来成为了在浙江、福建、江西等地产生了广泛影响的地方剧种。[②]同是浙江省的泰顺县却流行木偶戏，木偶戏在泰顺的派别比较多，其中最有影响力的就是提线木偶、布袋木偶和药发木偶三种。泰顺的木偶戏起源至迟于明代。在泗溪镇的北涧桥，也就是当地人所称的“下桥”廊屋中，就曾经多次出演过提线木偶戏。近年来随着对

①参见刘杰、沈为平著《泰顺廊桥》第 136 页，转引自薛一泉在泰顺廊桥网发表的《泰顺廊桥》一文。

②参见薛一泉、叶树生著《木拱桥传统营造技艺》一书第 95 至 97 页，浙江摄影出版社 2014 年版。

图 8-3-9　福建周宁三仙桥内说书

图 8-3-10　福建寿宁仙宫桥内的休闲活动

图 8-3-11　福建屏南万安桥桥头的齐天大圣殿戏台

非物质文化遗产的重视与挖掘，药发木偶也成为了泰顺木拱廊桥桥畔经常出演的戏种。在美丽的北涧桥畔，笔者就曾领略过神秘而又精彩的药发木偶。在庆元与泰顺二县之间嵌入的福建省寿宁县，受庆元与泰顺影响较大，但其文化又保持着自己的独特性。在寿宁一地自元明以来就盛行的四平傀儡戏和北路戏则常常是木拱廊桥内外场地上演出的戏码。2006 年 5 月，以屏南、政和县为代表申报的四平傀儡戏和以寿宁县为代表申报的北路戏双双入选文化部批准的第一批国家级非物质文化遗产名录。所谓四平傀儡戏，是指以四平腔演唱的提线木偶戏。四平腔是明代中叶盛行于南京并广泛在江南流行的戏曲声腔剧种，福建民间多称这一剧种为四平戏。四平傀儡戏流行于寿宁、政和、屏南等闽东北地区。北路戏是我国清初形成于北方的乱弹腔传入南方，与安徽、浙江民间戏曲融合后，于乾隆年间（1736—1795 年）流传于闽北、闽东之建瓯、古田、屏南、寿宁等地的地方戏种，也是全国有影响力的稀有剧种。[1]

①参见刘杰、林蔚虹主编《乡土寿宁》第 202 至 208 页，中华书局 2007 年版。

第四节

木拱廊桥上的集市

一、桥市的起源

随着工商业的蓬勃发展，在古代城市里处于水陆交通要道上的桥梁往往会成为市民日常用品交易的最佳场所，此即为桥市。桥市至迟在我国唐代的汴梁城就已形成。唐朝诗人王建有诗云:“草市迎江货，津桥税海商。”[①]再有诗云：“水门向晚茶商闹，桥市通宵酒客行。”[②]安史之乱后，唐王朝的赋税来源主要仰仗江南地区，而这些财赋又必须依靠汴河来运输。于是，汴州成为南方“轻货”运往都城长安的中转站。[③]随着城市商业的进一步发展，燕、赵、吴、楚等地客商迅速向汴州聚集，他们带来了各地的商货，也带来了各地的风俗习惯，城里逐渐出现了夜市。这种夜市向各处蔓延，也就形成了诗人笔下“水门向晚茶商闹，桥市通宵酒客行”的城市风情。

唐朝诗人笔下汴河桥市的情形，被北宋宫廷画师张择端形象地绘制了出来，那就是闻名中外的鸿篇巨制——《清明上河图》中的虹桥桥市：桥头（近处）上搭有凉棚共计 5 处，还有 3 把大型的遮阳伞，棚伞之下各种摊贩正在贩卖物品，也有无棚伞的摊贩。这些售卖的物品中有生活用具，也有地方特产小吃等，异常热闹。前文已有叙述，虹桥是我国古代见于绘画中的著名的木拱桥，由于是张择端运用类似今天的建筑画的界画描摹而出的，其编木拱的结构非常清晰明确。

实际上，桥市也好，夜市也罢，多数情形下它们都属于东京汴河的河市。由于汴河运输繁忙，往来舟船、商旅众多，沿岸又是经济发达的地区，因此在唐宋时期汴河一线形成了许多临河交易的场所，又称为“河市”。最繁华的河市当然应属东京（汴梁，今之开封）河市。开封当地历史学者周宝珠在其著作中说：“东京的商业区有‘南河北市’之说，即城的南半部以汴河、蔡河（惠民河）沿岸地区最繁荣，而城的北半部则以马行街、潘楼街、西市周围地区的商业最发达。尤其是汴河两侧，由于商品经济发展的需要，停船的码头，存放货物的堆垛场，各种摊铺都在临河交通方便之地开设。甚至开设在沿河桥头，由于摊铺栉比，拥挤不堪，造成交通阻碍。”[④]于是在北宋天圣三年（1025 年）正月，巡护惠民河田承说上奏：“河桥上多是开铺贩鬻，妨碍会堂及人马车乘往来，兼损坏桥道，望令禁止，违者重置其罪。”朝廷采纳了这个建议，为此下了诏书:“在京诸河桥上不得令百姓搭盖铺占栏，有妨车马过往。”[⑤]

二、木拱廊桥桥市

在中国现存的木拱廊桥保存区域，以木拱廊桥为中心形成的街市虽不常见，但也不是没有。比如村子里有木拱廊桥的，往往会在特定的日子里，在桥头或是廊屋内形成一定规模的集市，供村民们进行物品交易，这种情形在闽浙一带较为普遍；大的镇子里，也有以木拱廊桥为中心形成的固定街市，比如浙江省泰顺县的泗溪镇北涧桥所在的下桥村就是如此，尤其是近来木拱廊桥热引来了世界各地的游客，桥上或桥畔空地上摊贩又多了起来，桥畔还开设了一个茶铺，供过往行人和游客休憩品茶（见图 8–4–1）。

福建省寿宁县城关鳌阳镇有一座木拱廊桥——仙宫桥，由于

①《全唐诗·卷二百九十九·汴路即事》。
②《全唐诗·卷三百·寄汴州令狐相公》。
③《新唐书·卷五十三·食货志》。转引自周宝珠著《〈清明上河图〉与清明上河学》第 2 页，河南大学出版社 1997 年版。
④引自周宝珠著《〈清明上河图〉与清明上河学》第 21 至 22 页，河南大学出版社 1997 年版。
⑤《宋会要·方域》一三之二一。转引自周宝珠著《〈清明上河图〉与清明上河学》第 22 页，河南大学出版社 1997 年版。

图 8–4–1　浙江泰顺北涧桥下的商摊

图 8–4–2　浙江庆元廊桥内的集市

仙宫桥是沟通县城内蟾溪两岸为数不多的几座桥梁，因此成为了镇区内重要的交通要道。除了在廊屋内设置神坛奉祀马仙外，还有精明的商家在廊屋内开设了茶馆，以供镇上居民娱乐。

前文有述，福建省福安市潭头镇棠溪村的登烛桥实为“灯烛桥”的讹传，其本名应为“棠溪桥”。“灯烛桥”的得名缘于茶商们在此桥上摆摊设点，收购当地的茶青，由于茶青收购大多时候要连夜进行，商贩们便在廊屋内挂油灯、点蜡烛。渐渐地，棠溪桥因此便被传为“灯烛桥”了。这种情形只发生在每年的采茶季节，当然也是另一种意义上的桥市。

当然，桥市不仅仅存在于闽浙山区木拱廊桥的廊屋里或桥畔，也存在于普通的廊桥中。比如浙江省庆元县黄田镇上济村的济川桥和姚村的复兴桥就是如此（见图 8–4–2）。据说，每天都有卖猪肉的、卖蔬菜水果的在这两座桥上摆摊设点，招徕生意。

第一节
日本与中国木拱桥[①]

由于古代日本与中国文化的渊源关系，使得中国的传统建筑在各个历史时期对日本建筑都产生了影响，特别是17世纪（明末清初）及以前，这种影响尤为重大。这其中也包括了桥梁建筑。木拱桥营造也随着唐宋时期中国文化对日本的广泛深刻影响而传入。

18世纪初，随着中国造园艺术开始对欧洲产生影响，中国传统的桥梁建筑也逐渐登上了欧洲各国的建筑舞台。当然，这些中式建筑和桥梁最早是出现在西方国家的皇家园林、公园或者私家园林内的。欧洲园林中的中式趣味也对其分布在世界各地的殖民地产生着影响，如此一来，中国传统桥梁建筑就渐渐传播至世界各地。200年来，北美和欧洲所受古代中国文化和艺术的影响，有时候间接从日本文化和艺术中汲取的，这其中也包括桥梁建筑艺术。由于木拱桥和木拱廊桥营造技艺比较特殊，它在世界范围内的传播远不如中式园林或其他类型建筑一般普遍，但是它的独特结构和华美造型带来的艺术魅力，还是深深地吸引着西方世界。尤其是进入21世纪以来，随着中国大陆经济的迅速崛起，中华传统文化的复兴已然成为趋势，传统建筑中某些独特的建筑类型颇受西方学者或艺术爱好者们的追捧。我在最近的5年里，就亲自经历了2次与西方学者合作建造中国木拱桥的事件，而与西方学者合作研究中国的木拱廊桥则可以追溯到20年以前。

木拱桥在中国桥梁研究中有广义和狭义之分。我们所说的狭义的木拱桥，特指北宋张择端《清明上河图》中所描绘的汴水虹桥式“编木拱桥”，以及分布在浙西南、闽东北地区在结构形态上与汴水虹桥有相似“编木”结构原理的闽浙木拱桥，因为这些桥虽也有编木拱的构造部分，但绝大多数桥苗杆件在桥面荷载下也是受弯的构件，其结构有“拱”亦有“梁”的特征，因此我们称后者为“编木拱梁桥”。先前，也有学者称这两类木拱结构为“叠梁拱”、“贯木拱”，不过“编木拱”和“编木拱梁桥”正逐渐被学界所认同和接受。

所谓广义的木拱桥，是指将编木拱桥的定义扩大，将木梁桥向狭义木拱桥演化过程的中间阶段，即各类型撑架拱桥，以及撑架拱与其他结构类型桥梁相结合的拱桥，均归入木拱桥类型。前者包括斜撑木拱桥、八字撑木拱桥、人字撑与八字撑混合撑木拱桥等等；后者包括悬臂梁桥与撑架拱组合的拱桥等等。此外更加广义的木拱桥，将各类型弧形外形的木构桥梁，如弯木成拱的弓弓桥等，均纳入木拱桥的范畴之内。

广义的木拱桥曾经随着中国文化在东亚儒家文化圈广泛传播。其中，日本就是一个有着深厚木拱桥文化传统的国家。日本的木拱桥在文化上与中国有着密切的关系，这种关系充分表现在建筑与结构形式上。究其源流，在中国的源头可以追溯到唐宋时流行的骆驼虹桥式样。“骆驼虹”一词曾出现在孟元老的《东京梦华录》一书中“金明池、琼林苑”一段，其中记曰：“三月一日，州西顺天门外，开金明池、琼林苑，每日教习车驾上池仪范。虽禁从士庶许纵赏，御史台有榜不得弹劾。池在顺天门外街北，周

①日本虽不是地理意义上的西方国家，但根据现在政治地理和日本明治维新后制定的“脱亚入欧”政策，现在基本都把它作为一个西方国家对待，尽管它的文化与东亚各国尤其是古代中国有着深厚渊源。此节部分内容引自刘妍、刘杰撰《中外木拱桥》一文，原文发表在绍兴市柯桥区文化发展中心、越国文化博物馆编《古桥文化学术研讨会论文集》，西泠印社出版社2014年版。

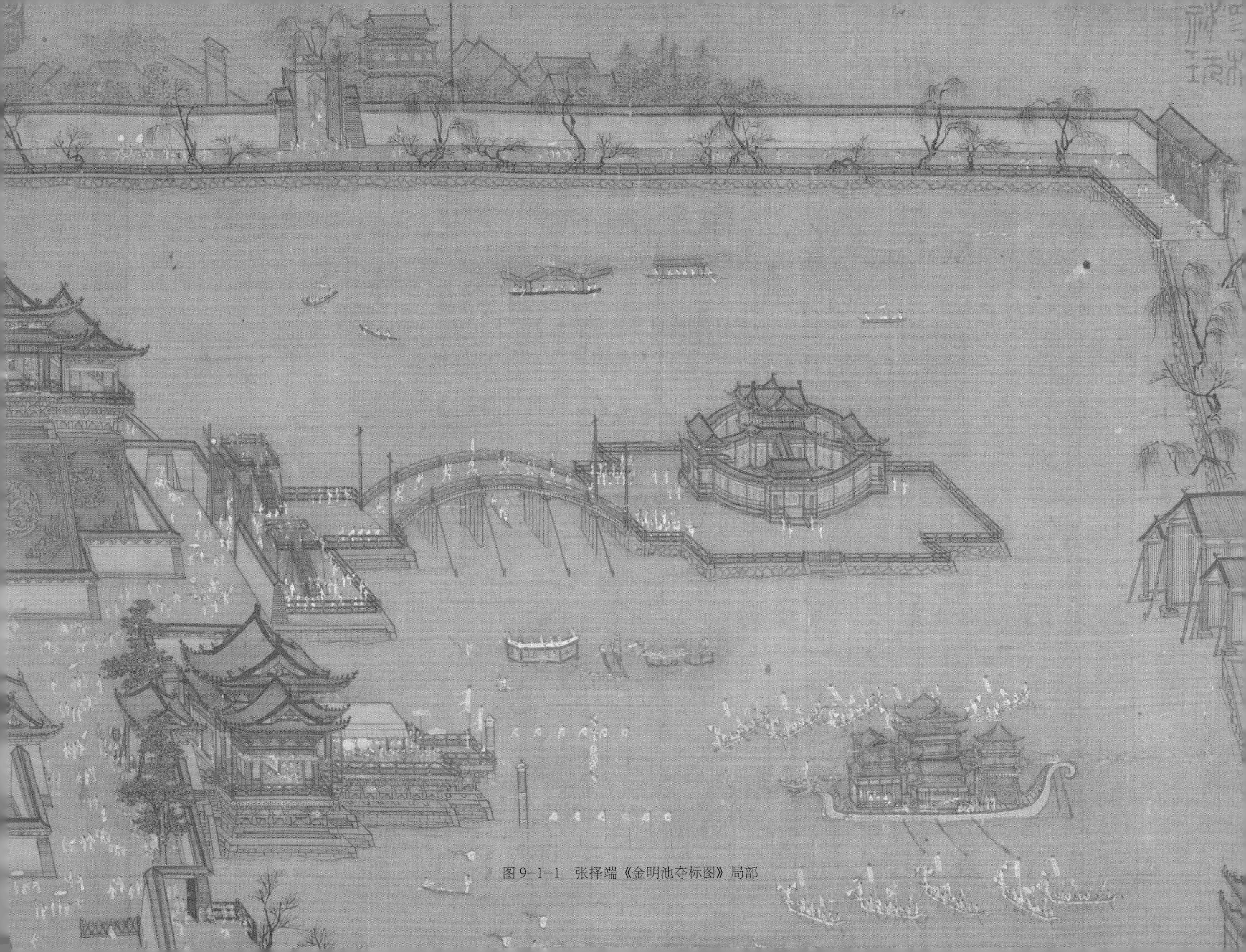

图 9–1–1　张择端《金明池夺标图》局部

围约九里三十步，池西直径七里许。入池门内南岸西去百余步，有面北临水殿，车驾临幸，观争标、锡宴于此。往日旋以彩幄，政和间用土木工造成矣。又西去数百步，乃仙桥，南北约数百步，桥面三虹，朱漆阑楯，下排雁柱，中央隆起，谓之'骆驼虹'，若飞虹之状。桥尽处，五殿正在池之中心，四岸石甃，向背大殿，中坐各设御幄，朱漆明金龙床，河间云水，戏龙屏风，不禁游人，殿上下回廊皆关扑钱物饮食伎艺人作场，勾肆罗列左右。桥上两边用瓦盆，内掷头钱，关扑钱物、衣服、动使。游人还往，荷盖相望。桥之南立棂星门，门里对立彩楼。每争标作乐，列妓女于其上。门相对街南有砖石甃砌高台，上有楼观，广百丈许，曰宝津楼，前至池门，阔百余丈，下阚仙桥水殿，车驾临幸，观骑射百戏于此池之东岸。"骆驼虹桥或类似的桥式在甘肃敦煌石窟中的唐代壁画和宋画（见图9-1-1）中比较常见。[①]

木拱桥大量使用在日本园林中，深受日本园林喜用的"反桥"或"太鼓桥"皆师法于中国古代的桥梁式样。[②]在日本，由于木构文化的隆盛，大量的反桥使用木构建造，甚至施以夸张的曲线造型，有的甚至接近半圆，或不施中柱仅使用弯木曲梁，或在曲梁跨中施以多对中柱，成为多跨连续单拱曲梁。最为著名的实例，包括东京龟户天神社的太鼓桥（见图9-1-2）、大阪住吉大社的中住吉反桥等等。施用多排支柱但造型上仍保持单拱的拱形木桥，在日本也曾大量使用于园林桥梁之外。江户后期大量浮世绘作品中，保留了这类大型木拱式桥梁形象（见图9-1-3、图9-1-4）。从这些画作上观察，桥身单薄，可能仍使用单层弯木作拱的曲梁结构。

今天日本仍存的大跨度木拱桥，有著名的锦带桥（见图9-1-5、图9-1-6）以及仿锦带桥而新建的木曾大桥等。前者为多跨连续拱桥，后者为单跨拱桥。锦带桥结构原理，整个拱架实际由5片拱骨平列而成，各片拱骨实际通过短梁（"桁"）拼接而成，如图9-1-7所示，一至十番桁之间层叠出挑，呈叠涩之形，中间使用"拱心木"。

图9-1-2　龟户天神社太鼓桥

图9-1-3　摄洲天满桥

图9-1-4　东海道冈崎矢萩桥

①引自茅以升著《中国古桥技术史》第28页，北京出版社1986年版。
②引自Ota Hirotaro著《Traditional Japanese Architecture and Gardens》第127页，Kokusai Bunka Shinkokai 1972年版。

图 9-1-5　日本锦带桥

图 9-1-6　日本锦带桥的拱架

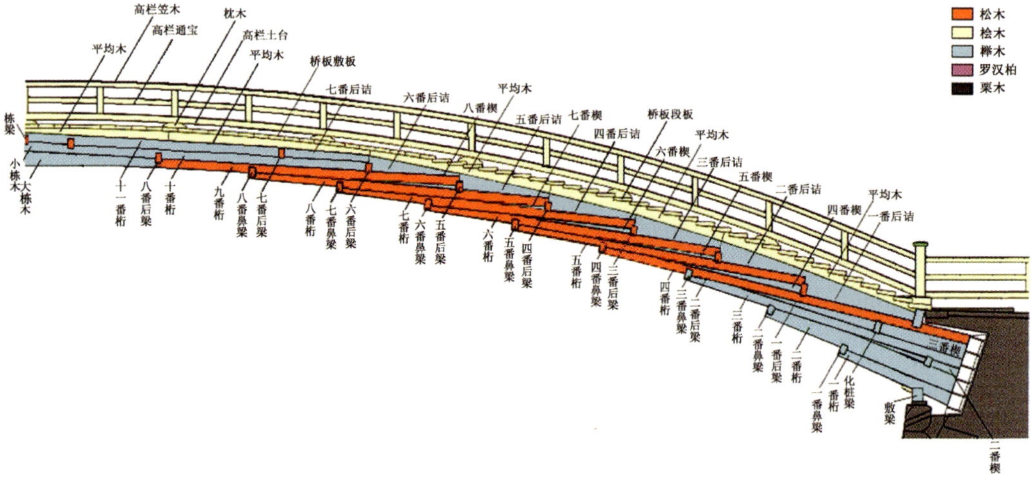

图 9-1-7　日本锦带桥构造图

各桁之间用高强度金属片绑铆钢箍。5 片拱骨间贯以横梁咬合，限制桁的纵向移动，再用纵向三角桁架勒固横梁，拱骨之间、肋梁与拱骨之间再施以水平剪刀撑增加侧向稳定性。一至十番桁之间的拱骨，力学性能近似刚体。两侧拱骨与拱心木之间，形成近似三铰拱的结构关系。据日本学者研究，最初的锦带桥是日本僧人在明代从中国杭州西湖摹画学习而来的。但是今天杭州的西湖锦带桥早已变成石拱桥的形制了，我们至今不清楚杭州西湖的锦带桥当初是日本锦带桥今日的模样呢，还是宋画中的骆驼虹桥式样？笔者认为，日本今存的锦带桥极可能是后来日本工匠为了保存旧貌——骆驼虹桥桥面弧形结构的式样，又从实际出发，避免山洪对桥柱的经常性破坏，省去了每孔桥面结构以下的几排桥柱改进而成的新式样。

虽然迄今为止，我们没有在日本发现虹桥式样的编木拱结构和闽浙山区木拱廊桥的编木拱梁结构桥梁的案例，但并不能否认日本在历史上或今天并不存在类似的木拱桥。因为，我们在美国加利福尼亚州的一个有着百年历史的日本风格园林中发现了一座规模不大的类似编木拱结构的木桥。不可否认的是，它的存在就代表着日本园林界和桥梁界对中国式编木拱桥的那份眷恋和执着。

第二节

美国与中国木拱桥

太平洋东岸的美国也是一个廊桥之国。在我的好朋友美国纽约州立大学纽帕兹分校那仲良（Ronald G. Knapp）杰出教授和美国肯特州立大学泰瑞·米勒（Terry E. Miller）教授合作的《美国廊桥》（《America's Covered Bridges》）一书中，你可以看到美国从17世纪到20世纪之间建成的各式木构廊桥，其中也有用木拱作为主要承重结构的。我曾在2013年的7月份，与两位教授一道在美国的俄亥俄州、纽约州以及西弗吉尼亚州等地考察美国的木构廊桥。事实上，这些典型的美国廊桥或者说是木拱廊桥与中国木拱桥在历史上基本没有任何的渊源。但是，你不能凭此就说美国与中国传统的木拱桥没有关系。近百年来，美国通过日本这个文化中介，也间接地吸收了来自中国古代的木桥文化，美国加利福尼亚州亨廷顿日式园林中的编木拱桥就是明证。20世纪末，美国马萨诸塞州波士顿WGBH公共电视台拍摄中国汴水虹桥的纪录片时，在上海金泽镇重建了一座仿汴水虹桥的编木拱桥。2012年4月，经过一年多的充分准备，由美国里海大学建筑系师生设计和建造、我也亲自参与其中的一座模仿汴水虹桥的编木拱桥在里海大学校园里建成。这些事件都表明美国人民对中国古代精巧的木拱桥持有浓厚的兴趣。

一、美国日本风格园林中的木拱桥

始建于1903年的美国加利福尼亚州亨廷顿植物园，于1911年建成开放。植物园里有好几座日本风格的私家园林，其中的一些建筑物和园林小品都来自位于帕萨迪纳市的一座日式园林。那座规模有3英亩（1英亩≈4046.856平方米）大小的园林最初是由艺术商人G.T.马尔什和日本茶园林公司所拥有的，因为财政危机不得已将此园林中的所有建筑物和小品等悉数转卖给了铁路大亨——亨利·爱德华兹·亨廷顿（Henry Edwards Huntington，1872—1927年）。当时，亨廷顿本人也正在为自己即将到来的婚姻打造新房，他的任务是要将一个大型牧场建设成为一个有品位的绅士庄园，并且要将他寡居的阿姨接来同住，她一年至少要住上几个月，正是她对文化的独特品味促成了亨廷顿在庄园打造时加入了异域风格的元素。

1911年，当G.T.马尔什把他日式园林中所有的建筑物和小品包括艺术品转让给亨廷顿后，亨廷顿庄园的项目负责人威廉·赫特里希（William Hertrich），指导日裔木匠河合藤一郎重新布置马尔什花园中移来的建筑物——两座小亭子和一座门楼到亨廷顿的府邸中。之后，藤一郎又新建了两座门楼和一座钟塔。赫特里希亲自指导用混凝土建造了一个模拟湖泊的池塘，叠置了假山石以及模仿自然界的神秘岩石洞穴。这座府邸像沿着河谷展开的一座花园，里头设置有石构的和铁制的两种灯笼，还点缀着几尊出土的佛像，这些物品都是从马尔什花园移来的。

亨廷顿1927年去世以后，这座府邸变成了一座图书馆、艺术博物馆和向公众开放的园林。“二战”爆发以后，亨廷顿庄园里的日式花园几乎被人们遗忘。直至20世纪50年代，园林中的木质建筑构件因逐步腐烂和遭到破坏而不得不被清理移走，日式园林也日渐凋敝。然而，当地一些喜欢日本文化的人，诸如Mary B. Hunt和San Marino League为拯救这座园林而努力奔走。他们指导讲解员参观，最终还建起了供学习花道的房子。在此基础上构

图 9-2-1　美国加利福尼亚州亨廷顿植物园日本园林中的月桥和湖泊景致

建新的兴趣，其灵感来自布鲁克林植物园的复制品石头花园，馆长罗伯特·沃森（Robert Watson）在 1968 年完成了新石头公园。沃森的设计很容易被人发现他是在着意模仿日本京都大德寺的方丈庭园。在他的设计中，需要通过一座非常特别的桥才能走近一座日式房子——部分建筑悬空在山坡上，有围墙围合的建筑庭院。这些围合的墙体引导游人至一个盆景庭园，这里实际上是一个容纳金州盆景联合会的南方藏品库。这个盆景园的设计特色很快形成了所谓的“来自日本灵感的加利福尼亚州露台”建筑风格，并被《日落》杂志在 20 世纪 60 年代四处传播。亨廷顿植物园后来又在 2012 年进行了一次扩建。[①]

以上大概是亨廷顿植物园的简单由来，但这并不是本书叙述的重点。我们要回到本书关注的内容，那就是前文所述的那座建于通向日本庭园的特别形制木桥——一座类似《清明上河图》中虹桥结构的编木拱桥。桥的名字依然还是日本传统的命名——月桥（Moon Bridge），它的半圆造型及其在湖面的倒影，共同构成了一幅“满月”的图景（见图 9-2-1）。这其实就是一幅中国传统文化中半实半虚的“阴阳”图案，它是道家的阴阳鱼图案在园林中的建筑表达和景观再现。它的构造确实类似中国古代的虹桥结构，通过截面呈方形的木材在纵向和横向两个方向上的穿插别压，形成了“编织”的木拱结构，当然属于编木拱的结构体系。但是细细分析起来，它的构造与编木拱的形式又与虹桥结构略有不同。虹桥结构第一系统的 3 根杆件和第二系统的 4 根杆件非常明确，它们通过横向的拱骨（闽浙一带称之为“牛头”）相互编织在一起，通过杆件之间的摩擦力和绳索的固定形成木拱结构；亨廷顿植物园月桥的编木拱结构并不存在明显的第一系统和第二系统，这些纵向的方形木拱骨虽然还是由横向拱骨编织在一起，形成了一个有 5 根杆件组合而成的单拱系统，但维持整个编木拱稳定的主要还是依靠方形杆件之间的摩擦力。

相较而言，亨廷顿植物园中的月桥结构更类似于宋画《江山秋

①以上内容参考 Kendall H. Brown, David M. Cobb 著《Quiet Beauty: The Japanese Gardens of North America》。

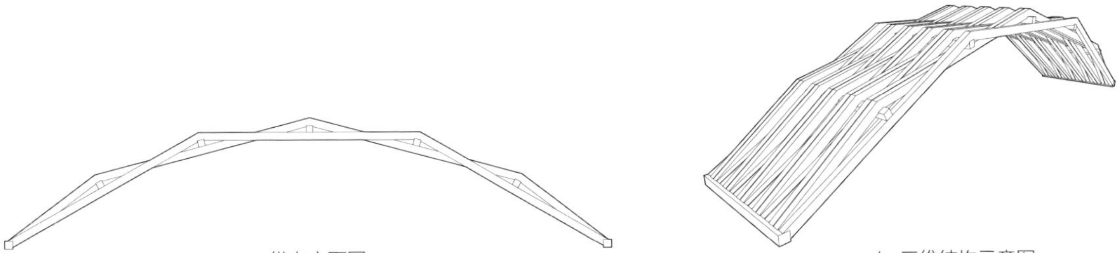

a. 纵向立面图　　b. 三维结构示意图

图 9–2–2　《清明上河图》中虹桥结构示意图

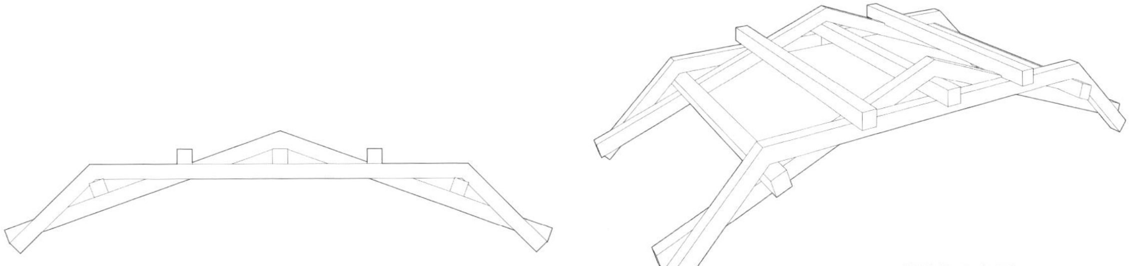

a. 纵向立面图　　b. 三维结构示意图

图 9–2–3　宋画《江山秋色图》中木拱桥结构示意图

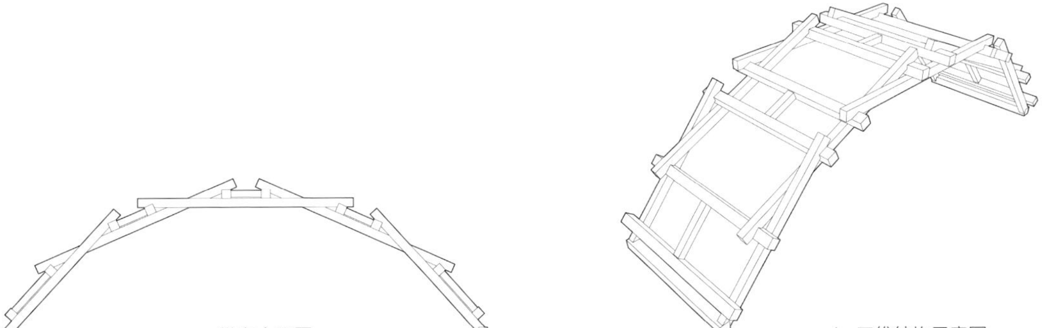

a. 纵向立面图　　b. 三维结构示意图

图 9–2–4　亨廷顿植物园内的月桥结构示意图

色图》中的木拱桥。它们的构架都是由八字撑组合人字撑形成的。也许，正是由日本酷爱中国古代绘画的造桥工匠看过了《江山秋色图》后揣摩建造了美国加利福尼亚州亨廷顿植物园里的月桥。《清明上河图》中以写实描摹的虹桥结构也好，日本园林中真实存在的月桥结构也好，《江山秋色图》中的组合撑架式木拱结构也罢，它们的编木拱主要还是靠杆件与杆件之间的摩擦力来维持系统的稳定与安全，这也是它们在选择编织结构中的纵横杆件形状时均选择了接触面最大的方形截面的原因。与此迥异的是闽浙地区木拱桥编织结构的形成并不依靠纵横杆件之间的摩擦力，而是运用南方营造体系中发达的榫卯连接方式对纵横杆件之间予以锚固和连接，因此，它们第一系统的三节苗和第二系统的五节苗都采用圆形截面的原木杆件，只是横向拱骨（即牛头）为加工方便常常做成截面为矩形的形状。

我们再来比较一下《清明上河图》中虹桥结构与亨廷顿植物园月桥结构之间的结构稳定性。从图 9-2-2—图 9-2-4 中可以清晰地看到，前者的编木拱结构有明确的纵向和横向杆件，也有明确的第一系统 3 根纵向拱骨和第二系统 4 根纵向拱骨，且这两个系统纵向排列多达五六重铺满桥面的宽度，两个系统之间由横向拱骨别压在一起，通过方木之间较大的摩擦力编织在一起。当桥面承载荷载时，这种摩擦力就会变得更大。如果荷载在编木拱结构的承载范围之内，只要两个系统之间的连接不被破坏，其桥面荷载承受越大，编木拱的结构稳定性就越强，木拱桥就越坚固。反观亨廷顿植物园月桥结构，由于没有明确的第一系统和第二系统，其单拱系统全靠纵向和横向拱骨的别压产生的摩擦力稳定，其编织体系并不稳定，虽然在各个横向拱骨之间也有纵向杆件对其位置进行固定，但是由于纵向的单拱编织系统只在桥面两侧各铺排一套，所以其编织结构的强度并不太高，尤其是稳定性较前者弱了许多。不过，如果只是作为园林中的景观桥，月桥结构的承载能力和耐久性都无需过高，因其简单的构造和较少的建造材料反而降低了造价而赢得造园者们的普遍喜爱。

二、美国木匠、教授、WGBH 公共电视台 + 中国桥梁专家与金泽虹桥——普庆桥

20 世纪末，美国马萨诸塞州波士顿 WGBH 公共电视台要拍摄一部系列记录片，其主要目的是追溯和再现世界各国失落了的古代发明与创造，这部系列记录片的名字叫作 NOVA，它的中文名是“消失了的皇朝秘密”。电视片筹备组的研究员朱丽叶（Julie Crowford）女士从著名桥梁史学家唐寰澄 1987 年所著的中英文本《中国古代桥梁》一书中发现了我国古代结构精巧的编木拱典型代表——汴水虹桥。在这部系列记录片中，与中国木拱桥一同推介给各国观众的还有埃及金字塔等世界文化遗产项目。

朱丽叶向唐寰澄介绍 NOVA 系列纪录片时说，它是基金会和观众捐赠支持的非赢利、不接受广告的科教类电视节目。“消失了的皇朝秘密”组织了一支生气勃勃、充满激情的调查团队，他们主张用古代工具和技术，再现古代发明和创造的辉煌。很快，唐寰澄与 NOVA 摄制组达成一致意见，并在 1998 年与制片人迈克尔·巴勒斯（Michael Barnes）和助理制片人毛熙林（Jackie Mow）在上海确定了组织形式：唐寰澄先生作为重建汴水虹桥项目的总顾问，上海同济大学建筑设计研究院杨士金教授做桥梁具体设计，青浦古代建筑修整所作为桥梁施工单位，上海东方明珠协助拍摄相关事宜。

接下来的工作就是为仿建的虹桥选址。重建小组走遍了周庄、甪直、同里、青浦等地，这些都是传统的江南水乡，河网密布，很适宜建设桥梁。最后选定了离上海市区较近的青浦区金泽镇。金泽是一个典型的水乡市镇，在唐宋时就已闻名遐迩，同时也是

一个古桥之乡，镇上民居沿着几条主要河道两岸布局，河道上每隔一段距离就有一座古代石桥，宋、元、明、清各个历史时期都有代表作遗存（见图 9-2-5—图 9-2-10）。

选定的桥址附近有一座宋代石拱桥——普济桥，桥净跨 10.5 米，桥拱矢高 4.5 米，宽 2.75 米，始建于南宋咸淳三年（1267 年）。桥址东岸几十米外就是南宋朝景定元年（1260 年）建造的颐浩寺，在元代已成很大规模，清代毁于火，凋敝至今，但寺院内仍保存着重要的文物，如著名画家赵孟頫所绘的不断云长卷石刻。重建小组选择此处为最终桥址，正是看中附近的宋元建筑环境和空间格局很适合宋代虹桥结构的再现。

根据唐寰澄在 2010 年出版的《中国木拱桥》一书介绍，新建的木拱桥总长 16.28 米，拱跨 13.2 米，矢高 3.13 米，栏杆扶手间宽 3 米，总宽 4 米，拱杆选用圆木，直径为 0.18 米。拱顶的绝对标高与邻近的宋代普济桥持平。方案设计的立面、剖面、平面及节点大样图见图 9-2-11。

模仿虹桥式样的金泽虹桥在细节的设计与实际建造过程中较多考虑了古代营造的真实氛围。比如说，金泽虹桥的编木拱系统的具体构造是：先用 8 根纵向拱骨组成第一系统，其平面呈 1、2、2、2、1 排列，中间 3 组将 2 根拱骨用篾绳捆绑在一起；再用 10 根纵向拱骨组成第二系统，其平面呈 1、2、2、2、2、1 排列，中间 4 组也将 2 根拱骨用篾绳捆绑在一起。两个系统的纵向拱骨在上下的垂直面上是左右错开对空布置的。联系两个系统纵向拱骨的横木，也称横向拱骨（闽浙木拱桥称之为“牛头”），为增加纵横拱骨之间的摩擦力，其断面采用的是五角形。纵横拱骨之间的节点构造，除了用篾绳绑扎之外，还采用了铁钉予以固定。用铁钉的依据是《宋会要》中有关魏化基“无脚桥”的记载：“天禧元年（1017 年）正月，罢修汴河无脚桥。初，内殿承制魏化基言，汴水悍激，多因桥柱坏舟，遂献无脚桥式。编木为之，钉贯其中。”[①]当然，金泽虹桥也采纳了唐寰澄先生桥面板系统铺设的创新做法，即将传统的平行纵木改为交叉排列木龙骨，如此以来，就给纵横穿插编织的木拱结构增加了数个斜向交叉的剪刀撑架，大大加强了木拱抵御横向荷载的能力和自身的刚度。这个改进措施是唐寰澄从汉阳莲花湖公园虹桥和闽浙木拱廊桥营造中借鉴而来的重要经验。[②]真实的汴水虹桥上是否存在这个斜向交叉龙骨系统，由于其隐藏在桥面板之下，仅仅从《清明上河图》中画面表达的角度根本无法得知。

金泽虹桥的桥台建造沿袭江南软土地区建造石拱桥地基的传统做法，将桥台建于小木桩群之上。木拱桥的桥面用汴水虹桥的反弯曲线，木拱的横木两端用宜兴特制的陶龙头装饰，用以保护木拱骨不被风吹雨淋。[②]

为了扩大建造金泽虹桥这个国际事件的影响力，美国组织方面煞费苦心，从世界各地邀请来了工程和管理方面的专家和学者组成了一支顾问团队。其中有来自法国的 La Cinquieme Therond、加拿大麦基尔大学教授叶山（Yates，英国籍）、美国里海大学教授汤姆·彼得斯（Tom F. Peters，退休后移居瑞士并加入瑞士籍）、美国 HNTB 公司工程师巴夏（Bashar）、美国古建修缮木工马库斯·勃兰特（Marcus Brandt）、中国香港中文大学教授李以康、美国 WGBH 公共电视台制片人迈克尔·巴勒斯（Michael Barnes）和助理制作人毛熙林（Jackie Mow）等人。这些顾问见证了金泽虹桥的现场安装和建成通行仪式的全过程。安装过程大致分成六个阶段，分别是：

（一）锚固小船搭跳板等准备工作；

（二）安装编木拱第一系统两端的两组；

（三）安装编木拱的第二系统；

（四）扩展安装全部木拱系统；

（五）给木拱桥桥体上油漆；

（六）进行荷载试验。

①转引自茅以升主编《中国古桥技术史》第 103 页，北京出版社 1986 年版。

②参见唐寰澄著《中国木拱桥》第 110 至 126 页，中国建筑工业出版社 2010 年版。

图 9–2–5　上海青浦金泽镇内的部分古桥分布示意图

图 9–2–6　金泽普庆桥

图 9–2–7　金泽普济桥

图 9–2–8　金泽如意桥

图 9–2–9　金泽放生桥

图 9–2–10　金泽迎祥桥

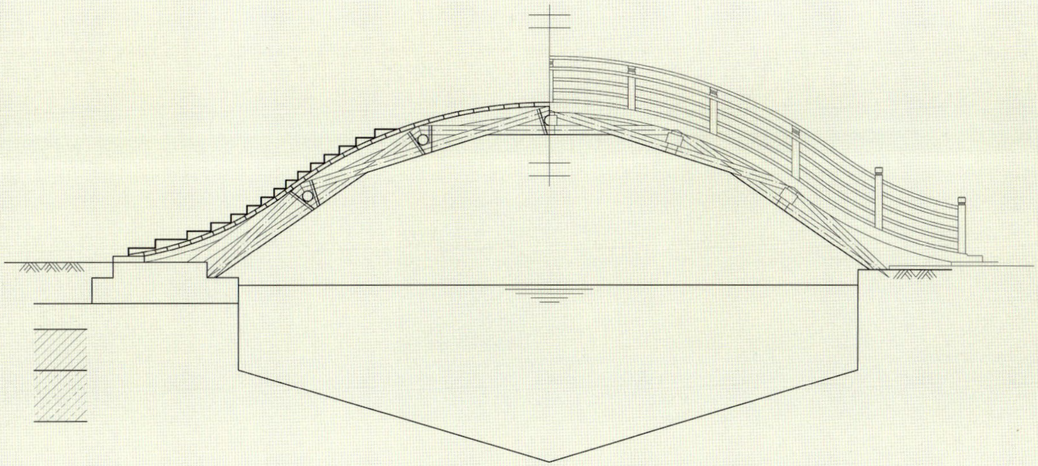

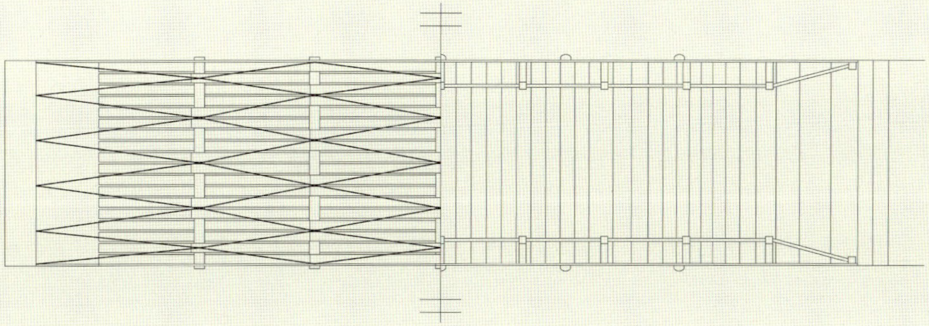

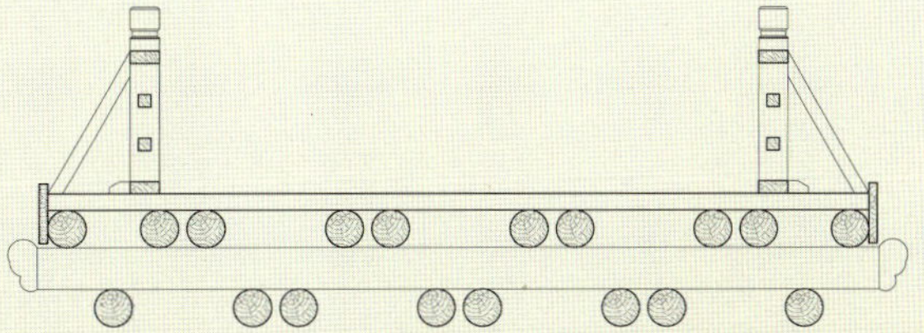

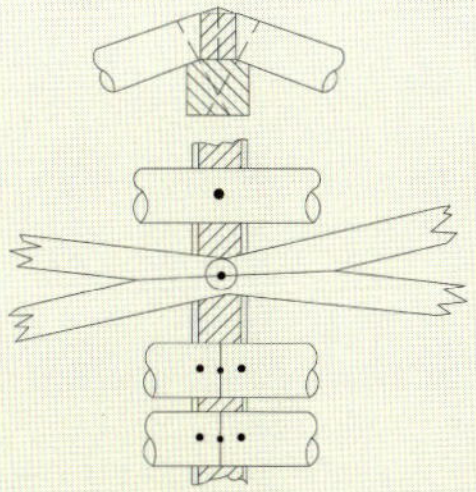

图 9-2-11　上海青浦金泽虹桥立面、剖面、平面及节点大样图

图 9-2-12　建造中的上海青浦金泽虹桥

建成通行仪式是于 1999 年 10 月 30 日举行的，整个仪式结合了金泽这一江南古镇的文化特色进行，大致上包含六个部分的内容：

（一）清桥，将建造时在桥上围观的群众请出仪式场所之外；

（二）杂技表演，镇上邀请了一群杂技团的姑娘在桥上表演转盘节目；

（三）组织了两组民间歌舞队载歌载舞地从桥上通过；

（四）中国龙灯舞；

（五）地方特色音乐江南丝竹由传承人演奏着乘船从新建的拱桥下穿越而过；

（六）夜间庆祝的烟火晚会。[①]

由于新仿建的虹桥不唯给金泽人带来了欢乐，也给参与其中的各国人士带来了喜庆和乐趣，最后因此被命名为“普庆桥”。模仿汴水编木拱桥而建的普庆桥与附近的宋代石拱桥普济桥仅一字之差，却相隔了 732 年才比肩而立于金泽市河之上，诠释着两种不同材料的中国古代经典造型的拱桥式样以及各自不同的营造背景和未来命运。

严格意义上讲，金泽虹桥只是为了配合电视片的拍摄而建造的，并不考虑木桥的耐久性等真实建造的诸多因素。因此，该桥建造后未经太久其纵向拱骨就在江南极其闷热潮湿的环境下腐烂破坏，后来不得已将部分拱骨替换成了与原木拱骨同截面大小的圆形钢管。此外，《清明上河图》中虹桥的纵向木拱骨从画面上看明显是方形的截面，金泽虹桥没有完全尊崇汴水虹桥的构件特征而仿建，这也是其中的一个重大遗憾。从编木拱自身的结构特点来说，为了使纵横连接的节点更加牢固和稳定，增大节点处摩擦力是很重要的一个措施，方形截面有利于摩擦力的增大而被虹桥桥式采纳。日本现存月桥的木拱结构中纵横木拱骨都是方形截面便是佐证。（见图 9-2-12）

①参见唐寰澄著《中国木拱桥》第 110 至 126 页，中国建筑工业出版社 2010 年版。

三、美国里海大学“中国桥”课程与校园里的木拱桥[①]

2009 年至 2011 年的 3 年间，我应美国里海大学（Lehigh University）的邀请加入了其建筑系组织的“中国桥”课程项目（The Chinese Bridge Project），作为该课程的中方教授全程参与了该课程。期间每年的暑假，还作为该课程在中国南方考察古代桥梁活动的主要组织者和路线制订者。这个课程是来自里海大学建筑系、哲学系以及其他学科的教授们受到中国北宋时期汴水虹桥编木拱技术的启发而设置的，他们设计了这样一个基于项目学习以及跨学科、跨文化的融合模式，并期望这个课程能作为一个媒介，来构建里海大学和中国之间的跨学科和跨文化的持久桥梁。同时，此课程在里海大学及其合作伙伴单位（笔者所在的上海交通大学、同济大学、北京科技大学）的多个学科之间招聘学生和教师的举措本身就能推动里海大学的亚洲和中国学研究，以及兑现当初曾对学生们许下的国际化和多学科交叉的承诺。当然，不得不提的是，本项目最终得以成功执行，是与美国亨利 · 鲁斯基金会 (The Henry Luce Foundation) 的大力赞助分不开的。

里海大学“中国桥”课程项目是在时任建筑系系主任安东尼 · 威斯卡迪（Anthony Viscardi）教授、哲学专业的杰出教授诺曼 · 吉拉尔多特（Norman Girardot）先生、大木工匠马库斯 · 勃兰特（Marcus Brandt）先生和客座博士后研究员王东宁女士共同指导下组织实施的。其中，威斯卡迪教授、吉拉尔多特教授是这个项目的主要负责人。该课程除了聘请我参与外，还邀请了里海大学建筑系荣誉退休教授汤姆 · 彼得斯（Tom F. Peters）先生、美国纽约州立大学纽帕兹分校杰出荣誉退休教授那仲良（Ronald G. Knapp）先生、南京大学建筑学院赵辰教授、中国社会科学院陈霞（音译，Chen Xia）女士作为客座学者。该课程还邀请了里海大学现代语言和文学系教授康斯坦丝 · 库克（Constance Cook）女士（里海大学上海实习基地负责人）、里海大学土木与环境工程系荣誉退休教授 Ben Yen 和 Le-Wu Lu（二位都是华裔教授，前者姓颜，还曾邀请我参观过里海大学的土木实验室以及他的办公室；在我访问里海大学期间，与后者也曾相识，其姓应为“乐”）、里海大学土木与环境工程系 Fazlur R. Kahn 讲席教授丹 · 弗兰戈波尔（Dan Frangopol）先生作为该项目的首席研究员（Principal Investigators）。

在继续介绍这个项目前，我想还是先给读者们简单介绍一下里海大学的基本情况，尽管有部分读者可能已经对它非常熟悉。

里海大学坐落于美国东部宾夕法尼亚州（Pennsylvania State）的伯利恒市（Bethlehem City），距离费城 50 英里（1 英里 =1609.344 米），距离纽约 75 英里，交通十分便利。伯利恒市坐落于北安普顿郡，根据 2000 年人口普查数据，该市有 71329 人，是宾夕法尼亚州第八大城市。伯利恒市在工业革命时期成为美国重工业和贸易的中心。伯利恒市最著名的公司是伯利恒钢铁公司 (1857—2003 年)，不过早已废弃。伯利恒钢铁公司曾经是美国第二大钢铁生产商，该公司的产品曾经被用来建造旧金山的金门大桥和曼哈顿的高楼大厦。伯利恒钢铁公司同时也是世界上最大的造船公司之一，是美国最强大的工业生产的先驱和象征。过去由于强大的钢铁公司的存在，里海大学土木工程领域的钢结构学科曾经享誉世界，在学术界名列前茅。

里海大学创校于 1865 年，至今有 100 多年的历史，是美国东海岸知名的高校，与世界闻名的常春藤名校相距不远。里海大学多年前就与芝加哥大学、西北大学、塔夫斯大学、西点军校等共同被誉为“隐藏的常春藤校”（Hidden Ivies）而被人熟知。里海大学还是美国“爱国者联盟高校”的创始成员之一。除里海大学之外，该联盟由包括美国西点军校、麻省理工学院、美国海军学院和乔治敦大学在内的其他

①参考美国里海大学“中国桥”课程资料文本。Lehigh University: Chinese Bridge Project (Spring 2011 - Arch/Asia/Rel 297), Sponsored by The Henry Luce Foundation。

12个精英学府组成。这些学府的共同特点是规模小和高度精英化。里海大学属于美国研究型学府之一，采用小班授课，每个班级平均27名学生，有80%的班级学生人数少于35人，学生跟教授交流的机会很多，也大大提高了教授对学生的关注程度。

正是在这样一个具有培养精英意识传统的大学教育模式下，由威斯卡迪教授、吉拉尔多特教授在华裔博士王东宁的配合下，制定了这个“中国桥”课程项目计划。

在本项目运行的头两年，还有一个重要课程——“中国遗产”项目一直在里海大学顺利开展。在王东宁博士的领导下，参与“中国遗产”项目的这群敬业师生一直在努力地探索里海大学在历史上与中国的特殊关系。里海大学在19世纪末期就接受了来自清朝的几位留学生，是全美最早接受中国留学生的大学之一。正是由于很早就接受了中国留学生的关系，所以无论是作为教师还是学生的华裔乃至亚裔，在今天的校园里都并不罕见。通过“数字桥梁”（Digital Bridges）这一课程，来自里海大学的一个本科生团队就针对自1879年以来就进入里海大学的中国留学生的生活和成就，从美国和中国两个方面展开研究和信息的传播。

在2011年的春季学期里，一群从工程、建筑、艺术和科学等专业招募而来的大学生，被安排进入跨文化、跨学科的工作室（Studio）训练。期间，他们完成了“梦之桥”（Dream Bridges）的设计和模型制作。在设计过程中，他们被要求一定要结合中国传统的桥梁技术和哲学思维，并与当代设计原理并行的准则，来构建这样的步行桥设计的工作模型。这个课程的名称是“中国桥项目设计工作坊”，编号是297，共计5个学分。选修传统课程项目“数字桥梁”的学生用影像和互联网来记录和整理工作坊的内容，并通过里海大学独特的历史来构建“中国桥”项目的框架。在这两个既独立又关联的课程中，还会加入客座学者们所带来的系列学术讲座。这个大课程主要由课堂教学和大学的各种讲座，以及在中国的考察、研究活动等组成，最后一个高潮是参加2011年清明节在里海大学校园内“中国桥”的落成典礼。之所以选择在清明节期间举行落成典礼，显然与北宋名画《清明上河图》记载的汴梁习俗有关。这是一个既富有挑战性又充满着无限吸引力的课程计划，最后吸引了Rob Asselin、Lexi White、Michael Moore、Alexander Gault、Hau Yu Hin（Billy）、Andrew Maier、Tom McMurtrie、Drew Mayer、Mumin Gengcoglu等9名学生参与。

接下来的课程就按照以下几个阶段和各部分内容按部就班地实施。第一阶段：对“梦之桥”的探讨和思考，并关注东西方文化对桥的影响；第二阶段：对汴水虹桥的结构分析；第三阶段：虹桥的建造；第四阶段：圆桥庆典。

第一阶段，按先入为主的固有印象对东西方文化的习惯和传统进行最初的探索。这些初步的讨论结合“梦之桥”课程取得的阶段性成果，帮助学生们在接下来的项目设计中更加关注东西方文化的交融。学生们对比分析了传统的西方和东方桥梁建造的差异特征。（见图9-2-13、图9-2-14）

第二阶段，聚焦北宋著名画家张择端笔下的《清明上河图》中的汴水虹桥，结构专业背景的学生对汴水虹桥的结构进行认真分析，并将成果提供给其他学生，使之在设计工作坊中通过制作建筑模型来深化设计理念，用整个学期的时间来探索构建真实的物质性桥梁。（见图9-2-15）

第三阶段，整个建造过程是在美国大木匠师——马库斯·勃兰特先生（Marcus Brandt）的启发与指导下完成的，学生们参与了设计和施工的全过程，从造桥木材的获取、加工、装配和最终的细节处理。马库斯·勃兰特先生，正是于1999年岁末参与中国上海金泽虹桥建造的美国工匠，他对虹桥的建造经验较项目组其他人而言相对丰富。（见图9-2-16、图9-2-17）

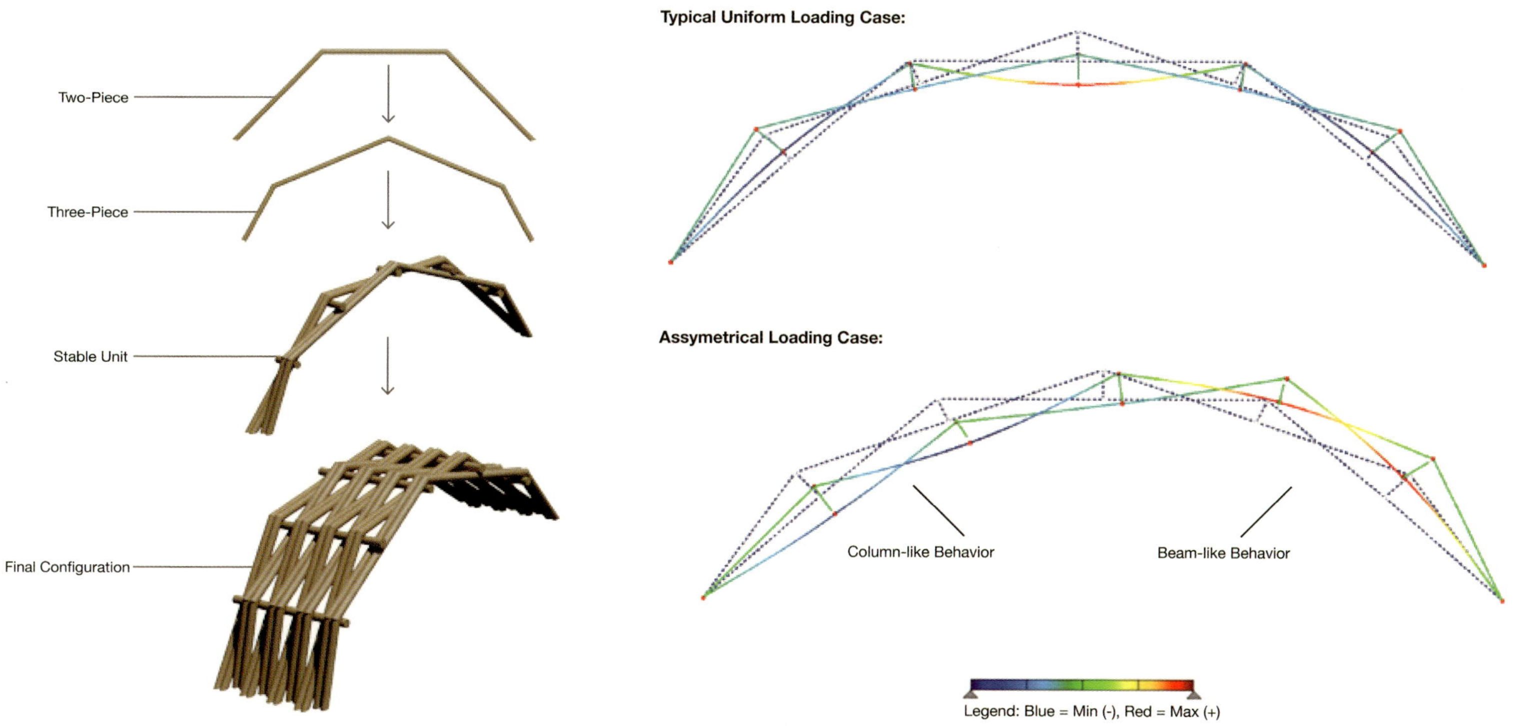

图 9–2–13　里海大学学生对虹桥的结构分析

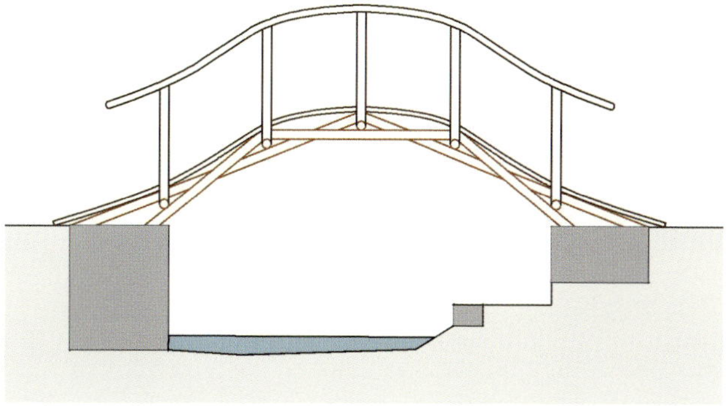

图 9–2–14　里海大学“中国桥”建筑设计方案立面图

第四阶段，项目组所有师生为了纪念19世纪第一批留学里海大学的中国学生，而特意选择在2011年的清明节举行虹桥的落成典礼，以此来契合在张择端《清明上河图》中发现的失落了近千年的汴水虹桥之“编木拱”结构。整个庆典的所有表演和仪式都是由研究中国哲学的吉拉尔多特教授编剧和导演的，笔者参与了里海大学虹桥的最后阶段建造和落成典礼的全过程并见证了西方学者理解的中国桥梁竣工仪式以及道教文化下的各种仪礼，因为吉拉尔多特教授是一位道教研究学者。

图9-2-15　里海大学“中国桥”结构模型图

图9-2-16　建造中的里海大学“中国桥”

图9-2-17　完工后的里海大学“中国桥”

第三节
欧洲的中国木拱桥

欧洲建筑文化中的中国桥梁元素，主要是通过贸易和文化的交流直接从中国大陆吸收而来的，其中陆上和海上丝绸之路是其中最主要的传播路线。对于园林建筑中的桥梁而言，至迟于10世纪以来便畅销于欧洲大陆的瓷器是一个重要的媒介，尤其是稍后出现的青花瓷，其釉层上绘就的园林及建筑图案对欧洲的建筑形式产生了一定影响，中式桥梁的建筑样式也借机登陆欧洲大陆。尤其是在17至18世纪，欧洲又兴起了长达百年的“中国热”。在这一热潮中，中国的各种商品深受欧洲各阶层的追捧，这其中也包括中国的建筑。18世纪以后，以日本艺术和园林为代表的东方美学思想传入欧洲大陆，深刻地影响了欧洲近现代绘画和建筑艺术的传统。正如日本浮世绘曾对荷兰印象派画家梵高有一定影响，法国印象派大师克劳德·莫奈（Claude Monet，1840—1926年）的名作系列《睡莲》中的一幅，就是以日式园林中的景物为对象进行描摹的，画面中最重要的人造景观就是一座中国唐代风格的拱形木桥。因此，以日本式传统园林为中介是中国木拱桥的建筑艺术对欧洲大陆影响的另一条途径。（见图9—3—1—图9—3—3）

图9—3—1　法国巴黎附近的蓬乃勒（Bonnelle）花园中的中式桥梁

图9—3—2　法国美瑞维勒园林中的中式桥梁

图9—3—3　法国莫奈《睡莲》中的木拱桥

一、德国的中国木拱桥

真正的中国式编木拱桥在欧洲大陆建成，却是在中国桥梁传入欧洲数百年之后的2015年的事。它是由福建省周宁县木拱桥传统营造匠师——张昌智为绳墨主持建造的闽浙编木拱梁式木拱廊桥，该桥坐落在德国巴伐利亚州雷根斯堡（Regensburg）市的一座庄园内，园主名叫Heri。桥于2014年秋动工，2015年7月10日竣工落成，

图 9–3–4　福建周宁桥匠张昌智师傅站在刚合龙的德国雷根斯堡木拱廊桥拱架上

是由中国留学生，也是中国传统木拱桥的研究者——刘妍策划和参与设计的。刘妍从 2010 年起在慕尼黑工业大学建筑学院攻读博士学位。她的专业是建筑考古学。她的研究更倾向于历史建筑与技术领域。自 2009 年起，她开始对闽浙山区遗存的带有编木构造的木拱桥及其工匠与技艺进行研究。

当园主 Heri 第一次联系刘妍时，他只是想要在他的庄园中建一座中国木桥，至于是什么式样的，他并不明确。是刘妍说服了他建造一座闽浙式的木拱廊桥，最终也是 Heri 委托刘妍寻找到福建省周宁县的传统造桥匠师张昌智师傅及其团队。

2014 年 10 月，张昌智带领堂兄弟张昌量、张昌仁在福建省宁德市开始制作木拱廊桥构件。经过 3 个多月的精工细作，所有构件在蕉城区加工完成，并于 2015 年春海运到德国。同年 6 月中旬，张昌智同张昌量、张昌仁三兄弟飞抵雷根斯堡，踏上了欧洲大陆建造中国传统木拱廊桥之路。

雷根斯堡的这座木拱廊桥长 11 米，跨度 7 米多，宽 2.6 米。虽然规模比起张昌智师傅先前建造的跨度 40 余米的木拱廊桥来说，非常不起眼，但却是他有生以来第一次在远离故土的欧洲建造的，其难度和经验与往常并不一致。在刘妍和周宁县博物馆郑勇馆长等支持与帮助下，他和他的团队克服了种种困难，终究将一座纯粹的闽浙式木拱廊桥奉献给了园主 Heri，为雷根斯堡增添了一景，也为在欧洲大陆建造中国式木拱廊桥开创了先河。（见图 9-3-4、图 9-3-5）

图 9-3-5　德国雷根斯堡木拱廊桥落成典礼
[中国驻慕尼黑总领事朱万金先生（右一）、刘妍（左一）以及园主夫妇]

二、意大利与虹桥结构

欧洲漫长的中世纪中，木构桥梁作为地方性民间建筑，所留下的工匠记录不多。而文艺复兴初期的两位巨人——列奥纳多·迪·皮耶罗·达·芬奇(Leonardo Di Ser Piero Da Vinci，1452—1519 年)

与安德烈亚·帕拉第奥（Andrea Palladio，1508—1580 年）都留下了丰富的桥梁建筑笔记与图绘。达芬奇的笔记中留下了大量军事用途的临时性木构桥梁的天才创造，甚至包含与汴水虹桥极为相似的“编木拱桥”形象，而帕拉第奥在《建筑四书》（《I quattro libri dell' Architettura》，1570 年）中对图拉真的大桥进行了复原研究，并描述了他自己发明的几种桁架桥形式。后者的桥梁式样与中国木拱桥之间的关联暂时不可得知，但达芬奇的木拱桥素描草图与中国张择端所绘的《清明上河图》中汴水虹桥的“编木拱”结构却如出一辙。

达芬奇手稿中的类似“虹桥”的编木拱结构（见图 9-3-6、图 9-3-7）是达芬奇自己的巧思，还是之前传说的马可波罗将此桥式从元朝带回到威尼斯，然后再传播到亚平宁半岛各地的呢？学术界众说纷纭，我很愿意相信马可波罗的故事，当然也希望是通过他将这个最能代表中国人整体思维的桥梁式样传到了中世纪的欧洲。不过，也有不少人持截然不同的意见[①]。这种编木拱结构的木拱桥由中国传播至欧洲大陆，与其说是我的学术观点，倒不如说是一种期待和愿望。

有这样愿望的人不止我一个。

2013 年 10 月 2 日至 5 日，“第七届国际拱桥大会”（International Conference on Arch Bridges）和“第四届中国—克罗地亚大跨度拱桥学术研讨会”（Chinese-Croatian Joint Colloquium on Long Arch Bridges，CCJC）在克罗地亚斯普利特（Split）市举行，会上《中国木拱桥》的专题报告、图片资料及屏南赠送的汴水虹桥模型，引起与会专家的极大兴趣与关注。10 月 29 日，意大利高校联合会副主席、威尼斯建筑大学教授恩佐·锡耶罗和国际桥协分会主席布鲁诺·布里斯杰拉（Bruno Briseghella）教授一行，在时任福州大学土木工程学院院长陈宝春教授陪同下，来到屏南县实地考察了金造桥、千乘桥、双龙桥等木拱廊桥，与中国木拱廊桥传统营造技艺国家级非物质遗产传承人黄春财进行了桥梁建造技艺的文化交流。中意双方开始策划在威尼斯附近的帕多瓦（Padova）市建造一座中国式木拱桥，以促进东西方桥梁文化交流。

帕多瓦的中国木拱桥因故未能如期建成。后来又在福州大学土木工程学院现任院长意大利籍学者布鲁诺·布里斯杰拉（Bruno Briseghella）的努力下，中意双方最终确定在米兰通往瑞士途中的基亚文纳（Chiavenna）市建造一座中国汴水虹桥风格的木拱桥。基亚文纳是意大利松德里奥（Sondrio）省的一个小市镇，它是一个提倡慢生活、极具度假特征的度假型小镇。意大利参议院对此项计划极其支持并予以批准。

基亚文纳虹桥计划分成两个部分：其一，由中国福建省屏南县利用传统的木拱桥营造技术先行在国内择址建造一座试验性质的木拱桥；其二，再与意大利的相关专家和工匠合作，在基亚文纳市运用当地的材料与中国传统营造技艺建造一座编木拱桥。

目前，该计划正处于第一阶段。我作为屏南县政协和文体局邀请的特别顾问参与到了此项目中，已于 2017 年 1 月 11 日赴屏南对建造试验桥的拟择地点进行了考察，并对由福州大学土木工程学院负责的桥梁设计与相关人员进行了讨论，对试验桥梁的建筑形式、构造特点提出了修改意见。此次我去到屏南，还与文体局具体负责落实该项目的苏旭东局长对桥梁裸露的木材做何防护处理达成了一致意见：将采用加拿大 NexGen 木材保护系统对木拱桥的结构与围护木构件进行防护处理。

我们期待着基亚文纳虹桥计划能一步步如期执行，并实现虹桥爱好者和研究者们的心愿——将 500 多年前曾经由一位意大利文艺复兴巨匠画出过的编木拱桥由中国传统的工匠和营造技术予以实物的再现！

①定居瑞士的老友、原美国里海大学建筑系教授汤姆·彼得斯就认为是达芬奇的想象发明。正在德国慕尼黑工业大学攻读建筑考古学博士的刘妍也认为是达芬奇的天才设想。

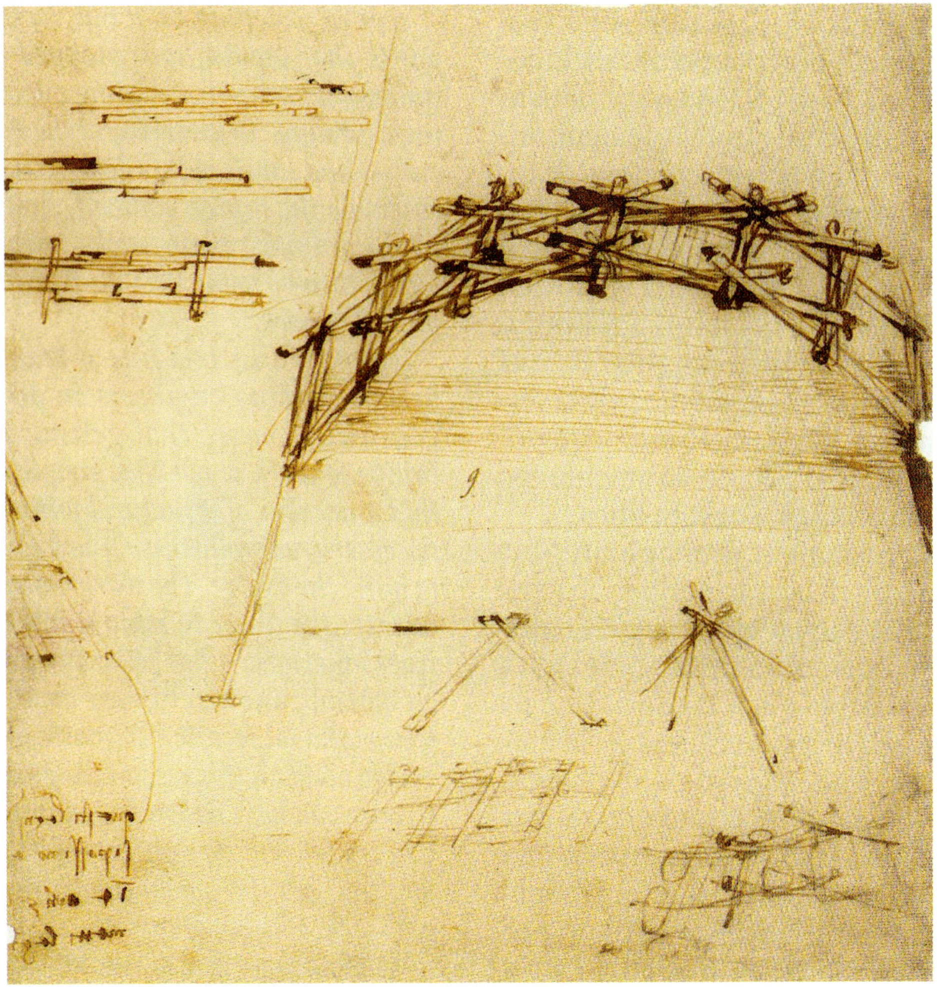

图 9-3-6　意大利达芬奇手稿中的类“虹桥”的结构
(Codex Atlanticus,folio 69ar)

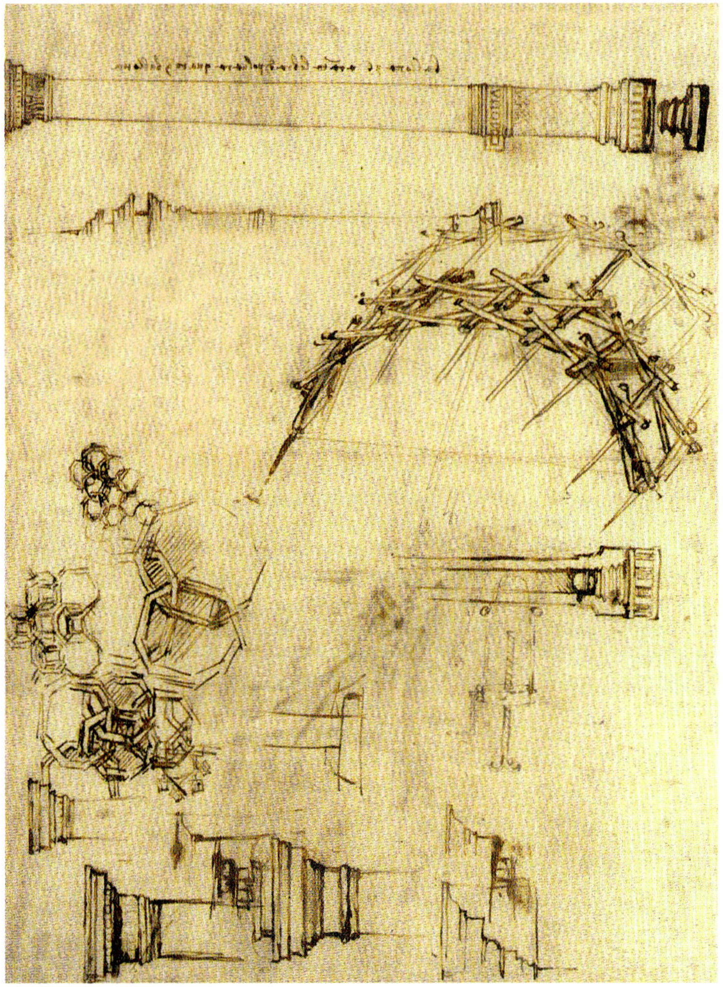

图 9-3-7　意大利达芬奇手稿中的类“虹桥”的结构
(Codex Atlanticus,folio 71v)

参考文献

References

1. 专著

[1] 班固．汉书 [M]．颜师古，注．北京：中华书局，2005.
[2] 清华大学建筑学院．楠溪江中游乡土建筑 [M]．台北：汉声杂志社，1992.
[3] 常任侠．中国美术全集：绘画编 18：画像石画像砖 [M]．上海：上海人民美术出版社，1988.
[4] 陈从周．陈从周散文 [M]．上海：同济大学出版社，1999.
[5] 司马玉常．陈从周天趣美文 [M]．广州：广东人民出版社，1999.
[6] 陈明达．中国古代木结构建筑技术：战国—北宋 [M]．北京：文物出版社，1990.
[7] 陈耀东．中国藏族建筑 [M]．北京：中国建筑工业出版社，2007.
[8] 陈云峰，张俊．云南古桥建筑 [M]，昆明：云南美术出版社，2008.
[9] 陈志华．中国造园艺术在欧洲的影响 [M]．济南：山东画报出版社，2006.
[10] 程建军．藏风得水：风水与建筑 [M]．北京：中国电影出版社，2005.
[11] 戴志坚．中国廊桥 [M]．福州：福建人民出版社，2005.
[12] 冯梦龙．寿宁待志 [M]．福州：福建人民出版社，1983.
[13] 福建省公路学会．福建古桥 [M]．福州：福建省公路学会，2004.
[14] 傅熹年．傅熹年书画鉴定集 [M]．郑州：河南美术出版社，1999.
[15] 龚迪发．福建木拱桥调查报告 [R]．北京：科学出版社，2013.
[16] 黑格尔．美学：第 3 卷：上册 [M]．朱光潜，译．北京：商务印书馆，1979.
[17] 苟子平，王国平．都江堰两个世纪的影像记录 [M]．济南：山东画报出版社，2007.
[18] 李合群．中国古代桥梁文献精选 [M]．武汉：华中科技大学出版社，2008.
[19] 李进尧，吴晓煜，卢本珊．中国古代金属矿藏和煤矿开采工程技术史 [M]．太原：山西教育出版社，2007.
[20] 李香珠．处州古道 [M]．杭州：浙江古籍出版社，2011.
[21] 李玉祥，紫图．中国古镇图鉴 [M]．西安：陕西师范大学出版社，2003.
[22] 李约瑟．中国科学技术史：第 4 卷：物理学及相关技术：第 3 分册：土木工程与航海技术 [M]．汪受琪，等译．北京：科学出版社，2008.

[23] 李约瑟．中华科学文明史：第 5 卷 [M]. 柯林 · 罗南，改编．上海交通大学科学史系，译．上海：上海人民出版社，2003.
[24] 丽水市政协文史资料委员会．处州廊桥 [M]. 中国民族摄影艺术出版社，2006.
[25] 郦道元．水经注 [M]. 长沙：岳麓书社，1995.
[26] 廖群．中国审美文化史：先秦卷 [M]. 济南：山东画报出版社，2000.
[27] 廖小军，郑新聪．宁德历史文化名镇名村 [M]. 福州：福建人民出版社，2013.
[28] 陶汉心．分疆录点注 [M]. 香港：香港出版社，2010.
[29] 刘大可．中国古建筑瓦石营法 [M]. 北京：中国建筑工业出版社，1993.
[30] 刘敦桢．刘敦桢文集：第 3 卷 [M]. 北京：中国建筑工业出版社，1987.
[31] 刘杰，陈昌东．乡土福安 [M]. 北京：中华书局，2016.
[32] 刘杰，胡刚．乡土庆元 [M]. 杭州：浙江古籍出版社，2011.
[33] 刘杰，林蔚虹．乡土寿宁 [M]. 北京：中华书局，2007.
[34] 刘杰，沈为平．泰顺廊桥 [M]. 上海：上海人民美术出版社，2005.
[35] 刘杰，周芬芳．乡土屏南 [M]. 北京：中华书局，2009.
[36] 刘杰．江南木构 [M]. 上海：上海交通大学出版社，2009.
[37] 刘杰．库村 [M]. 石家庄：河北教育出版社，2003.
[38] 刘杰．乡土中国：泰顺 [M]. 北京：生活 · 读书 · 新知三联书店，2001.
[39] 刘沛林．古村落：和谐的人聚空间 [M]. 上海：上海三联书店，1997.
[40] 刘淑婷，薛一泉．温州泰顺乡土建筑 [M]. 杭州：浙江摄影出版社，2009.
[41] 陆元鼎，潘安．中国传统民居营造与技术 [M]. 广州：华南理工大学出版社，2002.
[42] 罗英编．中国桥梁史料．上海：中国科学社，1959.
[43] 茅以升．中国古桥技术史 [M]. 北京：北京出版社，1986.
[44] 缪长钻．廊桥遗韵：品读寿宁廊桥 [M]. 上海：上海人民美术出版社，2008.
[45] 南平市政协文史资料和学习委员会．南平市文史资料第 16 辑：闽北廊桥 [M]. 南平：南平市政协文史资料和学习委员会，2010.
[46] 宁德市文化与出版局．宁德市虹梁式木构廊屋桥考古调查与研究 [R]. 北京：科学出版社，2006.
[47] 欧阳修，宋祁．新唐书 [M]. 北京：中华书局，1975.
[48] 庞进．中国龙文化 [M]. 重庆：重庆出版社，2007.
[49] 彭定求，等．全唐诗 [M]. 刻本．扬州：扬州诗局，1706(清康熙四十五年).
[50] 秦俭，龚美玲．婺源乡村 [M]. 北京：中国旅游出版社，2007.
[51] 中共庆元县委宣传部．中国廊桥之都：庆元 [M]. 杭州：西泠印社出版社，2007.
[52] 丘挺．中国历代名家技法集萃：山水卷：宫室舟桥法 [M]. 济南：山东美术出版社，2000.
[53] 水利部长江水利委员会，重庆市文化局，重庆市博物馆．四川两千年洪灾史料汇编 [M]. 北京：文物出版社，1993.
[54] 孙机．中国圣火：中国古文物与东西交流中的若干问题 [M]. 沈阳：辽宁教育出版社，1996.
[55] 孙绍旭．白银古道 [M]. 北京：中国言实出版社，2012.
[56] 泰顺仙居村．张世氏宗谱：卷十 [Z]. 泰顺：泰顺仙居村，1941(民国三十年).
[57] 泰顺县交通局，泰顺县邮电局．泰顺县交通志 [M]. 北京：海洋出版社，1991.
[58] 唐寰澄．中国古代桥梁 [M]. 北京：文物出版社，1987.
[59] 唐寰澄．中国科学技术史：桥梁卷 [M]. 北京：科学出版社，2000.
[60] 唐寰澄．中国木拱桥 [M]. 北京：中国建筑工业出版社，2010.
[61] 王其亨．风水理论研究 [M]. 天津：天津大学出版社，1992.
[62] 王其亨，等．风水理论研究 [M],2 版．天津：天津大学出版社，2005.
[63] 威廉 · 埃德加 · 盖洛．中国十八省府 [M]. 沈弘，郝田虎，姜文

涛，译．济南：山东画报出版社，2008．
[64] 吴国良．吴江古桥 [M]．苏州：古吴轩出版社，2002．
[65] 吴松弟，刘杰．走入中国的传统农村：浙江泰顺历史文化的国际考察与研究 [M]．济南：齐鲁书社，2009．
[66] 项海帆，潘洪萱，张圣城，等．中国桥梁史纲：新版 [M]．上海：同济大学出版社，2013．
[67] 萧百兴．蜈龙化虹的生命升华：小说泰顺木拱廊桥 [M]．杭州：西泠印社出版社，2014．
[68] 萧统．文选 [M]．李善，注．北京：中华书局，1986．
[69] 薛一泉，叶树生．木拱桥传统营造技艺 [M]．杭州：浙江摄影出版社，2014．
[70] 杨鸿勋．建筑历史与理论：第 8 辑 [M]．武汉：湖北科学技术出版社，2002．
[71] 姚家飞，叶树生，陈伟红．庆元廊桥 [M]．杭州：西泠印社出版社，2011．
[72] 伊永文．宋代市民生活 [M]．北京：中国社会出版社，1999．
[73] 于俊海．中国广西三江风雨桥 [M]．北京：中国旅游出版社，2002．
[74] 曾江，林展飞．闽侯古代桥梁[M]．福州：福建美术出版社，2008．
[75] 曾江．福建历代桥梁文献汇编 [M]．福州：福建美术出版社，2013．
[76] 浙江省泰顺县地名委员会．浙江省泰顺县地名志 [M]．泰顺：浙江省泰顺县地名委员会，1986．
[77] 政协福建省政和县委员会．政和文史总第 15 期：政和廊桥 [M]．政和：政协福建省政和县委员会，2009．
[78] 政协周宁县委员会．《周宁文史资料》第 18 辑：周宁古村名村 [M]．周宁：政协周宁县委员会，2010．
[79]《中国建筑史》编写组．中国建筑史 [M]．北京：中国建筑工业出版社，1993．
[80] 中国科学院自然科学史研究所．中国古代建筑技术史[M]．北京：科学出版社，1985．
[81] 政协庆元县委文史资料研究委员会．庆元县志：下册 [M]．庆元：政协庆元县委文史资料研究委员会，1985．
[82] 周宝珠．《清明上河图》与清明上河学 [M]．开封：河南大学出版社，1997．
[83] 周芬芳，陆则起，苏旭东．中国木拱桥传统营造技艺 [M]．杭州：浙江人民出版社，2011．
[84] 朱连法，田源．风水郭洞 [M]．上海：上海人民出版社，2006．

2. 会议论文

[1] 研讨会组委会．浙闽两省木拱廊桥保护与开发研讨会论文集 [C]．庆元：研讨会组委会，2004．
[2] 研讨会组委会．第一届中国廊桥国际学术研讨会论文集 [C]．泰顺：研讨会组委会，2005．
[3] 研讨会组委会．第二届中国廊桥国际学术研讨会暨宁德·寿宁廊桥论坛论文集 [C]．寿宁：研讨会组委会，2007．
[4] 赵辰，郑长铃．第三届中国廊桥国际学术（屏南）研讨会论文集 [C]．北京：文化艺术出版社，2011．
[5] 研讨会组委会．第四届中国廊桥学术（庆元）研讨会论文集 [C]．庆元：研讨会组委会，2011．
[6] 刘杰．闽浙木拱廊桥保护利用与申遗学术（政和）研讨会论文集 [C]．政和：研讨会组委会，2013．
[7] 项贻强，陈宝春，茅玉麟．2009 年中国古桥研讨会暨海峡两岸古桥学术交流论文集 [C]．福州：研讨会组委会，2009．

3. 学位论文

[1] 张亚军．云南古桥建筑特征探析 [D]．昆明：昆明理工大学，2008．
[2] 何明春．闽东周宁县木拱廊桥研究 [D]．福州：福建师范大学，2014．

4. 期刊论文

[1] 王玉，黄晓东．重庆古代廊桥——兼论重庆廊桥与南方廊桥的关系 [J]. 长江文明 ,2008(1).

[2] 苏旭东，刘妍．“双三节苗”木拱桥——木拱桥发展体系中的重要形式 [J]. 华中建筑 ,2010(10).

[3] 高介华．渭桥——秦建筑文化中的水上明珠 [J]. 华中建筑 ,1988(4).

[4] 方拥．虹桥考 [J]. 建筑学报 ,1995(11).

5. 外文专著

[1] Ota Hirotaro. Traditional Japanese Architecture and Gardens [M]. Tokyo: Kokusai Bunka Shinkokai, 1972.

[2] Mao Yi-sheng, Bridges in China, Old and New From the Ancient Chaochow Bridge to the Modern Nanking Bridge over the Yangtze [M]. Peking: Foreign Language Press, 1978.

[3] Miriam F. Wood, David A. Simmons. Covered Bridges: Ohio · Kentucky · West Virginia [M]. Wooster Ohio: Wooster Book Company, 2007.

[4] Ronald G. Knapp. Chinese Bridges: Living Architecture From China's Past [M]. North Clarendon: Tuttle Publishing Tuttle Publishing, 2008.

[5] LIU Jie. Wood Construction South of the Yangtze [M]. Shanghai: Shanghai Jiao Tong University Press, 2009.

[6] David J. Brown. Bridges: Three Thousand Years of Defying Nature [M]. [S.l.]: MBI Publishing Company, 2001.

[7] Kendall H. Brown, David M. Cobb. Quiet Beauty: The Japanese Gardens of North America [M]. North Clarendon:Tuttle Publishing,2013.

6. 外文论文

[1] Tom F. Peters. Cultural Aspects of Wooden Bridge Design, and an attempt to understand traditional as well as modern Western and Chinese construction forms [C].The 3rd Chinese Covered Bridges' International Conference. Pingnan County, Fujian, 2009.

[2] Philip S. C. Caston. Germany's Oldest Wooden Covered Bridges [C]. The 3rd Chinese Covered Bridges' International Conference. Pingnan County, Fujian, 2009.

[3] Ronald G. Knapp. Rainbows and Centipedes: 20th Century Discoveries of China's "Lost" Bridges [C]. The 4th Chinese Covered Bridges' International Conference. Qingyuan County, Zhejiang, 2011.

[4] Tom F. Peters.The Development of Wooden Bridges in Europe [C]. The 4th Chinese Covered Bridges' International Conference. Qingyuan County, Zhejiang , 2011.

[5] Philip S. C. Caston. Germany's Surviving 19th Century History Wooden Covered Bridges [C]. The 4th Chinese Covered Bridges' International Conference. Qingyuan County, Zhejiang, 2011.

[6] Susan Clare Scott. The Legacy of the Ancient Chinese Bridge in Chinoiserie Garden Pavilions in France and England in the Eighteenth Century [C]. The 4th Chinese Covered Bridges' International Conference. Qingyuan County, Zhejiang, 2011.

[7] Justine Christianson, Christopher H. Marston. Executive Editors, Covered Bridges and The Birth of American Engineering [J], History American Engineering Record, National Park Service, Washington D.C., 2015.

图片来源

Figures

导论

图 1　北宋范宽《秋林飞瀑图》（引自唐寰澄著《中国科学技术史·桥梁卷》）
图 2　山西洪洞水神庙元代壁画中的木桥（引自唐寰澄著《中国科学技术史·桥梁卷》）
图 3　南宋李嵩《水殿纳凉图》中的木构廊桥（引自《宋画中的南宋建筑》）
图 4　山西太原晋祠圣母殿前的鱼沼飞梁（刘杰摄）
图 5　浙江庆元竹口木拱桥（引自罗英编著《中国桥梁史料》）
图 6　福建宁德新建的木拱桥（引自罗英编著《中国桥梁史料》）
图 7　伸臂式桥的类型（引自李约瑟著《中国科学技术史》）
图 8　虹桥示意图（引自罗英编著《中国桥梁史料》）

第一章 木桥的起源及其发展

图注：浙江泰顺永庆桥（引自刘杰、沈为平著《泰顺廊桥》）
图 1–1–1　浙江泰顺仕水碇步（引自刘杰、沈为平著《泰顺廊桥》）
图 1–1–2　陕西西安半坡遗址想象复原图（引自茅以升主编《中国古桥技术史》）
图 1–2–1　上海青浦金泽迎祥桥（刘杰摄）
图 1–2–2　浙江宁波悬慈桥（曹晨绘）
图 1–2–3　浙江宁波老洞桥［泰瑞·米勒（Terry E. Miller）提供］
图 1–2–4　浙江庆元如龙桥（李玉祥摄）
图 1–2–5　浙江泰顺“姊妹桥”之“上桥”——溪东桥（引自刘杰、沈为平著《泰顺廊桥》）
图 1–2–6　浙江泰顺“姊妹桥”之“下桥”——北涧桥（引自刘杰、沈为平著《泰顺廊桥》）
图 1–2–7　福建武夷山余庆桥（刘杰摄）
图 1–2–8　福建连城永隆桥（李玉祥摄）
图 1–2–9　江西婺源通济桥（刘杰摄）
图 1–2–10　湖南安化永锡桥（刘杰摄）
图 1–2–11　湖南安化燕子桥（刘杰摄）
图 1–2–12　湖南安化思贤桥（刘杰摄）
图 1–2–13　重庆酉阳龙凼沟桥内景（刘杰摄）
图 1–2–14　重庆酉阳龙凼沟桥（刘杰摄）
图 1–2–15　四川绵阳姊妹桥（Chester Ong 提供）
图 1–2–16　四川都江堰普济桥（曹晨绘）
图 1–2–17　云南西畴牛羊太平桥（贾非提供）
图 1–2–18　云南云龙师井桥（贾非提供）
图 1–2–19　云南云龙通京桥（贾非提供）
图 1–2–20　云南腾冲永顺桥（贾非提供）
图 1–2–21　西藏拉萨琉璃桥（刘杰摄）
图 1–3–1　汉画像石上的“梯桥”图案（引自《中国画像石全集》）
图 1–3–2　越南河内的独柱寺（曹晨绘）
图 1–3–3　汉画像石上的“楼阁观鱼图”（引自《中国画像石全集》）
图 1–3–4　汉画像石上的“钓鱼图”（引自《中国画像石全集》）
图 1–3–5　不丹境内的木伸臂梁式廊桥［瑞士克里斯托弗·哈林（Christoph Haring）提供］
图 1–3–6　木伸臂梁式桥的三种类型（引自茅以升主编《中国古桥技术史》）
图 1–3–7　陕西西安灞桥旧影（清代）［萨穆埃尔·M·茨维默（Samuel Marinus Zwemer）摄］
图 1–3–8　四川省甘孜州稻城县亚丁风景区内的某木伸臂梁式桥（贾路摄）
图 1–3–9　甘肃与青海交界峡谷上的木伸臂梁式廊桥旧影（清代）［萨穆埃尔·M·茨维默（Samuel Marinus Zwemer）摄］
图 1–3–10　福建连城云龙桥（刘杰摄）
图 1–3–11　广西三江程阳桥（贾路摄）

图 1–3–12　云南腾冲通济桥[泰瑞·米勒（Terry E. Miller）提供]

图 1–3–13　浙江龙泉永和桥（严肖存摄）

第二章
木拱廊桥的基本结构类型

图注：福建屏南千乘桥（引自刘杰、周芬芳主编《乡土屏南》）

图 2–1–1　汉画像砖上的“骖车过桥图”（引自《中国画像砖全集·四川汉画像砖》）

图 2–1–2　北宋《秋林飞瀑图》中的木撑架拱桥（自绘）

图 2–1–3　北宋《秋林飞瀑图》中的木撑架拱桥立面（自绘）

图 2–1–4　山西洪洞水神庙内元代壁画中的木撑架拱桥结构示意图（自绘）

图 2–1–5　清代石涛《荷塘游艇图》中的木撑架拱桥（引自丘挺选编《中国历代名家技法集萃·山水卷·宫室舟桥法》）

图 2–2–1　木构梁桥结构发展演变示意图（自绘）

图 2–2–2　福建屏南聚宝桥实景图（自绘）

图 2–2–3　福建屏南聚宝桥斜撑结构示意图（自绘）

图 2–2–4　简单八字形撑架式木拱廊桥拱架结构示意图（自绘）

图 2–2–5　八字形撑架式木拱廊桥拱架结构示意图（自绘）

图 2–2–6　福建建阳龙凤桥拱架结构示意图（自绘）

图 2–2–7　福建福安潭头乐善桥实景图（引自刘杰、陈昌东主编《乡土福安》）

图 2–2–8　福建建阳安口桥拱架结构示意图（自绘）

图 2–2–9　福建莆田象溪桥拱架结构示意图（自绘）

图 2–2–10　青海循化人字形撑架式木拱廊桥旧影[萨穆埃尔·M·茨维默（Samuel Marinus Zwemer）摄]

图 2–2–11　云南巍山永济桥实景图[泰瑞·米勒（Terry E. Miller）提供]

图 2–2–12　云南巍山永济桥线描图（引自杨大禹编著《云南古建筑》）

图 2–2–13　云南洱源茄叶桥内景（贾非提供）

图 2–2–14　云南宾川岩涧桥（贾非提供）

图 2–2–15　云南鹤庆河头桥外景（贾非提供）

图 2–2–16　云南鹤庆河头桥内景（贾非提供）

图 2–2–17　撑架式结构逐步演变为桁架式结构示意图（以八字形撑架为例）（自绘）

图 2–2–18　浙江奉化卧渡桥拱架结构示意图（自绘）

图 2–2–19　浙江新昌上三坑桥拱架结构示意图（自绘）

图 2–2–20　福建周宁上坑桥拱架结构示意图（自绘）

图 2–2–21　宋画《江山秋色图》中的木拱桥（自绘）

图 2–2–22　福建建瓯兴龙桥拱架结构示意图（自绘）

图 2–2–23　双八字形组合撑架结构示意图（自绘）

图 2–2–24　重庆酉阳龙凼沟桥结构示意图（自绘）

图 2–2–25　湖北利川永顺桥结构示意图（自绘）

图 2–2–26　云南云龙通京桥结构示意图（自绘）

图 2–2–27　福建浦城镇安桥（引自南平市政协文史资料和学习委员会编《闽北廊桥》）

图 2–3–1　技术进化论理论框图（引自刘杰著《江南木构》）

图 2–3–2　中国木构桥梁发展演变谱系推测示意图（自绘）

图 2–3–3　浙闽山区木构桥梁发展谱系推测示意图（引自吴松弟、刘杰主编《走入中国的传统农村：浙江泰顺历史文化的国家考察与研究》，略作调整）

图 2–3–4　浙江泰顺三条桥上发现的宋瓦（刘杰摄）

图 2–3–5　浙江泰顺三条桥旧址柱孔（刘杰摄）

图 2–3–6　福建屏南万安桥桥墩上的石刻（引自刘杰、周芬芳主编《乡土屏南》）

图 2–3–7　《清明上河图》中“虹桥”拱架结构示意图（自绘）

图 2–3–8　典型的编木拱梁廊桥拱架结构示意图（自绘）

图 2–3–9　浙江庆元甫田桥拱架结构示意图（自绘）

图 2–3–10　福建闽清合龙桥拱架结构示意图（自绘）

第三章
木拱廊桥的分布及现状

图注：福建屏南千乘桥（引自刘杰、周芬芳主编《乡土屏南》）
图 3–1–1　浙江泰顺三条桥（引自刘杰、沈为平著《泰顺廊桥》）
图 3–1–2　浙江泰顺北涧桥（引自刘杰、沈为平著《泰顺廊桥》）
图 3–1–3　浙江泰顺溪东桥（引自刘杰、沈为平著《泰顺廊桥》）
图 3–1–4　浙江泰顺薛宅桥（引自刘杰、沈为平著《泰顺廊桥》）
图 3–1–5　浙江泰顺文兴桥（引自刘杰、沈为平著《泰顺廊桥》）
图 3–1–6　浙江泰顺仙居桥（引自刘杰、沈为平著《泰顺廊桥》）
图 3–1–7　浙江泰顺同乐桥（钟晓波摄）
图 3–1–8　浙江泰顺埠下桥（钟晓波摄）
图 3–1–9　浙江泰顺濛秀桥（钟晓波摄）
图 3–1–10　浙江泰顺龟湖桥（钟晓波摄）
图 3–1–11　浙江泰顺龙凤桥（钟晓波摄）
图 3–1–12　浙江省温州市泰顺县木拱廊桥分布图（自绘）
图 3–1–13　浙江泰顺三条桥实测图（引自刘杰、沈为平著《泰顺廊桥》）
图 3–1–14　浙江泰顺北涧桥实测图（引自刘杰、沈为平著《泰顺廊桥》）
图 3–1–15　浙江泰顺溪东桥实测图（引自刘杰、沈为平著《泰顺廊桥》）
图 3–1–16　浙江泰顺薛宅桥实测图（引自刘杰、沈为平著《泰顺廊桥》）
图 3–1–17　浙江泰顺文兴桥实测图（引自刘杰、沈为平著《泰顺廊桥》）
图 3–1–18　浙江泰顺仙居桥实测图（引自刘杰、沈为平著《泰顺廊桥》）
图 3–1–19　浙江泰顺城水桥实测图（引自刘杰、沈为平著《泰顺廊桥》）
图 3–1–20　浙江庆元如龙桥（引自刘杰、胡刚主编《乡土庆元》）
图 3–1–21　浙江庆元兰溪桥（引自刘杰、胡刚主编《乡土庆元》）
图 3–1–22　浙江庆元后坑桥（引自刘杰、胡刚主编《乡土庆元》）
图 3–1–23　浙江庆元咏归桥（引自刘杰、胡刚主编《乡土庆元》）
图 3–1–24　浙江庆元半路亭桥（引自刘杰、胡刚主编《乡土庆元》）
图 3–1–25　浙江庆元黄水长桥（引自刘杰、胡刚主编《乡土庆元》）
图 3–1–26　浙江庆元甫田桥（引自刘杰、胡刚主编《乡土庆元》）
图 3–1–27　浙江庆元双门桥（引自刘杰、胡刚主编《乡土庆元》）
图 3–1–28　浙江庆元蒙淤桥（引自刘杰、胡刚主编《乡土庆元》）
图 3–1–29　浙江庆元蒙洲桥（引自刘杰、胡刚主编《乡土庆元》）
图 3–1–30　浙江省丽水市庆元县木拱廊桥分布图（自绘）
图 3–1–31　浙江庆元如龙桥实测图（上海交通大学建筑学系测绘）
图 3–1–32　浙江庆元兰溪桥实测图（上海交通大学建筑学系测绘）
图 3–1–33　浙江庆元后坑桥实测图（上海交通大学建筑学系测绘）
图 3–1–34　浙江庆元咏归桥实测图（上海交通大学建筑学系测绘）
图 3–1–35　浙江庆元半路亭桥实测图（引自刘杰、胡刚主编《乡土庆元》）
图 3–1–36　浙江庆元袅桥实测图（引自刘杰、胡刚主编《乡土庆元》）
图 3–1–37　浙江庆元黄水长桥实测图（引自刘杰、胡刚主编《乡土庆元》）
图 3–1–38　浙江庆元甫田桥实测图（上海交通大学建筑学系测绘）
图 3–1–39　浙江庆元双门桥实测图（上海交通大学建筑学系测绘）
图 3–1–40　浙江庆元白云桥实测图（引自刘杰、胡刚主编《乡土庆元》）
图 3–1–41　浙江景宁大赤坑桥（严肖存摄）
图 3–1–42　浙江省丽水市景宁县木拱廊桥分布图（自绘）
图 3–1–43　浙江景宁东坑下桥实测图（引自刘杰、胡刚主编《乡土庆元》）
图 3–1–44　浙江景宁梅崇桥实测图（上海交通大学建筑学系测绘）
图 3–1–45　浙江龙泉合兴桥实测图（上海交通大学建筑学系测绘）
图 3–1–46　浙江奉化卧渡桥（周尚提供）
图 3–1–47　福建寿宁鸾峰桥（引自缪长钻著《廊桥遗韵——品读

寿宁廊桥》）
图 3-1-48　福建寿宁杨梅州桥（引自缪长钻著《廊桥遗韵——品读寿宁廊桥》）
图 3-1-49　福建寿宁飞云桥（引自缪长钻著《廊桥遗韵——品读寿宁廊桥》）
图 3-1-50　福建寿宁升平桥（引自缪长钻著《廊桥遗韵——品读寿宁廊桥》）
图 3-1-51　福建寿宁仙宫桥（引自缪长钻著《廊桥遗韵——品读寿宁廊桥》）
图 3-1-52　福建寿宁登云桥（引自缪长钻著《廊桥遗韵——品读寿宁廊桥》）
图 3-1-53　福建寿宁杨溪头桥（引自缪长钻著《廊桥遗韵——品读寿宁廊桥》）
图 3-1-54　福建寿宁张坑桥（引自缪长钻著《廊桥遗韵——品读寿宁廊桥》）
图 3-1-55　福建寿宁长濑溪桥（引自缪长钻著《廊桥遗韵——品读寿宁廊桥》）
图 3-1-56　福建寿宁里仁桥（引自缪长钻著《廊桥遗韵——品读寿宁廊桥》）
图 3-1-57　福建寿宁文明桥（引自缪长钻著《廊桥遗韵——品读寿宁廊桥》）
图 3-1-58　福建寿宁大宝桥（引自缪长钻著《廊桥遗韵——品读寿宁廊桥》）
图 3-1-59　福建寿宁小东上桥（引自缪长钻著《廊桥遗韵——品读寿宁廊桥》）
图 3-1-60　福建寿宁单桥（引自缪长钻著《廊桥遗韵——品读寿宁廊桥》）
图 3-1-61　福建寿宁福寿桥（引自缪长钻著《廊桥遗韵——品读寿宁廊桥》）
图 3-1-62　福建寿宁寿春桥（引自缪长钻著《廊桥遗韵——品读寿宁廊桥》）
图 3-1-63　福建寿宁红军桥（引自缪长钻著《廊桥遗韵——品读寿宁廊桥》）
图 3-1-64　福建寿宁回澜桥（引自缪长钻著《廊桥遗韵——品读寿宁廊桥》）
图 3-1-65　福建寿宁普济桥（引自缪长钻著《廊桥遗韵——品读寿宁廊桥》）
图 3-1-66　福建寿宁外垟垱桥（引自缪长钻著《廊桥遗韵——品读寿宁廊桥》）
图 3-1-67　福建寿宁碑坑观音桥（引自缪长钻著《廊桥遗韵——品读寿宁廊桥》）
图 3-1-68　福建寿宁奖禄上桥（引自缪长钻著《廊桥遗韵——品读寿宁廊桥》）
图 3-1-69　福建寿宁葫芦门桥（引自缪长钻著《廊桥遗韵——品读寿宁廊桥》）
图 3-1-70　福建寿宁奖禄下桥（引自缪长钻著《廊桥遗韵——品读寿宁廊桥》）
图 3-1-71　福建寿宁升仙桥（引自缪长钻著《廊桥遗韵——品读寿宁廊桥》）
图 3-1-72　福建寿宁奶殿桥（引自缪长钻著《廊桥遗韵——品读寿宁廊桥》）
图 3-1-73　福建省宁德市寿宁县木拱廊桥分布图（自绘）
图 3-1-74　福建寿宁鸾峰桥实测图（引自刘杰、林蔚虹主编《乡土寿宁》）
图 3-1-75　福建寿宁杨梅州桥实测图（引自刘杰、林蔚虹主编《乡土寿宁》）
图 3-1-76　福建寿宁飞云桥实测图（引自刘杰、林蔚虹主编《乡土寿宁》）
图 3-1-77　福建寿宁仙宫桥实测图（引自刘杰、林蔚虹主编《乡土寿宁》）
图 3-1-78　福建寿宁大宝桥实测图（姚洪峰提供）
图 3-1-79　福建寿宁红军桥实测图（引自刘杰、沈为平著《泰顺

廊桥》）
图 3-1-80　福建屏南万安桥（引自刘杰、周芬芳主编《乡土屏南》）
图 3-1-81　福建屏南千乘桥（引自刘杰、周芬芳主编《乡土屏南》）
图 3-1-82　福建屏南百祥桥（重建前）（引自刘杰、周芬芳主编《乡土屏南》）
图 3-1-83　福建屏南广利桥（引自刘杰、周芬芳主编《乡土屏南》）
图 3-1-84　福建屏南广福桥（引自刘杰、周芬芳主编《乡土屏南》）
图 3-1-85　福建屏南龙井桥（引自刘杰、周芬芳主编《乡土屏南》）
图 3-1-86　福建屏南龙津桥（引自刘杰、周芬芳主编《乡土屏南》）
图 3-1-87　福建屏南金造桥（引自刘杰、周芬芳主编《乡土屏南》）
图 3-1-88　福建屏南清晏桥（引自刘杰、周芬芳主编《乡土屏南》）
图 3-1-89　福建屏南十锦桥（引自刘杰、周芬芳主编《乡土屏南》）
图 3-1-90　福建省宁德市屏南县木拱廊桥分布图（自绘）
图 3-1-91　福建屏南万安桥实测图（引自刘杰、周芬芳主编《乡土屏南》）
图 3-1-92　福建屏南千乘桥实测图（引自刘杰、周芬芳主编《乡土屏南》）
图 3-1-93　福建屏南百祥桥实测图（引自刘杰、周芬芳主编《乡土屏南》）
图 3-1-94　福建屏南广利桥实测图（引自刘杰、周芬芳主编《乡土屏南》）
图 3-1-95　福建屏南广福桥实测图（引自刘杰、周芬芳主编《乡土屏南》）
图 3-1-96　福建屏南金造桥实测图（引自刘杰、周芬芳主编《乡土屏南》）
图 3-1-97　福建周宁登龙桥（郑勇提供）
图 3-1-98　福建周宁后垅桥（郑勇提供）
图 3-1-99　福建周宁三仙桥（郑勇提供）
图 3-1-100　福建周宁七仙桥（郑勇提供）
图 3-1-101　福建周宁楼下桥（郑勇提供）
图 3-1-102　福建周宁竹岭桥（郑勇提供）
图 3-1-103　福建周宁上坑桥（郑勇提供）
图 3-1-104　福建省宁德市周宁县木拱廊桥分布图（郑勇提供）
图 3-1-105　福建周宁三仙桥实测图（郑勇提供）
图 3-1-106　福建古田徐州桥（引自福建省档案馆编《廊桥古韵》）
图 3-1-107　福建古田公心桥实测图（姚洪峰提供）
图 3-1-108　福建福安登烛桥（引自刘杰、陈昌东主编《乡土福安》）
图 3-1-109　福建福安玉亭桥（引自刘杰、陈昌东主编《乡土福安》）
图 3-1-110　福建福安柘头桥（引自刘杰、陈昌东主编《乡土福安》）
图 3-1-111　福建省宁德市福安市木拱廊桥分布图（自绘）
图 3-1-112　福建福安登烛桥实测图（上海交通大学建筑学系测绘）
图 3-1-113　福建福安积谷桥实测图（上海交通大学建筑学系测绘）
图 3-1-114　福建福安洋坑桥实测图（上海交通大学建筑学系测绘）
图 3-1-115　福建福安柘头桥实测图（上海交通大学建筑学系测绘）
图 3-1-116　福建柘荣东源桥（引自福建省档案馆编《廊桥古韵》）
图 3-1-117　福建福鼎老人桥（引自福建省档案馆编《廊桥古韵》）
图 3-1-118　福建霞浦临清桥（引自福建省档案馆编《廊桥古韵》）
图 3-1-119　福建南平八字桥纵剖面（摹自苏旭东、刘妍《“双三节苗”木拱桥——木拱桥发展体系中的重要形式》）
图 3-1-120　福建南平月圆桥纵剖面（摹自苏旭东、刘妍《“双三节苗”木拱桥——木拱桥发展体系中的重要形式》）
图 3-1-121　福建南平落托桥纵剖面（摹自苏旭东、刘妍《“双三节苗”木拱桥——木拱桥发展体系中的重要形式》）
图 3-1-122　福建武夷山余庆桥（刘杰摄）
图 3-1-123　福建武夷山余庆桥实测图（姚洪峰提供）
图 3-1-124　福建顺昌兴隆桥（引自福建省档案馆编《廊桥古韵》）
图 3-1-125　福建顺昌岚下厝桥（引自福建省档案馆编《廊桥古韵》）
图 3-1-126　福建顺昌兴隆桥纵剖面（摹自苏旭东、刘妍《“双三节苗”木拱桥——木拱桥发展体系中的重要形式》）
图 3-1-127　福建顺昌岚下厝桥纵剖面（摹自苏旭东、刘妍《“双三节苗”木拱桥——木拱桥发展体系中的重要形式》）
图 3-1-128　福建政和后山厝桥（刘杰摄）

图 3-1-129　福建政和洋后厝桥（刘杰摄）

图 3-1-130　福建政和赤溪桥（刘杰摄）

图 3-1-131　福建省南平市政和县木拱廊桥分布图（自绘）

图 3-1-132　福建政和后山厝桥实测图（姚洪峰提供）

图 3-1-133　福建政和洋后厝桥实测图（姚洪峰提供）

图 3-1-134　福建政和赤溪桥实测图（引自福建省档案馆编《廊桥古韵》）

图 3-1-135　福建建瓯接龙桥（引自福建省档案馆编《廊桥古韵》）

图 3-1-136　福建建瓯后建桥（引自福建省档案馆编《廊桥古韵》）

图 3-1-137　福建福州店坂桥（引自福建省档案馆编《廊桥古韵》）

图 3-1-138　福建闽侯坑坪桥（引自福建省档案馆编《廊桥古韵》）

图 3-1-149　福建闽侯远济桥（引自福建省档案馆编《廊桥古韵》）

图 3-1-140　福建闽侯泰山桥（引自福建省档案馆编《廊桥古韵》）

图 3-1-141　福建闽侯蕉溪桥（引自福建省档案馆编《廊桥古韵》）

图 3-1-142　福建省福州市木拱廊桥分布图（自绘）

图 3-1-143　福建德化永革桥（引自福建省档案馆编《廊桥古韵》）

图 3-1-144　福建德化永革桥实测图（姚洪峰提供）

图 3-2-1　甘肃兰州握桥旧影（1937 年）（引自网络，现存于兰州市博物馆）

图 3-2-2　甘肃渭源灞陵桥线描图（引自孙儒僴《渭源县灞陵桥》）

图 3-2-3　甘肃榆中云龙桥（Tom F. Peters 提供）

图 3-3-1　云南云龙通京桥（Tom F. Peters 提供）

图 3-3-2　云南云龙彩凤桥（Tom F. Peters 提供）

图 3-3-3　云南云龙永镇桥（Tom F. Peters 提供）

图 3-3-4　云南云龙五里桥（贾非提供）

图 3-3-5　云南云龙检槽桥（贾非提供）

图 3-3-6　云南洱源茄叶桥（贾非提供）

图 3-3-7　云南宾川岩涧桥（贾非提供）

图 3-3-8　云南鹤庆河头桥（贾非提供）

图 3-3-9　云南镇沅锁口河桥（贾非提供）

图 3-3-10　云南景东文献桥（贾非提供）

图 3-3-11　云南腾冲野猪箐桥（贾非提供）

图 3-3-12　云南凤庆琼凤桥（贾非提供）

图 3-3-13　云南广南大牡露桥（贾非提供）

图 3-3-14　云南省木拱廊桥分布图（自绘）

图 3-3-15　重庆酉阳龙凼沟桥（迁建后）（刘杰摄）

图 3-4-1　湖北建始晏公塘桥旧影（引自中国第二历史档案馆编《湖北旧影》）

图 3-5-1　上海金泽普庆桥（刘杰摄）

图 3-5-2　浙江杭州西湖景区内的新建木拱桥（李玉祥摄）

第四章
木拱（廊）桥的建筑景观艺术

图注：福建寿宁鸾峰桥（龚健摄）

图 4-1-1　意大利威尼斯叹息桥（那仲良提供）

图 4-1-2　蟾溪上的飞云桥与观音阁（引自缪长钻著《廊桥遗韵——品读寿宁廊桥》）

图 4-1-3　蟾溪上的登云桥（引自缪长钻著《廊桥遗韵——品读寿宁廊桥》）

图 4-1-4　《清明上河图》（引自网络）

图 4-1-5　《事林广记》所载北宋东京外城图（引自《事林广记》）

图 4-1-6　山东青州南阳桥位置示意图（引自唐寰澄著《中国古代桥梁》）

图 4-1-7　《福宁府志》刊载的《寿宁县疆域图》（引自缪长钻著《廊桥遗韵——品读寿宁廊桥》）

图 4-1-8　福建寿宁仙宫桥旧照（引自缪长钻著《廊桥遗韵——品读寿宁廊桥》）

图 4-1-9　华灯初上的仙宫桥（引自缪长钻著《廊桥遗韵——品读寿宁廊桥》）

图 4-2-1　清乾隆版《温州府志》中的《泰顺县境图》（引自《温州府志》）

图 4–2–2　福建福安真武桥立面图（引自刘杰、陈昌东主编《乡土福安》）

图 4–2–3　福建屏南千乘桥（引自刘杰、周芬芳主编《乡土屏南》）

图 4–2–4　福建屏南广福桥（引自刘杰、周芬芳主编《乡土屏南》）

图 4–2–5　福建屏南广福桥窗景（引自刘杰、周芬芳主编《乡土屏南》）

图 4–2–6　浙江泰顺三条桥总平面图（引自刘杰、沈为平著《泰顺廊桥》）

图 4–2–7　福建周宁后垅桥（龚健摄）

图 4–2–8　福建屏南百祥桥碑志（引自刘杰、周芬芳主编《乡土屏南》）

图 4–3–1　宋代王希孟《千里江山图》中表现的聚落环境（引自刘敦桢著《中国古代建筑史》）

图 4–3–2　风水中宅、村、城的最佳选址（引自尚廓《中国风水格局的构成、生态环境与景观》）

图 4–3–3　村镇风水格局的封闭式空间构成及其基本模式（引自尚廓《中国风水格局的构成、生态环境与景观》）

图 4–3–4　风水山与风水池的背景、前景效果（引自尚廓《中国风水格局的构成、生态环境与景观》）

图 4–3–5　对景山——朝山或案山的几种常见选形（引自尚廓《中国风水格局的构成、生态环境与景观》）

图 4–3–6　水口山及附带建筑的景观表现（引自尚廓《中国风水格局的构成、生态环境与景观》）

图 4–3–7　风水建筑的选址（引自尚廓《中国风水格局的构成、生态环境与景观》）

图 4–3–8　《休宁县志》中的版画《古城岩》（引自《休宁县志》）

图 4–3–9　清光绪三年（1877 年）编修的《庆元县志》中的《庆元县境全图》（引自《庆元县志》）

图 4–3–10　浙江泰顺锦溪两岸居丘形胜之图（引自刘杰、沈为平著《泰顺廊桥》）

图 4–3–11　浙江庆元月山旧村全图（引自刘杰、胡刚主编《乡土庆元》，来源于《吴氏宗谱》）

图 4–3–12　浙江福安桂林村图（引自刘杰、陈昌东编《乡土福安》）

图 4–3–13　浙江建德新叶村风水图之螃蟹图形［引自陈志华、李秋香著《浙江省新叶村乡土建筑（上）》］

图 4–3–14　浙江建德新叶村风水图之荷花图形［引自陈志华、李秋香著《浙江省新叶村乡土建筑（上）》］

图 4–3–15　浙江建德诸葛村明正德年间高隆八景之图（引自陈志华、楼庆西、李秋香著《中国乡土建筑诸葛村》）

图 4–3–16　岩头村塔湖庙景区手绘鸟瞰图［引自《楠溪江中游乡土建筑》（《汉声》第 46 期）］

图 4–3–17　塔湖庙景区平面图［引自《楠溪江中游乡土建筑》（《汉声》第 46 期）］

图 4–3–18　丽水桥平面图［引自《楠溪江中游乡土建筑》（《汉声》第 46 期）］

图 4–3–19　塔湖庙一楼及二楼平面图［引自《楠溪江中游乡土建筑》（《汉声》第 46 期）］

图 4–3–20　福建周宁浦源村鸟瞰图（郑勇提供）

图 4–3–21　福建寿宁下党村鸾峰桥与文昌阁（龚健摄）

图 4–3–22　《永乐大典·卷十七》中图“第十，看水口沙（砂）”（引自《永乐大典》）

图 4–3–23　福建周宁三仙桥及村落（郑勇提供）

第五章
木拱廊桥建筑与装饰艺术

图注：浙江庆元如龙桥（严肖存摄）

图 5–1–1　汉画像石上类似木拱桥（引自《中国汉画像砖全集》）

图 5–1–2　浙江庆元咏归桥平面图（自绘）

图 5–1–3　浙江义乌东江桥线描图（引自义乌市城建档案馆编《义乌古建筑》）

图 5–1–4　福建屏南广利桥剖面图（引自刘杰、周芬芳编《乡土屏

南》)
图 5-1-5　福建屏南惠风桥内景图(引自刘杰、周芬芳编《乡土屏南》)
图 5-1-6　浙江景宁梅崇桥横剖透视图(悬山顶示例 1)(自绘)
图 5-1-7　福建寿宁杨梅州桥纵剖透视图(悬山顶示例 2)(自绘)
图 5-1-8　福建寿宁迎风桥横剖透视图(悬山顶示例 3)(自绘)
图 5-1-9　浙江庆元后坑桥横剖透视图(硬山顶示例)(自绘)
图 5-1-10　浙江龙泉合心桥横剖透视图(四坡顶示例)(自绘)
图 5-1-11　浙江泰顺三条桥横剖透视图(歇山顶示例)(自绘)
图 5-1-12　福建寿宁仙宫桥纵剖透视图(组合式屋顶示例 1)(自绘)
图 5-1-13　福建寿宁飞云桥纵剖透视图(组合式屋顶示例 2)(自绘)
图 5-1-14　福建寿宁碑坑观音桥纵剖透视图(组合式屋顶示例 3)(自绘)
图 5-1-15　浙江庆元咏归桥三维模型图(组合式屋顶示例 4)(自绘)
图 5-1-16　浙江庆元如龙桥三维模型图(组合式屋顶示例 5)(自绘)
图 5-1-17　浙江庆元枭桥横剖透视图(组合式屋顶示例 6)(自绘)
图 5-1-18　浙江泰顺北涧桥横剖透视图(组合式屋顶示例 7)(自绘)
图 5-1-19　浙江庆元双门桥横剖透视图(组合式屋顶示例 8)(自绘)
图 5-1-20　福建屏南万安桥纵剖透视图(组合式屋顶示例 9)(自绘)
图 5-1-21　福建屏南万安桥梁架俯瞰(自绘)
图 5-1-22　福建屏南万安桥立面与纵剖透视图(自绘)
图 5-2-1　浙江庆元如龙桥内的藻井(李玉祥摄)
图 5-2-2　福建福安真武桥上的垂花柱(引自刘杰、陈昌东主编《乡土福安》)
图 5-2-3　戏水兽(引自刘大可编著《中国古建筑瓦石营法》)
图 5-2-4　福建武夷山余庆桥桥墩上的鸟首(刘杰摄)
图 5-2-5　骖车过桥图(引自《中国美术全集》)
图 5-2-6　《清明上河图》中“虹桥”栏杆名称图(自绘)
图 5-2-7　福建寿宁飞云桥中的藻井与彩画(引自缪长钻著《廊桥遗韵——品读寿宁廊桥》)
图 5-2-8　福建寿宁仙宫桥梁架上的彩画(缪长钻摄)
图 5-2-9　福建寿宁仙宫桥明间屋顶上的八角攒尖顶及牌匾(缪长钻摄)
图 5-2-10　福建寿宁仙宫桥的藻井(缪长钻摄)
图 5-2-11　浙江泰顺同乐桥廊屋脊饰(引自刘淑婷著《中国传统建筑屋顶装饰艺术》)
图 5-2-12　浙江泰顺溪东桥廊屋脊饰(引自刘淑婷著《中国传统建筑屋顶装饰艺术》)
图 5-2-13　浙江泰顺北涧桥的凤纹翼角(引自刘淑婷、王梦雪著《泰顺仙居古村落》)
图 5-2-14　浙江庆元蒙淤桥独特的桥面铺装工艺(引自刘杰、胡刚主编《乡土庆元》)
图 5-2-15　浙江景宁接龙桥檩条上的墨书(引自丽水市政协文史资料编委会编《处州廊桥》)
图 5-2-16　浙江泰顺薛宅桥梁架上的墨书(绳墨)(刘杰摄)
图 5-2-17　浙江泰顺薛宅桥梁架上的墨书(副墨)(刘杰摄)
图 5-2-18　福建政和洋后厝桥的墨书(刘杰摄)
图 5-2-19　福建寿宁仙宫桥上的楹联(引自缪长钻著《廊桥遗韵——品读寿宁廊桥》)
图 5-2-20　浙江泰顺三条桥上的题词《点绛唇》(刘杰摄)
图 5-3-1　汉画像砖石上的桥梁图案(引自李合群主编《中国古代桥梁文献精选》)
图 5-3-2　汉画像石上所见之标(柴洋洋绘)
图 5-3-3　百戏人上竿图(引自伊永文著《宋代市民生活》)
图 5-3-4　北宋王希孟《千里江山图》中的长桥桥头华表(引自傅熹年著《傅熹年书画鉴定集》)
图 5-3-5　北宋《清明上河图》中虹桥桥首华表(引自傅熹年著《傅熹年书画鉴定集》)
图 5-3-6　元代《龙舟图》中拱桥桥首华表(引自傅熹年著《傅熹年书画鉴定集》)
图 5-3-7　明代《出警入跸图》中北京城西直门石拱桥前的木牌楼(引自网络)

图 5–3–8　浙江庆元双门桥的牌楼式桥门（引自刘杰、沈为平著《泰顺廊桥》）
图 5–3–9　福建南平八字桥的牌楼式桥门（引自福建省档案馆编《廊桥古韵》）
图 5–3–10　福建武夷山余庆桥的桥门（刘杰摄）
图 5–3–11　福建政和洋后桥、庙、塔（刘杰摄）
图 5–3–12　福建屏南千乘桥与石塔旧照（引自福建省档案馆编《廊桥古韵》）
图 5–3–13　福建福安登烛桥桥头的惜字炉（引自刘杰、陈昌东主编《乡土福安》）
图 5–3–14　福建寿宁碑坑桥内的惜字炉（龚健摄）

第六章
木拱廊桥的营造与匠师

图注：浙江泰顺文兴桥（引自刘杰、沈为平著《泰顺廊桥》）
图 6–1–1　古代中国木拱廊桥的营运机制和相应组织关系（自绘）
图 6–2–1　浙江泰顺薛宅桥（引自刘杰、沈为平著《泰顺廊桥》）
图 6–3–1　福建周宁秀坑张氏世家修建的木拱廊桥分布图（自绘）
图 6–3–2　木拱廊桥上题的徐斌桂木匠的墨书（引自福建省档案馆编《廊桥古韵》）
图 6–3–3　寿宁廊桥营造工匠郑惠福（引自福建省档案馆编《廊桥古韵》）
图 6–3–4　寿宁廊桥营造工匠郑多雄、郑多金、郑多希（由左至右）（刘杰摄）
图 6–3–5　福建寿宁小东徐、郑世家修建的木拱廊桥分布图（自绘）
图 6–3–6　福建屏南长桥黄氏世家修建的木拱廊桥分布图（自绘）
图 6–3–7　福建屏南建桥工匠黄春财（引自刘杰、周芬芳主编《乡土屏南》）
图 6–3–8　黄春财手绘廊桥设计图（引自周芬芳、陆则起、苏旭东著《中国木拱桥传统营造技艺》）
图 6–3–9　黄春财主墨营造十锦桥过程（引自刘杰、周芬芳主编《乡土屏南》）
图 6–3–10　泰顺董直机师傅在建造泰顺同乐桥过程中（2004 年，钟晓波摄）
图 6–3–11　泰顺造桥工匠董直机（中）与杨鸿勋先生（右）（2007 年，钟晓波摄）
图 6–3–12　建造中的浙江泰顺滚秀桥（图中人物为主墨曾家快师傅）（2012 年，钟晓波摄）
图 6–3–13　美国俄亥俄地理学会前会长珍妮（中）考察泰顺时在滚秀桥建造现场与造桥师傅曾家快（左）交流（2012 年，钟晓波摄）
图 6–3–14　主墨胡淼在浙江庆元竹坪桥重建工程中祭梁（引自刘杰、胡刚主编《乡土庆元》）

第七章
木拱廊桥营造与习俗

图注：福建周宁三仙桥（郑勇提供）
图 7–1–1　浙江庆元后坑桥桥约（引自刘杰、胡刚编《乡土庆元》）
图 7–2–1　习俗——择日（龚迪发摄）
图 7–4–1　南山伐梁（姚家飞摄）
图 7–4–2　露天制梁（姚家飞摄）
图 7–4–3　习俗——喜梁（龚迪发摄）
图 7–4–4　杀猪祭河（姚家飞摄）
图 7–4–5　习俗——供品（龚健摄）
图 7–4–6　习俗——神橱（龚迪发摄）
图 7–4–7　上苗梁仪式（姚家飞摄）
图 7–4–8　天门车运送木构件（姚家飞摄）
图 7–4–9　习俗——木匠授绶红带（龚健摄）
图 7–5–1　浙江泰顺秀涧上村滚秀桥圆桥仪式中的舞龙（钟晓波摄）
图 7–5–2　圆桥谢众（姚家飞摄）

第八章
木拱廊桥与村民生活

图注：福建寿宁鸾峰桥（龚健摄）
图 8–1–1　浙江泰顺溪东桥（引自刘杰、沈为平著《泰顺廊桥》）
图 8–1–2　浙江省泰顺县泗溪镇北涧桥总平面图（引自刘杰、沈为平著《泰顺廊桥》）
图 8–1–3　举溪古貌全图（引自中共庆元县委宣传部编《中国廊桥之都——庆元》）
图 8–1–4　浙江庆元如龙桥（引自刘杰、胡刚主编《乡土庆元》）
图 8–1–5　浙江庆元来凤桥（引自刘杰、胡刚主编《乡土庆元》）
图 8–1–6　浙江庆元步蟾桥（引自刘杰、胡刚主编《乡土庆元》）
图 8–1–7　福建寿宁小东上桥（龚健摄）
图 8–1–8　福建寿宁小东下桥（龚健摄）
图 8–1–9　福建屏南万安桥（引自刘杰、周芬芳主编《乡土屏南》）
图 8–1–10　宋画《江山秋色图》中的栈道与廊桥（引自《宋画全集》）
图 8–1–11　元代李容瑾绘《汉苑图》中的廊桥形象（引自丘挺选编《中国历代名家技法集萃 · 山水卷 · 宫室舟桥法》）
图 8–1–12　清末福建屏南长桥（引自网络）
图 8–2–1　浙江泰顺文兴桥（钟晓波摄）
图 8–2–2　浙江泰顺仙居桥（钟晓波摄）
图 8–2–3　浙江庆元咏归桥（钟晓波摄）
图 8–2–4　浙江庆元半路亭桥（钟晓波摄）
图 8–2–5　浙江庆元后坑桥（钟晓波摄）
图 8–2–6　浙江庆元蒙淤桥（引自刘杰、胡刚主编《乡土庆元》）
图 8–2–7　福建福安棠溪桥（丁立凡摄）
图 8–2–8　传统风俗“念经过桥”（引自刘杰、陈昌东主编《乡土福安》）
图 8–2–9　福建福安洋坑桥（引自刘杰、陈昌东主编《乡土福安》）
图 8–2–10　福建福安积谷桥（引自刘杰、陈昌东主编《乡土福安》）
图 8–2–11　福建寿宁杨梅州桥（龚健摄）
图 8–2–12　福建寿宁鸾峰桥（龚健摄）
图 8–2–13　贾非先生概括的云南廊桥的几种结构类型简图（贾非绘）
图 8–2–14　福建省浦城县临江镇镇安桥（戴志坚摄）
图 8–3–1　贵州省德江县土家族风雨楼桥（引自周星著《境界与象征：桥和民俗》）
图 8–3–2　福建寿宁福寿桥内的神龛（李玉祥摄）
图 8–3–3　浙江庆元双门桥内的神龛（严肖存摄）
图 8–3–4　千乘桥东侧奎光阁测绘图（引自刘杰、周芬芳主编《乡土屏南》）
图 8–3–5　福建屏南千乘桥内虔诚的信徒（李玉祥摄）
图 8–3–6　三堆村每年一度的迎神节庙会（引自薛一泉、叶树生著《木拱桥传统营造技艺》）
图 8–3–7　浙江庆元端午走桥（引自薛一泉、叶树生著《木拱桥传统营造技艺》）
图 8–3–8　福建周宁登龙桥内端午走桥（张家灼提供）
图 8–3–9　福建周宁三仙桥内说书（肖兴斌摄）
图 8–3–10　福建寿宁仙宫桥内的休闲活动（引自薛一泉、叶树生著《木拱桥传统营造技艺》）
图 8–3–11　福建屏南万安桥桥头的齐天大圣殿戏台（引自薛一泉、叶树生著《木拱桥传统营造技艺》）
图 8–4–1　浙江泰顺北涧桥下的商摊（引自薛一泉、叶树生著《木拱桥传统营造技艺》）
图 8–4–2　浙江庆元廊桥内的集市（引自中共庆元县委宣传部编《中国廊桥之都——庆元》）

第九章
木拱桥在西方国家的传播

图注：福建寿宁鸾峰桥（龚健摄）
图 9–1–1　张择端《金明池夺标图》局部（引自《中国美术全集》）

后记

后记

Afterword

2 年前，上海人民美术出版社的编辑找到我商量《中国木拱廊桥建筑艺术》的选题。实际上 6 年前，也就是 2011 年，我们就曾经谋划过这个题目，可惜后来因种种原因未能进行下去。我与上海人民美术出版社的结缘是 2005 年我们合作出版了《泰顺廊桥》一书，现在又一起为出版这本全国范围内木拱廊桥的专著而合作，不能不说是因为“廊桥”带来的缘分。

有关这部书的写作，其实开展得更早。大约在 2008 年前后，建筑界老前辈、原《华中建筑》杂志主编高介华先生约我撰写《中国桥梁建筑艺术》一书，当时，我就向高先生建议将原定题目改为《中国木拱廊桥建筑艺术》。之所以这么想，是因为 20 年来我研究工作的重点主要在江南古代木构建筑领域，在这个领域内，针对闽浙山区木拱廊桥的研究又是其中的重点部分。相对而言，我觉得以《中国木拱廊桥建筑艺术》为题写作更有工作基础和研究积累，写作的面也窄些，在难度和时间上容易得到控制。但是，由于《中国桥梁建筑艺术》一书选题是高先生主编的、洋洋洒洒的《中国建筑文化研究文库》中的一册，也是湖北教育出版社申报的“十二五”国家重点图书出版规划项目，相关宣传工作早已做好，不便更改，从而作罢。尽管高先生跟我约定的书稿还是以《中国桥梁建筑艺术》的题目进行着，但我写作的重点和率先完成的部分依然是中国木拱廊桥这部分内容。其中原因，一方面就桥梁建筑的艺术性而言，木拱廊桥无论是从结构形式而论，还是于建筑的内涵来看，与其他桥梁建筑类型相比，其艺术性显然更为独特而易于表现；另一方面，我在这一领域的研究积累和成果更加丰富和充分。为了完成高先生的嘱托，我对中国桥梁建筑艺术的关注必须从木拱廊桥的范畴拓展到全部的木结构、砖石结构乃至其他材料建造的桥梁类型，工作量之大超出了我的预期。在高先生不断的鼓励、帮助和督促下，这部书稿经历了长达 8 年时间的书写终于在 2016 年完成并向出版社交稿。但是由于写作时间持续太久，编辑部的领导和负责这本书的编辑都早已换人，再加上出版社方面的工作重心调整，高先生主编的《中国建筑文化研究文库》不再扩容，这部书稿因而不能成为文库中的一册按原计划出版。

在此背景下，我与上海人民美术出版社合作的选题——《中国木拱廊桥建筑艺术》一书就有了较好的基础。但是，尽管有先前高先生所约书稿的底子和先前作者在《泰顺廊桥》一书中的研究内容作为基础，新书的写作也并不是一帆风顺的。在这里，我无意去抨击国内高校现行的科研制度，像这部书稿，尽管获得了国家出版基金、上海文化发展基金会图书出版专项基金和第五届文汇·彭心潮优秀图书出版基金三项出版基金的共同资助，但在我所处单位的科研条例下，它的写作和出版尚不能得到任何形式的认可，连学校规定的公益活动也算不上，基本上它就只是教师个人的自娱自乐行为！所以，为了完成单位的考核工作，我不得不更多地利用业余时间来写作，因此，在过去的两年里，这部书的写作基本上是在下班以后、周末和假期里进行的。当然，我必须得感谢建筑系的相关领导，给我安排的课程并不太多，这才让我有比较充足的时间来专注于书稿的写作。

虽然如此，我个人以为花费些力气和时间撰写如此内容的一部书还是有重要意义的。

其一，自 2004 年我和学术界的一些朋友开始组织中国廊桥国际和国内的学术研讨会以来，无论是闽、浙、川、渝、黔、湘，还是滇、桂的边陲之地，都已掀起了廊桥研究和保护的热潮，其中木拱桥营造技艺还于 2009 年入选世界非物质文化遗产，以闽浙两省木拱廊桥联合申报世界文化遗产的项目也于 2012 年进入后备名单。应当说，廊桥研究的各项工作在国家文化复兴战略的支撑和各地政府有关部门的积极配合下，正在走上快速深入的轨道。即便如此，我们还是不得不面对这样一个事实：当闽浙两省为“中国木拱桥传统营造技艺”申报世界非物质文化遗产、“闽浙木拱廊桥”申报世界文化遗产后备名录的时候，申报组的同志就闽浙木拱桥中、英文术语咨询我们时，我面对着五花八门的用语无所适从，有按唐寰澄先生命名的“贯木拱”，也有以我们团队命名的“编木拱”，还有按唐先生早年称呼、现在已经摒弃了的“叠梁拱”，更有沿袭茅以升、李约瑟二位老前辈的命名“悬臂桥”……此外，就是针对木拱桥的同一亚类的各个构件名称，因为学术界先前并没有统一命名，因此基本按当地桥匠的称呼，更是不尽相同。这些工作其实于木拱桥的深入研究和对外学术交流也是非常重要的。我们组织的廊桥研究会尽管每次会议期间都会有类似工作的讨论，但还是缺少人手专门来拟出一个比较系统的命名原则和给予不同类型、同一类型不同亚类的各个桥梁构件以命名。我在本书中尝试着做了这个工作，可以供学术界评判使用。

其二，无论于中国桥梁技术史，还是在建筑史学领域，都还没有人系统地讨论过古代木拱廊桥建筑艺术的问题。陈从周先生在茅以升主编的《中国古桥技术史》一书中曾用了一章的篇幅讨论过桥梁的美学问题；唐寰澄先生在《中国科学技术史·桥梁卷》中也有一章类似的美学探讨。但总体上看，以往都是针对普通桥梁美学的宏观论述，具体到木拱廊桥的体型、环境甚至尺度上的探讨均未深入涉及。高介华先生当年鼓励我说撰写《中国桥梁建筑艺术》是开先河之举，可以不求完善，我对此却备感惶恐，每临写作时总感如履薄冰。不过从另一个角度来看，我也期待本书能抛砖引玉，在此领域或是打开一户门，或是推开一扇窗，让有志于此的学者们经它登堂入室，将木拱廊桥建筑艺术领域的研究更进一步。

其三，中国木拱廊桥分布的区域，无论在滇、陕、湘、渝、鄂等地，还是闽浙交界山区，都是现代交通极其不便的偏僻地区，经济水平相对落后；但是各地的森林覆盖率较高，比如闽浙交界山区各县市，几乎都能达到 90% 左右，是国家生态环境保护相对较好的地带。国家主席习近平同志在福建和浙江任职期间，曾多次深入木拱廊桥聚集区考察，并在2005年提出“绿水青山就是金山银山”的生态发展观。我自 1996 年即在此区域做田野调查工作，至今已整整 21 年，深知这一地区百姓生活的艰难与困惑。我于 2000 年曾在《中国国家地理》杂志的前身《地理知识》上撰文，提议在闽浙山区以木拱廊桥、当地完整的传统村落和联系它们之间的古道系统为人文遗产，再加上得天独厚的青山绿水和森林系统作为自然遗产，建立以木拱廊桥、传统村落为特色的国家遗产主题公园。尽管时间已经过去了 17 年，现在促成这一目标的因素依然没有消减，反而创造出的有利条件越积越多，如果今天有关部门能认识到这一发展契机，抓住机会下决心去干，很可能会给中国乃至世界带来一种人与社会、自然协同发展的崭新模式，从而带动该地区经济发展和百姓生活水平的提高。我期待我对祖国各地丰富多彩的木拱廊桥及其所在地的书写，能带给世界更多读者来探索的决心和兴趣，让大家更加关注它们以及创造和守望它们的遗产地百姓们。

中国各地遗存下来的木拱廊桥及其承载的建筑艺术，是各个历史时期劳动人民的倾力倾智之创造，它的营造技术和美学思想之所以能够延绵千年而不绝，就是因为有这些充满智慧、不惧艰辛和善良勤劳的百姓维系。所以，保护这一地区的自然和人文遗产，首先得想办法保护生活在这片土地上的百姓，正是他们创造和传承了这一切！

今天，面对这部撰写完成的《中国木拱廊桥建筑艺术》厚厚一摞书稿，我必须感谢历代木拱廊桥的营造匠师和遗存地的百姓们！其中有我当面向其请教的木拱廊桥营造匠师——寿宁县的郑多金、郑多雄和郑多希贤昆仲，屏南县的黄春财、黄屏辉父子和韦万会师傅，周宁县的张昌智师傅，泰顺县的董直机和曾家快二位师傅，庆元县的吴复勇和胡淼二位师傅，是以他们为代表的历代造桥工匠们给予了我们这个国家并世代传承下来如此厚重的一份建筑文化遗产！

当然，我还必须感谢授业恩师——21 年前引领我进入木拱廊桥研究大门的同济大学建筑系路秉杰教授，感谢授业恩师——让我进入此领域并窥其堂奥的中国社科院考古所的杨鸿勋教授，感谢文物建筑保护界的大家罗哲文先生、郑孝燮先生，感谢中国古代桥梁技术史领域大家、中国木拱桥研究的开拓者茅以升先生、李约瑟先生、罗英先生和唐寰澄先生，感谢清华大学建筑学院教授、开创了中国乡土建筑研究的著名学者陈志华先生，感谢哈尔滨工业大学木结构建筑资深专家、中国工程院院士沈士钊教授，感谢上海交通大学土木系资深教授、原上海交通大学副校长沈为平先生，感谢建筑学界老前辈、资深的建筑文化学者高介华教授，感谢东南大学建筑学院资深教授、前中国建筑学会建筑史学分会副会长刘叙杰先生，感谢清华大学建筑学院资深教授、中国建筑学会建筑史学分会会长吕舟先生，感谢华南理工大学建筑学院资深教授、著名建筑史学家吴庆州先生，没有他们的引领、教导和大力支持，我无论如何也不能在当前的研究环境下坚持 20 年！（见图 1）

尽管上述名单中的杨鸿勋先生、罗老、郑老均已仙逝，在这里，我还是要特别说明一下，2002 年我以中国木拱廊桥为题申报国家自然科学基金的申报书里，是罗老和郑老给我作了强力的专家推荐意见，杨先生是我们研究团队中的一员。就在本书要申报各种基金，需要专家推荐意见时，也是杨先生极力支持我们，他好几次都是躺在病榻上或在养病期间完成给我的推荐意见，本书的序言也是先生抱病完成的。可以这样说，这部书稿也凝结了杨先生的心血和期待！当然除了先生外，我还要感谢我的师母王秀兰女士，她为了让学术界前辈和专家们了解我的研究工作内容和成果所作的种种奔波和努力都让学生永世铭记！

在与桥梁技术史界资深学者，也是交通大学学长的唐寰澄老先生的几次当面请教及交流中，一方面唐先生给予了我们研究团队对木拱结构命名的肯定，另一方面还鼓励我一定要站在前辈学者的肩上努力向上攀登，他还说他自己的学术生涯就是这样走过来的。有了他的鼓励和支持，才有了我对木拱廊桥坚持不懈的研究。

1996 年，我就是带着清华大学陈志华教授在台湾汉声杂志社新近出版的《楠溪江中游乡土建筑》一书去到温州考察的，是他

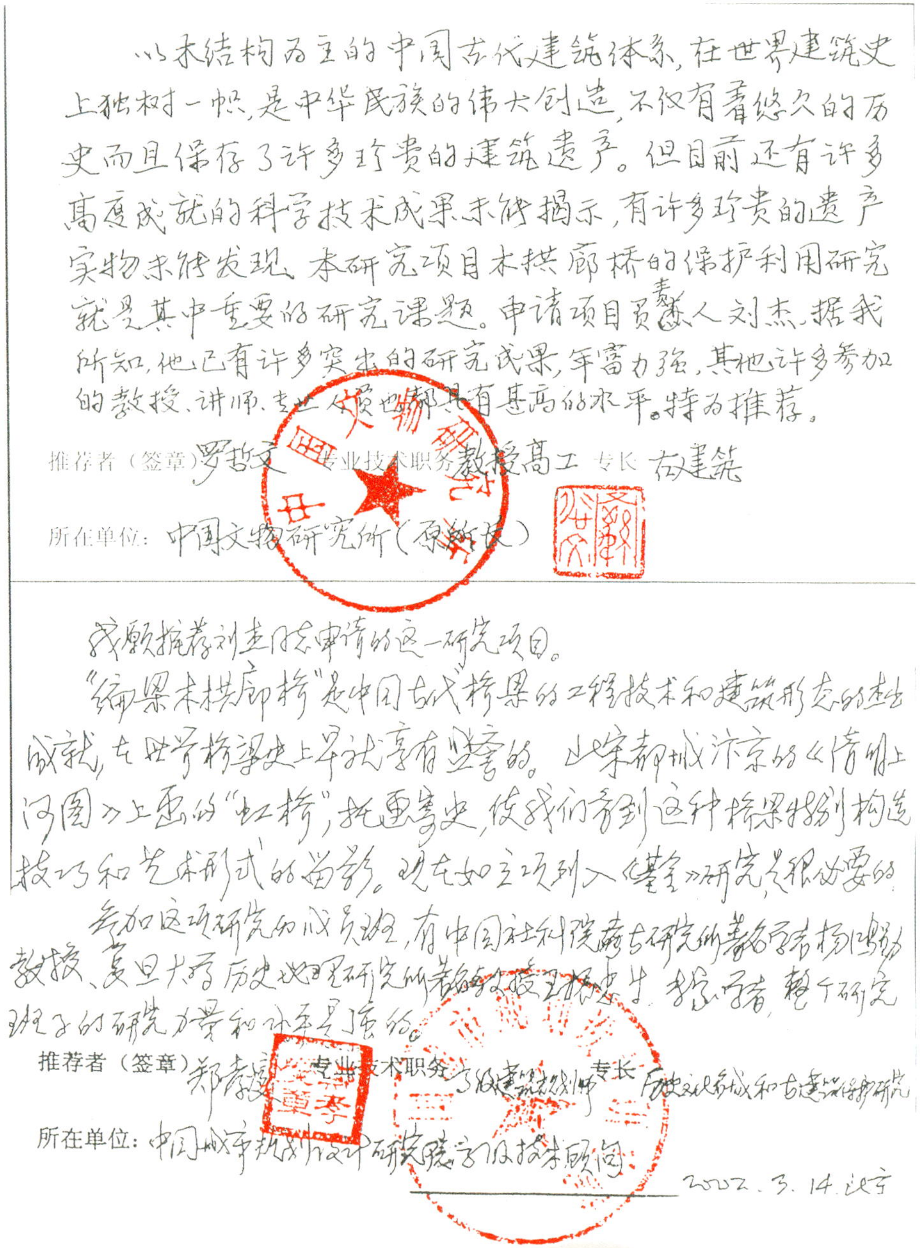

以木结构为主的中国古代建筑体系，在世界建筑史上独树一帜，是中华民族的伟大创造，不仅有着悠久的历史而且保存了许多珍贵的建筑遗产。但目前还有许多高度成就的科学技术成果未能揭示，有许多珍贵的遗产实物未能发现。本研究项目木拱廊桥的保护利用研究就是其中重要的研究课题。申请项目负责人刘杰，据我所知，他已有许多突出的研究成果，年富力强，其他许多参加的教授、讲师、专业人员也都具有甚高的水平。特为推荐。

推荐者（签章）罗哲文 专业技术职务 教授高工 专长 古建筑

所在单位：中国文物研究所（原所长）

我愿推荐刘杰同志申请的这一研究项目。

"编梁木拱廊桥"是中国古代桥梁的工程技术和建筑形态的杰出成就，在世界桥梁史上早就享有盛誉的。北宋都城汴京的《清明上河图》上画的"虹桥"，就是实例，使我们看到这种桥梁特别构造技巧和艺术形式的留影。现在如立项列入《基金》研究是很必要的。

参加这项研究的成员组，有中国社科院考古研究所著名学者杨鸿勋教授、复旦大学历史地理研究所著名教授王振忠先生等知名学者，整个研究班子的研究力量和水平是很强的。

推荐者（签章）郑孝燮 专业技术职务 高级建筑规划师 专长 历史文化名城和古建筑保护研究

所在单位：中国城市规划设计研究院高级技术顾问

2002.3.14 北京

图 1　罗哲文与郑孝燮两位老先生为笔者申请国家自然科学基金项目所作的推荐意见

图 2　2006 年，作者与陈志华教授（右一）、郑多金师傅（右三）、郑多雄师傅（左三）、李玉祥摄影师（后一）、李秋香（左四）、龚迪发（左一）、龚启录（左二）在福建寿宁长濑溪桥复建工地上合影

带有社会学性质的乡土建筑研究方法深深地吸引我来到了中国东南的山村里，也正是在那里邂逅了古代的木拱廊桥。时隔5年后，我也将陈先生带到了存有木拱廊桥的闽浙山间，在那里我们一起访问工匠，偷师学艺，老头乐观豁达的生活态度、锲而不舍的钻研精神和认真执拗的人格魅力深深地感染了我们。每次去到东南山区的乡村，总会感觉到他与我们在一起，那是他的精神在影响着我们，是我们一直坚持着那份对乡土挚爱的思想源泉。（见图2）

前面已经提到高介华先生与这本书的渊源，但是，没有多少人能够理解，这本书的相当大一部分是在高先生真诚的帮助下催生出来的。说实话，在《中国桥梁建筑艺术》书稿还没有完成的那段时间，我家里的那部座机电话基本上只有高先生一人拨打。每当座机铃声响起的时候，连家里人都知道是武汉的高先生来电催稿了。除了督促之外，高先生在电话里更多的是鼓励和支持，我也经常收到高先生寄来的信件和各种桥梁资料。你可知道，高先生早已是耄耋之年，还念念不忘对事业的追求以及对后辈的指导和提携！

华南理工大学吴庆洲先生，也是中国建筑学会建筑史学分会前任副会长，他对晚辈学人的关爱和呵护总是让我觉得欣慰。除积极支持和参加我们所组织的中国廊桥研讨会外，他还为《中国古代桥梁建筑艺术》一书申请出版基金特别撰写推荐信，其每每有大作出版，总是寄来让我先睹为快。他对我的研究课题总是极力鼓励与支持！

清华大学的吕舟先生，是中国文物建筑保护和世界文化遗产研究领域的重要学者，也是现任的中国建筑学会建筑史学分会会长，他无论有多忙，对我们的研究工作总是予以耐心的指导、支持和帮助。本书能获得国家出版基金的资助，也与他的热情推荐是分不开的。这里我还讲一个发生在10年前的故事：2007年我在福建省最为偏僻的寿宁县召开中国廊桥研讨会，我特地请他来讲讲申遗方面的工作，但是由于县里接待人员的失误，让吕先生一个人在福州机场等了数小时之久，对于此事我非常不安与内疚，吕先生见到我时却对此淡然一笑，之后再未提及。吕会长的胸襟、雅量以及对中国古代建筑研究与保护事业的鼎力支持可见一斑！

我还必须感谢我们中国廊桥研究小组亦师亦友的兄长们，他们是南京大学建筑学院教授、近现代建筑史学家赵辰先生，厦门大学建筑学院教授、福建古建筑专家戴志坚先生。10多年来，我们同心协力，一起将中国廊桥的研究从闽浙推向了全国，也推向了世界。我还要感谢廊桥研究小组里的青年才俊，他们是德国慕尼黑工业大学建筑考古学博士、南京大学建筑学院青年教师刘妍小姐，东南大学建筑历史与理论博士、浙江大学城市学院青年教师周淼先生，是他们的真诚和帮助才让本书能够以此面貌问世！在此，我不得不表达对茅以升先生女公子、古桥基金会秘书长茅玉麟女士，以及唐寰澄先生公子唐浩先生的感激之情，他们允许我从茅、唐二者的著作中摹引图片，使本书增辉不少。

此外，我还要感谢美国哈佛大学原东亚语言与文明系讲席教授、哈佛大学地理空间分析中心主任包弼德（Peter K. Bol）先生（现为教务长），美国纽约州立大学纽帕兹分校杰出教授、中国建筑文化学者那仲良（Ronald G. Knapp）先生，美国肯特州立大学音乐人类学教授、美国廊桥研究学者泰瑞·米勒（Terry E. Miller）先生，美国俄亥俄历史学会廊桥研究专家戴维·西蒙斯（David A. Simmons）先生，美国麦克丹尼学院教授、中国建筑学者苏珊·克勒尔·斯科特（Susan Clare Scott）女士，美国里海大学建筑艺术系教授、建筑设计教育家托尼·威斯卡迪（Tony Viscardi）先生，里海大学宗教研究杰出教授、中国哲学研究专家诺曼·吉拉多特（Norman Girardot）先生，美国造桥工匠马库斯·勃兰特（Marcus Brandt），里海大学的华裔学者王东宁博士，现定居瑞士的建筑技术史学家、前美国里海大学建筑艺术系系主任汤姆·彼得斯（Tom F. Peters）先生，德国新勃兰登堡应用技术大学建筑考古学者、欧洲木构廊桥研究专家菲利浦·卡斯滕（Philip S. C. Caston）教授，瑞士卡塞尔的哈林木建筑结构公司董事长克里斯托弗·哈林（Christoph Haring）先生及其首席执行官奥斯卡·埃利亚斯（Oscar Elias）先生，湖南大学建筑学院教授、建筑史学者柳肃先生，西南交通大学建筑学院教授、乡土建筑研究学者、画家季富政先生，昆明理工大学建筑学院教授、建筑史学者杨大禹先生，重庆中国三峡博物馆研究员、西部廊桥研究学者王玉女士，复旦大学历史地理所教授、历史地理学家吴松弟先生，台湾华梵大学建筑系教授、历史地理建筑学研究的倡导者萧百兴先生，台湾华梵大学建筑系教师叶乃齐先生，杭州科技职业技术学院教授刘淑婷女士，没有他们的帮助和资料的支持，这本书的撰写很难进行下去！

我还要感谢常居北京的南京籍摄影家李玉祥，他是我的老大哥，只要我的书稿需要的时候，他总是能贡献他卓越的摄影技巧！我还要感谢旅居马来西亚的国际知名摄影家 Chester Ong 他为本书提供了绵阳姊妹桥的精彩照片。我还要感谢旅居美国的好朋友刘宏骏先生，他提供了美国加利福尼亚州日本花园里的木拱桥照片。我还要感谢周宁的摄影家肖兴斌先生，他为本书提供了禾溪村三仙桥说书的照片。我曾经的学生贾路提供了三江程阳桥和四川甘孜州的木伸臂梁照片，感谢他！感谢原交大设计院规划师周尚先生，他提供了丰化卧渡桥的照片。我还必须感谢泉州市文物保护中心的姚洪峰主任和中国文研院肖东先生，他们提供了不少珍贵的福建省木拱廊桥测绘资料。

在浙江省，我还要感谢原泰顺县委书记、浙江省民政厅厅长尚清先生，原泰顺县委书记、浙江省信访局局长周维亮先生，原泰顺县县长、浙江省工商联主席黄正强先生，原浙江省文物局副局长陈文锦、吴志强二位先生，浙江省古建筑设计研究院黄滋院长，原温州市规划院院长丁俊清先生，原两任温州市规划局局长肖建雄和谢作雄二位先生，原泰顺县规划局局长、温州三垟湿地规划管理局局长李名权，原泰顺县县志办主任、温州市博物馆副馆长高启新，原泰顺县县府办主任、现浙江省政府政策研究室洪玉宇先生，温州廊桥学会钟晓波会长，原泰顺县博物馆馆员、浙江省文化厅非物质文化遗产专家薛一泉先生，原泰顺县委宣传部周秀峰部长，原泰顺县博物馆馆长张俊先生，泰顺县摄影家季海波、周咸俊、庄通、李永在等先生，泰顺县作家陈圣格先生，原丽水市文化部门的王国平先生，丽水市莲都区文博馆陈芳洪馆长，丽水市摄影家严肖存先生；原庆元县委书记蔡小华先生，庆元县委宣传部吴积云部长，庆元县文博馆吴其林馆长，庆元县委宣传部副部长赵剑芳女士，庆元县廊桥研究学者叶树生、陈伟红先生，庆元县摄影家郑承春、姚家飞等先生。

在福建省，我还要感谢中国文物建筑资深专家、原福建省文物局局长郑国珍先生，文物管理处处长何经平先生，文物保护中心常浩先生，文物保护专家楼建龙、钟亮、傅熹、叶迎阳、陈元照、游再生等先生；寿宁县原县委宣传部部长林蔚虹女士，宣传部副部长李安先生，博物馆先后两任馆长龚迪发先生和龚健先生，原文体局局长缪长钻先生和摄影家张培基先生；屏南县政协主席周芬芳女士、副主席郑道居先生，宣传部副部长王多兴、陆则起，文体局苏旭东局长等；福安市政协先后两任主席詹翠霞女士和陈昌东先生，副主席饶兰芳女士，茶叶局局长黄迎春女士，文博馆张玉文馆长；周宁县原县委宣传部部长蔡道华先生，文体局局长张家灼，文博馆郑勇馆长；政和县委宣传部部长王松雄，文化局罗小成局长，文博馆王志明馆长；武夷山市原政法委书记彭金文先生；闽侯县博物馆馆长曾江先生；福建畲族研究专家蓝炯熹先生；宁德师范学院林校生教授，孙绍旭副教授，他们允我引用其多年的研究成果和相应材料；永泰县摄影家、自由撰稿人何彩云女士……还有很多没能写进这个长长名单的朋友，真心感谢你们！是你们慷慨提供多年珍藏的研究资料或研究成果，或是提供精彩的摄影图片，没有你们，这部书稿将会失色很多甚至难以撰成。

在这里，我必须感谢福州大学建筑学院教授、徽州古建筑专家朱永春先生，他通读了全文，给了我很好的建议；还有建筑彩画专家宋国晓先生和故宫博物院古建部彩画专家杨红女士，他们全面审查了本书木拱廊桥彩画方面的论述，并提供了宝贵的修改意见。我还要感谢福建省档案馆、义乌市城建档案馆，它们的著作为本书提供了重要参考。

我还要感谢我们的研究团队，除了前面已经提及的杨鸿勋、路秉杰和沈为平诸先生外，还有上海交通大学中欧木结构建筑研究中心副教授、清华大学土木工程专业博士张雷明先生，是他审查了全书结构专业方面的论述；建筑学系副教授秦丹尼博士提供了日本木构廊桥的部分资料；还有我的研究助理曹晨先生、王恺先生、刘小荷小姐、李泳先生以及我指导的研究生柴洋洋小姐，本书中几乎所有的木拱廊桥三维示意图以及图表都出自他们之手，在绘制过程中，他们经历了我较为苛刻的要求后终不辱使命，在规定的时间里完成了如此繁重的任务，这部书实际上也包含着他们奉献的智慧。感谢上海人民美术出版社顾伟社长、汤德伟编辑，感谢图书装帧设计团队的张惠建、包晨晖和孙吉明三位先生，有他们的出色工作和精心设计，这部书才能如此典雅迷人！最后我还要感谢我的太太和儿子，是他们平时完全放弃了对丈夫和对父亲的要求所作出的巨大牺牲才成就了本书的诞生。

本书引用的部分材料除了来自上述各位老师和朋友公开发表或尚未公开发表的材料之外，还有个别历史照片来自网络和微信信息，在此也一并向这些材料的原创者或提供者致敬！

本书的相关研究内容，也是我自2004年起开展的“中国南方古代木作建筑技术源流研究”以及自2015年起开展的“中国古代木构桥梁的发展与演变研究”两项国家自然科学基金资助项目的阶段性成果，在此，我谨向基金委有关领导和评审专家的持续支持表示最真挚的感谢和崇高的敬意！本书的部分研究成果还得益于上海叶守璋先生所创办的“华桥基金”的资助，在此，也衷心地向他表示感谢！

在本书的写作后期，幸运地得知我们团队坚持了20余年的古代木构桥梁研究被纳入科技部国家重点研发计划——“绿色生态木竹结构体系研究及示范应用”项目之中，并成为课题——“大跨木结构体系研究及工程示范”的子课题之一。感谢项目牵头单位重庆大学，项目负责人南京工业大学副校长刘伟庆教授、课题负责人陆伟东教授的信任与支持！

本书的出版得到了国家出版基金、上海文化发展基金会图书出版专项基金和第五届文汇·彭心潮优秀图书出版基金的资助，在此谨向以上基金会一并致谢！

这部书虽然是积我个人20余年的研究成果，历经数载撰写而成的，但是书中的疏误与不足相信依然存在。与此同时，中国木拱廊桥的研究同样期待深入和完善。此时此刻，就在书稿即将完成之时，我衷心期待早日奉上这部书，请读者阅读与批评，也期待方家的不吝赐教！

刘杰

2017年11月23日于上海交大徐汇园

图书在版编目（CIP）数据

中国木拱廊桥建筑艺术 / 刘杰著 . -- 上海：上海人民美术出版社，2017. 12
ISBN 978-7-5586-0338-9

Ⅰ . ①中… Ⅱ . ①刘… Ⅲ . ①木桥—拱桥—建筑艺术—中国 Ⅳ . ① U448. 22

中国版本图书馆 CIP 数据核字（2017）第 073958 号

中国木拱廊桥建筑艺术

著　　者：刘　杰
统　　筹：顾　伟
主　　编：顾　伟
策　　划：汤德伟
责任编辑：汤德伟
摄　　影：丁立凡　刘宏骏　刘　杰　严肖存　何彩云　张培基　张家灼　李玉祥　郑承春
郑　勇　郑道居　姚家飞　钟晓波　贾　非　龚　健　缪长钻　Terry E.Miller
Ronald G.Knapp　A.Chester Ong　贾　路　刘淑婷　龚迪发　戴志坚　肖兴斌
测　　绘：王红鑫　王孟永　王智勇　田静海　石　峰　全厚志　刘　杰　张小婷　张译方
张贤春　张　涛　李斯成　杨一轶　杨大禹　肖　东　陆雅萍　陈威廷　陈　晓
周　科　周　淼　林　浩　林竣宁　郑　勇　郑　晔　姚洪峰　倪晨昊　殷月俊
袁　栎　顾子星　黄正航　黄立桥　谭　东
图表绘制：王　恺　刘小荷　李　泳　柴洋洋　曹　晨
中文审校：邓　卫
英文审校：梁瀚杰
装帧设计：译出传播　包晨晖
技术编辑：季　卫
出版发行：上海人民美術出版社
（上海长乐路 672 弄 33 号）
印　　刷：上海丽佳制版印刷有限公司
开　　本：889 × 1194　1/16　31.5 印张
版　　次：2017 年 12 月第 1 版
印　　次：2017 年 12 月第 1 次
书　　号：ISBN 978-7-5586-0338-9
定　　价：680.00 元